WEINGUT
Dr. Bürklin-Wolf
WACHENHEIM/WEINSTRASSE
1983er
Wachenheimer Gerümpel
Riesling Eiswein
Qualitätswein mit Prädikat A. P. Nr. 5 142 043 13 84
ERZEUGERABFÜLLUNG
0,75 l RHEINPFALZ
Baden Bereich Bodensee
Abfüller Staatsweingut Meersburg
1983er
Meersburger
Rieschen
Traminer
QUALITÄTSWEIN MIT PRÄDIKAT
Auslese
A. P. Nr. 102/09 17 4 1 1/84
0,7 l · ERZEUGERABFÜLLUNG
SPÄTLESE
Brüsseler Spitze
Süßmund Riesling
„Großer Preis der Bundesweinprämierung"
Original-Abfüllung
GRAF ADELMANN
KLEINBOTTWAR
WÜRTTEMBERG
W0362428
mit Prädikat
1976er
Rauenthaler
Baiken
Riesling
Goldene Preismünze - Hess. Landesweinprämierung 1977
Großer Preis - Bundesweinprämierung der DLG 1978
BEERENAUSLESE
Verwaltung der Staatsweingüter
Eltville/Deutschland 0,7 l
BADEN
Qualitätswein
Bischoffinger
Winzergenossenschaft
BISCHOFFINGEN
AM KAISERSTUHL
1 l
A. P. Nr. 023/051/85
WÜRTTEMBERGER GENOSSENSCHAFTSWEINE
DEUTSCHER TAFELWEIN
Schwäbischer
Landwein
Weißwein
Wein Deutscher Winzer-Genossenschaften
Abfüller:
Württembergische
Weingärtnerzentralgenossenschaft e.G.
MÖGLINGEN
e 1 l
MOSEL-SAAR-RUWER
QUALITÄTSWEIN MIT PRÄDIKAT
A. P. Nr. 3 561 012 1 17 77
1976er
Trittenheimer Apotheke
Riesling Auslese
ERZEUGERABFÜLLUNG
700 ml e
BISCHÖFLICHES PRIESTERSEMINAR · TRIER
Württemberg · Qualitätswein
dr' Naseweis
Müller-Thurgau
1 l
Abfüller: WÜRTT. WEINGÄRTNER-ZENTRALGENOSSENSCHAFT EG
SITZ MÖGLINGEN
WEGELER-DEINHARD
1985
Mosel · Saar · Ruwer
Bernkasteler Doctor
Riesling Spätlese
Bernkastel · Mosel
750 ml
Weingut Dr. Deinhard
SEIT 1849
Qualitätswein mit Prädikat A. P. Nr. 5 106 327 /005/86
Rheinpfalz
Deidesheimer Leinhöhle
Riesling Kabinett
0,7 l
Erzeugerabfüllung Weingut Dr. Deinhard Deidesheim/Weinstraße
Maximin Grünhäuser Herrenberg
1985er
Riesling
QUALITÄTSWEIN mit PRÄDIKAT KABINETT
der C. von Schubert'schen SCHLOSSKELLEREI · GRÜNHAUS
vormals Freiherr von Stumm-Halberg
MOSEL — SAAR — RUWER
Erzeugerabfüllung A. P. Nr. 3 536 014-29-86
700 ml e
Versuchs- u. Lehrgut d. Staatl. Weinbauinstituts
1985er
Blankenhornsberger
Doktorgarten
Ruländer Spätlese trocken
A. P. Nr. 302 10 86
Qualitätswein mit Prädikat
Erzeugerabfüllung
Baden
0,7 l
Blankenhornsberg
7817 Ihringen a. Kaiserstuhl
Burg Schaubeck · 7141 Kleinbottwar · 1985 · Erzeugerabfüllung Weingut Graf Adelmann
BRÜSSELE
KLEINBOTTWARER SÜSSMUND RIESLING
KABINETT · TROCKEN
0,7 l
Qualitätswein mit Prädikat WÜRTTEMBERG AP Nr. 217 008 86
VERBAND DEUTSCHER PRÄDIKATSWEINGÜTER E.V.
Unsere Mitglieder besitzen Lagen von Weltruf!
V D P
QUALITÄTSWEIN MIT PRÄDIKAT
aus eigener Erzeugung eines unserer Mitgliedsbetriebe.
A. P. Nr. 40 083 007 36
75 cl
Domdechant Wernersches Weingut
Seit 1780 im Familienbesitz
HOCHHEIM AM MAIN
1985er
Hochheimer Domdechaney
Riesling Eiswein
ERZEUGERABFÜLLUNG
Rheingau
ERZEUGERABFÜLLUNG DES JULIUSSPITAL-WEINGUTS WÜRZBURG
1576
Silvaner trocken
A.P.Nr. 3000-028-85
750 ml
Qualitäts FRANKEN Wein
Fürst von Metternich
Erzeuger-Abfüllung
Fürst von Metternich-Winneburg'sche Domäne
Schloss Johannisberg im Rheingau
Qualitätswein mit Prädikat
700 ml e
Schloss Johannisberger
Spätlese · trocken
1985er Rheingau · Riesling

ATLAS DER DEUTSCHEN WEINE

HUGH JOHNSON

ATLAS DER DEUTSCHEN WEINE

LAGEN, PRODUZENTEN, WEINSTRASSEN

HALLWAG

Die englische Originalausgabe ist unter dem Titel «The Atlas of German Wines» im Verlag Mitchell Beazley, London, erschienen.
Herausgeber und Autor sind dem Deutschen Weininstitut zu großem Dank für die Bereitstellung der Weinkarten in diesem Atlas verpflichtet. Sie unterstreichen jedoch, daß die Kommentare und Bewertungen vom Verfasser stammen und den Repräsentanten des Deutschen Weininstitutes dafür keine Verantwortung zufällt.

Deutsche Übersetzung: Wolfgang Kissel
Lektorat: Urs Aregger
Satz: Servis Filmsetting Ltd, Manchester, England
Printed in Spain by Cayfosa, Barcelona
Dep. Leg.: B-12.173-1987
ISBN 3 444 10328 X

Hallwag

VORWORT

Boden, Klima und Rebsorte sind die drei entscheidenden Elemente für das Wachstum feiner Weine; hinzu kommen die menschlichen Fähigkeiten und die persönliche Hingabe der Winzer, gewachsen in einer Jahrhunderte alten Tradition. Boden und Klima, dies sind die gesegneten Gaben der Natur, welche dem Wein seinen individuellen und einmaligen Charakter verleihen. Sie – und nicht kommerzielles Marketing – sind der tiefere Grund, warum die Geografie so entscheidend für die Qualität und für den Charakter guter Weine ist.

Dies gilt nicht in gleicher Weise für andere Verbrauchsgüter: In fast jedem Industriezweig können Rohmaterialien, Maschinen und menschliche Arbeitskraft zu fast jedem Ort auf dem Globus gebracht werden, um ein bestimmtes Produkt zu fabrizieren. Auch viele landwirtschaftliche Grundnahrungsmittel können an unterschiedlichen Standorten produziert werden, ohne daß sich Qualität oder Charakter wesentlich unterscheiden. Selbst Wein kann selbstverständlich an vielen Plätzen auf der Erde gepflanzt werden, aber Qualität und Charakter, Aroma und Bouquet, Stil und Finesse werden jeweils völlig unterschiedlich sein, je nach dem Ort, wo der Wein gewachsen ist. Darin liegt die Philosophie der Kennzeichnung von Weinen mit der geografischen Herkunftsbezeichnung, und zwar in diametralem Gegensatz zum industriellen Konzept der Handelsmarke oder des Warenzeichens. Die Weinbaugebiete Deutschlands sind weitgehend konzentriert in den engen Tälern des Rheins, der Mosel und ihrer Nebenflüße, die sich winden und drehen in den tiefen Einschnitten zwischen den Gebirgen, gelegentlich ausgeweitet zu Beckenlandschaften, geschützt von bewaldeten Höhenzügen. Die Vielfalt der Bodenarten stammt unmittelbar aus der Erdgeschichte: Schiefer an steilen Abhängen, fruchtbare Alluvialböden am Fuße der Hänge, dann wieder Kalkablagerungen oder vulkanisches Gestein. Das Mikroklima der Weinberge hängt davon ab, ob die Abhänge nach Süden oder Westen gerichtet sind, wie groß der Neigungswinkel zur Sonne ist, wie intensiv das Sonnenlicht von den Flüssen reflektiert wird, in welcher Entfernung die bewaldeten Hügel gegen Wind schützen, welche Meereshöhe gegeben ist und welche Feuchtigkeit im Untergrund gespeichert werden kann. Aus diesem Grunde hat schon seit vielen Jahrhunderten in der Weinbaugeschichte jeder Hügel oder Talabschnitt einen unterschiedlichen Namen, und deshalb wird auch die geografische Herkunft mit allen ihren individuellen Charaktereigenschaften als «Lage» ausdrücklich auf dem Weinetikett verzeichnet.

Als Folge einer zweitausendjährigen Kulturgeschichte ist in den deutschen Weinbaulandschaften alles eng und kleinräumig. Die Entfernungen zwischen den Dörfern sind kurz; etwa 90 000 Weinbauernfamilien sind Eigentümer von kleineren Weinbauparzellen, oft an unterschiedlichen Standorten; die meisten Weinbaugemeinden haben verschiedene Weinbergslagen innerhalb ihrer Gemarkungsgrenzen. Daher hatten sich historisch die mehr als 25 000 individuellen Weinbergnamen im Laufe der Jahrhunderte entwickelt. Diese nicht mehr überschaubare Anzahl von Namen wurde durch das neue Weingesetz zu Anfang der 70er Jahre auf etwa 3 000 Lagenamen reduziert. Die unwahrscheinliche Vielfalt der natürlichen und historischen Gegebenheiten macht die deutsche Weinetiketten mit ihren vielen Namen scheinbar kompliziert. Aber sobald man die Philosophie, die hinter den vielen Weinnamen liegt, zu verstehen beginnt, erzählen deutsche Weinetiketten eine faszinierende Geschichte.

Die Philosophie der deutschen geografischen Herkunftsbezeichnungen ist im Prinzip nichts anderes als die sogenannte «Appellation contrôlée» in Frankreich. Mit einem wesentlichen Unterschied: In Frankreich bezeichnet die Appellation d'origine nicht nur die Herkunft eines Weines, sondern definiert gleichzeitig die Qualität. Dort gilt die Einteilung etwa nach «grand cru», «premier cru» und «deuxième cru» sozusagen als geborene Qualitätsklassifizierung – gleichgültig ob der Jahrgang besser oder weniger gut geraten ist. Der Geburtsort bestimmt die Nobilität. Wenn ein Wein an einem nicht privilegierten Standort ohne das Recht auf «Appellation d'origine» gewachsen ist, darf er niemals mit seinem Geburtsort etikettiert werden, selbst wenn der Winzer einen ausgezeichneten Wein erzeugt hat. Ein solches System paßt nicht für Deutschland. Hier bezeichnet die geografische Herkunftsbezeichnung zwar den Geburtsort, definiert aber nicht notwendigerweise die Qualität eines bestimmten Weines. In dem einen Jahr kann ein Winzer dank günstiger Witterungsumstände oder besonderem Einsatz in einem bestimmten Weinberg einen Spitzenwein erzeugen, und im andern Jahr wächst dort vielleicht nur ein bescheidener Qualitätswein. Daher stehen in Deutschland die Eigentümer selbst der berühmtesten Weinbergslagen in jedem Jahr unter der gnadenlosen Herausforderung, immer wieder Spitzenerzeugnisse zu produzieren, um ihren guten Ruf zu verteidigen. Neben der Natur – Boden und Klima – ist der «menschliche Faktor» weiterhin ausschlaggebend für Geschmack und Stil eines Weines. Deutsche Weine sind eben individuell, und geborene Individualisten sind auch die deutschen Winzer.

Der hier vorliegende «Atlas der deutschen Weine» einschließlich der Landkarten und Weinberglisten ist ein unverzichtbarer Führer nicht nur für die Reise durch die Weinbaugebiete, sondern auch für den Weineinkauf zuhause. Wenn man den Namen eines Weines auf einer Weinkarte oder auf dem Etikett sieht, kann man leicht den Geburtsort finden, woher der Wein kommt. Wenn man die Weinstraßen in den deutschen Weinlanden entlangfährt, ist man in der Lage, die Weinbergslagen links und rechts der Straße zu verfolgen. Der Weinatlas ist daher ein wundervoller Schlüssel für den Weinfreund, für den Reisenden und für den Liebhaber wirklicher Weinkultur.

DR. FRANZ WERNER MICHEL
Mitglied der Geschäftsführung des Deutschen Weininstitutes, Mainz

INHALT

In diesem Atlas sind die Weinanbaugebiete Deutschlands in vier Zonen eingeteilt. Ein Schlüssel zu diesen Zonen ist auf Seite 27 zu finden.

NORDWESTEN

MITTE

INHALT

LE COURS DU RHIN depuis Worms, jusqua Bonne, ET LES
Echelle de 4 lieues d'une heure de Chemin
A Paris chez l'Auteur sur le Quai de l'Horloge
ARCHEVECHE DE TREVES
PALATINAT
HUNSRUCK
MEYNFELT
PAYS DE HERRICH
RHINGAU
WESTREICH
Cologne
Coblentz
Mayence
Nassau
Limpurg
Andernach
Cochem
Zell
Baccarach
Caub
Simmeren
Creutzenach
Bingen
Oberwesel

Diese Karte vom Rhein wurde 1704 von Guillaume Del Lisle, Kartograf an der Französischen Akademie der Wissenschaften, gezeichnet. Wie ganz Deutschland war auch diese Gegend damals in zahllose kleine Fürstentümer und Kirchenstaaten aufgesplittert, und die alte Reichsstadt Frankfurt lag noch hinter ihren Mauern geborgen. Aber schon 1704 standen viele der heute bekannten Weinorte in schönster Blüte. Ein vergnügliches Ratespiel wäre es, die heutigen Namen in der alten Schreibweise wiederzuerkennen. Nur zu schade, daß zwar die Wälder schön zu sehen sind, die Weinberge aber vergessen wurden.

AHR
MITTELRHEIN
RHEINGAU
FRANKEN
RHEINHESSEN
MOSEL-SAAR-RUWER
HESSISCHE
BERGSTRASSE
NAHE
WÜRTTEMBERG
RHEINPFALZ
BADEN

EINLEITUNG

Der deutsche Wein besitzt weit mehr Eigenart und doch auch Gleichmaß als der französische oder italienische: eine Eigenart voller Vielfalt, so wie sie die Pastellmalerei unter allen Malarten oder die Holzbläser unter allen Klängen des Orchesters auszeichnet.

Die Eigenart ist noch recht leicht zu beschreiben, die Vielfalt jedoch kaum. Wie unterscheidet sich nun der deutsche Wein von allen anderen Weinen in der Welt? Hier kommt mir stets das Wort Transparenz in den Sinn, eine Transparenz des Gefüges, die alle Feinheiten in Aroma und Geschmack freier hervortreten läßt. Der relativ niedrige Alkoholgehalt trägt mit hierzu bei: Die schiere Wucht, die Wärme im Mund, die als «Weinigkeit» bezeichnet wird, ist meist nicht da. An ihre Stelle tritt ein Spannungsverhältnis zwischen untergründiger Fülle und fruchtiger Säure. Dieses Spannungsverhältnis ist Grundlage der Ausgewogenheit, die das Kennzeichen der besseren deutschen Weine bildet und zugleich der Grund für ihre erstaunliche Langlebigkeit ist: Sie entwickeln und entfalten sich länger als die Weißweine aus anderen Ländern, mit ganz wenigen Ausnahmen.

Aus einem anderen Grund erklärt sich das eigenartige Gleichmaß moderner deutscher Weine, nämlich aus dem starken Hang des Verbrauchers, einen gemeinsamen Nenner zu verlangen, anstatt die Vielfalt zu durchforschen. Diese Tendenz ist außerhalb Deutschlands stärker ausgeprägt, wo die deutsche Sprache auf dem Weinetikett eine Schranke zu bilden scheint, die nur wenige zu überspringen bereit sind. So ist wahrscheinlich der Weintrinker im Ausland vor allem mit bestimmten Verschnitten vertraut, ob sie sich nun Niersteiner oder Liebfraumilch nennen. Sie sind immer gleichmäßig mild und lieblich ohne großen Anspruch, aber auch ohne große Inspiration, so als ob ganz Frankreich durch Côte du Rhône oder ganz Italien durch Valpolicella vertreten würde.

Zum Glück sind die deutschen Weinliebhaber der Sache besser gewachsen und genießen die ihnen gebotene Vielfalt. Niemand weiß besser als die Deutschen, wie, wann und wo ihr Wein am besten schmeckt – und am allerbesten wissen es die Winzer selbst. Der Kontrast zu Frankreich könnte darin kaum stärker sein. Wo gibt es im Médoc schon eine gemütliche Ecke, wo der Fremde sich hinsetzen, seinen Wein schlürfen und mit den Ortsansässigen über den Pauillac oder Margaux reden könnte? Einen deutschen Weinort ohne seine Weinstube kann man sich dagegen überhaupt nicht vorstellen. In Deutschland wissen die Menschen, die den Wein bauen, ihn auch am meisten zu schätzen. Wohl gibt es großartige Weingüter und Winzergenossenschaften, die sich auf den Export spezialisieren; von den meisten deutschen Winzern aber hat man den Eindruck, daß sie ihren Wein vor allem für sich selbst und für ihre Freunde bauen – und für ihre Gäste, im Winter am Kamin und im Sommer im blumengeschmückten Hof.

Wer den deutschen Wein richtig erleben will, muß sich Faß um Faß oder Flasche um Flasche durch die Palette von Qualitäten, Rebsorten und Jahrgängen führen lassen, die selbst ein kleiner Winzer am Rhein oder an der Mosel in seinem Keller hat. Kaum einer, der nicht voll gerechtem Winzerstolz wenigstens ein Dutzend Sorten zu bieten hätte.

Gewöhnlich ist die ganze Familie mit dabei, und was ihnen an Raffinesse des Geschmacks abgehen mag, machen sie durch Dankbarkeit für die gute Gottesgabe wieder wett. Einen Weinberg zu pflegen und Wein zu bauen, erfordert harte körperliche Arbeit, besonders an den steilen Hängen, wo Deutschlands bester Wein wächst, doch hat auch kaum jemand einen unmittelbareren oder fühlbareren Lohn für sein Mühen als der deutsche Winzer.

Das ist die romantische Seite des deutschen Weins. Freilich mag das wahre Bild mehr Stahltanks und industriell anmutende Anlagen als hübsche Fachwerkhäuser aufweisen, aber in Deutschland ist die Romantik nicht zu übersehen, genauso wenig wie die gewundenen Flußtäler, die Burgen wie Adlerhorste, die Schwärze der Wälder oder das zarte Grün der Weinberge im Frühling. Hier liegt das wahre Deutschland, nicht in den Flughäfen, Autobahnen, Stadtzentren und Supermärkten. Im deutschen Wein drückt sich das Wesen dieser unvergleichlichen Landschaften aus – zumindest für ihre glücklichen Bewohner. Und zum Glück für den Fremden sind beide weltoffen und aufgeschlossen.

Mit seiner eindeutigen Familienähnlichkeit und dabei doch außerordentlichem Abwechslungsreichtum spricht der deutsche Wein mehr als jeder andere – ausgenommen vielleicht nur der Bordeaux – den analytischen Verstand an. Kein anderer Wein auf der Erde trägt so reichhaltige Angaben auf dem Etikett, und wer sich die Muße nimmt und die nötigen Kenntnisse besitzt, kann in jedem Jahrgang durch die Abstufungen der Qualitätskategorien gut hindurchfinden. Die amtliche Weinprüfungsorganisation muß eben dies auch tun, denn sie hat jedes Faß und jeden Tank Wein in Deutschland zu kontrollieren. Es muß zwar gesagt werden, daß dabei manchmal papierene Definitionen die Definition des Geschmacks zu überwiegen scheinen, aber das System ist nun einmal da und setzt Maßstäbe, die von dem Gewissenhaften erfüllt werden und auf die sich der Wißbegierige verlassen kann.

Der Kern des deutschen Systems beruht auf einer einfachen Messung, die alle Winzer überall in der Welt vor der Lese vornehmen: Der natürliche Zuckergehalt der Trauben wird festgestellt. In wärmerem Klima gelten reife Trauben als selbstverständlich, in Deutschland dagegen wird der nötige Zuckergehalt nur an privilegierten Stellen mit einiger Regelmäßigkeit erreicht. Es ginge leichter mit Traubensorten, die schon früh im Herbst reifen, aber es ist nun einmal so, daß die besten Sorten lange brauchen, bis sie zur Reife gelangen. Frühreifende Sorten bringen jene konzentrierte fruchtige Säure, die den Wein in seiner Jugend lebendig, kraftvoll und erfrischend macht und ihm zugleich die Fähigkeit verleiht, bis in ein hohes Alter hinein Tiefe und Harmonie zu entfalten, einfach nicht zustande.

Eine typische spätreifende Sorte ist der Riesling: Alle besseren deutschen Weine – mit nur wenigen Ausnahmen – werden von ihm gekeltert. Aber sein Anbau lohnt sich nur auf warmen Böden und an geschützten Süd- oder Osthängen. Auf ebenerem und kühlerem Land ist überwiegend der frühreifende Müller-Thurgau in seinem Element. Diese beiden Sorten bedecken fast die Hälfte der gesamten deutschen Anbaufläche.

Die andere Hälfte gehört vor allem den traditionsreichen Sorten Silvaner und Ruländer, deren Qualitäten ihnen auf bestimmten Böden und unter bestimmten lokalen Klimaverhältnissen eine treue Anhängerschaft sichern. Hinzu kommen die Rotweintrauben, an ihrer Spitze der Spätburgunder, mit insgesamt etwa zehn Prozent der Anbaufläche, und ein rundes Dutzend Neuzüchtungen, angeführt vom Kerner, die ihr Dasein den ständigen Bemühungen um die Erzielung der Qualitäten des Rieslings ohne dessen Nachteile, nämlich ungewisse Reife und für deutsche Verhältnisse nicht gerade reiche Erträge, verdanken.

Das Wort «Weinberg», das ja auch für ebene Weingärten gilt, unter denen ganz ausgezeichnete Lagen zu finden sind, bringt dennoch die besondere Eignung von Berghängen für den Rebenbau deutlich zum Ausdruck. Das erweist sich schon auf den «Côtes» in Frankreich und sogar in Italien und umso mehr, je weiter man nach Norden geht. Der Winkel, den die Sonne zur Erde bildet, wird flacher, die Schatten werden länger – im Herbst so lang, daß die Reben fast den ganzen Tag viel Schatten werfen und die Weinberge morgens oft lange in Nebel eingehüllt sind, bis die Sonne endlich genug Kraft hat, ihn zu zerstreuen.

In diesen Breiten ist jedes Grad Wärme für die reifende Frucht kostbar. Daher ist hier auch das Mikroklima so entscheidend, im wahrsten Sinne von einem Rebstock zum anderen und von einem schattenspendenden oder schützenden Baum oder Hügel zum anderen. Eine einfache Regel besagt, daß ein Südhang immer am besten ist. Ein Hang mit 45 Grad hat theoretisch (wenn auch in der Praxis nicht immer) die Sonne senkrecht über sich, die Schatten sind am kürzesten, und damit entfällt wenigstens einer der Nachteile dieser nördlichen Breiten. So sind in Deutschland vorwiegend die Südhänge mit Reben besetzt.

In nebligen Gegenden kann aber auch eine Neigung nach Westen zusätzlich von Vorteil sein: Nachmittags gibt es weniger Nebel, und die Sonne hat leichteren Zugang. Wie in Frankreich ist es aber auch in vielen Teilen Deutschlands günstiger, einen Südosthang zu nützen, weil dort die Morgensonne den Boden mit Wärme erfüllt, die auch am Nachmittag, wenn die Rebzeilen schon im Schatten liegen, noch erhalten bleibt. Die Landkarten zeigen ganz klar, wie sehr diese Überlegungen die deutschen Landschaften geprägt haben. Die Rebenhänge fallen genau in der Richtung, wie die Schatten der Berge fallen würden, stünde die Sonne im Norden anstatt im Süden.

Da die geologischen Verhältnisse und die Bodenstruktur sehr viel weniger beeinflußbar sind als die Lage zur Sonne, liegt es auf der Hand, daß sie für die Entscheidung, wo ein Weinberg angelegt werden soll, erst in zweiter Linie bestimmend sind. Die Böden verändern sich selbst auf kurze Entfernungen oft schon beträchtlich, trotzdem stehen die Reben immer auf den Südhängen. Sicherlich bringen Unterschiede in der Fruchbarkeit, im Wasserabzug und im Mineralgehalt des Bodens einmal größere und einmal kleinere Erträge, mehr oder weniger gleichmäßige Reife, und der Frucht und damit auch dem Wein die eine oder andere Geschmacksnote.

So bedeutsam diese Unterschiede auch sind, soviel Stoff für endlose Diskussionen über einem Glas Wein und soviel Anlaß zu beträchtlichen Preisunterschieden zwischen den einzelnen Weinen sie auch geben mögen, für die Frage nach der Qualitätsstufe gelten sie in Deutschland nicht als ausschlaggebend. Amtlich zählt nur der Reifegrad der Trauben. Daher kann zumindest theoretisch jeder Weinberg Spitzenweine hervorbringen, er muß nur aus dem Sonnenschein genügend Traubenzucker herauslocken. Die Unterschiede zwischen den einzelnen Lagen gelten amtlich als eine Stilfrage und daher im Grunde als subjektiv.

Die deutsche Einstellung ist also der französischen, die nur den Boden als Qualitätskriterium berücksichtigt, genau entgegengesetzt. Der Besitzer einer Grand-Cru-Lage in Burgund kann (innerhalb der gesetzlichen Grenzen natürlich) seinem Wein soviel Zucker hinzufügen, wie er will, und ihn doch als Grand Cru verkaufen, das heißt also in der höchsten Qualitätsstufe. Dagegen kann es selbst dem Besitzer der edelsten deutschen Lage passieren, daß er in einem schlechten Jahr nichts als Tafelwein zu verkaufen hat.

Dieser Unterschied ist grundlegend, und es lohnt sich durchaus, über ihn nachzudenken. Können denn beide, die deutsche und die französische Einstellung, im jeweiligen Zusammenhang richtig sein? Dem neutralen Beobachter scheint wenigstens die Logik und die natürliche Gerechtigkeit ganz auf der deutschen Seite zu sein.

Dem deutschen Gesetz nach ist der Boden also überall gleichwertig. Die Qualitätseinstufung richtet sich in jedem Jahr neu nach dem Zuckergehalt. Die Oechsle-Grade als Maß der spezifischen Dichte des Mosts entscheiden ein für allemal darüber, ob der Wein als Qualitätswein gelten darf oder nicht, und – was noch wichtiger ist – ob er als Qualitätswein mit Prädikat anerkannt wird und mit welchem Prädikat. Diese Feinheiten müssen genau erläutert werden. Das Gesetz ist kompliziert und leicht mißzuverstehen.

JF

Nehmen wir an, die Ernte ist dürftig ausgefallen. Der Herbst hat Kälte und Nässe gebracht, die Trauben sind nur halb reif geworden, und da schon Fäule eintritt und keine Aussicht auf besseres Wetter besteht, müssen die Winzer die Lese beginnen. Das spezifische Gewicht des Mosts aus einem bestimmten Weinberg ist kaum ausreichend für fünf Prozent natürlichen Alkoholgehalt. Dabei ist dies das Mindestmaß, das ein Wein braucht, um gerade für die bescheidenste Stufe, den Tafelwein, anerkannt zu werden – und damit überhaupt Wein daraus wird, muß viel anderer Zucker zugegeben werden. Solchen Wein kann der Winzer nicht als eigenes Erzeugnis mit einem Lagen- oder auch nur Bereichsnamen verkaufen. Am besten liefert er ihn einer Kellerei als Grundwein für die Sektherstellung.

Ein paar Tage später stellt derselbe Winzer in einem anderen, günstiger gelegenen Weinberg hochbefriedigt fest, daß seine Trauben dort ein spezifisches Gewicht von 1,06 (d.h. sechzig Grad Öchsle) erreicht haben. Das ergibt einen potentiellen natürlichen Alkoholgehalt von 7,5 Prozent, die Mindestgrenze für einen Qualitätswein bestimmter Anbaugebiete (QbA). Zwar muß noch immer Zucker hinzugefügt werden, damit der Alkoholgehalt auf etwa neun bis elf Prozent zu stehen kommt, doch wird dieser Wein nun vom Gesetz als eigenständig anerkannt. Viele QbA-Weine weisen einen klar ausgeprägten, zufriedenstellenden Charakter auf, ebenso wie französische Weine aus nicht voll ausgereiften Trauben, bei denen mit *chaptalisation* (Zuckerung) nachgeholfen werden muß.

Es bleibt dem Winzer überlassen, zu entscheiden, ob sich dieser Charaker am besten Geltung verschafft, wenn er den Wein «trocken», das heißt voll durchgegoren, beläßt oder ihm etwas unvergorenen (also süßen) Most hinzufügt, so daß er entweder «halbtrocken» – ein oft sehr erfreulicher Kompromiß – oder ausgesprochen lieblich wird. Das richtet sich nach der Ausgewogenheit des Weins: Ist die Säure sehr kräftig, dann kann die «Süßreserve» (so nennt man den unvergorenen Most) ihm sehr viel mehr Schwung und Charakter verleihen. Aber auch der Geschmack der Kundschaft spielt eine Rolle, doch wird in Deutschland immer mehr trockener oder halbtrockener Wein als Begleiter zu Mahlzeiten verlangt. Übrigens darf Wein mit weniger als vier Gramm Zuckerrest je Liter sogar als «für Diabetiker geeignet» bezeichnet werden.

In einem anderen Jahr kann in demselben Weinberg alles ganz anders aussehen. Nach einem grandiosen Sommer und einem goldenen Herbst sind die Trauben Anfang Oktober voll ausgereift. Die Mostwaage zeigt 75 Grad Öchsle und darüber an, das bedeutet einen potentiellen natürlichen Alkoholgehalt von 9,8 Prozent. In dem betreffenden Bereich (nehmen wir an, es ist der Rheingau) gelangt der Wein mit einem Mostgewicht von mindestens 73 Grad Öchsle in die Spitzenkategorie: Qualitätswein, der keine Zuckerzugabe mehr braucht. Die amtliche Bezeichnung lautet «Qualitätswein mit Prädikat» (QmP), und die Prädikate heißen: Kabinett, Spätlese, Auslese, Beerenauslese oder Trockenbeerenauslese.

Nun erweckt dies allgemein den Eindruck, als ob bei den QmP-Weinen die Qualität mit diesen Sprossen der Leiter ansteige, als ob vergleichsweise die Kabinettweine die einfachen Soldaten und die Spätlesen das Unteroffiziers-Korps darstellten, während es erst von den Auslesen an in die hohen Offiziersränge ginge. Dem ist aber durchaus nicht so, vielmehr handelt es sich um Stilunterschiede. Ein Kabinettwein kann in seiner Art ebenso vollendet sein wie eine Auslese; der Unterschied liegt im natürlichen Zuckergehalt, das heißt in der Alkoholstärke sowie in der Kraft des Geschmackseindrucks.

Eine Woche später kann unser Winzer in anderen Teilen seiner Weinberge Trauben mit einem Mostgewicht von 85 bis 95 lesen. Mit 85 Grad Öchsle erreicht der Wein einen potentiellen Alkoholgehalt von 11,4 Prozent und ist als Spätlese qualifiziert. Mit 95 Grad gilt er als Auslese, der potentielle Alkoholgehalt – er wird selten ausgeschöpft, da der Wein genügend Süße behalten muß, um ein

Gegengewicht zur Alkoholstärke zu schaffen – liegt bei 13 Prozent, das entspricht einem weißen Burgunder.

In einem großen Jahr kann in guten Lagen rund die Hälfte des Ertrags die für eine Auslese erforderliche Reife erlangen. Bei solchen Voraussetzungen sieht der Winzer dann eine Chance für «Super-Auslesen»: eine Beerenauslese, bei der nur die reifsten Beeren verwendet werden, damit das Mostgewicht auf mindestens 125 Grad Öchsle kommt – oder mit Glück und Geduld sogar eine Trockenbeerenauslese. Bei dieser muß freilich wie beim Sauternes noch die Edelfäule hinzukommen und die Trauben zu recht unansehnlichen, runzeligen Bündeln aus hochkonzentrierten Geschmacksstoffen zusammenschrumpfen lassen. Ein schöner Herbst mit Nebel am Morgen und Sonnenschein am Nachmittag bringt das zuwege. Es bleibt nun wiederum dem Winzer überlassen, ob er daraus eine echte Trockenbeerenauslese in freilich nur winzigen Mengen machen oder aber seinen Auslesen edelfaule Beeren oder Trauben zusetzen will, um ihnen mehr Fülle und eine besondere Geschmacksdimension zu verleihen. Manchmal, alle zehn Jahre vielleicht, kommt es auch vor, daß beides zugleich möglich ist.

In manchen Jahren, meist in durchschnittlichen, läßt der Winzer auch Trauben in gutem Zustand einfach an seinen Rebstöcken hängen und probiert damit sein gutes Glück, ob nicht vielleicht ein Eiswein zustandekommt. Wenn sie nämlich in gutem Zustand bleiben (wozu man sie gewöhnlich mit Plastikfolie schützen muß), bis der erste wirklich strenge Frost kommt, dann kann man sie frühmorgens hartgefroren ernten. Werden diese Trauben dann gekeltert, solange ihr Wassergehalt noch pures Eis ist, dann ergeben sie einen Most mit unglaublich hohem Gehalt an Geschmacksstoffen und Zucker (das Eis wird ausgeschieden). Eiswein hat zwar nicht die üppige Geschmacksfülle einer Trockenbeerenauslese mit ihrer Edelfäule, jahrelang schmeckt er, als sei das Leben in ihm eingefroren; steif und flau, süß-sauer, eigentlich kaum wie Wein. Lange Jahre des Reifens lassen ihn aber schließlich gewissermaßen auftauen. Und so ein schön ausgereifter Eiswein kann dann eine ganz besondere Delikatesse sein.

Alle hier beschriebenen Kategorien von Qualitäten und Reifegraden sind auf deutschen Weinetiketten klar verzeichnet. Dagegen hat die zweite Komponente der Etikettensprache, die geographische nämlich, durchaus ihre Tücken. Sogar Deutsche erleben hier manche Frustration, dem Ausländer dagegen liegen viele Fußangeln bereit.

Wie soll man beispielsweise jemandem, den die Sache nur halb interessiert, auseinandersetzen, daß Bernkastel sowohl ein hochberühmter Weinort als auch ein sehr großer Bereich ist? Dasselbe gilt für Johannisberg. Wie soll man verständlich machen, daß manche Lagennamen wirklich einzelne Lagen mit einem ganz eigenen Charakter bezeichnen, während andere fast nur Markennamen sind, die für Wein aus allen Weinbergen eines sehr großen Bereichs gelten?

Durch das Weingesetz aus dem Jahr 1971 wurden Tausende von traditionsreichen örtlichen Lagennamen aus Gründen der Vereinfachung weggewischt. Leider wurde gleichzeitig durch Schaffung der Bereiche und Großlagen wieder für Unklarheit gesorgt. Ihre Konzeption ist zwar logisch durchaus begründet, sie bedürfen aber mehr der Erläuterung, als das Gesetz erlaubt. Die weitestgefaßte geographische Bezeichnung für deutschen Wein ist das Anbaugebiet. Der Rheingau ist beispielsweise ein Anbaugebiet oder Mosel-Saar-Ruwer. So weit, so gut. Jedes Anbaugebiet ist nun wieder in Bereiche unterteilt. Doch diese Bereiche tragen gewöhnlich den Namen ihres berühmtesten Weinorts. Wer nicht weiß – und im Ausland sind es die meisten – was das Wort Bereich aussagt, der weiß halt auch nicht, daß ein Wein, auf dessen Etikett «Bereich Bernkastel» steht, nicht unbedingt aus Bernkastel selbst, sondern aus irgendeinem anderen Weinberg an der mittleren Mosel stammen kann. Johannisberg, Nierstein, Kreuznach, Schloßböckelheim sind ebenfalls solche Bereichsnamen.

Noch mehr Verwirrung stiftet die Großlage, die als Name für eine bestimmte Gruppe von Einzellagen benutzt werden darf. Die Großlagen wurden in der Absicht geschaffen, den Absatz von Weinen aus weniger bekannten Einzellagen zu fördern. Größere Einheiten verschaffen sich leichter einen Bekanntheitsgrad. Nur sind ihre Namen auf keine Weise von den Namen der Einzellagen zu unterscheiden, und das Gesetz erlaubt dies auch nicht. Ich bin noch niemandem begegnet, der von sich behaupten konnte, er kenne alle Großlagennamen Deutschlands. So versteht es sich, daß selbst die größten Experten gelegentlich ihre Zuflucht zu einem einschlägigen Lexikon nehmen müssen, wenn sie genau wissen wollen, ob ein Name nun eine Einzellage oder aber eine von vielen Lagen innerhalb eines ziemlich großen Gebiets bezeichnet.

Die Verwirrung wird auch dadurch nicht geringer, daß in manchen Gegenden die Einzellagen auch Gruppen getrennter Lagen sein können, denen jedoch eine gemeinsame Persönlichkeit nachgesagt wird. In solchen Fällen gilt nicht einmel mehr die exakte Unterscheidung zwischen Groß- und Einzellagen, von der ich oben gesprochen habe. In den folgenden Beschreibungen ist manchmal das Schema der Großlagen zugrunde gelegt, in anderen Gebieten ist es zweckmäßiger, von einem Weinort zum nächsten überzugehen. Einmalig an diesem Atlas ist jedoch, daß hier die vollständige amtliche Liste aller Gemeinden, Großlagen und Einzellagen Deutschlands zusammen mit Kommentaren des Verfassers gegeben wird. So dürfte hier auf alle noch so kniffligen Fragen der Nomenklatur eine Antwort zu finden sein.

Die besondere Schwierigkeit bei der Erkennung eines Großlagennamens besteht darin, daß ihm der Name eines von vielen Orten innerhalb des betreffenden Gebiets vorangestellt sein kann. Eine sehr zu begrüßende Neuerung ist die gesetzlich verordnete Verknüpfung eines Großlagennamens mit nur einem Ortsnamen, nämlich dem der «Leitgemeinde». So dürften die Großlagen, wenn sie stets mit dem Namen einer bestimmten Gemeinde verbunden sind, allmählich vertrauter und leichter erkennbar werden.

Der wirklich beste Schlüssel zur Qualität und Sauberkeit einer Flasche Wein ist und bleibt aber in jedem Fall der Name des Erzeugers. Damit vereinfachen sich so gut wie alle Ungereimtheiten und Unklarheiten, die ein Weingesetz enthalten mag. Am vertrauten Bild eines Etiketts, mit dem man schon gute Erfahrungen gemacht hat, erkennt man sofort, daß man einen gut bereiteten Wein erwarten darf, um welche Qualitätsstufe, Lage oder Traubensorte es sich handelt. Deshalb nehmen Erläuterungen zu den Erzeugern in diesem Buch einen großen Raum ein, denn gute Namen sind wesentliche Anhaltspunkte für jeden, der nach echten und typischen Beispielen dessen sucht, was die Landkarten erwarten lassen.

DIE DEUTSCHEN REBSORTEN

Auxerrois Ertragsschwache weiße Rebsorte mit guter Süße bei wenig Säure; wird in kleinen Mengen in Baden angebaut. Nicht mit dem roten Auxerrois (eigentlich Malbec) von Cahors zu verwechseln.

Bacchus Neue ertragreiche, frühreifende Kreuzung (Silvaner × Riesling) × Müller-Thurgau. Würzig, mild, säurearm; ergibt sehr gute Auslesen; am besten jung zu trinken; wird oft als Süßreserve verwendet. Rheinhessen, Rheinpfalz, Mosel-Saar-Ruwer, Franken.

Clevner In Baden Synonym für Traminer, in Württemberg für Frühburgunder.

Dornfelder Erfolgreiche rote Traube, mit rund 400 ha am stärksten in Rheinhessen und in der Rheinpfalz angebaut. Kreuzung zwischen Helfensteiner und Heroldrebe; erbringt dunklen Wein mit kräftiger Säure.

Ehrenfelser (Riesling × Silvaner). Gute Neuzüchtung, in der Qualität zwischen Riesling und Müller-Thurgau. Anbauflächen: Rheinpfalz 280 ha, Rheinhessen 110 ha, Rheingau 82 ha und Hessische Bergstraße 10 ha.

Elbling Früher die Hauptrebe der Mosel; der Name soll von lat. *albus* (= weiß) herrühren. Heute im Bereich Obermosel am verbreitetsten. Neutral, säuerlich und sauber. Gut für Sekt geeignet.

Faber (Weißburgunder × Müller-Thurgau). Frühreifende Sorte mit besserem Zucker- und Säuregehalt als Müller-Thurgau. Anbauflächen: Rheinhessen 1710 ha, Rheinpfalz 385 ha, Nahe 140 ha.

Gewürztraminer (oder Traminer) Hellrote, würzige Traube, v.a. in Baden und Württemberg in kleineren Mengen angebaut, erreicht aber nicht so exotischen Charakter wie im Elsaß.

Gutedel Südbadischer Name für Chasselas («Fendant» in der Schweiz). Leichter, erfrischend spritziger, aber kurzlebiger Wein.

Huxelrebe (Gutedel × Courtillier musqué). Sehr ertragreiche neue Sorte, sehr würzig, frühreifend (ergibt oft Auslesen). In Rheinhessen und der Rheinpfalz sehr beliebt.

Kanzler (Müller-Thurgau × Silvaner). Wenig verbreitete Neuzüchtung; schwacher Ertrag bei guter Reife. Rheinhessen, Rheinpfalz.

Kerner (Riesling × Trollinger). Eine der erfolgreichsten Neuzüchtungen; frühreifend, als Ersatz für Riesling gedacht, dem er in Lebendigkeit und Ausgewogenheit oberflächlich ähnelt. Sehr ertragreich; Anbaufläche rund 6700 ha; über ganz Westdeutschland verteilt.

Klingelberger In Baden (Ortenau) Synonym für Riesling.

Limberger Auch Lemberger. In Österreich Blaufränkisch gennant. Spätreifende, säurereiche rote Traube, in Württemberg angebaut und oft für Verschnitte verwendet.

Morio-Muskat (Silvaner × Weißburgunder). Kaum zu glauben, aber in dieser frühreifenden Kreuzung steckt kein Muskatellerblut. Ihr Wein (von 2700 ha in Rheinhessen und der Rheinpfalz) ist gut, oft aber aufdringlich, wird am besten mit neutralerem (z.B. Müller-Thurgau) verschnitten.

Müllerrebe Alias Schwarzriesling. Alias Pinot Meunier. Wenig angebaut; liefert v.a. in Württemberg dunklen Rotwein.

Müller-Thurgau Die meistangebaute Rebsorte Deutschlands (25 500 ha). Kreuzung Riesling × Silvaner von 1882, gewissermaßen der älteste von vielen Kompromissen zwischen den besonderen Qualitäten des Rieslings und früherer Reife bei stärkerem Ertrag. Fäuleempfindlich; bringt selten Auslesen, ist aber als lieblicher Wein manchmal ganz exzellent.

Muskateller Der überaus würzige Muskat-Ottonel und der Gelbe Muskateller werden in Baden und auch in Württemberg in geringen Mengen angebaut.

Nobling (Silvaner × Gutedel). Ein stark verbesserter Gutedel mit feinem Aroma. 148 ha in Südbaden.

Optima ([Silvaner × Riesling] × Müller-Thurgau). Verbesserter Bacchus mit delikater Würze. 500 ha.

Ortega (Müller-Thurgau × Siegerrebe). Sehr früh reifende, aromatische und würzige Sorte mit wenig Säuregehalt. Wird in Mosel-Saar-Ruwer (156 ha) und Franken (51 ha) versuchsweise angebaut. Anbaufläche in Rheinhessen 610 ha und in der Rheinpfalz 340 ha.

Perle (Gewürztraminer × Müller-Thurgau). Sehr aromatische hellrote Traube, wird in Franken versuchsweise angebaut.

Portugieser, Blauer	Die zweitwichtigste deutsche Rotweintraube hinter dem Spätburgunder. Erbringt in Rheinhessen, der Rheinpfalz, Württemberg und an der Ahr leichten, säurereichen Rotwein und guten Weißherbst.
Reichensteiner	(Müller-Thurgau × [Madeleine Angevine × Calabreser Fröhlich]). Eine Euro-Kreuzung, in Zucker- und Säuregehalt etwas besser als Müller-Thurgau. Wird hauptsächlich in Rheinhessen und in der Rheinpfalz, in geringerem Maß in Mosel-Saar-Ruwer angebaut.
Rieslaner	(Silvaner × Riesling). Wenig verbreitete Sorte; erbringt in Franken hervorragende Auslesen.
Riesling (oder Weißer Riesling)	Mit 19 280 ha die zweitmeistangebaute Sorte Deutschlands, der Qualität nach jedoch unbestreitbar die erste. Erbringt Wein mit frischer, fruchtiger Säure und ungeheurer Lebenskraft. Braucht gute Lagen, reift spät, lohnt aber durch unnachahmlichen Charakter sowie Finesse und Rasse. Sicherlich die großartigste weiße Rebsorte der Welt.
Rotberger	(Trollinger × Riesling). Liefert an der Nahe hellroten Wein in sehr geringen Mengen.
Rülander	Alias Pinot Gris oder Tokay d'Alsace. Blaugraue Trauben; erbringen überraschend sauberen Wein von hoher Konsistenz. In Baden und der Rheinpfalz gute Ergänzung zum Riesling.
Scheurebe	(Silvaner × Riesling). Berühmt gewordene, inzwischen in Rheinhessen und der Rheinpfalz fest etablierte Kreuzung. Bei mangelnder Reife wenig subtil, manchmal scharfriechend, in reifen Auslesen dagegen oft ganz hervorragend.
Schönburger	Wenig verbreitete hellrote Spätburgunderkreuzung, ergibt milden Wein, ähnlich einem Traminer, mit wenig Säure. In Rheinhessen und der Rheinpfalz in kleinen Mengen angebaut.
Siegerrebe	(Madeleine Angevine × Gewürztraminer). Süße, aromatische Traube, wird in Rheinhessen gelegentlich für Verschnittzwecke verwendet.
Silvaner	Nimmt in der Beliebtheit die dritte Stelle und in der Gesamtanbaufläche rund neun Prozent ein. Reift wie der Riesling spät, ist auf leichten oder armen Böden trockenheitsempfindlich und weicht immer mehr dem Müller-Thurgau und anderen Sorten. Wohl kaum nobel zu nennen, auf kalkreichem Boden in Franken, Rheinhessen und auch am Kaiserstuhl eine treue, zuverlässige Sorte, die unvermutete Tiefe erreichen kann.
Spätburgunder, Blauer	Alias Pinot Noir. Die dunkle Burgundertraube nimmt insgesamt 4300 ha der deutschen Anbaufläche ein, vor allem in Baden (3160 ha), aber auch in Württemberg, Rheinhessen, der Rheinpfalz, im Rheingau und an der Ahr. Der Wein ist meist hell und gerbstoffarm; wird oft als Weißherbst und sogar als liebliche Auslese gekeltert. In den Export gelangt er kaum.
Traminer	Oft für Gewürztraminer gebrauchter Name. Eine schwierige Rebe. Über 900 ha, besonders in der Rheinpfalz und in Baden.
Trollinger	In Württemberg beliebte Traubensorte; reift spät und liefert einen frischen Rotwein.
Weißburgunder	Alias Pinot Blanc. In Deutschland wenig angebaut; liefert in Baden und an der Nahe sanften, recht neutralen Wein.

Weitere, zum Teil nur versuchsweise oder in geringem Umfang angebaute Rebsorten:

Domina	(Portugieser × Spätburgunder). Ertragreiche Rotweinsorte; wird an der Ahr (fast ausschließlich Rotweingebiet) und in Franken in sehr kleinen Mengen angebaut.
Findling	Sehr frühreifende Müller-Thurgau-Mutation, in geringen Stückzahlen vor allem an der Mosel zu finden.
Freisamer	(Silvaner × Ruländer). Lokale Spezialität von Freiburg im Breisgau.
Frühburgunder	Frühreifende Form des Spätburgunders; in Württemberg auch Clevner gennant.
Gutenborner	(Müller-Thurgau × Chasselas Napoleon). Wird versuchsweise im Rheingau und an der Mosel angebaut und scheint sich mit großen Erträgen gut zu bewähren.
Helfensteiner	(Frühburgunder × Trollinger). Frühreifende rote Sorte, fast nur in Württemberg anzutreffen. Bekannter als Vorfahre des Dornfelders.
Heroldrebe	(Portugieser × Limberger). Spätreifende Sorte mit zuverlässigen Erträgen, vor allem in der Rheinpfalz und in Württemberg angebaut.
Noblessa	(Madeleine Angevine × Silvaner Geilweilerhof). Anbaufläche knapp 200 ha, vor allem in Baden. Frühreifend, stellt wenig Ansprüche an Boden und Klima, liefert aber nur kleine Erträge.
Regner	(Gamay × Seidentraube). Verläßliche Weißweintraube, frühreifend, aber fäuleanfällig.
Samtrot	Eine Form der Müllerrebe. Ertragsschwach. Wird nur in sehr geringem Umfang angebaut.
Septimer	(Gewürztraminer × Müller-Thurgau). 1927 in Rheinhessen entstanden, wird auch fast nur dort angebaut. Anfällig für Krankheiten.
Struwwelpeterrebe	In Mißkredit geratene alte Sorte; Spätentwickler, borstig und unzuverlässig.
Würzer	(Gewürztraminer × Müller-Thurgau). Die Traube hat die Würzigkeit vom Gewürztraminer geerbt, daher auch ihr Name. Vor allem auf Lehm- und Lößböden sehr ertragreich. Rund 100 ha, zumeist in Rheinhessen.

RHEIN

ATLAS

ERLÄUTERUNGEN ZUM GEBRAUCH

Der Atlas ist in vier geographische Zonen unterteilt, **Nordwesten, Mitte, Osten und Süden.** Diese Zonen sind jeweils durch eine bestimmte Farbe gekennzeichnet (siehe Seite 27) und nochmals in die Qualitätsweinbaugebiete aufgegliedert. Der größeren Klarheit wegen ist Baden als das am stärksten auseinandergezogene Weinbaugebiet in einen nördlichen und einen südlichen Teil aufgetrennt. Die allgemeine Einführung steht vor dem Teil Nordbaden.

TOURENKARTEN

Die Karten sind in den vier farblich gekennzeichneten Zonen (siehe Seite 27) zusammengefaßt. Zur leichteren Erkennung, zu welcher Zone eine Karte gehört, sind jeweils oben auf der betreffenden Seite ein senkrechter Streifen in der zugehörigen Farbe und der Name der Zone angebracht. Die breiten rötlichen Linien auf diesen Tourenkarten stellen die Begrenzungen der Weinlagen-Übersichten dar, und am Rand der Tourenkarten sind jeweils die Weinregionen mit Angabe der Seitenzahl, wo die betreffende Weinlagenkarte in diesem Atlas aufzufinden ist, angegeben.

An den Ecken der Tourenkarten zeigen Pfeile mit Seitenzahlen an, wo die jeweilige Anschlußkarte zu finden ist.

Ein Schlüssel zu allen Tourenkarten ist auf Seite 26 zu finden, die Zeichenerklärungen sind auf Seite 25 wiedergegeben.

WEINLAGENKARTEN

Auf diesen Karten sind alle registrierten Einzellagen mit amtlicher Nummer sowie die Großlagen, zu denen sie gehören, eingezeichnet. Neben den Karten befindet sich jeweils eine Liste der Einzellagen, ebenfalls mit den entsprechenden Nummern, sowie der Gemeinden, Großlagen und Bereiche, in die sie fallen (siehe Liste der Lagen). Die Namen und Grenzen der Großlagen sind rot eingetragen. Die Einzellagen inneralb der Großlagen sind jeweils durch gleiche Farben gekennzeichnet.

Die Übersichtskarten neben den Weinlagenkarten sollen die Orientierung auf den Tourenkarten erleichtern. Auf ihnen sind die Umrisse der jeweiligen Weinlagenkarten sowie die größeren Städte im weiteren Umkreis eingezeichnet. Die Farbe, mit der die jeweilige Weinlagenkarte in der Übersichtskarte dargestellt ist, entspricht dem Farbkode der vier Zonen (siehe Seite 27). Am oberen Rand der Übersichtskarten sind jeweils die Seitenzahlen der zugehörigen Tourenkarten angegeben.

LISTE DER LAGEN

Neben den Weinlagenkarten befindet sich jeweils eine Liste der darin verzeichneten Einzellagen mit amtlichen Nummern. Außerdem sind zu jeder Einzellage der Bereich, die Großlage, die Gemeinde und oft auch der Ortsteil verzeichnet. (Eine Erläuterung dieser Begriffe folgt nachstehend.)

«T» (Teilstück) nach der amtlichen Nummer bedeutet, daß sich eine Einzellage über die Gemarkungsgrenzen einer Gemeinde oder eines Ortsteils hinaus erstreckt.

* nach der Nummer bedeutet, daß die Einzellage außerhalb der Karte liegt.

a, b, c, d, e, f oder g nach der Nummer bedeutet, daß eine Lage in mehrere Einzellagen aufgeteilt wurde. (Das Anfügen eines Kennbuchstabens ist einfacher und klarer als die Änderung aller Lagennummern.)

Einzellagen

Jeder deutsche Weinberg (mit wenigen Ausnahmen) ist amtlich als Einzellage registriert und trägt eine entsprechende Nummer. Er ist unter dem Namen der Gemeinde oder eines Ortsteils eingeordnet. Erstreckt sich eine Einzellage über die Gemarkungsgrenzen einer Gemeinde oder eines Ortsteils hinaus, dann erscheint sie in den Listen der Lagen unter allen zugehörigen Ortsnamen.

Einige wenige Weingüter sind selbst als Ortsteile registriert; nach ihren Namen steht keine Nummer, sondern ein Kennbuchstabe.

Wieder andere Lagen werden als «einzellagenfrei» oder «großlagenfrei» bezeichnet, d.h. sie fallen lediglich unter einen Bereich. Besonders kleine Lagen sind im System nicht erfaßt. Sie sind in den Listen der Lagen aufgeführt, in den Weinlagenkarten aber nicht verzeichnet.

Auf dem Etikett erscheint die Einzellage hinter dem Namen der Gemeinde, zum Beispiel Oppenheimer Sackträger.

Weitere Informationen in der Einleitung (S.11) und im Glossar (S.182).

Großlagen

Eine Großlage besteht aus einer Anzahl von Einzellagen, deren Weine als gleichartig gelten. Einige Großlagen erstrecken sich auf mehrere Einzellagen einer Gemeinde, andere wieder auf alle Einzellagen mehrerer Gemeinden. Auf dem Etikett muß vor dem Namen der Großlage der Name einer der Gemeinden innerhalb der Großlage erscheinen. Bernkasteler Wein aus der Großlage Badstube heißt auf dem Etikett also Bernkasteler Badstube.

Im alphabetischen Verzeichnis (Seiten 184 bis 288) sind alle Groß- und Einzellagen aufgeführt.

Weitere Informationen in der Einleitung (S.11) und im Glossar (S.182).

GEMEINDEN

Die in den verschiedenen Weinregionen beschriebenen Weinorte sind in geografischer Reihenfolge, meist den Flußläufen folgend, geordnet. Die jeweils nach den Gemeinden genannten Einzellagen stellen keine vollständige Liste, sondern eine Auswahl des Verfassers dar. Zu jeder Einzellage ist die Größe in Hektar, die Hangrichtung und die Hangneigung angegeben.

Bei vielen Gemeinden wird auch die Gesamtfläche der Weinberge verzeichnet, ebenso die Größe der meisten Einzellagen. Zusammengerechnet ergibt sich dabei gelegentlich mehr als die Gesamtfläche einer Gemeinde, aber nur deshalb, weil manche Einzellagen sich über die Gemarkungsgrenzen hinaus erstrecken.

Der Neigungswinkel der einzelnen Lagen wird mit «steil» (mindestens 20° zur Senkrechten), «ansteigend» (zwischen 5° und 20°) bzw. «flach» (0 bis 5°) angegeben. Der Hinweis «zu neunzig Prozent steil» bedeutet dabei, daß neunzig Prozent der betreffenden Lage eine Hangneigung von mehr als zwanzig Grad aufweist.

ERZEUGER

Welche Weingüter und Lagen in diesem Atlas beschrieben sind, richtet sich allein nach der persönlichen Auswahl des Verfassers. Innerhalb der im einzelnen beschriebenen Gebiete sind die Erzeuger in alphabetischer Reihenfolge nach Familiennamen geordnet. Die Winzergenossenschaften oder Winzervereine sind jeweils am Ende eines Abschnitts zusammengestellt.

REISE-INFORMATIONEN

Die genauen Termine der vielen Weinfeste ändern sich von Jahr zu Jahr und können deshalb hier nicht genau verzeichnet werden. Hierüber und über alles, was man sonst noch zu erfahren wünscht, geben die nachstehend aufgeführten Informationsstellen gern Auskunft.

INFORMATIONSSTELLEN

Ahr
Gebietsweinwerbung Ahr
Marktplatz 11
5483 Bad Neuenahr-Ahrweiler
Tel: 02641-5555

Baden
Weinwerbezentrale Badischer Winzergenossenschaften e.G.
Keßlerstraße 5
7500 Karlsruhe 1
Tel: 0721-557028

Franken
Frankenwein-Frankenland e.V.
Juliusspital-Weingut
Postfach 5848
8700 Würzburg
Tel: 0931-12093

Hessische Bergstraße
Weinbauverband Bergstraße
Königsberger Straße 4
6148 Heppenheim/Bergstraße
Tel: 06252-77101

Mittelrhein
Mittelrhein – Burgen und Wein e.V.
Am Hafen 2
5407 St. Goar
Tel 06741-7644

Mosel-Saar-Ruwer
Weinwerbung
Mosel-Saar-Ruwer e.V.
Gartenfeldstraße 12a
5500 Trier
Tel: 0651-76621/45967

Nahe
Weinland Nahe e.V.
Brückes 6
6550 Bad Kreuznach
Tel: 0671-27563

Rheingau
Der Rheingau – Der Weingau
Weinwerbung e.V.
Im Alten Rathaus
6225 Johannisberg
Tel: 06722-8117

Rheinhessen
Rheinhessenwein e.V.
An der Brunnenstube 33–35
6500 Mainz
Tel: 06131 681058

Rheinpfalz
Rheinpfalz – Weinpfalz e.V.
Robert-Stolz-Straße 18
6730 Neustadt/Weinstraße
Tel: 06321-7583

Württemberg:
Werbegemeinschaft
Württembergischer
Weingärtnergenossenschaften
Postfach 94
Heilbronner Straße 41
7000 Stuttgart 1
Tel: 0711-20401

ZEICHENERKLÄRUNG

Straßen und Wege
Autobahn mit Anschlußstelle und Nummer
Rasthaus mit Übernachtung
Raststätte · Erfrischungsstelle
Tankstelle · Parkplatz mit/ohne WC
Bedarfsumleitung an der Autobahn
Autobahn in Bau mit baldiger Verkehrsübergabe und Datum
Autobahn in Bau und geplant
Zweibahnige Straße (4-spurig)
Sonstige Kfz.-Straße
Bundesstraße · Straßennummern
Wichtige Hauptstraße
Hauptstraße · Tunnel · Brücke
Nebenstraße
Straßen in Bau
Straßen in Planung (ohne Farbe und Anschluß)
Fahrweg · Fußweg
Bevorzugter Wanderweg (Auswahl)

Bahnen
Vollspurbahn mit Fernverkehr
Vollspurbahn ohne Fernverkehr
Kleinbahn
Bahnhof · Bahnbrücke
Tunnel · Niveaukreuzung
Zahnradbahn, Standseilbahn
Kabinenschwebebahn
Sessellift

Sonstige Verkehrswege
Autofähre
Personenfähre
Schiffahrtslinie
Kanal mit Schleuse · Staudamm

Touristische Hinweise
Naturschutzgebiet · Sperrgebiet
Naturpark · Wald
Straße für Kfz. gesperrt
Straße für Kfz. gegen Gebühr
Steigungen in Pfeilrichtung
Touristenstraße · Paß
Schöner Ausblick · Rundblick
Landschaftlich bes. schöne Strecke
Malerisches Stadtbild · Ortshöhe
Besonders sehenswertes Objekt
Sehenswertes Objekt
Beachtenswertes Objekt
Sonstige Sehenswürdigkeit
Golfplatz · Schwimmbad
Ferienzeltplatz · Zeltplatz
Jugendherberge

Signaturen
Kirche im Ort, freistehend · Kapelle
Kloster · Klosterruine
Schloß, Burg · Schloß-, Burgruine
Turm · Funk-, Fernsehturm
Leuchtturm · Feuerschiff
Denkmal · Feldkreuz
Wasserfall · Kraftwerk
Bergwerk · Sägewerk
Mühle · Windmühle · Höhle
Bauwerk · Marktplatz, Areal
Hünen-, Hügelgrab · Soldatenfriedhof
Hotel, Wirtshaus, Berggasthaus, -hütte
Landeplatz · Segelfluggelände
Verkehrsflughafen
ADAC-Geschäftsstellen

Entfernungen
auf der Autobahn
auf dem übrigen Straßennetz

Verwaltung
Sitz der Bundesregierung
Staatsgrenze · Grenzübergang
Sitz der Landesregierung
Landesgrenze
Sitz der Bezirksverwaltung
Verwaltungsbezirksgrenze
Sitz der Kreisverwaltung
Kreisgrenze
Grenze, zu deren Überschreiten besondere Ausweise erforderlich sind, mit Übergang

SCHLÜSSEL ZU DEN TOURENKARTEN

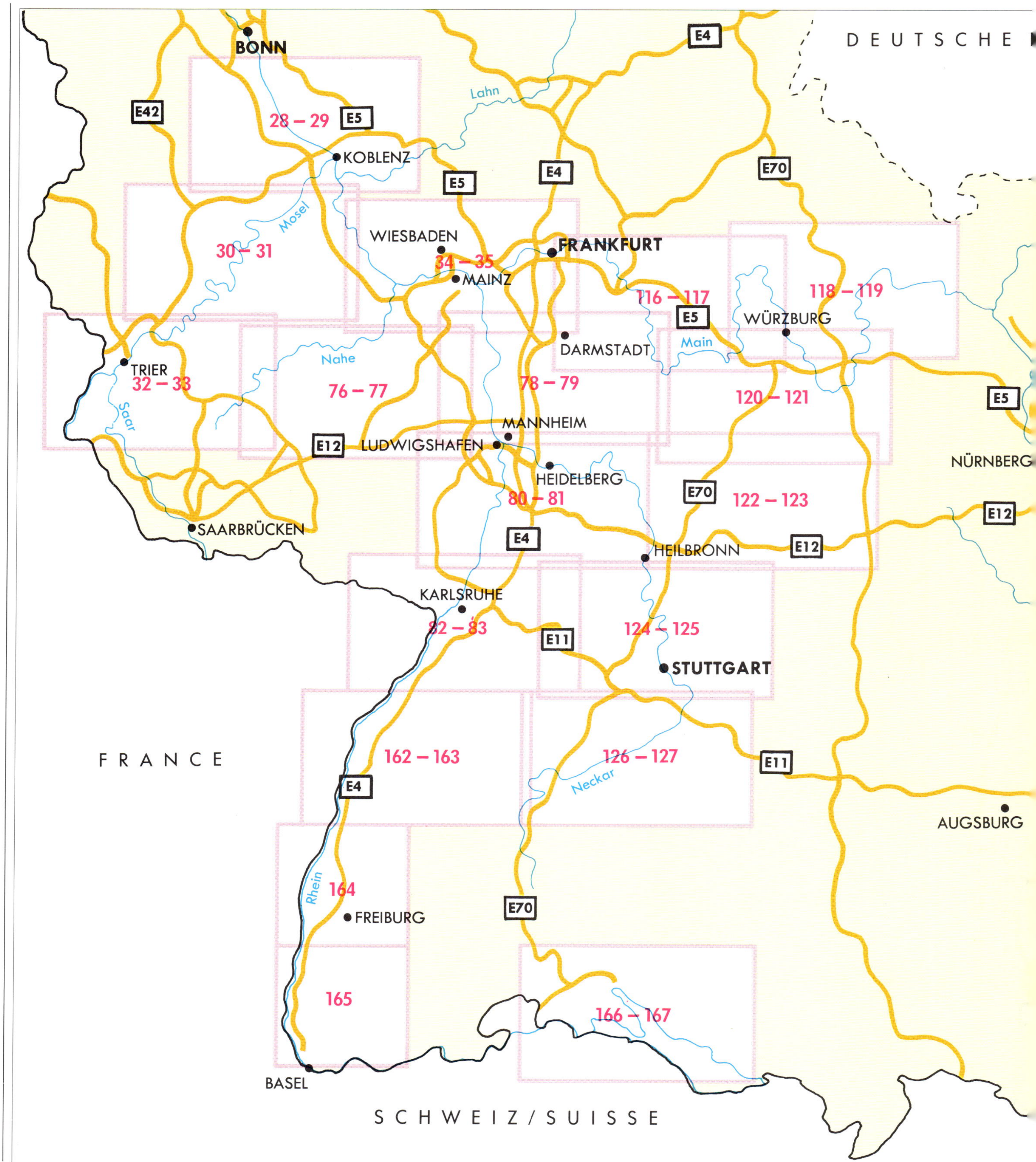

ZONEN

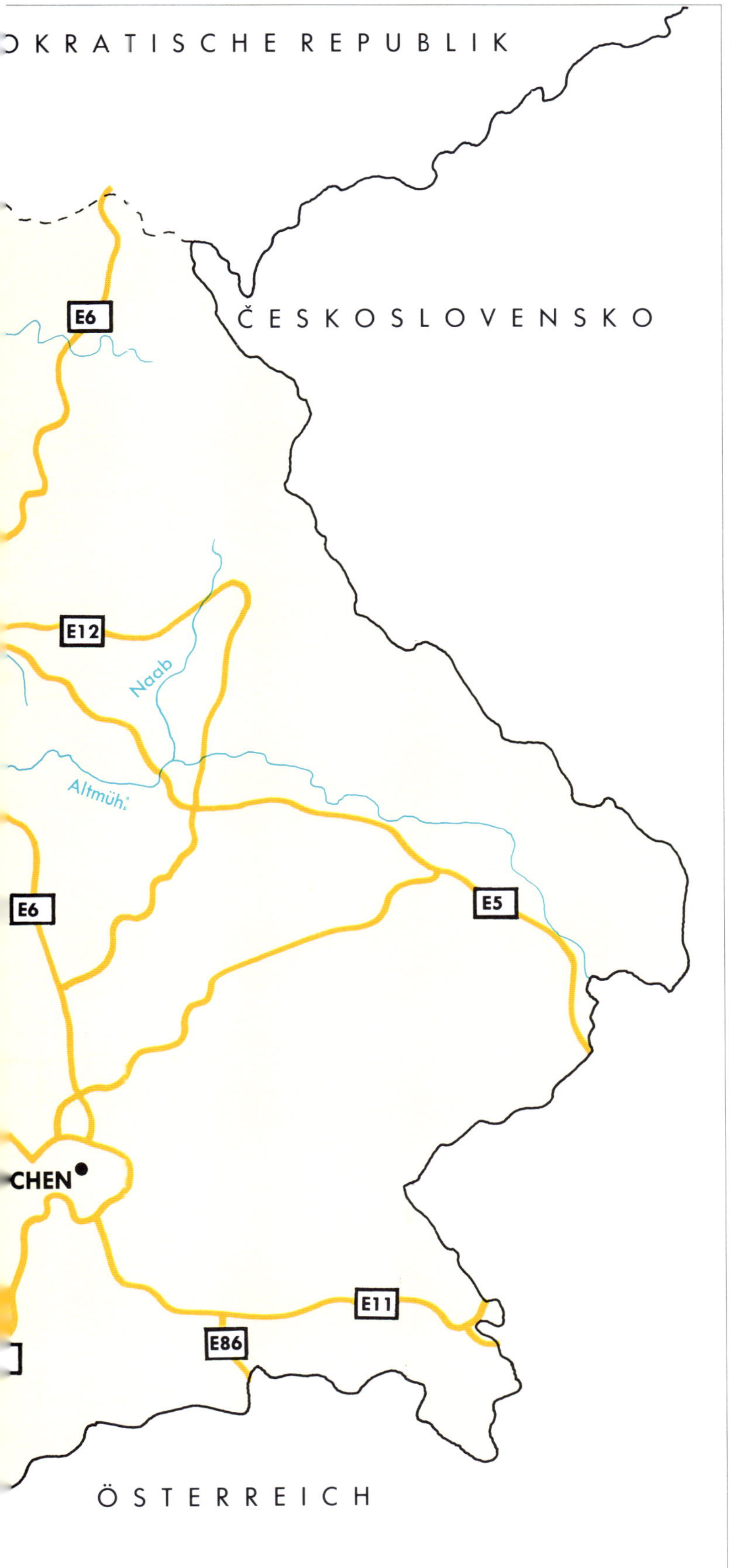

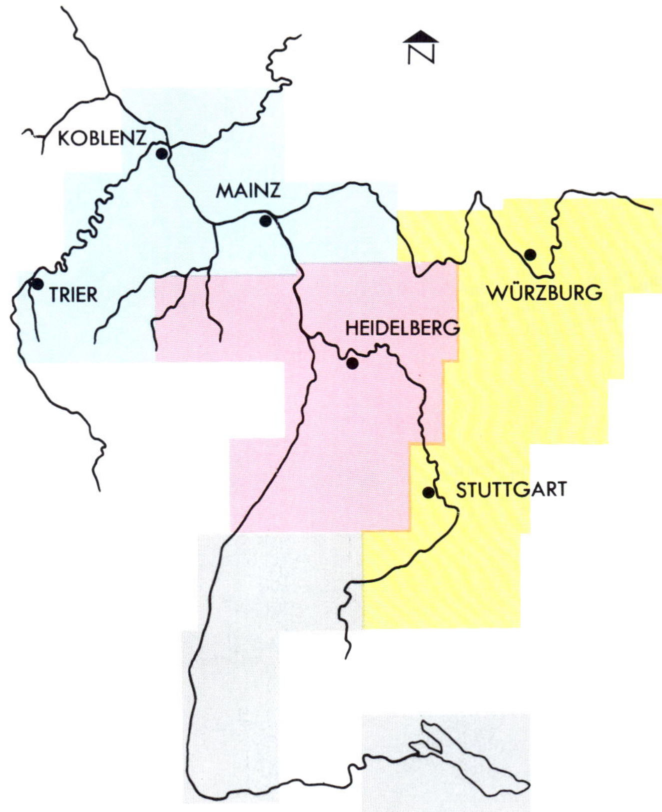

NORDWESTEN:	MITTE:
Ahr Mosel-Saar-Ruwer Mittelrhein Rheingau	Nahe Rheinhessen Rheinpfalz Hessische Bergstraße

OSTEN:	SÜDEN:
Franken Württemberg Nordbaden	Südbaden

166 – 167 — Seitenzahlen der Tourenkarten

E11 — Autobahn

NORDWESTEN

AHR · 38   MITTELRHEIN · 60

ALTENKIRCHEN
HACHENBURG
Westerwälder Seenplatte
DIERDORF
Rhein-Westerwald
RANSBACH
BAUMBACH
WIRGES
Siershahn
NEUWIED
BENDORF
HÖHR-GRENZHAUSEN
MONTABAUR
WEISSENTHURM
VALLENDAR
Mülheim-Kärlich
KOBLENZ
ADAC
BAD EMS
Naturpark Nassau
NASSAU
LAHNSTEIN
Neustadt (Wied)
Waldbreitbach
Rengsdorf
Winningen
Hillscheid
Ochtendung
Bassenheim

▲ 28

GEROLSTEIN
DAUN
WITTLICH
Ulmen
KYLLBURG
Manderscheid
Gillenfeld
Lutzerath
Bad Bertrich
Landscheid
Speicher
Welschbillig
Föhren
Hetzerath
Piesport
Klausen
Salmtal
Zeltingen-Rachtig
TRABEN-TRARBACH
Kröv
Ürzig
Bausendorf
Neuerburg
Birresborn
Hillesheim
Pelm
Rockeskyll
Dockweiler
Schalkenmehren
Mehren
Steiningen
Immerath
Strotzbüsch
Mückeln
Hasborn
Greimerath
Großlittgen
Musweiler
Binsfeld
Spangdahlem
Dudeldorf
Bitburg
Malberg
Etteldorf
Wilsecker
Orsfeld
Gindorf
Badem
Metterich
Gondorf
Beilingen
Herforst
Niersbach
Gladbach
Greverath
Heidweiler
Dierscheid
Zemmer
Orenhofen
Schleidweiler-Rodt
Hupperath
Bergweiler
Bruch
Dreis
Altrich
Platten
Osann-Monzel
Lieser
Maring-Noviand
Wintrich
Minheim
Esch
Rivenich
Sehlem
Hecken-münster
Dodenburg
Nauroth
Deutsche Wildstraße
Große Eifel-Route
Grüne Straße Eifel-Ardennen
Moselweinstraße
Ferienstraße Südeifel
Kondelwald
Salmwald
Pulvermaar
Meerfelder Maar
Weinfelder Maar
Gemündener Maar

33 ▼

UNTERE MOSEL · 43

MITTELRHEIN · 60

34

76

30

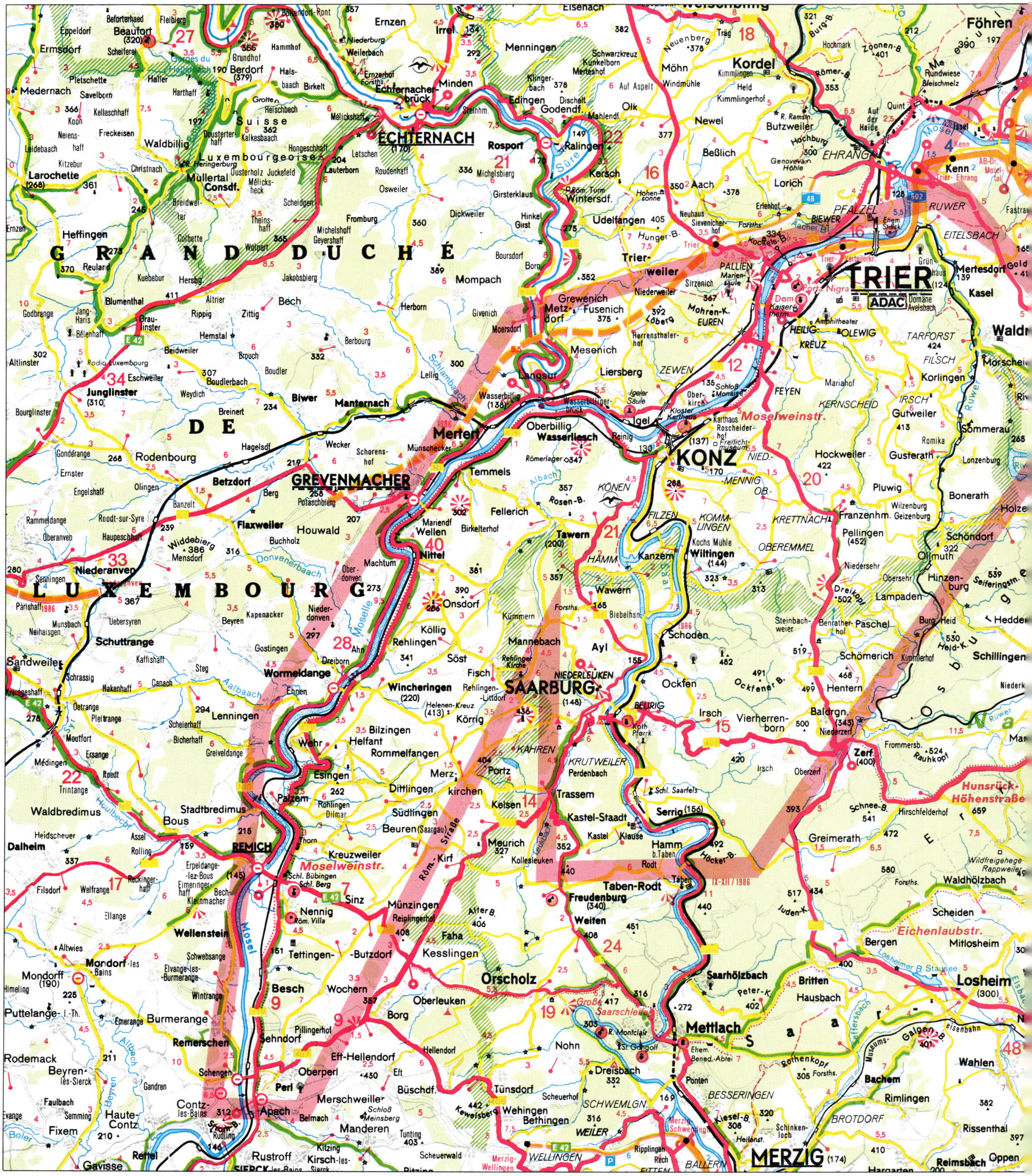
GRAND DUCHÉ DE LUXEMBOURG
ECHTERNACH
TRIER
KONZ
SAARBURG
MERZIG
GREVENMACHER
REMICH
Mettlach
Orscholz
Kordel
Föhren
Mertert
Wasserbillig
Nittel
Wormeldange
Junglinster
Niederanven
Betzdorf
Rodenbourg
Mompach
Bech
Biwer
Manternach
Wellen
Tawern
Ayl
Serrig
Zerf
Losheim
Perl
Besch
Nennig
Sinz
Moselweinstr.
Hunsrück-Höhenstraße
Eichenlaubstr.
Mosel
E 42

Neumagen
-Dhron
Klüsserath
Köwerich
Thörnich
Detzem
Leiwen
Trittenheim
Ensch
Schleich
Mehring
Pölich
Heidenburg
Büdlich
Breit
Berglicht
Gräfendhron
Horath
Merschbach
Haag
Hunolstein
Rapperath
Weiperath
Gutenthal
Odert
Etgert
Gielert
Hunsrück-Höhenstraße
Morbach
Gonzerath
Hundheim
Elzerath
Heinzerath
Merscheid
Wenigerath
Wederath
Hinzerath
Bischofsdhron
Wolzburg
Rorodt
Morscheid-Riedenburg
Immert
Deuselbach
Talling
Thalfang
Schönbg.
Naurath (Wald)
Bescheid
Neunkirchen
Lückenburg
Prosterath
Burtscheid
Beuren (Hochwald)
Hilscheid
Dhronecken
Malborn
Geisfeld
Rascheid
Hinzert-Pölert
Farschweiler
Reinsfeld
HERMESKEIL
Damflos
Züsch
Neuhütten
Gusenburg
Grimburg
Bierfeld
Nonnweiler
Otzenhausen
Sitzerath
Wadrill
Kastel
Braunshsn.
Kostenbach
Buweiler-Rathen
WADERN
Primstal
Lockweiler
Dagstuhl
Theley
Hasborn-Dautweiler
Tholey
Bergweiler
Alsweiler
Limbach
Dörsdorf
Neipel
Dorf
Lindscheid
Überroth-Niederhfn.
Scheuern
Krettnich
Bardenbach
Büschfeld
Noswende
Thailen
Konfeld
Steinberg
Morscholz
Wedern
Gehweiler
Eiweiler
Selbach
Eckelhausen
Bosen
Sötern
Schwarzenbach
Oberthal
Gronig
Neunkirchen
Steinberg-Deckenhardt
Namborn
Gonneswlr.
Walhausen
Mosberg-Richwlr.
Türkismühle
Nohfelden
Hirstein
Hofeld-Mauschbach
Baltersweiler
Wolfersweiler
Eitzwlr.
Freisen
Asweiler
Grügelborn
Reitscheid
Oberkirchen
Schwarzerden
Herchwlr.
Hoppstädten-Weiersbach
BIRKENFELD
Dienstweiler
Dambach
Brücken
Achtelsbach
Abentheuer
Meckenbach
Ellweiler
Buhlenbg.
Ellenberg
Gollenberg
Elchweiler
Niederhambach
Oberhamb.
Rinzenbg.
Börfink
Schmißberg
Kronweiler
Rimsberg
Nohen
Reichenbach
Heimbach
Ruschberg
Berglangenbach
Leitzweiler
Rohrbach
Fohren-Linden
Mettweiler
Berschwlr.
Eckerswlr.
Thallichtenbg.
Reichweiler
Pfeffelbach
Albessen
Konken
Langenbach
Selchenb.
Herschwlr.-Pettersheim
Sonnenbg.
Frauenberg
Winnenberg
Niederbrombach
Oberbrombach
Hattgenstein
Schwollen
Leisel
Siesbach
Mackenrodt
Rötsweiler-Nockenthal
IDAR-OBERSTN.
Hettenrodt
Kirschweiler
Allenbach
Wirschweiler
Sensweiler
Bruchweiler
Kempfeld
Schauren
Hellertshausen
Asbach
Hottenbach
Weiden
Stipshausen
Weitersbach
Hochscheid
Herrstein
Morschied
Oberwörresbach
Herborn
Veitsrodt
Vollmersbach
Deutsche Edelsteinstr.
Ilsbach
Hochwald
Idarwald
Hunsrück

29

RHEINGAU · 64/65

31

MITTELRHEIN · 60

77

NAHE · 91

RHEINHESSEN · 97

116

ROSBACH v. d. Höhe
Anspach
Wehrheim
Riedelbach
Treisbg
Hundstal
Finsternthal
Mauloff
Steinfischbach
Reichenbach
Wald-ems
Seelenberg
Dorfweil
Schmitten
Arnoldshain
Obernhain
Saalburg
FRIEDRICHSDF.
Oberreifenberg
Niederreifenberg
Oberems
Wüstems
Esch
Bermbach
OBERROD
NIEDERROD
IDSTEIN
BAD HOMBURG v.d. Höhe
GONZENHM.
OBERURSEL
BOMMERSHM.
Glashütten
Schloßborn
Hochtaunusstr.
Altkönig
KÖNIGSTN.
KRONBG.
Niedernhsn.
Königshfn.
EPPSTEIN
KELKHM.
BAD SODEN
SCHWALBACH
STEINBACH
ESCHBORN
Sulzbach
Hofhm.
Liederb.
NIEDERURSEL
BONAMES
HEDDERNHM
PRAUNHM
ESCHERSHM
SECKBACH
BORNHM.
FRANKFURT am Main
WIESBADEN
ADAC
RÖDELHEIM
BOCKENHM.
SOSSENHM
UNTERLIEDERBACH
HÖCHST
NIED
GRIESHEIM
SCHWANHEIM
GOLDSTEIN
NIEDERRAD
SACHSENHSN.
OBERRAD
HOFHEIM a. Taunus
Kriftel
HATTERSHM.
KELSTERBACH
NORDENSTADT
ERBENHEIM
WALLAU
BIEBRICH
DELKENHM.
MASSENHEIM
WICKER
Bad Weilbach
Flughafen Frankfurt/M
NEU-ISENBURG
ZEPPELINHEIM
BUCHSCHLAG
SPRENDLINGEN
DREIEICH
DREIEICHENHAIN
HOCHHEIM a. M.
FLÖRSHM.
RAUNHEIM
Mönchwald
-WALLDORF
KOSTHM
Bischofshm.
RÜSSELSHEIM
MÖRFELDEN
LANGEN
Egelsbach
Erzhausen
Ginshm. Gustavsbg.
HASSLOCH
KÖNIGSTÄDTEN
Nauheim
Astheim
Trebur
GROSS-GERAU
WALLERSTÄDTEN
Kl.-Gerau
Worfelden
Gräfenhsn.
Schneppenhsn.
Braunshardt
WIXHAUSEN
ARHEILGEN
KRANICHSTEIN
Messel
OFFENTHAL
Bodenhm.
Nackenhm.
Winternheim
Harxheim.
Lörzweiler
Weiterstadt
Liebfrauenstraße
Rheingauer Riesling-Route

AHR

Im allgemeinen brauchen Rotweintrauben mehr Sonne und Wärme als Weißweintrauben, um zur Reife zu gelangen. So mag es doch recht paradox erscheinen, daß sich das nördlichste Anbaugebiet Deutschlands am meisten auf seinen Rotwein zugute hält. Man könnte meinen, die Ahr verdanke ihre Beliebtheit als Weinbauregion mehr der Schönheit ihrer Landschaft als dem Charakter und Geschmack der sehr leichten Rotweine, die hier wachsen. Die Ahr ist ein westlicher Nebenfluß des Rheins. Sie entspringt in der Eifel und mündet südlich von Bonn in den Rhein. Ihre steilen Talwände sind über ein Strecke von 16 km fast durchgehend mit Weinbergen überzogen: 400 ha, davon dreißig Prozent mit Spätburgunder, dreißig Prozent mit Portugieser und anderen Rotweintrauben und vierzig Prozent mit Riesling und Müller-Thurgau besetzt.

Die Weißweine haben, wenn sie gut ausgereift sind, eine sehr ansprechende, deutlich ausgeprägte Würze. Den Rotweintrauben ist das Ausreifen so weit im Norden so gut wie ganz verwehrt. Der Spätburgunder (bei weitem der beste) bringt freilich nur einen schwachen Abglanz des Pinot-Noir-Charakters zuwege. Sein Wein ist hell und leicht, oft ausgeprägt lieblich bereitet. Daß er so großen Zuspruch findet, liegt wohl vor allem an der Nähe dicht besiedelter Landstriche und der Vorliebe ihrer Bewohner für Wanderungen durch die Weinberge und anschließende fröhliche Abende in gemütlichen Gaststuben.

Der Weinbau an der Ahr geht auf die Zeiten der Römer zurück. Die Spätburgunderrebe kam Ende des 17. oder Anfang des 18. Jahrhunderts in das Tal. Heute bearbeiten hier nicht weniger als neunhundert kleine Winzer den Boden; die meisten von ihnen sind in sieben Genossenschaften zusammengeschlossen, aber ein rundes Hundert keltert und verkauft seinen Wein selbst. Auch dürfen die Winzer von der Ahr die Ehre für sich in Anspruch nehmen, im Jahr 1868 die erste Winzergenossenschaft Deutschlands gegründet zu haben. Von dem Wein, der hier wächst, gelangt nur sehr wenig über die Grenzen des Ahrtals hinaus und noch viel weniger in den Export.

Es gibt nur einen Bereich und eine einzige Großlage, Klosterberg, auf die elf Gemeinden mit 43 Einzellagen entfallen.

▲ Herbst an der Ahr: Auf dem Spaziergang durch die Weinberge entdeckt man viele Schilder mit Lagennamen, und bis zu den Dörfern mit ihren gemütlichen Wirtshäusern ist der Weg nie weit.

REISE-INFORMATIONEN

Der Weintourismus ist im Ahrtal bestens organisiert; an guten Gasthäusern, markierten Wanderwegen und malerischen Städtchen herrscht kein Mangel.

An Wochenenden, besonders im Sommer, ist in dieser Gegend mit regem Ausflugsverkehr zu rechnen.

Die Nord-Süd-Autobahn A61 kreuzt das Tal bei Heppingen; dadurch ist die Ahr in 15 Minuten Fahrzeit von Bonn aus zu erreichen. Die Ausfahrt heißt Bad Neuenahr; die A573 verläuft dem Tal entlang und mündet bei Löhndorf wieder in die A61 ein. Die B267 zieht sich längs durch das Tal.

Von Remagen aus führt eine Bahnlinie talaufwärts bis nach Adenau.

Der *Rotweinwanderweg* geht über 30 km von Altenahr nach Lohrsdorf durch Wälder und Weinberge mit vielen Seitenwegen in die angenehm nahe beieinanderliegenden Orte. Markiert ist der Weg durch eine rote Traube auf weißem Grund. Wanderkarten gibt es allerorten.

Die Rotweinstraße beginnt in Sinzig und verläuft längs durch das Tal. Die Markierung zeigt ein stilisiertes Tal. Überall sind Parkplätze angelegt.

Sehenswertes

Altenahr: Romanische Kirche und Burgruine.
Mayschoß: Winzergenossenschaft mit Kellerei, fast immer für Besucher geöffnet; Kunstschätze (z.B. Marmor-Grabplatten) in der Pfarrkirche.
Rech: Typischer Weinort mit Kellereien und einer alten Brücke.
Dernau: Barockkirche. Die Staatsdomäne Kloster Mariental liegt in der Nähe (siehe Erzeuger).
Bad Neuenahr-Ahrweiler: Alte Stadtmauern, eine Kirche (in Heimersheim) mit den ältesten Fenstern Deutschlands; Burgruinen. In beiden Städten gibt es reichlich Weinstuben, Kellereien und sonstige Annehmlichkeiten.

Essen und Trinken

Spezialitäten: u.a. Rauchfleisch, Pilze, Schinken aus der Eifel und Ahr-Forellen.

Es gibt mehr Restaurants als Hotels – die meisten Besucher sind Tagesausflügler. Bad Neuenahr als Kurort hat das Steigenberger Kurhotel (Tel.: 02641-2291) aufzuweisen; in Walporzheim findet man das «Gourmet» im Teufenbach (Tel.: 02641-34198) mit erstklassiger Küche, außerdem das Romantik-Restaurant Weinhaus St. Peter mit seinem Innenhof (Tel.: 02641-34031). Die Weinstuben im Ahrtal sind überaus gemütlich.

WEINBAUGEMEINDEN

BAD NEUENAHR

Das Herz des Ahrtals, eine malerische Stadt mit mittelalterlichen Wehrmauern. Heilbad mit heißen Quellen als zusätzliche Attraktion für Besucher.

Ehlingen, Heimersheim, Lohrsdorf, Heppingen, Neuenahr, Bachem, Ahrweiler, Walporzheim und Marienthal (mit einem der kleinsten Winzervereine in Deutschland: nur 19 Mitglieder) sind Ortsteile von Bad Neuenahr-Ahrweiler; unter sie fallen die Weinberge des unteren Ahrtals.

Bachem ist durch seinen Frühburgunder bekannt, doch sind alle Weinberge mit Spätburgunder und Portugieser bestockt.

27 Einzellagen, fast alle an Steilhängen.

DERNAU

Sitz der zentralen Winzergenossenschaft, bekannt für guten Rotwein. Auffallend sind die terrassierten Weinberge. Angepflanzt werden Rotwein-Rebsorten, daneben Müller-Thurgau und Riesling.

Hardtberg, Burggarten, Pfarrwingert, Goldkaul, Schieferlay. Sämtlich steile Südhänge außer Goldkaul (Westlage).

RECH

Ein Dorf mitten im Wald mit einer Ahrbrücke aus dem 18. Jh. Die Lage Hardtberg ist mit Riesling besetzt, die beiden anderen Einzellagen mit Rotweinreben.

MAYSCHOSS

Die Burgruine Saffenburg aus dem 11. Jh. steht hoch über Mayschoß, einem malerischen Weinort mit rund tausend Einwohnern. Die 1868 gegründete Winzergenossenschaft soll die erste in Deutschland gewesen sein. 6 Einzellagen, alle steil oder stark geneigt, erstrecken sich neben jähen Felsen. Der Riesling ist vorherrschend.

Mönchberg (43 ha, SW, steil), v.a. mit Riesling bestockt, ebenso Silberberg, Laacherberg und Lochmühlerley.

ALTENAHR UND AHRBRÜCK

Der tausendjährige Ort Altenahr ist das Zentrum des oberen Ahrtals. Hier gibt es zwei Einzellagen: Eine davon heißt Übigberg und liegt an dem gleichnamigen Berg mit herrlichem Panoramablick und einer Seilbahn.

◀ Weinlese in der Lage Schloßberg bei Kloster Marienthal

ERZEUGER UND WEINLAGEN

Weingut J.J. Adeneuer

Max-Plank-Str. 8, 5483 Bad Neuenahr-Ahrweiler, Tel.: 02641-34473. *Besitzer:* Marc und Frank Adeneuer. 3,8 ha. *Einzellagen:* Walporzheim: Gärkammer (0,8 ha) und Domlay (1); Ahrweiler: Forstberg (1); Heimersheim: Burggarten (1).

Ein großer Rotweinspezialist mit 500 Jahren Familientradition. 76% Spätburgunder, 21% Portugieser; die Weine gehören zu den stilvollsten der Ahr.

Jakob Sebastian Nachf.

Brückenstraße 111, 5481 Rech, Tel.: 02643-2025. *Besitzer:* Bernd Sebastian. 6,6 ha. *Einzellagen:* Heppingen: Berg (Alleinbesitz); Neuenahr: Schieferlay; Ahrweiler: Daubhaus; Walporzheim: Kräuterberg; Dernau: Burggarten; Rech: Hardtberg, Blume und Herrenberg; Mayschoß: Silberberg, Burgberg und Schieferlay.

Alte Winzerfamilie mit einem zersplitterten kleinen Weingut. In Mayschoß ist Rebland vom Fürsten von Arenberg gepachtet. Heppingen hat schwereren Boden und bringt den kräftigsten Wein hervor. Große Erfolge bei DLG-Prämierungen, u.a. ein Großer Preis für einen 1983er Heppinger Berg Spätburgunder Beerenauslese. Der Rebbestand umfaßt 75% Spätburgunder, 10% Riesling, der Rest ist Müller-Thurgau, Kerner und Portugieser.

Staatliche Weinbaudomäne Kloster Marienthal/Ahr

Klosterstraße, 5481 Marienthal/Ahr. *Leiter:* Wolfgang Frisch. 18,7 ha. *Einzellagen:* Marienthal: Klostergarten (9,4 ha) und Stiftsberg (6,4) – beide Alleinbesitz; Walporzheim: Kräuterberg (0,9); Ahrweiler: Rosenthal (1) und Silberberg (0,6); Dernau: Hardtberg (0,4). Großlage Klosterberg.

Rebbestand: 69% Spätburgunder, 20% Portugieser, 11% vorweigend experimentelle Rotweinsorten, z.B. Carmina. Augustiner-Konvent vom 12. bis 19. Jh.; heute das Musterweingut an der Ahr mit hochgeschätzten Rotweinen, darunter vielen Auslesen – ein Geschmack, wie man ihn sonstwo nicht findet. 10% der Erzeugung gehen in den Export.

Weingut Jean Stodden

Hauptstraße 114, 5481 Rech/Ahr, Tel.: 02643-8485. *Besitzer:* Regina und Gerd Stodden. 4,1 ha. *Einzellagen:* Mayschoß: Mönchberg; Dernau: Burggarten; Rech: Blume, Hardtberg und Herrenberg.

Kleines Weingut und Handelshaus mit Brennerei seit vier Generationen. 40% Portugieser, 40% Spätburgunder, 18% Riesling, 2% Müller-Thurgau. (Der Anteil von Spätburgunder und Portugieser soll auf 90% erweitert, der von Riesling auf 10% verringert werden.) Der Portugieser ist sehr leicht, der Spätburgunder in guten Jahren warm und feurig, der Riesling ist recht scharf und der Müller-Thurgau mild. Steile Hänge und Schieferboden sind das Geheimnis der besten Lagen. Etwas Export in die USA und nach Holland.

Vereinigte Ahrwinzergenossenschaften eG Dernau

Heerstraße 91–93, 5483 Bad Neuenahr-Ahrweiler 1, Tel.: 02641-21022

1971 durch Zusammenschluß von 7 kleineren Kellereien gegründet. Die 625 Mitglieder liefern Trauben von 39% (174 ha) der kleinen Rebfläche an der Ahr. Alle Weine gehen in Flaschen direkt an deutsche Kunden – im Durchschnitt über 180 000 Kisten im Jahr. Haupt-Rebsorten: Portugieser 38%, Spätburgunder 34% und Müller-Thurgau 16%.

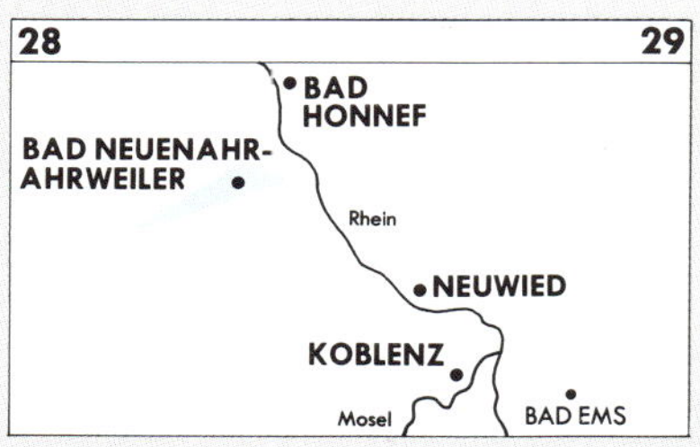

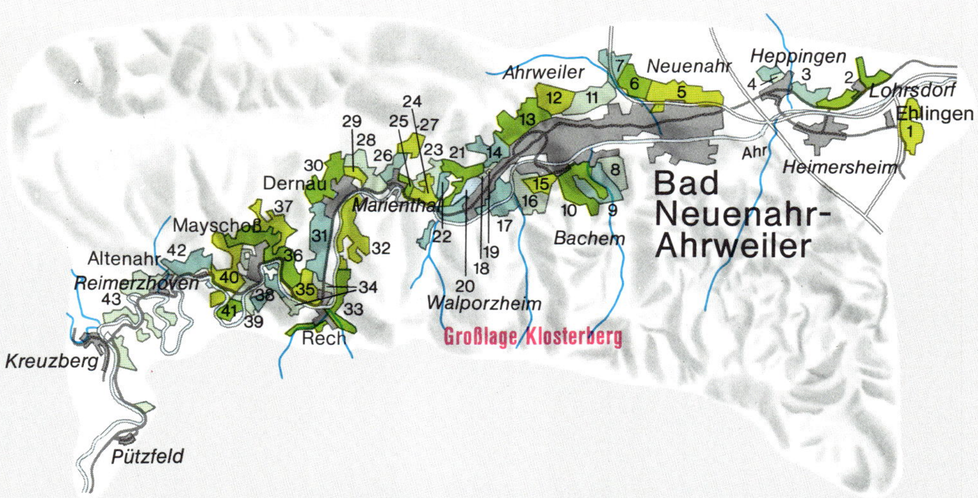

BEREICH WALPORZHEIM/ AHRTAL

GROSSLAGE KLOSTERBERG

Ehlingen
(Ortsteil von Bad Neuenahr-Ahrweiler)
Kapellenberg 1

Heimersheim
(Ortsteil von Bad Neuenahr-Ahrweiler)
Landskrone 2 P
Burggarten 3 P

Lohrsdorf
(Ortsteil von Bad Neuenahr-Ahrweiler)
Landskrone 2 P

Heppingen
(Ortsteil von Bad Neuenahr-Ahrweiler)
Burggarten 3 P
Berg 4

Neuenahr
(Ortsteil von Bad Neuenahr-Ahrweiler)
Sonnenberg 5
Schieferley 6
Kirchtürmchen 7

Bachem
(Ortsteil von Bad Neuenahr-Ahrweiler)
Karlskopf 8
Sonnenschein 9
Steinkaul 10

Ahrweiler
(Ortsteil von Bad Neuenahr-Ahrweiler)
Daubhaus 11
Forstberg 12
Rosenthal 13
Silberberg 14
Riegelfeld 15
Ursulinengarten 16

Walporzheim
(Ortsteil von Bad Neuenahr-Ahrweiler)
Himmelchen 17
Kräuterberg 18
Gärkammer 19
Alte Lay 20
Pfaffenberg 21
Domlay 22

Marienthal
(Ortsteil von Bad Neuenahr-Ahrweiler)
Rosenberg 23
Jesuitengarten 24
Trotzenberg 25
Klostergarten 26
Stiftsberg 27

Dernau
Hardtberg 28
Pfarrwingert 29
Schieferlay 30
Burggarten 31
Goldkaul 32

Rech
Hardtberg 33
Blume 34
Herrenberg 35

Mayschoß
Mönchberg 36
Schieferlay 37
Burgberg 38
Silberberg 39
Laacherberg 40
Lochmühlerley 41

Altenahr
Eck 42 P
Übigberg 43 P

– Ortsteil Reimerzhoven
Eck 42 P

– Ortsteil Kreuzberg
Übigberg 43 P

Ahrbrück Ortsteil Pützfeld
Übigberg 43 P

MOSEL-SAAR-RUWER

▲ Bernkastel mit seiner Schwesterstadt Kues, vom Doctorberg aus gesehen. Wein aus der Lage Doctor ist meist der teuerste Mosel.

Das große Weinbaugebiet entlang dem gewundenen Mosellauf von Luxemburg bis zum Rhein und an den Nebenflüssen ist in *einem* Anbaugebietsnamen zusammengefaßt. Dies liegt im Wein begründet, denn die Weine von Mosel, Saar und Ruwer sind einander überraschend ähnlich, so unterschiedlich auch die Qualität sein mag. Sie sind klar, spritzig, hocharomatisch und voll subtiler Riesling-Frucht. Hier ist im wesentlichen Riesling-Land; kein anderer Boden und keine andere Lage kann die erregende Harmonie der feinsten aller Weißweintrauben besser zur Geltung bringen.

Billige Moselweine, wie sie unter so populären Namen wie Moselblümchen, Zeller Schwarze Katz' oder Kröver Nacktarsch oder auch unter dem sehr großzügig ausgelegten Bereichsnamen Bernkastel angeboten werden, sind meist keine Rieslinge, sondern Müller-Thurgau-Weine. Auf den feineren Lagen wächst nur Riesling, und überall bemüht man sich um präziseste Identität. Die Nomenklatur ist kompliziert und nur mit Mühe zu beherrschen, aber diese Anstrengung lohnt sich sehr.

Die Beschreibung ist hier in drei Abschnitte unterteilt, entsprechend den Bereichen Zell bzw. Untermosel, Bernkastel bzw. Mittelmosel sowie Saar-Ruwer, Obermosel und Moseltor. Am eingehendsten werden die Lagen der mittleren Mosel sowie an Saar und Ruwer geschildert, weil hier die Wachstumsbedingungen am günstigsten und die Weine am individuellsten sind.

DIE UNTERE MOSEL

▲ Die große Moselschleife bei Bremm umsäumt eine mittelalterliche Klosterruine. Die ziemlich flachen Weinberge um sie herum sind die Einzellagen Abtei Kloster Stuben und Stubener Klostersegen. Im Vordergrund liegt der sehr steile Südhang des 1373 erstmals erwähnten Calmont, in den sich Bremm und Eller (hinter der Flußbiegung) teilen.

Der Weinbau an der Mosel ist gewissermaßen ein Produkt des Flusses. Nur wenige Weinberge liegen außer Sichweite des Wassers. Die mehr oder weniger steilen Talwände geben die Weinberglagen ab. Aus verschiedensten Gründen wächst an den steilsten Hängen der beste Wein – doch sind sie auch am teuersten zu bearbeiten. Die Bearbeitungskosten je Hektar Moselweinberg gehören zu den höchsten in Deutschland.

Auf ihrem verschlungenen Weg legt die Mosel die Strecke zwischen Luxemburg und Koblenz doppelt zurück. Straßen und Bahnen folgen ihrem Lauf und verbinden überaus reizvolle Dörfer und Städte miteinander. Auf den Weintourismus hat sich die Mosel sehr stark eingestellt.

Bestimmend für die Qualität des Weins sind der Boden – Schiefer ist am besten, er kommt an der Mittelmosel am meisten vor – und das Mikroklima. In diesen nördlichen Breiten haben Neigung und Richtung der Hänge großen Einfluß auf die Menge der Sonneneinstrahlung und damit auf den Reifegrad der Trauben. Die untere Mosel hat ihren Anfang – oder vielmehr ihr Ende – in Koblenz, am majestätischen Zusammenfluß mit dem Rhein. Auf den letzten Kilometern vor Koblenz verläuft die Mosel ziemlich gerade nach Nordosten. Daher liegen die meisten Weinberge auf dem südostwärts abfallenden linken Ufer. Oberhalb von Cochem setzen die charakteristischen geschwungenen Flußbiegungen ein. In diesen Schleifen bietet die Mosel viele steile Südhänge der Sonne dar.

Es gilt als allgemein anerkannt, daß an der unteren Mosel die Weinlagen den Vergleich mit den besten an der mittleren Mosel nicht aushalten können, mit einigen Ausnahmen an Stellen, wo Hangneigung und -richtung im Zusammenwirken den Riesling voll zur Reife bringen. Dort findet sich jedoch weniger Schiefer als weiter flußaufwärts; Sandstein ist vorherrschend.

Die Moselweinberge beginnen schon in Koblenz mit zwei kleinen Lagen in Metternich und Güls. Außerhalb der Stadt nimmt dann das Moseltal bald sein charakteristisches Gepräge mit steilen Hanglagen bei Winningen an. Wenn auch die besonders guten Lagen hier seltener sind als weiter talaufwärts, sind die Preise dennoch nicht geringer. Der Riesling herrscht vor; in manchen Orten wir nur er angebaut.

Der Bereich heißt Zell und ist in fünf Großlagen unterteilt – am bekanntesten ist die Schwarze Katz'. Es gibt nur wenige große Weingüter; die kleinen Erzeuger, oft «Feierabend-Winzer», geben den Ton an. Sie liefern ihre Trauben oder ihren Wein meist an die Winzergenossenschaften. Die älteste im Tal ist die in Gondorf, sie geht auf das Jahr 1896 zurück.

REISE-INFORMATIONEN

Die untere Mosel ist von Koblenz aus bequem zu erreichen. Sie ist ein lohnendes Ziel für einen Abstecher von einer Rheinreise, vor allem, weil sie nicht so überlaufen ist wie das Rheintal.

Die Nord-Süd-Autobahn A61 überquert die Mosel südwestlich von Koblenz. An der Ausfahrt Koblenz/Dieblich erreicht man eine Straße, die auf dem Südufer talaufwärts führt. Will man am Nordufer die Moselweinstraße befahren, benutzt man die Ausfahrt am Autobahnkreuz A61/A48 in Richtung Koblenz oder (westwärts) nach Kobern.

Brücken sind an der Mosel selten: In Koblenz befindet sich eine, eine zweite in Löf und eine dritte in Karden, wo sich der Süduferstraße steile Hänge entgegenstellen.

Eine Bahnlinie verläuft auf dem Nordufer bis Cochem, wo der Kaiser-Wilhelm-Tunnel den Cochemer Krampen mit seiner 24 km langen Flußschleife durchsticht. Dampfer der Köln-Düsseldorfer Schiffahrtslinie befahren die Mosel von Koblenz bis Cochem. Zu den Schiffen auf dem oberen Mosellauf von Bernkastel aus besteht eine Bahnverbindung.

Südöstlich von der Mosel erstreckt sich der bewaldete Hunsrück mit seinen stillen Dörfern und Gelegenheit zum Wandern und Jagen. Im Nordwesten dehnt sich die Eifel mit ihren berühmten Maaren aus.

Sehenswertes
Kobern-Gondorf: Historisches Weinmuseum: das älteste deutsche Fachwerkhaus (1321) in der Kirchstraße.
Burg Eltz: aus dem 11. bis 17. Jh.; Fresken, Tapisserien, Möbel und herrliche Blicke. Von Moselkern aus zu erreichen.
Cochem: Kleine Stadt mit restaurierter Burg. Sessellift zum Pinnerkreuz mit schönem Ausblick.
Bruttig-Fankel: Schöne Renaissance-Häuser und eine sehenswerte Pfarrkirche (in Fankel).
Beilstein: Schöne Fachwerkhäuser; der Ort nicht so überlaufen wie Cochem.
Bad Bertrich: Heilbad in einem Seitental, 10 km von der Mosel entfernt; Kurhaus von 1780, Burg.
Zell: Betriebsames Weinzentrum; römischen Ursprungs.

Weinstraßen
Die Moselweinstraße verläuft am Fluß entlang und überquert ihn mehrmals. Gut mit einen stilisierten «M» ausgeschildert.

Weinfeste
Cochem (Mitte Juni), Ellenz (Juli und Aug.), Ediger (Juli, Aug. u. Okt), Mesenich (1. Wochenende im Aug.), Winningen (letzes WE im Aug. – 1. WE im Sept.), Moselkern (1. WE im Sept.).

Weinpfade
In Mesenich, Senheim-Senhals, Valwig und Winningen; Weinproben überall bei Winzern; Weinzentren in Bruttig-Fankel, Ellenz-Poltersdorf, Kobern-Gondorf. Eintägige Weinseminare in Senheim jeden Montag (Juli bis Okt.).

Essen und Trinken
Moselspezialitäten: Schweinefleisch in Weinmarinade, Schnecken mit Weintrauben, «Weincräwes» – Schweinerippchen mit Sauerkraut, eingelegte Schweinezunge mit Rahmsenfsauce und «Winzerfrühstück»: Leberwurst, Senf und Zwiebelringe auf Schwarzbrot.

Das Fremdenverkehrsamt in Koblenz (Tel.: 0261-31304) gegenüber dem Hauptbahnhof bucht Zimmerbestellungen, ebenso die Informationsstelle an der Brücke in Cochem (Tel.: 02671-39710). Allerorten gibt es gute Restaurants und Hotels: Restaurant Schloß Zell in Zell (Tel.: 06542-4084) mit schönem Garten; Weingut Haus Lippman (Tel.: 02673-15730) mit Fischspezialitäten, eigenen Weinen und einer herrschaftlichen Halle: die Alte Thorschenke in Cochem aus dem Jahr 1332 (Hotel, Tel.: 02671-7059).

► Merl bei Zell verdankt der Flußschleife eine für das rechte Moselufer ungewöhnliche Südlage.

WEINBAUGEMEINDEN

ZELL

Die bekannteste Weinbaugemeinde gibt auch den Bereichsnamen für die untere Mosel ab; in gewissem Maße ist ihr Ruhm auf die Großlage Schwarze Katz' und die unvermeidlich dazugehörige schwarze Katze auf dem Etikett zurückzuführen. Zell und das flußabwärts anschließende Zell-Merl verfügen über gute Lagen an steilen Hängen mit Schieferboden, wo zumeist zwar leichte, aber verführerisch duftige und blumige Rieslinge wachsen.

Einzige Großlage Schwarze Katz'; *Einzellagen:* Merl: Sonneck, 6 ha, SW, 100% ansteigend; Adler, 20 ha, S-SSW, 80% steil; Königslay-Terrassen, 10 ha, S, 100% steil; Stephansberg, 50 ha, SSO, 70% steil; Fettgarten, 21 ha, SSO, 90% steil; Klosterberg, 83 ha, SO 95% steil. Zell: Nußberg, 13 ha, SSW, 80% steil; Burglay-Felsen, 50 ha, SSW-SW, 70% steil; Petersborn-Kabertchen, 31 ha, WSW, 90% steil; Pomerell, 22 ha, WSW, 90% steil; Kreuzlay, 28 ha, SSO, 90% steil; Domherrenberg, 74 ha, SO, 75% steil.

BULLAY

Eine kleine, wenig bekannte Gemeinde mit nicht sehr ausgedehnten, aber beachtenswerten Steilhängen mit Schieferboden, an denen feine leichte Rieslingweine wachsen. Besonders erfreulichen Wein liefert der in seinem Seitental geschützt liegende Kroneberg.

Großlage Grafschaft mit *Einzellagen:* Graf Beyßel-Herrenberg, 17 ha, S-W, 100% steil. Brautrock, 10 ha, S-W, 60% steil. Kroneberg, 6 ha, SSO, 100% steil. Kirchweingarten, 10 ha, SSO, 100% steil. Sonneck, 9,5 ha, 60% steil.

ALF

Der Bullay gegenüberliegende Ort hat gute Lagen auf den Moselhängen und in einem Seitental aufzuweisen. Die besten Lagen sind zu 100% mit Riesling bestockt.

38 ha in der Großlage Grafschaft mit *Einzellagen:* Kapellenberg, 15 ha, O-SO, 70% steil. Katzenkopf, 5,3 ha, SO, 70% steil. Herrenberg, 10 ha, SSO, 80% steil. Burggraf, 17,5 ha, S-SSW, 70% steil.

NEEF

Das kleine Neef auf dem rechten Moselufer an der nächsten Biegung nach Bullay erfreut sich eines sehr guten Steilhangs in der klassischen Moselart: Frauenberg.

Großlage Grafschaft mit *Einzellage* Frauenberg, 39,5 ha, SSW-WSW, 100% steil.

ST. ALDEGUND

Drei Lagen auf dem linken Ufer gegenüber Neef bieten vielversprechende Voraussetzungen für Riesling.

74 ha in der Großlage Grafschaft mit *Einzellagen:* Himmelreich, 17 ha, SSO, steil. Palmberg-Terrassen, 13 ha, SO, steil. Klosterkammer, 40 ha, O-SSO, 35%, steil.

Ähnlich begünstigte Lagen werden am windungsreichen Lauf der Mosel bis Cochem immer seltener. Von dort an fließt sie auf geraderem Weg über Karden und Löf in Richtung Koblenz. Die Großlagennamen an diesem unteren Teil lauten: Grafschaft, Rosenhang, Goldbäumchen und schließlich Weinhex.

EDIGER-ELLER

Bei Bremm macht der Fluß eine scharfe Biegung und bietet Ediger und Eller einen guten Südwesthang. In Eller gibt es herrliche Weinkeller. Die Lage Calmont auf der Außenseite der engen Schleife gehört mit zu den steilsten Europas.

195 ha in der Großlage Grafschaft mit *Einzellagen:* Ediger: Osterlämmchen, 58 ha, SW, 40% steil; Hasensprung, 5 ha, SO-SW, steil; Elzhofberg, 20 ha, SW, 70% steil; Pfaffenberg, 11 ha, SSW, 70% steil: Feuerberg, 11,5 ha, SSW. 70% steil; Pfirsichgarten, 35 ha, S-WSW, 20% steil. Eller: Höll, 10 ha, SO, 70% steil; Calmont, 5 ha, SSO-S, 60% steil; Schützenlay, 5 ha, SO, 100% steil.

ELLENZ-POLTERSDORF

Ellenz liegt am Nordufer in einer großen Flußschleife, gegenüber Beilstein, einem der schönsten Orte an der Mosel. Auf zwei großen, sanft abfallenden Lagen wächst in Ellenz Riesling, Müller-Thurgau und (am unteren Ende der Mosel ungewöhnlich) Elbling.

152 ha in der Großlage Goldbäumchen mit *Einzellagen:* Altarberg, 50 ha, S, 30% steil. Kurfürst, 84 ha, SO, ansteigend.

COCHEM

Das Städtchen profitiert von einem Seitental, das einen Südhang für die Lage Pinnerkreuzberg bietet.

43 ha in der Großlage Goldbäumchen mit *Einzellagen:* Pinnerkreuzberg, 18 ha, S-SW, steil. Herrenberg, 7 ha, SO, steil. Beides Riesling.

WINNINGEN

Der letzte Weinort der Mosel liegt unterhalb der Autobahnbrücke, fast kann man hier die Glocken von Koblenz noch hören. Der Riesling herrscht vor.

148 ha in der Großlage Weinhex mit *Einzellagen:* Uhlen, 17,5 ha, SW, steil. Hamm, 16 ha, S-SW, steil. Domgarten, 121 ha, SO-S, 25% steil.

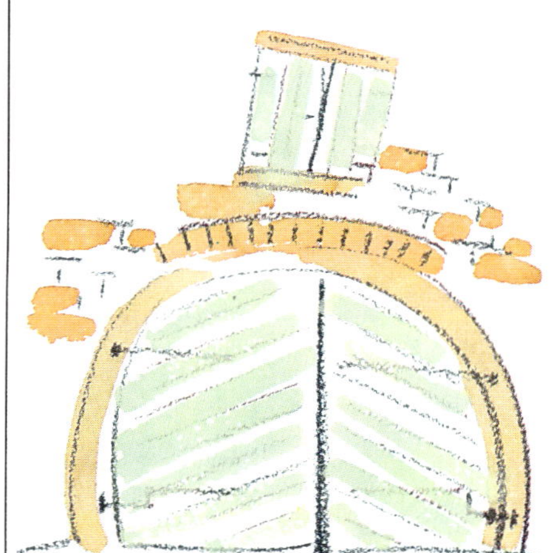

BEREICH ZELL/ MOSEL

GROSSLAGE WEINHEX

Metternich
(Ortsteil von Koblenz)
Marienberg 1 P

Güls
(Ortsteil von Koblenz)
Marienberg 1 P
Bienengarten 2
Königsfels 3
Im Röttgen 4 P

Moselweiß
(Ortsteil von Koblenz)
Hamm 5 P

Lay
(Ortsteil von Koblenz)
Hamm 5 P
Hubertusborn 6

Winningen
Im Röttgen 4 P
Brückstück 8
Domgarten 9
Hamm 10
Uhlen 11

Kobern-Gondorf
Ortsteil Kobern
Uhlen 11 a
Fahrberg 12
Weißenberg 13
Schloßberg 14 P

– Ortsteil Gondorf
Schloßberg 14 P
Gäns 15
Fuchshöhle 16
Kehrberg 17

Dieblich
Heilgraben 18

Niederfell
Fächern 19
Kahllay 20
Goldlay 21

Lehmen
Lay 22
Klosterberg 23
Würzlay 24
Ausoniusstein 25

Oberfell
Goldlay 26
Brauneberg 27
Rosenberg 28

Moselsürsch
(Ortsteil von Lehmen)
Fahrberg 29 P

Kattenes
(Ortsteil von Löf)
Fahrberg 29 T
Steinchen 30

Alken
Bleidenberg 31
Burgberg 32
Hunnenstein 33

Brodenbach
Neuwingert 34

Löf
Goldblume 35
Sonnenring 36

Hatzenport
(Ortsteil von Löf)
Stolzenberg 37
Kirchberg 38
Burg Bischofstein 39

Burgen
Bischofstein 40

GROSSLAGE GOLDBÄUMCHEN

Moselkern
Rosenberg 41
Kirchberg 42
Übereltzer 43

Müden
Funkenberg 44
Leckmauer 45
Sonnenring 46
St. Castorhöhle 47
Großlay 48

Treis-Karden
Ortsteil Karden
Dechantsberg 49
Münsterberg 50
Juffermauer 51

Pommern
Zeisel 52
Goldberg 53
Sonnenuhr 54
Rosenberg 55

Klotten
Rosenberg 55 a
Burg Coreidelsteiner 56
Sonnengold 57
Brauneberg 58

Cochem
Herrenberg 59
Pinnerkreuzberg 60
Schloßberg 61

Cochem
Ortsteil Sehl
Hochlay 62
Klostergarten 63 (Ebernach)

WEINLAGEN

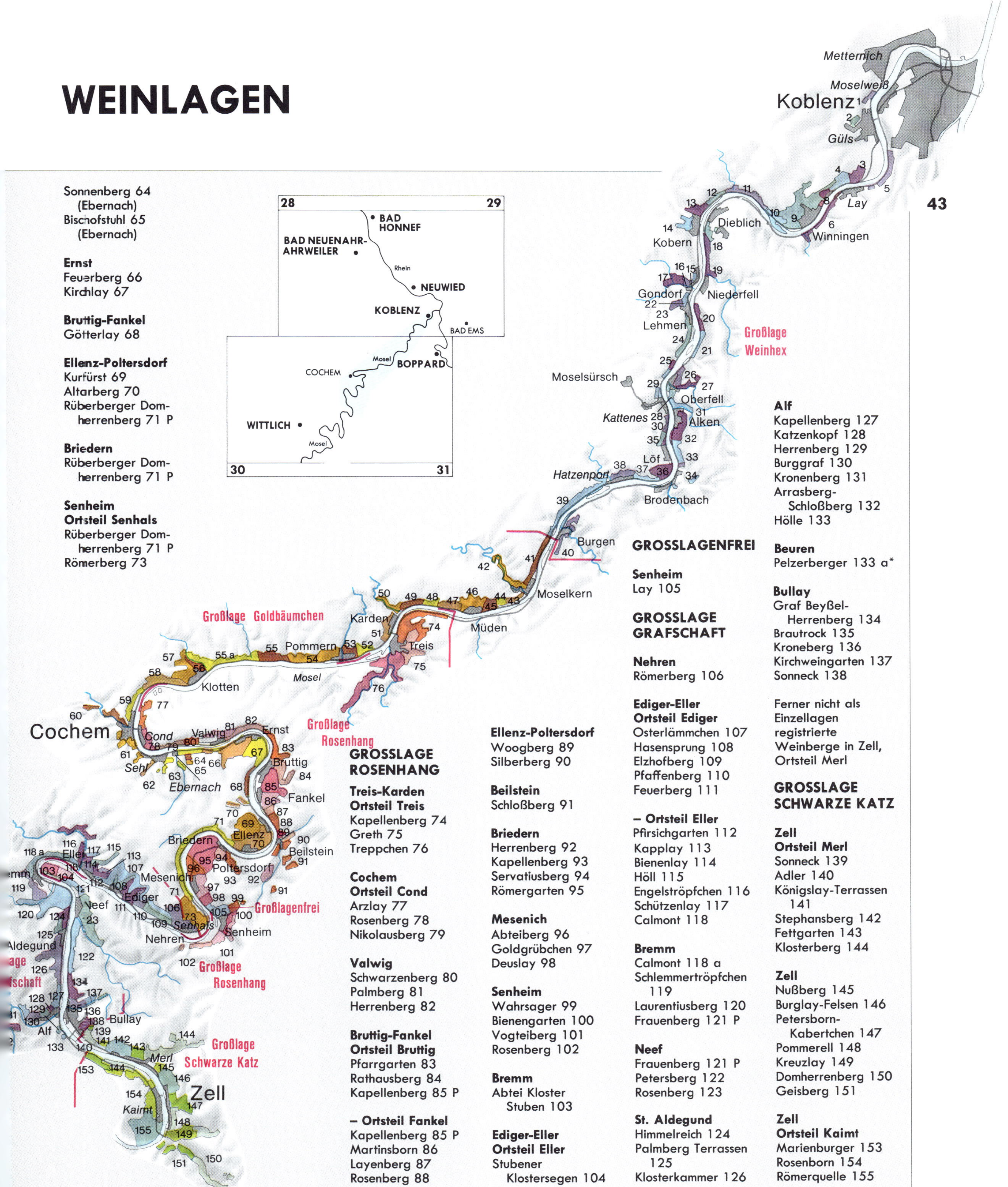

Sonnenberg 64
(Ebernach)
Bischofstuhl 65
(Ebernach)

Ernst
Feuerberg 66
Kirchlay 67

Bruttig-Fankel
Götterlay 68

Ellenz-Poltersdorf
Kurfürst 69
Altarberg 70
Rüberberger Domherrenberg 71 P

Briedern
Rüberberger Domherrenberg 71 P

Senheim
Ortsteil Senhals
Rüberberger Domherrenberg 71 P
Römerberg 73

GROSSLAGE ROSENHANG

Treis-Karden
Ortsteil Treis
Kapellenberg 74
Greth 75
Treppchen 76

Cochem
Ortsteil Cond
Arzlay 77
Rosenberg 78
Nikolausberg 79

Valwig
Schwarzenberg 80
Palmberg 81
Herrenberg 82

Bruttig-Fankel
Ortsteil Bruttig
Pfarrgarten 83
Rathausberg 84
Kapellenberg 85 P

– Ortsteil Fankel
Kapellenberg 85 P
Martinsborn 86
Layenberg 87
Rosenberg 88

Ellenz-Poltersdorf
Woogberg 89
Silberberg 90

Beilstein
Schloßberg 91

Briedern
Herrenberg 92
Kapellenberg 93
Servatiusberg 94
Römergarten 95

Mesenich
Abteiberg 96
Goldgrübchen 97
Deuslay 98

Senheim
Wahrsager 99
Bienengarten 100
Vogteiberg 101
Rosenberg 102

Bremm
Abtei Kloster Stuben 103

Ediger-Eller
Ortsteil Eller
Stubener Klostersegen 104

GROSSLAGENFREI

Senheim
Lay 105

GROSSLAGE GRAFSCHAFT

Nehren
Römerberg 106

Ediger-Eller
Ortsteil Ediger
Osterlämmchen 107
Hasensprung 108
Elzhofberg 109
Pfaffenberg 110
Feuerberg 111

– Ortsteil Eller
Pfirsichgarten 112
Kapplay 113
Bienenlay 114
Höll 115
Engelströpfchen 116
Schützenlay 117
Calmont 118

Bremm
Calmont 118 a
Schlemmertröpfchen 119
Laurentiusberg 120
Frauenberg 121 P

Neef
Frauenberg 121 P
Petersberg 122
Rosenberg 123

St. Aldegund
Himmelreich 124
Palmberg Terrassen 125
Klosterkammer 126

Alf
Kapellenberg 127
Katzenkopf 128
Herrenberg 129
Burggraf 130
Kronenberg 131
Arrasberg-Schloßberg 132
Hölle 133

Beuren
Pelzerberger 133 a*

Bullay
Graf Beyßel-Herrenberg 134
Brautrock 135
Kroneberg 136
Kirchweingarten 137
Sonneck 138

Ferner nicht als Einzellagen registrierte Weinberge in Zell, Ortsteil Merl

GROSSLAGE SCHWARZE KATZ

Zell
Ortsteil Merl
Sonneck 139
Adler 140
Königslay-Terrassen 141
Stephansberg 142
Fettgarten 143
Klosterberg 144

Zell
Nußberg 145
Burglay-Felsen 146
Petersborn-Kabertchen 147
Pommerell 148
Kreuzlay 149
Domherrenberg 150
Geisberg 151

Zell
Ortsteil Kaimt
Marienburger 153
Rosenborn 154
Römerquelle 155

DIE MITTLERE MOSEL

Der Bereich Bernkastel, den Älteren unter uns noch mit dem alten Namen Mittelmosel bekannt, umfaßt alle die besten Weinlagen des Hauptlaufs der Mosel, die hier schon ein ansehnlicher Fluß ist und sich in unvergleichlicher Schönheit zwischen den auf dem rechten und linken Ufer abwechselnden Weinbergen hindurchwindet. Wo immer ein Hang aufragt und den Fluß zu einer Schleife zwingt, bietet er auch der Rebe den günstigen Neigungswinkel zur Sonne hin.

Die Flußufer wären hier eigentlich als Felswände zu bezeichnen: An manchen Stellen steigen sie jäh zweihundert Meter hoch auf. Der Boden ist reiner Schiefer – zugleich porös und wärmereflektierend. Die Porosität sorgt dafür, daß Regenwasser sofort versickert und der Boden an den steilen Stellen liegenbleibt. Die vom Schiefergestein zurückgeworfene Wärme bringt der Rieslingrebe von jedem Sonnenstrahl höchste Ausbeute.

Hier, wie am ganzen Mosellauf, hat die Sonneneinstrahlung zentrale Bedeutung für die Qualität des Weins. Die Flußschleifen bieten vollendete Süd- und Südosthänge, aber auch halbschattige Nordhanglagen. Zu vielen Orten gehört Land auf beiden Seiten der Mosel. Da die Ortsnamen und manchmal auch die Einzellagen für Land auf beiden Seiten gelten, ist in einigen Fällen Vorsicht anzuraten.

Bernkastel, das natürliche Herz dieser Gegend, ist ein prachtvolles Architekturmuseum mit enggedrängten hohen Fachwerkhäusern. Aus Bernkastel selbst stammt auch der berühmteste Wein des Bereichs.

Die Experten sind sich nicht ganz einig, wo die Weinorte mit bemerkenswerter Qualität flußauf und flußab genau beginnen oder enden. Konservative Betrachter wollen die klassische Mittelmosel auf das Stück zwischen Trittenheim und Ürzig begrenzt wissen. Aber es gibt auch darüber hinaus noch ausgezeichnete Weinorte mit vorzüglichen Lagen.

Die ersten Orte unterhalb von Trier, die mit guten Südhängen aufwarten können, sind Longuich und (auf der anderen Seite der Brücke) Schweich, dann Longen und Lörsch. Ihre Namen sind nicht durch vornehme Weingüter berühmt, in günstigen Jahren können aber auch hier beachtliche Weine wachsen. Die meisten sind Rieslinge, und damit ist die erste Voraussetzung für feinen Moselwein erfüllt. Mehring besitzt einige bekannte Lagen. Etwas unterhalb, bei Pölich, macht der Fluß eine scharfe Wendung nach Norden, die erste einer Reihe von Schleifen, die sich durch die ganze Mittelmosel ziehen. Die Einzellage Held in Pölich ist höchst beachtenswert. Von hier an gilt am Nordufer bis Klüsserath die Großlage St. Michael – nicht zu verwechseln mit Michelsberg um Piesport.

REISE-INFORMATIONEN

An der mittleren Mosel finden sich die großartigsten Weinlagen und die meisten berühmten Weingüter. Viele Winzer heißen Besucher willkommen, und es fehlt nicht an Gelegenheiten zu Weinproben.

Sehenswertes
Bernkastel, herrlich gelegen und voller alter Häuser, ist so sehr Touristenstadt, daß man kaum eine Postkarte findet, auf der nicht eine Reihe von Kutschen an der Mosel zu sehen ist. Ein Besuch der Stadt lohnt sich allein schon durch das Weinmuseum und den großartigen Blick von der Burg Landshut. Neben Bernkastel haben auch Piesport, Wintrich, Graach und alle die anderen von Weinkarten her vertrauten Orte Probierkeller und grandiose Landschaftsbilder zu bieten. Von Nebenstraßen aus hat man manchen schönen Blick über den Fluß, so zwischen Trarbach und Graach.

Weinstraßen
Die Moselweinstraße verläuft am Fluß entlang. Weinbergpfade in Ensch, Enkirch, Kröv, Leiwen, Reil, Schleich, Schweich und Trittenheim.

Weinseminare
Wochenend-Seminare finden in Traben-Trarbach, Senheim und Bernkastel statt.

Weinfeste
Alf (1. Sonntag im Aug.), Bernkastel-Kues (1. Wochende im Sept.), Burg (Sept.), Enkirch (Pfingsten und Aug.), Kröv (1. WE im Okt.), Traben-Trarbach (Ende Juni und letztes WE im Juli), Zeltingen-Rachtig (Aug.).

Essen und Trinken
In Bernkastel und Kues finden sich viele Hotels, Gasthäuser und Privatpensionen – Auskunft erteilt das Fremdenverkehrsamt am Fluß (Tel.: 06531-4023). Auch das Fremdenverkehrsamt Traben-Trarbach (Bahnhofstr. 22) vermittelt Unterkunft. Der Gasthof Altes Moseltor (Tel.: 06541-6551) bietet Zimmer und ein berühmtes Restaurant. In Wehlen gibt es das ruhige Mosel-Hotel (Tel.: 06531-8527) sowie Hotels mit so vielsagenden Namen wie Sonnenlay (Tel.: 06531-6496) und Sonnenuhr (Tel.: 6531-8423). Dreis, 8 km von Wittlich, kann mit dem Waldhotel Sonnora (Tel.: 06578-406), einem stillen Fleckchen mit feiner Küche, aufwarten. Das Hotel Robertmühle (Tel.: 06509-515) in Büdlicherbrüch liegt ebenso ruhig im Dhrontal bei Trittenheim an der Straße nach Reinsfeld.

▼ Piesport drängt sich um seinen weißen Kirchturm am Fuß der Lage Goldtröpfchen, einem 5 km langen und 150 m hohen Amphitheater voller Reben in idealer Südlage.

WEINBAUGEMEINDEN

MEHRING

Mehring ist etwas bekannter geworden, z.T. wegen seiner Größe, zweifellos aber auch, weil das berühmte Friedrich-Wilhelm-Gymnasium an den Südhängen des Orts Besitzungen hat. Hier gilt für die besseren Lagen der Großlagenname St. Michael. Die hinter der Biegung des Flusses nach NO gewendeten Weinberge gehören wieder zur Großlage Probstberg.

290 ha in der Großlage St. Michael mit *Einzellagen:* Zellerberg, 185 ha, SSW, 50% steil. Blattenberg, 12 ha, S-SSW, 100% steil. Goldkupp, 160 ha, S-SSW, 40% steil. Großlage Probstberg 50 ha, NO, 100% steil.

KLÜSSERATH

Die Einzellage Bruderschaft (rund 250 ha) ist zu 90% mit Riesling besetzt.

353,5 ha in der Großlage St. Michael mit *Einzellagen:* Bruderschaft, 250 ha, SSO-S-SW, 80% steil. Königsberg, 100 ha, SO und SW, 30% steil, 40% flach.

KÖWERICH

Köwerich liegt am Südufer des Flusses, gegenüber der steilen, schmalen Einzellage Laurentiuslay (100% Riesling). Die übrigen Lagen gehören nicht in dieselbe Klasse.

Großlage St. Michael mit *Einzellagen:* Laurentiuslay, 23 ha, SW-WSW, 100% steil. Held, 140 ha, NO, 80%, ansteigend.

LEIWEN

Leiwen liegt ebenfalls auf dem Südufer und teilt sich mit Köwerich in den Lagennamen Laurentiuslay, jedoch für ein getrennt vom übrigen auf der anderen Seite des Tals liegendes Stück. Die anderen Weinberge von Leiwen sind nicht so privilegiert.

449 ha in der Großlage St. Michael mit *Einzellage* Laurentiuslay, 19 ha, WSW und WNW, 100% steil.

TRITTENHEIM

Trittenheim liegt in der Mitte einer herrlichen Flußschleife und hat gute Lagen auf beiden Talseiten. Nordwärts erstreckt sich die Großlage (Piesporter) Michelsberg.

326 ha in der Großlage Michelsberg mit *Einzellagen:* Altärchen, 245 ha, SSO-W, 60% steil. Apotheke, 55 ha, SW-W (rechts der Mosel), OSO-WSW (links), 65% steil.

NEUMAGEN-DHRON

Neumagen liegt an einem gerade von Süden nach Norden verlaufenden Teil des Flusses, Dhron in einem Seitental. Beide Orte verfügen über gute, wenn auch nicht gerade erstklassige Lagen auf beiden Talseiten. In Neumagen sind die besten Lagen das Rosengärtchen und ein winziges Stück Sonnenuhr.

315 ha in der Großlage Michelsberg mit *Einzellagen:* Neumagen: Laudamusberg, 38 ha, SSW-W, 95% steil; Rosengärtchen, 37,8 ha, SW-W, 100% steil; Sonnenuhr, 0,9 ha, SW, 100% steil. Dhron: Hofberger, 17,5 ha, O-OSO, 100% steil; Roterd, 125 ha, W, 50% steil.

PIESPORT

Der Ort liegt in der Mitte eines von den steilsten Weinbergen an der Mosel gebildeten Hufeisens. Alle Lagen auf dem Nordufer sind fein; am berühmtesten ist das Goldtröpfchen. Die Piesporter gehören zu den schmackhaftesten und ansprechendsten Moselweinen. In ihnen vereint sich saftige Reife mit einer leichten Würze und jener Lebendigkeit, die nachhaltige Kraft und feine Art vermitteln.

387 ha in der Großlage Michelsberg mit *Einzellagen:* Treppchen, 250 ha, O-N-W-, 20% steil, 30% flach. Falkenberg, 30 ha, SO-S, 80% steil. Goldtröpfchen, 122 ha, SO-S-SW, 100% steil. Günterslay, 40 ha, S-W, 100% steil.

MINHEIM

Minheim liegt wie Trittenheim in einer Flußschleife, aber Neigungswinkel und Himmelrichtung der Hänge sind hier leider nicht so günstig.

155 ha in der Großlage Michelsberg mit *Einzellagen:* Burglay, 30 ha, O, 80% steil. Rosenberg, 60 ha, SO, 40% steil.

WINTRICH

Wintrich ist wie ein Echo der Geographie von Neumagen, seine beste Lage, Ohligsberg, befindet sich südlich des Orts am Fluß. Hier endet die Großlage (Piesporter) Michelsberg, und es beginnt der Berkasteler Kurfürstlay.

273 ha in der Großlage Kurfürstlay mit *Einzellagen:* Stefanslay, 83 ha, WNW, 30% ansteigend, 70% flach. Großer Herrgott, 98 ha, S-W-NW, 40% steil. Ohligsberg, 10 ha, SW-W, 79% steil.

KESTEN

Kesten hat Weinberge auf dem Nordufer der Mosel, die sich hier wieder nach Osten wendet, allerdings nur eine besonders herausragende Lage: Paulinshofberger auf einem Südhang.

121 ha in der Großlage Kurfürstlay mit *Einzellage* Paulinshofberger, 9 ha, SSO, 100% steil.

MONZEL UND OSANN

Die beiden Orte in den Bergen hinter Kesten haben durchaus gute Lagen aufzuweisen. Der Wein kommt unter dem Namen Bernkasteler Kurfürstlay oder unter den eigenen, wenig bekannten Namen auf den Markt.

Großlage Kurfürstlay mit *Einzellagen:* Monzel: Paulinslay, 25 ha, NW, 90% ansteigend, Kätzchen, 100 ha, S, 60% steil. Osann: Kirchlay, 25 ha, S-SSW, 30% steil; Rosenberg, 120 ha, S-WSW, 35% steil.

BRAUNEBERG

Brauneberg, auf dem Südufer, liegt seiner stolzesten Lage, Juffer, gegenüber. Bevor der Bernkasteler Doctorberg zu Ruhm kam, war dies die teuerste Spitzenlage an der Mosel: robuster Wein mit Körper und voll Frucht, der im früheren Stil zu goldfarbener Ausdruckskraft heranreifte. Der Name des Ortsteils Filzen erscheint oft auf preiswerten Flaschen.

306 ha in der Großlage Kurfürstlay mit *Einzellagen:* Mandelgraben, 11 ha, SO, 100% steil. Klostergarten, 93 ha, WNW, 100% steil. Juffer, 31 ha, steil. Kammer, 1 ha, SSO, 80% steil. Hasenläufer, 12 ha, SSO, 100% steil.

MARING-NOVIAND

In einem Seitental gegenüber Brauneberg gelegen, weist dieser Ort einige gut geschützte, fast ideale Lagen auf; der Honigberg bildet einen nach SW geneigten Bogen wie in einer Flußwindung, allerdings leider durch einen Berg von der Mosel getrennt.

LIESER

Lieser besitzt eine Lage, die so großartig ist wie der Brauneberger Juffer, ohne dessen großen Ruf zu genießen. Der Boden verleiht hier dem Wein einen ganz eigenen Charakter. Der größte Teil von Lieser führte früher den eigenen Großlagennamen Beerenlay, obwohl der Ort dicht bei Bernkastel liegt.

149 ha in der Großlage Kurfürstlay mit *Einzellagen:* Schloßberg, 143 ha, SW (117,6 ha) und ONO und S (21 ha), 40% steil. Großlage Beerenlay: Niederberg-Helden, 24 ha, SSW, 100% steil.

WEINLAGEN

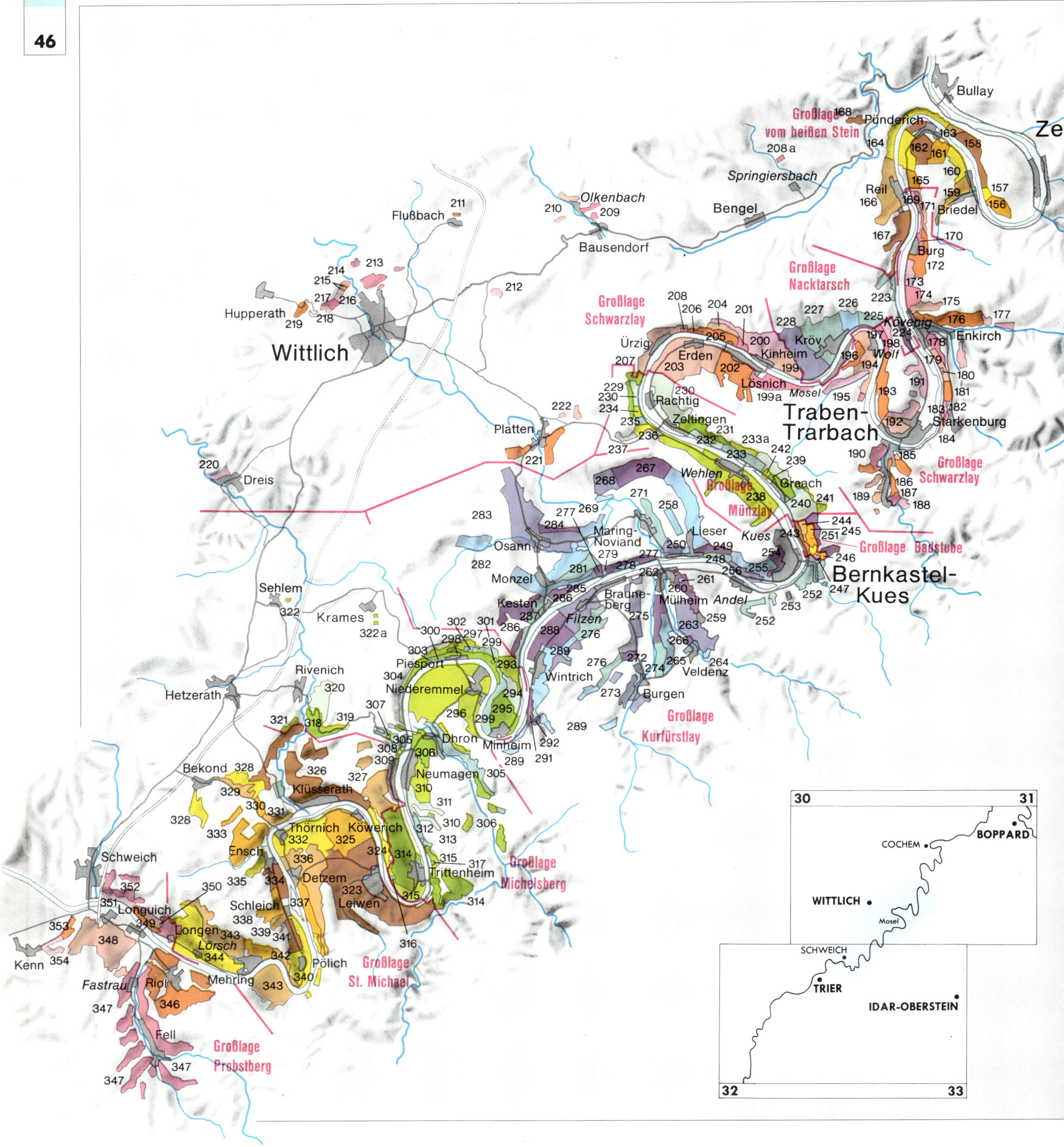
Großlage vom heißen Stein
Bullay
Pünderich
Springiersbach
Bengel
Reil
Briedel
Burg
Großlage Nacktarsch
Olkenbach
Bausendorf
Flußbach
Hupperath
Wittlich
Großlage Schwarzlay
Ürzig
Erden
Kinheim
Kröv
Lösnich
Wolf
Kövenig
Enkirch
Mosel
Rachtig
Zeltingen
Traben-Trarbach
Starkenburg
Großlage Schwarzlay
Platten
Dreis
Wehlen
Großlage Münzlay
Graach
Kues
Großlage Badstube
Bernkastel-Kues
Maring-Noviand
Lieser
Osann
Monzel
Kesten
Brauneberg
Mülheim
Andel
Filzen
Veldenz
Wintrich
Burgen
Großlage Kurfürstlay
Sehlem
Krames
Rivenich
Hetzerath
Piesport
Niederemmel
Minheim
Dhron
Neumagen
Bekond
Klüsserath
Thörnich
Köwerich
Ensch
Trittenheim
Großlage Michelsberg
Schweich
Detzem
Leiwen
Schleich
Longuich
Longen
Lörsch
Pölich
Großlage St. Michael
Mehring
Kenn
Fastrau
Riol
Fell
Großlage Probstberg
COCHEM
BOPPARD
WITTLICH
Mosel
SCHWEICH
TRIER
IDAR-OBERSTEIN

BEREICH BERNKASTEL

GROSSLAGE VOM HEISSEN STEIN

Briedel
Weisserberg 156
Schäferlay 157
Herzchen 158
Nonnengarten 159
Schelm 160

Pünderich
Goldlay 161
Rosenberg 162
Nonnengarten 163
Marienburg 164

Reil
Goldlay 165
Falklay 166
Moullay-Hofberg 167
Sorentberg 168

GROSSLAGE SCHWARZLAY

Burg
Wendelstück 169
Hahnenschrittchen 170
Thomasberg 171
Falklay 172
Schloßberg 173

Enkirch
Edelberg 174
Monteneubel 175
Steffensberg 176
Weinkammer 177
Herrenberg 178
Zeppwingert 179
Batterieberg 180
Ellergrub 181

Starkenburg
Rosengarten 182

Traben-Trarbach Ortsteil Traben
Gaispfad 183
Zollturm 184
Königsberg 191
Kräuterhaus 192
Würzgarten 193

– Ortsteil Trarbach
Burgberg 185
Schloßberg 186
Ungsberg 187
Hühnerberg 188
Kreuzberg 189
Taubenhaus 190

Wolf
(Ortsteil von Traben-Trarbach)
Schatzgarten 194
Sonnenlay 195
Klosterberg 196
Goldgrube 197
Auf der Heide 198

Kinheim
Rosenberg 199
Römerhang 199 a
Hubertuslay 200

Lösnich
Försterlay 201
Burgberg 202

Erden
Busslay 203
Herrenberg 204
Treppchen 205
Prälat 206

Ürzig
Würzgarten 207
Goldwingert 208

Bengel Ortsteil Springiersbach
Klosterberg 208 a

Bausendorf Ortsteil Olkenbach
Herzlay 209
Hubertuslay 210

Flußbach
Reichelberg 211

Wittlich
Kupp 212
Lay 213
Bottchen 214
Felsentreppchen 215
Rosenberg 216
Portnersberg 217
Klosterweg 218
Klosterweg 219 P

Hupperath
Klosterweg 219 P

Dreis
Johannisberg 220

Platten
Klosterberg 221
Rotlay 222

GROSSLAGE NACKTARSCH

Kröv
Steffensberg 225
Letterlay 226
Kirchlay 227
Paradies 228

– Ortsteil Kövenig
Burglay 223
Herrenberg 224

GROSSLAGE MÜNZLAY

Zeltingen-Rachtig (Zeltingen)
Deutschherrenberg 229
Himmelreich 230
Schloßberg 231
Sonnenuhr 232

Wehlen
(Ortsteil von Bernkastel-Kues)
Sonnenuhr 233
Rosenberg 233 a
Hofberg 234
Abtei 235
Klosterhofgut 236
Klosterberg 237
Nonnenberg 238

Graach
Domprobst 239
Himmelreich 240
Abtsberg 241
Josephshöfer 242

GROSSLAGE BADSTUBE

Bernkastel-Kues Ortsteil Bernkastel
Lay 243
Matheisbildchen 244
Bratenhöfchen 245
Graben 246
Doctor 247

GROSSLAGE KURFÜRSTLAY

Lieser
Süßenberg 248
Niederberg-Helden 249
Rosenlay 250
Schloßberg 252 P

Bernkastel-Kues Ortsteil Bernkastel
Johannisbrünnchen 251
Schloßberg 252 P
Stephanus-Rosengärtchen 253

Andel
(Ortsteil von Bernkastel-Kues)
Schloßberg 252 P

Bernkastel-Kues Ortsteil Kues
Rosenberg 254
Kardinalsberg 255
Weisenstein 256

Mülheim
Elisenberg 259 P
Sonnenlay 260
Helenenkloster 261
Amtgarten 262

Veldenz
Elisenberg 259 P
Kirchberg 263
Mühlberg 264
Grafschafter Sonnenberg 265
Carlsberg 266

Maring-Noviand
Honigberg 267
Klosterberg 268
Römerpfad 269
Sonnenuhr 271

Burgen
Römerberg 272
Kirchberg 273
Hasenläufer 274

Brauneberg
Mandelgraben 275 P
Klostergarten 276
Juffer 277
Juffer Sonnenuhr 278
Kammer 279

– Ortsteil Filzen
Mandelgraben 275 P

Osann-Monzel Ortsteil Monzel
Paulinslay 281
Kätzchen 282

– Ortsteil Osann
Kirchlay 283
Rosengarten 284

Kesten
Paulinshofberger 285
Herrenberg 286
Paulinsberg 287

Wintrich
Stefanslay 288
Großer Herrgott 289
Ohligsberg 291
Geierslay 292

GROSSLAGE MICHELSBERG

Minheim
Burglay 293
Kapellchen 294
Rosenberg 295
Günterslay 299 P

Piesport
Treppchen 296 P
Falkenberg 297
Goldtröpfchen 298 P
Günterslay 299 P
Domherr 300
Schubertslay 303
Grafenberg 304 P

– Ortsteil Niederemmel
Treppchen 296 P
Goldtröpfchen 298 P
Gärtchen 301
Kreuzwingert 302
Hofberger 305 P

Neumagen-Dhron Ortsteil Dhron
Goldtröpfchen 298 P
Grafenberg 304 P
Hofberger 305 P
Roterd 306
Großer Hengelberg 307
Häschen 308

– Ortsteil Neumagen
Nußwingert 309
Engelgrube 310
Laudamusberg 311
Rosengärtchen 312
Sonnenuhr 313

Trittenheim
Altärchen 314
Apotheke 315
Felsenkopf 316
Leiterchen 317

Rivenich
Niederberg 318
Geisberg 319
Rosenberg 320
Brauneberg 321 P

Hetzerath
Brauneberg 321 P

Sehlem
Rotlay 322

Klausen Ortsteil Krames
Nicht als Einzellage registrierter Weinberg 322 a

GROSSLAGE ST. MICHAEL

Leiwen
Klostergarten 323
Laurentiuslay 324

Köwerich
Laurentiuslay 324 a
Held 325

Klüsserath
Bruderschaft 326
Königsberg 327

Bekond
Schloßberg 328
Brauneberg 329

Thornich
Enggaß 330
Ritsch 331
Schießlay 332

Ensch
Mühlenberg 333
St. Martin 334
Sonnenlay 335

Detzem
Würzgarten 336
Maximiner Klosterlay 337

Schleich
Sonnenberg 338
Klosterberg 339

Pölich
Held 340
Südlay 341

Mehring
Blattenberg 342
Goldkupp 343
Zellerberg 344 P

Lörsch
(Ortsteil von Mehring)
Zellerberg 344 P

Longen
Zellerberg 344 P

GROSSLAGE PROBSTBERG

Riol
Römerberg 346

Fell
(einschl. Ortsteil Fastrau)
Maximiner Burgberg 347

Longuich
Hirschlay 348
Maximiner Herrenberg 349
Herrenberg 350 P

Schweich
Herrenberg 350 P
Annaberg 351
Burgmauer 352

Kenn
Held 353
Maximiner Hofgarten 354

BERNKASTEL-KUES

Hier ist der Dreh- und Angelpunkt der Mittelmosel: Kues, der größere Teil, liegt auf dem flachen linken Ufer; Bernkastel, auf der anderen Seite der Brücke, ist eingeklemmt zwischen seine steilen Weinberge (mit seiner berühmtesten Lage Doctor). Die besten Weine Bernkastels vereinigen in sich alle die Qualitäten der Mosel: Delikatesse und Lebendigkeit, Kraft und Anmut, Honigsüße und Bodengeschmack – anders gesagt: Riesling und reinen, grauen Schiefer. Ein ganz feiner Anflug von Feuersteingeschmack und eine Spur Rauch unterscheidet sie oft von den Nachbarweinen.

Die Weinberge fallen in zwei Großlagen: Kurfürstlay für die große Masse (einschließlich vieler flußaufwärts liegender Weinberge) und Badstube für einige wenige Einzellagen auf demselben Hügel wie der Doctor.

356 ha mit *Einzellagen* in der Großlage Badstube: Doctor, 3,3 ha, S-SSW, 100% steil; Lay, 7,9 ha, WSW, 100% steil; Bratenhöfchen, 18,4 ha, WSW, 50% steil; Matheishildchen, 11,4 ha, WSW, 90% steil; Graben, 12,8 ha, S-SW, 95% steil. Großlage Kurfürstlay: Johannisbrünnchen, 33 ha, WSW-W, 100% steil; Schloßberg, 50,6 ha, SW-W, 50% steil; Stephanus-Rosengärtchen, 2 ha, SW, 100% steil; Kardinalsberg, 74 ha, SSO-SSW, 60% steil; Rosenberg, 8,6 ha, SSW, 90% steil; Weisenstein, 7,1 ha, SSW, 50% steil.

GRAACH

Bernkastel geht über in Graach, Graach in Wehlen und Wehlen in Zeltingen, alles entlang einem 7 bis 8 km langen, ununterbrochenen mit Reben besetzten Berghang, der mit dem Bernkasteler Doctorberg beginnt. Er steigt mehr als 200 m über die Talsohle auf und weicht auf der ganzen Länge weder von seiner schwindelerregenden Steilheit in idealem Winkel noch von der süd-südwestlichen Orientierung ab. Man kann diesen Hang wohl als den einzigen zusammenhängenden Weinberg mit gleichbleibend superlativer Qualität in der ganzen Welt bezeichnen.

Graach hat beträchtlichen Anteil an diesem Schatz: Alle Graacher Lagen sind eingeschoben zwischen Bergkastel und der großartigsten Wehlener Lage, der Sonnenuhr. Hier erreichen die Weine gleichartige Intensität und Fülle; sie gehören zur Spitzenklasse der Moselweine.

98 ha in der Großlage Münzlay mit *Einzellagen:* Domprobst, 28,5 ha, SW, 100% steil. Himmelreich, 86,9 ha, SW, 100% steil. Josephshöfer, 5,8 ha, SSW, 90% steil.

WEHLEN

Auch hier haben die Winzer ihre Weinberge auf dem anderen Flußufer stets vor Augen. Die Sonnenuhr, die der berühmtesten Wehlener Lage den Namen gibt, steht dem Ort gegenüber, mitten in den Reben. Die anderen Lagen, jene auf dem Südufer, liegen weniger günstig (am besten ist hier der Klosterberg), deshalb beruht Wehlens Ruhm ganz auf der Sonnenuhr und dem honigduftigen Riesling, der dort wächst.

154 ha in der Großlage Münzlay mit *Einzellage* Sonnenuhr, 65 ha, SSW, 100% steil.

ZELTINGEN

Der Weinort besteht aus zwei Ansiedlungen und heißt eigentlich Zeltingen-Rachtig. Auch hier gibt es Weinberge auf beiden Seiten des Tals. Die Zeltinger Lage Sonnenuhr steht der Wehlener nur wenig nach, und der ausgezeichnete Schloßberg liefert kraftvolle, wunderbar ausgeglichene Weine. Der berühmte Name Himmelreich wird allerdings Lagen in unterschiedlich günstiger Lage zur Sonne zugestanden. Der Deutschherrenberg auf der anderen Seite des Tals bringt nicht ganz so voll ausgereifte Trauben, gibt aber schon einen Vorgeschmack von der Würze des Nachbarweins aus Ürzig.

178 ha in der Großlage Münzlay mit *Einzellagen:* Deutschherrenberg, 20 ha, ONO-OSO, 100% steil. Himmelreich, 130 ha, SW-WNW und O, 70% steil. Schloßberg, 60 ha, SW, 100% steil. Sonnenuhr, 40 ha, SSW, 100% steil.

ÜRZIG

Die Ürziger Weinberge haben bescheidene Ausdehnung, aber sie sind alle in eine nach Südosten offene Flußbiegung gepackt, auf tiefgründigem, schieferigem, mit rotem Ton durchsetzten Boden in engen Schründen, wo der Riesling zu voller, würziger Intensität reift – der Lagenname Würzgarten sagt alles. Die Weine haben starke Eigenart und dürften unter den Großen der Mittelmosel stets gut herauszuschmecken sein. Die Großlage von Ürzig flußabwärts bis Kröv trägt den Namen Schwarzlay.

60,6 ha in der Großlage Schwarzlay mit *Einzellage:* Würzgarten, 56 ha, OSO-S, 80% steil.

ERDEN

Der Ort liegt gegenüber Ürzig, eingeschlossen von den breiten, sanften Hängen seiner Einzellage Busslay; hier wächst mehr Müller-Thurgau als Riesling, ähnlich wie auf dem Piesporter Treppchen. Die feinen Erdener Lagen befinden sich auf dem gegenüberliegenden Hang neben Ürzig. Die kleine Lage Prälat ist die beste und zugleich die letzte der ganz großen Mosellagen in der Richtung flußabwärts.

100 ha in der Großlage Schwarzlay mit *Einzellagen:* Busslay, 100 ha, WNW-NW, 100% ansteigend. Herrenberg, 20 ha, SSO-SSW, 65% steil. Treppchen, 45 ha, S, 90% steil. Prälat 2,2 ha, S, 100% steil.

KINHEIM

Kinheim auf dem Nordufer besitzt mit dem Hubertuslay noch eine feine Lage; von hier ab aber ist der Boden weniger stark schieferhaltig, und die Chancen für die Entstehung ganz hervorragender Weine schwinden.

115 ha in der Großlage Schwarzlay mit *Einzellagen:* Rosenberg, 49 ha, SO-SSW, 25% steil. Hubertuslay, 105 ha, SSO-SSW, 60% steil.

KRÖV

Kröv bezieht seinen Ruhm und seine Wohlhabenheit mehr aus seinem Großlagennamen Nacktarsch (und dem dazugehörigen Etikett, auf dem einem Buben der blanke Hintern versohlt wird) als aus seinen Einzellagen, obwohl deren Weine in ihrer frischen, fruchtigen Art sehr gut sein können.

341 ha in der Großlage Nacktarsch mit *Einzellagen:* Burglay, 16 ha, O, 100% steil. Herrenberg, 22 ha, O, 95% steil. Steffensberg, 43 ha, S-SSW, 90% steil. Letterlay, 6 ha, SSO-SSW, 100% steil. Kirchlay, 72 ha, SO, 70% steil. Paradies, 242 ha, SO, 50% steil.

TRABEN-TRARBACH

Der nächste Doppelort auf beiden Seiten des Flusses liegt ebenfalls in einer großen Flußschleife. Hier aber sind die Hänge schon flacher, und die besten Steilhänge liegen weiter zurück in einem Seitental.

200 ha in der Großlage Schwarzlay mit *Einzellagen:* Schloßberg, 31,6 ha, SW-W und S, 90% steil. Ungsberg, 9,1 ha, SW, 100% steil. Hühnerberg, 9,3 ha, SSW, 100% steil.

ENKIRCH

Wo der Fluß sich wieder nach Norden wendet, hat Enkirch eine Lage, die an Neumagen-Dhron erinnert; die steilen Hänge am Fluß sind nach Westen geneigt, und ein Seitental (Steffensberg) hat Südhänge. Hier bringt der Riesling Weine von schöner Ausgeglichenheit, zugleich deftig und leicht, mit guter Würze, die eigentlich mehr Aufmerksamkeit verdienen.

162 ha in der Großlage Schwarzlay mit *Einzellagen:* Steffensberg, 82 ha, SSO-SSW, 100% steil. Batterieberg, 1 ha, WSW, 100% steil. Herrenberg, 15 ha, WSW, 100% steil. Monteneubel, 27 ha, SSO-WSW, 100% steil. Zeppwingert, 17 ha, WSW, steil.

REIL

Reil, der nächste größere Ort auf dem linken Moselufer, hat schöne geschützte Rieslinghänge. Die besten Lagen sind Goldlay auf dem Ufer gegenüber und Sorentberg in einem Seitental. Sie erbringen leichte Weine von angenehmer Fruchtigkeit.

Großlage Vom heißen Stein mit *Einzellagen:* Falklay, 85 ha, O, 60% steil. Moullay-Hofberg, 75 ha, ONO-SO, 65% steil. Goldlay, 25 ha, W, 90% steil. Sorentberg, 12 ha, S, 100% steil.

PÜNDERICH

An der nächsten Rechtsbiegung gehören beide Ufer der Mosel zu Pünderich. Hier flachen sich die steilen Hänge immer stärker ab, und die Riesling-Lagen werden kleiner. Der Nonnengarten bringt weich-fruchtigen Riesling, die große Lage Marienburg leichtere und blumigere Weine.

Großlage Vom heißen Stein mit *Einzellagen:* Goldlay, 55 ha, NO, 30% geneigt. Rosenberg, 58%, W, 30% geneigt. Nonnengarten, 10 ha, SSW, 20% steil. Marienburg, 96 ha, O-S-SW (linkes Flußufer), W (rechtes Ufer), 70% steil.

DIE OBERE MOSEL

Mit ihren ersten Weinbergen schmückt sich die Mosel schon in Frankreich, dann – im Großherzogtum Luxembourg – bilden sie reiche Girlanden an ihren Ufern, und schließlich gesellen sich bei der alten Römerstadt Trier auch noch die von Saar und Ruwer hinzu, die eher noch als jene am Hauptfluß die ersten großen Mosellagen genannt werden dürfen. Die Weine von der oberen Mosel sind im allgemeinen recht gefällig. In Lagen, in denen der Riesling nicht voll zur Reife gelangen kann, wächst hier vor allem der neutrale, manchmal etwas säuerliche Elbling, ein einfacher Vetter des Rieslings, der aber schon seit den Tagen, als die Römer hier die ersten Weinberge anlegten (noch vor dem 1. Jahrhundert) unverdrossen und treu seine Dienste leistet.

Die ältesten Weinberge Deutschland liegen denen Luxembourgs über die noch schmale Mosel hinweg gegenüber. In Schloß Thorn bei Perl steht eine Kelter aus dem 16. Jahrhundert – wie es heißt, die älteste in Deutschland, die noch Jahr für Jahr ihre Arbeit tut. Das Zentrum der Gegend ist Wincheringen mit einer Kellerei der großen Winzergenossenschaft Mosel-Saar-Ruwer, die ihr eigentliches Hauptquartier in Kues gegenüber Bernkastel hat.

Zwei Großlagennamen gelten für die Obermosel: Gipfel für den größten Teil des Ostufers gegenüber Luxembourg und Königsberg für die wenigen Weinberge um Mesenich am Westufer am Zusammenfluß von Mosel und Saar.

Im Saartal zeigt dann der Riesling erstmals seine Größe. Auch hier gelangt er in den meisten Jahren nur mit Schwierigkeiten zur Reife; wenn es ihm aber in den besten Lagen hier und im benachbarten Ruwer-Tal gelingt, dann findet das, was dabei zustandekommt, auf der ganzen Welt kaum seinesgleichen: Riesling in höchster Vollendung, rein wie Stahl, durchklungen von leise erahnten Düften wie von ferner Musik,

Ein paar Lagen in diesen beiden so erfreulich ländlichen Tälern müssen zu den besten in Deutschland, ja in der ganzen Welt gezählt werden: Es entstehen dort Weißweine von höchster Finesse, Rasse und – so seltsam es anmuten mag – Langlebigkeit. Kaum zu glauben, daß so helle und vergleichsweise substanzarme Weine in dieser Hinsicht dem Portwein nichts nachgeben, aber das ist nun einmal die Magie das Rieslings: ein anscheinend unvergängliches Gleichgewicht.

Die obersten Moselweinberge fallen in den Bereich Moseltor mit einer einzigen Großlage, Schloß Bübinger. Nördlich von Palzem beginnt dann der Bereich Obermosel mit den Großlagen Gipfel und Königsberg.

Die Weinberge an Saar und Ruwer sowie einige an der Mosel um Konz und Trier gehören in den Bereich Saar-Ruwer mit den Großlagen Scharzberg (Saar) und Römerlay (Ruwer). Hilfreich für den um Überblick Bemühten ist, daß zwischen den Weinbergen der Ruwer und den ersten an der mittleren Mosel bei Schweich eine kleine Lücke besteht.

REISE-INFORMATIONEN

▲ Steile Hänge und schlüpfriger Schiefer machen dem Winzer das Leben schwer – ein Gläschen zwischendurch ist da immer willkommen.

Die sanfthügelige Landschaft der oberen Mosel ist touristisch noch wenig erschlossen.

Sehenswertes
Trier: Alte Römerstadt mit vielen Überresten aus jener Zeit, aber auch viele Renaissance- und Barockbauten. Informationen an der Porta Nigra (Tel.: 0651-75440).
Konz: Stadt am Zusammenfluß von Mosel und Saar, barockes Karthäuserkloster.
Saarburg: Hübsche kleine Stadt, eine der ältesten Deutschlands. Mittelalterliche Bauten, Burg, Stadtmauern, Kirche. Ein Weinzentrum an der Saar (s. Weinfeste).
Ruwertal: Kasel, Waldrach und Eitelsbach sind reizvolle alte Weinorte.

Weinfeste
Ockfen (1. Wochenende im Juni), Tier (3. WE im Juni), Saarburg (1. WE im Juli), Serrig (letztes WE im Juli), Wiltingen (letztes WE im Juli), Olewig-Trier (1. WE im Aug.), Saarburg (2. WE im Aug.), Ayl (3. WE im Aug.) Saarburg: Saarweinfest (1. WE im Sept.).

Essen und Trinken siehe Seite 41.

▶ Saarburg mit Burg und Kirche, umrahmt von Wäldern und Wiesen, ist besonders charmant.

WEINBAUGEMEINDEN

SERRIG

Die höchstgelegene Weinbaugemeinde an der Saar; noch weiter flußaufwärts gibt es nur Stahlwerke, und Stahl ist auch das rechte Wort für den hiesigen Wein. In Serrig reift die Riesling-Traube nur schwer, und so entsteht vor allem säurereicher Grundwein für Sekt. Das bedeutendste Weingut ist die Staatsdomäne.

84 ha, *Einzellagen:* Antoniusberg, 12 ha, S-W, 60% steil. Schloß Saarsteiner, 8,3 ha, W-SW, 80% steil. Schloß Saarfelser Schloßberg, 5,2 ha, SW, 60% steil. Kupp, 12 ha, S, 100% ansteigend. Vogelsang, 22 ha, SO-SW, 100% steil. Heiligenborn, 7 ha, SSW, 100% steil. Würtzberg, 6,5 ha, S, 100% steil. Herrenberg, 6,5 ha. SO-SSW, 100% steil.

IRSCH

Der kleine Weinort in einem nördlichen Seitental hat mit denselben Schwierigkeiten zu kämpfen wie Serrig.

61 ha. *Einzellagen:* Sonnenberg, 47 ha, S-WSW, 70% steil. Hubertusberg, 34 ha, S-SW, 100% steil. Vogelsang, 22 ha, SO-SW, 100% steil.

SAARBURG

Der Hauptort der Gegend hat mehrere gute Lagen aufzuweisen, die in günstigen Jahren Weine von großer Finesse hervorbringen.

56 ha. *Einzellagen:* Antoniusbrunnen, 10 ha, S, 100% steil. Bergschlößchen, 8 ha, SO-S-SW, 100% steil. Fuchs, 16,5 ha, SO, 100% steil. Klosterberg, 5 ha, SW, 80% steil. Schloßberg, 9 ha, O, 100% steil. Rausch, 12 ha, SO-S, 100% steil.

OCKFEN

Die erste der edlen Saar-Lagen ist der Bockstein in Ockfen, der sich im Besitz der Staatsdomäne und vieler anderer Erzeuger befindet. Auch hier ist ein trockener Herbst nötig, wenn ausgeglichene Weine entstehen sollen, doch leben solche Jahrgänge dann fast ewig.

101 ha. *Einzellagen:* Kupp: 7 ha, S-W, 90% steil. Herrenberg, 7,5 ha, S, 30% steil. Heppenstein, 6,6 ha, SSW, 100% steil. Bockstein, 52 ha, S-SW, 60% steil. Neuwies, 3 ha, S, 90% steil. Geisberg, 1 ha, O-OSO, 60% steil.

AYL

Der Ort blickt auf die einem Walfischrücken ähnliche Lage Kupp hinüber, die Weine voll Honigduft und Feuersteingeschmack hervorbringt.

64 ha. *Einzellagen:* Kupp, 81 ha, O-W, 100% steil. Herrenberger 6,8 ha, SW, 100% steil.

WAWERN

Ein kleiner Ort ohne einen berühmten Lagennamen, aber ausgezeichneten Weinen.

21 ha. *Einzellagen:* Herrenberger, 7,7 ha, S, 30% steil. Goldberg, 16 ha, S-SW, 60% steil.

WILTINGEN

Mittelpunkt des Saar-Bereichs, umgeben von großen Weinbergen. Wiltingen gibt den meisten Großlagenweinen von der Saar den Namen («Wiltinger Scharzberg»). Die beste Lage des Orts, Scharzhofberg – man achte auf den wesentlichen Bestandteil «Hof» – darf sich ihrer Bedeutung so sicher sein, daß sie auf dem Namen Wiltinger auf dem Etikett verzichten kann. Eine ganze Reihe von Spitzenerzeugern hat Anteile an dem runden Dutzend erstklassiger Lagen, die oft mit die elegantesten, ausgeglichensten und haltbarsten Weine hervorbringen.

192 ha. *Einzellagen:* Scharzhofberg, 27 ha, SO-S, 80% steil. Braune Kupp, 5,8 ha, SSW, 90% steil. Rosenberg, 61,7 ha, S-W, 40% steil. Hölle, 2,3 ha, SSO, 90% steil. Kupp, 7,3 ha, S, 60% steil. Klosterberg, 71,3 ha, S-W, 50% steil. Schlangengraben, 54,4 ha, OSO-S, 20% steil. Schloßberg, 18 ha, O, 90% steil. Sandberg, 2,2 ha, SO, 100% steil. Gottesfuß, 4,4 ha, WSW, 100% steil. Braunfels, 58,5 ha, SW und W, 90% steil.

KANZEM

Unmittelbar flußabwärts von Wiltingen darf Kanzem fast ebenso viele Superlative für seine steil zum Fluß abfallenden Weinberge in Anspruch nehmen, auch wenn seine Gesamtfläche kleiner ist. Hier wachsen Weine mit feinem Anflug von Bodengeschmack und Würze.

57 ha. *Einzellagen:* Altenberg, 31 ha, SO, 90% steil. Hörecker, 0,73 ha, SO, 100% steil. Schloßerg, 4,3 ha, O, 90% steil. Sonnenberg, 25 ha, SW-WNW, 70% steil.

KONZ

Die Stadt an der Stelle, wo sich Saar und Mosel vereinigen, umfaßt auch die Ortsteile Falkenstein mit dem berühmten Hofberg (18 ha) sowie Filzen, Mennig und Oberemmel.

OBEREMMEL

In einem Seitental östlich von Wiltingen verfügt Oberemmel über gute Lagen wie Hütte und Rosenberg und viel nicht so berühmtes Land.

211 ha. *Einzellagen:* Karlsberg, 42 ha, S-W, 65% steil. Altenberg, 75 ha, S-SO, 80% steil. Hütte, 5 ha, S-SO, 40% steil. Raul, 2,4 ha, S-SO, 80% steil. Agritiusberg, 5,3 ha, SO, 100% steil. Rosenberg, 81 ha, SO-S-W, 40% steil.

FILZEN

Zur Saarmündung hin liegt Filzen mit einem zwar nicht so großen Ruf, dennoch aber mit einigen guten Erzeugern.

52 ha. *Einzellagen:* Pulchen, 4,8 ha, W, 70% steil. Urbelt, 12 ha, SW, 100% steil.

TRIER

Die Weinberge von Trier machen zusammen mit denen von der Ruwer nur einen Tropfen im Meer aus, dafür aber einen der allerkostbarsten. Ruwer-Weine sind federleicht, oft spritzig, anscheinend kaum ernster zu nehmen als *Vinho verde*. Wenn man aber überhaupt von der Quintessenz des Rieslings sprechen kann, dann hier: zart, aber unverwüstlich, selbst trockene Weine bleiben jahrelang wunderbar ausgeglichen, und die lieblichen entwickeln über Jahrzehnte hinweg immer subtilere Harmonie. In die Grenzen von Trier fallen jetzt auch die Weinberge von Avelsbach, die den Staatlichen Weinbaudomänen und den Bischöflichen Weingütern (Hohe Domkirche) brillante Weine bringen, deren Aroma trotz einer nur in den günstigsten Jahren gemilderten Strenge hervorragend zur Geltung kommt.

Trier: *Einzellagen:* Sonnenberg, 4 ha, SSW, 45% steil; Marienholz, 55 ha, SW-W, 30% steil; Thiergarten Unterm Kreuz, 3,4 ha, S-SW, 100% steil. Avelsbach: Einzellagen: Herrenberg, 12 ha, SW, 50% steil; Altenberg, 10,2 ha, S-SW, 100% steil; Hammerstein, 11,9 ha, SSW-S, 70% steil; Rotlei, 9,4 ha, S-W, 80% steil.

WALDRACH

Der erste Weinort an der Ruwer, Waldrach, ist der am wenigsten bekannte, obgleich die Weine hier dasselbe Potential haben wie im Nachbarort Kasel. Zu den Erzeugern gehören die Bischöflichen Weingüter.

121,2 ha. *Einzellagen:* Krone, 65 ha, SW, 80% steil. Jesuitengarten, 2,4 ha, SW, 100% steil. Laurentiusberg, 5,9 ha, S, 90% steil. Hubertusberg, 4 ha, SW, 100% steil, Sonnenberg. 4 ha, SW, 100% steil.

KASEL

So klein der Ort auch ist, er ist die Haupstadt des Ruwer-Gebiets, Die beste Lage, Nieschen, vollbringt Wunder an Delikatesse und Charme.

42 ha. *Einzellagen:* Herrenberg, 8,8 ha, SSW-W, 50% steil. Dominikanerberg, 6 ha, S-SW, 100% steil. Kehrnagel, 22,2 ha. S-SW, 90% steil. Hitzlay, 22 ha, SO-SW, 70% steil. Nieschen, 16,8 ha, SSW, 80% steil. Paulinsberg, 10,2 ha. O-SO, 100% steil. Timpert, 3,4 ha, SO, 100% steil.

MERTESDORF

Vor allem bekannt durch ein ganz herrliches Weingut, von Schubert, das dem Ort auf der anderen Seite des Tals gegenüberliegt.

Einzellagen: Maximin Grünhäuser Bruderberg, 4 ha, SO, 100% steil. Maximin Grünhäuser Abtsberg, 11 ha, S-SW, 65% steil. Maximin Grünhäuser Herrenberg, 18 ha, WSW-S-SW, 80% steil.

EITELSBACH

Eitelsbach ist so gut wie gleichbedeutend mit einem einzigen Weingut, dem Karthäuserhof, der zusammen mit dem Weingut von Schubert in Mertesdorf an der Ruwer die Spitze bildet. Beide stehen im deutschen Weinbau mit auf den höchsten Rängen.

74,5 ha. *Einzellagen:* Karthäuserhofberg Burgberg, 5,8 ha, SO-SW, 30% steil. Karthäuserhofberg Kronenberg, 5,2 ha, SSO, SSW, 80% steil. Karthäuserhofberg Sang, 3 ha, SSO-SSW, 30% steil.

Bereich Obermosel

Oberhalb von Konz umfassen die Großlagen Königsberg und Gipfel 26 Einzellagen und einige verstreute Weinberge.

Bereich Moseltor

Grenzlagen in Nenning, Sehndorf und Perl.

WEINLAGEN

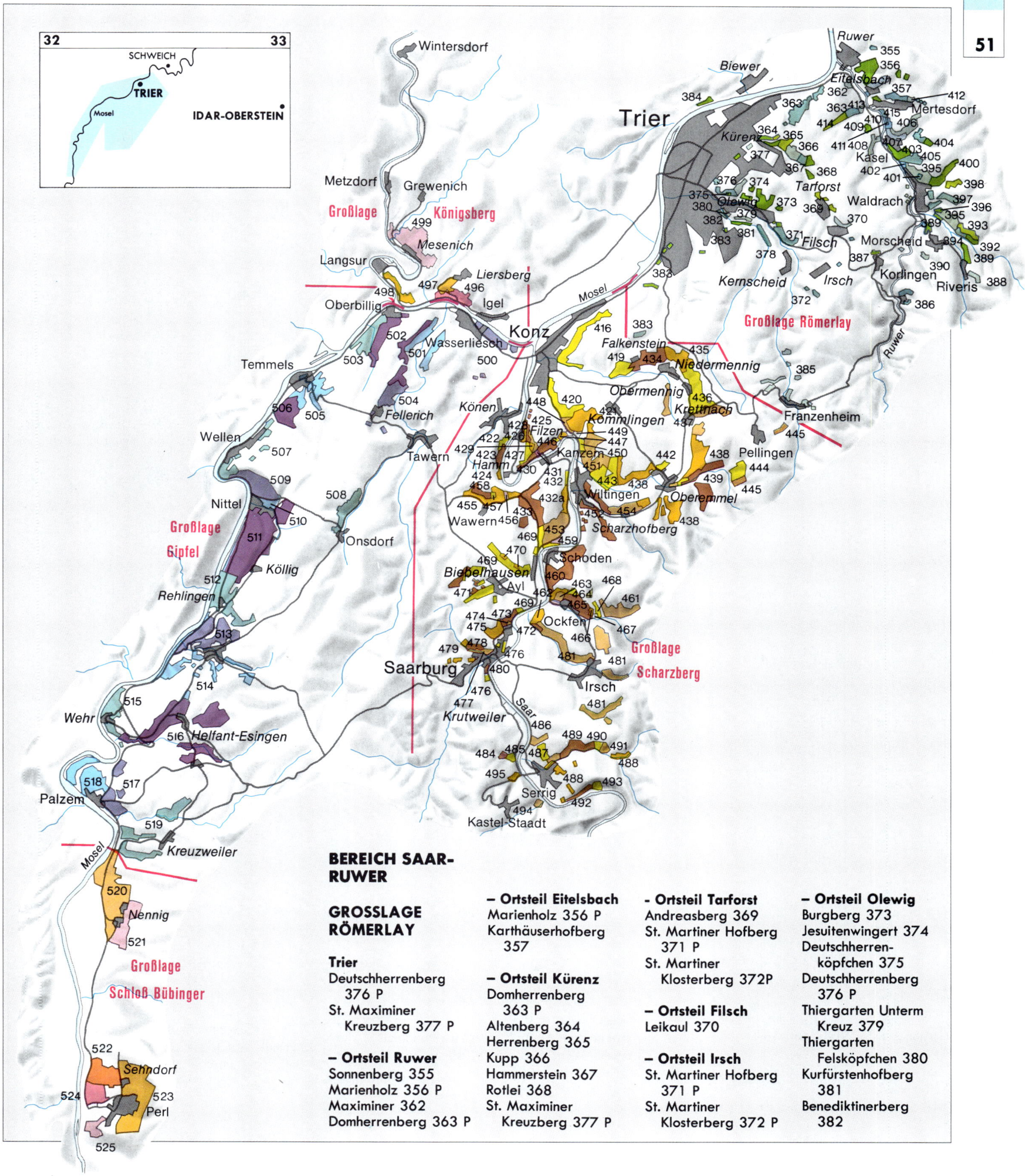

BEREICH SAAR-RUWER

GROSSLAGE RÖMERLAY

Trier
Deutschherrenberg 376 P
St. Maximiner Kreuzberg 377 P

– Ortsteil Ruwer
Sonnenberg 355
Marienholz 356 P
Maximiner 362
Domherrenberg 363 P

– Ortsteil Eitelsbach
Marienholz 356 P
Karthäuserhofberg 357

– Ortsteil Kürenz
Domherrenberg 363 P
Altenberg 364
Herrenberg 365
Kupp 366
Hammerstein 367
Rotlei 368
St. Maximiner Kreuzberg 377 P

- Ortsteil Tarforst
Andreasberg 369
St. Martiner Hofberg 371 P
St. Martiner Klosterberg 372P

– Ortsteil Filsch
Leikaul 370

– Ortsteil Irsch
St. Martiner Hofberg 371 P
St. Martiner Klosterberg 372 P

– Ortsteil Olewig
Burgberg 373
Jesuitenwingert 374
Deutschherrenköpfchen 375
Deutschherrenberg 376 P
Thiergarten Unterm Kreuz 379
Thiergarten Felsköpfchen 380
Kurfürstenhofberg 381
Benediktinerberg 382

– Ortsteil Kernscheid
St. Petrusberg 378

– Ortsteil Matthias
St. Matheiser 383

– Ortsteil Biewer
Augenscheiner 384

Franzenheim
Johannisberg 385

Sommerau
Schloßberg 386

Korlingen
Laykaul 387

Riveris
Kuhnchen 388
Heiligenhäuschen 389 P

Morscheid
Heiligenhäuschen 389 P
Dominikanerberg 390

Waldrach
Heiligenhäuschen 389 P
Hubertusberg 392
Sonnenberg 393
Jungfernberg 394
Krone 395
Laurentiusberg 396
Ehrenberg 397
Doktorberg 398
Meisenberg 400
Jesuitengarten 401
Kurfürstenberg 402

Kasel
Herrenberg 403
Dominikanerberg 404
Kehrnagel 405
Hitzlay 406
Nieschen 407
Paulinsberg 408
Timpert 409

Lorenzhof
(Ortsteil von Mertesdorf)
Mäuerchen 410
Felslay 411

Mertesdorf
Johannisberg 412
Herrenberg 415 P

Maximin Grünhaus
(Ortsteil von Mertesdorf)
Bruderberg 413
Abtsberg 414
Herrenberg 415 P

Ferner als Einzellagen nicht registrierte Weinberge in den Gemarkungen Hockweiler, Franzenheim und Plowig

GROSSLAGE SCHARZBERG

Konz
Karthauser Klosterberg 416
Euchariusberg 420

Kommlingen
(Ortsteil von Konz)
Auf der Wiltingerkupp 421

Falkenstein
(Ortsteil von Konz)
Hofberg 419
Herrenberg 434 P

Könen
(Ortsteil von Konz)
Fels 422
Kirchberg 423

Filzen
(Ortsteil von Konz)
Urbelt 425
Pulchen 426
Unterberg 427
Herrenberg 428
Steinberger 429
Altenberg 430 P

Hamm
(Ortsteil von Konz)
Liebfrauenberg 424
Altenberg 430 P

Kanzem
Altenberg 430 P
Hörecker 431
Schloßberg 432
Sonnenberg 433
Ritterpfad 455 P

Niedermennig
(Ortsteil von Konz)
Herrenberg 434 P
Sonnenberg 435
Euchariusberg 436 P

Obermennig
(Ortsteil von Konz)
Euchariusberg 436 P

Krettnach
(Ortsteil von Konz)
Euchariusberg 436 P
Altenberg 437

Oberemmel
(Ortsteil von Konz)
Karlsberg 438
Altenberg 439
Hütte 440
Raul 441
Agritiusberg 442
Rosenberg 443

Pellingen
Jesuitengarten 444
Herrgottsrock 445

Wiltingen
Schloßberg 432 a
Rosenberg 443 a
Sandberg 446
Hölle 447
Kupp 448
Braune Kupp 449
Gottesfuß 450
Klosterberg 451
Braunfels 452
Schlangengraben 453

Scharzhofberg
Nicht als Einzellagen registrierte Weinberge (Ortsteil von Wiltingen)

Wawern
Ritterpfad 455 P
Jesuitenberg 456
Herrenberger 457
Goldberg 458

Schoden
Saarfeilser Marienberg 459
Herrenberg 460
Geisberg 461

Ockfen
Kupp 462
Herrenberg 463
Heppenstein 464
Bockstein 465
Zickelgarten 466
Neuwies 467
Geisberg 468

Ayl
(einschl. Ortsteil Biebelhausen)
Kupp 469
Herrenberger 470
Scheidterberg 471

Saarburg
Klosterberg 472
Fuchs 473
Stirn 479 (Niederleuken)
Kupp 475
Schloßberg 476
Rausch 477
Antoniusbrunnen 478
Bergschlößchen 479
Laurentiusberg 480 (Krutweiler)

Irsch
Sonnenberg 481

Serrig
König Johann Berg 484
Antoniusberg 485
Schloß Saarsteiner 486
Schloß Saarfelser Schloßberg 487
Kupp 488
Vogelsang 489
Heiligenborn 490
Hoeppslei 491
Würtzberg 492
Herrenberg 493

Kastel-Staadt
König Johann Berg 494
Maximiner Prälat 495

BEREICH OBERMOSEL

GROSSLAGE KÖNIGSBERG

Igel
Dullgärten 496

Liersberg
(Ortsteil von Igel)
Pilgerberg 497

Langsur
Brüderberg 498

Mesenich
(Ortsteil von Langsur)

Ferner als Einzellagen nicht registrierte Weinberge in Igel (einschl. Ortsteil Liersberg), Grewenich und Metzdorf (Ortsteile von Langsur), Edingen, Godendorf und Wintersdorf (Ortsteile von Ralingen)

GROSSLAGE GIPFEL

Wasserliesch
Reinig auf der Burg 500
Albachtaler 501

Oberbillig
Hirtengarten 502
Römerberg 503

Fellerich
(Ortsteil von Tawern)
Schleidberg 504

Temmels
St. Georgshof 505
Münsterstatt 506

Wellen
Altenberg 507

Onsdorf
Hubertusberg 508 P

Nittel
Hubertusberg 508 P
Leiterchen 509
Blümchen 510
Rochusfels 511 P

Köllig
(Ortsteil von Nittel)
Rochusfels 511 P

Rehlingen
(Ortsteil von Nittel)
Kapellenberg 512

Wincheringen
Burg Warsberg 513
Fuchsloch 514

Wehr
(Ortsteil von Palzem)
Rosenberg 515

Helfant & Esingen
(Ortsteile von Palzem)
Kapellenberg 516

Palzem
Carlsfelsen 517
Lay 518

Kreuzweiler
(Ortsteil von Palzem)
Schloß Thorner Kupp 519

Ferner als Einzellagen nicht registrierte Weinberge in Fisch, Kirf (einschl. Ortsteil Meurich), Porz (Ortsteil von Merzkinschen), Tawern, Bilzingen und Soest (Ortsteile von Wincheringen)

BEREICH MOSELTOR

GROSSLAGE SCHLOSS BÜBINGER

Nennig
(Ortsteil von Perl)
Schloßberg 520
Römerberg 521

Sehndorf
(Ortsteil von Perl)
Klosterberg 522
Marienberg 523

Perl
Quirinusberg 524
Hasenberg 525

Ferner als Einzellagen nicht registrierte Weinberge in den Gemarkungen Besch, Tettingen und Wochern

ERZEUGER

Verwaltung der Bischöflichen Weingüter Trier

Gervasiusstraße 1 (Ecke Rahnenstraße), 5500 Trier, Tel.: 0651-43441. *Leiter:* Wolfgang Richter. Rund 105 ha an Mittelmosel, Saar und Ruwer.

Das größte unter gemeinsamer Leitung stehende Weinbauunternehmen im Anbaugebiet Mosel-Saar-Ruwer wurde 1966 durch Zusammenschluß von drei bis dahin getrennten kirchlichen Besitzungen geschaffen: den Gütern des Priesterseminars, der Domkirche und des Konvikts. Vier weitere kleinere Kirchengüter sind in Pacht genommen. Die Bearbeitung der Weinberge und das Keltern geschieht durch die drei früheren Organisationen unabhängig voneinander; der gesamte Most wird dann zur weiteren Verarbeitung in die 400 Jahre alte Zentralkellerei in Trier gebracht. Die Gesamtrebfläche ist zu 98 Prozent mit Riesling besetzt. Das Priesterseminar nahm seinen Ursprung in einer Stiftung des Fürstbischofs Clemens Winzeslaus (eines großen Förderers des Rieslings) im Jahr 1773. Es besitzt 34 ha in 7 Gemeinden. Mittelmosel – Erden: Treppchen (3,1 ha); Ürzig: Würzgarten (0,4); Dhron: Hofberg (2,4); Trittenheim: Apotheke (1,7) und Altärchen (1,7). Ruwer – Kasel: Nieschen (6,5). Saar: Kanzem: Altenberg (8,6); Großlage Scharzberg (0,5 ha Spätburgunder für Rotwein); Wiltingen: Kupp (5,2); Ayl: Kupp (4).

Die Hohe Domkirche hat nur zwei Besitzungen: 10,1 ha in Wiltingen (7,9 ha Scharzhofberg, 2,2 ha Rosenberg) und 13,8 ha bei Avelsbach in den Außenbezirken von Trier: 9,7 ha Altenberg (Alleinbesitz) und 4 ha Herrenberg.

Das Bischöfliche Konvikt aus dem Jahr 1653 steuert mit 39 ha den größten Teil bei. Ruwer – Eitelsbach: Marienholz (19 ha) und Kasel: Kehrnagel (4); Saar – Ayl: Kupp (6,2) und Herrenberger (4,6, Alleinbesitz); 2,3 ha in Avelsbach bei Trier und weiter moselabwärts in Piesport 2,8 ha Goldtröpfchen.

Die gepachteten Kirchengüter liegen in Oberemmel (Saar), in Waldrach und Eitelsbach (Ruwer) und in Trier – insgesamt 8 ha. Alle Weine sind ganz superb, der Nachdruck liegt auf Duftigkeit und Finesse, der Anteil an trockenen und halbtrockenen Weinen ist hoch. Man kann wohl sagen, daß das Priesterseminar den größten Ruf genießt.

Jos. Christoffel Jr.

Moselufer 1–3, 5564 Ürzig, Tel.: 06532-2113. *Besitzer:* Kurt und Karl Jos. Christoffel und Annekatrin Christoffel-Prüm. *Einzellagen:* Ürzig: Würzgarten; Wehlen: Sonnenuhr; Erden: Treppchen; Graach: Domprobst, Himmelreich.

Kleines Gut mit Anteilen an ausgezeichneten Lagen. Die reichhaltige Liste mit 116 Weinen reicht zurück bis zu einer Wehlener Sonnenuhr Beerenauslese von 1971. Nur Riesling.

Weinkellerei und Weingut Ewald Theod. Drathen KG

Auf der Hill, 5584 Alf, Tel.: 06542-8010. *Besitzer:* Ewald Theod. Drathen KG. 7 ha. *Einzellagen:* Alf: Hölle (2,2 ha, Alleinbesitz); Neef: Frauenberg (2,8); Bullay: Sonneck (2).

Ein 1860 gegründetes Handelshaus mit einem kleinen Weinbergbesitz, u.a. Teile des beachtenswerten Frauenbergs (100% Riesling). In Alf sind zu 50% Riesling, 40% Müller-Thurgau und 10% Optima angesetzt, in Bullay nur Müller-Thurgau. Der Frauenberg von Drathen hat einen überwältigenden einfachen Charme.

Weingut Otto Dünweg

Moselstraße 5–7, 5559 Neumagen-Dhron. Tel.: 06507-2213. *Besitzer:* Günther Dünweg. *Einzellagen:* Neumagen: Rosengärtchen, Laudamusberg und Engelgrube; Dhron: Hofberger, Großer Hengelberg (Alleinbesitz) und Roterd; Trittenheim: Apotheke; Piesport: Goldtröpfchen und Treppchen; Niederemmel: Kreuzwingert (Alleinbesitz).

Der Urenkel des Gründers bewirtschaftet das erstklassige kleine Gut, zu dem auch ein Handelshaus, betrieben vom Sohn und Enkel des Besitzers, gehört. Die zu 99% mit Riesling besetzten Weinberge und die feuchten, mit Eichenfässern bestückten Keller bringen regelmäßig preisgekrönte Weine hervor.

Weingut Dr. Fischer

Bocksteinhof, 5511 Ockfen-Wawern, Tel.: 06581-2150. *Besitzer:* Hans-Henning Fischer. 24,6 ha. *Einzellagen:* Ockfen: Bockstein (7,5 ha), Herrenberg (1,7) und Geisberg (2,5); Saarburg: Kupp (2,5); Wawern: Herrenberg (10,4 ha, Alleinbesitz).

Bedeutendes Saarweingut mit zwei Schwerpunkten, dem Bocksteinhof und einem ehemaligen Klostergut aus dem 18. Jh. unter dem Herrenberg, der besten Lage in Wawern. 98% Riesling. Die Weine sind bewunderungswürdige Beispiele für die Frische und Lebendigkeit guter Saar-Rieslinge.

Stiftung Staatliches Friedrich-Wilhelm-Gymnasium

Weberbach 75, 5500 Tier, Tel.: 0651-73849. *Leiter:* Benedikt Engel. 45 ha. *Einzellagen:* an der Saar, Falkenstein: Hofberg; Ockfen: Geisberg. An der Mosel, Mehring: Blattenberg, Goldkupp und Zellerberg; Trittenheim: Altärchen und Apotheke; Neumagen: Rosengärtchen; Dhron: Hofberger; Graach: Domprobst und Himmelreich; Zeltingen: Himmelreich, Sonnenuhr und Schloßberg; Bernkastel: Bratenhöfchen und Graben.

Eine der großen Institutionen in Trier, eine frühere Jesuitenschule, gegründet 1563. Karl Marx war hier Schüler. Die Weinberge (85% Riesling) sind wundervoll gepflegt, die Kellertechniken hervorragend, und die Weine gehören allgemein zu den besten der Mosel.

Weingut le Gallais

Saarstraße 23, 5511 Kanzem, Te.: 06501-16676. *Besitzerin:* Mme Rochon de Pons. 2,5 ha. *Einzellage:* Wiltingen: Braune Kupp.

Egon Müller vom Scharzhof mit seinen überaus hohen Qualitätsmaßstäben leitet dieses kleine Gut für die französische Besitzerin. Nur QmP-Weine werden als Braune Kupp verkauft; der Großlagenname Scharzberg wird für QbA-Wein benutzt, der z.T. auch aus Müllers eigenem Gut stammt. Die Kabinettweine sind leicht, die höheren Qualitätsstufen aromatisch und würzig.

Weingut Forstmeister Geltz Zilliken

Heckingstraße 20, 5510 Saarburg, Tel.: 06581-2456. *Besitzer:* Hans-Joachim Zilliken. 8,6 ha. *Einzellagen* – Saarburg: Rausch (3,5 ha), Antoniusbrunnen (1,5) und Bergschlößchen (2,2); Ockfen: Bockstein (1) und Geisberg (0,4).

Das Familiengut des hochgeachteten Forstmeisters des Königs von Preußen, Ferdinand Geltz (1851–1925) wird heute von seinem Enkel betrieben. Die Weine werden nach traditioneller Art in Fässern bereitet und für lange Flaschenreife ausgebaut. Der Gärvorgang wird abgestoppt, Süßreserve wird nicht verwendet. Beerenauslesen des Guts haben auf Auktionen schon Preisrekorde gebrochen. 90% Riesling.

Weingut Johann Haart

Trevererstraße 12, 5555 Piesport, Tel.: 06507-2418. *Leiter:* Alfons Haart. 5,8 ha. *Einzellagen:* Piesport: Goldtröpfchen (2 ha), Falkenberg (0,5), Günterslay (0,1), Grafenberg (0,1), Domherr (0,1) und Treppchen (2,6); Drohn: Roterd (0,4)

Größeres Familiengut aus dem Jahr 1337. Die Hälfte des Besitzes (Treppchen) liegt auf sanften Hängen und ist mit Müller-Thurgau und Neuzüchtungen besetzt. Die andere Hälfte besteht zu 100% aus Riesling und liefert klassisches reifes Goldtröpfchen, Falkenberg und Günterslay.

Weingut Freiherr von Heddesdorff

5406 Winningen, Tel.: 02606-302. 3,6 ha in Winningen.

Eines der vornehmsten Güter im Bereich Zell. Sein Ursprung geht auf das 15. Jh. zurück. Rebenbestand: 100% Riesling. Die Weine werden mit viel Sorgfalt und wenig Süßreserve bereitet.

Weingut von Hövel

Agritiusstraße 5–6, 5503 Konz-Oberemmel, Tel.: 06501-18354. *Besitzer:* Eberhard von Kunow. 12,4 ha. *Einzellagen:* Oberemmel: Hütte (5 ha, Alleinbesitz), Rosenberg (3) und Agritiusberg (1,5); Scharzhofberg (2,9).

Ehemals Teil des Klosterguts St. Maximin mit romanischen Kellern und einem schönen alten Landhaus. Die Oberemmeler Hütte des Weinguts ist besonders fein und elegant, ein leichter, aber wundervoller Wein. 95% Riesling, 5% Müller-Thurgau und Weißburgunder.

Carl Aug. Immich-Batterieberg

5585 Enkirch, Tel.: 06541-9376. *Besitzer:* Georg und Ingrid Immich. 6 ha. *Einzellagen:* Enkirch: Ellergrub, Zeppwingert, Steffensberg und Batterieberg (Alleinbesitz)

Die Immichs sind seit 1425 Winzer in Enkirch. Georg Immich hat die Weinbaufachschule in Geisenheim absolviert und verteidigt unbeirrt die alte Moseltradition mit Riesling in Eichenfässern.

Weingut Kanzemer Berg

Maximilian v. Othegraven, 5511 Kanzem. 5 ha, u.a. Anteile am modernisierten Kanzemer Altenberg.

Kleines, erstklassiges Gut aus dem 16. Jh. Rebbestand: 95% Riesling. Herrliche, langlebige Weine. Der Jahrgang '76 brachte u.a. zwei verschiedene Trockenbeerenauslesen.

Weingut Christian Karp-Schreiber

5551 Brauneberg, Tel.: 06534-236. *Besitzer:* Günter Karp. 3 ha. *Einzellagen:* Brauneberg: Juffer, Juffer Sonnenuhr und Mandelgraben.

Familiengut seit 1664. Günter Karp und sein Sohn Alwin erzeugen preisgekrönte Rieslinge sowie (im Mandelgraben) Müller-Thurgau und Kerner, die meist direkt an Kunden verkauft werden.

Gutsverwaltung Karthäuserhof

(Früher H.W. Rautenstrauch), Karthäuserhof 1, 5500 Trier-Eitelsbach. *Besitzer:* Familie Tyrell. 20 ha. *Einzellage:* Eitelsbach: Karthäuserhofberg.

Ein schönes, altes Gutshaus in einem Seitental der Ruwer. Früher gehörte es den Karthäusermönchen und ging bei der Säkularisierung der Kirchengüter durch Napoleon an einen Vorfahren der heutigen Besitzer über. Der langgestreckte Karthäuserhofberg unterteilt sich in die Lagen Kronenberg (1/2), Burgberg, Sang, Orthsberg und Stirn; alle gehören zu dem Gut, auf dem auch Trakehner-Pferde gezüchtet werden. Rebbestand: 90% Riesling. Die Weine können in guten Jahren fabelhaft ausfallen, haben aber mehr strenge Säure (und werden meist auch trockener ausgebaut als die von dem einzigen vergleichbaren Ruwer-Weingut von Schubert (Maximin Grünhaus). Die Flaschen sind unverwechselbar, sie tragen nur ein schmales Etikett am Hals, aber keines auf dem Körper.

Weingut Reichsgraf von Kesselstatt

Liebfrauenstraße 10, 5500 Trier, Tel.: 0651-75101. *Besitzer:* Günther und Käthi Reh. 96 ha in vielen Spitzengemeinden.

Das größte private Weingut an Mosel, Saar und Ruwer (damals 60 ha), als es 1978 von Günther Reh, dem Sohn von Carl Reh aus Leiwen, übernommen wurde. Seither wurden noch weitere Besitzungen (siehe unten) hinzugekauft, gepachtet oder als Beteiligungun erworben. Jeder Teil hat seinen eigenen Charakter, und die Qualitätsmaßstäbe sind sehr hoch. Rebbestand: 100% Riesling. 60 bis 70% aller Weine sind trocken oder halbtrocken. Zehn Jahre Lebensdauer werden für sie garantiert, andernfalls erhält der Kunde Rückvergütung.

Hauptquartier ist das schöne barocke Palais Kesselstatt in Trier, von wo aus die Reichsgrafen im 18. Jh. den Anbau von Rieslingreben förderten. Das Gesamtgut besteht aus vier Teilen, jeweils mit eigenem Kelterhaus und eigenen Kellern. Am berühmtesten ist der Josephshof in Graach, zu dem die gesamte Einzellage Josephshöfer (6 ha) hoch oben am Berg zwischen den großartigsten Lagen von Bernkastel und Wehlen gehört.

4 Weingüter bilden seit 1820 den Kern des Besitzes:

Weingut Domklausenhof
Piesport. *Einzellagen:* Piesport: Domherr (2 ha), Goldtröpfchen (5,3) und Treppchen (4,2); Neumagen: Rosengärtchen (1,3); Leiwen: Laurentiuslay (2,2); Brauneberg: Juffer (1,1).

Weingut Josephshof
Graach. *Einzellagen:* Graach: Josephshöfer (6 ha), Himmelreich (2); Bernkastel: Stephanus-Rosengärtchen (1); Zeltingen: Sonnenuhr (4).

Weingut Oberemmeler Abteihof
Oberemmel. *Einzellagen:* Niedermennig: Herrenberg (4,4 ha) und Euchariusberg (1,9); Oberemmel: Karlsberg (8,5), Rosenberg (3,4) und Agritiusberg (3,7); Wiltingen: Braunfels (3,1), Klosterberg (2,9); Scharzhofberg (5,8).

Weingut St. Irminenhof
Kasel. *Einzellagen:* Kasel: Nieschen (3,8 ha), Herrenberg (2), Kehrnagel (1,5) und Hitzlay (2,6); Waldrach: Heiligenhäuschen (5,8).

Neuere Erwerbungen:

Weingut Geschwister Ehses-Berres
Zeltingen. 1 ha, u.a. Zeltinger Sonnenuhr und Schloßberg.

Weingut Dr. J.B. Hain
Neumagen-Dhron. 3 ha, u.a. *Einzellagen:* Dhron: Häschen; Piesport: Goldtröpfchen; Neumagen: Rosengärtchen.

Apollinar Joseph Koch
Wiltingen. *Einzellagen:* Scharzhofberg (2 ha). Wiltingen: Gottesfuß (2). Einer der großen Namen an der Saar.

Felix Müller
Wiltingen. *Einzellagen:* Scharzhofberg (1 ha); Wiltingen: Rosenberg (1,2). Klassischer Saarwein, elegant und reif.

Staatsminister a.D. Otto van Volxem
Oberemmel. 3 ha u.a. Scharzhofberg (2 ha).

Weingut Kies-Kieren

Hauptstraße 22, 5551 Graach, Tel.: 06531-3428. *Besitzer:* Ernst Kies. 3,7 ha. *Einzellagen:* Kinheim: Hubertuslay und Rosenberg: Graach: Himmelreich und Domprobst; ferner in Lösnich, Erden und Kesten.

Die Familie Kies baut schon seit dem 17. Jh. Wein an. Heute liegt der Schwerpunkt auf Riesling, der dem Weingut schon viele Preise eingetragen hat.

Weingut Rudolf Kochems

5591 Mesenich, Tel.: 0263-4524. *Einzellagen:* Mesenich: Deuslay, Goldgrübchen, Abteiberg.

Hochwertige Riesling-, Müller-Thurgau-, Ehrenfelser- und Kerner-Weine, u.a. ein Riesling/Kerner halbtrocken Spätlese. Die Deuslay Rieslinge und ein Ehrenfelser Abteiberg Auslese wurden preisgekrönt.

Weingut Schloßkellerei Freiherr von Landenberg

Am Kriegerdenkmal. Moselweinstraße 60, 5591 Ediger-Eller, Tel.: 02675-277. *Besitzer:* Baroness Nelly von Landenberg und Familie. 9,8 ha. *Einzellagen:* Eller; Bienenlay, Engelströpfchen, Höll, Pfirsichgarten und Calmont; Ediger: Elzhofberg und Osterlämmchen.

Bei Prämierungen erfolgreiches Weingut mit Weinbergen an Steilhängen. Rebbestand: 95% Riesling.

Weingut J. Lauerburg

Graacherstraße 24, 5550 Bernkastel. Tel.: 06542-2481. *Besitzer:* Karl-Heinz Jacob und Karl Patrik Lauerburg. *Einzellagen:* Bernkastel: Schloßberg, Johannisbrünnchen, Matheisbildchen, Lay, Bratenhöfchen und Doctor; Graach: Himmelreich.

Kleines, aber sehr prestigeträchtiges Familiengut, gegründet 1700 (damals wurden die Keller unter den Weinberg getrieben). Ältester Mitbesitzer der Lage Doctor. 100% Riesling, Weine für lange Flaschenlagerung. Keine Kellerbesuche («Das könnte der Qualität des Weins schaden!»).

Weingut Alfred Lex

Laurentiusstraße 4, 5559 Leiwen. *Einzellagen:* Leiwen: Klostergarten und Laurentiuslay; Pölich: Held; Klüsserath: Bruderschaft.

Über 400 Jahre altes Familiengut mit Anteilen an erstklassigen Lagen und mit hochwertigen Weinen bis hin zu Auslesen.

Weingut P. Licht-Bergweiler Erben

Bernkastelerstraße 33, 5551 Brauneberg. *Besitzer:* Leo und Ria Licht (Vater und Tochter). Ca. 12 ha. *Einzellagen:* Brauneberg: Juffer, Hasenläufer, Mandelgraben und Klostergarten; Wehlen: Sonnenuhr; Graach: Domprobst; Bernkastel: Johannisbrünnchen.

Die Familie Licht hat den 200 Jahre alten Besitz mit traditionsreichen Kellern und Methoden geerbt. Die feinsten Weine kommen aus der Lage Juffer.

Weingut Karl Loewen

Matthiasstraße 30, 5559 Leiwen. *Besitzer:* Karl Loewen. 5 ha. *Einzellagen:* Leiwen: Laurentiuslay und Klostergarten; Detzem: Würzgarten, Maximiner Klosterlay; Pölich: Held.

Die Loewens kauften das einstige Klosterland während der Säkularisierung durch Napoleon. Ein sehr steiler Hang am Laurentiuslay gehört dazu; hier reift der Riesling wundervoll. Die Spezialität des Hauses ist wahrhaft voller, trockener Riesling der Art, wie er vor Jahrhunderten bereitet wurde.

Weingut Benedict Loosen-Erben

Würzgartenstraße 1, 5564 Ürzig. Besitzer: Hanni Müller und Familie. 2,4 ha. *Einzellagen:* Ürzig: Würzgarten (1,7 ha, Sonnenuhr); Erden: Treppchen (0,6) und Prälat; Lösnich: Försterlay.

Kleiner Erzeuger mit Anteilen in den besten Lagen von Ürzig und Erden (100% Riesling). Ausbau im Eichenfaß, ohne Süßreserve. Zum Besitz gehört die Weinstube/Pension Klosterhof in Ürzig.

Weingut J. Matheus-Lehnert

In der Zeil 1, 5559 Neumagen-Dhron. Tel.: 06507-2237. *Besitzer:* Ferdinand und Dorothea Krebs-Matheus. 5,5 ha. *Einzellagen:* Piesport: Goldtröpfchen; Neumagen: Rosengärtchen; Trittenheim: Altärchen; Dhron: Hofberger und Roterd.

Schönes kleines Gut. 90% Riesling und 90% steile Lagen. Faßgereifte Auslesen aus dem alten Kellergewölbe wurden schon oft mit Goldmedaillen ausgezeichnet.

Weingut Milz Laurentiushof

5559 Trittenheim, Tel.: 06507-2300. *Besitzer:* Karl Josef Milz. Ca. 8 ha. *Einzellagen:* Neumagen: Laudamusberg (1 ha), Rosengärtchen (0,5) und Nußwingert (0,8); Dhron und Piesport: Hofberger; Trittenheim: Altärchen (2), Apotheke (1,5), Felsenkopf (0,5) und Leiterchen (0,5) (die beiden letzten Alleinbesitz): Ockfen: Geisberg (0,5).

Das Haus bei der Kirche ist seit dem 17. Jh. im Besitz der Familie Milz. Rebbestand 100% Riesling; die Weine sind schön ausgeglichen, eher trocken.

Weingut Egon Müller-Scharzhof

5511 Scharzhof-Wiltingen, Tel.: 06501-17232. *Besitzer:* Egon Müller. 8,5 ha. Ortsteil: Scharzhofberg.

Seit fünf Generationen bewirtschaftet die Familie Müller den Scharzhof, ein früheres Kirchengut, das unter Napoleon säkularisiert wurde. Die steilen Schieferhänge des Scharzhofbergs sind zu 95% mit Riesling besetzt. Nur QmP-Weine tragen den Namen des Weinguts. Spät- und Auslesen werden oft mit Faßnummern auf Flaschen gezogen. Beim allmählichen Heranreifen zu immer feinerer Honigsüße können bis zu fünf oder sechs verschiedene Auslesen entstehen. Beeren- oder Trockenbeerenauslesen sind an der Saar selten.

Rudolf Müller GmbH & Co. KG

Postfach 20, 5586 Reil, Tel.: 06532-3004. *Besitzer:* Walter und Richard Müller und Margrit Müller-Burggraef, Mitbesitzerin des Weinguts Wwe. Dr. H. Thanisch (zu 50%). 14,5 ha. *Einzellagen:* Ockfen: Bockstein, Herrenberg und Geisberg; Kanzem: Sonnenberg; Saarburg: Antoniusbrunnen; Scharzhof; Reil: Sorentberg, Mullay-Hofberg, Goldlay, Falklay; Ürzig: Würzgarten.

Trockene und halbtrockene Saarweine sind neuerdings sehr gefragt. Das Weingut ist zugleich auch Handelshaus; seine Marke «The Bishop of Riesling» ist international bekannt. Exporte gehen nach USA, England, Japan, Norwegen, Kanada und Holland. Rebbestand: an der Saar 98%, an der Mosel 80% Riesling.

Weingut Peter Nicolay, C.H. Berres Erben

Gestade 15, 5550 Bernkastel-Kues, Tel.: 06531-2063. *Besitzerin:* Helga Pauly-Berres. 15,1 ha. *Einzellagen:* Ürzig: Würzgarten und Goldwingert (Alleinbesitz); Erden: Treppchen, Herrenberg und Prälat; Zeltingen: Himmelreich und Deutschherrenberg; Wehlen: Klosterberg; Kinheim: Hubertuslay, Rosenberg.

Peter Nicolay war vor 100 Jahren ein berühmter Gastwirt. Zu seinen Nachkommen gehört die Familie Berres, die durch Heirat mit den Paulys verwandt ist, denen wiederum das Weingut Dr. Pauly Bergweiler in Berkastel gehört. 60% der Weinberge liegen an Steilhängen; 92% Riesling. Die Weine werden individuell behandelt und reifen in Eichenfässern, daher spiegeln sie das volle Spektrum der Lagen an der Moselkrümmung zwischen Wehlen und Kinheim wider.

Weingut Paulinshof

Paulinstraße 14, 5561 Kesten b. Bernkastel. Tel.: 06535-544. *Besitzer:* Klaus Jüngling. *Einzellagen:* Kesten: Paulinsberg, Paulins-Hofberg, Herrenberg; Brauneberg: Juffer, Juffer-Sonnenuhr.

Kleines Gut, früher Klosterbesitz, zu 90% mit Riesling bepflanzt. Leichte, spritzige, aber langlebige Weine.

Weingut Otto Pauly KG

Bernkastelerstraße 5–7, 5550 Graach, Tel.: 06531-6641. *Besitzer:* Otto-Ulrich und Axel Pauly. 3 ha. *Einzellagen:* Graach: Domprobst, Himmelreich; Wehlen: Sonnenuhr; Bernkastel: Lay, Johannisbrünnchen.

Die Weinberge liegen auf Steilhängen im Herzen der Mittelmosel. Rebbestand: 95% Riesling. Die charaktervollen, rassigen und eleganten Weine werden nur durch das eigene Handelshaus, Weinkellerei Otto Pauly GmbH, vertrieben. Die Paulys, Winzer seit 1620, sind auch Besitzer des Weinguts Abteihof.

Weingut Dr. Pauly-Bergweiler Zach. Bergweiler-Prüm Erben

Gestade 15, 5550 Bernkastel-Kues, Tel.: 06531-3002. *Besitzer:* Dr. Peter Pauly. 11,3 ha. *Einzellagen:* Bernkastel: Graben (1 ha), Lay (0,5), Bratenhöfchen, Matheisbildchen (0,6), Schloßberg (1,9) und Johannisbrünnchen (0,4); Graach: Himmelreich (1,8) und Domprobst (0,5); Wehlen: Sonnenuhr (1,3), Nonnenberg (0,1) und Rosenberg (0,2); Zeltingen: Himmelreich (1,8); Erden: Busslay (0,5); Brauneberg: Juffer-Sonnenuhr (0,2) und Juffer (0,3).

50% der Rebfläche liegen an Steilhängen, 25% an weniger steilen Hängen und 25% auf ebenem Grund. Eine große Auswahl an Weinen wird teils in Edelstahltanks, teils in Eichenholzfässern ausgebaut, wobei die Eigenart der Lagen möglichst betont wird. Das Gut bedient sich bei der Weinbereitung lieber der Physik als der Chemie. Auch von Süßreserve und Schönen hält man hier nichts. 97% Riesling.

Weingut der Pfarrkirche

Bernkastel, 5559 Longuich. *Besitzer.* Kath. Kirchengemeinde. 10,5 ha. *Einzellagen:* Bernkastel: Graben. Lay, Bratenhöfchen, Schloßberg und Johannisbrünnchen; Graach: Himmelreich.

Das alte Gut wird heute von Schmitt Söhne in Longuich verwaltet. Die Reben stehen auf steilen Schieferhängen, die dem Bernkasteler einen besonderen Bodengeschmack verleihen.

Weingut Ökonomierat Piedmont

Saartal 1, 5503 Konz-Filzen, Tel.: 06501-16801. *Besitzer:* Max-G. Piedmont. 6 ha. *Einzellagen:* Filzen: Pulchen, Urbelt und Steinberg.

Familiengut in der vierten Generation an der unteren Saar. 90% Riesling, 10% Müller-Thurgau. Stilvolle, trockene Weine, in Eichenfässern ausgebaut.

Weingut S.A. Prüm Erben

Uferallee 25–36, 5550 Bernkastel-Wehlen, Tel.: 06531-3110. *Besitzer:* Raimund und Erika Prüm. 5,5 ha. *Einzellagen:* Wehlen: Sonnenuhr, Klosterberg, Rosenberg (0,2 ha) und Nonnenberg; Bernkastel: Lay, Schloßberg und Johannisbrünnchen; Graach: Himmelreich und Domprobst; Zeltingen: Schloßberg.

Ein 1911 abgetrennter Teil des großen Prüm-Besitzes wurde 1964 in sechs Teile geteilt, inzwischen aber weitgehend wieder zusammengeführt und vergrößert. 1981 übernahm die dritte Generation seit 1911 die Leitung. Bei der Weinbereitung wird auf den Charakter jedes einzelnen Fasses großer Nachdruck gelegt: Süßreserve wird nicht verwendet. Größter Einzelbesitz: 1,5 ha Wehlener Sonnenuhr. 100% Riesling.

Weingut J.J. Prüm

Uferallee 19, 5550 Bernkastel-Wehlen, Tel.: 06531-3091. 14,2 ha. *Besitzer:* Dr. Manfred und Wolfgang Prüm. *Einzellagen:* Wehlen: Sonnenuhr (4 ha), Klosterberg (1,2) und Nonnenberg (2); Graach: Himmelreich (3) und Domprobst (0,2); Zeltingen: Sonnenuhr (1); Bernkastel: Bratenhöfchen, Graben, Matheisbildchen und Lay.

Berühmte Winzerfamilie an der Mosel (seit dem 12. Jahrhundert). Johann Josef Prüm (†1944) brachte das Gut auf den heutigen Stand; sein Sohn Sebastian (†1969) war nicht weniger berühmt, und heute leitet wiederum dessen Sohn Manfred das Gut. Die Weine des Hauses, dessen Ruhm in den 50er und 60er Jahren auf dem Zenit war, zeichnen sich durch glorreiche Reife aus. Die Rasse des auf Schiefer gewachsenen Rieslings hebt sich herrlich von tiefgründiger Würze und feiner Honigsüße ab.

Weingut Edmund Reverchon

Saartalstraße 3, 5503 Konz, Tel.: 06501-17319. *Besitzer:* Eddie und Nicole Reverchon. 27,3 ha. *Einzellagen:* Filzen: Steinberger, Urbelt und Herrenberg (Alleinbesitz); Wiltingen: Gottesfuß und Klosterberg; Ockfen: Bockstein und Geisberg; Kanzem: Altenberg; Konz: Karthäuser, Klosterberg und Euchariusberg; Oberemmel: Altenberg.

Das freundliche Familiengut der Reverchons ist in Konz beheimatet. Leichte, spritzige Weine mit viel Säure; 89,7% Riesling. Der Stolz des Hauses ist der Filzener Herrenberg – als Sekt und als Auslese mit Goldkapsel.

Weingut Adolf Rheinart Erben

Weinstraße 25, 5559 Longuich. *Leiter:* Heinzgünter Schmitt. 10,5 ha. *Einzellagen:* Schoden: Saarfelser Marienberg; Ockfen: Bockstein und Herrenberg; Ayl: Kupp; Wiltingen: Schlangengraben.

Ein bekannter Name an der Saar; heute im Besitz von Schmitt Söhne in Longuich. Rebbestand: 80% Riesling, der Rest Neuzüchtungen, alle auf guten Hanglagen. Am Ockfener Bockstein wächst der beste Wein des Guts.

Weingut Max Ferd. Richter

Hauptstraße 37/85, 5556 Mülheim, Tel.: 06534-704. *Besitzer:* Horst und Dr. Dirk Richter. 15 ha. *Einzellagen:* Traben-Trarbach: Ungsberg; Graach: Domprobst und Himmelreich; Bernkastel: Schloßberg; Burgen: Hasenläufer; Brauneberg; Juffer und Juffer-Sonnenuhr; Mülheim: Helenenkloster (Alleinbesitz); Veldenz: Elisenberg (Gemeinschaftsbesitz mit der Weingutsverwaltung Richtershof).

Das Gut aus dem 17. Jh. ist mit 85% Riesling, 8% Müller-Thurgau, 5% Kerner und anderen Sorten besetzt. Faßgereifte individuelle Weine, ohne Süßreserve tadellos bereitet Hervorragende Eisweine.

Weingutsverwaltung Richtershof

Hauptstraße 81–83, 5556 Mülheim, Tel.: 06534-702. *Besitzer:* Joachim Richter. 11,3 ha. *Einzellagen:* Veldenz: Mühlberg, Kirchberg, Carlsberg und Elisenberg (z.T. in Mülheim, Gemeinschaftsbesitz mit dem Weingut Max Ferd. Richter); Mülheim: Sonnenlay; Lieser: Schloßberg; Brauneberg: Juffer.

Gut aus dem 17. Jh., zu ihm gehört die Burg Veldenz aus dem 12. Jh. Weine für alle Geschmacksrichtungen von trocken bis lieblich; gute Entfaltung in der Flasche, v.a. die Rieslinge.

Weingut Sanitätsrat Dr. Ronde

Römerstraße 9, 5559 Neumagen-Dhron, Tel. 06507-2216. *Besitzer:* Klaus Ronde. *Einzellagen:* Neumagen: Rosengärtchen, Engelgrube und Laudamusberg; Dhron: Hofberger; Trittenheim: Apotheke und Altärchen.

Das Gut aus dem 16. Jh. baut seinen Wein im Faß aus. Die Weinberge in Hügellagen auf Schiefer sind zu 88% mit Riesling, zu 8% mit Müller-Thurgau und zu 4% mit Ruländer bestockt.

Weingut Schloß Saarstein

5512 Serrig, Tel.: 06581-2324. *Besitzer:* Dieter Ebert. 9 ha. *Einzellagen:* Serrig: Antoniusberg und Schloß Saarsteiner.

92% Riesling; typisch leichter, rassiger Saarwein.

St. Nikolaus Hospital

Cusanusstift, Cusanusstraße 2, 5550 Bernkastel-Kues, Tel.: 06531-2101. 8 ha. *Einzellagen:* Wehlen: Sonnenuhr; Graach: Himmelreich; Bernkastel: Weisenstein; Lieser: Süßenberg; Brauneberg: Juffer; Bernkastel: Graben; Kues: Kardinalsberg.

Eine Stiftung des Theologen und Philantropen Kardinal Nikolaus von Kues aus dem 15. Jh.; seine Bibliothek befindet sich noch im alten Hospital an der Brücke. Alles Rieslinge aus superben Lagen.

Freiherr von Schleinitz'sche Weingutsverwaltung

Kirchstraße 15–17, 5401 Kobern-Gondorf, Tel.: 02607-268. *Besitzer:* Karlheinz Hähn. 4 ha. *Einzellagen:* Kobern: Schloßberg, Weißenberg, Fahrberg und Uhlen.

Steile Schieferhänge liefern dem Gut bei Koblenz feine Rieslinge. Flaschenlagerung – bis 6 Jahre für Kabinette und Spätlesen, für Auslesen usw. noch länger – wird empfohlen. Vorwiegend Direktverkauf an Besucher sowie an das gutseigene Hotel, Weinhaus Hähn.

Weingut Hubert Schmitz

Klosterbergstraße 108, 5516 Wiltingen, Tel.: 06501-16300. *Besitzer:* Hubert Schmitz. 2,8 ha. *Einzellagen:* Wiltingen: Kupp, Braunfels und Klosterberg.

Die Familie Schmitz bewirtschaftet den alten Hoensbroech-Grund seit 1948 und hat ihn 1968 gekauft. 92% Riesling. Die beste Auslese kommt von der Kupp.

Michel Schneider Nachf.

Merlerstraße 28, 5583 Zell, Tel.: 06542-2054. *Besitzer:* Franz Schneider. 50 ha. *Einzellagen:* Wehlen: Abtei, Klosterhofgut und Hofberg (18 ha); Zell: Marienburger (15) und Petersborn-Kabertchen; Merl: Königslay-Terrassen, Sonneck und Klosterberg; Zeltingen: Deutschherrenberg.

Die Hälfte des Besitzes liegt in Wehlen, die andere Hälfte ist zwischen Zell und Merl an der unteren Mosel aufgeteilt. Die Familie Schneider, seit 1869 Winzer in Zell, kaufte 1969 das alte Zisterzienserkloster Machern bei Wehlen und restaurierte es mit viel Sorgfalt. Der Besitz in Wehlen ist zu 100%, das Gut insgesamt zu 75% mit Riesling besetzt. Hinzu kommen 10% Müller-Thurgau und 15% Neuzüchtungen.

Hermann Freiherr von Schorlemer GmbH

Cusanusstraße 14, 5550 Bernkastel-Kues, Tel.: 06531-3071. Grundstücke in Mosel und Saar mit fünf Gütern in Lieser, Zeltingen und Graach, Wehlen und Bernkastel, Wiltingen und Ockfen.

Teil eines großen, alten Familienbesitzes mit 5 einzelnen Gütern (siehe unten). 98% Riesling, alle Weine reifen im Faß. Die beste Lage von Schloß Lieser ist Niederberg-Helden. Riesling-Sekt aus Einzellagen gehört zum Programm. (s.a. Martinerhof).

Weingut Clemens Freiherr von Schorlemer
Zeltingen und Graach

Weingut Schloß Lieser, Freiherr von Schorlemer
Lieser

Weingut Meyerhof
Graach, Wehlen und Bernkastel

Weingut Franz Duhr Nachf.
Ockfen

Weingut Schlangengraben
Wiltingen

Martinerhof

Moselweinstr. 84, 5551 Wintrich, Tel.: 06534-329. *Besitzer:* Baron Stephanus von Schorlemer-Lieser. 22 ha.

Der Baron übernahm 1963 die von Schorlemer-Güter in Wintrich und Brauneberg; er ist als einziges Mitglied der Familie noch im Weinbau tätig.

C. von Schubert'sche Gutsverwaltung

5501 Grünhaus/Trier, Tel.: 0651-5111. *Leiter:* Andreas und Carl von Schubert (Vater und Sohn). 33 ha. *Einzellagen:* Maximin Grünhaus: Bruderberg (4 ha), Herrenberg (18), Abtsberg (11).

Das hervorragendste Weingut an der Ruwer und zugleich eines der großartigsten Deutschlands mit einem einmaligen ungeteilten Weinberg, der das wunderschöne Gutshaus, einst Besitz der Benediktiner, beherrscht; seine Keller gehen auf die Römerzeit zurück, und die erste urkundliche Erwähnung datiert aud dem Jahr 966 n.Chr. Die Familie von Schubert kaufte es 1882. Die untere Lage (4 ha) heißt Bruderberg (für die einfachen Mönche), die mittlere bis obere Lage (18 ha) Herrenberg (für die Herren), der feinste und steilste Teil (11 ha) Abtsberg (für den Abt). Den Großlagennamen Römerlay benutzt das Gut nicht, sondern bietet alle seine Weine unter dem Ortsnamen Maximin Grünhaus an. Die Auslesen usw. aus guten Jahrgängen sind unendlich subtil, dabei überraschend würzig und kraftvoll; sie entfalten sich über 20 Jahre und länger. Selbst die «geringeren» Weine sind eine Offenbarung.

Weingut Geschwister Selbach-Oster

Uferallee 23, 5553 Zeltingen, Tel.: 06532-2081. *Besitzer:* Hans Selbach und Marlies Weber-Selbach. 4,6 ha. *Einzellagen:* Zeltingen: Himmelreich, Schloßberg und Sonnenuhr; Wehlen: Klosterberg; Graach: Domprobst; Bernkastel: Bratenhöfchen, Matheisbildchen und Schloßberg.

Die Winzerfamilie Selbach (seit 1661) hat neben eigenem Besitz auch vorzügliches altes Kirchenland in Zeltingen in Pacht, dessen Wein das Etikett Frühmesse-Stiftung trägt. Alle Weine sind faßgereift, meist trocken und lebendig.

Bert Simon, Weingut Serriger Herrenberg

5512 Serrig-Saar, Tel.: 06581-2208. *Besitzer:* Bert Simon. 32,3 ha. *Einzellagen:* Serrig: Herrenberg,

Würtzberg und König-Johann-Berg (je 6,5 ha, Alleinbesitz) und Antoniusberg (0,9); Staadt: Maximin Prälat (5 ha, Alleinbesitz); Niedermennig: Sonnenberg (0,5); Eitelsbach: Marienholz (1,2); Mertesdorf: Herrenberg (0,7); Kasel: Kehrnagel (4), Nieschen (0,2) und Herrenberg (0,2).

Dynamisches, junges Gut, begann 1968 mit früheren von-Schorlemer-Weinbergen und vergrößerte sich seither durch 4 weitere Güter. Enorme Erfolge in USA. 85% Riesling, 8% Müller-Thurgau und 4% Weißburgunder (unüblich an der Saar, verleiht aber den Rieslingen mehr Sutstanz).

Weingut Freiherr von Solemacher

5510 Saarburg. *Besitzer:* Baron Raitz von Frentz. 5,5 ha. *Einzellagen:* Saarburg: Bergschlößchen, Antoniusbrunnen und Rausch (5 ha); Ockfen: Bockstein und Herrenberg (0,5).

Der Baron wohnt in dem auf dem Etikett abgebildeten Schloß in der Eifel. Das im 2. Weltkrieg zerstörte Weingut war seit 100 Jahren in der Familie. 80% Riesling, 20% Müller-Thurgau. Die Weine sind lebendig und spritzig; große und langlebige Jahrgänge zeigen dagegen einen ganz anderen Charakter.

Weingut Studert-Prüm Maximinhof

5550 Bernkastel-Wehlen, Tel.: 06531-2487. *Besitzer:* Stephan und Elisabeth Studert. 6 ha. *Einzellagen:* Wehlen: Sonnenuhr, Nonnenberg; Graach: Himmelreich, Domprobst; Bernkastel: Graben.

Die Familie Studert treibt seit dem 16. Jh. Weinbau und erwarb 1805 die Weinberge der Benediktiner-Abtei St. Maximin in Trier. Die Weine in traditionellem Stil sind elegant und fruchtig. Rebbestand: 90% Riesling.

Weingut Wwe. Dr. H. Thanisch

Saarallee 31,5550 Bernkastel-Kues, Tel: 06531-2282. *Besitzer:* Mitglieder der Fam. Thanisch. 13 ha. *Einzellagen:* Bernkastel: Doctor (2 ha), Graben (0,7), Badstube (Großlage, 1,4) und Lay (0,6); Brauneberg: Juffer-Sonnenuhr (1,3); Graach: Himmelreich (1); Lieser und Bernkastel: Schloßberg (0,8); Wehlen: Sonnenuhr (0,3).

Das Familiengut (seit 1650) begründete um die Jahrhundertwende den weltweiten Ruhm der Lage Doktor. Das stattliche Gutshaus entstand 1880. 95% aller Weine sind Riesling; Neuzüchtungen werden nur in Lieser angebaut. Die Keller sind dunkle, von Nässe tropfende Höhlen, 30 m unter dem Schieferboden des Weinbergs, aus dem der berühmteste Mosel kommt. Der Qualitätsstandard ist nach wie vor makellos. Auf manchen Etiketten erscheint der Name Erben Müller-Burggraef. Siehe auch Rudolf Müller, Reil.

Weingut Thiergarten

5500 Trier. *Besitzer:* Georg-Fritz und Hildegard von Nell. 17 ha, v.a. in Trier. *Einzellagen:* Trier: Benediktinerberg (4,5 ha), Kurfürstenhofberg (5,5), Thiergarten unterm Kreuz (3,5) und Thiergarten Felsköpfchen (1,5); ferner 1 ha an der Saar und 0,25 in Bernkastel.

Ein ehemaliger Besitz der Benediktiner, 1803 an die von Nells übergegangen. Enthusiastische Erzeuger von ausgezeichneten, individuellen, leichten und auch langlebigen Weinen; fast ausschließlich Riesling, nur der Benediktinerberg ist zu 25% Müller-Thurgau. Die Hälfte der Weine ist trocken bis halbtrocken.

Oskar Tobias

5555 Piesport

Spezialist für Piesporter Goldtröpfchen; er verfügt mit über die feinsten Teile dieser Lage, die ganz mit Riesling besetzt sind.

Verwaltung der Staatlichen Weinbaudomänen

Deworastr. 1, 5500 Trier, Tel.: 0651-48068. *Leiter:* Peter Hoffmann. 88 ha. *Einzellagen:* Avelsbach: Hammerstein, Rotlay und Kupp (31,5 ha); Ockfen: Bockstein, Heppenstein und Herrenberg (14,3); Serrig: Vogelsang, Heiligenborn und Hoeppslei (34); Trier: St. Maximiner Kreuzberg, Deutschherrenberg und Deutschherrenköpfchen (10).

1896 vom König von Preußen gegründetes Weingut – es trägt noch heute seinen Adler auf dem Etikett – wurde großenteils aus den Eichenwäldern im Saartal herausgeschlagen. 80% der Weinberge bestehen aus Steilhängen mit bis zu 70° Gefälle; 88% Riesling. Am Gut in Serrig führt eine Kleinbahn vorüber. Hier wird der Wein noch immer in 1000-l-Fässern bereitet; die prachtvollen Kellergewölbe enthalten 600 Fässer verschiedener Größen sowie eine Sammlung von Flaschen bis zum großen Jahrgang 1921, außerdem noch eine feuchte, moos- und algenbewachsene Kammer, wo die Weinproben stattfinden. Die Auswahl an Weinen ist umfangreich (u.a. auch Sekt).

Güterverwaltung Vereinigte Hospitien

Krannenufer 19, 5500 Trier, Tel.: 0651-4681. *Leiter:* Dr. Hans Pilgram. 45 ha. *Einzellagen:* in Serrig, Wiltingen, Kanzem und Scharzhofberg; in Trier, Piesport, Bernkastel, Graach und Zeltingen. Alleinbesitz: Trierer Augenscheiner, Serriger Schloß Saarfelser Schloßberg, Wiltinger Hölle, Piesporter Schubertslay.

Eine der alten Trierer Stiftungen, ihre Keller waren einst ein Lagerhaus der Römer. Napoleon vereinigte die zahlreichen wohltätigen Einrichtungen in Trier in der Benediktinerabtei St. Irminen, die heute noch ein kostenloses Krankenhaus ist, das sich aus dem Weinbergbesitz und anderen großen Gütern finanziert. Auf dem Etikett ist die goldene Figur von Sanctus Jacobus (von Compostela) abgebildet. Rebbestand: 84% Riesling. Der Wein wird in Fässern ausgebaut.

Weingut Bernd van Volxem

Dehenstr. 2, 5516 Wiltingen, Tel.: 06501-16510. *Besitzer:* Heinz-Peter van Volxem. 9,1 ha. *Einzellagen:* Wiltingen: Gottesfuß, Klosterberg, Braunfels, Schlangengraben und Schloßberg; Oberemmel: Rosenberg; Scharzhofberg.

Familiengut in der vierten Generation; Rebbestand: 76% Riesling, 10% Weißburgunder, 5% Ruländer sowie u.a. Müller-Thurgau. Am feinsten sind der Scharzhofberger und Wiltinger Gottesfuß. Das Angebot umfaßt trockene und halbtrockene Weine bis zur Spätlese, meist leicht, frisch und typisch für die Saar.

Gutsverwaltung Wegeler-Deinhard

Martertal 2, 5550 Bernkastel-Kues, Tel.: 06531-2493. *Besitzer:* Deinhard, Koblenz. *Leiter:* Norbert Kreuzberger, 28 ha in Bernkastel, Graach, Wehlen, Kesten, Lieser und Kasel. *Einzellagen:* Bernkastel: Doctor (1,1 ha), Graben (2,8), Lay (1,0), Bratenhöfchen (3,6), Mattheisbildchen (0,3), Johannisbrünnchen (2,2) und Schloßberg (0,1); Graach: Himmelreich (0,7) und Domprobst (0,4); Wehlen: Sonnenuhr (3,6), Klosterberg (2,0) und Rosenberg (0,5); Kesten: Paulinshofberger (0,7); Lieser: Schloßberg (1,1); Kasel: Nieschen (2,3), Hitzlay (3,2), Kehrnagel (0,4) und Herrenberg (0,9).

Das Moselweingut des berühmten Handelshauses nahm seinen Anfang im Jahr 1900 mit dem Kauf eines Teils der berühmten Lage Bernkasteler Doctor. Im Jahr 1981 wurden weitere 13,6 ha erworben, und durch einen langfristigen Pachtvertrag mit dem Weingut Dr. Zach. Bergweiler-Prüm wurden die Besitzungen an der Mosel mehr als verdoppelt. 89% aller Lagen befinden sich an Steilhängen; sie sind zu 91% mit Riesling besetzt.

Die Deinhardschen Moselweine sind ausgesprochen typisch in der Art bei nur ganz behutsamer Süßung: klassische Weine, die den subtilen Bodenunterschieden schön zur Geltung verhelfen. Im Bernkasteler Doctor sind alle Qualitäten höchst konzentriert, aber auch sämtliche Mittelmoselweine vom Kabinett aufwärts verlangen Flaschenalterung, und die Kaseler von der Ruwer sind ausgesprochen spritzig und pikant.

Weingut Dr. F. Weins-Prüm Erben

Uferallee 20, 5550 Bernkastel-Wehlen, Tel.: 06531-2270. *Besitzer:* Herr Selbach-Weins. 4,5 ha. *Einzellagen:* Graach: Himmelreich und Domprobst; Wehlen: Sonnenuhr und Klosterberg; Ürzig: Würzgarten; Erden: Treppchen und Prälat.

Die Keller des alten Guts gehen auf das Jahr 1560 zurück. Die Rieslinge aus den Lagen Sonnenuhr und Prälat sind besonders gefragt. Alle Weine werden im Faß ausgebaut.

Zentralkellerei Mosel-Saar-Ruwer

5550 Bernkastel-Kues, Tel.: 06531-6063. *Leiter:* Dr. Rudolf Rinck.

Die Zentralkellerei verarbeitet erstaunliche Quantitäten (3,3 Mio Kisten), hält dabei aber einen bemerkenswert hohen Qualitätsstand. Insgesamt 5200 Winzer liefern Trauben von 3000 ha an: 55% Riesling, 23% Müller-Thurgau und 9% Elbling. Die meisten Weine sind QbA, frisch im Charakter, trocken bis lieblich; es wurden aber auch schon sehr feine Auslesen bereitet.

MITTELRHEIN

Ein logischerer Name für dieses landschaftlich so großartig schöne, aber als Weinbaugebiet langsam im Schwinden begriffene Stück des Stroms wäre wohl «unterer Rhein». Es entspricht genau der unteren Mosel – hier wie dort wird, flußabwärts von den klassischen Lagen, aus altem Brauchtum und unter außerordentlichen Mühen ein schmales Band aus Weinbergen an den Hängen am Fluß, ja manchmal auf steilen Klippen, gehegt und gepflegt. Die hochaufragenden Talwände bieten immer wieder gute Stellen mit Schieferboden in Süd- oder Südwestlage.

Auf eine Strecke von 100 km Flußtal verteilt sich eine Rebfläche von noch 760 ha. Von Norden nach Süden gesehen, beginnen die Weinberge auf dem Ostufer bei Königswinter gegenüber von Bonn. Ab Koblenz erstrecken sie sich dann auf beiden Seiten und enden schließlich bei Trechtingshausen auf dem linken Ufer, Assmannshausen gegenüber. Im Norden geht der Weinbau zurück, ansonsten aber kommt dem Rheintal wie der Ahr die besondere landschaftliche Schönheit zutage. Die wichtigsten Orte sind Bacharach, St. Goarshausen, Boppard, Koblenz, Neuwied, Bad Honningen und Unkel. Sehenswert ist jedoch das ganze Tal.

Auch an den Ufern der Lahn, die dem Rhein von Osten her zufließt, wächst noch Wein, der mit zum Anbaugebiet Mittelrhein gezählt wird.

Die Haupttraube auf den vielen Weinbergfetzen, die an die Berge geklebt scheinen, ist der Riesling. Erbringt gute, meist karge, ja manchmal säuerliche Weine; die guten Jahrgänge werden in den Weinstuben der Winzer ausgeschenkt, die anderen zu Sekt verarbeitet. Das Zentrum des Weinhandels der Region ist Bacharach. Einst war es mit seinem geschützten Hafen unterhalb der Stromschnellen bei Bingen ein großer Umschlagplatz für alle Rheinweine.

▶ Boppard, Bacharach und noch viele andere Orte am Rhein haben sich mit baumbesetzten Uferpromenaden geschmückt, die einen freundlichen Kontrast zu den steilen Weinberghängen bilden. Romantische Burgen säumen das Rheintal – manche sind Ruinen, andere wurden inzwischen ausgebaut und dienen als Hotels (siehe S. 74).

REISE-INFORMATIONEN

Was er seinem Wein nicht geben kann, macht der Mittelrhein durch die überwältigende Schönheit seiner Landschaft mehr als wett.

Die Nordgrenze des Anbaugebiets bildet die Bundeshauptstadt Bonn. Als alte Universitätsstadt birgt sie Sehenswertes nicht nur für den Musikfreund, der das Beethovenhaus in der Bonngasse 20 sicher besuchen wird. Auch Schumann lebte und starb in Bonn.

Der landschaftlich reizvollste Teil des Rheintals erstreckt sich zwischen Koblenz und Bingen.

Auf beiden Ufern verlaufen Straßen und Eisenbahnlinien. Auf dem Fluß herrscht reger Verkehr von Fracht- und Passagierschiffen.

Alle Orte im Rheintal sind mit zahlreichen Schenken, Restaurants und Probierkellern für Touristen gut gerüstet. Parallel zum Rhein verlaufen auf beiden Ufern auch Autobahnen, jedoch in einiger Entfernung. Die besten Ausblicke auf den Fluß eröffnet die B9 auf dem rechten Ufer und die ruhigere B42 auf der anderen Seite. Zwischen Koblenz und Mainz gibt es keine Brücken, aber mehrere Fähren. Auch die Bahn bietet manchen schönen Blick auf den Fluß. Wer aber das Rheintal wirklich genießen will, fährt am besten mit dem Schiff. Kombinierte Schiffs- und Bahnfahrkarten sind erhältlich.

▲ Fachwerkhäuser in Braubach

Sehenswertes
Bonn: siehe oben.
Bad Ems: Kurort im schönen Lahntal.
Braubach: Stattliche, guterhaltene Burg.
Boppard: Alte Häuser, Burg, mehrere Hotels.
St. Goarshausen: Nahe beim Loreleyfelsen; die Loreley-Burgen-Straße führt von hier aus auf den Felsen hinauf und dann, vorüber an imposanten Burgen, bei Kaub wieder zur Rheinuferstraße.
St. Goar: Schöner Blick auf die Loreley; eine Autofähre führt nach St. Goarshausen hinüber.
Bacharach: Von hier führt die steile Rheingoldstraße durch reizvolle Landschaft vorüber an Dörfern und Burgen nach St. Goar. Fremdenverkehrsbüro: Heerstraße 120 (Tel. 06741-383).
Die Pfalz bei Kaub: Mittelalterliche Zollstation auf einer Insel im Rhein. Eine Besichtigung lohnt sich.

Weinfeste
Kaub (1. Sept.-Woche), Rhens (2. Wochenende im Sept.), Boppard (letzte Sept.-Woche), Koblenz (letztes WE im Sept.), Dattenberg (1. Okt.-Woche), Leubsdorf (2. WE im Okt.).

Essen und Trinken: siehe S. 74.

WEINBAUGEMEINDEN

Das Anbaugebiet Mittelrhein ist in drei Bereich und elf Großlagen unterteilt. Der Bereich Siebengebirge besteht aus nur einer Großlage: Petersberg. Der Bereich Rheinburgengau umfaßt alles von der Großlage Burg Hammerstein südlich von Königswinter bis zur Großlage Herrenberg gegenüber Bacharach. Der Bereich Bacharach enthält zwei Großlagen: Schloß Stahleck und Schloß Reichenstein.

GROSSLAGE PETERSBERG

Die nördlichsten Weinberge Deutschlands: 23 ha an den Hängen des Siebengebirges, bewirtschaftet von nur wenigen Erzeugern, meist Feierabendwinzern.

GROSSLAGE BURG HAMMERSTEIN

Südlich von Königswinter säumt eine unterbrochene Reihe von Weinbergen, insgesamt 15 Lagen, das Ostufer bis nördlich von Koblenz. In den immer steiler und steiniger werdenden Weinbergen herrscht der Riesling vor.

GROSSLAGE LAHNTAL

Verstreute Weinberge im schönen Lahntal um Bad Ems und die alte Stadt Nassau. Fünf Einzellagen mit zusammen etwas über 30 ha Riesling und Müller-Thurgau.

GROSSLAGE MARKSBURG

Weinberge auf dem rechten Rheinufer nördlich und südlich von Koblenz mit den ersten Steilhängen bei Braubach und Osterspai.

GROSSLAGE GEDEONSECK

Weinberge um Boppard, Spay und die Nachbarorte auf dem linken Rheinufer. Die Bopparder Lagen – u.a. Engelstein, Feuerley, Mandelstein und Ohlenberg – liegen in einer scharfen Flußbiegung nach Süden gerichtet.

GROSSLAGE LORELEYFELSEN

Eine Reihe von Lagen auf dem rechten Ufer, u.a. Loreley Edel unterhalb des Loreley-Felsens. Rebbestand: nur Riesling, ausgenommen der Teufelstein bei Patersberg, wo etwas Spätburgunder wächst – ein Vorgeschmack auf Assmannshausen im Rheingau.

GROSSLAGE BURG RHEINFELS

Vier kleine Lagen um St. Goar auf dem linken Ufer.

GROSSLAGE SCHLOSS SCHÖNBURG

Seitentäler bieten Südlagen für ein Dutzend kleinere mit Riesling besetzte Weinberge.

GROSSLAGE SCHLOSS STAHLECK

Auch hier bieten die Seitentäler die günstigsten Lagen. Die Weinberge im Rheintal sind nach Osten und sogar etwas nach Norden gerichtet. Alle sind steil und mit Riesling besetzt.

GROSSLAGE SCHLOSS HERRENBERG

Rechtsrheinische Lagen um Kaub mit günstiger südwestlicher Ausrichtung, weil der Rhein nach Nordwesten ausbiegt.

GROSSLAGE SCHLOSS REICHENSTEIN

Die südlichsten Lagen des Mittelrheins – die Weinberge gegenüber auf dem rechten Ufer gehören zum Rheingau. Einige gute Lagen auch im Seitental hinter Niederheimbach.

▼ Burg Gutenfels und die Pfalz bei Kaub, früher eine Zollstation für die Rheinschiffer

ERZEUGER

Weingut Toni Jost

«Hahnenhof», Oberstraße 14, 6533 Bacharach, Tel.: 06743-1216. *Besitzer:* Peter Jost. 6,5 ha in Bacharach, u.a. 4,4 ha in der steilen *Einzellage* Hahn. Ferner 3,5 ha in der Großlage Rauenthaler Steinmächer (Rheingau).

Riesling 70%, Müller-Thurgau 10%, Spätburgunder 8% usw. 1983er Spätlese und 1985er Kabinett mit feiner Säure, entwickeln sich in der Flasche gut.

August Perll

Oberstraße 81, 5407 Boppard, Tel. 06742-3906. 3,8 ha. *Einzellagen:* Boppard: Feuerley, Ohlenberg und Fässerlay.

Kleiner Winzer mit schwindelerregend steilen Hanglagen (68% Riesling) bei Boppard. Trockene, charaktervolle Weine mit vielen Auszeichnungen.

Weingut Heinrich Weiler

Mainzerstr. 2–3, 6532 Oberwesel am Rhein, Tel. 06744-323. *Besitzer:* Heinrich Wilhelm Weiler. 6,5 ha. *Einzellagen:* Oberwesel: Römerkrug und St. Martinsberg; Engehöll: Goldemund; Kaub: Backofen und Roßstein (Alleinbesitz).

Vielleicht das bekannteste Weingut in diesem Teil des Rheintals; steile, terrassierte Weinberge auf Schieferboden, liefern volle, duftige, fruchtige Rieslinge. Die Familie Weiler baut in Oberwesel seit 1607 Wein und hat Besitzungen auf beiden Seiten des Rheins.

Winzergenossenschaft Loreley eG

Rheinstraße 14, 5421 Bornich

Kleine, 1934 gegründete Kellerei im romantischsten Teil des Rheintals, nahe der Loreley. Sie verkauft jährlich 90% des Weins ihrer 47 Mitglieder (etwa 10 000 Kisten) an Privatkunden, Restaurants und den Fachhandel. Rebbestand: 80% Riesling.

Schloß Neuwied

WEINLAGEN

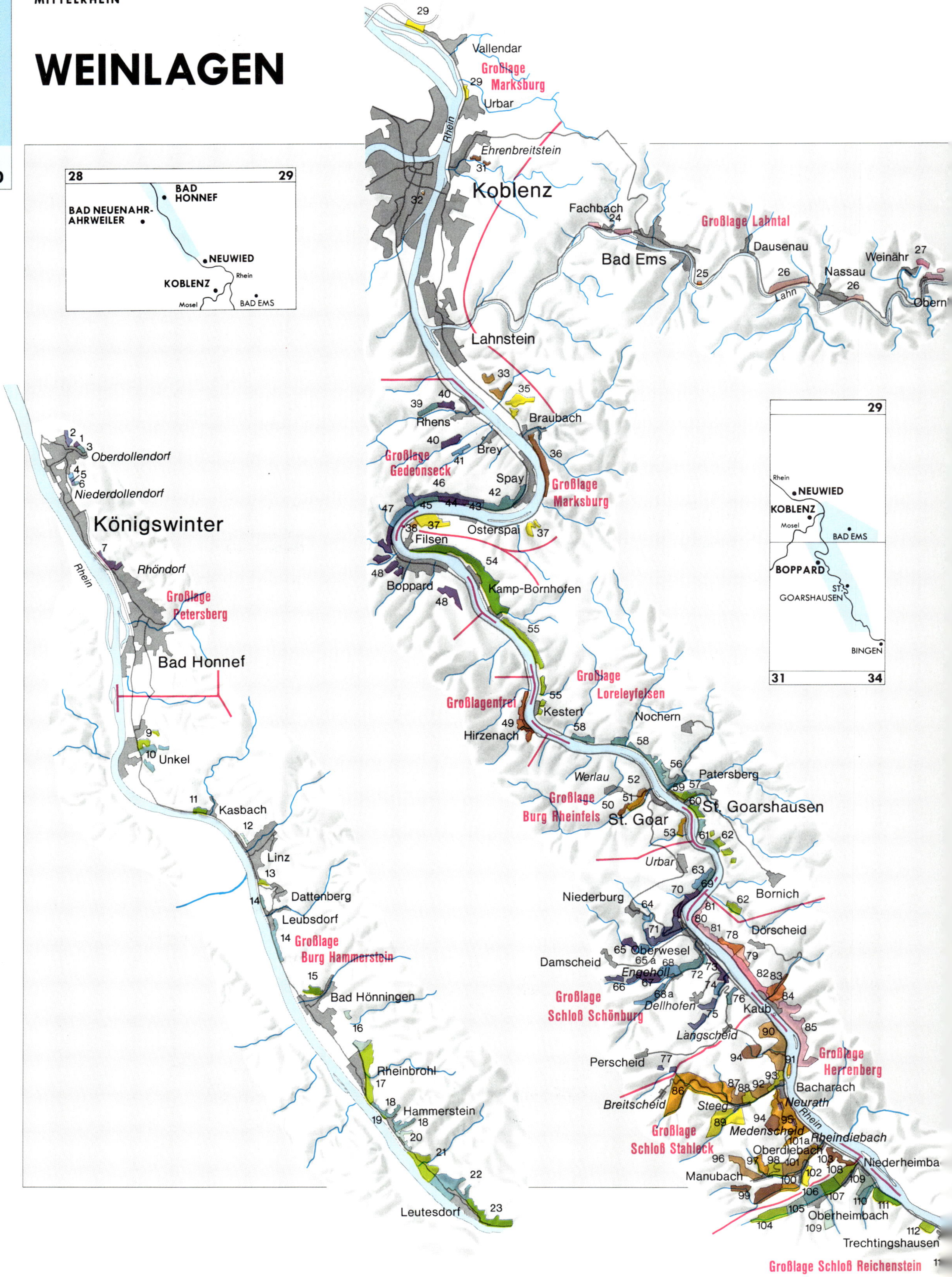
28
29
BAD HONNEF
BAD NEUENAHR-AHRWEILER
NEUWIED
Rhein
KOBLENZ
Mosel
BAD EMS
29
Rhein
NEUWIED
KOBLENZ
Mosel
BAD EMS
BOPPARD
ST. GOARSHAUSEN
BINGEN
31
34
Vallendar
Großlage Marksburg
Urbar
Ehrenbreitstein
Koblenz
Rhein
Fachbach
Großlage Lahntal
Bad Ems
Dausenau
Nassau
Weinähr
Obern
Lahn
Lahnstein
Rhens
Braubach
Brey
Großlage Gedeonseck
Spay
Großlage Marksburg
Osterspai
Filsen
Boppard
Kamp-Bornhofen
Großlage Loreleyfelsen
Großlagenfrei
Kestert
Hirzenach
Nochern
Patersberg
Werlau
Großlage Burg Rheinfels
St. Goar
St. Goarshausen
Urbar
Niederburg
Bornich
Dörscheid
Oberwesel
Damscheid
Engehöll
Großlage Schloß Schönburg
Dellhofen
Kaub
Langscheid
Perscheid
Großlage Herrenberg
Bacharach
Breitscheid
Steeg
Neurath
Großlage Schloß Stahleck
Medenscheid
Rheindiebach
Oberdiebach
Niederheimba
Manubach
Oberheimbach
Trechtingshausen
Großlage Schloß Reichenstein
Oberdollendorf
Niederdollendorf
Königswinter
Rhein
Rhöndorf
Großlage Petersberg
Bad Honnef
Unkel
Kasbach
Linz
Dattenberg
Leubsdorf
Großlage Burg Hammerstein
Bad Hönningen
Rheinbrohl
Hammerstein
Leutesdorf

BEREICH SIEBENGEBIRGE

GROSSLAGE PETERSBERG

Oberdollendorf
(Ortsteil von Königswinter)
Rosenhügel 1
Laurentiusberg 2
Sülzenberg 3

Niederdollendorf
(Ortsteil von Königswinter)
Goldfüßchen 4
Longenburgerberg 5
Heisterberg 6

Königswinter
Drachenfels 7 P

Rhöndorf
(Ortsteil von Bad Honnef)
Drachenfels 7 P

BEREICH RHEINBURGEN-GAU

GROSSLAGE BURG HAMMERSTEIN

Unkel
Berg 9
Sonnenberg 10

Kasbach
(Ortsteil von Kasbach-Ohlenberg)
Stehlerberg 11

Linz
Rheinhöller 12

Dattenberg
Gertrudenberg 13

Leubsdorf
Weißes Kreuz 14

Bad Hönnigen
Schloßberg 15

Rheinbrohl
Monte Jup 16
Römerberg 17

Hammerstein
In den Layfelsen 18
Hölle 19
Schloßberg 20

Leutesdorf
Forstberg 21
Gartenlay 22
Rosenberg 23

GROSSLAGE LAHNTAL

Fachbach
Nicht als Einzellage registrierter Weinberg

Bad Ems
Hasenberg 25 P

Dausenau
Hasenberg 25 P

Nassau
Schloßberg 26

Weinähr
Giebelhöll 27

Obernhof
Goetheberg 28

GROSSLAGE MARKSBURG

Vallendar
Rheinnieder 29 P

Urbar
Rheinnieder 29 P

Koblenz Ortsteil Ehrenbreitstein
Kreuzberg 31

Koblenz
Schnorbach Brückstück 32

Lahnstein
Koppelstein 33 P

Braubach
Koppelstein 33 P
Mühlberg 35
Marmorberg 36

Osterspai
Liebeneck-Sonnenlay 37

Filsen
Pfarrgarten 38

GROSSLAGE GEDEONSECK

Rhens
König Wenzel 39
Sonnenlay 40

Brey
Hämmchen 41

Spay
Engelstein 42 P

Boppard Ortsteil Bopparder Hamm
Engelstein 42 P
Ohlenberg 43
Feuerley 44
Mandelstein 45
Weingrube 46
Fässerlay 47
Elfenley 48

GROSSLAGENFREI

Hirzenach
(Ortsteil von Boppard)
Probsteiberg 49

GROSSLAGE BURG RHEINFELS

St. Goar Ortsteil Werlau
Rosenberg 50
Frohwingert 51 P
Ameisenberg 52 T

St. Goar
Frohwingert 51 P
Ameisenberg 52 P
Kuhstall 53

GROSSLAGE LORELEYFELSEN

Kamp-Bornhofen
Pilgerpfad 54
Liebenstein-Sterrenberg 55 P

Kestert
Liebenstein-Sterrenberg 55 P

Nochern
Brünnchen 56

Patersberg
Teufelstein 57

St. Goarshausen Ortsteile Wellmich & Ehrental
Burg Maus 58

St. Goarshausen
Hessern 59
Burg Katz 60
Loreley Edel 61

Bornich
Rothenack 62

GROSSLAGE SCHLOSS SCHÖNBURG

Urbar
(Ortsteil von Oberwesel)
Beulsberg 63

Niederburg
Rheingoldberg 64
Bienenberg 65

Damscheid
Frankenhell 66
Sonnenstock 67
Goldemund 68

Oberwesel
Bienenberg 65 a
Goldemund 68 a
Sieben Jungfrauen 69
Ölsberg 70
St. Martinsberg 71
Römerkrug 73

– Ortsteil Engehöll
Bernstein 72

Dellhofen
(Ortsteil von Oberwesel)
Römerkrug 74
St. Werner-Berg 75

Langsheid
(Ortsteil von Oberwesel)
Hundert 76

Perscheid
Rosental 77

GROSSLAGE HERRENBERG

Dörscheid
Wolfsnack 78
Kupferflöz 79

Kaub
Roßstein 80
Backofen 81
Rauschelay 82
Blüchertal 83
Burg Gutenfels 84
Pfalzgrafenstein 85

BEREICH BACHARACH

GROSSLAGE SCHLOSS STAHLECK

Bacharach Ortsteil Breitscheid
Schloß Stahlberg 86 P

– Ortsteil Steeg
Schloß Stahlberg 86 P
Lennenborn 87
St. Jost 88
Hambusch 89

Bacharach
Hahn 90
Insel Heylesen Werth 91
Wolfshöhle 92
Posten 93

– Ortsteile Medenscheid & Neurath
Mathias Weingarten 94
Kloster Fürstental 95

Manubach
Langgarten 96
St. Oswald 97
Mönchwingert 98
Heilgarten 99

Oberdiebach
Bischofshub 100
Fürstenberg 101 P
Kräuterberg 102

Rheindiebach
(Ortsteil von Oberdiebach)
Fürstenberg 101 P
Rheinberg 103

Nicht als Einzellagen registrierte Weinberge

Schloß Fürstenberg
(Ortsteil von Oberheimbach)
Rebflächen 101 a

GROSSLAGE SCHLOSS REICHENSTEIN

Oberheimbach
Römerberg 104
Klosterberg 105
Wahrheit 106
Sonne 107

Niederheimbach
Froher Weingarten 108
Schloß Hohneck 109
Reifersley 110
Soonecker Schloßberg 111

Trechtingshausen
Morgenbachtaler 112

RHEINGAU

Unbestreitbar erreicht der Weinbau am Rhein seinen Höhepunkt dort, wo der breit zwischen Inseln und Auen dahinziehende, von Mövenschwärmen umspielte Strom auf dem Weg nach Norden gegen die schwere Masse der Taunusberge anspült, deren bewaldete Höhen sich drei bis vier Kilometer vom Fluß entfernt erheben.

Diese paar Kilometer gehören so gut wie ganz der Rebe. Der Rhein wendet sich hier scharf nach Westen und fließt etwa 30 km weit unterhalb von Weinbergen einher – unter einer uralten Monokultur, in der sich die Namen Rheingau und Riesling zu unlösbarer Einheit verbinden.

Für den Engländer – und damit natürlich auch den Verfasser – ist der Rheingau zum Sinnbild allen Rheinweins geworden, der ihm unter dem Namen «Hock» vertraut ist. Das Wort ist nichts weiter als die Verkürzung des Ortsnamens von Hochheim, das am östlichen Ende des Rheingaus liegt und dessen Weinberge auf den Main schauen, während der Rhein nur als schimmerndes Band in der Ferne zu erkennen ist. Ihr Wein mit seiner weichen und doch kraftvollen Erdigkeit bleibt ebenso lange lebendig wie der andere Lieblingswein der Engländer, der Bordeaux.

Von Hochheim bis Rüdesheim am westlichen Ende des Rheingaus sind es rund 50 km. Ein Teil dieser Strecke wird freilich von der Stadt Wiesbaden eingenommen, doch bei Niederwalluf übernehmen die Weinberge wieder die Herrschaft und lassen dem runden Dutzend Orte am Strom und am Hang, die das eigentliche Herz des Rheingaus bilden, nur wenig Platz übrig.

Der Riesling nimmt hier in Anbaufläche und Qualität den ersten Rang ein; er bedeckt fast drei Viertel der Rebfläche und ist so gut wie ausnahmslos in allen Spitzenlagen zu finden. Der Boden ist im Rheingau sehr unterschiedlich. In den höheren Lagen finden sich recht leichte Verwitterungsböden, die nach der Talsohle hin in schwereren Löß, Lehm und schließlich Ton übergehen.

Je steiler und höher die Weinberge liegen, desto mehr Sonnenschein erhalten sie (denn weiter unten am Fluß bildet sich mehr Dunst), doch sind sie auch dem kühlenden Wind stärker ausgesetzt. Die Gleichung aus Boden, Sonnenschein und geschützter Lage ist nirgendwo einfach zu lösen, und so scheinen die besten Weinlagen des Rheingaus nahezu willkürlich verstreut, vom überraschend tiefgelegenen Marcobrunn bis zu den steilen Klippen des Südhangs am Rüdesheimer Berg. Allen aber – so heißt es – kommt der fast einen Kilometer breite Rheinstrom zugute, dessen Wassermassen nicht nur einen gleichmäßigeren Temperaturverlauf bewirken, sondern auch wie ein Spiegel das Sonnenlicht verstärken.

Bei solchen Voraussetzungen kann hier der Riesling soviel Kraft, Würze und Nachhaltigkeit entwickeln, daß seine feinsten Weine unbestreitbar die besten sind, die am Rhein wachsen.

Reinste Magie aber ist es, wenn alle diese Lebenskraft in der delikateren Art des Kabinettweins einem sozusagen in schlichtem Gewand begegnet. Es ist ja nicht so schwierig, mit wuchtigen Spätlesen oder Auslesen Eindruck zu machen; vielmehr zeigt sich die wahre Größe des Rheingaus darin, daß er in der leichtesten Kategorie seiner Spitzenweine soviel Gutes bringen kann.

Das ganze Anbaugebiet wird mit nur einem Bereichsnamen abgedeckt: Johannisberg. Er ist in zehn Großlagen unterteilt: Daubhaus (in Hochheim), Steinmächer für den östlichen Teil zwischen Wiesbaden und Kiedrich (das noch eine eigene Großlage, Heiligenstock, besitzt); Deutelsberg für Erbach und Hattenheim; Mehrhölzchen und Gottesthal für Hallgarten und Oestrich; Erntebringer und Honigberg für Mittelheim, Winkel, Johannisberg und Geisenheim. Rüdesheim, ein Teil von Geisenheim sowie Lorch und Lorchhausen teilen sich in die Großlage Burgweg; in Assmannshausen und Aulhausen heißt die Großlage Steil.

Offiziell erstreckt sich der Rheingau um die Flußbiegung bei Rüdesheim herum und schließt den Rotweinort Assmannshausen und den Rieslingort Lorch mit ein. Assmannshausen hat eine vom Staatsweingut energisch verteidigte Sonderstellung; Lorch und Lorchhausen sind eigentlich mehr den besseren Lagen des Mittelrheins zuzordnen.

▲ Der Mäuseturm im Rhein, vom Rüdesheimer Berg Schloßberg aus gesehen

▼ Unten: Lorch gehört zum Rheingau, das Westufer gegenüber (der Rheinberg in der Großlage Schloß Stahleck) dagegen zum Mittelrhein.

REISE-INFORMATIONEN

Die Landschaft des Rheingaus ist sanfter als im Rheintal, ihr Wein aber hat weit größeres Format. Viele alte Orte, Burgen, Schlösser und Weingüter verdienen Interesse.

Offiziell beginnt der Rheingau schon bei Lorch.

Weinstraßen
Die Rheingauer Riesling-Route verläuft am rechten Ufer, von Lorch durch Assmannshausen und dann ostwärts durch welliges Rebland bis nach Hochheim und Wicker am Main. Die grün-weiße Markierung zeigt einen Pokal. Ähnlich verläuft auch ein Wanderweg (Rheingauer Riesling-Pfad).

Sehenswertes
Lorch: Bemalte mittelalterliche Häuser.
Assmannshausen: Malerisches Städtchen. Spezialität: Rotwein.
Rüdesheim: Drosselgasse mit vielen Weinschenken.
Weinmuseum in der alten Brömsersburg westlich der Stadt.
Touristen-Information: Rheinstr. 16 (Tel.: 06722-2962).
Geisenheim: Sitz der berühmten Lehr- und Versuchsanstalt. Der Rheingauer Dom.
Schloß Johannisberg: Früheres Benediktinerkloster; großes Weingut.
Winkel: Das Graue Haus, die älteste Weinschenke Deutschlands. In der Nähe liegt Schloß Vollrads.
Kloster Eberbach: Kirche und Kloster aus dem 12. Jh., heute Sitz des Hessischen Staatsweinguts und der «German Wine Academy» mit Weinseminaren. Der berühmte Steinberg, ein ummauerter, im 12. Jh. angelegter Weinberg, gehört heute noch zu Eberbach. Der Steinberger lagert in den Klosterkellern.
Kiedrich: Gotische Kirche; schöne Fachwerkhäuser.
Eltville: Das Kurfürstliche Schloß, die Kirche und die alten Herrenhäuser der Weingutsbesitzer sind sehenswert.
Wiesbaden: Großes Bad, Spielkasino, viele Sportanlagen; Festspiele im Mai.

▲ Ein Weinlokal am anderen – das ist die Drosselgasse in Rüdesheim.

Hochheim: Eine Riesling-Insel, eingesprengt zwischen großen Städten am östlichen Ende des Rheingaus.
Der Taunus: Bewaldetes Bergland nördlich des Rheingaus, Naturparks, Wanderwege, malerische Dörfer und Bauernhöfe.

Weinfeste
Wicker: Tage der offenen Keller (Ende Apr.); Assmannshausen: Rotweinfest (Anf. Mai), Niederwalluf und Kiedrich (3. Wochenende im Juni), Hochheim (1. WE im Juli), Flörsheim: Weinprobenfest (Ende Juli), Hallgarten (1. WE im Aug.), Wiesbaden: Rheingauer Weinwoche (2. Aug.-Woche), Rüdesheim und Rauenthal (3. WE im Aug.), Hattenheim (4. WE im Aug.), Martinsthal und Aulhausen (letztes WE im Aug.), Oestrich (1. WE im Sept.), Oberwalluf (2. WE im Sept.), Johannisberg: Tag der offenen Keller (letztes WE im Sept.).

Weinproben
Den Wein der Gegend bekommt man überall in Lokalen aller Art. Auch viele Weingüter bieten Weinproben und Direktverkauf an (siehe Erzeuger); in manchen, etwa Schloß Johannisberg, gibt es eigene Weinstuben. Auch in Kloster Eberbach finden Weinproben statt.
Essen und Trinken: siehe S. 74.

WEINLAGEN

BEREICH JOHANNISBERG

Lorchhausen
(Ortsteil von Lorch)
Rosenberg 1
Seligmacher 2

Lorch
Schloßberg 3
Kapellenberg 4
Krone 5
Pfaffenwies 6
Bodental-Steinberg 7

GROSSLAGE STEIL
Einzellagen 8–10

Assmannshausen
(Ortsteil von Rüdesheim)
Frankenthal 8
Höllenberg 9 P
Hinterkirch 10

Aulhausen
(Ortsteil von Rüdesheim)
Höllenberg 9 P

GROSSLAGE BURGWEG
Einzellagen 1–7, 11–22, 24, 26, 27

Rüdesheim
Berg Kaisersteinfels 11
Berg Roseneck 12
Berg Rottland 13
Berg Schloßberg 14
Bischofsberg 15
Drachenstein 16
Kirchenpfad 17
Klosterberg 18
Klosterlay 19
Magdalenenkreuz 20
Rosengarten 21

Geisenheim
Rothenberg 22
Kläuserweg 23 P
Fuchsberg 24
Kilzberg 25 P
Mäuerchen 26
Mönchspfad 27
Schloßgarten 28
Klaus 29 P

GROSSLAGE ERNTEBRINGER
Einzellagen 23, 25, 30–35, 37, 44; A, 28, 29, 42, 43 (z.T.)

Johannisberg
(Ortsteil von Geisenheim)
Kläuserweg 23 P
Kilzberg 25 P
Klaus 29 P
Schwarzenstein 30
Vogelsang 31
Hölle 32
Hansenberg 33
Goldatzel 34
Mittelhölle 35
Schloß Johannisberg (Ortsteil) A

GROSSLAGE HONIGBERG
Einz. 36, 38–40, B, 29, 42, 43, A

Winkel
(Ortsteil von Oestrich-Winkel)
Klaus 29 P
Gutenberg 36 P
Dachsberg 37
Schloßberg 38
Jesuitengarten 39
Hasensprung 40
Schloß Vollrads (Ortsteil) B

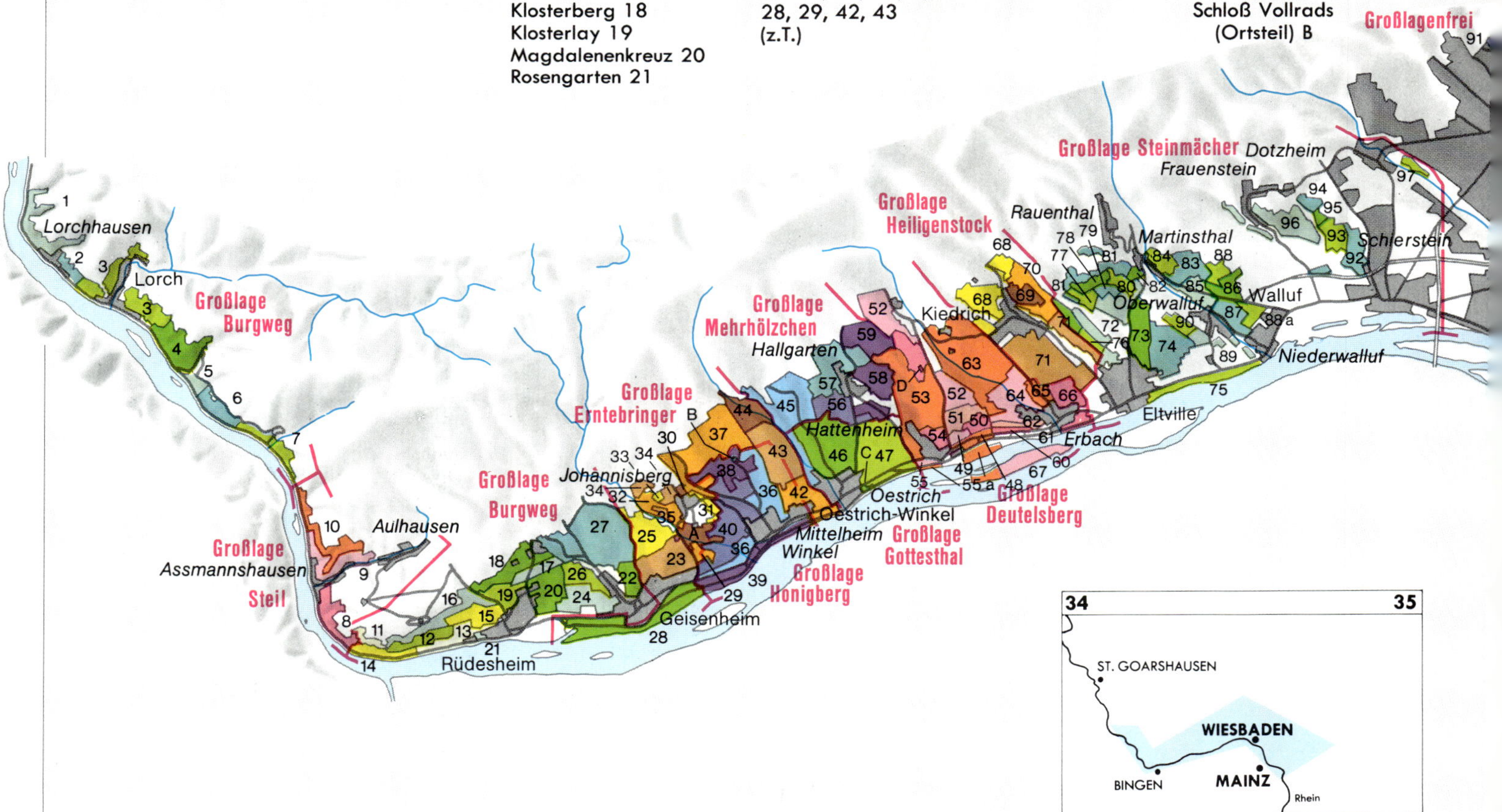

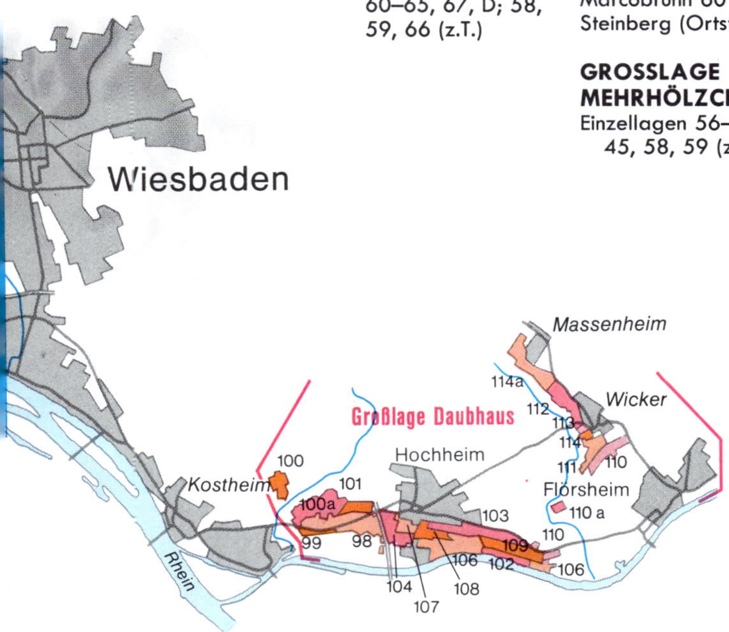

Mittelheim
(Ortsteil von
Oestrich-Winkel)
Gutenberg 36 P
St. Nikolaus 42
Edelmann 43
Goldberg 44

GROSSLAGE GOTTESTHAL
Einzellagen 46, 47, C; 45 (z.T.)

Oestrich
(Ortsteil von
Oestrich-Winkel)
Klosterberg 45
Lenchen 46
Doosberg 47
Schloß Reichhartshausen (Ortsteil) C

GROSSLAGE DEUTELSBERG
Einzellagen 48–55 a, 60–65, 67, D; 58, 59, 66 (z.T.)

Hattenheim
(Ortsteil von Eltville)
Mannberg 48
Nußbrunnen 49
Wisselbrunnen 50
Hassel 51
Heiligenberg 52
Schützenhaus 53
Engelmannsberg 54
Pfaffenberg 55
Rheingarten 55 a P
Jungfer 58 P
Hendelberg 59 P
Marcobrunn 60 P
Steinberg (Ortsteil) D

GROSSLAGE MEHRHÖLZCHEN
Einzellagen 56–57; 45, 58, 59 (z.T.)

Hallgarten
(Ortsteil von
Oestrich-Winkel)
Schönhell 56
Würzgarten 57
Jungfer 58 P
Hendelberg 59 P

Erbach
(Ortsteil von Eltville)
Rheingarten 55 a P
Marcobrunn 60 P
Schloßberg 61
Siegelsberg 62
Honigberg 63
Michelmark 64
Hohenrain 65
Steinmorgen 66 P
Rheinhell 67

GROSSLAGE HEILIGENSTOCK
Einzellagen 68–70; 66, 71 (z.T.)

Kiedrich
Klosterberg 68
Gräfenberg 69
Wasseros 70
Sandgrub 71 P

GROSSLAGE STEINMÄCHER
Einzellagen 72–90, 92–97; 66, 71 (z.T.)

Eltville
Steinmorgen 66 P
Sandgrub 71 P
Taubenberg 72
Langenstück 73
Sonnenberg 74
Rheinberg 75
Kalbspflicht 76

Rauenthal
(Ortsteil von Eltville)
Baiken 77
Gehrn 78
Wülfen 79
Rothenberg 80
Langenstück 81
Nonnenberg 82

Martinsthal
(Ortsteil von Eltville)
Wildsau 83
Langenberg 84
Rödchen 85

Walluf Ortsteil Niederwalluf
Berg-Bildstock 86
Walkenberg 87
Oberberg 88
Gottesacker 88 a

– Ortsteil Oberwalluf
Vitusberg 89
Langenstück 90

Wiesbaden
Neroberg 91 (Einz.)

Schierstein
(Ortsteil of
Wiesbaden)
Dachsberg 92
Hölle 93
Herrnberg 96 P

Frauenstein
(Ortsteil of
Wiesbaden)
Marschall 94
Homberg 95
Herrnberg 96 P

Dotzheim
(Ortsteil von
Wiesbaden)
Judenkirch 97

GROSSLAGE DAUBHAUS
Einzellagen 98–114 a

Kostheim
(Ortsteil von Mainz)
Reichesthal 98 P
Weiß Erd 99
Steig 100
St. Kiliansberg 100 a
Berg 101 P

Hochheim
Reichesthal 98 P
Berg 101 P
Kön. Victoriaberg 102
Hofmeister 103
Stielweg 104
Hölle 106
Domdechaney 107
Kirchenstuck 108
Stein 109
Herrnberg 110 P

Flörsheim
Herrnberg 110 P
St. Anna Kapelle 110 a

Wicker
(Ortsteil v. Flörsheim)
Stein 111
Mönchsgewann 112
König-Wilhelmsberg 113
Nonnberg 114

Massenheim
(Ortsteil v. Hochheim)
Schloßgarten 114 a

Frankfurt
Lohrberger Hang 115*

Böddiger
(Ortsteil v. Felsberg/
Schwalm-Eder-Kreis)
Berg 116*
Die Einzellagen Lohrberger Hanz in Frankfurt und Berg in Böddiger gehören nicht zur Großlage bzw. zum Bereich.

WEINBAUGEMEINDEN

HOCHHEIM

Zwischen den Weinbergen von Hochheim und dem Hauptteil des Rheingaus liegt die Stadt Wiesbaden und so manche Autobahn. Daß es diese isolierte Lage heute noch gibt, verdankt sie der ausgeprägten Stärke ihres Charakters: Weine voller Saft und Kraft, ja fast Derbheit, bei immenser Langlebigkeit, vor allem in heißen Jahren. Immer aber vereinen sie die Finesse des Rieslings mit einem sanften und ganz eigenen Bodengeschmack. Ihr alter Ruhm bestätigt sich auch heute noch durch ihre Individualität und die oft ganz überragende Qualität.

241 ha in der Großlage Daubhaus mit *Einzellagen:* Berg, 35 ha, S-SW, flach. Reichesthal, 26,5 ha, S, flach. Stielweg, 26 ha, S, flach. Domdechaney, 10,5 ha, S, flach. Kirchenstück, 15 ha, S, flach. Sommerheil, 22 ha, S, flach. Hofmeister, 34 ha, S, flach. Hölle, 36 ha, S ansteigend. Stein, 27 ha, S, flach. Königin Victoriaberg, 5 ha, S, ansteigend. Herrnberg, 4 ha, S, flach.

FLÖRSHEIM UND WICKER

Östlich von Hochheim liegt mitten in den Vorstädten Frankfurts eine Reihe von Weinbergen um Flörsheim, Wicker und Massenheim. In diesen flachen und sanft hügeligen Lagen herrscht der Riesling vor.

Großlage Daubhaus. *Einzellagen:* Flösheim: Herrnberg, 20 ha, SO, flach, und St.-Anna-Kapelle. Wicker: Mönchsgewann, 18 ha, SW, flach; König-Wilhelmsberg, 2,4 ha, SW, flach; Nonnberg, 2,1 ha, SW, flach; Stein, 20 ha, SSW, flach.

WIESBADEN

Der Name Wiesbaden findet sich als Ortsbezeichnung auf Weinetiketten nur im Zusammenhang mit dem Neroberg (4,4 ha). Die Weine der restlichen Rebfläche von 150 ha kommen normalerweise unter dem Großlagennamen Rauenthaler Steinmächer in den Handel.

Großlage Steinmächer mit *Einzellagen:* Frauenstein: Herrnberg, 58,6 ha, S, SW, ansteigend; Marschall, 8,5 ha, SSW, ansteigend; Homberg, 8,3 ha, SSW, ansteigend. Schierstein: Hölle, 32,6 ha, S, ansteigend; Dachsberg, 27,3 ha, SSW, ansteigend. Dotzheim: Judenkirch, 10,3 ha, SW, ansteigend. Neroberg (keine Großlage) 4,4 ha, S, ansteigend.

MARTINSTHAL

Höhe, Geschütztheit und Himmelsrichtung der Weinberge um Martinsthal, das 200 m höher als der Fluß und etwa 2 km von ihm entfernt nach Süden hin offen liegt, sind ganz ähnlich wie beim berühmteren Nachbarort Rauenthal. Zwar sind die besten Lagen Rauenthals steiler, aber auch Martinsthal bringt in guten Jahren volle, würzige Weine hervor. Der Großlagenname Steinmächer hat ihre Identität nicht erdrückt.

78 ha in der Großlage Steinmächer mit *Einzellagen:* Langenberg, 19 ha, SW, ansteigend. Wildsau, 31 ha, S, SW, ansteigend. Rödchen, 28,1 ha, SSW, flach.

WALLUF

Der wenig bekannte Ort erstreckt sich vom Rheinufer bergauf in das Tal des gleichnamigen Bachs. Die meisten Weine des Orts, die übrigens sehr vollmundig und langlebig sein können, benützen den Großlagennamen Rauenthaler Steinmächer.

Niederwalluf und Oberwalluf: 104 ha. Großlage Steinmächer mit *Einzellagen:* Langenstück, 13 ha, SSO, flach. Vitusberg, 14 ha, SSO, flach. Oberberg, 13 ha, SSO, ansteigend. Berg-Bildstock, 30,4 ha, SSO, ansteigend. Walkenberg, 29,4 ha, SW, ansteigend. Hof Nußberg, 3 ha, S, flach.

RAUENTHAL

Die Leitgemeinde der Großlage Steinmächer liegt hoch über ihren vielgepriesenen Weinbergen. Aus den Lagen Baiken und Gehrn bringen das Staatsweingut und andere Erzeuger sauber ausgewogene, würzige, bemerkenswert feste, aber milde Auslesen hervor. Trockenere Weine, auch die Kabinette, haben in vollreifen Jahrgängen besonders ausgeprägten Charakter.

98 ha in der Großlage Steinmächer mit *Einzellagen:* Langenstück, 25,8 ha, SW-SO, flach. Gehrn, 18 ha, S, ansteigend. Baiken, 15 ha, S, ansteigend. Wülfen, 14 ha, S, ansteigend. Rothenberg, 20 ha, S, ansteigend. Nonnenberg, 5 ha, S, ansteigend.

ELTVILLE

Die ausgedehnteste Stadt am Rheinufer im Rheingau, Sitz des Staatsweinguts und anderer bedeutender Weingüter, hat reichliche, sanft ansteigende Weinberge, in Bodenbeschafffenheit und Lage nicht ganz erste Spitzenklasse; die Weine sind demzufolge oft preiswerter als die exklusiveren Namen.

240 ha in der Großlage Steinmächer mit *Einzellagen:* Taubenberg, 80 ha, S, flach. Langenstück, 63 ha, SW, ansteigend. Sonnenberg, 68 ha, S, flach. Rheinberg, 30 ha, S, flach. Sandgrub, 58 ha, SW, S, flach.

KIEDRICH

Der malerische alte Ort liegt 3 km vom Fluß entfernt in einem kleinen Tal hinter Eltville. Einem englischen Mäzen aus der Zeit der Königin Viktoria verdankt es der Ort, daß seine wahrhaft sehenswerte gotische Kirche noch heute von gregorianischen Klängen erfüllt ist. Der Kiedricher Wein steht dem Rauenthaler nicht viel nach. Auch er braucht die Reife eines guten Jahrgangs, um die volle Vitalität seines Geschmacks entfalten zu können.

172 ha in der Großlage Heiligenstock mit *Einzellagen:* Klosterberg, 67 ha, SW-SO, ansteigend. Wasseros, 36 ha, SW, ansteigend. Gräfenberg, 11 ha, SW, ansteigend. Sandgrub, 58 ha, SW, S, flach.

ERBACH

Die Stadt mutet an wie ein westlicher Ausläufer von Eltville; sie ist aber rundum von Weinbergen umgeben. Seltsamerweise sind es hier nicht die augenscheinlich am besten gelegenen hinter der Stadt aufsteigenden Weinberge, die den besten Wein hervorbringen, sondern vielmehr ein tiefgelegener Streifen am Fluß (und der Bahnlinie) mit tiefgründigem, fettem, mergeligem Boden, der seiner Lage nach den Eindruck eines kalten Lochs oder eines Sumpfgeländes macht. Beides aber trifft für den Marcobrunn nicht zu: dieser Name ist seit Jahrhunderten Synonym für üppigen, vollmundigen, durch große Geschmacksfülle ausgezeichneten Rheinwein. Hier ist nämlich hervorrangender Wasserabzug und mit fünf Grad ausreichende Hangneigung vorhanden: das ganze Stück Flußufer ist eher eine Sonnenmulde.

269 ha in der Großlage Deutelsberg mit *Einzellagen:* Honigberg, 100 ha, SW-SO, flach. Michelmark, 75 ha, SW-S, flach. Siegelsberg, 16 ha, S, ansteigend. Marcobrunn, 5,2 ha, S, flach. Hohenrain, 18 ha, SO-SW, flach. Steinmorgen, 32 ha, SO-S flach. Schloßberg, 6 ha, S, ansteigend. Rheinhell, 18 ha, SO-S, flach.

HATTENHEIM

Der Name Hattenheim ist nicht so weltberühmt, wie es seine großartigen Weinlagen verdient hätten. Unten am Fluß, um den lieblichen Ort mit seinen Fachwerkhäusern, genießen Mannberg, Wisselbrunnen und Nußbrunnen eine ähnliche Sonnenlage wie der Marcobrunn. Am Hang hinter der Stadt liegt der vielleicht berühmteste Weinberg Deutschlands, der Steinberg (man kann es sich leisten, den Gemeindenamen wegzulassen). Dahinter liegt in einem waldigen Tal das alte Zisterzienserkloster Eberbach versteckt. Es gehört heute zum Besitz des Staatsweinguts und ist Schauplatz großer Veranstaltungen des deutschen Weinbaus.

Die Weine aus Hattenheim reichen daher von den üppigen, geschmeidigen und feinwürzigen Gewächsen vom Rheinufer bis zu den kraftvollen Harmonien des Steinbergers. Dieser große, mit einer Mauer umgebene Weinberg wurde vor 700 Jahren von den Mönchen wegen seiner guten Lage hoch oben am Hang auf steinigem Boden mit Bedacht gewählt, als sie nach Kraft und Fülle für ihren Wein suchten, was bei der Rieslingtraube immer zugleich Stahligkeit und Duftigkeit bedeutet. Das Staatsweingut hat neuerdings in der Lage Steinberg versuchsweise Neuzüchtungen angesetzt, die hier Weine von geradezu ungeheurem Aroma hervorbringen. Steinberger Riesling braucht Zeit zum Reifen. Seine Strenge kämpft oft jahrelang mit der Süße, bis sich endich Harmonie einstellt.

230 ha in der Großlage Deutelsberg mit *Einzellagen:* Heiligenberg: 36 ha, S, ansteigend. Schützenhaus, 66 ha, SW, flach. Engelmannsberg, 20 ha, SSW, flach. Pfaffenberg, 6 ha, S, flach. Hassel, 30 ha, S, flach. Nußbrunnen, 10 ha, SSO, ansteigend. Wisselbrunnen, 18 ha, S, ansteigend. Mannberg, 11 ha, SSO, ansteigend. Steinberg, 32 ha, S, SW, ansteigend.

HALLGARTEN

Mit Hallgarten setzt sich die Reihe der vom Fluß abgelegenen Orte wie Rauenthal und Kiedrich fort und erreicht hier den höchsten

Punkt des Rheingaus: Die Reben auf dem Hendelberg stehen gut 200 m über Meereshöhe. Hier gibt es weniger Nebel und weniger Frost als weiter unten, dafür kühlere Nächte, aber mehr Sonnenschein und auch Wind; so fallen die Hallgartener Weine auf alkalinem Lehmboden körperreich aus und entwickeln sich langsam – sicherlich gehören sie in puncto Charme nicht in die vorderste Reihe, aber sie haben etwas von der kraftvollen Art des Steinbergers. Der Großlagenname für die 206 ha Rebfläche ist «Mehrhölzchen», doch fällt die Lage Hendelberg auch in die Großlage Deutelsberg.

Großlage Mehrhölzchen mit *Einzellagen:* Würzgarten, 42 ha, S, flach. Schönhell, 58 ha, S, flach. Hendelberg (auch in der Großlage Deutelsberg) 53 ha, S, SO, ansteigend. Jungfer, 55 ha, SSO, flach.

OESTRICH

Das gemütlich in die Landschaft eingebettete Oestrich ist die größte Weinbaugemeinde und mit die zuverlässigste des mittleren Rangs. In Auslesen aus der Lage Lehnchen schwingt sie sich bei guten Erzeugern allerdings auch bis in die höchsten Höhen auf: Weine von fülliger, fast öliger Üppigkeit.

442 ha in den Großlagen Mehrhölzchen und Gottesthal mit *Einzellagen:* Klosterberg, 142 ha, SSO, flach (Gottesthal und Mehrhölzchen). Lenchen, 145 ha, S, flach (Gottesthal). Doosberg, 152 ha, S, flach (Gottesthal), Schloß Reichhartshausen (ein eigener Ortsteil), 3 ha, S, flach (Gottesthal).

MITTELHEIM

Mittelheim liegt zwischen Oestrich und Winkel eingezwängt; seine Weine fallen zum Teil in die Winkeler Großlage Honigberg, zum anderen Teil in die Großlage Johannisberger Erntebringer. Sein Ruf ist daher zerstreut, aber Weine, die stolz den Namen Mittelheim tragen, haben zumeist Charakter und sind preiswert.

167 ha in den Großlagen Erntebringer und Honigberg mit *Einzellagen:* Goldberg, 24 ha, S, flach (Erntebringer). Edelmann, 93 ha, S, flach (Erntebringer und Honigberg). St. Nikolaus, 50 ha, S, flach (Erntebringer und Honigberg).

WINKEL

Winkel erstreckt sich entlang der Rheinuferstraße mit einem Gewirr von Häusern und Weinbergen am Fuß der Hänge, die zu zwei der großartigsten Lagen des Rheingaus aufsteigen: Schloß Johannisberg, ein prachtvoller Anblick auf seinem Hügelrücken, und Schloß Vollrads, das sich diskret in einer Hügelfalte hinter der Gemarkung verborgen hält. Schloß Vollrads, der große Name von Winkel, wirft als Ortsteil dennoch keinen Abglanz seines Ruhms auf den Nachbarn. Der bekannteste Winkeler Weinberg ist die Lage Hasensprung, die Ostflanke des Hügels, auf dem Schloß Johannisberg thront. Sie liefert sehr angenehme, duftige, fast delikate Weine mit reichlichen Nuancen und großer Vornehmheit.

263 ha in den Großlagen Erntebringer und Honigberg mit *Einzellagen:* Dachsberg, 52 ha, SSO, flach (Erntebringer). Hasensprung, 100 ha, SSO, flach (Honigberg). Gutenberg, 51 ha, SSW, flach (Honigberg). Jesuitengarten, 26 ha, S, flach (Honigberg). Bienengarten, 1 ha, S, flach (Honigberg). Schloß Vollrads (Ortsteil) 33 ha, S, flach (Honigberg).

JOHANNISBERG

Johannisberg heißt der Ort hinter dem berühmten Schloß und zugleich der Bereichsname für den gesamten Rheingau. Die Winzer in Kalifornien benennen so ihren Riesling. Überhaupt dürfte Johannisberger der meistentlehnte deutsche Weinname sein. Was ist nun seine besondere Qualität? Die Lage von Schloß Johannisberg, das wie auf einem eigenen Denkmalsockel über dem Rhein steht, spricht für sich selbst.

Die Weine von Schloß Johannisberg haben es da freilich schwer, ihrem Ruf stets gerecht zu werden. Die Konkurrenz der Nachbarn könnte überdies in einer Gegend, in der alte, vornehme Weingüter eher die Regel als die Ausnahme sind, kaum noch stärker sein. Es hat aber seine Berechtigung, wenn Schloß Johannisberg als Inbegriff des Rheingaus angesehen wird: Hier kommen alle die guten Eigenschaften der Vitalität, Würze, Delikatesse und Anmut mit Nachhaltigkeit und Langlebigkeit zusammen.

117 ha v.a. in der Großlage Entebringer mit *Einzellagen:* Golddatzel, 24 ha, S, SW, ansteigend. Hölle, 27 ha, S, SW, ansteigend. Mittelhölle, 6,5 ha, SSW, ansteigend. Klaus (auch in der Großlage Honigberg), 2 ha, S, flach. Hansenberg, 4 ha, S, ansteigend. Schwarzenstein, 5,5 ha, S, flach. Vogelsang, 14 ha, S, SO, flach. Schloß Johannisberg (Ortsteil), 35 ha, S, ansteigend.

GEISENHEIM

Der Name der Stadt am Rheinufer unterhalb des Johannisbergs ist ebenso sehr bekannt geworden durch die hier beheimatete Forschungs- und Lehranstalt, Hauptsitz der Weinbaukunde und der Rebenzüchtung in Deutschland, wie durch ihre ausgezeichneten Weinlagen, die – wenn überhaupt – nur geringfügig hinter den besten zurückstehen. Der Rothenberg, ein bescheidener Hügel hinter der Stadtmitte, hat Rieslinge hervorgebracht, deren Duft und Würze mich schon fast in Ekstase versetzt haben. Der Fuchsberg (dort befinden sich die Versuchsanlagen der Lehr- und Forschungsanstalt) und das Mäuerchen, weiter oben am Berg in Richtung Rüdesheim, haben fast ideale Voraussetzungen in Lage und Boden. Allerdings ist der Fuchsberg durch späte Fröste gefährdet.

427 ha in den Großlage Burgweg und Erntebringer mit *Einzellagen:* Mönchspfad, 160 ha, S, flach (Burgweg). Mäuerchen, 33 ha, SSO, flach (Burgweg). Fuchsberg, 68 ha, S, flach (Burgweg). Rothenberg, 36 ha, S, ansteigend (Burgweg). Schloßgarten, 18 ha, S, flach (Entebringer). Kilzberg, 56 ha, SSO, flach (Erntebringer). Kläuserweg, 57 ha, S, ansteigend (Erntebringer).

RÜDESHEIM

In Rüdesheim kommt der Hauptblock des Rheingaus zum triumphalen Abschluß. Hier scheibt sich der Taunuskamm zum Rhein vor und zwingt die Weinberge auf immer steiler werdendes Gelände. Die besten Weinberge westlich der Stadt, die zur Flußkrümmung hin immer steiler werden, tragen nach der Ortsbezeichnung (Rüdesheimer) und vor dem Namen der Einzellage noch den charakterisierenden Zusatz «Berg». Bis vor kurzem noch waren sie terrassiert, nur über gewundene Treppen erreichbar und nur von Hand zu bearbeiten. Im Rahmen einer erstaunlich kühnen Flurbereinigung wurde die Landschaft des Berghangs neu gestaltet. Eine Zeitlang sah es so aus, als ob die Planierraupen im nächsten Moment in den Rhein fallen würden. Inzwischen ist alles wieder ordentlich zurechtgemacht, und die Weine vom Rüdesheimer Berg gehören wieder zu den reifsten, kräftigsten, vollsten, vielleicht auch den subtilsten vom Rhein.

327 ha in der Großlage Burgweg mit *Einzellagen:* Berg Schloßberg, 29 ha, S, steil. Drachenstein, 48,5 ha, S, ansteigend. Berg Roseneck, 29 ha, S, ansteigend. Berg Rottland, 37 ha, S, ansteigend. Rosengarten, 3,7 ha, S, flach. Klosterberg, 39 ha, S-SO, ansteigend. Klosterlay, 38 ha, SSO, ansteigend. Kirchenpfad, 20 ha, S, ansteigend. Magdalenenkreuz, 49 ha, S, flach. Bischofsberg, 39 ha, S, ansteigend.

ASSMANNSHAUSEN

Hinter der Flußkrümmung bei Rüdesheim wird alles anders – sogar die Farbe des Weins. In Assmannhausen sind zwei Drittel der nach Westen zum Fluß hin abbfallenden Weinberge mit Spätburgunderreben bepflanzt, die einen Rotwein liefern, der kräftig rot bis hellrot ausfällt. Dem Ausländer sagt er nicht so zu, aber deutsche Kenner halten große Stücke auf ihn.

Das Staatsweingut in Eltville ist der Haupterzeuger und erzielt mit lieblichen Auslesen bemerkenswerte Preise. Zwar kann sich im deutschen Klima der kernige Pinot-Noir-Charakter nicht so ausgeprägt entwickeln, aber die Lieblichkeit gleicht dies aus.

174 ha in der Großlage Steil mit *Einzellagen:* Hinterkirch, 59 ha, S-SW, steil. Höllenberg, 55 ha, S-SW, steil. Frankenthal, 45 ha, S-SW, steil.

LORCH UND LORCHHAUSEN

Diese Gemienden bilden den Übergang vom Rheingau zum Mittelrhein, sie gehören aber noch in die Rüdeshemier Großlage Burgweg. Die besten Erzeuger bringen hier sehr verdienstvolle Rieslinge hervor, obwohl sie auf die natürlichen Vorzüge des Rheingaus verzichten müssen.

Lorch, 181 ha in der Großlage Burgweg mit *Einzellagen:* Schloßberg, 53 ha, SW, ansteigend; Kapellenberg, 59 ha, S, ansteigend; Krone, 13 ha, SW, ansteigend; Pfaffenwies, 35 ha, SW, ansteigend; Bodental-Steinberg, 23 ha, SW, steil. Lorchhausen 90 ha in der Großlage Burgweg mit *Einzellagen:* Rosenberg, 40 ha, SW, steil; Seligmacher, 50 ha, SW, ansteigend.

ERZEUGER

Weingut Fritz Allendorf

Georgshof, Winkel, Tel.: 06723-5021. *Bezitzer:* Fritz Allendorf.

Sehr alte Winzerfamilie in Winkel, neuerdings als beträchtliches Weingut mit 25 ha sowie weiteren 15 ha Pachtland in Assmannshausen, Rüdesheim, Johannisberg, Geisenheim, Winkel, Oestrich, Mittelheim, Hallgarten, Eltville und Hochheim etabliert. Rebbestand: 80% Riesling, 10% Spätburgunder, 6% Müller-Thurgau, 4% andeler Sortentre, Der größte Einzelanteil besteht in 7 ha Winkeler Jesuitengarten. Die Weine sind vollmundig, meist trocken oder halbtrocken.

Weingut Friedrich Altenkirch

Bingerweg 2, 6223 Lorch, Tel.: 06726-374. *Besitzer:* Peter Breuer. 11 ha. *Einzellagen:* Lorch: Schloßberg, Kapellenberg, Krone, Pfaffenwies und Bodenthal-Steinberg; Rüdesheim: Berg Rottland und Magdalenenkreuz.

Die ehemaligen Keller des «Schwanen» in all ihrer ungeheuren Länge und Tiefe wurden 1973 von Peter Breuer übernommen; er hat ein erfolgreiches Handelshaus und Weingut errichtet. Rebbestand: 76% Riesling, 13% Spätburgunder. Zum Vertriebsprogramm gehört auch Altenkirch-Sekt.

Weingut Wilhelm Arnet

Mühlstraße 96, 6229 Walluf, Tel.: 06123-727221. *Besitzer:* Wilhelm Arnet, Vater und Sohn. 3,2 ha. *Einzellagen:* Walluf: Berg-Bildstock, Langenstück, Walkenberg, Vitusberg; Eltville: Sonnenberg; Martinsthal: Rödchen.

Reizvoll rustikales Gut aus dem 17. Jh. Die Rieslingweine werden im Faß ausgebaut und zeichnen sich durch schöne Ausgewogenheit von Süße und Säure aus.

Geheimrat Aschrott'sche Erben Weingutsverwaltung

Kirchstraße 38, 6203 Hochheim am Main, Tel.: 06146-2207. *Leiter:* Holger Schwab. 17,5 ha. *Einzellagen:* Hochheim: Kirchenstück, Domdechaney, Hölle, Stielweg und Reichesthal.

Neben Domdechant Werner (s. dort) das bedeutendste Weingut in Hochheim. Rebbestand: 86% Riesling. Die Weine sind typische Hochheimer: kraft- und saftvoll von südwärts geneigten Hängen auf fruchtbarem Boden. Die Familie Aschrott hat sich hier 1923 etabliert; heute leben die sechs Besitzer jedoch in England und Australien.

Weingut Basting-Gimbel

Hauptstraße 70–72, 6227 Oestrich-Winkel, Tel.: 06723-5244. *Besitzer:* Gerhard Hofmann. 10 ha. *Einzellagen:* Winkel: Dachsberg, Gutenberg und Hasensprung; Geisenheim: Rothenberg, Mönchspfad und Mäuerchen; Johannisberg; Goldatzel.

Die Familie treibt seit 1602 Weinbau. Ihr QbA-Wein wird als Johannisberger Erntebringer (Großlage) verkauft. Zum Haus gehört eine gemütliche Weinstube.

Weingut Weinhandel J.B. Becker

Rheinstraße 5–6, 6229 Walluf. Tel.: 06123-72523. *Besitzer:* Johann-Josef und Maria Becker. 11 ha. *Einzellagen:* Walluf: Walkenberg, Berg-Bildstock und Oberberg; Martinsthal: Rödchen; Rauenthal: Wülfen; Eltville: Sonnenberg.

Die Familie Becker in Walluf ist bekannt als Weinhändler und -erzeuger; der dritten Generaton gehört auch das schöne alte Hotel Schwan mit Garten am Fluß und vorzüglicher Küche. Rebbestand: 80% Riesling, 15% Spätburgunder (bringt am Wallufer Walkenberg kräftigen trockenen Rotwein) und 5% Müller-Thurgau. Die Rieslinge reifen je nach dem Jahrgang bis zu einen Jahr im Faß. Die Spezialität des Hauses ist trockener Wein mit großartigem Charakter und langer Haltbarkeit.

Weingut C. Belz Erben

Kiedricherstraße 20, 6228 Eltville, Tel.: 06123-2134. *Besitzer:* Karl Reis. 10 ha. *Einzellagen:* Eltville: Sonnenberg, Taubenberg und Langenstück; Kiedrich: Sandgrub; Erbach: Honigberg.

Karl Ries übernahm 1966 das Weingut seines Großvaters und vergrößerte es auf 10 ha; 70% Riesling, 20% Kerner. Der Riesling erbringt starke, aromatische, liebliche Weine.

Baron von Brentano'sche Gutsverwaltung Winkel

Am Lindenplatz 2, 6227 Oestrich-Winkel, Tel.: 06723-2068. *Besitzer:* Udo, Baron von Brentano. 9,3 ha. *Einzellagen:* Winkel: Hasensprung, Jesuitengarten, Gutenberg und Dachsberg.

Ein relativ kleines Familiengut, seit 1804, ganz in Winkel gelegen, stolz auf seine historischen Verknüpfungen mit Goethe, Beethoven und dem literarischen und künstlerlischen Leben am Rhein in der Romantik. Goethes Profil erscheint in Blau auf dem Etikett des «Goetheweins» aus den Lagen Hasensprung und Jesuitengarten. Rebbestand: 96% Riesling, 4% Spätburgunder (teils für Rotwein, teils für Weißherbst); es werden «altmodisch» hohe Qualitätsmaßstabe in einer musealen Atmosphäre gepflegt.

Weingut G. Breuer

Grabenstraße 8, 6220 Rüdesheim, Tel.: 06722-1027. *Besitzer:* Heinrich und Bernhard Breuer. 7,5 ha in Rüdesheim: Berg Schloßberg (1,8), der Rest entfällt auf andere Berg-Lagen und das «Oberfeld».

Die Breuers streben nach der feinen, stahligen Säure, die der Rüdesheimer Berg geben kann. Sie sind auch Teilhaber am bekannten Handelshaus Scholl und Hillebrand (gegr. 1880) in Rüdesheim. Rebbestand: 79% Riesling.

Weingut Diefenhardt

Hauptstraße 9–11, 6228 Eltvile 4, Tel.: 06123-71490. *Besitzer:* Familie Seyffardt. 11,7 ha. *Einzellagen:* Rauenthal: Rothenberg und Langenstück. Martinsthal: Wildsau, Langenberg und Rödchen; Eltville: Taubenberg.

Das alteingesessene Haus versorgte 1929 den ersten Zeppelinflug rund um die Welt mit Wein. Die Keller stammen aus dem 17. Jh. Rebbestand: 85% Riesling, 10% Spätburgunder (hier immer beliebter für vollen, trokkenen Rotwein), 5% Sonstige. Halbtrockener Riesling Kabinett für Flaschenlagerung ist die Spezialität des Hauses. Die Seyffardts wollen künftig mehr Wein im Faß ausbauen.

Verwaltung der Staatsweingüter Eltville

Schwalbacherstraße 56–62, 6228 Eltville 1, Tel.: 06123-61055. *Besitzer:* Land Hessen. *Direktor:* Dr. Hans Ambrosi, 182 ha in Assmannshausen (vorwiegend Rotwein), Rüdesheim, Hattenheim, Steinberg, Rauenthal, Eltville, Hochheim und Bensheim/Heppenheim (an der Hessischen Bergstraße zwischen Darmstadt und Heidelberg). *Einzellagen:* Assmannshausen: Höllenberg (20 ha);

Rüdesheim: Berg Schloßberg, Berg Rottland, Berg Roseneck und Bischofsberg (insgesamt 21 ha); Hattenheim: Engelmannsberg und Mannberg; Erbach: Marcobrunn (13 ha); Steinberg (Alleinbesitz, 32 ha); Rauenthal: Baiken, Gehrn, Wülfen und Langenstück; Kiedrich: Gräfenberg; Eltville: Sonnenberg und Taubenberg (40 ha); Hochheim: Domdechaney, Kirchenstück, Stein und Berg (13 ha); Bensheim: Streichling, Kalkgasse; Schönberg: Herrenwingert (Alleinbesitz); Heppenheim: Steinkopf, Centgericht (Alleinbesitz, 15 ha).

Das Staatsweingut in Eltville im Rheingau ist das größte und vielleicht auch renommierteste seiner Art in Deutschland. Es entstand aus Klosterbesitz, der unter Napoleon an den Herzog von Nassau und von ihm auf das Königreich Preußen überging; schließlich fiel alles an das Land Hessen, dessen Hauptstadt Wiesbaden ganz in der Nähe liegt. Die sieben Besitzungen werden von einem unromantischen Bau in Eltville aus durch Dr. Ambrosi verwaltet; er ist rumänischer Herkunft und einer der bekanntesten deutschen Weinschriftsteller und -enthusiasten.

Für feierliche Anlässe steht dem Staatsweingut die herrliche, gut erhaltene Abtei Kloster Eberbach (1135) in einem waldigen Tal hinter Hattenheim zur Verfügung. Das Kloster Eberbach ist auch Schauplatz für die jährlichen Versteigerungen der Weine des Staatsweinguts und einiger vornehmer Nachbargüter, ebenso der regelmäßig von der Deutschen Wein-Akademie veranstalteten Seminare für Liebhaber und Professionelle. Hier wurde erstmals für den Jahrgang 1712 das Wort «Cabinet» gebraucht, um einen Wein von Reserve-Qualität zu bezeichnen – die modernen Gesetze haben diesen Wortsinn stark verändert. Die berühmteste aller deutschen Weinlagen, der Steinberg (32 ha) – ein mauerumschlossener Weinberg wie der Clos Vougeot, aber anders als dieser noch heute in einer Hand – gehört zum Staatsweingut, dessen Weinberge zu 85% mit Riesling, 10% mit Spätburgunder und 5% mit sonstigen besetzt sind. Die Weinbereitungsmethoden sind hochmodern. Es werden mehr Edelstahltanks als Fässer verwendet, und die Weine werden sehr jung abgefüllt.

Das Staatsweingut ist ungeheuer eindrucksvoll und tadellos geführt. Man muß es unter die großartigsten Weinbaubetriebe der Welt rechnen. Die Weine erzielen auf Versteigerungen hohe Preise, insbesondere die Eisweine, die hier als Spezialität erzeugt werden, sowie auch die lieblichen Assmannshäuser Rotweine, die man aber außerhalb Deutschlands selten antrifft.

Der doch beträchtliche Umfang und die Komplexität dieses Betriebs mögen dazu beitragen, daß Kenner seine Weine nicht mehr ganz so inspirierend finden wie früher. Der Steinberger dürfte aber der größte Wein aus dem Rheingau sein: ein Musterbeispiel für einen Riesling in seiner elegantesten, tiefgründigsten, zu stillem Genießen anregenden Art.

Weingut Karl Franz Engelmann

Hallgartenerplatz 2, 6227 Hallgarten, Tel.: 06723-3366. *Besitzer:* Karl Joseph Nass. *Einzellagen:* Hallgarten: Schönhell, Jungfer und Würzgarten; Hattenheim: Schützenhaus; Oestrich: Doosberg.

1742 gegründetes kleines Gut mit nur 6,5 ha, aber mit Hallgartener Weinen (v.a. Jungfer Riesling Kabinett) in klassischer Art.

Weingut August Eser

Friedensplatz 19, 6227 Oestrich-Winkel, Tel.: 06723-5032. *Besitzer:* Joachim Eser. Familiengut seit 1759; heute 4,5 ha. *Einzellagen:* Oestrich: Doosberg, Lenchen und Klosterberg; Winkel: Hasensprung und Gutenberg; Mittelheim: Edelmann; Rüdesheim: Bischofsberg; Hallgarten: Schönhell; Hattenheim: Engelmannsberg: Rauenthal: Gehrn und Rothenberg. Rebbestand: 95% Riesling, 5% Ehrenfelser.

Joachim Eser erzeugt eine breite Palette an Weinen, von trocken bis lieblich. Den QmP-Weinen wird ein Gutachten mit einer vollständigen Analyse beigegeben. Das Gut arbeitet modern und dynamisch und gewinnt damit viele Auszeichnungen.

Weingut Ökonomierat J. Fischer Erben

6228 Eltville, Tel.: 06123-2858. *Besitzerin:* Frau Fischer. Kleines Weingut, gegründet 1880, seit vier Generationen in Familienbesitz. *Einzellagen:* Eltville: Sonnenberg, Langenstück und Taubenberg; Kiedrich: Sandgrub.

90% Riesling. Die Weine sind Musterbeispiele für den konservativen Rheingauer Geschmack, wuchtig und voll, für zehn Jahre Haltbarkeit gedacht. Der Anteil an der Lage Sandgrub hieß früher Eltviller Kalbsflicht.

Frankensteiner Hof Weingut Espenschied

Marktstraße 14, 6229 Walluf 2, Tel.: 06123-72725. *Besitzer:* Klaus Kludas. 4,5 ha. *Einzellagen:* Rüdesheim: Berg Roseneck, Berg Rottland, Berg Schloßberg; Walluf: Walkenberg, Fitusberg und Berg-Bildstock; Rauenthal: Langenstück und Steinmächer; Martinsthal: Rödchen und Wildsau.

Die Familie Espenschied begann in Rüdesheim um 1780 und kaufte 1845 das Haus Frankenstein in Walluf am anderen Ende des Rheingaus. Der heutige Besitzer kaufe das Gut im Jahr 1975 und hat es inzwischen durch weitere Weinberge in Walluf und Rauenthal vergrößert. 85% Riesling. Die Weine reifen in Holzfässern, weisen kräftige Säure auf und gewinnen regelmäßig Auszeichnungen.

Weingut der Stadt Frankfurt am Main

Aichgasse 11, 6203 Hochheim am Main, Tel.: 06146-2374. Leiter: Manfred Brehm. 25 ha. *Einzellagen:* Hochheim: Reichesthal (4), Stielweg (5), Domdechaney (1), Kirchenstück (3), Sommerheil (2), Hofmeister (3), Hölle (2) und Stein (2); Frankfurt: Lohrberger Hang (1).

Die Stadt Frankfurt übernahm 1803 die Weingüter des Karmeliterklosters und des Dominikanerklosters. Dazu gehören die größten Besitzungen in Hochheim und der einzige Weinberg in Frankfurt. Die QbA- und Kabinettweine werden als «herzhaft, spritzig und lebendig» bezeichnet, den Spätlesen usw. wird edles Aroma zugesprochen. Rebbestand: 80% Riesling.

Forschungsanstalt für Weinbau, Gartenbau, Getränketechnologie und Landespflege

6222 Geisenheim/Rhein. Tel.: 06722-502 211/263. *Besitzer:* Land Hessen. *Direktor:* Prof. Dr. K. Schaller. 36 ha in Geisenheim und Rüdesheim. *Einzellagen:* Geisenheim: Rotenberg, Kläuserweg, Fuchsberg, Mäuerchen; Rüdesheim: Magdalenenkreuz, Klosterberg.

Über 60% der Fläche ist mit Riesling bepflanzt. 1882 wurde die Sorte Müller-Thurgau in Geisenheim gezüchtet. Heute werden in dieser weltweit berühmten Akademie für Weinbau viele Versuche mit andern Sorten durchgeführt; die Schule bleibt aber den außerordentlich hohen Qualitätsmaßstäben der traditionellen Riesling-Produktion im Rheingau verpflichtet. Die Weine sind immer sortentypisch und in vielen Fällen ganz hervorragend.

Landgräflich Hessisches Weingut

6222 Geisenheim. Tel.: 06722-8172. 50 ha. *Einzellagen:* Rüdesheim: Bischofsberg, Berg Rottland und Berg Roseneck; Geisenheim: Fuchsberg, Mäuerchen und Kläuserweg; Johannisberg: Goldatzel, Hölle, Klaus und Vogelsang; Winkel: Gutenberg, Jesuitengarten, Dachsberg und Hasensprung; Eltville: Langenstück, Taubenberg und Sonnenberg; Kiedrich: Sandgrub; Land in Rauenthal, wo der Großlagenname Steinmächer benutzt wird.

Der Landgraf von Hessen kaufte den Besitz 1958 von der Familie des Kommerzienrats Krayer. Rebbestand: 85% Riesling sowie etwas Spätburgunder und eine für den Rheingau ungewöhnliche Spezialität, ein kleines Stück mit der würzigen Scheurebe am Winkeler Dachsberg, das vom früheren Verwalter Heinz Scheu, dem Sohn des berühmten Züchters Georg Scheu, angepflanzt wurde. Die Auswahl an Weinen ist für ein nur mittelgroßes Weingut sehr reichlich, und das bei hoher Qualität. Der Markenname für Sekt lautet: «Kurhessen».

Weingut «Hof Sonneck»

Sand 14, 6222 Johannisberg, Tel.: 06722-5902. *Besitzer:* Achim Zerbe. 9 ha. *Einzellagen:* Johannisberg: Hölle, Mittelhölle, Goldatzel, Vogelsang; Winkel: Hasensprung.

Traditionsreiches Weingut (seit 1756) mit einem breiten Angebot an faßgereiften Weinen, die schon viele DLG-Preise gewonnen haben. Rebbestand: 7 ha Riesling, der Rest Spätburgunder.

Schloß Groenesteyn

Suttonstraße 22, Postfach 1180, 6229 Kiedrich. Tel.: 06123-2492. *Besitzer:* Baron von Ritter zu Groenesteyn. 32 ha. *Einzellagen:* Kiedrich: Gräfenberg, Wasseros, Sandgrub, Klosterberg; Rüdesheim: Berg Rottland, Berg Roseneck, Berg Schloßberg, Bischofsberg, Kirchenpfad, Klosterlay und Magdalenenkreuz.

Eines der herrschaftlichen Weingüter im Rheingau. Es geht auf das Jahr 1400 zurück, befindet sich seit 1640 im Besitz der Barone von Ritter zu Groenesteyn, die in ihrem großartigen Barockschloß in Kiedrich residieren und Kellereien in Rüdesheim unterhalten. Rebbestand: 92% Riesling, der Rest ist Spätburgunder und Müller-Thurgau. Die Weine werden nach alter Art in Fässern getrennt gehalten, um möglichst große Vielfalt und Nuancenreichtum zu fördern: Die Kiedricher sind delikat und duftig, die Rüdesheimer (v.a. aus den Lagen am Berg) fruchtig und würzig. Die Keller bieten eine große Auswahl an Weinen.

Weingut Hupfeld Erben

Rheingaustraße 113, Mittelheim, 6227 Oestrich-Winkel, Tel.: 06723-3307. *Besitzer:* Arndt-Richard Hupfeld. 5 ha. *Einzellagen:* Mittelheim: Edelmann und St. Nikolaus; Oestrich: Lenchen und Klosterberg; Winkel: Jesuitengarten und Hasensprung; Johannisberg: Hölle und Vogelsang.

Winzer seit 1907, als Handelshaus noch viel älter; seit den 40er Jahren hat sich Hupfeld unter den kleineren Weingütern eine Spitzenstellung erworben. Angestrebt wird Ausgewogenheit bei halbtrockenen Weinen; Auszeichnungen bestätigen regelmäßig den Erfolg. Rebbestand: 85% Riesling, der Rest Ehrenfelser, Kerner und Gewürztraminer.

Schloß Johannisberg

Fürst von Metternich-Winneburgsche Domäne. 6222 Geisenheim-Johannisberg, Tel.: 06722-8027. *Besitzer:* Paul Alfons Fürst von Metternich. 35 ha.

Das berühmteste Weingut am Rhein. Sein Name wird oft benützt, um den echten Riesling zu bezeichnen. Die ersten Anpflanzungen sollen hier auf Veranlassung Karls des Großen erfolgt sein; das erste Kloster entstand auf dem Hügelrücken über dem Rhein um 1100; zur höchsten Blüte kam es im 18. Jh. unter dem Fürstabt von Fulda. Der Jahrgang 1775 wurde als erster im überreifen Zustand gelesen, weil der Bote des Abts mit dem Befehl zum Lesebeginn verspätet eintraf: Diesem Zwischenfall soll der Begriff Spätlese und die Entdeckung der besonderen Eigenschaften der Edelfäule zu verdanken sein.

Der Besitz wurde unter Napoleon säkularisiert und 1816 nach dem Wiener Kongreß vom österreichischen Kaiser seinem Kanzler, Fürst Metternich, in Anerkennung diplomatischer Verdienste zum Geschenk gemacht. Sein Nachfahre, Fürst Paul Alfons von Metternich-Winneburg, ist nominell noch immer der Besitzer; allerdings gehört das Gut jetzt, zusammen mit dem Nachbarweingut von Mumm, einer Gruppe, die von Rudolf August Oetker kontrolliert wird.

1942 wurden Kloster und Schloß (aber nicht die Keller) bei einem Luftangriff zerstört. Inzwischen ist es wieder ganz aufgebaut worden. Die Weinberge, in einem zusammenhängenden Stück auf dem ideal abfallenden Hang vor dem Schloß gelegen, sind nur mit Riesling bepflanzt. Formell ist Schloß Johannisberg ein Ortsteil – eine Einheit, die keinen Einzellagennamen braucht. Der Durchschnittsertrag beläuft sich auf 70 hl/ha, also potentiell rund 25 000 Kisten. Die bei einer solchen Menge Wein anfallenden unterschiedlichen Qualitäten werden durch drei verschiedene Etiketten und zehn verschiedenfarbige Kapseln gekennzeichnet, hinzu kommen noch die üblichen Bezeichnungen. Die Standardweine tragen auf dem Etikett das Metternichsche Wappen und Kapseln von Gelb (für QbA) über Rot (Kabinett), Grün (Spatlese), Rosa (Auslese) bis Rosa-Gold (Beerenauslese). Das andere Etikett mit einem Bild des Schlosses hat eine orange Kapsel für Kabinett, eine weiße für Spätlese, eine himmelblaue für Auslese, eine blau-goldene für Beerenauslese und eine goldene für Trockenbeerenauslese. Ein drittes Etikett zeigt eine Landschaft und ein Porträt des Fürsten Metternich. Die Kapseln bestanden früher aus Siegellack, daher heißen die Weine auch Rotlack, Grünlack usw. (Ganz zufällig soll das charakteristische Bukett des reifen Schloß Johannisbergers an brennenden Siegellack erinnern.)

Die besten Weine vom Schloß Johannisberg sind ungewöhnlich fest in der Art, voll und langlebig mit allen guten Eigenschaften eines klassischen Rieslings aus einer hervorragenden Lage. Ich habe einmal einen 1870er getrunken, der nach einem ganzen Jahrhundert noch voller Kraft war und Spuren seines ursprünglichen Aromas ahnen ließ. Die neueren Weine zeigen, wie auch manche andere aus den großen herrschaftlichen Weingütern, Anzeichen von Kommerzialisierung: Sie sind leichter geworden und haben an Kraft eingebüßt. Als Begründung wird gesagt, daß nur noch wenige Leute sie wirklich lange aufbewahren möchten.

Der größte Teil des Schloß Johannisbergers geht heute ins Ausland und wird dort hoffentlich auch von Leuten getrunken, die etwas davon verstehen. Die Auslesen von 1971 und 1976 waren ganz einfach superb, aber das durfte man schließlich auch erwarten.

Weingut Johannishof, Eser

6222 Johannisberg, Tel.: 06722-8216. *Besitzer:* Hans Hermann Eser. 18 ha. *Einzellagen:* Johannisberg: Hölle, Klaus, Vogelsang, Schwarzenstein und Goldatzel; Winkel: Jesuitengarten, Hasensprung und Gutenberg; Geisenheim: Kläuserweg und Kilzberg.

Besonders auffallend ist das Weingut an der Straße vor allem durch die riesige Kelter aus dem 18. Jh., die vor der Tür steht. Der Besitzer stammt aus einer alten Winzerfamilie und hat sich mit großen gehaltvollen Weinen mit großer Geschmacksfülle einen guten Ruf geschaffen. Im Rahmen der Flurbereinigung wurden die Weinberge so umgestaltet, daß sie mit dem Traktor bearbeitet werden können, aber in den tiefen, 10 m unter dem Berg gelegenen Kellern ist alles bei guter alter Tradition geblieben: kühl und feucht mit dunklen, ovalen Fässern, in denen charaktervoller Wein reift.

Weingut Graf von Kanitz

Rheinstraße 49, 6223 Lorch, Tel.: 06726-346. *Besitzer:* Carl Albrecht Graf von Kanitz. 17 ha. *Einzellagen:* Lorch. Schloßberg, Kapellenberg, Krone, Pfaffenwies und Bodental-Steinberg.

Ein altes Familiengut auf steilen Hängen mit verschiedenen Böden, von Schiefer bis zu sandigem Lehm, die mildere und weichere Weine hervorbringen als im Hauptteil des Rheingaus. Es wird nur mit organischer Düngung gearbeitet. Rebbestand: 91% Riesling, 5% Müller-Thurgau, 2% Gewürztraminer, der Rest Kanzler, Kerner, Ehrenfelser. Zu dem auf das 13. Jh. zurückgehenden Erbgut gehört auch der früheste Renaissancebau dieser Gegend, das Hilchenhaus in Lorch, heute Weinstube.

Weingut Freiherr zu Knyphausen

Klosterhof Drais, 6228 Eltville, Tel.: 06123-62177. *Besitzer:* Gerko, Baron zu Innhausen und Knyphausen. 20 ha. *Einzellagen:* Erbach: Marcobrunn, Siegelsberg, Hohenrain, Steinmorgen und Michelmark; Hattenheim: Wisselbrunnen; Kiedrich: Sandgrub; Eltville: Taubenberg.

Früherer Klosterbesitz der Zisterzienser in Eberbach, 1818 von den Vorfahren des Barons gekauft. Rebbestand: 90% Riesling, 4% Spätburgunder, 3% Ehrenfelser, 2% Kerner und 1% Gewürztraminer. Das Gut wird in traditioneller Art geführt und bringt vollmundige Weine hervor.

Weingut Königin-Victoria-Berg

Rheinstraße 2, 6203 Hochheim, Tel.: 06723-3307. *Besitzerin:* Irmgard Hupfeld. 5 ha. *Einzellage:* Hochheim: Königin-Victoria-Berg (Alleinbesitz).

Königin Viktoria machte 1850 an diesem vom Glück begünstigten Weinberg halt, um der Lese zuzusehen. Die damaligen Besitzer, die Familie Pabstmann, beeilte sich sehr, diesen Besuch für alle Zeiten dadurch festzuhalten, daß sie von der Königin die Erlaubnis erbat, den Weinberg nach ihr neu benennen zu dürfen, ein «gotisches» Monument errichtete und ein höchst verschnörkeltes (heute geradezu unwiderstehliches) Etikett entwarf. Die Firma Deinhard, die den Wein im Ausland vertreibt, bemüht sich sehr, seine Qualität zu optimieren. Es ist vielleicht nicht der feinste Hochheimer, aber voll, weich, blumig, also gerade ein Wein, wie er der Queen Victoria durchaus geschmeckt haben mag. Das Etikett wird für QbA-Weine schwarz-weiß, für trockene Weine gelb-golden und für QmP-Weine wiederum farbenprächtig gedruckt.

Weinbau Heinrich Kühn

Beinerstraße 14, 6227 Oestrich-Winkel, Tel.: 06723-2106. *Besitzer:* Karl-Heinz Kühn, 1,5 ha. *Einzellagen:* Oestrich: Lenchen und Doosberg; Mittelheim: Edelmann und St. Nikolaus.

Ein kleiner, nebenberuflicher Winzer, aber mit seriösen, preisgekrönten Weinen (100% Riesling), die eine lange Reifezeit in der Flasche lohnen.

Weingut Lamm-Jung

Eberbacherstr. 50, 6229 Erbach, Tel.: 06123-62148. *Besitzer:* Josef Jung. 8 ha. *Einzellagen:* Erbach: Honigberg, Hohenrain, Steinmorgen und Michelmark; Kiedrich: Sandgrub.

Die Weinberge sind mit 73% Riesling besetzt; es folgt der Spätburgunder und auf kleineren Parzellen Ruländer, Gewürztraminer und einige Neuzüchtungen. In der Probierstube werden 25 Jahrgänge, darunter auch Weißherbst und der immer beliebtere Spätburgunder Rotwein angeboten.

Weingut Hans Lang

Rheinallee 6, 6228 Eltville-Hattenheim, Tel.: 06723-2475, 12 ha. *Einzellagen:* Hattenheim: Nußbrunnen (0,2 ha), Schützenhaus (5), Heiligenberg (0,5), Wisselbrunnen (1) und Rheingarten (0,2); Kiedrich: Sandgrub.

Ein Rebenzüchter, Händler und (seit 1959) Winzer mit rasch expandierendem Betrieb. Sein Stil ist robust, mit viel Charakter und kräftiger Säure. Rebbestand: 80% Riesling, 10% Spätburgunder, 10% Müller-Thurgau und Sonstige.

Weingut Langehof

Martinsthalerstraße 4, 6228 Eltville-Rauenthal, Tel.: 06123-71638. *Besitzer:* Josef und Marianne Klein. 2 ha. *Einzellagen:* Rauenthal: Langenstück, Wülfen, Rothenberg und Baiken.

Kleiner, aber sehr tüchtiger Erzeuger mit 80% Riesling und 20% Gutenborner auf guten Hanglagen. Das Hauptgebäude von 1566 hat im Keller einen Brunnen. Die Weine sind vor allem halbtrocken und trocken. Der 1976er Rothenberg Beerenauslese wurde hoch ausgezeichnet.

G.H. von Mumm'sches Weingut

Schulstraße 32, 6222 Geisenheim, Tel.: 06722-8012. *Besitzer:* Rudolf August Oetker. 70 ha. *Alleinbesitz:* Johannisberg: Hansenberg (4 ha) und Schwarzenstein (4). *Sonstige Einzellagen:* Johannisberg: Vogelsang (5), Hölle (3), Mittelhölle (6) und Klaus (1); Rüdesheim: Bischofsberg, Berg Rottland (1), Berg Schloßberg (0,4) und Berg Roseneck (3); Assmannshausen: Höllenberg, Hinterkirch und Frankenthal; Geisenheim: Mönchspfad, Mäuerchen, Kilzberg und Kläuserweg; Winkel: Dachsberg.

Das Weingut wurde begründet aus den Gewinnen des legendären «Komentenjahrs» 1811, als der Frankfurter Bankier Peter Mumm die gesamte Ernte von Schloß Johannisberg (das sich damals vorübergehend in der Hand von Napoleons Marschall Kellermann befand) aufkaufte. Mumm erwarb dann Land in Johannisberg und der Umgebung. 1957 wurde das Gut an Rudolf August Oetker, Bielefeld, verkauft; er hat es inzwischen stark vergrößert und auf rund 70 ha gebracht. 8 ha Spätburgunder in Assmannshausen gehören dazu. Der übrige Rebbestand ist zu 86% Riesling.

Auch Schloß Johannisberg wird von Oetker kontrolliert. Die technische Seite der Weinbereitung wird heute für beide Güter in den Mumm-Kellern und die Verwaltung in Schloß Johannisberg erledigt.

Die Mumm-Weine haben sich im modernen Stil entwickelt, der Nachdruck liegt auf trocken und halbtrocken. Bessere Qualitäten werden noch immer in Eichenholzfässern ausgebaut, sind wohlausgewogen und haltbar. Zum Weingut gehört auch ein Restaurant auf der Burg Schwarzenstein hoch über Johannisberg; dort wird die ganze Palette der Weine angeboten.

Weingut Dr. Heinrich Nägler

Friedrichstraße 22, 6220 Rüdesheim, Tel.: 06722-2835. *Besitzer:* Dr. Heinrich Nägler. Distinguiertes kleines Weingut, seit dem 19. Jh. auf feinen Rüdesheimer spezialisiert. 6,5 ha. *Einzellagen:* Rüdesheim: Berg Rottland (0,7 ha), Berg Schloßberg (0,8), Berg Roseneck (1), Bischofsberg (0,9), Drachenstein (3,1), Klosterlay (3,1) und Magdalenenkreuz (3,1).

Nägler bemüht sich um gehaltvolle Weine mit Charakter; die Reben werden ausgedünnt und auf kleinen Einzelparzellen sorgfältig gepflegt. Er liebt recht trockene Weine, bereitet aber auch üppige Spät- und Auslesen. Rebbestand: 86% Riesling, 9% Ehrenfelser, 5% Spätburgunder (soll noch erweitert werden).

Weingut Heinz Nikolai

Ringstraße 14, 6229 Erbach, 7 ha. *Einzellagen:* Erbach: Steinmorgen, Hohenrain, Michelmark und Honigberg; Kiedrich: Sandgrub; Hallgarten: Jungfer.

Winzer in der vierten Generation; 85% Riesling, 10% Scheurebe, 5% Ruländer. Seine aromatische Scheurebe und sein weicher, gehaltvoller Ruländer sind sehr beliebt. Drei Viertel seiner Weine sind mild oder lieblich.

Weingut Nonnenberg

6229 Martinsthal, Tel.: 06721-13311. *Besitzer:* Ludwig Edmund Ebling und Heinrich Schwarz aus der Familie Weigand. 7 ha. *Einzellage:* Rauenthal: Nonnenberg (Alleinbesitz).

Die Leitung und zu 90% der Vertrieb des hauptsächlich auf Riesling spezialisierten Rheingauer Weinguts liegt in den Händen des Handelshauses A. Weigand in Bingen. Zur Hälfte werden trockene und halbtrockene Weine erzeugt, ferner ein trockener Riesling-Sekt.

Robert von Oetinger'sches Weingut

Rheinallee 1–3, 6228 Eltville-Erbach. Tel.: 06123-62528. *Besitzer:* Baron Detlev von Oetinger. 7,5 ha. *Einzellagen:* Erbach: Hohenrain, Steinmorgen, Honigberg, Michelmark, Siegelsberg und Marcobrunn; Kiedrich: Sandgrub.

Alte Erbacher Familie, seit 1966 in einem neuen Anwesen am Rhein mit Weinstube und Garten. Die Spezialität des Hauses ist trockener Wein mit ausgeprägter Säure und ganz besonderer Geschmacksfülle, der hauptsächlich in der unmittelbaren Umgebung getrunken wird.

Schloß Reinhartshausen

6229 Erbach, Tel.: 06123-4009. *Besitzer:* die Prinzen von Preußen. 67 ha zwischen Erbach und Hattenheim. *Einzellagen:* Erbach: Marcobrunn, Schloßberg (Alleinbesitz), Siegelsberg, Rheinhell (Alleinbesitz), Hohenrain, Steinmorgen, Michelmark und Honigberg; Hattenheim: Wisselbrunnen und Nußbrunnen; Kiedrich: Sandgrub; Rauenthal: Wülfen; Rüdesheim: Bischofsberg.

Der Besitz der alten preußischen Königsfamilie liegt unten am Rhein. Das Schloß ist heute Luxushotel, es liegt der stillen, grünen Mariannenaue (Rheinhell) im breiten Rheinstrom gegenüber. 80% der Weinberge sind mit Riesling besetzt, in den Rest teilen sich Weißburgunder für körperreichen, trockenen Wein, Spätburgunder für leichten Rotwein und Weißherbst sowie Gewürztraminer und Kerner.

Der schwere Lehmboden bei Erbach, vor allem in der Lage Marcobrunn, liefert bemerkenswert körperreiche Weine. Auch der Wein von der Insel ist mild und voll. Im Weingut wird noch mit den traditionellen Fässern gearbeitet und auf eine gute Ausgewogenheit zwischen Weinen der Spitzenklasse (in letzter Zeit ganz besonders gut) und mehr kommerziellen Weinen geachtet.

Balthasar Ress

Hattenheim, 6228 Eltville 3, Tel.: 06723-3011. *Besitzer:* Stefan B. Ress. Rund 20 ha, auf gute Lagen verteilt. *Einzellagen:* Rüdesheim: Berg Rottland, Berg Schloßberg, Bischofsberg, Kirchenpfad, Klosterlay und Magdalenenkreuz (3); Geisenheim: Kläuserweg (2,5); Hattenheim: Wisselbrunnen, Nußbrunnen, Hassel, Heiligenberg, Schützenhaus, Engelmannsberg und Rheingarten (7); sowie kleinere Lagen in Johannisberg, Hallgarten, Winkel, Oestrich, Erbach, Kiedrich und Hochheim.

Alteingesessene Winzer – und Händlerfamilie (firmiert unter dem Namen Stefan B. Ress). Rebbestand: 83% Riesling, 5% Spätburgunder. 1978 pachtete Ress den 4 ha großen ehemaligen Klosterbesitz Schloß Reichhartshausen, der in letzter Zeit etwas vernachlässigt war. Ress-Weine sind sauber, werden früh abgefüllt, um ihre Frische zu bewahren; sie sind ausgewogen im modernen Geschmack. Jährlich wird ein Künstler beauftragt, ein Etikett für eine Auslese der Spitzenklasse zu entwerfen (z.B. Hattenheimer Wisselbrunnen, Oestricher Doosberg).

Weingut Richter Boltendahl

Wallufer Straße 25, 6228 Eltville, Tel.: 06123-2504. 15 ha. *Einzellagen:* Eltville: Taubenberg (0,8), Langenstück (1,6), Sonnenberg (2,2) und Rheinberg (4,5); Erbach: Honigberg (1,3) und Steinmorgen (1,1); Kiedrich: Sandgrub (0,6).

Alteingesessenes Familiengut. Die Gebäude bestehen aus alten Treidelpferdeställen am Rhein. Die Weine sind frisch und fruchtig; Spezialitäten: Eltviller Rheinberg, Riesling, Scheurebe Kabinett sowie Weißherbst. Rebbestand: 86% Riesling, 7% Müller-Thurgau, 5% Spätburgunder, 2% Scheurebe.

Weingut J. Riedel

Taunusstraße 1, 6227 Hallgarten, Tel.: 06723-3511. *Besitzer:* Christine und Wolfgang Riedel. 3,5 ha. *Einzellagen:* Hallgarten: Jungfer, Hendelberg, / Schönhell und Würzgarten.

Ein Weingut aus dem 17. Jh.; es erzeugt körperreiche, schwere Weine, die sehr jung abgefüllt werden und noch lange in der Flasche reifen sollen. 100% Riesling.

Weingut Valentin Schlotter

Lorcher Straße 13, 6220 Rüdesheim, Tel.: 06722-4427. *Besitzer:* Karl-Heinz Runck. 9,5 ha. *Einzellagen:* Rüdesheim: Berg Rottland, Berg Schloßberg, Berg Roseneck, Bischofsberg, Kirchenpfad, Klosterlay, Klosterberg, Drachenstein und Magdalenenkreuz (5,5); Assmannshausen: Höllenberg und Hinterkirch (4).

Gut eingeführter Erzeuger mit Weiß- und Rotwein. Die Keller liegen unmittelbar neben der berühmten «Krone» in Assmannshausen. Die Rotweine sind leicht und blumig, mit einem Anflug von Mandelgeschmack; der trockene oder halbtrockene Rüdesheimer fällt in weniger günstigen Jahren vergleichsweise gut aus.

Domänenweingut Schloß Schönborn

Hauptstraße 53, Hattenheim, 6228 Eltville, Tel.: 06723-2007. *Besitzer:* Graf Dr. Karl von Schönborn-Wiesentheid. 75 ha. *Einzellagen:* Hattenheim: Pfaffenberg (6, Alleinbesitz), Nußbrunnen (2), Wisselbrunnen (1), Engelmannsberg, Schützenhaus; Erbach: Marcobrunn (2,2); Rauenthal: Baiken; Oestrich: Doosberg (13); Winkel: Gutenberg (2) und Hasensprung (3); Johannisberg: Klaus (4); Geisenheim: Schloßgarten (2), Mäuerchen (1), Rothenberg und Kläuserweg; Rüdesheim: Berg Schloßberg (2), Berg Rottland (1,5) und Bischofsberg; Hochheim: Domdechaney (1,5), Kirchenstück (2,5), Hölle (3), Stielweg, Reichesthal und Sommerheil.

Das größte Gut des Rheingaus in Privateigentum, seit 1349 im Besitz einer Familie von höchstem politischem und kulturellem Einfluß. Der heutige Besitzer lebt auf seinen Schlössern Pommersfelden und Wiesentheid in Franken. Seit über 20 Jahren leitet Domänenrat Robert Englert die Güter; seine Unterschrift steht auch auf den Etiketten.

Die Kenner sind über den neueren Stand der Schönborn-Weine geteilter Meinung. Manche finden sie wundervoll ausgewogen – das Äußerste an Finesse; andere bezeichnen sie als die «Rubens des Rheingau», wieder andere kritisieren sie als zu schwer und übersüß. Die Auswahl ist außerordentlich umfangreich: von der Lage Marcobrunn in der Mitte bis Rüdesheim im Westen und Hochheim im Osten. Rebbestand: 86% Riesling, 6% Spätburgunder, 2% Weißburgunder (ganz trocken), 1% Müller-Thurgau und 5% Sonstige. Alle Weine lagern in kleinen Fässern, eine Flaschenruhezeit dürfte sich lohnen.

Kommerzielle Gesichtspunkte haben vielleicht auf einen Teil der Palette einen Einfluß ausgeübt; aber die besten Schönbornweine sind unbestreitbar klassische Rheingauer.

Weingut Schumann-Nägler

Nothgottesstraße 29, 6222 Geisenheim, Tel.: 06722-5214. *Besitzer:* Karl und Fred Schumann. 18 ha. *Einzellagen:* Rüdesheim: Magdalenenkreuz; Geisenheim: Mäuerchen, Mönchspfad, Kilzberg, Kläuserweg; Winkel: Dachsberg.

Charakteristisch für das Weingut ist der hohe Anteil von Rieslingreben (97%) in den nicht allzu steilen Weinbergen. Die Eigentümer, seit 1438 Winzer im Rheingau, vergrößern derzeit ihren Besitz. Die Weine sind typisch, mit guter Säure und Frucht Alle werden im Faß gesondert ausgebaut.

Freiherrlich Langwerth von Simmern'sches Rentamt

Langwerther Hof, Kirchgasse, 6228 Eltville, Tel.: 06123-3007. Der heutige Freiherr, Friedrich, ist *Besitzer* des Guts, das seit 1464 seiner Familie gehört und heute 45 ha (87% Riesling) bester Lagen in Erbach, Hattenheim, Rauenthal und Eltville umfaßt, u.a. Erbach: Marcobrunn (1,7 ha); Hattenheim: Nußbrunnen (4,8), Mannberg (6,3 und Rheingarten (15,8); Rauenthal: Baiken (1,5) und Rothenberg (0,8); Eltville: Sonnenberg (6,3).

Der Langwerther Hof, ein herrlicher Renaissancebau in der alten Stadt Eltville, ist eines der schönsten Fleckchen Erde im ganzen Rheingau. Das heraldisch reichhaltige und daher kaum lesbare rote Etikett gehört zu den zuverlässigsten in Deutschland, wenn es um klassische Rieslinge geht.

Weingut Georg Sohlbach

Oberstraße 15, 6229 Kiedrich, Tel.: 06123-2281. *Besitzer:* Georg Sohlbach, 4,6 ha. *Einzellagen:* Kiedrich: Sandgrub, Wasseros, Klosterberg und Gräfenberg.

Ein altes Weingut – der ursprüngliche Name war Bibo – mit schönen Kellern mitten in Kiedrich. 60% ist QbA-Wein, meist trocken bis halbtrocken und möglichst frisch und blumig. Seit 1983 auch Spätburgunder Rotwein.

Weingut Sturm und Sohn

Hauptstraße 31, 6228 Eltville 5, Tel.: 06123-71514. *Besitzer:* Walter Sturm. 2,6 ha. *Einzellagen:* Rauenthal: Baiken, Wülfen, Langenstück und Gehrn.

Seit 1653 Winzer in Rauenthal, hochgeschätzt für typisch würzige, faßgereifte Weine mit langer Lebensdauer. Der größte Lagenteil ist Wülfen, die beste Lage Baiken. Die 1976er Trockenbeerenauslese von Sturm errang die höchste deutsche Auszeichnung für dieses Spitzenjahr. 70% Riesling, der Rest verteilt sich auf Kerner, Ehrenfels und Portugieser.

Weingutsverwaltung H. Tillmanns Erben

Hauptstraße 2, 6228 Eltville 2, Erbach. Tel.: 06123-4014. *Besitzer:* Wolf Jasper Musyal. 14 ha. *Einzellagen:* Erbach: Hohenrain, Michelmark, Honigberg, Steinmorgen; Kiedrich: Sandgrub; Hattenheim: Wisselbrunnen.

Die alten Keller gehörten früher dem Kloster Eberbach. Man schwört hier auf natürliche Methoden: keine Unkrautbekämpfungsmittel usw. und so wenig Filtrierung wie möglich. Rebbestand: 91% Riesling; drei Viertel der Erzeugung entfällt auf trockene und halbtrokkene Weine. Spezialität: Erbacher Hohenrain.

Weingut Adam Vollmer

Winkeler Str. 93, 6222 Geisenheim, Tel.: 06722-8388. *Besitzer:* Rainer Vollmer. 4,5 ha. *Einzellagen:* Geisenheim: Fuchsberg, Mäuerchen, Mönchspfad, Rothenberg, Kläuserweg und Kilzberg.

Altes Weingut mit besten Lagen in Geisenheim, ganz mit Riesling bestockt. In den schönen Kellergewölben entstehen frische und fruchtige Weine.

Weingut Schloß Vollrads

6227 Oestrich-Winkel. Tel.: 06723-5056. *Besitzer:* Graf Matuschka-Greiffenclau.

Erwein Matuschka-Greiffenclau, ein eindrucksvoll tatkräftiger junger Mann, der heute diesem prachtvollen alten Gut in den Hügeln hinter Winkel vorsteht, ist der 29. in einer Reihe von Greiffenclaus, die mindestens seit 1210 Weingutsbesitzer in Winkel waren. Ihr ursprüngliches Haus, das «Graue Haus» in Winkel, eines der ältesten Gebäude Deutschlands, ist heute Weinrestaurant. Etwa um 1300 baute die Familie das Schloß, dessen großer Turm das Symbol des Weinguts ist, das übrigens als Ortsteil eine Einheit für sich bildet, die weder einen Gemeinde- noch einen Einzellagennamen benützt. Der Besitz von 50 ha ist zu 98% mit Riesling (+2% Ehrenfelser) der alten Rheingauer Art besetzt, die den rassigsten, relativ leichten, aber sehr langlebigen Wein bringt. Schloß Vollrads ist auf trockene Weine mit möglichst wenig Restsüße spezialisiert. Im Durchschnitt entfällt etwa die Hälfte der Erzeugung von 33 300 Kisten auf QmP-Wein (34% Kabinett, 10% Spätlese, 2% Auslese, Beerenauslese und Trockenbeerenauslese).

Seit 1979 hat Schloß Vollrads das benachbarte Weingut Fürst Löwenstein in Hallgarten (20 ha) mit den Einzellagen Jungfer, Schönhell und Hendelberg gepachtet, das reifere, mildere und würzigere Weine hervorbringt als der strenge Stil von Vollrads. Für beide Arten ist Kellermeister Georg Senft von Vollrads zuständig. Die Löwenstein-Weine sprechen unmittelbarer an; die Vollrads-Weine brauchen dagegen einige Jahre Flaschenreife.

Technische und kommerzielle Beziehungen bestehen zu dem exzellenten Weingut Bürklin-Wolf in der Rheinpfalz, ferner ein Informationsaustausch mit der Suntory Winery in Japan, wo der Name Vollrads einen guten Klang hat. Besucher von Schloß Vollrads haben Gelegenheit, verschiedenste Weine zu probieren oder nach Buchung an «lukullischen Weinproben» mit üppigen Speisen aus einem bekannten Mainzer Restaurant teilzunehmen. Graf Matuschka präsidiert bei diesen gastronomisch wunderbar abgestimmten Mahlzeiten persönlich.

Die verschiedenen Qualitäten der Gutsweine werden durch ein System verschiedenfarbiger Kapseln gekennzeichnet: grün für QbA, blau für Beeren- und Trockenbeerenauslese; mit Silberband für trockene und Goldband für lieblichere Weine.

Gutsverwaltung Wegeler-Deinhard

Friedensplatz 9, 6227 Oestrich-Winkel, Tel.: 06723-3071, *Besitzer:* Deinhard & Co., KGaA. 55 ha. *Einzellagen:* Oestrich: Lenchen, Doosberg und Klosterberg (16,4 ha); Hallgarten: Schönhell (1); Mittelheim: Edelmann und St. Nikolaus (7,6); Winkel: Hasensprung und Jesuitengarten (4,5); Johannisberg: Hölle und Vogelsang (0,9); Geisenheim: Rothenberg, Kläuserweg und Schloßgarten (15,1); Rüdesheim Magdalenenkreuz, Bischofsberg, Berg Rottland, Berg Schloßberg und Berg Roseneck (9,5).

Das sehr bedeutende Rheingauer Weingut des Handelshauses Deinhard in Koblenz wurde vom Geheimen Rat Wegeler, einem Teilhaber und Verwandten von Deinhard, vor einem Jahrhundert zusammengebracht. Rebbestand: 95% Riesling, 2% Scheurebe, 1% Müller-Thurgau, 2% Sonstige. 30% der Weinberge liegen an steilen Hängen. Durchschnittserzeugung: 37 500 Kisten.

Die Deinhards sind für ihre Treue zur Qualität bekannt. Ihre wahrhaft individuellen Weine, zum Beispiel vom Oestricher Lehnchen, Winkeler Hasensprung, Geisenheimer Rothenberg und aus den Lagen am Rüdesheimer Berg, sind oft langlebige klassische Rheingauer. Seit 1970 ist Eiswein eine Spezialität des Hauses. Alles in allem einer der größten und zuverlässigsten Erzeuger im Rheingau.

Weingut Dr. R. Weil

Mühlberg 5, 6229 Kiedrich, Tel.: 06123-2308. *Besitzer:* Dr. Robert Weil. 18 ha. *Einzellagen:* Kiedrich: Sandgrub (6), Wasseros (7), Klosterberg (1) und Gräfenberg (4).

Führendes Weingut in Kiedrich mit einem guten alten Ruf für das typische würzig-delikate Kiedricher Aroma. Die Weils kauften das Gut 1868 zum Teil von Sir John Sutton, dem hier wegen seiner Verdienste um die Restaurierung der herrlichen gotischen Kirche und ihrer berühmten Orgel noch heute dankbare Erinnerung bewahrt wird. Dr. Weil will den Anteil an Spätburgunder auf 10% steigern (sonst ist der Besitz fast nur mit Riesling bestockt).

Weingut Wagner-Weritz

Eberbacher Str. 86–88, 6229 Erbach, Tel.: 06123-63263. *Besitzer:* Jakob Weritz. 7,5 ha. *Einzellagen:* Erbach: Michelmark, Honigberg, Hohenrain, Siegelsberg und Steinmorgen; Hattenheim: Hassel, Kiedrich: Sandgrub.

Der alte Wagner-Besitz ist vom derzeitigen Eigentümer stark vergrößert worden. Er hat auch 1971 den «Erbacher Hof» gekauft. Gehaltvolle, feste Weine, 85% Riesling, v.a. aus der Lage Steinmorgen.

Domdechant Werner'sches Weingut

Rathausstraße 30, 6203 Hochheim, Tel.: 06146-2008. *Besitzer:* Dr. Franz Werner Michel. 13,5 ha. *Einzellagen:* Hochheim: Domdechaney, Kirchenstück, Hölle, Stielweg, Stein und Reichesthal.

Die Familie Werner kaufte das herrlich gelegene Gutshaus am Zusammenfluß von Rhein und Main im Jahr 1780 vom Herzog von York. Der Sohn des Käufers, Dr. Franz Werner, war jener berühmte Domdechant, der den Mainzer Dom vor der Zerstörung durch die Franzosen bewahrte. Die siebte Generation der Familie (Werner Michel) ist heute Besitzer des Weinguts und gewinnt auf den verschiedenartigen Böden der alten, nach Süden geneigten Weinbergterrassen mit die seriösesten und vollmundigsten Hochheimer. Traditionelle Faßreifung erbringt ziemlich trockene, aber langlebige Weine mit nachhaltigem Geschmack. Rebbestand: 95% Riesling.

Weingut Freiherr von Zwierlein

Schloß Kosakenberg, Bahnstr. 1, 6222 Geisenheim. Tel.: 06722-8307. *Besitzer:* Frau Gisela Wegeler. 23,5 ha. *Einzellagen:* Geisenheim: Kläuserweg (7,5 ha), Mäuerchen (1,5), Fuchsberg (2,5), Rothenberg (7) und Schloßgarten (4); Winkel: Jesuitengarten (1).

Das vom Fürstbischof von Mainz erbaute Schloß hat seinen Namen von einem Kosakenregiment zu Napoleons Zeiten. Die feinsten Weine des Guts kommen vom Kläuserweg; sie sind ziemlich trocken, leicht gerbstoffhaltig und für ein gutes Jahrzehnt Lebenszeit bestimmt. Rebbestand: 100% Riesling.

Winzergenossenschaft Hallgarten eG

Hattenheimer Str. 15, 6227 Oestrich-Winkel-Hallgarten. 191 Mitglieder. 63 ha in den hervorragenden *Einzellagen:* Hallgarten: Schönhell, Jungfer, Würzgarten, Hendelberg; Oestrich: Lenchen und Doosberg. Als Großlagennamen werden Mehrhölzchen und Deutelsberg benutzt.

Rebbestand: 85% Riesling, 13% Müller-Thurgau. Der Wein wird ganz in Deutschland abgesetzt.

Vereinigte Weingutsbesitzer Hallgarten eG

Hallgartener Platz 3, 6227 Hallgarten. 95 Mitglieder. 60 ha. *Einzellagen:* Hallgarten: Jungfer, Schönhell, Würzgarten und Hendelberg; Oestrich: Lenchen und Doosberg; Hattenheim: Deutelsberg (Großlage); Mittelheim: Edelmann.

Eine der beiden Winzergenossenschaften in Hallgarten (gegründet 1902), im Volksmund «die Engländer» genannt, weil von ihr Winzer mit weniger als drei Morgen Land ausgeschlossen waren, so daß die Mitglieder wie Engländer aus King Edwards Zeit als «Plutokraten» galten. Rebbestand: 90% Riesling, 8% Müller-Thurgau, 2% Neuzüchtungen. Die Qualitätsmaßstäbe sind sehr hoch.

Winzergenossenschaft Kiedrich eG

6229 Kiedrich. *Einzellagen:* Kiedrich: Gräfenberg, Wasseros, Sandgrub und Klosterberg.

Kleine Winzergenossenschaft (gegründet 1893) mit 87 Mitgliedern. 75% des Weins (rund 35 000 Kisten jährlich) werden im Direktverkauf abgesetzt, der Rest wird vom Weinhandel abgenommen. Der Rebbestand ist 95% Riesling – ein hoher Anteil, selbst für den Rheingau.

Gebietswinzergenossenschaft Rheingau eG

Erbacher Str. 31, 6228 Eltville. 330 Mitglieder, 150 ha über das ganze Gebiet verstreut.

Die bedeutendste Winzergenossenschaft im Rheingau. Rebbestand: 80% Riesling, 8% Müller-Thurgau, 10% weiße Neuzüchtungen, 2% Spätburgunder. Gesamterzeugung durchschnittlich 1,3 Mio Liter bzw. 144 000 Kisten. 10% Export.

Weitere Weingüter im Rheingau

Über die folgenden Weingüter im Rheingau lagen bei Druckbeginn noch keine näheren Informationen vor:

Erbslöh'sches Weingut

Erbslöhstraße 1, 6222 Geisenheim, Tel: 06722-8065

Weingut-Weinkellerei Graf von Francken-Sierstorpff

Rheinstraße 7, 6222 Geisenheim, Tel: 06722-8042

Frankhof Kellerei

Burgeffstraße 19, 6203 Hochheim, Tel: 06146-4052

Geromont'sches Weingut

Haupstraße 80, 6227 Oestrich-Winkel, Tel: 06723-2078

Weingut Jakob Hamm

Haupstraße 60, 6227 Oestrich-Winkel, Tel: 06723-2432

Weingut Franz Künstler

Freiherr-vom-Stein-Ring 3, 6203 Hochheim, Tel: 06146-5666

Weingut Rentmeister Egon Mauer a.D.

Friedrichstraße 54, 6228 Eltville, Tel: 06123-2639

Weingut Troitzsch, Haus Schöneck

Bächergrund 12, 6223 Lorch, Tel: 06726-9481

Weingut der Landeshauptstadt Wiesbaden

Kapellenstraße 99, 6200 Wiesbaden, Tel: 06121-313588

ESSEN UND TRINKEN IM RHEIN-GAU UND AM MITTELRHEIN

Die Küche des Rheingaus bildet eine gute Ergänzung zu den großartigen Weinen. In der seit Jahrhunderten wohlhabenden Region sind die gastronomischen Traditionen höher entwickelt als in vielen anderen Gegenden.

Im Rheingau und am Mittelrhein gibt es viele ausgezeichnete Hotels, zum Teil in sehr romantischer Lage.

Seit einiger Zeit werden mit viel Publizität Bemühungen um die Entwicklung einer feinen, auf die Qualitäten der Rheingauer Weine abgestimmten Küche gemacht. An der Spitze steht dabei der Herr von Schloß Vollrads, Erwein, Graf Matuschka-Greiffenclau, dessen trockene Weine herrliche Begleiter zu sorgfältig ausgewählten Gerichten bei Banketten im Schloß bilden (rechtzeitig buchen!).

Am anderen Ende der Palette stehen zahllose Weinstuben mit offenen Weinen und den dazu passenden einfachen Speisen.

Von den vielen bescheidenen bis sehr feinen Hotels soll hier nur eine kleine Auswahl wiedergegeben werden. Weitere Anschriften sind Fremdenführern und amtlichen Verzeichnissen zu entnehmen.

Historische Hotels
Viele alte Burgen und Klöster sind in Hotels umgewandelt worden. Auskunft gibt «Gast im Schloß», Postfach 40, Vor der Burg, 3526 Trendleburg 1.

Zu den schönsten historischen Hotels im Rheintal gehört das Klostergut Jakobsburg, ein im Jahr 1157 gegründetes Kloster in herrlicher Lage über dem Rhein zwischen Boppard und Rhens (Tel: 06742-3061). Etwas flußaufwärts trifft man in Oberwesel das Hotel Römerkrug, ein Fachwerkhaus mit 500 Jahre alten Weinkellern, an (Tel.: 06744-8176). Ganz in der Höhe liegt das Schloßhotel Auf Schönburg mit seiner tausendjährigen Geschichte und romantischen Zimmern im Turm (Tel.: 06744-7027). Das Jagdschloß Niederwald steht bei Rüdesheim hoch über dem Rhein; die Küche stellt auf Wild ab (Tel.: 06722-1004).

In Lahnstein, an der Mündung der Lahn, befindet sich das Historische Wirtshaus an der Lahn mit bekannt guter Küche (Tel.: 02621-7270). Das berühmte Graue Haus in Winkel im Rheingau definiert sich selbst als «ein modernes Restaurant in einem historischen Gebäude» (Tel.: 06723-2619).

Hotels und Restaurants am Mittelrhein
In Königswinter bei Bonn, am Nordende des Mittelrheins, erhält man Auskunft unter der Nr. 02223-21048. In Boppard liegt das Bellevue-Rheinhotel sehr schön an der Uferpromenade: ein mittelgroßes Hotel mit zwei Restaurants und Swimming-Pool (Tel.: 06742-1020).

Bad Ems im Lahntal bietet neben vielen anderen Unterkunftsmöglichkeiten das Staatliche Kurhaus mit Thermalbad und Sauna (Tel.: 02603-3016).

Das Schloßhotel auf Burg Rheinfels in St. Goar ist sehr gut ausgestattet und ruhig; der Blick über den Rhein ist wunderschön (Tel.: 06741-7455). Auf der anderen Seite bietet auch das Restaurant auf dem Loreleyfelsen, 4 km von St. Goarshausen, Hotelzimmer an (Tel.: 06771-4011).

Hotels und Restaurants im Rheingau
Das Romantik-Hotel Schwan in Oestrich hat eigenen Weinbergbesitz, historische Weinkeller und eine hervorragende Küche (Tel.: 06723-3001).

Schloß Reinhartshausen bei Eltville, einst Refugium der preußischen Königsfamilie, ist heute Hotel und Sitz eines Weinguts (siehe Erzeuger); ein gutes Restaurant mit herrlichem Blick über den Rhein (Tel.: 06123-4081).

Die Schänke Altes Holztor in Eltville ist ein typisches Rheingauer Wirtshaus mit guter Weinkarte und Küche.

Mitten in Hattenheim liegt das Weinrestaurant Zum Krug (Tel.: 06723-2812).

Rüdesheim hat viele Hotels und Restaurants, u.a. der Gasthof Trapp (Tel.: 06722-3640).

Die Alte Bauernschänke in Assmannshausen geht auf das Jahr 1408 zurück. Sie bietet «echte rheinische Atmosphäre».

Spezialitäten
Im sanften Klima des Rheingaus gedeihen neben Trauben auch andere Früchte: Mandeln, Feigen, ja sogar Zitronen können an warmen Stellen zu Reife gebracht werden. Obst wird in manchen süßsauren Gerichten mitverwendet. Die solide Basis der Küche am Rhein aber geben Wild und die Produkte der Landwirtschaft ab.

Wurstsorten gibt es die Menge, doch haben es nur die «Frankfurter Würstchen» zu Weltruhm gebracht. Früher durften nur die echten aus dem «Wurstviertel» in Frankfurt diesen Namen tragen. Heute gibt es sie überall. Sie werden aus magerem Schweinefleisch mit Gewürzen hergestellt und hell geräuchert.

Wild trifft man auf Speisekarten am Rhein häufig an. Die Wälder sind hier nicht reichlicher besetzt als weiter im Süden, doch die Zubereitungsarten sind raffinierter. Fasan, Hase und Reh nehmen die wohlschmeckendsten Formen an.

Zu dem berühmten Rheinischen Sauerbraten werden meist Backpflaumen gereicht. Etwas Besonderes ist auch der «Mainzer Handkäs'» von der anderen Rheinseite.

Rheingauer Weine, vor allem Kabinette und trockene Spätlesen, passen gut zu Speisen.

Die Weine vom Mittelrhein genießt man dagegen besser für sich allein oder als Aperitif.

◀ Schloß Vollrads, eines der großartigsten Weingüter im Rheingau, von seiner Lage Schloßberg aus gesehen. Die Etiketten tragen weder Orts- noch Einzellagennamen; das Schloß bildet einen Ortseil für sich.

MITTE

▲ 31

◀ 33

IDAR-OBERSTN
KIRN
BIRKENFELD
BAUMHOLDER
KUSEL
LAUTERECKEN
WOLFSTEIN
Gutsbezirk Baumholder
Deutsche Edelsteinstr.
Nahe-Weinstraße
Eichenlaubstr.
Hoppstädten-Weiersbach
Freisen
Oberkirchen
Altenglan
Rammelsb.
Simmertal
Hochstetten-Dhaun
Meddersheim
Staudernheim
Odenbach
Offenbach-Hundheim
St. Julian
Herrstein
Fischbach
Sien
Reichenbach-Steegen
Idar-K.
Rhaunen
Bundenbach
Sensweiler
Kirschweiler
Allenbach
Hettenrodt
Sonnenberg
Frauenberg
Reichenbach
Niederalben
Rathsweiler
Ulmet
Bedesbach
Pfeffelbach
Schwarzerden
Konken
Waldböckelheim
Sobernheim
Meisenheim
Monzingen
Hundsbach
Limbach
Becherbach
Grumbach
Kappeln
Merzweiler
Langweiler
Homberg
Kirrweiler
Deimberg
Eßweiler
Rutsweiler
Rothselberg
Olsbrücken
Kreimbach-Kaulbach

Guldental
Wallhausen
Gutenberg
Sommerloch
Roxheim
Hargesheim
Bretzenhm.
Gensingen
Horrweiler
Welgesheim
Zotzenheim
Biebelsheim
PLANIG
Pfaffen-Schwabenheim
BOSENHEIM
Pleitersheim
ADAC
BAD KREUZNACH
BAD MÜNSTER
THEODORSHALLE
Hackenheim
EBERNBURG
Rüdesheim.
Hüffelsheim
Traisen
Niederhsn.
Norheim
Nahe-Weinstraße
Altenbamberg
Feilbingert
Hallgarten
Hochstätten
Fürfeld
Volxheim
Badenhm.
Sprendlingen
St. Johann
Gau-Bickelheim
Wöllstein
Siefersheim
Gumbsheim
Eckelsheim
Wonsheim
Flonheim
Stein-Bockenheim
Wendelsheim
Tiefenthal
Winterborn
Niederhsn. a. d. A.
Mörsfeld
Münsterappel
Oberhausen a. d. A.
Kalkofen
Alsenz
OBERMOSCHEL
Unkenb.
Gaugrehwlr.
Oberndorf
Sitters
Mannweiler-Cölln
Bayerfd.
St. Alban
Steckweiler
Gerbach
Kriegsfeld
Oberwiesen
Orbis
Morschheim
Mauchenhm.
Bechenhm.
Offenheim
Nack
Niederwiesen
WEINHEIM
Erbes-Büdesheim
Bornheim
Lonsheim
Armsheim
Wallerthm.
Schimsheim
Rommersheim
Ensheim
Spiesheim
Wörrstadt
Gabsheim
Saulheim
Partenheim
Jugenheim
Engelstadt
Stadecken-Elsheim
Nieder-Olm
Sörgenloch
Zornheim
Hahnheim
Udenheim
Schornsheim
Undenheim
Köngernheim
Friesenheim
Selzen
Biebelnheim
Bechtolsheim
Gau-Odernheim
Albig
Bermersheim
SCHAFHAUSEN
ALZEY
Framersheim
Gau-Heppenhm.
Dittelshm.-Heßloch
Hillesheim
Dolgesheim
Frettenheim
Monzernhm.
Hochborn
Westhofen
Gundersheim
Bermershm.
Eppelsheim
Esselborn
Wahlhm.
Kettenheim
Freimersheim
Dintesheim
Flomborn
Ilbesheim
Ob.-Flörsheim
Stetten
Gauersheim
Einselthum
Zellertal
Flörshm.-Dalshm.
Mölsheim
Niefernhm.
Monsheim
Mörstadt
Gundheim
Bischheim
Rittersheim
KIRCHHEIM-BOLANDEN
Albisheim
Marnheim
Immesheim
Harxheim
Bubenheim
Kahlenberg
Kindenheim
Rüssingen
Biedesheim
Göllheim
Ottersheim
Bolanden
Dannenfels
Bennhausen
Weitersweiler
Jakobswlr.
Dreisen
Standenbühl
Börrstadt
Rothenkirchen
Haide
Dielkirchen
Würzwlr.
Katzenbach
Stahlberg
Ransweiler
Schönborn
Ruppertsecken
ROCKENHAUSEN
MARIENTHAL
Falkenstn.
Dörnbach
Imsweiler
Gundersweiler
Schweisweiler
Gehrweiler
Winnweiler
Alsenbrück-Langmeil
Sippersfeld
Münchweiler
Gonbach
Lohnsfd.
Imsbach
Steinbach
Potzbach
Höringen
Heiligenmoschel
Wartenbg.-Rohrbach
Sembach
Mehlingen
ÖTTERBERG
Neuhemsbach
Alsenborn
Carlsberg
Altleiningen
Ramsen
Eisenbg. (Pfalz)
Kerzenheim
GRÜNSTADT
Hettenleidelhm.
Tiefenthal
Neuleiningen
Ebertsheim
Quirnheim
Lautersheim
Mertesheim
Wattenheim
Battenbg. (Pfalz)
Bobenheim am Berg
Weisenheim am Berg
Kirchheim a. d. W.
Kleinkarlbach
Bissersheim
Dackenhm.
Herxheim
Weisenheim am Sand
FREINSHEIM
Lambsheim
Großkarlbach
Laumersheim
Gerolsheim
Dirmstein
Obersülzen
Obrigheim (Pfalz)
Offstein
Hohen-Sülzen
Bockenhm.
Deutsche Weinstraße
Heßheim
Saulheim

▲ 35 RHEINHESSEN · 97

HESSISCHE BERGSTRASS

◀ 77

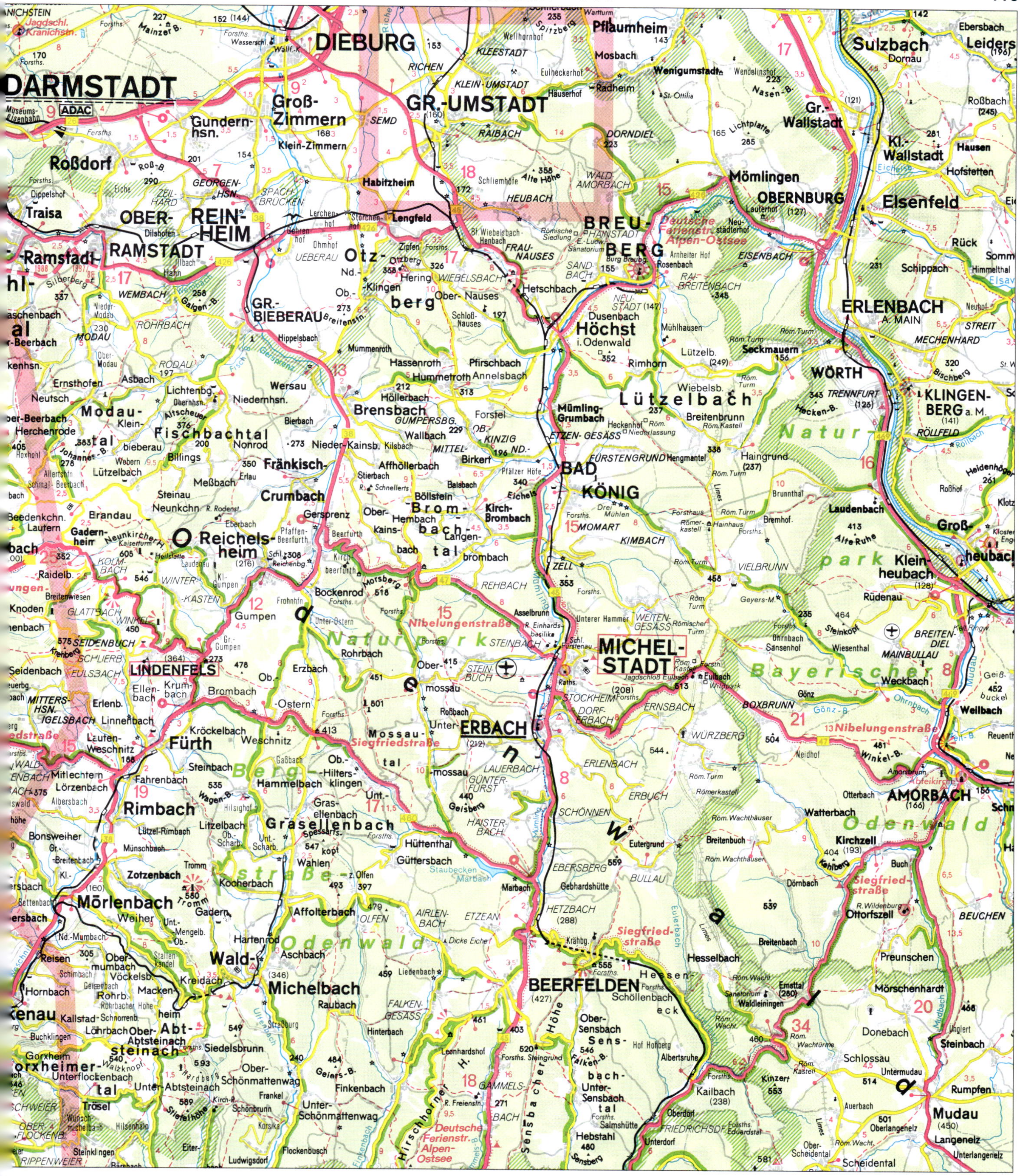
DARMSTADT
DIEBURG
GR.-UMSTADT
Groß-Zimmern
Klein-Zimmern
Gundernhsn.
Roßdorf
Traisa
OBER-RAMSTADT
REINHEIM
Habitzheim
Lengfeld
GR.-BIEBERAU
Otzberg
Höchst i.Odenwald
BREUBERG
Pflaumheim
Mosbach
Wenigumstadt
Sulzbach
Gr.-Wallstadt
Kl.-Wallstadt
Mömlingen
OBERNBURG
Elsenfeld
ERLENBACH A. MAIN
WÖRTH
KLINGENBERG a. M.
Lützelbach
Seckmauern
BAD KÖNIG
MICHELSTADT
ERBACH
Brensbach
Fränkisch-Crumbach
Reichelsheim
Modautal
Fischbachtal
LINDENFELS
Fürth
Rimbach
Mörlenbach
Wald-Michelbach
Abtsteinach
Grasellenbach
BEERFELDEN
AMORBACH
Kirchzell
Weilbach
Laudenbach
Kleinheubach
Mudau
Schloßau
Hesselbach
Naturpark Bayerischer Odenwald
Naturpark Bergstraße-Odenwald
Nibelungenstraße
Siegfriedstraße
Deutsche Ferienstr. Alpen-Ostsee

▲ 77 RHEINPFALZ · 105

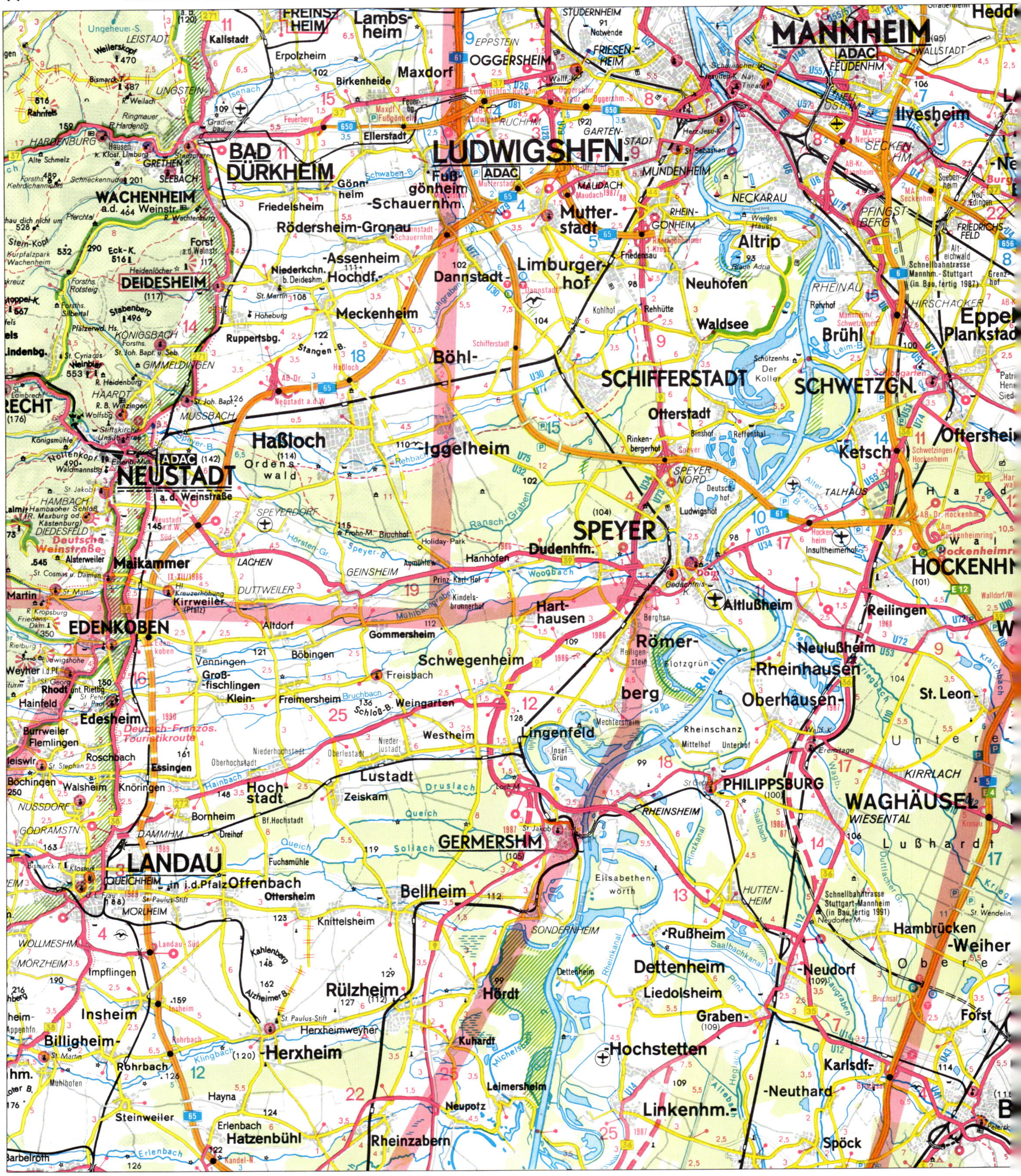

83 RHEINPFALZ · 106/107 ▼

NORDBADEN • 155
78

122
NORDBADEN • 156/157
124

RHEINPFALZ · 106/107

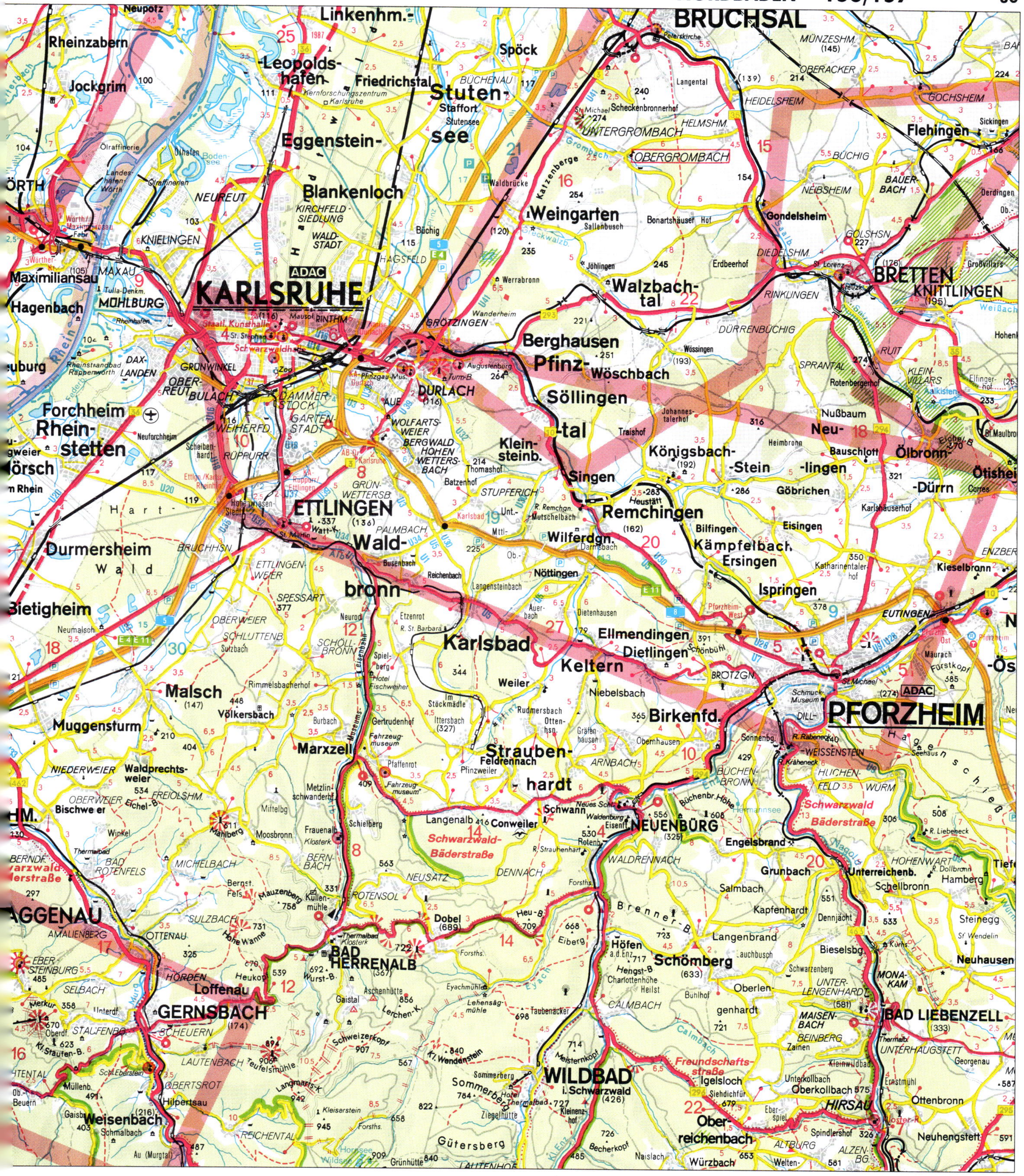
BRUCHSAL
Linkenhm.-
Rheinzabern
Jockgrim
Leopoldshafen
Friedrichstal
Spöck
Stutensee
Eggenstein-
Blankenloch
NEUREUT
KNIELINGEN
Maximiliansau
Hagenbach
MÜHLBURG
KARLSRUHE
ADAC
DURLACH
Weingarten
Walzbachtal
Berghausen
Pfinztal
Wöschbach
Söllingen
Kleinsteinb.
Singen
Remchingen
Wilferdgn.
Nöttingen
Königsbach-Stein
Neulingen
Göbrichen
BRETTEN
KNITTLINGEN
Gondelsheim
Flehingen
Ölbronn-Dürrn
Ötisheim
Kämpfelbach
Ersingen
Ispringen
Kieselbronn
EUTINGEN
PFORZHEIM
Birkenfd.
Keltern
Ellmendingen
Dietlingen
Karlsbad
Waldbronn
ETTLINGEN
Forchheim
Rheinstetten
Durmersheim
Bietigheim
Malsch
Muggensturm
Völkersbach
Marxzell
Straubenhardt
Schwann
Conweiler
NEUENBÜRG
Engelsbrand
Grunbach
Salmbach
Unterreichenb.
Schömberg
Höfen
BAD HERRENALB
Dobel
Loffenau
GERNSBACH
Weisenbach
WILDBAD i. Schwarzwald
Oberreichenbach
BAD LIEBENZELL
HIRSAU
Ottenbronn
Neuhengstett
Neuhausen
Hamberg
Steinegg
Schwarzwald-Bäderstraße
Freundschaftsstraße
Hagenschieß
GAGGENAU

NAHE

Die Nahe mündet, von Süden kommend, bei Bingen gegenüber den Rheingauer Weinbergen in den Rhein. Das Weinbaugebiet der Nahe liegt also geographisch zwischen der Mittelmosel, Rheinhessen, der Saar und dem Rheingau. Am Mittellauf der Nahe befinden sich mit die hervorragendsten deutschen Weinlagen. Dennoch wird hier der Riesling erst seit etwa hundert Jahren angebaut, und die große Reputation des Gebiets als Erzeugerbereich mancher der vollkommsten Weißweine der Welt hat sich bisher kaum durchgesetzt. Mit 4 500 Hektar ist das ganze Gebiet nicht sehr groß, und weniger als ein Drittel der Gesamtfläche trägt Rieslingreben. Ein großer Teil der Erzeugung ist nichts Außergewöhnliches und läßt sich mit rheinhessischen Standardweinen vergleichen, ja sogar verwechseln. Die hervorragenden Weine kommen von einem kaum 8 km langen Stück des Nordufers am mittleren Lauf der Nahe, wo sie hinter Bad Kreuznach nordostwärts fließt, sowie von einigen Stellen mit Südhängen am Fluß zwischen Kreuznach und Bingen.

Es ist üblich und auch nicht weiter erstaunlich, daß der Nahewein als Übergang zwischen Mosel und Rhein oder genauer zwischen der Saar und dem Rheingau angesehen wird. Das stimmt, was Konsistenz und Ausgewogenheit, Gehalt und Substanz der feinen Weine von der Nahe anlangt: Sie besitzen die «Nervigkeit» und das Rückgrat des Saarweins, dazu aber auch den Gehalt der gewichtigeren Rheingauer mit ihrem ausgeprägteren Geschmack. Der Boden allerdings scheint dem noch eine bestimmte Eigenart hinzuzufügen, jedenfalls finde ich in großen Naheweinen oft einen Anklang an ätherischen Sancerre, einen zarten Anflug vom Duft der Blätter der schwarzen Johannisbeere, zusammen mit einem subtilen mineralischen Unterton. Mit ihrer Zartheit und dennoch Reichhaltigkeit verführen diese Weine dazu, sie bis weit in die Nacht hinein immer weiter zu schlürfen, ohne daß sie an Faszination einbüßen. Weine solcher Art kommen aus den Weinbergen von nur drei oder vier Gemeinden. Die bekanntesten sind Schloßböckelheim und Bad Kreuznach; ersteres durch seine über jeden Tadel erhabene Staatsdomäne (die im benachbarten Niederhausen ebenso untadelige Weine hervorbringt), letzteres durch die recht bedeutenden Lagen in der Stadt und Umgebung und die wenigen, aber sehr geachteten Erzeuger, die sie bewirtschaften.

Schloßböckelheim und Bad Kreuznach sind auch die Bereichsnamen für die ganze Nahe: Schloßböckelheim bildet die obere Hälfte, Kreuznach die untere. Schloßböckelheim umfaßt drei Großlagen: Burgweg (der beste und kleinste Teil, das Kernstück der Weinberge am Fluß); Paradiesgarten und Rosengarten (fast immer mit dem Ortsnamen Rüdesheim verbunden). Kreuznach enthält vier Großlagen: Kronenberg, Sonnenborn, Schloßkapelle und Pfarrgarten.

► Die malerische alte Nahebrücke in Bad Kreuznach gibt einer der berühmtesten Weinlagen der Stadt den Namen: «Brückes».

REISE-INFORMATIONEN

Zwischen den beiden großen «Magneten» Mosel und Rhein wird die Nahe manchmal übersehen – sehr zu unrecht, denn das Tal und die Landschaft rundum sind mit allem ländlichem Charme ausgestattet, und die Hauptstadt Bad Kreuznach ist ein bedeutender Kurort.

Weinstraßen
Die Naheweinstraße verläuft in einer großen Schleife von Bingen aus talaufwärts, vorüber an Bad Kreuznach und durch die berühmten Weinorte der mittleren Nahe, dann flußaufwärts nach Westen bis Martinstein und durch den Rosengarten zurück nach Bingen. Die Markierung zeigt ein Glas und den Buchstaben N.

Weinpfade
Die Landschaft an der Nahe ist von einem Netz von Weinwanderwegen durchzogen. Die 90 km lange Hauptroute folgt dem Nahetal. Prospekte sind erhältlich bei Weinland Nahe, Brückes 6, 6550 Bad Kreuznach (Tel.: 0671-27563).

Weinseminare
In Bad Kreuznach finden von Mai bis August Wochenend-Seminare statt. Auskunft erteilt Weinland Nahe (s. oben).

Essen und Trinken
Das Steigenberger Hotel Kurhaus in Bad Kreuznach bietet direkten Zugang zum Thermalbad (Tel.: 0671-2061). Die Kauzenburg, ebenfalls in Bad Kreuznach, hat ein Burgrestaurant mit schönem Ausblick aufzuweisen. (Tel.: 0671-25461). Auch Bad Münster und Maasberg bei Sobernheim sind Kurorte. In Guldental westlich von Langenlonsheim befindet sich das bekannte Restaurant Le Val d'Or (Tel.: 06707-1707).

Sehenswertes
Das Herz der Weinregion um Traisen und Schloßböckelheim zeichnet sich durch landschaftliche Schönheit aus. Das Alsenztal weiter südlich ist sanfter: Der kleine Ort Falkenstein liegt hier inmitten von Wäldern unter der Ruine einer Burg der Habsburger.

WEINBAUGEMEINDEN

▲ Straße und Bahn laufen hart am Nordufer der Nahe unter der 180 m hohen Porphyrwand des Rotenfels entlang. Der Verwitterungsschutt an ihren Fuß bildet die Traiser Bastei, einen Weinberg in herrlicher Südlage (2 ha, 95% steil).

GROSSLAGE PARADIESGARTEN

Die Weinberge der oberen Nahe und ihrer Nebenflüsse Alsenz und Glan fallen in diese Großlage (nur Altenbamberg an der Alsenz gehört in die Großlage Burgweg). Der ziemlich große Bezirk umfaßt 35 Gemeinden und 84 Einzellagen. Im Gegensatz zu den zusammenhängenden Monokulturen weiter im Norden sind hier die Weinberge verstreut. In Monzingen gibt es gute Lagen, ebenso in Weiler (einen Ort gleichen Namens gibt es auch bei Bingen), Kirschroth, Meddersheim und Alsenz.

SCHLOSSBÖCKELHEIM

Schloßböckelheim ist der erste große Name an der mittleren Nahe. Er gilt für den Bereich und für die Gemeinde. Seine berühmteste Lage, die Kupfergrube, wurde von den Staatlichen Weinbaudomänen angelegt und wird auch von ihnen bewirtschaftet. Die Gebäude dieses tadellos geführten Betriebs in Niederhausen stehen oberhalb der hochgepriesenen Lage zwischen den Hügeln. Die Kupfergrube war bis zum Beginn dieses Jahrhunderts wirklich ein Kupferbergwerk, die Spuren des Abbaus sind noch zu erkennen. Der Felsenberg nebenan ist ebenfalls fast ideal in Neigung und Himmelsrichtung; bei den Lagen In den Felsen und Königsfels trifft dies auch beinahe im gleichen Maße zu. Bis hin nach Altenbamberg gilt die Großlage Burgweg.

Großlage Burgweg mit *Einzellagen* in Schloßböckelheim: Kupfergrube, 14 ha, S-SO, 90% steil. Felsenberg, 25 ha, SW-S, 80% steil. Mühlberg, 22 ha, S-SO, 80% steil. In den Felsen, 6 ha, SW-S, 70% steil. Heimberg, 5 ha, S-SW, 80% steil. Königsfels, 18 ha, SW-S-SO, 80% steil.

NIEDERHAUSEN

Den Raum zwischen Schloßböckelheim und Niederhausen nimmt eine sanfte Biegung des Flusses, ein, die einem Hügel voller Rebstöcke alle nur erdenklichen Neigungsrichtungen von südwestlich bis östlich bietet. Die feinsten Lagen sind am Steinberg um die Kellereien der Staatsdomänen, aber auch die Lagen Hermannsberg, Hermannshöhle, Klamm, Kertz usw. sind prachtvoll für Riesling geeignet.

Großlage Burgweg mit *Einzellagen:* Pfingstweide, 2,8 ha, S-SO, 100% flach. Rosenberg, 12,5 ha, SO, 100% steil. Felsensteyer, 10 ha, SO-S, 100% steil. Hermannshöhle, 8,5 ha, S-SW, 100% steil.

NORHEIM

Die vielfach unterteilten Weinberge von Norheim variieren von steil bis flach und eignen sich gut für verschiedene Rebsorten: feiner Silvaner auf dem Klosterberg und aromatischer Müller-Thurgau in den anderen Lagen. Beste Riesling-lagen: Dellchen, Kirschheck und Kafels.

Großlage Burgweg mit *Einzellagen:* Götzenfels, 11 ha, SO, 85% steil. Kirschheck, 10 ha, S, 80% steil. Dellchen, 7,3 ha, S, 100% steil. Klosterberg, 27,5 ha, S-SO, 20% ansteigend. Kafels, 5,3 ha, SW-W, 80% steil.

TRAISEN

Traisen bietet ebensoviel Unterschiedliches, vom ansteigenden Nonnengarten, weitgehend Müller-Thurgau, bis zur ausgezeichneten Bastei, einer außergewöhnlich kleinen Riesling-Lage am Fuß der Porphyrfelsenmasse des Rotenfels. Die ebenfalls ganz mit Riesling besetzte Einzellage Rotenfels liefert fast genauso hervorragenden Wein. Die Worte «Rasse» oder «Klasse» werden seiner Ausgewogenheit in Finesse und Feuer kaum gerecht.

Großlage Burgweg mit *Einzellagen:* Bastei, 2 ha, S, 95% steil. Rotenfels, 16 ha, S, 95% steil.

BAD MÜNSTER

Hier wendet sich die Nahe nach Norden. Die Weinberge sind zwar ausgezeichnet, aber im Vergleich mit denen von Münster-Sarmsheim weiter flußabwärts nur winzig. Münsterer Felseneck und Steigerdell sind zwei Rieslinge, deren man nur schwer habhaft werden kann, aber es lohnt sich, danach zu suchen. Auch Ebernburg mit seiner alten Burg hoch über dem Fluß hat drei schöne steile Südhänge: Schloßberg, Erzgrube und Feuerberg.

ALTENBAMBERG

Altenbamberg liegt in einem Seitental 3 km südwärts von der Flußkrümmung bei Bad Münster. Die Berge der Umgebung bieten mehrere steile und geschützte Hänge. Sie sind weitgehend mit Riesling besetzt, der hier aber leichter und herber ausfällt als in den klassischen Lagen am Fluß; ferner gibt es bemerkenswerten Müller-Thurgau und zudem auch Silvaner.

Großlage Burgweg mit *Einzellagen:* Treuenfels, 6 ha, SW-S, 75% steil. Kehrenberg, 16 ha, S, 85% steil. Schloßberg, 20 ha, S-SO, 50% steil. Rotenberg, 17 ha, SW-S, 85% steil.

BAD KREUZNACH

Der Schwerpunkt des Nahegebiets ist die kleine Kur- und Handelsstadt Bad Kreuznach. In der Weinwelt ist sie durch die Seitzwerke, wo die Filtertechnik auf ihren Höhepunkt gelangt ist, weithin bekannt geworden. Der dem Kurbetrieb gewidmete Teil der Stadt ist hübsch und ruhig; interessant und zugleich gesundheitsfördernd ist die Saline. Hier wird Salzwasser auf große Trockenflächen geleitet und dabei Ozon freigesetzt – eine bizarre Anlage an der Straße zur Stadt.

Kreuznach leiht seinen Namen dem unteren Nahebereich, der allein 1000 ha und damit eine rundes Viertel der Gesamtrebfläche an der Nahe aufbringt. Fast alle Weinberge dieses Bereichs sind um Kreuznach versammelt, die besten davon liegen im Nordwesten in der Nähe des Zentrums. Als feinste Lagen gelten Kahlenberg, Krötenpfuhl und Brückes, aber auch andere, etwa Steinberg, Narrenkappe, Forst und Kauzenberg liefern ausgezeichneten Riesling.

Auf bescheidenerem Niveau und mit anderen Rebsorten bieten auch andere Einzellagenweine innerhalb der Großlage Kronenberg meist zuverlässige Qualität, oft sogar erfreuliche Überraschungen.

Großlage Kronenberg mit *Einzellagen:* Bad Kreuznach: Himmelgarten, 16 ha, SW, 50% ansteigend. Tilgesbrunnen, 90 ha, SW, 20% ansteigend. Osterhöll, 39 ha, S, 60% ansteigend. Mollenbrunnen, 25 ha, SW-S, 15% steil. Hinkelstein, 34 ha, SW-S, 20% ansteigend. Hofgarten, 20 ha, S, 40% ansteigend. Kahlenberg, 14 ha, S, 90% ansteigend. Steinberg, 10 ha, SW-S, 60% ansteigend. Forst, 20 ha, S-SO, 100% ansteigend. Vogelsang, 25 ha, S-SO, 50% ansteigend. Kapellenpfad, 26 ha, S-SO, 100% flach. Krötenpfuhl, 10 ha, S, 50% ansteigend. Brückes, 19 ha, SO, 90% ansteigend. St. Martin, 37 ha, 30% ansteigend. Gutental, 21 ha, S-SO, 50% ansteigend. Mönchberg, 30 ha, SO-S, 60% ansteigend. Narrenkappe, 30 ha, SW-S, 90% ansteigend. Steinberg, 3 ha, SW-S, 100% flach. Hungriger Wolf, 26 ha, SW-S, 20% ansteigend. In den siebzehn Morgen, 2 ha, SW, 100% flach. Rosenheck (Winzenheim), 14 ha, SO, 90% ansteigend. Honigberg (Winzenheim), 20 ha, S-SO, 50% ansteigend. Berg (Winzenheim), 30 ha, SW-S-SO, 100% ansteigend.

WINZENHEIM

Winzenheim bildet die kontinuierliche Fortsetzung der Kreuznacher Weinberge auf dem linken Naheufer. Die Einzellagen Rosenheck, Honigberg und Berg, sämtlich gute Hänge, gehören heute zu Bad Kreuznach.

BRETZENHEIM

Von Winzenheim aus setzen sich die Weinberge auf immer lehmhaltigerem, fruchtbarerem Boden fort; dabei kommen jetzt mehr Silvaner und Müller-Thurgau als Riesling vor.

Großlage Kronenberg mit *Einzellagen:* Felsenköpfchen, 34 ha, S, 90% steil. Vogelsang, 40 ha, SW-W-SO, 80% steil. Hofgut, 48 ha, S-SO, 20% ansteigend. Pastorei, 35 ha, SO, 60% steil.

LANGENLONSHEIM

Die nächste Gemeinde an der nordwärts fließenden Nahe verfügt wiederum über eine große Rebfläche, die den Vorzug eines Südhangs mit sandigem Lehmboden genießt. Das Steinchen ist weitgehend mit Müller-Thurgau und Silvaner besetzt; beide Sorten liefern hier recht körperreiche und würzige Weine. Die beste Lage ist der Rothenberg.

Großlage Sonnenborn mit *Einzellagen:* Löhrer Berg, 50 ha, S, 60% steil. Bergborn, 26 ha, SO-S, 100% ansteigend. Lauerweg, 42 ha, SO-S, 100% ansteigend. Königsschild, 23 ha, S-SO, 20% steil. Rothenberg, 16 ha, S, 100% steil. Steinchen, 140 ha, S, 30% ansteigend. St. Antoniusweg, 50 ha, S, 30% ansteigend.

LAUBENHEIM

Laubenheim, ebenfalls am Fluß gelegen, verfügt auch über lehmige Hänge von gutem, aber nicht herausragendem Ruf.

Großlage Schloßkapelle mit *Einzellagen:* Karthäuser, 27 ha, SO-S, 20% steil. St. Remigiusberg, 5 ha, S-SO, 60% steil. Krone, 26 ha, S-SO, 5% steil.

DORSHEIM

Unmittelbar westlich an Laubenheim schließt sich Dorsheim an; es liegt der Gemeinde Burg Layen und Rümmelsheim über ein kleines Tal gegenüber. Die besten Lagen befinden sich auf der Seite von Burg Layen, wo es steiler und steiniger ist als nach Laubenheim hin. Hier wächst ziemlich viel Riesling mit echtem Charakter, vor allem im Goldloch und Pittermännchen.

Großlage Schloßkapelle mit *Einzellagen:* Burgberg, 6 ha, S-SO, 100% steil. Honigberg, 15 ha, S, 10% ansteigend. Goldloch, 15 ha, S, 95% steil. Pittermännchen, 8 ha, S, 100% steil. Trollberg, 15 ha, SW-S, 80% steil. Klosterpfad, 65 ha, S-SO, 80% ansteigend.

BURG LAYEN UND RÜMMELSHEIM

Burg Layen und Rümmelsheim sind genaugenommen *eine* Gemeinde mit Weinen ähnlich wie in Dorsheim. In den Lagen Schloßberg und Hölle erreichen sie mit beachtlichem Silvaner, Müller-Thurgau und auch Riesling ihren Höhepunkt.

Großlage Schloßkapelle mit *Einzellagen:* Steinköpfchen, 16 ha, S, 70% steil. Schloßberg, 21 ha, S, 30% steil. Hölle, 28 ha, S, 20% steil. Rothenberg, 69 ha, S, 40% ansteigend. Johannisberg, 67 ha, S, 70% steil.

MÜNSTER SARMSHEIM

Mit Münster Sarmsheim schließt das Anbaugebiet Nahe kurz vor Bingen mit Weinbergen ab, die nach Südosten geneigt vom Fluß wegführen. Die Staatsdomänen beweisen hier, daß diese sanften Hänge imstande sind, auf ihrem steinigen Lehmboden herrlichen Riesling zur Reife zu bringen, der körperreicher und robuster ist als die wunderbaren Weine der Staatsdomänen aus Schloßböckelheim und Niederhausen. Die beste Einzellage heißt Dautenpflänzer.

Großlage Schloßkapelle mit *Einzellagen:* Kapellenberg, 38 ha, SO-S, 50% steil. Dautenpflänzer, 6 ha, S, 100% ansteigend. Pittersberg, 12 ha, SW-S, 100% ansteigend. Königsschloß, 100 ha, S-SO, 50% ansteigend. Steinkopf, 12 ha, SW-S, 70% steil.

Noch eine Reihe von Gemeinden westlich vom Fluß steuert würdige Weine zum Nahe-Kontingent bei. Weinsheim, Sponheim, Roxheim, Wallhausen, Dalberg und Guldental verfügen sämtlich über gute Lagen. Sie fallen in die Großlagen Pfarrgarten und Rosengarten, die auch die Seitentäler des Gräfenbachs bzw. Ellerbachs mit erfassen.

ERZEUGER

Weingut Ökonomierat August E. Anheuser

Brückes 53, 6550 Bad Kreuznach, Tel.: 0671-2077. *Besitzer:* August E. Anheuser. 52 ha. *Einzellagen:* Kreuznach: Brückes, Hinkelstein, Hofgarten, Kahlenberg, Krötenpfuhl, Mönchberg, St. Martin, Narrenkappe, Steinberg (Alleinbesitz); Winzenheim: Rosenheck; Norheim: Kafels und Dellchen; Niederhausen: Hermannshöhle; Schloßböckelheim: Königsfels.

Die auf das 17. Jh. zurückgehende Familie Anheuser beherrscht die besten Teile der Kreuznacher Lagen. Der 1869 gegründeten Firma gehört auch das Handelshaus Anheuser & Fehrs. Rebbestand: 74% Riesling und 13% Müller-Thurgau sowie etwas Scheurebe, Ruländer, Silvaner und Weißburgunder. Die gewaltigen in den Felsen getriebenen Keller sind eine Schatzkammer voll alter Jahrgänge. In Amerika hat die Familie Anheuser einen guten Ruf als Brauer von Anheuser-Busch- und Budweiser Bier.

Weingut Paul Anheuser

Strombergerstraße 15–19, 6550 Bad Kreuznach, Tel.: 0671-28748. *Besitzer:* Peter und Dorothee Anheuser. Das Weingut umfaßt heute 76 ha. *Einzellagen:* Kreuznach: Brückes, Forst, Hinkelstein (7 ha), Kahlenberg, Kapellenpfad, Krötenpfuhl (4,5), Mönchberg, Mollenbrunnen, Narrenkappe (4), Osterhöll, St. Martin (6) und Tilgesbrunnen; Schloßböckelheim: Felsenberg, Heimberg, In den Felsen (6,5), Königsfels (10) und Mühlberg; Niederhausen: Felsensteyer (3,5) und Pfingstweide (4); Altenbamberg: Kehrenberg, Rotenberg, Schloßberg; Norheim: Dellchen und Kafels; Roxheim: Berg und Höllenpfad; Monzingen: Halenberg.

Das Haus, aus denselben Ursprüngen entstanden wie das obige, hat sich 1888 unter Rudolf Anheuser selbständig gemacht. Er brachte als erster den Riesling an die Nahe. Auf manchen Etiketten erscheint noch der Name Rudolf, wodurch die Verwirrung nicht geringer wird. Rebbestand: 70% Riesling, je 7% Müller-Thurgau, Ruländer und Kerner sowie 2% Weißburgunder (und einige andere, aber kein Silvaner). Spezialität des Hauses ist Riesling Kabinett halbtrocken.

Weinkellereien Anheuser & Fehrs

Brückes 41, 6550 Bad Kreuznach, Tel.: 0671-2077. Weinhandlung (siehe August Anheuser).

Weingut Hans Crusius & Sohn

Hauptstraße 2, 6551 Traisen, Tel.: 0671-33953. *Besitzer:* Hans und Dr. Peter Crusius. *Einzellagen:* Traisen: Bastei (0,5 ha), Rotenfels (5), Kichelskopf (0,2), Nonnengarten (3,4); Norheim: Kirchheck (0,2), Klosterberg (0,5); Schloßböckelheim: Felsenberg (1,5).

Hans Crusius aus Traisen an der mittleren Nahe ist einer von jenen deutschen Winzern, die in aller Stille Vollkommenes schaffen, ohne dabei mehr Ehrgeiz an den Tag zu legen als nur den, das Land zu bestellen, das seit dem 16. Jahrhundert seiner Familie gehört.

Das Crusius-Gut hat 11,5 ha, davon 5 ha in der Einzellage Traiser Rotenfels, darüber hinaus kleine Parzellen in Norheim, am Niederhäuser Rosenberg, Schloßböckelheimer Felsenberg und einen halben Hektar kostbares Land in der sonnenbegünstigten Sandsteillage Traiser Bastei. Rebbestand: 72% Riesling, 12,5% Müller-Thurgau, 7,5% Weißburgunder, 5% Kerner und 3% Spätburgunder.

Hans Crusius und sein Sohn Peter bringen in ihren alten Kellergewölben voller Fässer Weine von ungewöhnlicher Qualität und besonderer Eigenart hervor, die für meinen Geschmack zu den besten in ganz Deutschland gehören. Jede Lage hat ihren eigenen Charakter. So schreibt Hans Crusius die beachtliche Delikatesse des Weins aus den Lagen Felsenberg und Rosenberg dem seltenen Melaphyrboden zu; der Wein von der Bastei ist ausdrucksvoll; jener von der Norheimer Kirschheck zeichnet sich durch besonders kräftigen Duft aus. Die Lage Rotenfels bringt mehr Unterschiedlichkeit, jedoch immer kernigen Wein mit rassiger Klarheit im nie neutralen Geschmack hervor.

Schloßgut Diel auf Burg Layen

6531 Burg Layen, Tel.: 06721-45045. *Besitzer:* Dr. Ingo Diel und Armin Diel. 10 ha. *Einzellagen:* Rümmelsheim (Ortsteil Burg Layen): Schloßberg, Rothenberg und Hölle; Dorsheim: Goldloch, Honigberg, Pittermännchen und Klosterpfad.

Die Familie Diel bewirtschaftet das Gut um die Burgruine Layen schon seit 200 Jahren. Hier hat es nun radikale Änderungen gegeben: Dr. Diel, früher ein Freund von Neuzüchtungen und ungewöhnlichen Weinen, rodet jetzt alle neuen Sorten aus, hat den Rieslingbestand auf 45% gesteigert und baut seine Weine zum Teil in neuen Eichenfässern aus. Die faßgealterten Weine werden als Tafelwein verkauft, obwohl sie von Spätlesemosten stammen. Alle Weine mit Ausnahme der Beerenauslese und des Eisweins werden trocken ausgebaut. An einer Exportausweitung ist Dr. Diel nicht interessiert, seine Weine kann er bequem auf dem Inlandmarkt absetzen. die Auswahl ist groß und stets gut, die Dorsheimer Auslesen sogar oft hervorragend.

Weingut Carl Finkenauer

Salinenstraße 60, 6550 Bad Kreuznach, Tel.: 0671-28771. *Besitzer:* Frau Lisl Finkenauer-Trummert. 33 ha. *Einzellagen:* Kreuznach; Brückes, St. Martin, Gutental, Narrenkappe; Winzenheim: Rosenheck; Roxheim: Mühlenberg.

Die sechste Generation der Familie betreibt das Weingut im schönen Kurbereich der Stadt Kreuznach. Rebbestand: 50% Riesling, 14,5% Müller-Thurgau, 10,5% Silvaner, 7,5% Scheurebe, 5,5% Spätburgunder und 12% Sonstige (Kerner, Ruländer, Weißburgunder und Dornfelder). Gute, schmackhafte und kräftige Naheweine, vor allem der trockenen Art – hierzu gehört auch eine ungewöhnliche trockene Auslese.

Weingut Dr. Joseph Höfer Schloßmühle

Naheweinstraße 2, 6531 Burg Layen, Tel.: 06721-32209. *Besitzer:* Frau Maria Höfer. 35 ha. *Einzellagen:* Rümmelsheim (Ortsteil Burg Layen): Johannisberg, Rothenberg, Schloßberg und Hölle; Dorsheim: Goldloch, Trollberg, Klosterpfad und Honigberg; Münster-Sarmsheim: Trollberg und Königsschloß; Guldental: Honigberg; Winzenheim: Rosenheck, Honigberg, Berg und In den Siebzehn Morgen; Bretzenheim: Hofgut und Pastorei.

Seit 1775 Familienweingut; es bringt milde, würzige Weine hervor, auch trockene. Rebbestand: 40% Silvaner, 18% Müller-Thurgau, 15% Riesling und verschiedene fruchtige Neuzüchtungen. Manche Weine werden erst nach 1 bis 2 Jahren abgefüllt. Zum Besitz gehört eine Burgruine mit ihren alten Kellern. Verkauf direkt an Kunden in Deutschland.

Weingut Johanneshof

Parkstraße 4, 6550 Bad Kreuznach-Bosenheim, Tel.: 0671-63630. *Besitzer:* August und Wilfried Korrell. 11 ha. *Einzellagen:* Bosenheim: Paradies, Hirtenhain, Galgenberg; Kreuznach: Tilgesbrunnen.

Das Gut führt Weine von elf verschiedenen Rebsorten. Alle werden im Faß ausgebaut und können in der Probierstube gekostet werden.

Weingut und Weinkellerei Maximilian Pallhuber GmbH

An den Nahewiesen, 6536 Langenlonsheim, Tel.: 06704-2010. *Besitzer:* Karl-Heinz Paul und Heinz Pallhuber. 10 ha.

Bedeutendes Handelshaus mit einem kleinen Weingut: 30% Riesling, 30% Müller-Thurgau, 20% Silvaner und 20% Sonstige. Die aromatischen Sorten Kerner und Bacchus sind sehr beliebt.

Weingut Reichsgraf von Plettenberg

Winzenheimer Straße, 6550 Bad Kreuznach, Tel.: 0671-2251. *Besitzer:* Die Grafen Wolfgang und Egbert von Plettenberg. 51 ha. *Einzellagen:* Bretzenheim: Vogelsang, Pastorei und Felsenköpfchen; Winzenheim: Rosenheck und Berg; Kreuznach: Brückes, Forst, Kappellenpfad, Hinkelstein, Narrenkappe, Mollenbrunnen, Osterhöll, Kahlenberg, St. Martin, Hofgarten und Mönchberg; Roxheim: Höllenpfad, Berg und Mühlenberg; Norheim: Götzenfels; Schloßböckelheim: Kupfergrube und Felsenberg.

Seit dem 18. Jh. Familiendomäne, unter dem heutigen Namen seit 1912 bekannt. Heute ein moderner Weinbaubetrieb ohne viel Romantik, aber mit ausgezeichnet gelegenen Weinbergen und einer großen Auswahl an Weinen, die mit zu den besten von der Nahe gehören – die vorzüglichsten sind von Kreuznach. Rebbestand: 60% Riesling, 20% Weiß- und Spätburgunder und 20% Müller-Thurgau und Kerner.

Prinz zu Salm-Dalberg'sches Weingut

Schloß Wallhausen, 6511 Wallhausen. *Besitzer:* Prinz zu Salm-Salm. 7 ha. *Einzellagen:* Wallhausen: Johannisberg, Mühlenberg und Felseneck; Dalberg: Schloßberg; Somerloch: Sonnenberg und Ratsgrund; Roxheim: Berg.

Das Weingut geht auf das Jahr 1200 zurück und nimmt für sich in Anspruch, das älteste in ununterbrochenem Familienbesitz in Deutschland zu sein. Großlagennamen werden nicht benutzt; beim Ausbau der Weine in Fässern wird nach Eleganz und fruchtiger Säure gestrebt. An erster Stelle steht der Riesling (50%), es folgen Müller-Thurgau, Silvaner, Ruländer, Scheurebe, Kerner und Spätburgunder. Der heutige Besitzer ist zugleich Leiter des Fürstlich Castell'schen Domänenamts in Franken.

Weingut Michael Schäfer

6531 Burg-Layen, Tel.: 06721-32340. *Besitzer:* Alfred und Karl-Heinz Schäfer. 14.5 ha. *Einzellagen:* Rümmelsheim: Steinköpfchen; Münster-Sarmsheim: Königsschloß; Laubenheim: Vogelsang; Langenlonsheim: Bergborn; Dorsheim: Pittermännchen, Jungbrunnen, Laurenziweg.

Der Rebbestand des Guts ist sehr vielfältig, ebenso das Angebot an Weinen (u.a. trockenen), bis hin zur Auslese. Als Weinhandlung kauft und verkauft das Haus Faß- und Flaschenweine aus fremder Erzeugung.

Vereinigte Weingüter Schlink-Herf-Gutleuthof

Planigerstraße 154, 6550 Bad Kreuznach, Tel.: 0671-66051. *Besitzer:* Günther Schlink. 60 ha. *Einzellagen:* Kreuznach: Narrenkappe, Hinkelstein, Osterhöll, Brückes.

Die Weingüter Herf und Gutleuthof aus dem 19. Jahrhundert wurden unter dem jetzigen Besitzer vereinigt, der den Vertrieb ihrer Weine übernimmt. Die Weinbereitung geschieht auf dem Gutleuthof; die trockenen und halbtrokkenen Weine in hellgrünen Burgunderflaschen sind sehr beliebt. Es werden nur Einzellagennamen benutzt.

Weingut Schlößchen am Mäuseturm

Strombergstraße 28, 6530 Bingen. *Besitzer:* Franz Josef und Michael Hohmann. 14,5 ha. *Einzellagen:* Bingerbrück: Abtei Ruppertsberg, Hildegardisbrünnchen; Weiler: Klostergarten, Römerberg; Münster-Sarmsheim: Römerberg.

Eine interessante Auswahl moderner deutscher Weine bis hin zur lieblichen Art, und alle stehen in der Probierstube des Guts zum Kosten bereit. Rebbestand: 60% Riesling (an Steilhängen), 9% Spätburgunder, 8% Müller-Thurgau, 7% Scheurebe und 7% Kerner.

Weingut Jakob Schneider

Winzerstraße 15, 6551 Niederhausen, Tel.: 06758-6701. *Besitzer:* Jakob Schneider. Gutshof mit Mischwirtschaft und 12,5 ha Weinbergen an guten Hängen. *Einzellagen:* Niederhausen: Hermannshöhle (3 ha), Rosenheck (3), Klamm (2), Steinwingert (1,5) und Rosenberg (1); Norheim: Kirschheck (2).

Der Rebbestand umfaßt 96% Riesling; Jakob Schneider verwendet nur Naturdung und überhaupt nur natürliche Methoden, um intensive Weine mit großer Geschmacksfülle und Finesse hervorzubringen (zu 60% trocken).

Weingut Bürgermeister Willi Schweinhardt Nachf.

6536 Langenlonsheim, Tel.: 06704-1276. *Besitzer:* Wilhelm Schweinhardt. 24 ha. *Einzellagen:* Langenlonsheim: St. Antoniusweg, Steinchen, Königsschild, Rothenberg, Bergborn, Lauerweg und Löhrer-Berg; Guldental: Rosenteich.

Eine sehr alte Winzerfamilie. Die Weine werden je nach Art in Flaschen mit verschiedenen Formen und Farben abgefüllt. Das wichtigste Absatzgebiet ist West-Berlin. Der Stil des Hauses ist leicht, fruchtig und charmant (35% Riesling).

Staatsweingut: Weinbaulehranstalt

Rüdesheimer Str. 68, 6550 Bad Kreuznach, Tel.: 0671-2473. *Direktor:* Dr. Kadisch. 22 ha. *Einzellagen:* Kreuznach: Forst, Hinkelstein, Hofgarten, Kahlenberg, Mollenbrunnen, Monhard, Steinweg und Vogelsang; Norheim: Dellchen, Kafels und Kirschheck.

1900 als Weinbaufachschule der Provinz gegründet. Sie ist heute im Besitz des Landes Rheinland-Pfalz und gilt als eine der besten Lehr- und Forschungsstätten in Deutschland. Die dazugehörigen Weinberge (20% an Steilhängen, 40% an sanfteren Hängen sowie ein kleiner Teil auf an der Nahe selten anzutreffenden Terrassen) sind auf Kreuznach und Norheim konzentriert. Rebbestand: hauptsächlich Riesling; es finden jedoch auch viele Versuche mit Neuzüchtungen statt, wobei der Stil der Nahe betont wird. Geregelte Gärung unter CO_2-Druck wurde hier entwickelt. Eine der meistgeschätzten Etiketten an der Nahe, regelmäßig mit hohen Auszeichnungen bedacht.

Weingut Erbhof Tesch

Naheweinstraße 99, 6536 Langenlonsheim/Rhein, Tel.: 06704-20404. *Besitzer:* Hartmut Tesch. 40 ha. *Einzellagen:* Laubenheim: Karthäuser, St. Remigiusberg, Krone; Langenlonsheim: Löhrer Berg, Königsschild, Steinchen, St. Antoniusweg; Dorsheim: Goldloch.

Bedeutendes Weingut im unteren Nahetal, gegründet 1723, seit 1960 stark erweitert und verbessert. Es verfügt über Lagen an einigen der besten Hänge des Gebiets. Die ersten vier oben genannten, zusammen 19 ha, sind ganz mit Riesling besetzt, die Lage Königsschild (3,1 ha) trägt Riesling, Steinchen (6,5) Müller-Thurgau und Weißburgunder, St. Antoniusweg (3) Silvaner und Löhrer Berg Spätburgunder. Der Stolz des Hauses sind frische, sehr spritzige Laubenheimer Rieslinge, die immer wieder Auszeichnungen erringen. Die Weine werden an Privatkunden in Deutschland verkauft.

Verwaltung der Staatlichen Weinbaudomänen

Niederhausen-Schloßböckelheim, 6551 Oberhausen, Tel.: 06758-6215. *Besitzer:* Land Rheinpland-Pfalz. *Direktor:* Dr. Werner Hofäcker. Insgesamt 45 ha.

WEINLAGEN

Einzellagen: Schloßböckelheim: Kupfergrube (11 ha) und Felsenberg (1); Niederhausen: Hermannshöhle (2), Kertz (1), Hermannsberg (6, Alleinbesitz) und Steinberg (4); Traisen: Bastei (1); Altenbamberg: Rotenberg (7); Ebernburg: Schloßberg (1); Münster-Sarmsheim: Dautenpflänzer (2), Pittersberg (2), Steinkopf (1) und Kapellenberg (1); Dorsheim: Burgberg (2), Goldloch (1) und Honigberg (1).

Die Staatsdomäne an der Nahe, die von manchen als die großartigste in Deutschland angesehen wird, wurde 1902 vom König von Preußen gegründet und leistete Pionierdienste im Weinbau an den Steilhängen eines früheren Kupferbergwerks, der heutigen berühmten Lage Kupfergrube, die mit Riesling besetzt ist. Um 1920 waren ihre Weine allgemein als allerfeinste Klasse anerkannt. 1927 wurde bei Dorsheim und Münster an der unteren Nahe weiteres Land zugekauft, 1953 kamen weitere Erwerbungen bei Altenbamberg hinzu. Das Land Rheinland-Pfalz übernahm die Staatsdomäne bei seiner Entstehung im Jahr 1946. Bis auf eine gewisse Menge Müller-Thurgau (40% im Münsterer Kapellenberg, 100% im Dorsheimer Honigberg, 20% im Niederhäuser Steinberg) und 10% Kerner im Münsterer Pittersberg umfaßt der Rebbestand nur Riesling.

Die Staatliche Weinbaudomäne liefert den eindeutigen Beweis für die Subtilität und Finesse großer deutscher Weine, von feiner Blumigkeit bis zu üppiger Eleganz.

Nahe-Winzer-Kellereien eG

Winzenheimer Str. 30, 6551 Bretzenheim, Tel.: 0671-2232. 730 ha in den Großlagen Rosengarten, Burgweg, Kronenberg, Schloßkapelle, Pfarrgarten, Sonnenborn, Paradiesgarten. Die *Einzellagennamen* werden v.a. in den folgenden Gemeinden benutzt: Kreuznach, Langenlonsheim, Guldental, Wallhausen, Monzingen, Kirschroth, Odernheim, Dorsheim und Münster-Sarmsheim.

Zusammenschluß von drei Genossenschaften, gegründet 1935, heute 882 Mitglieder. In Bretzenheim wurde eine neue Kellerei, in Langenlonsheim eine Kelteranlage gebaut. Rebbestand: 20% Silvaner, 30% Müller-Thurgau, 20% Riesling, 30% Sonstige. Die Spitzenqualität ist immer sortentypisch, sehr gut ausgebaut und preiswert. Jahresumsatz: über 580 000 Kisten; 35% Export.

Winzergenossenschaft Rheingrafenberg eG

Naheweinstraße 63, 6553 Meddersheim, Tel.: 06751-2667. 120 Mitglieder mit 156 ha in Meddersheim, Merxheim, Sobernheim, Kirschroth, Hargesheim und bad Kreuznach.

Eine Winzergenossenschaft mit Spitzenqualitäten, in Meddersheim – flußaufwärts von Schloßböckelheim – beheimatet. Rebbestand: 55% Riesling, aber auch Müller-Thurgau, Kerner und Bacchus. Beste Einzellagen: Meddersheimer Rheingrafenberg und Sobernheimer Marbach. Viele Weine laufen unter den Großlagennamen Pardiesgarten und Kronenberg. Es werden nur Flaschenweine verkauft.

STAATSWEINGÜTER

Ob man sich bei dem Begriff «staatseigen» innerlich erhoben fühlt oder aber Schlimmes befürchtet, hängt sehr davon ab, was damit bezeichnet wird, vielleicht auch von der eigenen politischen Überzeugung. Allerdings dürfte weitgehend Einigkeit darüber bestehen, daß die staatlichen deutschen Weingüter ausgezeichnete Weinerzeuger sind. Sie hüten sich vor einer von dem Historiker Dr. Friedrich Bassermann-Jordan schon 1906 erkannten Gefahr, nämlich der «wohl übertriebenen Muster-Weinerzeugung, koste es, was es wolle». Da sie aber Eigentum der Bundesländer sind, unterliegen sie weniger dem allgemein im deutschen Weinbau herrschenden Konkurrenzdruck und sind finanzstark genug, um die wichtigen Aufgaben der Forschung im Weinbau übernehmen zu können. Ihre Weine treten auf dem Markt in freien Wettbewerb, wodurch jedoch offenbar die Achtung, die sie bei den privaten Winzern genießen, nicht gemindert wird.

Es folgen die wichtigsten Staatsdomänen, deren Beschreibungen im Verzeichnis der Erzeuger in den verschiedenen Anbaugebieten zu finden sind:

Hessen Staatsweingüter Eltville
Bayern Staatlicher Hofkeller Würzburg
Rheinland-Pfalz Staatliche Weinbaudomäne Trier
Staatliche Weinbaudomäne Niederhausen-Schloßböckelheim
Staatliche Weinbaudomäne Marienthal
Baden-Württemberg Staatsweingut Meersburg

Die auch im Ausland häufig anzutreffenden Weine der Staatlichen Weinbaudomänen Niederhausen, Eltville und Trier tragen das charakteristische Etikett mit Goldrand und dem preußischen Adler. Das Bild paßt zwar besser zu den wuchtigen Steinbergern aus Eltville, doch verbirgt sich dahinter auch die Delikatesse und Eleganz der Weine aus Trier und Niederhausen.

Neben den Staatlichen Weingütern gibt es auch einige private, die Anspruch auf die Bezeichnung Domäne erheben dürfen. Früher waren zum Beispiel die Eigentümer von Schloß Johannisberg und Schloß Schönborn im Rheingau sowie jene des Castell'schen Weinguts in Franken Landesherren und besaßen hoheitliche Rechte und Privilegien. Aus dieser Zeit leitet sich die Berechtigung zu dem schwungvollen Titel her.

BEREICH KREUZNACH

GROSSLAGE SCHLOSSKAPELLE

Bingen Ortsteil Bingerbrück
Hildegardisbrünnchen 1
Klostergarten 2 P
Abtei Ruppertsberg 3 P
Römerberg 4 P

Weiler
Klostergarten 2 P
Abtei Ruppertsberg 3 P
Römerberg 4 P

Münster-Sarmsheim
Römerberg 4 a
Rheinberg 5
Kapellenberg 6
Dautenpflänzer 7
Trollberg 8
Pittersberg 9
Liebehöll 10
Steinkopf 11
Königsschloß 12

Rümmelsheim
(einschl. Ortsteil Burg Layen)
Steinköpfchen 13
Schloßberg 14
Hölle 15
Rothenberg 16
Johannisberg 17

Waldlaubersheim
Domberg 18
Altenburg 20
Lieseberg 22
Otterberg 23

Genheim
(Ortsteil von Waldalgesheim)
Rossel 24

Eckenroth
Felsenberg 25
Hölle 26

Schweppenhausen
Steyerberg 27
Schloßgarten 28

Windesheim
Saukopf 29
Sonnenmorgen 30
Rosenberg 32
Römerberg 36

Guldental, Ortsteile Heddesheim und Waldhilbersheim
Apostelberg 38
Honigberg 39
St. Martin 40
Sonnenberg 41
Teufelsküche 42
Hölle 43
Hipperich 44
Rosenteich 45

Dorsheim
Burgberg 46
Honigberg 47
Goldloch 48
Pittermännchen 49
Klosterpfad 50
Laurenziweg 51
Jungbrunnen 52
Nixenberg 53
Trollberg 54

Laubenheim
Vogelsang 55
Karthäuser 56
St. Remigiusberg 57
Fuchsen 58
Junker 59
Hörnchen 60
Krone 61

GROSSLAGE SONNENBORN

Langenlonsheim
Löhrer Berg 62
Bergborn 63
Lauerweg 64
Königsschild 65
Rothenberg 66
Steinchen 67
St. Antoniusweg 68

GROSSLAGE PFARRGARTEN

Schöneberg
Schäfersley 69
Sonnenberg 70

Spabrücken
Höll 71

Dalberg
Schloßberg 72
Ritterhölle 73
Sonnenberg 74

Hergenfeld
Mönchberg 75
Sonnenberg 76
Herrschaftsgarten 77

Wallhausen
Felseneck 78
Hornchen 79
Mühlenberg 80
Johannisberg 81
Johannisweg 81 a

Kirschheck 82
Höllenpfad 83
Hasensprung 84
Pastorenberg 85
Backöfchen 86
Sonnenweg 87
Laurentiusberg 88

Sommerloch
Birkenberg 89
Steinrossel 90
Sonnenberg 91
Ratsgrund 92

Gutenberg
St. Ruppertsberg 93
Römerberg 94
Schloßberg 95
Schloß Gutenburg 96
Sonnenlauf 97
Felseneck 98

GROSSLAGE KRONENBERG

Bad Kreuznach
Galgenberg 100 P
Tilgesbrunnen 101
Rosenberg 102
Kauzenberg-Oranienberg 103
Kauzenberg-Rosenhügel 104
Kauzenberg in den Mauern 105
Osterhöll 106
Hofgarten 107
Kahlenberg 108
Mollenbrunnen 110
Hinkelstein 111
Forst 112
Vogelsang 113
Kapellenpfad 115
Krötenpfuhl 116
Brückes 117
St. Martin 118
Gutental 120
Mönchberg 121
Narrenkappe 122
Steinberg 123
Hungriger Wolf 124

– Ortsteil Winzenheim
In den siebzehn Morgen 125
Honigberg 126
Berg 127
Rosenheck 128

– Ortsteil Bosenheim
Höllenbrand 99 P
Galgenberg 100 P
Hirtenhain 133
Paradies 135

– Ortsteil Ippesheim
Himmelgarten 129
Junker 130

– Ortsteil Planig
Höllenbrand 99 P
Römerhalde 131
Katzenhölle 132
Nonnengarten 134

Bretzenheim
Felsenköpfchen 137
Vogelsang 138
Hofgut 139
Pastorei 140
Schloßgarten 141

Hargesheim
Straußberg 142
Mollenbrunnen 143

BEREICH SCHLOSS BÖCKELHEIM

GROSSLAGE ROSENGARTEN

Braunweiler
Michaeliskapelle 144
Wetterkreuz 145
Hellenpfad 146
Schloßberg 147

St. Katharinen
Fels 148
Klostergarten 149
Steinkreuz 150

Mandel
Alte Römerstraße 151
Schloßberg 152
Delichen 153
Palmengarten 154
Becherbrunnen 155

Roxheim
Berg 156
Hüttenberg 157
Sonnenberg 158
Höllenpfad 159
Mühlenberg 160
Birkenberg 161

Rüdesheim
Wiesberg 162
Goldgrube 163

Weinsheim
Katergrube 165
Kellerberg 166
Steinkaut 167

Sponheim
Mühlberg 168
Abtei 169
Grafenberg 170
Klostergarten 171
Schloßberg 172 P

Burgsponheim
Schloßberg 172 P
Höllenpfad 173
Pfaffenberg 174

Bockenau
Geisberg 175
Stromberg 176
Im Neuberg 177
Im Felseneck 178

Hüffelsheim
Mönchberg 179
Steyer 180
Gutenhölle 181

GROSSLAGE PARADIES-GARTEN

Auen
Kaulenberg 182
Römerstich 183

Martinstein
Schloßberg 184

Weiler/Monzingen
Herrenzehntel 185
Heiligenberg 186

Merxheim
Vogelsang 187
Römerberg 188
Hunolsteiner 189

Monzingen
Frühlingsplätzchen 190
Rosenberg 191
Halenberg 192

Nußbaum
Sonnenberg 193
Höllenberg 194
Rotfeld 195

Kirschroth
Wildgrafenberg 196
Lump 197

Meddersheim
Liebfrauenberg 198
Rheingrafenberg 199
Präsent 200
Altenberg 201
Edelberg 202

Lauschied
Edelberg 203

Sobernheim
Marbach 204
Domberg 205

Sobernheim Ortsteil Steinhard
Spitalberg 206
Johannesberg 207 P

Waldböckelheim
Johannesberg 207 P
Kastell 208 P

Oberstreit
Auf dem Zimmerberg 209

Boos
Kastell 208 P
Herrenberg 210 P

Staudernheim
Herrenberg 210 P
Goldgrube 211

Odernheim am Glan
Kloster Disibodenberg 212
Heßweg 213
Montfort 214
Weinsack 215
Kapellenberg 216
Langenberg 216 a

Rehborn
Herrenberg 217
Schikanenbuckel 218
Hahn 219

Raumbach/Glan
Schwalbennest 220
Schloßberg 221
Allenberg 222

Desloch
Vor der Hölle 223
Hengstberg 224

Meisenheim
Obere Heimbach 225

Lettweiler
Rheingasse 226
Inkelhöll 227

Unkenbach
Würzhölle 228
Römerpfad 229

Obermoschel
Sonnenplätzchen 230
Schloßberg 231
Langhölle 232
Geißenkopf 233 P
Silberberg 234 P

Niedermoschel
Geißenkopf 233 P
Silberberg 234 P
Hahnhölle 235
Layenberg 236

Feilbingert
Feuerberg 237
Königsgarten 238
Bocksberg 239
Kahlenberg 240
Höchstes Kreuz 241

Hochstätten
Liebesbrunnen 242

Kalkofen
Graukatz 243

Alsenz
Elkersberg 244
Pfaffenpfad 245
Falkenberg 246
Hölle 247

Oberndorf
Weißenstein 248
Feuersteinrossel 249
Aspenberg 250
Beutelstein 251

Mannweiler-Cölln
Weißenstein 248 a
Schloß Randeck 252
Seidenberg 253
Rosenberg 254

Bayerfeld-Steckweiler
Adelsberg 255
Schloß Stolzenberg 256
Aspenberg 257
Mittelberg 258

Gaugrehweiler
Graukatz 259

Oberhausen/Appel
Graukatz 259 a

Münsterappel
Graukatz 259 b

Niederhausen/Appel
Graukatz 259 c

Winterborn
Graukatz 260

GROSSLAGE BURGWEG

Altenbamberg
Laurentiusberg 261
Treuenfels 262
Kehrenberg 263
Schloßberg 264
Rotenberg 265

Bad Münster am Stein-Ebernburg Ortsteil Ebernburg
Schloßberg 266
Erzgrube 267
Köhler-Köpfchen 268
Stephansberg 269
Feuerberg 270
Luisengarten 271
Götzenfels 272
Königsgarten 273

– Ortsteil Münster am Stein
Steigerdell 274
Höll 275
Rotenfelser im Winkel 276
Felseneck 277

Traisen
Bastei 278
Kickelskopf 279
Rotenfels 280
Nonnengarten 281

Norheim
Götzenfels 282
Sonnenberg 283
Onkelchen 284
Oberberg 285
Kirschheck 286
Dellchen 287
Klosterberg 288
Kafels 289

Niederhausen/Nahe
Pfingstweide 290
Felsensteyer 291
Rosenberg 292
Rosenheck 293
Pfaffenstein 294
Steinwingert 295
Stollenberg 296
Kertz 297
Klamm 298

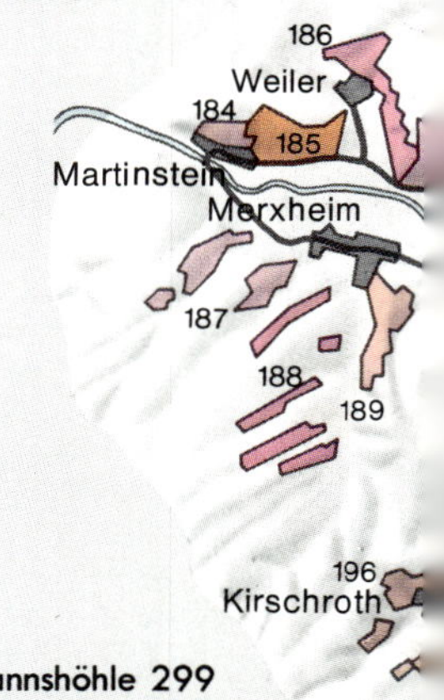

Hermannshöhle 299
Hermannsberg 300
Steinberg 301

Schloßböckelheim
Kupfergrube 302
Felsenberg 303
Mühlberg 304
In den Felsen 305
Heimberg 306
Königsfels 307 P

Waldböckelheim
Königsfels 307 P
Mühlberg 308
Muckerhölle 309
Kirchberg 310
Romerberg 311
Hamm 312
Kronenfels 313
Drachenbrunnen 314
Marienpforter Klosterberg 315

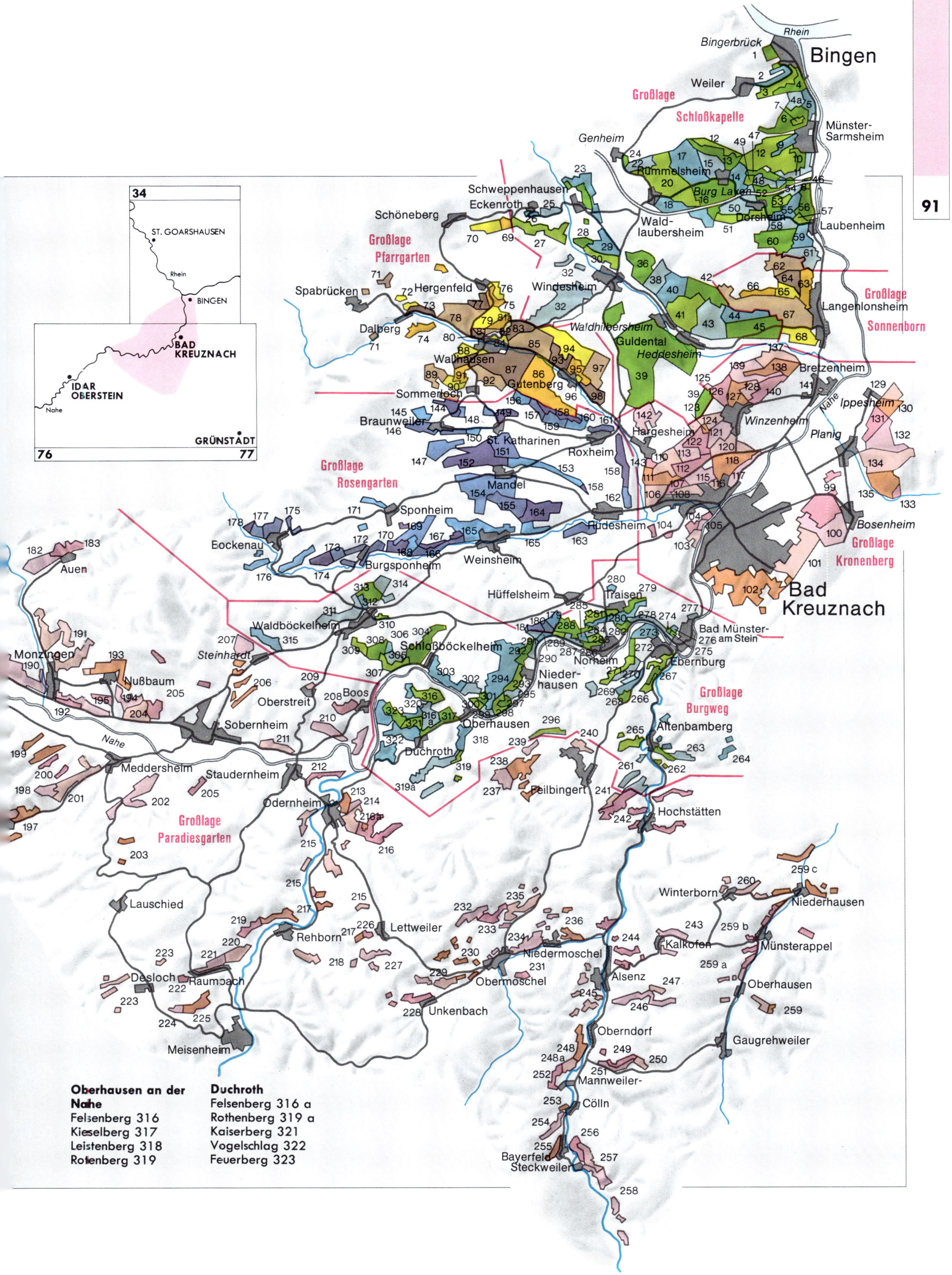

Oberhausen an der Nahe
Felsenberg 316
Kieselberg 317
Leistenberg 318
Rotenberg 319

Duchroth
Felsenberg 316 a
Rothenberg 319 a
Kaiserberg 321
Vogelschlag 322
Feuerberg 323

RHEINHESSEN

REISE-INFORMATIONEN

Nicht einmal das zuständige Fremdenverkehrsamt bezeichnet Rheinhessen als ein Land für erlebnisreichen Urlaub. Man hält sich lieber an das Wort «geruhsam». Es ist ein bäuerliches Land: Weinberge, soweit das Auge reicht, gesprenkelt mit bescheidenen Dörfern.

Sehenswertes

Die Hauptstadt Mainz gehört zu den schönsten deutschen Städten, der Dom und das dem Erfinder des Buchdrucks gewidmete Gutenberg-Museum sind sehr wohl sehenswert. Nierstein und Oppenheim, die beiden Zentren der Rheinterrasse, bieten viele Gelegenheiten zu Weinproben und Kellerbesichtigungen. Bingen in der Nordwestecke des Landes ist Anlegestelle für die Flußschiffe am Beginn des Rheindurchbruchs. Übrigens hat man den schönsten Blick auf den Rheingau vom Rheinhessischen Ufer zwischen Bingen und Mainz. Im Westen des Weinbaugebiets erstrecken sich bewaldete Hügel, die den anspruchsvollen Namen «Hessische Schweiz» führen. Worms birgt in seinen Mauern nicht nur den Weinberg, dem die Liebfrauenmilch ihren Namen verdankt, es ist auch eine alte Stadt mit einem berühmten Dom.

Weinproben

In Mainz-Mombach hat Rheinhessenwein e.V. (Adresse auf S. 25) einen Probierkeller mit vielen rheinhessischen Weinen (vorherige Anmeldung ist erforderlich). In Worms gibt es einen ähnlichen Keller am Neumarkt 14 (Tel.: 06241-25045). Weinproben mit einer Winzer-Mahlzeit werden für Gruppen von zehn Personen im Schloß in Alzey veranstaltet (Tel.: 06731-2061).

◀ Die Rheinterrasse bei Nierstein mit Blick nach Süden auf den Rhein. Nierstein selbst liegt hinter dem Hügel mit der ausgezeichneten Großlage Rehbach.

▶ Eine moderne Glasmalerei in Heinrich Seips Weinkeller zeigt das zeitlose Bild der Weinlese.

Leider ist es das Geschick der meisten rheinhessischen Weine, nicht nur außerhalb Deutschlands im Schatten der allzu populären «Liebfrauenmilch» zu stehen. Dabei wachsen in diesem großen Weinbaugebiet neben weichen und dennoch blumigen Müller-Thurgau-Weinen auch einfache, recht milde Silvaner und in zunehmendem Maß würzigere Neuzüchtungen, die ein erregend blumiges Bukett und dabei die Chance besserer Ausgeglichenheit und eines höheren Ertrags gegenüber dem Müller-Thurgau bieten. Nur sechs Prozent der Rebfläche von 24 000 ha sind mit Riesling besetzt, konzentriert auf einige wenige hervorragende Lagen. Der bei weitem bedeutendste Teil davon liegt an der «Rheinterrasse» zwischen Mettenheim und Bodenheim mit dem Schwerpunkt um Nierstein. Frank Shoonmaker weist in seinem klassischen Buch über die Weine Deutschlands darauf hin, daß von den rund 160 weinbautreibenden Gemeinden in Rheinhessen allein 120 Namen tragen, die auf «heim» enden.

Die Hauptstadt des rheinhessischen Weins ist Nierstein; der berühmte Name steht sowohl für Qualität als auch für Quanität. Leider verschleiert das Weingesetz, daß diese beiden Aspekte Niersteins nicht unbedingt etwas miteinander zu tun haben: Spitzenweine aus Nierstein sind selten und kostbar, es gibt nur auf einem schmalen Streifen Weinberge unmittelbar am Rhein. Anderseits gilt der Name Nierstein auch für einen ganzen Bereich und für die Großlage Gutes Domtal, also für fast ein Drittel der Gesamterzeugung Rheinhessens.

Rheinhessen ist in nur drei Bereiche unterteilt: Nierstein für den Osten und die südliche Mitte, Bingen für den Westen und die nördliche Mitte und Wonnegau für die Gegend um Worms.

Die traditionelle Einteilung ist klarer: Sie unterscheidet zwischen dem Raum Bingen, wo recht guter Riesling wächst, und dem Raum Ingelheim westlich davon – dort wird von alters her leichter Spätburgunder Rotwein gebaut. Karl der Große besaß in Ingelheim eine Pfalz, von der aus er beobachtet haben soll, daß auf einem Hang auf der Rheinseite gegenüber der Schnee im Frühling zuerst taute, und er ließ dort einen Weinberg anlegen: den Johannisberg. Die Gegend im Westen, die bei Bad Kreuznach an die Nahe anschließt, wird landläufig als die Hessische Schweiz bezeichnet; hier wachsen fruchtige leichte Weine. Die Weinorte nördlich und südlich von Nierstein bilden die Rheinterrasse, gewissermaßen die Aristokratie Rheinhessens, wo die einzigen echten Weltklasseweine wachsen. Die große mittlere Gegend um Alzey nennt sich das Hügelland; hier bringen Winzergenossenschaften sehr anspechende, frische und ausgewogene Weine hervor. Aus dem Wonnegau, der Gegend um Worms im

Weinseminare und Weinpfade
Wein-Wochenenden in Mainz; in Oppenheim täglich Seminare im September; in Ingelheim ein «Wein-Kolleg». Auskunft erteilt der Fremdenverkehrsverband (Postfach 1420, 5400 Koblenz). Weinpfade gibt es u.a. in Bingen, Flonheim und Alsheim.

Weinfeste
Gau-Odernheim (letztes Wochenende im Mai), Alsheim (2. WE im Juni), Nackenheim (letztes WE im Juli oder 1. WE im Aug.), Nierstein (1. WE im Aug.), Oppenheim (2. WE im Aug.), Guntersblum (2. bis letztes WE im Aug.), Worms: Backfischfest (letztes WE im Aug.), Bingen (1. – 2. WE im Sept.), Alzey (3. WE im Sept.), Ingelheim: Rotweinfest (letztes WE im Sept. und 1. im Okt.).

Essen und Trinken
In Rheinhessen gibt es allerorten kleine Restaurants und Gasthäuser, in denen man so herzhafte Genüsse wie Kartoffelsuppe und Klöße, Spargel und Schinken – sowie viel, viel Wein bekommt. Eine Spezialität des Landes läßt sich nur im Dialekt wiedergeben: «Weck, Worscht un Woi». Raffinierteres findet man in Mainzer Hotels und Restaurants sowie im Großraum Frankfurt auf der anderen Rheinseite – aber das ist eine ganz andere Welt.

► Die Wappenschnitzerei auf Faßböden ist noch immer eine lebendige Kunst. Anders als in Bordeaux oder Burgund gehören in Deutschland die Fässer zum ständigen Kellerinventar.

Süden, kommen nicht so weithin bekannte, aber recht gewichtige Weine.

In ganz Rheinhessen sind die Wingerte, die einzelnen Weinbergbesitzungen ziemlich klein, und deshalb kommt den Winzergenossenschaften große Bedeutung zu. Einige von ihnen, etwa jene in Weinheim und Armsheim, haben sich einen internationalen Ruf geschaffen. Das Genossenschaftssystem bringt es jedoch mit sich, daß vor allem die Großlagennamen in Erscheinung treten. Leider aber verkaufen sich alle diese Weine unter der Anonymität der Liebfrauenmilch viel besser, so daß wenig Anreiz besteht, auch nur aus einer bestimmten Großlage etwas Individuelles zu machen.

Die verbreitetste Rebsorte ist der Müller-Thurgau; auf ihn entfallen 6 200 der Gesamtfläche von 24 000 ha. Allerdings folgt der Silvaner gleich danach mit 3 400 ha, und sechs Neuzüchtungen teilen sich in über 8 000 ha, denn hier baut man noch mehr als in der Rheinpfalz auf Scheurebe, Bacchus, Faberrebe, Kerner, Morio-Muskat und Huxelrebe. Diese würzigen Sorten haben großen Anteil an den Weinen aus dem Bereich Nierstein, für die Liebfrauenmilch sind sie aber nicht zugelassen.

LIEBFRAUENMILCH

Amtlich wird Liebfrauenmilch als Wein «von lieblicher Art» definiert (d.h. über 18 g/l Zuckerrest). Sie ist ein Verschnitt vorwiegend aus Riesling, Müller-Thurgau, Silvaner und/oder Kerner und muß die wesentliche Frucht mindestens einer dieser Traubensorten erkennen lassen (darf aber keine Angabe der Rebsorten tragen). Sie muß stets Weißwein in QbA-Qualität aus den Anbaugebieten Rheinhessen oder Rheinpfalz sein, kann in selteneren Fällen aber auch von der Nahe oder aus dem Rheingau stammen.

In der Praxis gibt es Liebfrauenmilch von sorgfältig bereiteten, äußerst zuverlässigen, bekannten internationalen Markenverschnitten bis hin zu recht flachen und nichtssagenden Weinen zum halben Preis. Von Natur aus kann sie auf Individualität keinesfalls Anspruch erheben. Die Masse der «Liebfrauenmilch» legt leider deprimierendes Zeugnis für die Eingleisigkeit meiner Landsleute, der Angelsachsen, ab, die stets nur auf Nummer sicher gehen wollen. «Safety first» ist ein gutes Motto, beim Wein aber ist es nicht immer angebracht.

Nebenbei bemerkt ist Liebfrauenmilch in Deutschland selbst gar nicht so sehr verbreitet.

WEINBAUGEMEINDEN

BEREICH NIERSTEIN

Der Bereich Nierstein erstreckt sich von Mainz südwärts bis Mettenheim am Rhein entlang und unfaßt so gut wie alle rheinhessischen Lagen, deren Namen im In- und Ausland einen guten Klang haben. Die bekanntesten Gemeinden werden dem Lauf des Rheins von Süden nach Norden folgend beschrieben.

ALSHEIM

Alsheim liegt unmittelbar nördlich von Mettenheim, abseits vom Rhein; der Ort ist durch Frühjahrsfröste gefährdet. Seine Bedeutung hat sich neuerdings mit dem Vordringen neuer Rebsorten stark vergrößert, obwohl hier im sandigen Lehmboden auch Riesling und Gewürztraminer gut gedeihen. Der Riesling bringt kräftige, eher trockene Weine. Alsheim und Mettenheim sind zwischen den Großlagen Krötenbrunnen (mit sehr unterschiedlicher Qualität) für das flache Land und Rheinblick für die steileren Hügel zum Rhein hin geteilt.

Großlage Rheinblick mit *Einzellagen:* Fischerpfad, 35 ha, O, 60% ansteigend. Frühmesse, 210 ha, S-O, 25% steil. Sonnenberg, 150 ha, O, 40% ansteigend.

GUNTERSBLUM

Hier setzen sich die hochwertigeren Lagen nach Norden hin fort und rücken näher an den Rhein heran. Wie in Alsheim gelten zwei Großlagen: Krötenbrunnen für die flacheren Teile und Vogelsgärten für die Hanglagen, die mit ihrem kalkhaltigen Lößlehm von Natur aus bessere Ergebnisse liefern; seltsamerweise scheinen in Guntersblum aber die flachen Lagen einen höheren Ruf zu genießen. Der Name Krötenbrunnen taucht viel auf Etiketten auf, meist in Verbindung mit dem der Stadt Oppenheim – ein klares Beispiel für die Verwirrung, die durch die Großlagen entstehen kann. Wein mit dem Etikett Oppenheimer Krötenbrunnen verkauft sich nun einmal gut, und der Name darf von den Winzern im relativ wenig bekannten Guntersblum mit benützt werden. So ist es nur natürlich, daß diese ihren Stolz auf die eigenen guten Einzellagen hintanstellen und lieber den Großlagennamen verwenden. Zu Guntersblum gehört auch der Ort Ludwigshöhe mit flachen Lagen.

Großlage Vogelsgärten mit *Einzellagen:* Kreuzkapelle, 89 ha, S, 100% ansteigend. Steig-Terrassen, 75 ha, NO-O, 100% ansteigend. Bornpfad, 67 ha, O, 20% steil. Authental, 14 ha, O, 100% ansteigend. Himmelthal, 100 ha, O. 25% steil.

DIENHEIM

Dienheim ist mit Oppenheim fast zusammengewachsen, teilt mit ihm die Großlage und drei seiner Einzellagen und scheint ganz zufrieden damit zu sein, seinen eigenen guten Ruf dem der berühmteren Nachbarstadt unterzuordnen. Die sehr große Einzellage Herrengarten erstreckt sich auf Sandboden am Rhein entlang. Sie gehört zur Großlage Krötenbrunnen. Die besseren Lagen von Dienheim und Oppenheim befinden sich in der Großlage Güldenmorgen.

Großlage Güldenmorgem mit *Einzellagen:* Falkenberg, 45 ha, O, 40% steil. Siliusbrunnen, 120 ha, 20% ansteigend. Tafelstein, 80 ha, O-SO, 10% steil.

Großlage Krötenbrunnen mit *Einzellage:* Herrengarten, 227 ha, flach (gemeinsam mit Oppenheim).

OPPENHEIM

Die erste größere Stadt an der «Rheinterrasse» steht in respektvoller Entfernung vom Rhein auf einem nicht allzu hohen Berg, aber unerreichbar für Überschwemmungen. Hier endet der Kalkfelsenrücken, der sich von Alsheim nordwärts erstreckt, und hier befinden sich seine besten Weinlagen. Etwa die Hälfte des Rebbestands ist Riesling; alle echten Oppenheimer, erkennbar an den Einzellagennamen, bringen jene besondere Fülle und Finesse auf, wie sie für die Weine der «Rheinterrasse» kennzeichnend sind. Sie sind stets milder und üppiger als zum Beispiel die Rheingauer Weine. Ihr Charakteristikum ist eine besondere Vitalität, ein «Körperbau», der sie vor Formlosigkeit bewahrt. Die Weine aus der flacheren Umgebung mit der Großlagenbezeichnung Oppenheimer Krötenbrunnen werden dieser Qualität nicht in jedem Fall teilhaftig.

Großlage Güldenmorgen mit *Einzellagen:* Daubhaus, 8 ha, O, 20% ansteigend. Zuckerberg, 3 ha, S, 100% ansteigend. Herrenberg, 29 ha, O-SO, 100% steil. Sackträger, 22 ha, SO, 100% ansteigend. Schützenhütte, 22 ha, SW, 100% ansteigend. Kreuz, 5 ha, O-SW, 90% ansteigend.

Großlage Krötenbrunnen mit *Einzellagen:* Paterhof 159 ha, flach. Herrengarten. 227 ha, flach (gemeinsam mit Dienheim).

NIERSTEIN

Der bekannteste Namen in Rheinhessen, im In-und Ausland sehr populär, gehört einer hübschen kleinen Stadt voller Weinhandlungen, dem Zentrum der «Rheinterrasse». Der Name Nierstein ist freilich mit Vorsicht zu genießen, wenn man sich mit dem Kleingedruckten nicht so recht auskennt. Er darf rechtmäßig nicht nur für den ganzen Bereich (ein Drittel von ganz Rheinhessen), sondern auch für den Großlagennamen Gutes Domtal benützt werden, der 15 Orten westlich von Nierstein zur Verfügung steht, in Nierstein selbst aber nur für einen einzigen 34 ha großen Weinberg, die Pfaffenkappe (die übrigens zum Ortsteil Nierstein-Schwabsburg gehört).

Die besonders feinen Niersteiner Weine, und es gibt deren viele, kommen aus drei kleinen Großlagen direkt bei der Stadt und nahe am Rhein. Die Großlage Spiegelberg umfaßt alle Einzellagen oberhalb von 90 m unmittelbar nördlich und südlich der Stadt. Davon gelten Hölle, Paterberg und Brückchen, südlich von Nierstein, als die besten. Die Großlage Auflangen umfaßt eine Reihe steilerer, nach Süden geneigter, aber tiefer gelegener Weinberge, die nördlich der Stadt am Fluß beginnt und in ein schmales Tal landeinwärts verläuft. Hier gilt der Kranzberg am Rhein mit seinen Unterabteilungen Bergkirche, Glöck und Zehnmorgen als meistbegünstigte Lage. Rehbach, die dritte Großlage, unfaßt drei berühmte kleinere, steile Lagen, unmittelbar am Fluß nordwärts und leitet zum nächsten Ort, Nakkenheim, über.

Die Besonderheit der besten Niersteiner besteht in samtiger Weichheit und einem feurigen Kern. Trockene Weine bilden hier die Ausnahme; die meisten Jahrgänge bringen genügend Reife für Auslesen. In sehr warmen Jahren neigen die Spiegelberg-Lagen zu Überreife und büßen dabei an Nervigkeit und Eleganz ein, vor allem bei anderen Traubensorten als Riesling.

Großlage Rehbach mit *Einzellagen:* Hipping, 31 ha, SO, 70% steil. Pettenthal, 32 ha, O-SO, 85% steil. Brudersberg, 1,3 ha, O, 100% steil.

Großlage Spiegelberg mit *Einzellagen:* Rosenberg, 60 ha, flach. Klostergarten, 75 ha, flach. Findling, 79 ha, S, 20% ansteigend. Kirchplatte, 111 ha, S-W, 60% ansteigend. Bildstock, 93 ha, SO, 30% ansteigend. Brückchen, 19 ha, 30% leicht ansteigend. Paterberg, 148 ha, N, 60% ansteigend. Hölle, 5,6 ha, O, 100% ansteigend.

Großlage Auflangen mit *Einzellagen:* Bergkirche, 2 ha, O-SO, 60% ansteigend. Ölberg, 60 ha, S, 50% steil. Heiligenbaum, 14,5 ha, S, 50% steil. Glöck, 2,2 ha, SO-S, 100% ansteigend. Zehnmorgen, 2,5 ha, O, 50% steil. Kranzberg, 16 ha, SO-S, 70% ansteigend.

NACKENHEIM

Der kleine Ort bildet den Abschluß der steilen Sandsteinhänge der «Rheinterrasse» mit dem berühmten Rothenberg, der seinen Namen dem roten sandigen Lehmboden verdankt. Der Rothenberg und der höhere, zum flacheren Hinterland überleitende Engelsberg fallen in die Niersteiner Großlage Spiegelberg. Die übrigen nicht sehr großen Weinberge Nackenheims, abseits vom Rhein, sind wieder ins Gute Domtal einbezogen.

Großlage Spiegelberg mit *Einzellagen:* Rothenberg, 20 ha, O, 70% steil. Engelsberg, 60 ha, W-NW, 30% steil.

BODENHEIM

In Bodenheim setzt sich die Reihe guter Weinlagen nordwärts in Richtung Mainz weiter fort: schöne Hänge, aber ohne die Vorzüge der Lage am Fluß. Die Weinberge auf sandigem Lehmboden schauen ostwärts über den Ort hinweg. Als Großlagenname gilt hier St. Alban.

ALBIG

Albig, unmittelbar nördlich von Alzey, bringt in letzter Zeit einige frische, ansprechende Weine hervor. Gau-Odernheim liegt nordöstlich von Alzey.

Großlage Petersberg mit *Einzellagen:* Homberg, 60 ha, NW-SW, 20% steil. Schloß Hammerstein,

190 ha, alle Himmelsrichtungen, 20% steil. Hundskopf, alle Himmelsrichtungen, 160 ha, 30% steil.

Im Inneren des Bereichs Nierstein tragen nur wenige Orte berühmte Namen. Sie alle sind fest im «Guten Domtal» verankert. Weitere Großlagen sind Domherr mit nur geringer Erzeugung und Petersberg, woran südwärts der Wonnegau anschließt. Den bedeutendsten Ruf genießen innerhalb der Großlage Petersburg die Gemeinden Albig und Gau-Odernheim.

BEREICH BINGEN

Die westliche Hälfte von Rheinhessen gehört mit Ausnahme des südlichen Rands zum Bereich Bingen. Obwohl dieser Bereich direkt an die ausgezeichneten Lagen an der Nahe zwischen Bingen und Kreuznach anschließt, kann er mit deren Qualität nur am Scharlachberg bei Bingen konkurrieren, der nach Süden hin eine ideale Lage bietet.

BINGEN

Die besten Binger Weine sind Rieslinge mit einem Körper und einer Festigkeit, die mehr mit dem Rheingau zu tun hat als mit Rheinhessen.

Großlage St. Rochuskapelle mit *Einzellagen:* Kirchberg: 25 ha, O-NW, 85% steil. Kapellenberg, 57 ha, O-NO, 100% flach. Rosengarten, 47 ha, S-SW, 13% steil. Scharlachberg, 35,5 ha, S, 70% steil.

OCKENHEIM

Der südöstliche Nachbarort von Bingen gehört ebenfalls in die Großlage St. Rochuskapelle und genießt einigen Ruf für seinen Weißwein sowie für leichte Spätburgunder Rotweine.

Großlage St. Rochuskapelle mit *Einzellagen:* Hockenmühle, 60 ha, SW-W, 90% ansteigend. Klosterweg, 40 ha, NW, 65% steil. St. Jakobsberg, 190 ha, NW-W, 55% steil.

INGELHEIM

Die Stadt Ingelheim liegt dem Rheingau gegenüber zwischen Bingen und Mainz. Karl der Große hatte hier eine Pfalz. Der «Ingelheimer Rote» genießt seit alters einen guten Ruf, aber man muß schon hinfahren, wenn man ihn probieren will.

Der Rest des Bereichs Bingen bildet eine reichhaltige Quelle für angenehme, weiche, manchmal auch würzige Weine, je nach Traubensorte. Die Neuzüchtungen werden viel angebaut, ebenso Müller-Thurgau. Die große Zentralkellerei der Winzergenossenschaften in Gau-Bickelheim liefert Weine unter vielen Namen der umliegenden Ortschaften, ohne daß sich große charakteristische Unterschiede feststellen ließen.

Großlagen: St. Rochuskapelle (für Bingen), Abtey, Rheingrafenstein, Adelberg, Kurfürstenstück und Kaiserpfalz. Weitere bekannte Weinorte: Wörrstadt, Armsheim, Bornheim, Gau-Algesheim, Wöllstein und Sprendlingen.

FLONHEIM

Flonheim liegt an einem Nebenfluß der Nahe im Alzeyer Hügelland.

Großlage Adelberg mit Einzellage: Rotenpfad, 73 ha, S-SO, 10% steil, 80% ansteigend.

BEREICH WONNEGAU

Der Wonnegau erstreckt sich in idyllischer Friedlichkeit von Worms (dem Geburtsort der Liebenfrauenmilch) bis nach Alzey im Hügelland, wo die drei rheinhessischen Bereiche zusammenstoßen.

ALZEY

Alzey ist das Zentrum der Großlage Sibyllenstein und nimmt unter seine Fittiche auch die Orte Weinheim (ein vielversprechender Name) und Heimersheim (da scheint die Heimeligkeit selbst für rheinhessische Verhältnisse auf die Spitze getrieben). In dieser Gegend wachsen die verschiedensten neuen Traubensorten auf ganz unterschiedlichen Böden mit einigen sehr achtbaren Hanglagen. Hier findet sich alles, von Sandstein über Scheifer, Mergel und Kalk bis Lehm. Zwar sind die Weine aus dieser Gegend bisher noch wenig bekannt, aber viele davon haben so viel Vitalität und Frische, daß sich eine Entdeckungsreise durchaus lohnt.

Großlage Sybillenstein mit *Einzellagen:* Pfaffenhalde, 69 ha, E-S-SW, 30% ansteigend. Kapellenberg, 47 ha, SO, 40% ansteigend. Rotenfels, 126 ha, SO-SW, 20% steil. Wartberg, 36 ha, O-SO, 50% ansteigend. Römerberg, 109 ha, SW-SO, 70% ansteigend.

Nach Süden und Osten hin in Richtung Worms werden die Weine dann schwerer und sind nicht mehr so frisch. Die Großlagennamen hier lauten Pilgerpfad (darin eingeschlossen eine beschränkte Großlage Gotteshilfe), Bergkloster, Burg Rodenstein, Domblick und – um die Stadt Worms herum – Liebfrauenmorgen. Die bekannteren Orte sind Bechtheim und Osthofen (Großlage Pilgerpfad und Gotteshilfe), die das Bindeglied zwischen Worms und Alsheim (siehe Bereich Nierstein) auf einer Strecke kalkhaltigen Lehmbodens norwärts zur «Rheinterrasse» bilden, auf der auch Flörsheim-Dalsheim (Großlage Burg Rodenstein) unmittelbar westlich von Worms liegt. In Worms selbst ist der Boden sandiger Lehm und Löß.

BECHTHEIM

Großlage Pilgerpfad mit *Einzellagen:* Hasensprung, 130 ha, S, 60% ansteigend. Heiligkreuz, 160 ha, S, 80% ansteigend.
Großlage Gotteshilfe mit Einzellagen: Rosengarten: 65 ha, S, 20% steil. Geyersberg, 65 ha, S, 50% steil. Stein, 80 ha, NW-O-SO, 40% steil.

OSTHOFEN

Großlage Pilgerpfad mit *Einzellagen:* Rheinberg, 50 ha, S-O, 70% ansteigend, Klosterberg, 70 ha, O, 50% ansteigend. Liebenberg, 75 ha, S-O-N, 50% ansteigend. Kirchberg, 60 ha, SO, 10% ansteigend.

Großlage Gotteshilfe mit *Einzellagen:* Hasenbiß, 75 ha, O-NO, 90% ansteigend. Goldberg, 70 ha, O-SO, 90% ansteigend.

FLÖRSHEIM-DALSHEIM

Großlage Burg Rodenstein mit *Einzellagen:* Hubacker, 35 ha, S-SO, 20% steil. Sauloch, 130 ha, SO, 80% ansteigend. Steig, 155 ha, S-O, 90% ansteigend. Bürgel, 90 ha, SO-O, 15% steil. Goldberg, 80 ha, O, 10% steil.

WORMS

Inmitten der im Zweiten Weltkrieg zerstörten und inzwischen wiederaufgebauten Stadt Worms gibt es noch immer einen kleinen Weinberg um die Liebfrauenkirche herum, dem die Liebfrauenmilch anscheinend ihren Namen verdankt. Der Wein dieses kleinen Weinbergs ist zwar gut, aber keineswegs hervorragend.

Großlage Liebfrauenmorgen mit *Einzellagen:* Liebfrauenstift-Kirchenstück, 5,8 ha, 100% flach. Worms-Albenheim: Goldapfel, 89 ha, S, 100% ansteigend: Klausenberg, 101 ha, S, 20% steil; Bildstock, 37 ha, S, 85% ansteigend. Worms-Herrnsheim: Lerchelsberg, 55 ha, NW-E, 100% flach; St. Annaberg, 57 ha, SO, flach; Römersteg, 88 ha, SO-NO, 40% ansteigend.

WEINLAGEN

BEREICH BINGEN

GROSSLAGE SANKT ROCHUSKAPELLE

Bingen Ortsteil Kempten
Schloßberg-Schwätzerchen 1 P
Kirchberg 2
Kapellenberg 3
Pfarrgarten 4 P

– Ortsteil Gaulsheim
Pfarrgarten 4 P

– Ortsteil Büdesheim
Schloßberg-Schwärtzerchen 1 P
Bubenstück 5
Osterberg 6
Rosengarten 7
Scharlachberg 8
Schelmenstück 9 P
Schwarzenberg 10

– Ortsteil Dietersheim
Schelmenstück 9 P

– Ortsteil Sponsheim
Palmenstein 11

Grolsheim
Ölberg 12

Gensingen
Goldberg 13

Horrweiler
Goldberg 13 a
Gewürzgärtchen 14

Welgesheim
Kirchgärtchen 15

Biebelsheim
Honigberg 16
Kieselberg 17

Pfaffen-Schwabenheim
Hölle 18
Mandelbaum 19
Sonnenberg 20

Zotzenheim
Johannisberg 21
Klostergarten 22

Badenheim
Galgenberg 23
Römerberg 24

Aspisheim
Johannisberg 25
Sonnenberg 26

Bingen Ortsteil Dromersheim
Honigberg 27
Klosterweg 29
Mainzerweg 30

Ockenheim
Laberstall 31
Hockenmühle 32
St. Jakobsberg 33
Klosterweg 34
Kreuz 35
Schönhölle 36

GROSSLAGE ABTEY

Gau-Algesheim
Steinert 37
Johannisberg 38
Goldberg 39
Rothenberg 40

– Ortsteil Laurenziberg
St. Laurenzikapelle 41

Appenheim
Daubhaus 42
Hundertgulden 43
Eselspfad 44
Drosselborn 45

Nieder-Hilbersheim
Honigberg 46
Steinacker 47
Mönchspforte 48 P

Ober-Hilbersheim
Mönchspforte 48 P

Sprendlingen
Klostergarten 49
Honigberg 50
Hölle 51
Sonnenberg 52
Wißberg 53

Sankt Johann
Klostergarten 54
Steinberg 55
Geyersberg 56

Wolfsheim
Götzenborn 57
Osterberg 58
Sankt Kathrin 59

Partenheim
Sankt Georgen 60
Steinberg 61

GROSSLAGE RHEINGRAFENSTEIN

Pleitersheim
Sternberg 62

Volxheim
Mönchberg 63
Alte Römerstraße 64 P
Liebfrau 65

Hackenheim
Klostergarten 66
Sonnenberg 67
Galgenberg 68
Gewürzgarten 69
Kirchberg 70

Freilaubersheim
Alte Römerstraße 64 P
Kirchberg 70 a
Fels 71
Rheingrafenberg 72
Reichskeller 73

Tiefenthal
Graukatz 74

Fürfeld
Kapellenberg 75
Eichelberg 76
Steige 77

Stein-Bockenheim
Sonnenberg 78

Wonsheim
Sonnenberg 78 a
Hölle 79
Martinsberg 85 P

Neu-Bamberg
Eichelberg 76 a
Kletterberg 80
Kirschwingert 81
Heerkretz 82

Siefersheim
Heerkretz 82 a
Goldenes Horn 83
Höllberg 84
Martinsberg 85 P

Wöllstein
Haarberg-Katzensteg 86
Ölberg 87
Äffchen 88
Hölle 89

Eckelsheim
Kirchberg 90
Eselstreiber 91
Sonnenköpfchen 92

GROSSLAGE ADELBERG

Neider-Wiesen
Wingertsberg 93

Nack
Ahrenberg 94

Wendelsheim
Heiligenpfad 95
Steigerberg 96

Flonheim
Bingerberg 98 P
Rotenpfad 100
Klostergarten 101
Geisterberg 102 P

– Ortsteil Uffhofen
Pfaffenberg 97
Bingerberg 98 P
La Roche 99
Geisterberg 102 P

Erbes-Büdesheim
Bingerberg 98 P
Geisterberg 102 P
Vogelsang 103

Bornheim
Hähnchen 104
Hütte-Terrassen 105
Kirchenstück 106
Schönberg 107 P

Lonsheim
Schönberg 107 P
Mandelberg 108

Bermersheim v. d. H.
Klostergarten 109
Hildegardisberg 110

Armsheim
Goldstückchen 111
Geiersberg 112

– Ortsteil Schimsheim
Leckerberg 113

Ensheim
Kachelberg 114 a

Wörrstadt
Rheingrafenberg 115

– Ortsteil Rommersheim
Kachelberg 114

Sulzheim
Greifenberg 116
Honigberg 117
Schildberg 118

GROSSLAGE KURFÜRSTENSTÜCK

Gumbsheim
Schloßhölle 119 P

Gau-Bickelheim
Bockshaut 120 P
Saukopf 121
Kapelle 122

Wallertheim
Vogelsang 123
Heil 124

Wöllstein
Schloßhölle 119 P
Bockshaut 120 P

Gau-Weinheim
Wißberg 125
Kaisergarten 126
Geyersberg 127

Vendersheim
Sonnenberg 128
Goldberg 129

GROSSLAGE KAISERPFALZ

Jugenheim
St. Georgenberg 130
Goldberg 131
Hasensprung 132
Heiligenhäuschen 133

Engelstadt
Adelpfad 134
Römerberg 135

Bubenheim
Kallenberg 136
Honigberg 137

Schwabenheim
Sonnenberg 138
Schloßberg 139 a
Klostergarten 140

Ingelheim
Schloß Westerhaus 144 P

– Ortsteil Groß-Winternheim
Schloßberg 139
Klosterbruder 141
Bockstein 142
Heilighäuschen 143
Schloß Westerhaus 144 P
Sonnenhang 145
Rheinhöhe 146
Sonnenberg 147
Burgberg 148
Kirchenstück 149

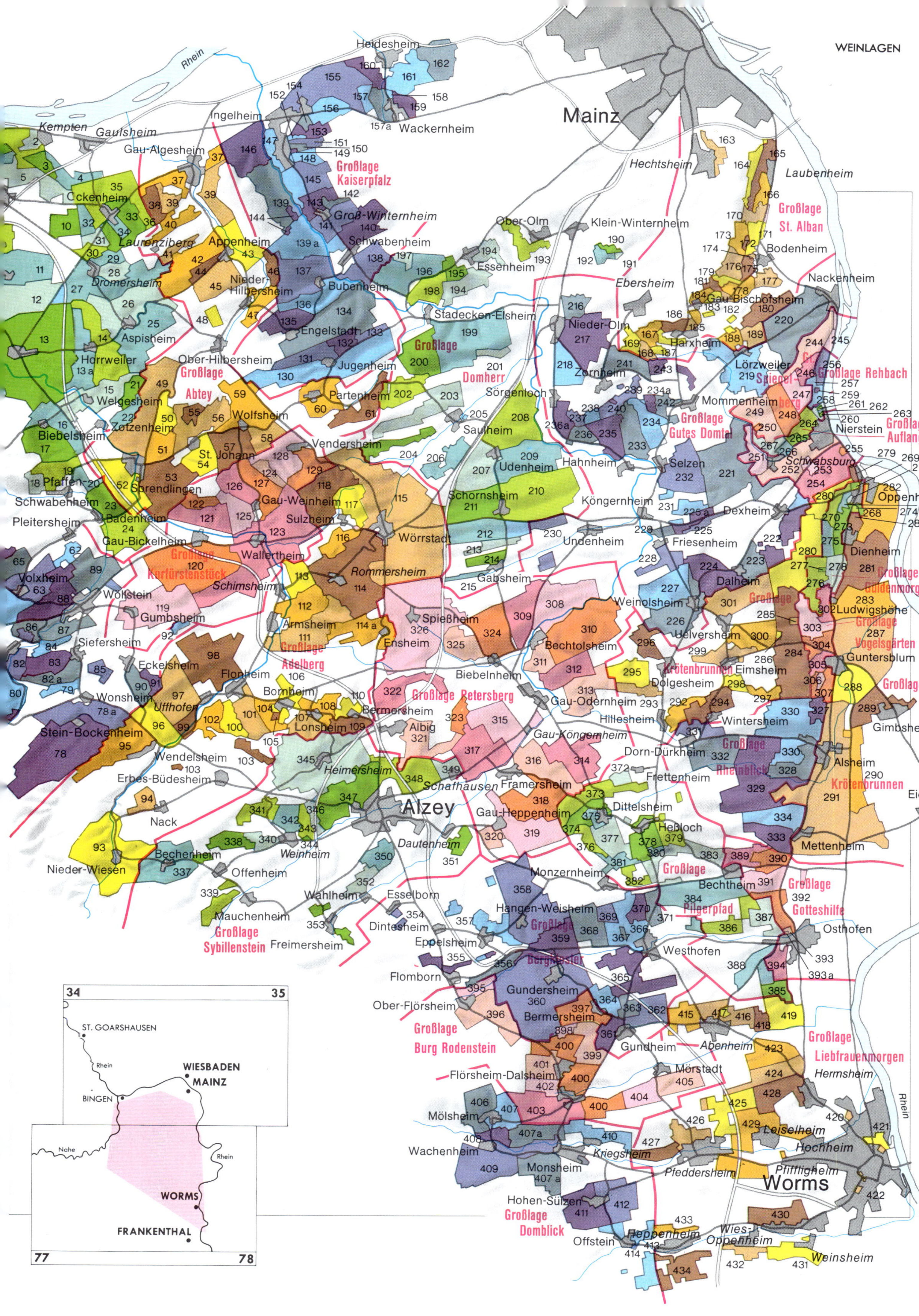
Rhein
Heidesheim
Mainz
Wackernheim
Ingelheim
Kempten
Gaulsheim
Gau-Algesheim
Großlage Kaiserpfalz
Hechtsheim
Laubenheim
Großlage St. Alban
Bodenheim
Nackenheim
Ockenheim
Laurenziberg
Appenheim
Dromersheim
Nieder-Hilbersheim
Groß-Winternheim
Schwabenheim
Ober-Olm
Klein-Winternheim
Essenheim
Ebersheim
Bubenheim
Gau-Bischofsheim
Stadecken-Elsheim
Engelstadt
Aspisheim
Horrweiler
Ober-Hilbersheim
Großlage Abtey
Jugenheim
Großlage
Nieder-Olm
Harxheim
Lörzweiler
Großlage Spiegelberg
Großlage Rehbach
Zornheim
Großlage Domherr
Sörgenloch
Partenheim
Welgesheim
Wolfsheim
Zotzenheim
Biebelsheim
Mommenheim
Großlage Gutes Domtal
Nierstein
Großlage Auflangen
Saulheim
Vendersheim
St. Johann
Pfaffen-Schwabenheim
Sprendlingen
Udenheim
Hahnheim
Selzen
Schwabsburg
Gau-Weinheim
Sulzheim
Schornsheim
Köngernheim
Oppenheim
Dexheim
Pleitersheim
Badenheim
Gau-Bickelheim
Wörrstadt
Undenheim
Friesenheim
Dienheim
Großlage Kurfürstenstück
Wallertheim
Rommersheim
Gabsheim
Volxheim
Schimsheim
Dalheim
Großlage Güldenmorgen
Wöllstein
Weinolsheim
Großlage Krötenbrunnen
Ludwigshöhe
Gumbsheim
Spießheim
Uelversheim
Großlage Vogelsgärten
Armsheim
Ensheim
Bechtolsheim
Siefersheim
Großlage Adelberg
Guntersblum
Eckelsheim
Flonheim
Eimsheim
Biebelnheim
Dolgesheim
Großlage
Wonsheim
Bornheim
Großlage Petersberg
Gau-Odernheim
Uffhofen
Bermersheim
Hillesheim
Wintersheim
Albig
Lonsheim
Gau-Köngernheim
Gimbsheim
Stein-Bockenheim
Dorn-Dürkheim
Großlage Rheinblick
Wendelsheim
Heimersheim
Alsheim
Erbes-Büdesheim
Schafhausen
Framersheim
Frettenheim
Großlage Krötenbrunnen
Eich
Alzey
Dittelsheim
Gau-Heppenheim
Nack
Heßloch
Dautenheim
Mettenheim
Bechenheim
Weinheim
Nieder-Wiesen
Offenheim
Monzernheim
Großlage
Bechtheim
Großlage Gotteshilfe
Wahlheim
Esselborn
Großlage Pilgerpfad
Mauchenheim
Hangen-Weisheim
Großlage Sybillenstein
Dintesheim
Osthofen
Freimersheim
Eppelsheim
Westhofen
Großlage Bergkloster
Flomborn
Gundersheim
Ober-Flörsheim
Bermersheim
Großlage Burg Rodenstein
Gundheim
Abenheim
Großlage Liebfrauenmorgen
Herrnsheim
Mörstadt
Flörsheim-Dalsheim
Mölsheim
Leiselheim
Hochheim
Wachenheim
Kriegsheim
Monsheim
Pfeddersheim
Pfiffligheim
Worms
Hohen-Sülzen
Großlage Domblick
Heppenheim
Wies-Oppenheim
Offstein
Weinsheim
34
35
ST. GOARSHAUSEN
Rhein
WIESBADEN
MAINZ
BINGEN
Nahe
WORMS
FRANKENTHAL
77
78

Täuscherspfad 150
Horn 151
Pares 152
Steinacker 153
Höllenweg 154
Rotes Kreuz 155
Lottenstück 156
Rabenkopf 157

Wackernheim
Rabenkopf 157 a
Schwalben 158
Steinberg 159

Heidesheim
Geißberg 160
Steinacker 161
Höllenberg 162

BEREICH NIERSTEIN

GROSSLAGE SANKT ALBAN

Mainz Ortsteil Hechtsheim
Kirchenstück 163

– Ortsteil Laubenheim
Johannisberg 164
Edelmann 165
Klosterberg 166

– Ortsteil Ebersheim
Sand 167
Hüttberg 168
Weinkeller 169

Bodenheim
Mönchspfad 170
Burgweg 171
Ebersberg 172
Heitersbrünnchen 173
Reichsritterstift 174
Westrum 175
Hoch 176
Kapelle 177
Leidhecke 178
Silberberg 179
Kreuzberg 180

Gau-Bischofsheim
Glockenberg 181
Pfaffenweg 182
Kellersberg 183
Herrnberg 184

Harxheim
Börnchen 185
Schloßberg 186
Lieth 187

Lörzweiler
Ölgild 188
Hohberg 189

GROSSLAGE DOMHERR

Klein-Winternheim
Geiershöll 190
Villenkeller 191
Herrgottshaus 192

Ober-Olm
Kapellenberg 193

Essenheim
Teufelspfad 194
Römerberg 195

Stadecken-Elsheim Ortsteil Elsheim
Bockstein 196
Tempelchen 197
Blume 198

– Ortsteil Stadecken
Lenchen 199
Spitzberg 200

Saulheim
Probstey 201
Schloßberg 202
Hölle 203
Haubenberg 204
Pfaffengarten 205
Heiligenhaus 206

Udenheim
Goldberg 207
Sonnenberg 208
Kirchberg 209

Schornsheim
Mönchspfad 210
Ritterberg 211
Sonnenhang 212

Gabsheim
Dornpfad 213
Kirchberg 214
Rosengarten 215

Ferner nicht als Einzellagen registrierte Weinberge in den Gemeinden Budenheim, Mainz-Finthen und Mainz-Drais

GROSSLAGE GUTES DOMTAL

Nieder-Olm
Klosterberg 216
Sonnenberg 217
Goldberg 218

Lörzweiler
Königstuhl 219

Nackenheim
Schmittskapellchen 220

Nierstein Ortsteil Schwabsburg
Pfaffenkappe 221

Dexheim
Doktor 222

Dalheim
Steinberg 223
Kranzberg 224
Altdörr 225

Weinolsheim
Hohberg 226
Kehr 227

Friesenheim
Altdörr 225 a
Bergpfad 228
Knopf 229

Undenheim
Goldberg 230

Köngernheim
Goldgrube 231

Selzen
Rheinpforte 232
Gottesgarten 233
Osterberg 234

Hahnheim
Knopf 235
Moosberg 236

Sörgenloch
Moosberg 236 a

Zornheim
Vogelsang 237
Guldenmorgen 238
Mönchbäumchen 239
Dachgewann 240
Pilgerweg 241

Mommenheim
Osterberg 234 a
Silbergrube 242
Kloppenberg 243

GROSSLAGE SPIEGELBERG

Nackenheim
Engelsberg 244
Rothenberg 245

Nierstein
Rosenberg 246
Klostergarten 247
Findling 248
Kirchplatte 249
Schloß Hohenrechen 250
Ebersberg 251 P
Bildstock 252
Brückchen 253
Paterberg 254
Hölle 255

– Ortsteil Schwabsburg
Ebersberg 251 P

GROSSLAGE REHBACH

Nierstein
Pettenthal 256
Brudersberg 257
Hipping 258
Goldene Luft 259

GROSSLAGE AUFLANGEN

Nierstein
Kranzberg 260
Zehnmorgen 261
Bergkirche 262
Glöck 263
Ölberg 264
Heiligenbaum 265
Orbel 266
Schloß Schwabsburg 267 P

– Ortsteil Schwabsburg
Schloß Schwabsburg 267 P

GROSSLAGE GÜLDENMORGEN

Oppenheim
Daubhaus 268
Zuckerberg 269
Herrenberg 270 P
Sackträger 271
Schützenhütte 272
Kreuz 273 P
Gutleuthaus 274

Dienheim
Herrenberg 270 P
Kreuz 273 P
Falkenberg 275
Siliusbrunnen 276
Höhlchen 277
Tafelstein 278 P

Uelversheim
Tafelstein 278 P

GROSSLAGE KRÖTENBRUNNEN

Oppenheim
Schloßberg 279
Schloß 280 P
Paterhof 281 P
Herrengarten 282 P

Dienheim
Schloß 280 P
Paterhof 281 P
Herrengarten 282 P

Ludwigshöhe
Honigberg 283

Guntersblum
Steinberg 284
Sonnenhang 285
Sonnenberg 286
Eiserne Hand 287
Sankt Julianenbrunnen 288

Gimbsheim
Sonnenweg 289
Liebfrauenthal 290

Alsheim
Goldberg 291 P

Eich
Goldberg 291 P

Mettenheim
Goldberg 291 P

Hillesheim
Altenberg 292
Sonnheil 293

Wintersheim
Frauengarten 294

Dolgesheim
Kreuzberg 295
Schützenhütte 296

Eimsheim
Hexelberg 297
Sonnenhang 298
Römerschanze 299

Uelversheim
Aulenberg 300
Schloß 301

GROSSLAGE VOGELSGÄRTEN

Ludwigshöhe
Teufelskopf 302

Guntersblum
Kreuzkapelle 303
Steig-Terrassen 304
Bornpfad 305
Authental 306
Himmelthal 307

GROSSLAGE PETERSBERG

Bechtolsheim
Wingertstor 308
Sonnenberg 309
Homberg 310
Klosterberg 311

Gau-Odernheim
Herrgottspfad 312
Ölberg 313
Fuchsloch 314
Vogelsang 315

Framersheim
Zechberg 316
Kreuzweg 317
Hornberg 318

Gau-Heppenheim
Schloßberg 319
Pfarrgarten 320

Albig
Schloß Hammerstein 321 P
Hundskopf 322
Homberg 323

Alzey
Schloß Hammerstein 321 P

Biebelnheim
Pilgerstein 324
Rosenberg 325

Spiesheim
Osterberg 326

GROSSLAGE RHEINBLICK

Alsheim
Fischerpfad 327
Frühmesse 328
Römerberg 329
Sonnenberg 330

Dorn-Dürkheim
Hasensprung 331
Römerberg 332

Mettenheim
Michelsberg 333
Schloßberg 334

BEREICH WONNEGAU

GROSSLAGE SYBILLENSTEIN

Bechenheim
Fröhlich 337

Offenheim
Mandelberg 338

Mauchenheim
Sioner Klosterberg 339

Weinheim (Ortsteil von Alzey)
Mandelberg 340
Hölle 341
Kirchenstück 342
Kapellenberg 343 P
Heiliger Blutberg 344

Heimersheim
(Ortsteil von Alzey)
Sonnenberg 345
Rotenfels 347 P

Alzey
Kapellenberg 343 P
Rotenfels 347 P
Römerberg 348
Wartberg 350

– Ortsteil Schafhausen
Pfaffenhalde 349

Dautenheim
(Ortsteil von Alzey)
Himmelacker 351

Wahlheim
Schelmen 352

Freimersheim
Frankenstein 353

GROSSLAGE BERGKLOSTER

Esselborn
Goldberg 354

Flomborn
Feuerberg 355
Goldberg 356

Eppelsheim
Felsen 357

Hangen-Weisheim
Sommerwende 358

Gundersheim
Höllenbrand 359
Königstuhl 360

Gundheim
Sonnenberg 361
Mandelbrunnen 362
Hungerbiene 363

Bermersheim
Hasenlauf 364

Westhofen
Rotenstein 365
Steingrube 366
Benn 367
Morstein 368
Brunnenhäuschen 369
Kirchspiel 370
Aulerde 371

GROSSLAGE PILGERPFAD

Frettenheim
Heil 372

Dittelsheim-Heßloch Ortsteil Dittelsheim
Leckerberg 373
Pfaffenmütze 374
Mönchhube 375
Kloppberg 376
Geiersberg 377

– Ortsteil Heßloch
Liebfrauenberg 378
Edle Weingärten 379
Mondschein 380

Monzernheim
Goldberg 381
Steinhöhl 382

Bechtheim
Hasensprung 383
Heiligkreuz 384

Osthofen
Rheinberg 385
Klosterberg 386
Liebenberg 387
Kirchberg 388

GROSSLAGE GOTTESHILFE

Bechtheim
Rosengarten 389
Geyersberg 390
Stein 391

Osthofen
Hasenbiß 392
Neuberg 393
Leckzapfen 393 a
Goldberg 394

GROSSLAGE BURG RODENSTEIN

Ober-Flörsheim
Blücherpfad 395
Deutschherrenberg 396

Bermersheim
Seilgarten 397

Flörsheim-Dalsheim Ortsteil Dalsheim
Hubacker 398
Sauloch 399
Steig 400 P
Bürgel 401

– Ortsteil Niederflörsheim
Steig 400 P
Goldberg 402
Frauenberg 403

Mörstadt
Nonnengarten 404
Katzenbuckel 405

GROSSLAGE DOMBLICK

Mölsheim
Zellerweg am schwarzen Herrgott 406
Silberberg 407

Wachenheim
Rotenberg 408
Horn 409

Monsheim
Silberberg 407 a

– Ortsteil Kriegsheim
Rosengarten 410

Hohen-Sülzen
Sonnenberg 411
Kirchenstück 412

Offstein
Engelsberg 413
Schloßgarten 414

GROSSLAGE LIEBFRAUEN-MORGEN

Worms
St. Cyriakusstift 420
Liebfrauenstift-Kirchenstück 421
Remeyerhof 422

– Ortsteil Abenheim
Goldapfel 415
Klausenberg 416
Kapellenstück 417
Bildstock 418

– Ortsteil Herrnsheim
Rheinberg 419
Lerchelsberg 423
Sankt Annaberg 424
Hochberg 425 P
Römersteg 428

– Ortsteil Pfeddersheim
Hochberg 425 P
St. Georgenberg 426
Kreuzblick 427
Nonnenwingert 429 P

– Ortsteil Wies-Oppenheim
Am Heiligen Häuschen 432

– Ortsteil Leiselheim
Nonnenwingert 429 P

– Ortsteil Hochheim
Nonnenwingert 429 P

– Ortsteil Pfiffligheim
Nonnenwingert 429 P

– Ortsteil Horchheim
Goldberg 430

– Ortsteil Weinsheim
Burgweg 431

– Ortsteil Heppenheim
Affenberg 433
Schneckenberg 434

«AP»-NUMMERN

Qualitätswein und Qualitätssekt (QbA und QmP) muß, bevor er in der Flasche verkauft werden darf, eine amtliche Prüfungsnummer (AP-Nummer) erhalten, die dann auf dem Etikett abgedruckt werden muß. Hierzu sendet der Abfüller drei Proben des betreffenden Weins an die zuständige Prüfstelle ein. Es gibt insgesamt neun solcher Prüfstellen. Zusammen mit den Proben muß der Abfüller eine chemische Analyse einreichen, die von einem anerkannten Laboratorium erstellt wurde. Aus ihr geht der Gehalt an Alkohol, Zucker, Extrakt, Säure und Schwefeldioxid hervor. Außerdem müssen der Prüfstelle bestimmte Angaben wie Datum und Menge der Abfüllung gemacht werden. Eine der Proben wird von einem Gremium, das aus drei bis fünf Experten besteht einer Geschmacksprüfung unterzogen. Die anderen beiden Proben werden von der AP-Stelle zwei Jahre lang aufbewahrt.

Das Expertengremium hat je Sitzung etwa sechzig Weine zu kosten, d.h. alle zwei bis drei Minuten einen anderen Wein. Dabei erfahren die Prüfer den Namen des Abfüllers oder Erzeugers nicht, nur den des Weins selbst. Sie beurteilen jeden Wein nach Punkten einer von 1,5 bis 5 reichenden Skala, getrennt nach Bukett, Geschmack und Ausgewogenheit; die Gesamtpunktzahl wird dann durch 3 geteilt, so daß ein Wein maximal 5 Punkte erhält. Berufung gegen die Ablehnung einer AP-Nummer durch die Prüfstelle kann eingelegt werden, doch es fallen sowieso nur etwa drei Prozent aller Weine durch die Prüfung.

Die AP-Nummer besteht aus einer Reihe von Kennziffern für die Prüfstelle, den Abfüllort, den Abfüller, die Antragsnummer und das Jahr des Antrags auf Erteilung einer AP-Nummer. Die einzelnen Teile der AP-Nummer ermöglichen also eine genaue Identifizierung; es gibt aber örtliche Abweichungen, die das System doch wieder komplizieren.

Der unmittelbare Zweck des AP-Systems ist, die Qualität des deutschen Weins aufrecht zu erhalten. Außerdem bringt es nützliche statistische Informationen über die Art der Weine, insbesondere über ihren Zuckergehalt (d.h.den Anteil trockener, halbtrockener und lieblicher Weine), indirekt kommen auch Informationen zutage, die für den Weinhandel von Interesse sind.

ERZEUGER

Weingut der Stadt Alzey

Schloßgasse 14, 6508 Alzey. Direktor: U. Kaufmann. 18 ha. *Einzellagen:* Rotenfels, Kapellenberg, Kirchenstück, Mandelberg, Römerberg und Wartberg, alle in der Großlage Sybillenstein.

Die Stadt Alzey im mittleren Rheinhessen hat seit 1916 ein eigenes Weingut. Rebbestand: je ein Sechstel Riesling, Müller-Thurgau und Silvaner; die andere Hälfte ist mit einer Reihe sonstiger Sorten bepflanzt. Die Weine, stets Erzeugerabfüllung, gehören zu den besten der Gegend.

Weingut Bürgermeister Anton Balbach Erben

Mainzer Str. 64, 6505 Nierstein, Tel.: 06133-5585. *Besitzerin:* Frau Charlotte Bohn. 18 ha. 58% in den Großlagen Rehbach und Auflangen, der Rest Spiegelberg. *Einzellagen:* Nierstein: Hipping, Pettenthal, Ölberg, Kranzberg, Klostergarten, Rosenberg und Bildstock.

Der berühmteste aus einer Reihe von Niersteiner Bürgermeistern namens Balbach, die bis auf das 17. Jahrhundert zurückgeht, war Anton, der damals den Wald für die großartige heutige Lage Pettenthal rodete. Das Weingut unten am Rhein mit seinen Kellern aus der Gründerzeit, die heute ganz mit Edelstahltanks ausgerüstet sind, hat als Rebbestand 80% Riesling, 7% Müller-Thurgau, 8% Kerner, 5% Silvaner. Es erzeugt mit die feinsten, rassigsten Riesling Rheinhessens und ist auf Auslesen, Beerenauslesen und Trockenbeerenauslesen spezialisiert.

Weingut Friedrich Baumann

Friedrich-Ebert-Straße 55, 6504 Oppenheim. Tel.: 06133-2312. *Besitzer:* Friedrich Baumann. Etwa 8 ha. *Einzellagen:* Oppenheim: Sackträger (1,7 ha), Herrenberg (0,5), Kreuz (1,4), Paterhof (1,3), Daubhaus (0,2) und Herrengarten (2,4); Nierstein: Pettenthal (0,2) und Findling (0,3); Dienheim: Falkenberg (0,4) und Tafelstein (0,2).

Alteingesessenes Familienweingut, in den siebziger Jahren neu gestaltet; heute noch wird hier mit Fässern gearbeitet, man bemüht sich um frische, spritzige Weine, die schon manchen Preis gewonnen haben. Rebbestand: 40% Riesling, 22% Silvaner, 17% Müller-Thurgau und 21% Sonstige.

Brenner'sches Weingut

Pfandturmstraße 20, 6521 Bechtheim, Tel.: 06242-894. *Besitzer:* Bürgermeister Christian Brenner. 24 ha. *Einzellagen:* Bechtheim; Geyersberg (2 ha), Rosengarten (2), Hasensprung (2), Heiligkreuz (2,5), Stein (1).

Seit 1877 bedeutendstes Weingut in Bechtheim; es arbeitet mit althergebrachten Methoden und erzielt in Holzfässern und in geräumigen Kellern gehaltvolle, trockene Weine. Rebbestand: 20% Silvaner, 25% Müller-Thurgau, 15% Riesling, 25% Weißburgunder, 10% Spätburgunder. Weißburgunder, Riesling und Rotweine werden absolut trocken bereitet – sogar die Auslesen. Auch trockener Riesling-Sekt.

Sanitätsrat Dr. Dahlem Erben KG

Rathofstraße 21–25, 6504 Oppenheim, Tel.: 06133-2003. *Besitzer:* Familie Dahlem. 25 ha. *Einzellagen:* Oppenheim: Sackträger (1,5), Herrenberg (3), Schloß (3,8), Kreuz (3) und Herrengarten (6); Dienheim: Tafelstein (4,3), Paterhof (2,3) und Falkenberg (1,1); Guntersblum: Kreuzkapelle (0,6).

Altes Familienweingut (seit 1702), eines der zuverlässigsten mit traditionellen rheinhessischen Weinen. Die Weinberge liegen zu 60% an Hängen; Rebbestand: 25% Riesling, je 20% Silvaner und Müller-Thurgau, 8% Bacchus und 27% Sonstige, u.a. Neuzüchtungen. Die Weine sind faßgereift.

Weingut Louis Guntrum

Wörrstädter Straße 6, 6505 Nierstein, Tel.: 06133-59746. *Leiter:* Lorenz und Hanns-Joachim Guntrum. 67 ha in den Großlagen Rehbach, Auflangen und Spiegelberg. *Einzellagen:* Nackenheim: Rothenberg; Nierstein: Pettenthal, Rosenberg, Klostergarten, Hölle, Ölberg, Heiligenbaum, Orbel und Paterberg; Oppenheim: Schloß, Herrenberg, Sackträger, Schützenhütte, Kreuz; Dienheim: Tafelstein.

Das Familienunternehmen wurde 1824 in den noch heute benutzten Gebäuden, direkt am Rhein, gegründet. Rund 20% des Umsatzes entfallen auf Erzeugerabfüllungen. Rebbestand: 30% Riesling, 25% Müller-Thurgau, 14% Silvaner, 9% Scheurebe, 7% Kerner, 4% Ruländer, 3% Gewürztraminer, 3% Bacchus und 5% Neuzüchtungen versuchsweise. Die eigenen Weine des Weinguts sind besonders gut ausgereift und lebendig mit großer Geschmacksvielfalt, wobei jede Sorte aus den einzelnen Lagen getrennt ausgebaut wird. Die vierte und fünfte Generation der Familie Guntrum haben heute die Leitung des Weinguts und eines Handelshauses mit vielen einträglichen Marken, darunter auch Liebfrauenmilch, und mit Weinen anderer Erzeuger in Rheinhessen.

Weingut Freiherr Heyl zu Herrnsheim

Mathildenhof, Langgasse 3, 6505 Nierstein, Tel.: 06133-5120. *Besitzer:* Familie von Weymarn. 28 ha, viele *Einzellagen:* u.a. Brudersberg (Alleinbesitz, 1,3 ha), in den Großlagen Rehbach, Spiegelberg, Auflangen, Gutes Domtal, Güldenmorgen und Krötenbrunnen.

Ein vornehmes Gutshaus; in seinen Gärten mitten in Nierstein finden sich zahlreiche experimentelle Rebenpflanzungen. Das Weingut ist seit fünf Generationen in der Familie vererbt. Rebbestand: 60% Riesling (bewährt sich besonders in den Großlagen Auflangen und Rehbach), 18% Silvaner (liefert am Ölberg einen gehaltvollen, trockenen Wein), 20% Müller-Thurgau (sehr beliebt vom Spiegelberg). Die Weine werden im Faß ausgebaut und brauchen oft einige Jahre Reifezeit. Ökologische Anbaumethoden werden immer mehr angewendet.

Weingut Kurfürstenhof

Siehe Heinrich Seip.

Bürgermeister Carl Koch Erben

6504 Oppenheim. *Besitzer:* Klaus Stieh-Koch. 11 ha. *Einzellagen:* Oppenheim: Sackträger, Kreuz, Herrenberg, Schloß, Paterhof und Herrengarten; Dienheim: Tafelstein.

Seit 1824 Familienbesitz; konzentriert sich auf Oppenheimer Sackträcker, von trockenem Wein bis zur Trockenbeerenauslese. Rebbestand: 35% Riesling, 15% Müller-Thurgau, 15% Silvaner, 10% Kerner, 8% Scheurebe, 6% Bacchus, 5% Faber usw. Das Weingut bietet zehn Jahre alte Weine an.

Weingut Koehler-Weidmann

Hindenburgring 2, 6509 Bornheim. Tel.: 06734-224. *Besitzer:* Wilhelm Gustav Weidmann. 18,6 ha. *Einzellagen:* Bornheim: Hähnchen (12,3 ha), Hütte-Terrassen (0,8), Schönberg (0,8), Kirchenstück (2,4); Flonheim: Klostergarten (1,2), La Roche (1,2).

Das Weingut (Familienbesitz in der neunten Generation) bietet eine reiche Auswahl an Weinen von traditionellen und neuen Rebsorten, aber der Riesling verkauft sich am besten. Auf der Preisliste stehen u.a. zwei Beerenauslesen und ein außergewöhnlicher 1984er Silvaner Eiswein. Bescheidene Erträge bringen kraftvolle Weine.

Weingut Köster-Wolf

Langgasse 62, 6509 Albig, Tel.: 06731-2538. *Besitzer:* Werner Köster und Manfred Wolf. 24 ha. *Einzellagen:* Albig: Hundskopf und Schloß Hammerstein; Flonheim: Rotenpfad und Klostergarten; Heimersheim: Sonnenberg.

400 Jahre alte Winzerfamilie. Ihr bester Riesling kommt von einem 1 ha großen Steilhang in Flonheim; der besondere Stolz des Hauses ist trockener Silvaner, «obwohl die meisten Kunden milde, würzige Weine bevorzugen». Weitere Rebsorten: Müller-Thurgau und verschiedene Neuzüchtungen.

Weingut Müller-Dr. Becker

Vordergasse 16, 6523 Flörsheim-Dalsheim, Tel.: 06243-5524. *Besitzer:* Dr. Klaus Becker. 22,5 ha. *Einzellagen:* in Flörsheim-Dalsheim: Hubacker, Steig, Sauloch und Bürgel.

Sehr abwechslungsreiche, vielfältige, sortenreine Weine, zu zwei Dritteln trocken bis halbtrocken, so fruchtig und würzig wie möglich bereitet. Rebbestand: 20% Müller-Thurgau, 20% Riesling, je 10% Silvaner, Kerner, Weißburgunder, Spätburgunder, Faber u.a.

Kommerzienrat P.A. Ohler'sches Weingut

Gaustraße 10, 6530 Bingen. *Besitzer:* Bernhard Becker. 7 ha. *Einzellagen:* Bingen: Schloßberg-Schwätzerchen, Rosengarten und Scharlachberg; Münster-Sarmsheim: Kapellenberg und Dautenpflänzer; Ockenheim: Klosterweg und St. Jakobsberg.

Seit dem 17. Jh. ein kleines Weingut in Bingen mit Anteilen an den besten Weinbergen der Umgebung; es bemüht sich um rassige und würzige Kabinette und Spätlesen, insbesondere von Riesling, Kerner und ähnlichen Rebsorten.

Weingut Rappenhof

Bachstraße 47–49, 6526 Alsheim, Tel.: 06249-4015. *Besitzer:* Dr. Reinhard Muth. 36 ha. *Einzellagen:* Alsheim: Fischerpfad, Frühmesse, Sonnenberg und Goldberg; Guntersblum: Bornpfad, Himmelthal, Kreuzkapelle, Steinberg und Eiserne Hand; Dienheim: Siliusbrunnen; Nierstein: Rosenberg.

Ein sehr altes Familienweingut und eines der besten dieser Gegend. Es ist vor allem für trockene Weine bekannt. Rebbestand: 41% Riesling, 14% Weißburgunder, Ruländer und Blauburgunder, 11% Silvaner, 12% Müller-Thurgau, 4% Gewürztraminer. Riesling, Weiß- und Blauburgunder sollen vermehrt angebaut werden. Spezialität des Hauses ist ein trockener Alsheimer Rheinblick (Großlage) Spätlese.

Weingut Schales

Alzeyer Str. 160, 6523 Flörsheim-Dalsheim, Tel.: 06243-7003. *Besitzer:* Familie Schales. 35 ha. *Einzellagen:* Flörsheim-Dalsheim: Hubacker, Steig, Bürgel, Sauloch und Goldberg. Großlage: Burg Rodenstein.

Seit sieben Generationen Familienbesitz, mit einem privaten Weinmuseum; es bringt die ganze Palette an würzigen Weinen vom kalkhaltigen Dalsheimer Boden hervor, der selbst den QbA- und Kabinettweinen eine Lebensdauer von fünf bis zehn Jahren verleihen soll. Rebbestand: 20% Müller-Thurgau, 11% Siegerrebe, 15% Riesling, 8% Huxelrebe, 7% Bacchus, 6% Kerner, 4% Gewürztraminer, 5% Faber, 5% Scheurebe usw.

Weingut Schmitt-Dr. Ohnacker

Neustraße 6, 6524 Guntersblum, Tel.: 06249-1221. *Besitzer:* Walter Ohnacker, 9 ha in der Großlage Vogelsgärten (Hanglagen) mit *Einzellagen:* Guntersblum: Himmelthal, Authental, Bornpfad, Steig-Terrassen und Kreuzkapelle; 4 ha in der Großlage Krötenbrunnen (flach) mit *Einzellagen:* Eiserne Hand, St. Julianenbrunnen und Steinberg.

Seit 150 Jahren Familienbesitz, heute einer der besten Betriebe in Guntersblum; die Weine reichen von Himmelthal-Riesling (körperreich, mit langer Entwicklungszeit) bis zum süffigen Müller-Thurgau und sind meist faßgereift; die Keller sind so weit oben in den Berg getrieben, daß sie bei Rhein-Hochwasser nicht gefährdet sind. Etwa ein Viertel des Ertrags geht an die Genossenschaft. Rebbestand: 37% Müller-Thurgau, 22% Riesling, 10% Silvaner, je 2% Scheurebe, Ruländer, Gewürztraminer, Kerner und Bacchus, 5% Portugieser. Die drei ersteren Sorten sollen auf Kosten der Neuzüchtungen vermehrt angebaut werden.

Gustav Adolf Schmitt'sches Weingut

Wilhelmstraße 2–6, 6505 Nierstein, Tel.: 06133-5151. *Besitzer:* Georg Ottmar Schmitt. Ca. 100 ha. *Einzellagen:* Nierstein: Pettenthal, Ölberg, Hipping und Kranzberg; Dienheim: Falkenberg; Oppenheim: Herrenberg und Kreuz; Dexheim: Doktor.

Winzer seit 1618, Handelshaus seit 1920. 75% der sehr großen Weinbergfläche sind mit Standardsorten, v.a. Riesling, und etwa 25% mit Neuzüchtungen wie Scheurebe, Kerner, Ehrenfelser und Bacchus bestockt. In der großen Auswahl an Weinen stehen sehr feine, intensive und gehaltvolle QmP aus den besten Lagen an der Spitze. Zwei Drittel des Umsatzes entfallen auf kommerzielle Weine wie Liebfrauenmilch «Gloria» u.a.

Weingut Geschwister Schuch

Oberdorfstraße 22, 6505 Nierstein, Tel.: 06133-5652. *Besitzer:* Diether und Michael Günther. 16 ha. *Einzellagen:* Nierstein: Ölberg, Pettenthal, Findling, Orbel, Hipping, Heiligenbaum, Rosenberg und Klostergarten; Oppenheim: Sackträger; Dienheim: Falkenberg.

Eines der meistgeachteten Familiengüter Niersteins, von den Schuchs 1817 gegründet. Rebbestand: 50% Riesling, 15% Scheurebe, 10% Rotweinsorten; 25% Sonstige, z.B. Müller-Thurgau, Silvaner und Kerner. Die Weine sind Musterbeispiele für die sanfte, aber ausdrucksvolle Art der «Rheinterrasse», vor allem beim trockenen und halbtrockenen Riesling.

Heinrich Seip, Kurfürstenhof

6505 Nierstein. *Besitzer:* Heinrich Seip. 35 ha in Nierstein. *Einzellagen:* Nierstein: Paterberg, Bildstock, Kirchplatte, Findling, Rosenberg, Klostergarten, Pettenthal, Hipping, Kranzberg, Ölberg, Heiligenbaum, Orbel, Schloß Schwabsburg und Goldene Luft (Alleinbesitz); Oppenheim: Schloß; Dienheim: Tafelstein, Kreuz und Falkenberg; Nackenheim: Engelsberg.

Altes fürstliches Weingut, 1950 von der Familie Seip übernommen, gilt heute als führend bei Weinen aus neuen Sorten. Eine Spezialität ist die Sorte Jubiläumsrebe; sie reift so früh, daß sie nur selten einmal keine Auslese oder Beerenauslese in der etwas säurearmen Ruländerart erbringt. In der Kellertechnik kombiniert Seip alte Holzfässer mit modernen Ideen, wobei er aromatische, liebliche Weine mit echter Qualität und eigenständigem Charakter anstrebt.

Weingüter Carl Sittmann

Wormser Str. 61, 6504 Oppenheim, Tel.: 06133-2021. *Besitzer:* Dr. Liselotte Sittmann. Etwa 80 ha. *Einzellagen:* Alsheim: Goldberg, Frühmesse, Römerberg; Oppenheim: Herrenberg, Sackträger; Dienheim: Falkenberg, Paterhof. Einzellagen auch in Nierstein.

Das größte private Weingut in der Gegend ist durch Erbschaft auf die Enkelin des Gründers übergegangen, die auch ein bedeutendes Handelshaus unter dem Namen Dr. Itschner betreibt. Rebbestand: 20% Müller-Thurgau, 16% Silvaner, 14% Kerner, 12% Riesling. Die Weine aus den besten Lagen reifen in Fässern. Der Oppenheimer Sackträger bringt prachtvolle Auslesen: Spezialität: Weißherbst unter dem Großlagennamen Alsheimer Rheinblick.

Staatsweingut der Landes-Lehr- und Versuchsanstalt

Zuckerberg 19, 6504 Oppenheim, Tel.: 06133-2098. *Direktor:* Dr. Finger. 40 ha. *Einzellagen:* Oppenheim: Sackträger, Kreuz, Herrenberg und Zuckerberg; Nierstein: Peterberg, Ölberg und Pettenthal; Dienheim: Tafelstein.

Die Weinbaufachschule wurde ursprünglich 1885 vom Großherzog von Hessen gegründet und gilt heute als vorbildliche, mit modernsten Methoden arbeitende Lehranstalt. 1980 eröffnete sie in Oppenheim ein neues deutsches Weinmuseum. 40% der Anbaufläche des Staatsweinguts bestehen aus steilen Hängen; der Rebbestand umfaßt etwa 50% Riesling, aber nur die Lage Niersteiner Pettenthal ist zu 100% mit Riesling besetzt. Unter den übrigen Rebsorten befinden sich viele Versuchsanpflanzungen.

Weingut J. & H.A. Strub

Rheinstraße 42, 6505 Nierstein, Tel.: 06133-5649. *Besitzer:* Reinhard und Walter Strub. 17 ha in den Großlagen Rehbach, Auflangen, Güldenmorgen und Spiegelberg. *Einzellagen:* Nierstein, Hipping, Ölberg, Heiligenbaum, Orbel, Brückchen, Paterberg, Findling und Bildstock; Dienheim: Falkenberg.

Altes Familiengut mit gutem Namen für milde, volle Weine aus besten Lagen der «Rheinterrasse». Frühe Abfüllung (Ende März). Rebbestand: 30% Riesling, 30% Silvaner, 30% Müller-Thurgau, 10% Ruländer.

Weingut Villa Sachsen

Mainzer Straße 184, 6530 Bingen, Tel.: 06721-10985. 27 ha. *Einzellagen:* Bingen: Scharlachberg (11 ha), Kirchberg (7), Schloßberg-Schwätzerchen (4), Osterberg (2), Kapellenberg, Rosengarten und Bubenstück (je 0,4).

Die alte Villa spielt in einem Bestseller von 1869 («Das Landhaus am Rhein») eine große Rolle; nach dem Verkauf an einen Prinzen von Hessen (1879) wurde es zum Musterweingut und ging 1963 an das große Bingener Weinhandelshaus St. Ursula über. Rebbestand: über 50% Riesling; ferner Müller-Thurgau, Silvaner, Kerner, Weißburgunder, Ruländer u.a.

Weingut Eugen Wehrheim

Mühlgasse 30, 6505 Nierstein, Tel.: 06133-58125. *Besitzer:* Klaus Wehrheim. 10,3 ha. *Einzellagen:* Nierstein: Orbel, Ölberg, Hipping, Paterberg, Pettenthal, Klostergarten, Brückchen und Findling.

Seit 1693 in Nierstein. Rebbestand: 40% Riesling, 21% Silvaner, 15% Müller-Thurgau, 24% Sonstige. Die Rieslinge sind leicht und spritzig; die schwereren Weine, z.B. Ruländer und Huxelrebe Beerenauslese, sind lieblich, würzig und gehaltvoll.

Zentralkellerei Rheinische Winzergenossenschaft eG

Wöllsteiner Str. 16, 6551 Gau-Bickelheim.

1946 gegründet, verarbeitet den Ertrag von 3000 ha in Rheinhessen und im Rheingau mit 600 Einzellagen. Der Rebbestand umfaß 32 verschiedene Sorten, vor allem Müller-Thurgau (25%), Silvaner (20%), Scheurebe (15%) und Bacchus (10%). Alle Weine werden als Erzeugerabfüllung verkauft.

RHEINPFALZ

Deutschlands fruchtbarstes, sonnigstes und ertragsstärkstes Weinbaugebiet leitet seinen Namen von den Pfalzgrafen des Heiligen Römischen Reiches her. Es ist nicht vom Rhein, sondern von den bewaldeten Bergen in Westen geprägt. In einem schmalen, nur etwa 80 km breiten Streifen entlang der Ostflanke der Haardt erstreckt es sich vom Südrand Rheinhessens bis zur französischen Grenze, wo die Haardt in die Vogesen übergeht. An dieser Grenze wandelt sich der Charakter des Weins mit ungewöhnlicher Plötzlichkeit von der blumigen Lieblichkeit und lebendigen Frische in Deutschland zur saftigen Weinigkeit im Elsaß.

Mit einer Rebfläche von 21 900 ha steht die Rheinpfalz nur knapp hinter Rheinhessen, erbringt aber regelmäßig größere Erträge. Die südliche Hälfte der Region, von Neustadt ab, ist als der Bereich «Südliche Weinstraße» bekannt und dürfte das modernste und am intensivsten genutzte Weinbaugebiet Deutschlands ein. In den letzten zwei Jahrzehnten sind hier gewaltige Fortschritte gemacht worden – bei den Rebsorten ebenso wie in der Flurbereinigung und der Kellereitechnik.

Die Stadt Landau war einst Deutschlands größter Weinmarkt. Da er sich fast ganz in «jüdischer Hand» befand, wurde er 1935 von den Nazis zerschlagen. Sie erfanden die Deutsche Weinstraße und verpflichteten alle deutschen Städte, einen Weinort als Lieferquelle für Wein in großen Mengen zu «adoptieren». Über die Hälfte der Erzeugung ging in Tankladungen an die Mosel und wurde dort zu Verschnitten verarbeitet. In der Region selbst wurde erst nach dem 2. Weltkrieg wieder in größerem Maßstab Wein in Flaschen abgefüllt. Beurteilungen auf der Grundlage der geschichtlichen Entwicklung und des alten Rufs dürften deshalb weit danebengehen. Die Südliche Weinstraße hat keinen geschichtlichen Hintergrund, was große Weine anbetrifft; es gibt keine berühmten Weingüter, aber ihr Qualitätspotential ist gewaltig, und ihre Weine dürften heute in Deutschland – ja vielleicht in ganz Europa – zu den preiswürdigsten zählen.

Zwar ist der Müller-Thurgau mit 5 300 ha hier wie in Rheinhessen die meistangebaute Traubensorte, doch nehmen die Neuzüchtungen (zusammen über 6 000 ha) sowie Riesling und Silvaner gemeinsam jeweils eine größere Fläche ein. In den besten Lagen hält sich nach wie vor der Riesling – er stellt einen Siebtel des Rebbestands der Region. Von den Neuzüchtungen sind Kerner (1 900 ha) und Morio-Muskat (1 800 ha) am verbreitetsten, die Scheurebe folgt mit Abstand. Wie in Baden erfreut sich der edle alte Ruländer großer Achtung.

Den Wein der Rheinpfalz insgesamt zu charakterisieren, ist sehr viel schwieriger als etwa in Rheinhessen, im Rheingau oder an der Mosel. Die feinsten Rheinpfälzer – fast alles Rieslinge – haben neben dem Riesling-Charakter noch eine besondere Fülle und Reife zu bieten, die sie als Weine aus einem sonnigeren Klima erkennen läßt. Sie wetteifern miteinander in Finesse, lebendiger Säure und tiefer Süße. Viele kommen mit großer Regelmäßigkeit dem Ideal eines voll ausgereiften Rieslings nahe. Ähnliches läßt sich auch von allen anderen Sorten sagen: Der Charakter wird durch die Gunst der Verhältnisse ausgeprägt artikuliert – bei würzigeren Sorten sogar manchmal so ausgeprägt, daß ihre Würze überwältigend ausfällt. Das große Prestige der Rheinpfalz beruht auf ein paar Weinorten in der Mitte der nördlichen Hälfte: der Mittelhaardt. Das Weingesetz von 1971 teilte das Anbaugebiet in nur zwei Bereiche ein: Südliche Weinstraße und Mittelhaardt/ Deutsche Weinstraße. Neustadt bildet etwa die Grenze zwischen ihnen. Dadurch kommt das große Ansehen der Mittelhaardt auch großen Gebieten im Norden der Rheinpfalz zugute, die eigentlich nichts weiter damit zu tun haben. Es sollte für die frühere Unterhaardt einen dritten Bereichsnamen geben, denn die Südliche Weinstraße hieß früher Oberhaardt, und so war ein logisches Trio beieinander, das man ruhig hätte beibehalten sollen.

▲ Die Südliche Weinstraße bildet über 80 km weit ein Meer von Reben. Maikammer in der Großlage Mandelhöhe liegt am nördlichen Ende.

Das Anbaugebiet Rheinpfalz unterteilt sich in 25 Großlagen. Die meisten erfassen weite Landstriche, andere sind spezifischer und daher besser zu gebrauchen. Die Namen der Großlagen erscheinen vor allem im Süden sehr oft auf den Etiketten. Nur einige Einzellagen der Mittelhaardt sind weithin bekannt und berühmt. Die hier vorgenommene geographische Einteilung beruht auf den Großlagen und nicht auf den Ortsnamen.

REISE-INFORMATIONEN

Das Weinland Rheinpfalz wird der Länge nach von der Deutschen Weinstraße erschlossen. Mit seinen Weinorten, Fachwerkhäusern, Gasthöfen und Weinbergen ist es auch Inbegriff der deutschen Weinlandschaft überhaupt. Wandern durch die Wälder – der Naturpark Pfälzerwald erstreckt sich über die ganze Haardt – mit einem anschließenden Imbiß in einer Bauernschenke ist ein Erlebnis, das man ebenso in vollen Zügen genießen kann wie den guten Wein.

Weinfeste

Der Bad Dürkheimer Wurstmarkt im September bildet die Spitze einer ganzen Reihe von Festlichkeiten bis hin zum Rettichmarkt in Schifferstadt im Mai. Weinfeste finden in Wachenheim (Juli), Deidesheim (Aug.), Speyer und Obermoschel (Sept.), Bockenheim und Landau (Okt.) statt.

Weinproben und Weinpfade

In jedem Weinort gibt es Probierkeller; Weinlehrpfade findet man in Deidesheim, Edenkoben, Großkarlbach, Schweigen-Rechtenbach und Wachenheim.

Essen und Trinken

Pfälzer Saumagen ist eine typische Spezialität des Landes: eine herzhafte Grundlage für den Wein, und die Portionen sind immer reichlich. Ein Pfälzer Rezept für Schweinebraten beginnt mit den Worten: «Man nehme einen möglichst großen Topf . . .» Deidesheim, eine schön erhaltene alte Stadt, hat wunderbare Gasthäuser, etwa den Deidesheimer Hof am Marktplatz (Tel.: 06326-1811) und Zum Reichsrat (Tel.: 06326–6011). In allen Weinorten findet man Schenken und Gasthäuser, und es gibt auch abseits gelegene Hotels, z.B. die Königsmühle im Kaltenbrunner Tal (Tel.: 06321-83031) und das Haardter Schloß bei Neustadt (Tel.: 06321-32625). Das Restaurant Krone in Münchweiler hat einen guten Ruf (Tel.: 06395-1681; Reservierung empfohlen).

▼ Dieser Markstein auf dem Forster Kirchenstück ist Zeugnis eines Weinbergverkaufs vor 400 Jahren.

◀ ▼ Der alte Teil von Neustadt ist der Angelpunkt der Rheinpfalz zwischen Mittelhaardt und Südlicher Weinstraße. Die Weinschule hat viele neue Rebsorten hervorgebracht.

◀ Späte Riesling-Lese in der berühmten Lage Gerümpel; im Hintergrund Wachenheim an der Mittelhaardt. Spätlesen aus dieser Gegend gehören zu den üppigsten in ganz Deutschland.

WEINLAGEN

BEREICH MITTELHAARDT/ DEUTSCHE WEINSTRASSE

GROSSLAGE SCHNEPFENFLUG VOM ZELLERTAL (ZELL)

Morschheim
Im Heubusch 1

Kirchheimbolanden
Schloßgarten 2

Bolanden
Schloßberg 3

Rittersheim
Am hohen Stein 4

Gauersheim
Goldloch 5

Stetten
Heilighäuschen 6

Albisheim
Heiligenborn 7

Einselthum
Klosterstück 8 P
Kreuzberg 9 P

Zell
(Ortsteil von Zellertal)
Klosterstück 8 P
Kreuzberg 9 P
Königsweg 10 P
Schwarzer Herrgott 11

Niefernheim
(Ortsteil von Zellertal)
Kreuzberg 9 P
Königsweg 10 P

Harxheim
(Ortsteil von Zellertal)
Herrgottsblick 12

Bubenheim
Hahnenkamm 13

Immersheim
Sonnenstück 14

Ottersheim/Zellertal
Bräunersberg 15

Rüssingen
Breinsberg 16

Kerzenheim
Esper 17

Weitere nicht als Einzellagen registrierte Weinberge in Bischheim und Marnheim

GROSSLAGE GRAFENSTÜCK (BOCKENHEIM)

Bockenheim an der Weinstraße
Schloßberg 18
Vogelsang 19 P
Haßmannsberg 20
Burggarten 21
Klosterschaffnerei 22
Sonnenberg 23 P
Goldgrube 24
Heiligenkirche 25

Kindenheim
Vogelsang 19 P
Sonnenberg 23 P
Katzenstein 26
Burgweg 27

Mühlheim
(Ortsteil von Obrigheim)
Benn 28
Hochgericht 29

Obrigheim
Rosengarten 30
Mandelpfad 31

Colgenstein
(Ortsteil von Obrigheim)
Schloß 32

Frühere Ortsnamen dürfen weiter verwendet werden, z.B. Albsheimer Grafenstück. (Großlage), Bennt (28); Heidesheimer Grafenstück (Großlage), Schloß (32)

GROSSLAGE HÖLLENPFAD (GRÜNSTADT)

Mertesheim
St. Martinskreuz 33

Grünstadt
Bergel 37
Röth 38

– Ortsteil Asselheim
Goldberg 34
St. Stephan 35
Schloß 36

– Ortsteil Sausenheim
Hütt 39
Honigsack 40
Klostergarten 41

Neuleiningen
Feuermännchen 42
Sonnenberg 43
Schloßberg 44

Kleinkarlbach
Herrgottsacker 45
Herrenberg 46
Senn 47
Frauenländchen 48
Keiselberg 49

Battenberg
Schloßberg 50

GROSSLAGE SCHWARZERDE (KIRCHHEIM)

Kleinniedesheim
Schloßgarten 51
Vorderberg 52

Großniedesheim
Schaftberg 53

Heuchelheim bei Frankenthal
(Ortsteil von Grünstadt Land)
Steinkopf 54

Dirmstein
Herrgottsacker 55
Jesuitenhofgarten 56
Mandelpfad 57

Obersülzen
Schnepp 58

Heßheim
Lange Els 59

Gerolsheim
Lerchenspiel 60
Klosterweg 61

Laumersheim
Kapellberg 62
Mandelberg 63
Kirschgarten 64

Großkarlbach
Burgweg 65
Osterberg 66

Bissersheim
Held 67
Steig 68
Orlenberg 69
Goldbergh 70

Kirchheim an der Weinstraße
Kreuz 71
Römerstraße 72
Steinacker 73
Geißkopf 74

GROSSLAGE ROSENBÜHL (FREINSHEIM)

Lambsheim
Burgweg 75 P

Weisenheim am Sand
Burgweg 75 P
Hahnen 76
Hasenzeile 77
Halde 78
Altenberg 79
Goldberg 80 P

Freinsheim
Goldberg 80 P

Erpolzheim
Goldberg 80 P
Kieselberg 81

GROSSLAGE KOBNERT (KALLSTADT)

Dackenheim
Mandelröth 83
Kapellengarten 84
Liebesbrunnen 85

Weisenheim am Berg
Mandelgarten 86
Sonnenberg 87

Herxheim am Berg
Kirchenstück 88
Himmelreich 89
Honigsack 90

Friensheim
Musikantenbuckel 91
Oschelskopf 92
Schwarzes Kreuz 93

Erpolzheim
Kirschgarten 94

Ungstein
(Ortsteil von Bad Dürkheim)
Osterberg 95
Bettelhaus 96

Kallstadt
Kronenberg 97
Steinacker 98
Saumagen 98 a

Leistadt
(Ortsteil von Bad Dürkheim)
Kalkofen 99
Kirchenstück 100
Herzfeld 101

GROSSLAGE FEUERBERG (BAD DÜRKHEIM)

Bobenheim am Berg
Ohligpfad 102
Kieselberg 103

Weisenheim am Berg
Vogelsang 104

Kallstadt
Annaberg 105
Kreidkeller 106

Leistadt
(Ortsteil von Bad Dürkheim)
Herrenmorgen 107

Bad Dürkheim
Steinberg 108
Nonnengarten 109

Ellerstadt
Sonnenberg 110
Dickkopp 111
Bubeneck 112

Gönnheim
Martinshöhe 113

GROSSLAGE HONIGSÄCKEL (UNGSTEIN)

Ungstein
(Ortsteil von Bad Dürkheim)
Weilberg 117
Herrenberg 118
Nußriegel 119

GROSSLAGE HOCHMESS (BAD DÜRKHEIM)

Ungstein
(Ortsteil von Bad Dürkheim)
Michelsberg 120 P

Bad Dürkheim
Michelsberg 120 P
Spielberg 121
Rittergarten 122
Hochbenn 123

GROSSLAGE SCHENKENBÖHL (WACHENHEIM)

Bad Dürkheim
Abtsfronhof 124
Fronhof 125
Fuchsmantel 126 P

Wachenheim
Fuchsmantel 126 P
Königswingert 127
Mandelgarten 128
Odinstal 129
Schloßberg 130

GROSSLAGE SCHNEPFENFLUG AN DER WEINSTRASSE (FORST AN DER WEINSTRASSE)

Friedelsheim
Kreuz 131
Schloßgarten 132
Bischofsgarten 133 P

Wachenheim
Bischofsgarten 133 P
Luginsland 134

Forst an der Weinstraße
Bischofsgarten 133 P
Süßkopf 135
Stift 136

Deidesheim
Letten 137

GROSSLAGE MARIENGARTEN (FORST AN DER WEINSTRASSE)

Wachenheim
Böhlig 138
Belz 139
Rechbächel 140
Goldbächel 141
Gerümpel 142
Altenburg 143

Forst an der Weinstraße
Musenhang 144
Pechstein 145
Jesuitengarten 146
Kirchenstück 147
Freundstück 148
Ungeheuer 149
Elster 150

Deidesheim
Herrgottsacker 151
Mäushöhle 152
Kieselberg 153
Kalkofen 154
Grainhübel 155
Hohenmorgen 156
Leinhöhle 157
Langenmorgen 158
Paradiesgarten 159

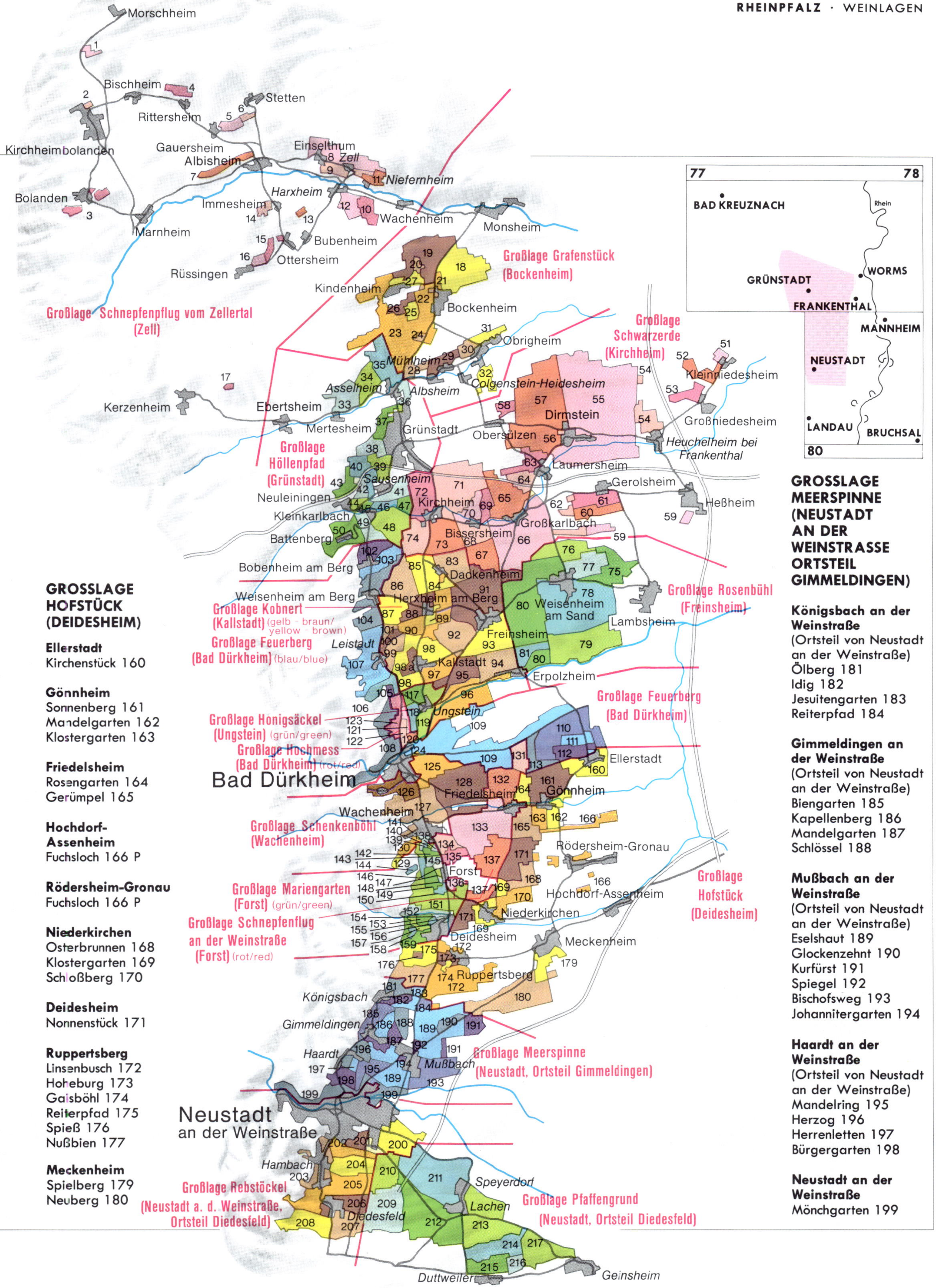

GROSSLAGE HOFSTÜCK (DEIDESHEIM)

Ellerstadt
Kirchenstück 160

Gönnheim
Sonnenberg 161
Mandelgarten 162
Klostergarten 163

Friedelsheim
Rosengarten 164
Gerümpel 165

Hochdorf-Assenheim
Fuchsloch 166 P

Rödersheim-Gronau
Fuchsloch 166 P

Niederkirchen
Osterbrunnen 168
Klostergarten 169
Schloßberg 170

Deidesheim
Nonnenstück 171

Ruppertsberg
Linsenbusch 172
Hoheburg 173
Gaisböhl 174
Reiterpfad 175
Spieß 176
Nußbien 177

Meckenheim
Spielberg 179
Neuberg 180

GROSSLAGE MEERSPINNE (NEUSTADT AN DER WEINSTRASSE ORTSTEIL GIMMELDINGEN)

Königsbach an der Weinstraße
(Ortsteil von Neustadt an der Weinstraße)
Ölberg 181
Idig 182
Jesuitengarten 183
Reiterpfad 184

Gimmeldingen an der Weinstraße
(Ortsteil von Neustadt an der Weinstraße)
Biengarten 185
Kapellenberg 186
Mandelgarten 187
Schlössel 188

Mußbach an der Weinstraße
(Ortsteil von Neustadt an der Weinstraße)
Eselshaut 189
Glockenzehnt 190
Kurfürst 191
Spiegel 192
Bischofsweg 193
Johannitergarten 194

Haardt an der Weinstraße
(Ortsteil von Neustadt an der Weinstraße)
Mandelring 195
Herzog 196
Herrenletten 197
Bürgergarten 198

Neustadt an der Weinstraße
Mönchgarten 199

GROSSLAGE REBSTÖCKEL (NEUSTADT AN DER WEINSTRASSE ORTSTEIL DIEDESFELD)

Neustadt an der Weinstraße
Grain 200
Erkenbrecht 201

Hambach an der Weinstraße
(Ortsteil von Neustadt an der Weinstraße)
Kaiserstuhl 202
Kirchberg 203
Feuer 204
Schloßberg 205

Diedesfeld an der Weinstraße
(Ortsteil von Neustadt an der Weinstraße)
Ölgässel 206
Johanniskirchel 207
Paradies 208

GROSSLAGE PFAFFENGRUND (NEUSTADT AN DER WEINSTRASSE, ORTSTEIL DIEDESFELD)

Diedesfeld
(Ortsteil von Neustadt an der Weinstraße)
Berg 209

Hambach/Weinstraße
(Ortsteil von Neustadt
Römerbrunnen 210

Lachen-Speyerdorf
(Ortsteil von Neustadt an der Weinstraße)
Langenstein 211
Lerchenböhl 212
Kroatenpfad 213

Duttweiler
(Ortsteil von Neustadt an der Weinstraße)
Kreuzberg 214
Mandelberg 215
Kalkberg 216

Geinsheim
(Ortsteil von Neustadt an der Weinstraße)
Gässel 217

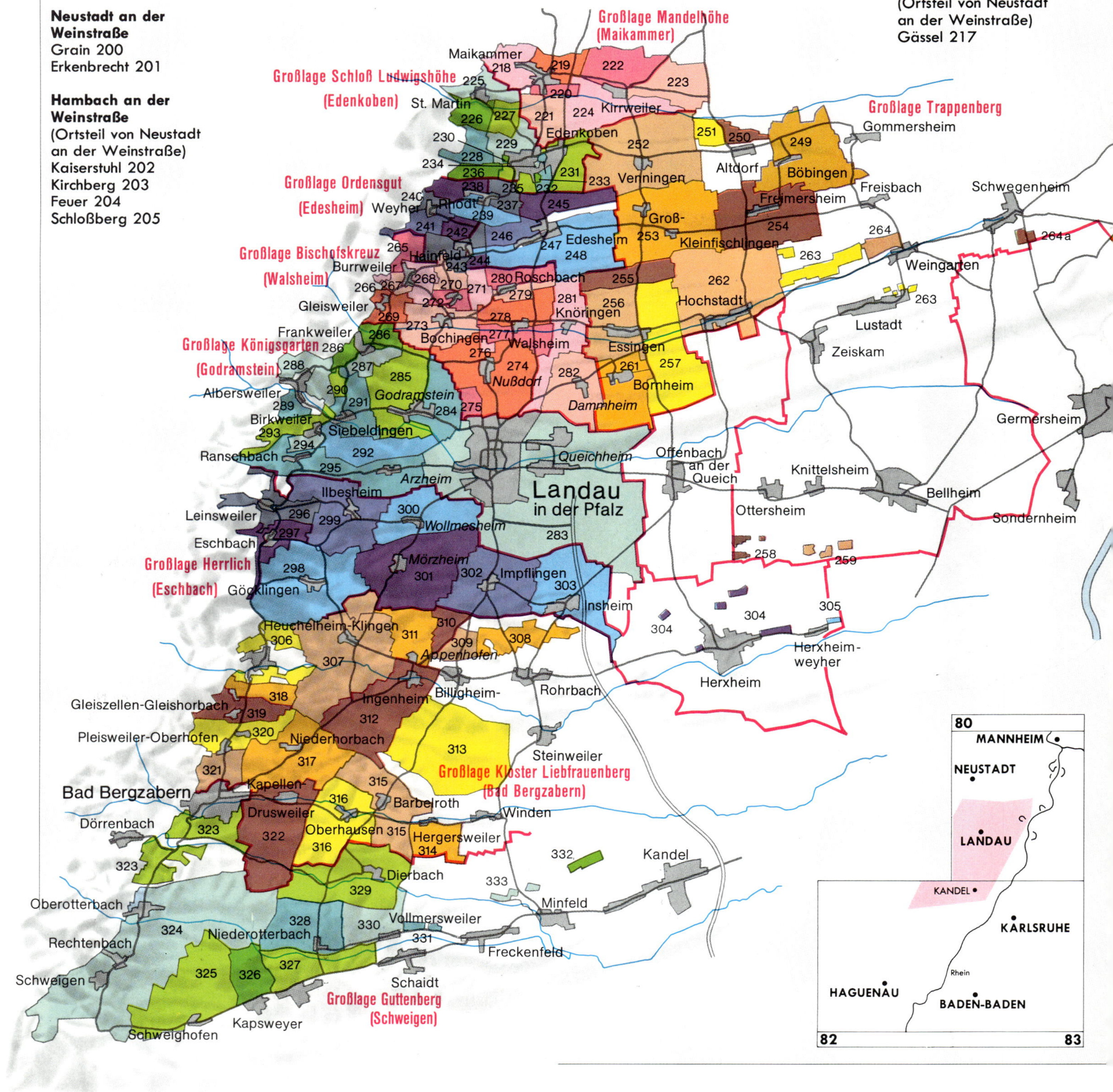

BEREICH SÜDLICHE WEINSTRASSE

GROSSLAGE MANDELHÖHE (MAIKAMMER)

Maikammer
Alsterweiler Kapellenberg 218
Kirchenstück 219
Immengarten 220
Heiligenberg 221

Kirrweiler
Römerweg 222
Mandelberg 223
Oberschloß 224

GROSSLAGE SCHLOSS LUDWIGSHÖHE (EDENKOBEN)

St. Martin
Kirchberg 225
Baron 226
Zitadelle 227

Edenkoben
Bergel 228
Heilig Kreuz 229
Klostergarten 230
Heidegarten 231
Kirchberg 232
Blücherhöhe 233
Mühlberg 234
Schwarzer Letten 235
Kastaniengarten 236

GROSSLAGE ORDENSGUT (EDESHEIM)

Rhodt unter Rietburg
Klosterpfad 237
Schloßberg 238
Rosengarten 239

Weyher in der Pfalz
Michelsberg 240
Heide 241

Hainfeld
Letten 242
Kapelle 243
Kirchenstück 244

Edesheim
Forst 245
Mandelhang 246
Schloß 247
Rosengarten 248

GROSSLAGE TRAPPENBERG (HOCHSTADT)

Böbingen
Ortelberg 249

Altdorf
Gottesacker 250
Hochgericht 251

Venningen
Doktor 252

Groß- und Kleinfischlingen
Kirchberg 253

Freimersheim
Bildberg 254

Essingen
Roßberg 255
Sonnenberg 256
Osterberg 257

Ottersheim
Kahlenberg 258

Knittelsheim
Gollenberg 259 P

Bellheim
Gollenberg 259 P

Bornheim
Neuberg 261

Hochstadt
Roter Berg 262

Zeiskam
Klostergarten 263 P

Lustadt
Klostergarten 263 P

Weingarten
Schloßberg 264

Schwegenheim
Bründelsberg 264 a

Römerberg (bei Speyer) Ortsteil Mechtersheim
Schlittberg 264 b
Alter Berg 264 c P

– Ortsteil Heiligenstein
Alter Berg 264 c P
Narrenberg 264 d P

– Ortsteil Berghausen
Narrenberg 264 d P

Ferner Weinberge ohne Lagennamen in den Gemarkungen Gommersheim (22 ha) und Offenbach (0,6 ha)

GROSSLAGE BISCHOFSKREUZ (WALSHEIM)

Burrweiler
Altenforst 265
St. Annaberg 266
Schäwer 267
Schloßgarten 268

Gleisweiler
Hölle 269

Flemlingen
Herrenbuckel 270
Vogelsprung 271
Zechpeter 272

Böchingen
Rosenkranz 273

Nußdorf
(Ortsteil von Landau in der Pfalz)
Herrenberg 274
Kaiserberg 275
Kirchenstück 276

Walsheim
Forstweg 277
Silberberg 278

Roschbach
Simonsgarten 279
Rosenkränzel 280

Knöringen
Hohenrain 281

Dammheim
(Ortsteil von Landau in der Pfalz)
Höhe 282

GROSSLAGE KÖNIGSGARTEN (GODRAMSTEIN)

Landau in der Pfalz
einschl. Queichheim und Mörlheim
Altes Löhl 283

Godramstein
(Ortsteil von Landau in der Pfalz)
Klostergarten 284
Münzberg 285

Frankweiler
Kalkgrube 286
Biengarten 287

Albersweiler
Latt 288 (St. Johann)
Kirchberg 289

Siebeldingen
Mönchspfad 290
Im Sonnenschein 291
Rosenberg 292 P

Birkweiler
Rosenberg 292 P
Kastanienbusch 293
Mandelberg 294

Ranschbach
Seligmacher 295 P

Arzheim
(Ortsteil von Landau in der Pfalz)
Rosenberg 292 P
Seligmacher 295 P

Nicht als Einzellage registrierter Weinberg (6 ha) in der Gemarkung Gräfenhausen.

GROSSLAGE HERRLICH (ESCHBACH)

Leinsweiler
Sonnenberg 296 P

Eschbach
Hasen 297

Göcklingen
Kaiserberg 298

Ilbesheim
Sonnenberg 296 P
Rittersberg 299

Wollmesheim
(Ortsteil von Landau in der Pfalz)
Mütterle 300

Mörzheim
(Ortsteil von Landau in der Pfalz)
Pfaffenberg 301

Impflingen
Abtsberg 302

Insheim
Schäfergarten 303 P

Rohrbach
Schäfergarten 303 P

Herxheim bei Landau in der Pfalz
Engelsberg 304

Herxheimweyher
Am Gaisberg 305

GROSSLAGE KLOSTER LIEBFRAUENBERG (BAD BERGZABERN)

Klingenmünster
Maria Magdalena 306

Göcklingen
Herrenpfad 307 P

Heuchelheim-Klingen
Herrenpfad 307 P

Rohrbach
Mandelpfad 308 P

Billigheim-Ingenheim
Mandelpfad 308 P (Billigheim)
Venusbuckel 309 (Billigheim)
Sauschwänzel 310 (Billigheim)
Steingebiß 311 (Appenhofen)
Pfaffenberg 312 (Ingenheim)
Rosenberg 313 P (Mühlhofen und Billigheim)

Steinweiler
Rosenberg 313 P

Winden
Narrenberg 314 P

Hergersweiler
Narrenberg 314 P

Barbelroth
Kirchberg 315

Oberhausen
Frohnwingert 316

Niederhorbach
Silberberg 317

Gleiszellen-Gleishorbach
Kirchberg 318
Frühmeß 319

Pleisweiler-Oberhofen
Schloßberg 320

Bad Bergzabern
Altenberg 321

Kapellen-Drusweiler
Rosengarten 322

GROSSLAGE GUTTENBERG (SCHWEIGEN)

Bad Bergzabern
Wonneberg 323 P

Dörrenbach
Wonneberg 323 P

Oberotterbach
Sonnenberg 324 P

Schweigen-Rechtenbach
Sonnenberg 324 P

Schweighofen
Sonnenberg 324 P
Wolfsberg 325

Kapsweyer
Lerchenberg 326

Steinfeld
Herrenwingert 327

Niederotterbach
Eselsbuckel 328

Dierbach
Kirchhöh 329

Vollmersweiler
Krapfenberg 330

Freckenfeld
Gräfenberg 331

Kandel
Galgenberg 332

Minfeld
Herrenberg 333

WEINBAUGEMEINDEN

BEREICH MITTELHAARDT – DEUTSCHE WEINSTRASSE

Die nördlichsten Weinbaugegenden der Rheinpfalz, die kaum eine Trennungslinie zu den südlichsten Gebieten Rheinhessens aufweisen, sind nicht mit berühmten oder besonders hervorgehobenen Lagen gesegnet.

GROSSLAGE SCHNEPFENFLUG VOM ZELLERTAL (ZELL)

Dieser oft mit dem Ort Zell zusammen genannte Großlagenname klingt großartiger, als er ist. Es braucht wohl nicht besonders gesagt zu werden, daß dieses Zell trotz seiner Einzellage Schwarzer Herrgott mit Zell an der Mosel und seiner Großlage Schwarze Katz'nichts zu tun hat.

GROSSLAGE GRAFENSTÜCK (BOCKENHEIM)

Bockenheim ist Mittelpunkt des ertragreichen Gebiets mit 670 ha Rebfläche, Blauer Portugieser sowie Müller-Thurgau, Silvaner, etwas Riesling und Kerner bringen auf einigen guten Hanglagen anständige Weine.

GROSSLAGE HÖLLENPFAD (GRÜNSTADT)

Um Grünstadt beginnen die Rheinpfälzer Weinlagen ihrem Höhepunkt entgegenzustreben. Voln hier aus fächern sie sich auf an schönen südwärts und ostwärts geneigten Hängen hinab in die sandige Ebene zum Rhein hin. Kleinkarlbach (mit dem kleinen Nachbarn Neuleiningen) ist der erste in einer Reihe von Weinorten, die bis Forst und Deidesheim das Kernstück einer Weinlandschaft mit großer Tradition bilden. Hier ist der Riesling bereits ausgesprochen sauber und stilvoll, und die Trockenbeerenauslesen können ganz außergewöhnlich fein sein.

Kleinkarlbach: Herrenberg, 20 ha, 100% ansteigend. Neuleiningen: Feuermännchen, 20 ha, 70% ansteigend. Sonnenberg, 20 ha, 90% ansteigend.

GROSSLAGE SCHWARZERDE (KIRCHHEIM)

In Kirchheim an der Weinstraße: Kreuz, 60 ha, 40% ansteigend. Römerstraße, 40 ha, 85% ansteigend. Steinacker, 40 ha, 100% ansteigend. Geißkopf, 60 ha, 40% ansteigend.

GROSSLAGE ROSENBÜHL (FREINSHEIM)

Weisenheim am Sand, einige Kilometer weiter unten in der Ebene, bietet ein ganz anderes Bild. Der trockene Sandboden bringt leichte, ansprechende Weine bei geringerem Ertrag hervor. Dies sind gute Voraussetzungen für bestimmte Traubensorten wie den würzigen Kerner, während der Riesling fast neutral ausfällt. Die Reblaus ist hier erst in letzter Zeit aufgetreten und kommt im Sandboden nur langsam voran. Der Portugieser (30% des Rebbestands) reift schön aus und erbringt einen festeren, saftigeren Rotwein als sonstwo.

Weisenheim am Sand: Hahnen, 100 ha, 80% ansteigend. Hasenzeile, 90 ha, 70% ansteigend. Halde, 60 ha, 90% ansteigend. Altenberg, 86 ha, 80% ansteigend. Goldberg, 80 ha, 70% ansteigend.

GROSSLAGE KOBNERT (KALLSTADT)

Der erste berühmte Name an der Mittelhaardt ist die Großlage, die den Namen der früheren Einzellage in Kallstadt erhielt. Die Weinorte Dackenheim, Weisenheim am Berg, Herxheim am Berg, Freinsheim, Erpolzheim, Leistadt, Ungstein und Kallstadt haben jetzt alle teil an ihm – dadurch wird seine Bedeutung allerdings verändert. Die besten Weinberge von Ungstein und Kallstadt haben jedoch ihre exklusiven Großlagennamen (siehe Honigsäckel). Besonders gut ist in Kallstadt die Lage Saumagen, wo auf kreidehaltigem Boden bemerkenswert reife und intensive Rieslinge und Silvaner wachsen. Die drei Einzellagen der ehemaligen Großlage Saumagen (Nill, Kirchenstück und Horn) wurden inzwischen zu einer Einzellage namens Saumagen in der Großlage Kobnert zusammengefaßt.

Dackenheim: Mandelröth, 65 ha, 20% steil; Kapellengarten, 3 ha, 100% flach. Ungstein: Osterberg, 80 ha, 100% ansteigend. Kallstadt: Steinacker, 125 ha, 20% ansteigend; Kronenberg, 60 ha, 10% ansteigend, Saumagen, 50 ha, 20% steil. Leistadt: Kirchenstück, 20 ha, 70% ansteigend.

KALLSTADTER ANNABERG

Kallstadt darf sich auch rühmen, einen der wenigen deutschen Weinberge zu beherbergen, die nur den eigenen Namen auf dem Etikett führen, den berühmten Annaberg. Hier wachsen Riesling und Scheurebe mit höchst intensivem Geschmack, der einem geschützten lehmigen Hang und besonders disziplinierter Weinbereitung zu verdanken ist. Zur Verwirrung trägt bei, daß der Annaberg zusammen mit dem Kallstadter Kreidkeller zur Großlage Feuerberg gehört und dadurch mit Bad Dürkheim in Verbindung gebracht wird.

GROSSLAGE HONIGSÄCKEL (UNGSTEIN)

Die besten Lagen Ungsteins – auch sie mit einem gewissen Kreidegehalt – haben ebenfalls einen eigenen Großlagennamen: Honigsäckel. Der winzige Ungsteiner Michelsberg (3 ha) fällt dagegen in die Dürkheimer Großlage Hochmess.

Ungstein: Herrenberg, 45 ha, 100% steil. Nußriegel, 75 ha, 100% ansteigend. Weilberg, 45 ha, 100% steil.

BAD DÜRKHEIM

Bad Dürkheim ist die Hauptstadt der eigentlichen Mittelhaardt, also desjenigen Bezirks, in dem der Wein gehaltvoller, feuriger und üppiger ausfällt als sonstwo in Deutschland. Das geschäftige Bad Dürkheim, durch seinen Wurstmarkt (auf dem auch der Wein keine geringe Rolle spielt) sehr beliebt und besucht, bringt 800 ha Rebfläche auf. Zum großen Teil liefert sie Rotwein, speziell auch zur Wurst.

Die Großlage Feuerberg ist ein langer Streifen mit meist sanften Hängen, der Weißweine mit echtem Charakter (der beste ist der Annaberg) und Rotweine von recht kräftiger Farbe liefert.

Einzellagen: Bad Dürkheim: Nonnengarten: 395 ha, 30% ansteigend; Steinberg, 75 ha, 40% ansteigend; Herrenmorgen, 59 ha, 40% ansteigend. Ellerstadt: Sonnenberg: 85 ha, 85% ansteigend.

Die viel kleinere Großlage Hochmess (Bad Dürkheim) trägt vor allem Riesling und Silvaner.

Einzellagen: Bad Dürkheim: Michelsberg, 5 ha, 40% ansteigend. Spielberg, 24 ha, 40% ansteigend. Rittergarten, 26 ha, 100% flach. Hochbenn, 56 ha, 20% ansteigend.

Die Großlage Schenkenböhl (Wachenheim) umfaßt das größere Gebiet nach Süden hin sowie auch diejenigen Wachenheimer Lagen, die nicht zu den erstklassigen gehören.

Einzellagen: Bad Dürkheim: Abtsfronhof, 3,2 ha, 100% flach; Fronhof, 104 ha, 100% flach; Fuchsmantel, 84 ha, 20% ansteigend. Wachenheim: Fuchsmantel, 18 ha; Königswingert, 155 ha, 20% ansteigend; Mandelgarten, 210 ha, 95% ansteigend.

GROSSLAGE MARIENGARTEN (FORST AN DER WEINSTRASSE)

Mit dem Ort Wachenheim beginnt der eigentliche Kern der Mittelhaardt; ein großer Teil der Anbaufläche trägt hier Riesling für die größten und besten Weingüter der ganzen Gegend. Die allgemein als die vorzüglichsten angesehenen Einzellagen Goldbächel und Gerümpel sind sogar zu 100% mit Riesling besetzt. Die Rheinpfälzer Rieslinge sind in ihrer Weinigkeit wärmer als weiter im Norden. In manchen Jahrgängen lassen sich Rheingauer Weine, etwa vom Rüdesheimer Berg oder Marcobrunner oder Hochheimer, mit ihnen vergleichen. Die ganz besonderen Qualitäten Wachenheims und seiner Nachbarorte liegen in der Eleganz und der Delikatesse, die mit der vollen Reife einhergehen.

In Forst tritt das Element einer samtigen, mit feiner Honigsüße gepaarten Reife besonders stark in Erscheinung. Die berühmteste Rheinpfälzer Lage ist wohl der winzige Forster Jesuitengarten; aber auch die Nachbarlagen Ungeheuer, Pechstein, Kirchenstück und Freundstück teilen seine Qualitäten. Der Boden besteht hier aus Lößlehm.

Als Weinlagen sind Forst und Deidesheim uralte Rivalen von eigentlich gleicher Qualität. Als malerische Weinstadt dagegen ist Deidesheim unvergleichlich. Der architektonische Stil der Rheinpfalz ist würdig und vornehm: Behäbige, geräumige Häuser mit weißen Wänden, abgesetzt mit rotem Sandstein, monumentale Toreinfahrten, schöne Lauben und Kuppeln, behagliche holzgetäfelte Räume,

Butzenscheiben und mächtige Kamine sind häufig anzutreffen. Deidesheim ist verschwenderisch mit allem ausgestattet, was Bequemlichkeit beim Weingenuß bietet. Es ist für die Rheinpfalz, was Bernkastel für die Mosel und St-Emilion für Bordeaux ist.

Die besten Deidesheimer Weinberge befinden sich in der Großlage Mariengarten. Sie haben leichteren, wärmeren Boden mit besserem Wasserabzug als in Forst, und das ist der Hauptunterschied zwischen beiden Orten. In Forst wird schwarzer Basalt gebrochen und auf die Weinberge im Mariengarten gebracht, damit der Boden noch mehr Wärme speichern kann. Damit erzielt man oft auch in weniger guten Jahren vollkommene Harmonie, während die Forster Weine dann karger ausfallen.

Es wäre fast eine Sünde, in solchen Lagen, die den Riesling zu derartiger Vollkommenheit bringen, etwas anderes zu pflanzen, denn selbst der Riesling mit seiner aristokratisch zurückhaltenden Art entwickelt hier manchmal Duft und Geschmack von geradezu tropischer Fülle. Auslesen, Beeren- und Trockenbeerenauslesen zeigen ihre Üppigkeit schon durch die Farbe, die von Tiefgold bis zu einem zart-orangem Schimmer reichen kann.

Einzellagen: Wachenheim: Goldbächtel, 4,3 ha, 20% ansteigend; Gerümpel, 13 ha, 20% ansteigend; Altenberg, 10 ha, 20% ansteigend.
Forst an der Weinstraße: Musenhang, 20 ha, 80% steil; Pechstein, 21 ha, 20% ansteigend; Jesuitengarten, 6 ha, 50% ansteigend; Kirchenstück, 4 ha, 80% ansteigend; Freundstück, 4,2 ha, 80% ansteigend; Ungeheuer, 38 ha, 30% steil; Elster, 10 ha, 100% flach.
Deidesheim; Herrgottsacker, 120 ha, 10% steil; Mäushöhle, 20 ha, 100% ansteigend; Kieselberg, 20 ha, 100% flach; Kalkofen, 5 ha, 100% ansteigend; Grainhübel, 12 ha, 40% steil; Hohenmorgen, 2 ha, 100% ansteigend; Leinhöhle, 20 ha, 65% ansteigend; Langenmorgen, 7 ha, 100% ansteigend; Paradiesgarten, 50 ha, 10% steil.

GROSSLAGE SCHNEPFENFLUG AN DER WEINSTRASSE (FORST AN DER WEINSTRASSE)

Ein großer Weinberg in Wachenheim, drei im wenig bekannten Nachbarort Friedelsheim in der Ebene, drei in Forst und einer in Deidesheim bilden diese Großlage, die den Spitzenlagen um einiges nachsteht.

Einzellagen: Wachenheim: Luginsland, 29 ha, 20% ansteigend. Forst: Bischofsgarten, 30 ha, 100% flach; Süßkopf, 40 ha, 60% ansteigend; Stift, 19 ha, 100% flach.

GROSSLAGE HOFSTÜCK (DEIDESHEIM)

Der gute Name von Deidesheim kommt auch diesem Gebiet mit seiner beachtlichen Größe von über 1200 ha zugute, davon 125 ha in Deidesheim zur Ebene hin, wo viel Müller-Thurgau wächst. Diese Großherzigkeit kommt vielen Nachbarorten zustatten, von denen kaum je etwas gehört wurde, bevor sie unter die Fittiche der Großlage Deidesheimer Hofstück kamen. Eine beachtenswerte Ausnahme hiervon macht der Ruppertsberg, in Nord-Süd-Richtung der nächste Weinort in den Ausläufern der Haardt, mit vielen ausgezeichneten Lagen.

The besten Einzellagen von Ruppersberg haben es nicht verdient, mit den Weingärten in der Ebene in einen Topf geworfen zu werden. Sie heißen Reiterpfad, Spieß (nur Riesling), Nußbien, Hoheburg und Gaisböhl. Die größere Lage Linsenbusch ist nicht ganz so vorzüglich.

Einzellagen: Deidesheim: Nonnenstück, 125 ha, 100% flach. Ruppertsberg: Reiterpfad, 85 ha, 100% ansteigend; Spieß, 5,5 ha, 100% flach; Nußbien, 80 ha, 100% ansteigend; Hoheburg, 20 ha, 100% flach; Gaisböhl, 8 ha, 20% ansteigend; Linsenbusch, 175 ha, 100% flach.

GROSSLAGE MEERSPINNE (NEUSTADT AN DER WEINSTRASSE, ORTSTEIL GIMMELDINGEN)

Die Großlage südlich von Ruppertsberg ist auf die unteren Hänge der Haardt begrenzt und verläuft nicht hinaus in die Ebene. Zwei Orte, Gimmeldingen und Königsbach (heute fast mit dem groß gewordenen Neustadt zusammengewachsen), verfügen hier über gute Weinberge, die das Endstück der Mittelhaardt darstellen; sie stehen bestimmt auf dem gleichen Niveau wie die Großlage Hofstück. Der Großlagenname Meerspinne ist durch seine Beliebtheit gerechtfertigt und gilt für leichtere Weine als die vom Kern der Mittelhaardt und für eine größere Vielfalt an Rebsorten (die Gimmeldinger Rebfläche selbst trägt 50% Riesling). Weine aus diesen Arten, die unter Einzellagennamen zum Verkauf gelangen, sind bestimmt genaueres Hinsehen wert.

Einzellagen: Königsbach: Ölberg, 34 ha, 100% ansteigend; Idig, 20 ha, 30% ansteigend; Jesuitengarten, 27 ha, 100% ansteigend. Gimmeldingen: Bienengarten; 30 ha, 100% ansteigend.

GROSSLAGE REBSTÖCKEL (NEUSTADT AN DER WEINSTRASSE, ORTSTEIL DIEDESFELD)

Einzellagen: Neustadt an der Weinstraße: Grain, 85 ha, 100% flach. Hambach an der Weinstraße: Schloßberg, 135 ha, 100% ansteigend. Diedesfeld: Ölgässel, 55 ha, 30% ansteigend; Johanniskirchel, 93 ha, 100% ansteigend.

GROSSLAGE PFAFFENGRUND (NEUSTADT AN DER WEINSTRASSE, ORTSTEIL DIEDESFELD)

Einzellagen: Diedesfeld: Berg, 150 ha, 100% flach. Duttweiler: Kreuzberg, 100 ha, 100% flach; Mandelberg, 40 ha, 100% ansteigend; Kalkberg, 20 ha, 100% ansteigend.

BEREICH SÜDLICHE WEINSTRASSE

Die Stadt Neustadt bezeichnet praktisch die Trennlinie zwischen den beiden Bereichen der Rheinpfalz, Mittelhaardt-Deutsche Weinstraße und Südliche Weinstraße (obwohl noch zwei südlicher gelegene Großlagen, Rebstöckel und Pfaffengrund, zur Mittelhaardt gehören).

Von hier aus dehnt sich ein blühendes Weinbaugebiet südwärts bis zur Elsässer Grenze. Den Mittelpunkt bildet die Stadt Landau, aber wie in der Mittelhaardt liefert auch hier das hügelige Rückgrat an der Westflanke des Gebirges die besten Lagen.

Der größte Teil des Weins wird in diesem Bereich von Winzergenossenschaften angebaut und auf den Markt gebracht, und so sind die Großlagennamen hier die Regel, die Einzellagen die Ausnahme. Noch häufiger trifft man einfach den Namen einer Traubensorte und dazu den Bereichsnamen Südliche Weinstraße an.

Diese Weine nehmen ständig an Qualität zu und bilden ganz allgemein einen beachtlichen Gegenwert für ihren Preis. Auch lebt hier noch die alte Tradition eines recht strengen und erdigen Schoppenweins. Nach einem guten Herbst gibt es in Wirtschaften und Weinstuben offenen jungen Wein mit so viel Vitalität und lokalem Charakter wie in anderen Gegenden Deutschlands; dabei geht er meist mehr zu Kopf. Ausgeprägt würzige neue Sorten wie Morio-Muskat und Kerner sind häufig anzutreffen. Ruländer und Weißburgunder sind oft «dick», eine interessante Abwechslung, nur meist nicht gerade erfrischend. Der Gewürztraminer kann dem aus dem Elsaß aber sehr nahe kommen – inzwischen importiert das Elsaß sogar schon ziemliche Mengen Flaschenwein aus der Südpfalz. Der Riesling ist hier in der Minderheit, kann aber nichtsdestoweniger sehr gut sein, wenn er auch nicht gerade als «fein» zu bezeichnen ist. Silvaner ist als die mildeste Traubensorte sehr beliebt, und der Müller-Thurgau fällt meist am besten aus, wenn er überreif gelesen und zu Auslese verarbeitet wird. Spätburgunder und Portugieser werden ebenfalls angebaut, aber viel Begeisterung steckt nicht dahinter.

Die nachstehend in der Reinhenfolge von Norden nach Süden aufgeführten Großlagen (mit den Hauptorten in Klammern) gelten jeweils für ein rundes Dutzend Gemeinden und sollen nur als ungefährer Leitfaden dienen. Die beachtenswertesten Orte liegen in jedem Fall in oder an den Ausläufern der Haardt, aber die zugehörigen Großlagen können sich weit bis in die Ebene nach Osten erstrecken.

GROSSLAGEN

Mandelhöhe (Maikammer), Schloß Ludwigshöhe (Edenkoben), Ordensgut (Edesheim), Trappenberg (Hochstadt), Bischofskreuz (Walsheim), Königsgarten (Godramstein), Herrlich (Eschbach). Kloster Liebfrauenberg (Bad Bergzabern), Guttenberg (Schweigen).

ERZEUGER

Weingut Dr. von Bassermann-Jordan

Kirchstraße 10, 6705 Deidesheim, Tel.: 06326-6006. *Besitzer:* Dr. Ludwig von Bassermann-Jordan. 40 ha. *Einzellagen:* Deidesheim: Hohenmorgen, Grainhübel, Kieselberg, Kalkofen, Leinhöhle, Herrgottsacker, Paradiesgarten, Mäushöhle, Langenmorgen; Forst: Jesuitengarten, Kirchenstück, Ungeheuer, Pechstein, Freundstück, Stift, Musenhang; Ruppertsberg: Reiterpfad, Hoheburg, Spieß, Nußbien, Linsenbusch: Dürkheim: Michelsberg und Spielberg; Ungstein: Herrenberg. Großlagen: Hofstück, Mariengarten, Schnepfenflug und Honigsäckel.

Ein historisches Haus, vielleicht das erste, das in dieser Gegend hochwertige Weine erzeugt. Es wurde im 18. Jahrhundert von Andreas Jordan gegründet. Dr. Friedrich von Bassermann-Jordan heiratete die Enkelin des Gründers und machte sich als Gesetzgeber, Weinhistoriker und Initiator eines bedeutenden Weinmuseums in den mittelalterlichen Gutskellern einen Namen. Der heutige Besitzer, sein Sohn, hält makellose, ganz und gar traditionsgebundene Qualitätsmaßstäbe aufrecht; sein Riesling ist delikater als andere in der Rheinpfalz, worunter die Langlebigkeit jedoch nicht leidet. Rebbestand: 99% Riesling.

F. & G. Bergdolt

Klostergut St. Lamprecht, 6730 Neustadt-Duttweiler, Tel.: 06327-5027. *Besitzer:* Rainer Bergdolt. 15 ha. *Einzellagen:* Kirrweiler: Mandelberg; Duttweiler: Mandelberg, Kalkberg und Kreuzberg.

1290 als Klostergut erstmals erwähnt, seit über 230 Jahren im Besitz der Familie Bergdolt. Die Weinbereitung ist auf frische und feine Säure abgestellt. Insbesondere die trockenen Rieslinge und Weißburgunder (30% bzw. 10% des Rebbestand) sind sehr gefragt. Als weitere Rebsorten werden Kerner (15%), Müller-Thurgau (12%), Silvaner (10%) und Gewürztraminer (5%) angebaut.

Weingut Josef Biffar

Niederkirchener Straße 13, 6705 Deidesheim, Tel.: 06326-5028. *Besitzer:* Gerhard Biffar. 12 ha. *Einzellagen:* Deidesheim: Nonnenstück, Herrgottsacker, Mäushöhle, Kieselberg, Leinhöhle, Grainhübel und Kalkofen; Ruppertsberg: Nußbien, Linsenbusch und Reiterpfad. Großlagen: Hofstück und Mariengarten.

Ein hochgeachtetes Weingut mit traditionellen faßgereiften Weinen von schöner Ausgewogenheit. Rebbestand: 80% Riesling, 10% Müller-Thurgau, 6% Weißburgunder und 4% Scheurebe und Gewürztraminer. 1984 entstand als Rarität ein Herrgottsacker Spätlese.

Weingut Alfred Bonnet

6701 Friedelsheim, Tel.: 06322-2162. *Besitzer:* Alfred und Philipp Bonnet. 25 ha. *Einzellagen:* Herxheim: Honoigsack; Kallstadt: Steinacker; Dürkheim: Hochbenn und Nonnengarten; Wachenheim: Mandelgarten; Deidesheim: Letten; Forst: Bischofsgarten; Friedelsheim: Kreuz u.a.

Familienweingut hugenottischen Ursprungs, jetzt in der zehnten Generation. Die Rotweine reifen im Faß, die Weißweine werden in Edelstahltanks ausgebaut, um der Oxidation vorzubeugen. Anschließend folgt Flaschenalterung. Der Most von würzigen Traubensorten wird möglichst kühl vergoren, damit das Bukett erhalten bleibt. Ungewöhnlich ist, daß das Weingut seinen Sekt selbst herstellt und nicht an eine Spezialkellerei vergibt. Rebbestand: Riesling (53%), Heroldrebe (6%), Portugieser (6%), Müller-Thurgau (6%) u.a.

Weingut Reichsrat von Buhl

Weinstraße 16, 6705 Deidesheim, Tel.: 06326-1851. *Besitzer:* Georg Enoch, Reichsfreiherr von und zu Guttenberg. *Direktor:* Michael Hiller. 95,5 ha. *Einzellagen:* Forst: Bischofsgarten, Ungeheuer, Pechstein, Kirchenstück, Freundstück und Jesuitengarten; Deidesheim: Nonnenstück, Paradiesgarten, Kieselberg und Leinhöhle; Ruppertsberg: Linsenbusch, Hoheburg und Reiterpfad; Wachenheim: Luginsland; Königsbach: Idig und Jesuitengarten. Großlagen: Mariengarten, Schnepfenflug, Hofstück und Meerspinne.

Eines der größten und vornehmsten Weingüter Deutschlands, gegründet 1849 und noch heute im Besitz der Familie. Rebbestand: 80% Riesling, 15% Müller-Thurgau, 3% Gewürztraminer, 2% Scheurebe – auf flachem oder leicht ansteigendem fruchtbarem Land. Hier werden zunehmend Silvaner und Riesling (soll bis auf 90% gesteigert werden) sowie versuchsweise Chardonnay angebaut. Die Weine sind faßgereift, gehaltvoll und körperreich. Die Palette reicht vom trockenen, ja strengen, einfachen Wein bis zur Trockenbeerenauslese. Entgegen dem Trend wird früh gelesen und abgefüllt.

Weingut Dr. Bürklin-Wolf

Weinstraße 65, 6706 Wachenheim, Tel.: 06322-8955. *Besitzerin:* Bettina Bürklin. *Direktor:* Georg Racquet. 110 ha *Einzellagen:* Wachenheim: Gerümpel, Goldbächel, Altenburg, Böhlig, Luginsland, Bischofsgarten, Mandelgarten, Königswingert und Rechbächel (Alleinbesitz); Forst: Kirchenstück, Ungeheuer, Jesuitengarten, Pechstein, Bischofsgarten; Deidesheim: Hohenmorgen, Langenmorgen, Kalkofen, Herrgottsacker; Ruppertsberg: Hoheburg, Reiterpfad, Nußbien, Linsenbusch und Gaisböhl (Alleinbesitz). Großlagen: Schnepfenflug, Mariengarten, Schenkenböhl und Hofstück.

Großartiges Weingut in besten Lagen der Mittelhaardt; es ist allgemein als eines der schönsten der Gegend und eines der besten in Deutschland anerkannt. Seit 400 Jahren ist es in der Hand der Familie; der Faßkeller geht auf das 16. Jh. zurück. Dr. Albert Bürklin, einer der bedeutendsten Weinfachleute des Landes, starb 1979 und hinterließ seiner Tochter den Besitz. Der Leiter des Weinguts, der aus der erstklassigen Staatsdomäne in Niederhausen an der Nahe kommt, brachte die besten Voraussetzungen mit, die große Tradition fortzusetzen.

Rebbestand: Riesling, Müller-Thurgau, Ehrenfelser, Weißburgunder, etwas Gewürztraminer, Scheurebe, Spätburgunder (für Rotwein) sowie Versuchsanpflanzungen verschie-

dener Sorten. Der Wein ist von der rassigsten, deftigsten und harmonischsten Rheinpfälzer Art.
Neuerdings wurden auch einige superbe Eisweine (u.a. ein sehr seltener 1979er Trockenbeerenauslese-Eiswein) hervorgebracht. Hier wird modernste Technik angewendet, und viele junge Kellermeister haben im Gut ihr Handwerk erlernt.

Gutsverwaltung Wegeler-Deinhard

Weinstraße 10, 6705 Deidesheim, Tel.: 06326-221. *Besitzer:* Deinhard & Co. KGaA. 18 ha. *Einzellagen:* Deidesheim: Herrgottsacker (5,5 ha) und Paradiesgarten (0,6); Ruppertsberg: Linsenbusch (8,1); Forst: Ungeheuer (3,8).

Das Koblenzer Handelshaus Deinard hat diesen Teil des alten Dr.-Deinhard-Besitzes seit 1973 gepachtet; es sollen alte Familienbande bestehen. Heinz Bauer verwaltet beide Güter von dem schönen alten Sandstein-Gutshaus in Deidesheim aus (s. Weingut Dr. Deinhard), die Weine werden jedoch getrennt bereitet und auch verschieden etikettiert. Deinhard-Weine sind wie jene aus den Gütern im Rheingau und an der Mosel Musterbeispiele korrekter und charaktervoller Winzerkunst. Rebbestand: 74% Riesling, 17% Müller-Thurgau, 4% Scheurebe, 3% Gewürztraminer und 2% Sonstige.

Weingut Dr. Deinhard

Weinstraße 10. 6705 Deidesheim, Tel.: 06326-221. *Besitzerin:* Frau Renate Hoch. *Direktor:* Heinz Bauer. *Einzellagen:* Deidesheim: Leinhöhle, Grainhübel, Kieselberg, Kalkofen, Paradiesgarten, Mäushöhle und Nonnenstück; Ruppertsberg: Reiterpfad und Nußbien; Forst, Neustadt, Gimmeldingen und Mußbach.

Bekanntes Weingut, im 19. Jahrhundert von Dr. Andreas Deinhard, einem Mitbegründer des Deutschen Weinbauverbands mit großem Einfluß auf die Gesetzgebung, aufgebaut. Sein schönes Gutshaus aus dem Jahr 1848 beherbergt heute die Verwaltung dieses Guts sowie des an das Handelshaus Deinhard verpachteten Teils (s. Wegeler-Deinhard). Rebbestand: Riesling, Müller-Thurgau, Scheurebe, Gewürztraminer, Ehrenfelser, Kerner und Sonstige. Die Weine sind vorwiegend trocken und halbtrocken, der Nachdruck liegt auf Kabinett-Weinen mit feiner Säure.

Weingut K. Fitz-Ritter

Weinstraße Nord 51, 6702 Bad Dürkheim, Tel. 06322-5389. *Besitzer:* Konrad Fitz. 23,3 ha. 4 ha in der Großlage Schenkenböhl mit *Einzellagen* in Dürkheim: Abtsfronhof (Alleinbesitz), Fronhof und Fuchsmantel; in Wachenheim: Mandelgarten. 7,5 ha in der Großlage Hochmess mit *Einzellagen:* in Dürkheim: Michelsberg, Spielberg, Rittergarten und Hochbenn. 5 ha in der Großlage Feuerberg mit *Einzellagen* in Dürkheim: Nonnengarten und Steinberg; in Ellerstadt: Bubeneck und Sonnenberg; in Kallstadt: Annaberg. 1,4 ha in der Großlage Honigsäckel: *Einzellage* in Ungstein: Herrenberg. 2,1 ha in der Großlage Hofstück: Einzellage in Ellerstadt: Kirchenstück.

Familienweingut mit einem schönen Gutshaus aus dem Jahr 1785. In seinem Park steht neben vielen großartigen, besonderen Bäumen auch der größte Gingko Biloba (der «Goethebaum») Deutschlands. Die Familie Fitz begann hier 1837 eines der ältesten deutschen Sektunternehmen. Rebbestand: 65% Riesling, 3% Gewürztraminer, 6% Spätburgunder, 26% Sonstige. Die meisten Weine sind QmP, d.h. Kabinett und darüber, mit großem Ruf für Individualität.

Emil Hammel & Cie.

Weinstraße Süd 4, 6719 Kirchheim, Tel.: 06359-3003. *Besitzer:* Rudolf und Martin Hammel. 21 ha. *Einzellagen:* Bissersheim: Goldberg und Held; Kirchheim: Kreuz, Römerstraße, Steinacker und Geißkopf; Neuleiningen: Sonnenberg; Kleinkarlbach: Herrenberg; Dirmstein: Mandelpfad. Großlagen: Schwarzerde und Höllenpfad.

Weingut und Handelshaus mit einer Gesamterzeugung von rund 75 000 Kisten – das Fünffache der eigenen Erzeugung, die durch Ankauf von Trauben aus der Umgebung ergänzt wird. Die Firma ist durch den Vertrieb sehr guter, meist halbtrockener offener Weine – hauptsächlich Müller-Thurgau, Riesling und Portugieser Rotwein – bekannt geworden, bietet aber auch ein reichhaltiges Alternativsortiment an, u.a. den vorzüglichen St-Emilion Château Soutard.

Weingut Kloster Heilsbruck

Klosterstraße 170, 6732 Edenkoben, Tel.: 06323-2883. *Besitzer:* Karl Ueberle Erben. *Leiter:* Rudolf Nagel. 12 ha. *Einzellagen:* Edenkoben: Klostergarten, Heilig Kreuz und Bergel; Ruppertsberg: Reiterpfad.

Alte Klostergebäude mit der ländlichen Atmosphäre aus der Zeit vor 100 Jahren beherbergen eine eindrucksvolle Reihe alter Eichenfässer mit einem Gesamtfassungsvermögen von 450 000 Litern. Die in diesen Fässern gereiften Weine (mindestens 1 Jahr, höchstens 3 Jahre) zeichnen sich durch bemerkenswerte Haltbarkeit aus; zwar sind sie nicht unbedingt «fein» zu nennen, aber sie repräsentieren in faszinierender Weise eine beinahe verlorgengegangene Tradition. Rebbestand: 70% Riesling.

Weingut Johannes Karst & Söhne

Burgstraße 15, 6702 Bad Dürkheim. *Besitzer:* Heinz Karst. 10 ha. *Einzellagen:* Dürkheim: Fuchsmantel, Spielberg, Hochbenn und Michelsberg. Großlagen: Feuerberg, Schenkenböhl und Hochmess.

Weingut und Handelhaus in Familienbesitz. Rebbestand: 80% Riesling, 10% Scheurebe. Neuerdings ist die Scheurebe zur Spezialität des Hauses geworden, und die Huxelrebe wird zu Auslesen sowie Beeren- und Trockenbeerenauslesen verarbeitet.

Weingut Dr. Kern

Schloß Deidesheim, 6705 Deidesheim, Tel.: 06326-260. *Besitzer:* Gottfried Kern. 5,8 ha. *Einzellagen:* Deidesheim: Herrgottsacker, Kieselberg, Leinhöhle, Langenmorgen, Paradiesgarten, Grainhübel und Nonnenstück; Forst: Ungeheuer; Ruppertsberg: Linsenbusch, Reiterpfad; Niederkirchen: Klostergarten.

Kleines, aber sehr bekanntes Gut mit Anteilen an besten Lagen in der Mittelhaardt. Der Riesling-Bestand (69%) ist hoch, ferner werden Kerner (10%), Müller-Thurgau (4%), Gewürztraminer (8%) und Spätburgunder (9%) angebaut. Der Stolz des Hauses ist trockener Riesling, der mit Absicht sehr spät abgefüllt wird, um möglichst lange Entfaltung im großen Gebinde zu gewährleisten. In einer Probierstube steht er zum Kosten bereit.

Weingut Koehler-Ruprecht

Weinstraße 84, 6701 Kallstadt, Tel.: 06322-1829. *Besitzer:* Familie Philippi. *Leitung:* Otto Philippi. 8,25 ha. *Einzellagen:* Kallstadt: Saumagen, Steinacker und Kronenberg. Großlagen: Kobnert und Feuerberg.

Jahrhundertealter Familienbesitz, zu ihm gehört auch das reizende Hotel «Weincastell» mit schönen Antiquitäten und Spezialgerichten des Landes. Rebbestand: 68% Riesling; Spätburgunder ist ebenfalls Spezialität des Hauses (der 83er Kallstädter Feuerberg ist eine großartige Rarität). Die Trauben gelangen hier zu beachtlicher Reife: Herr Philippi berichtet, daß er immer ein Auslese gewinnen kann. Traditionelle Kellermethoden erbringen Weine mit reichhaltigem Geschmack.

Weingut Karl & Hermann Lingenfelder

Hauptstraße 27, 6711 Großkarlbach, Tel.: 06238-754. *Besitzer:* Familie Lingenfelder. 10 ha. *Einzellagen:* Großkarlbach: Burgweg und Osterberg (7,6); Friensheim: Goldberg, Musikantenbuckel (2,4).

Das Familiengut in der 13. Generation bringt extraktreiche, sehr individuelle und charaktervolle Weine hervor, die bei internationalen Wettbewerben zunehmend erfolgreich sind. Rebbestand: 22% Riesling, 15% Scheurebe, 14% Spätburgunder, 17% Müller-Thurgau und 12% Kerner. Der Spätburgunder wird wie ein «echter Burgunder» in französischen Eichenfässern ausgebaut. Rainer Karl Lingenfelder ist Chef-Önologe im Handelshaus H. Sichel Söhne.

Weingut Georg Mosbacher

Weinstraße 27,6701 Forst, Tel.: 06326-329. *Besitzer:* Richard Mosbacher. 9,3 ha. *Einzellagen:* Forst: Ungeheuer, Pechstein, Elster, Freundstück, Musenhang und Stift; Deidesheim: Herrgottsacker; Wachenheim: Altenburg. Großlagen: Mariengarten und Schnepfenflug.

Die Familie Mosbacher hat dieses kleine Weingut mitten in Forst seit der ersten Erzeugerabfüllung im Jahr 1920 stetig verbessert. Rebbestand: 80% Riesling, 9% Müller-Thurgau, je 3% Scheurebe, Kerner und Spätburgunder sowie 2% Gewürztraminer (der Riesling-Anteil soll auf 90% gebracht werden). Die frisch-blumigen Weine, insbesondere trokkener Riesling Kabinett vom Forster Pechstein und Stift, gewinnen regelmäßig Auszeichnungen. Der Verkauf erfolgt direkt an Kunden bzw. in der eigenen Weinstube.

Weingut K. Neckerauer

Ritter von Geißler-Straße 9, 6714 Weisenheim am Sand, Tel.: 06353-8059. *Besitzer:* Klaus und Arnd Neckerauer. 16 ha. *Einzellagen* nur in Weisenheim am Sand: Hahnen, Hasenzeile, Goldberg, Altenberg, Halde und Burgweg. 16% des Besitzes fallen lediglich unter die Großlagen Rosenbühl und Schwarzerde.

Die ersten Flaschenweine wurden 1930 verkauft; der heutige Besitzer (dritte Generation) ist ein außerordentlich tüchtiger Mann, der Rebsorten und Bodenarten aufeinander abzustimmen versteht und dadurch intensiven Riesling Kabinett, würzigen halbtrockenen Kerner, fruchtigen Müller-Thurgau und hellen Portugieser (oft als Weißherbst) hervorbringt. Der sandige Boden und die geringen Niederschlagsmengen führen vor allem beim Riesling zu natürlicher Ertragsbeschränkung.

Weingut Pfeffingen

6702 Bad Dürkheim, Tel.: 06322-8607. *Besitzer:* Karl Fuhrmann und Günter Eymael. 11,5 ha. *Einzellagen* in Ungstein: Herrenberg und Weilberg. Großlage Honigsäckel.

Hochangesehenes kleines Weingut; die Gebäude bei Ungstein an der Straße von Bad Dürkheim her stehen inmitten der Reben. Rebbestand: 70% Riesling, 10% Müller-Thurgau, 10% Scheurebe sowie Silvaner und Gewürztraminer. Die Weine haben sehr viel Finesse; der Riesling ist oft trocken, die Scheurebe saftig und voll.

Weingut Ökonomierat Rebholz

Weinstraße 54, 6741 Siebeldingen, Tel.: 06345-3439. *Besitzerin:* Christine Rebholz. 9 ha. *Einzellagen:* Birkweiler: Kastanienbusch; Siebeldingen: Im Sonnenschein. Großlage: Königsgarten.

Die Familie leistete Pionierarbeit in der Erzeugung hochwertiger Weine in einer Gegend, in der steile Hänge und verschiedenartige Böden gute Chancen bieten. 1949 brachte Eduard Rebholz (der Großvater des heutigen Direktors, Hansjörg Rebholz) als erster eine Müller-Thurgau-Trockenbeerenauslese heraus und machte damit die zuvor etwas über die Schulter angesehene Rebe «salonfähig». Rebbestand: 31% Riesling, 20% Spätburgunder, 14% Müller-Thurgau, 11% Rülander. Süßreserve wird hier nicht verwendet, weshalb die Kabinette und Spätlesen fast immer trocken sind, und QbA-Weine gibt es überhaupt nicht. Die Weine des Guts sind sauber, rassig und interessant im Geschmack – sie gehören zu den besten der Gegend.

Weingut Karl Schaefer

Weinstraße Süd 30, 6702 Bad Dürkheim, Tel.: 06322-2138. *Besitzer:* Dr. Wolf Fleischmann. 17 ha. *Einzellagen:* Wachenheim: Fuchsmantel (6,5 ha); Dürkheim: Michelsberg (2) und Spielberg (1,8).

1843 gegründetes Familiengut, heute in der vierten Generation. Der Rebbestand umfaßt Silvaner, Scheurebe, Gewürztraminer und Kerner, in der Hauptsache jedoch Riesling (75% der Fläche). Vorwiegend trockene Weine, frisch im Geschmack und elegant in der Art.

Ludwig Schneider GmbH

Maikammerstraße 7, 6731 St. Martin, Tel.: 06323-2008. *Besitzer:* Familie Schneider. 120 ha. *Einzellagen:* St. Martin: Baron, Kirchberg und Zitadelle; Maikammer: Kapellenberg, Heiligenberg, Kirchenstück, Immengarten. Großlagen: Schloß Ludwigshöhe und Mandelhöhe.

Ein Handelshaus (Umsatz 125 000 Kisten im Jahr), das sich mit dem Vertrieb der Weine der Winzergenossenschaft «St. Martinus» befaßt. Zum Besitz gehört auch ein schöner alter Gasthof, einer der sehenswertesten Renaissance-Fachwerkbauten an der Südlichen Weinstraße. Die Weine sind leicht, aufgeschlossen, spritzig; geeignet als gute Gasthausweine.

Weingut Eduard Schuster

Neugasse 21, 6701 Kallstadt, Tel.: 06322-8011. *Besitzer:* Gerhard und Manfred Schuster. 19 ha. *Einzellagen:* Kallstadt: Steinacker und Kronenberg; Leistadt: Kirchenstück. Großlage: Kobnert.

Winzerfamilie in der elften Generation mit einem besonderen Hang zum Silvaner, der im kalkhaltigen Mergelboden Kallstadts vorzüglich gedeiht. Rebbestand: 23% Silvaner, 31% Riesling, 7% Müller-Thurgau sowie verschiedene andere Sorten, u.a. Muskateller. Alle Weine werden in Eichenholzfässern in alten Kellergewölben ausgebaut.

Kommerzienrat Georg Fr. Spiess

Kleinkarlbach, Tel.: 06359-801276. *Besitzer:* Familie Spiess. 20 ha. *Einzellagen:* Kleinkarlbach: Herrenberg und Herrgottsacker; Neuleinigen: Schloßberg.

Rebbestand: je 38% Riesling und Müller-Thurgau. Ein blühendes Weingut mit hohen Qualitätsmaßstäben. Nur Direktverkauf. Feine Rieslinge, darunter auch ein sauberer, leichter Jahrgangssekt.

Weingut Lindenhof Eugen Spindler

Weinstraße 55, 6701 Forst, Tel.: 06326-338. 13,5 ha. *Einzellagen:* Deidesheim: Grainhübel, Leinhöhle, Kieselberg, Herrgottsacker; Ruppertsberg: Reiterpfad, Linsenbusch; Forst: Pechstein, Ungeheuer, Jesuitengarten.

Hochangesehenes Familiengut mit 65% Riesling, 15% Müller-Thurgau und 20% Sonstigen als Rebbestand.

Weingut Harmut Stauch

Weinstraße 130, 6701 Kallstadt, Tel.: 06322-3927. *Besitzer:* Alfred Stauch, 6,5 ha. *Einzellagen:* Kallstadt: Steinacker und Kronenberg.

Kleines Gut mit einem für die Rheinpfalz ungewöhnlich hohen Riesling-Bestand (68%). Sonstige Rebsorten: 12% Gewürztraminer, 4% Scheurebe, 4% Muskateller, 4% Ruländer, 8% Spätburgunder. Die Rieslinge sind sehr gute, geschmacksintensive, fruchtige Weine.

Stumpf-Fitz'sches Weingut Annaberg

6702 Bad Dürkheim-Leistadt, Tel.: 06322-2202. *Besitzerin:* Frau Ingeborg Meder (geb. Nenninger). 1 ha am Annaberg (die übrigen 4 ha sind zurzeit an das Weingut K. Fitz-Ritter verpachtet).

Vielleicht das berühmteste kleine Weingut in Deutschland, zugleich ein Denkmal aus der Römerzeit, ein Naturreservat und ein ausnehmend guter Weinberg, bepflanzt mit 30% Riesling, 30% Scheurebe, 20% Weißburgunder, 10% Silvaner und 10% Ruländer. Es wurde vor einem Jahrhundert von Eugen Stumpf-Fitz als Mustergut errichtet. Späte Lese und beschränkter Ertrag verleihen den Weinen Fülle und schöne Ausgewogenheit bei jahrelanger Haltbarkeit. Die Scheurebe fällt überaus würzig aus, der Riesling kernig mit reichhaltigem Geschmack; eine 64er Auslese war 1982 einfach vollkommen.

Weingut Winkels-Herding

6719 Dackenheim, Tel.: 06353-7326. *Besitzer:* Gregor Friedrich und seine Söhne Christian und Hans. 15 ha. *Einzellagen:* Dackenheim: Kapellengarten, Liebesbrunnen und Mandelröth; Herxheim: Himmelreich und Honigsack; Freinsheim: Musikantenbuckel.

300 Jahre altes Familiengut; die charaktervollen Weine reifen mindestens ein Jahr im Faß, ehe sie abgefüllt werden. Rebbestand: 83% Weißweinsorten, davon 29% Riesling, 19% Silvaner, 18% Müller-Thurgau und je 9% Kerner und Gewürztraminer.

Weingut J.L. Wolf Erben

Weinstraße 1, 7606 Wachenheim, Tel.: 06322-8665. *Besitzer:* Dieter und Ingrid Müller. 18 ha. Wachenheim: Belz (Alleinbesitz). Königswingert, Gerümpel, Altenburg und Goldbächel; Forst, Ungeheuer, Jesuitengarten und Pechstein; Deidesheim: Herrgottsacker und Leinhölle.

Rebbestand: zu 90% Riesling. Trockene bis liebliche rassige Weine.

Winzerverein Deidesheim eG

Prinz Rupprechtstraße 8, 7605 Deidesheim, Tel.: 06326-6016. 473 Mitglieder mit 184 ha in Deidesheim, Ruppertsberg, Forst, Niederkirchen, Meckenheim und Wachenheim.

Der Riesling-Anteil (rund 68%) am Rebbestand ist ebenso hoch wie in der Gemeinde insgesamt. Der Winzerverein, die älteste Genossenschaft in der Rheinpfalz, setzt besondere Maßstäbe.

Deutsches Weintor

6741 Ilbesheim, Tel.: 06342-30051.

Die große Winzergenossenschaft der Südlichen Weinstraße führt als Symbol das «Deutsche Weintor», das in Schweigen an der Grenze zum

Elsaß steht. Die 1315 Mitglieder bearbeiten 6400 ha in 47 Gemeinden und bringen ihr Lesegut in die gewaltigen Tanks der Genossenschaft, die 38 Mio Liter fassen – eine Kapazität, die in Europa ihresgleichen sucht.

Von den 41 angebauten Rebsorten entfallen auf Müller-Thurgau 30,8% Morio-Muskat 16,8% und Silvaner 8,8%. Die Weine sind mild und oft ausgesprochen würzig (v.a. der Morio-Muskat, der auch mit anderen Sorten verschnitten wird), in der Hauptsache lieblich, oft mit schöner Vitalität und Ausgewogenheit – und stets ihren Preis wert. Das «Weintor» hat seinen Großlagennamen, z.B. Guttenberg, Kloster Liebfrauenberg, Herrlich, Bischofskreuz, Trappenberg und Königsgarten, zu großer Bekanntheit verholfen.

Erpolzheim

Bahnhofstraße 40, 6701 Erpolzheim,
Tel.: 06353-7379.

Die relativ kleine Genossenschaftskellerei wurde 1934 gegründet. Sie verabeitet heute Trauben aus Erpolzheim (70 ha), Friensheim (15 ha), Bad Dürkheim (10 ha), Kallstadt (10 ha) und Deidesheim (5 ha). Der Rebbestand der 97 Mitglieder umfaßt 28% Riesling, 17% Müller-Thurgau, 16% Silvaner, 16% Portugieser, 8% Kerner und 8% Weißburgunder usw. 1983 wurden den Gewürztraminer-, Ruländer- und Silvaner-Auslesen hohe DLG-Auszeichnungen zuerkannt.

Forst

Weinstraße 57, 6701 Forst, Tel.: 06326-306.
Einzellagen: Forst: Kirchenstück, Jesuitengarten, Ungeheuer; Deidesheim: Herrgottsacker; Wachenheim: Gerümpel.

Die 1918 gegründete hochangesehene Winzergenossenschaft von Forst mit 44 ha Riesling in den besten Lagen hat 114 Mitglieder mit 64 ha in Forst, Deidesheim, Wachenheim und Ungstein. Großlagen: Schnepfenflug, Mariengarten und Hofstück. Die Hälfte des Weins wird in der Flasche, die andere Hälfte im Faß verkauft.

Friedelsheim

Hauptstraße 97–99. 6701 Friedelsheim,
Tel.: 06322-2029.

Die 1911 in Bad Dürkheim gegründete Winzergenossenschaft zog 1971 nach Friedelsheim um. Hier werden jährlich 60% der Erzeugung in Flaschen gefüllt (143 000 Kisten), während der Rest im Faß verkauft wird. Die Rebfläche von 152 ha liegt etwas östlich der berühmten Deidesheimer und Forster Einzellagen. Rot- und Weißweine unter den Großlagennamen Forster Schnepfenflug und Deidesheimer Hofstück haben schon oft DLG-Auszeichnungen errungen. Rebbestands: 32% Riesling, 15% Portugieser, 15% Müller-Thurgau, 10% Silvaner sowie Ruländer, Huxelrebe, Ehrenfelser, Kerner, Gewürztraminer u.a.

Hambacher Schloß

Weinstraße 110, 6730 Neustadt-Hambach,
Tel.: 06321-2343.

Die Winzergenossenschaft mit 209 Mitgliedern wurde 1902 durch den Zusammenschluß von vier kleineren Kellereien am Südende des Bereichs Mittelhaardt/Deutsche Weinstraße gebildet. Der Wein wird zu 80% in Flaschen verkauft. Die Rebfläche von insgesamt 85 ha in den Hügeln um Hambach und Diedesfeld ist mit Müller-Thurgau (30%), Riesling (20%), Portugieser (20%), Kerner (15%) und Silvaner (10%) besetzt.

Herxheim am Berg

Am Goldberg, 6719 Herxheim am Berg,
Tel.: 06353-7348.

Alteingesessene Genossenschaftskellerei mit 100 Mitgliedern und 140 ha Rebfläche nördlich von Bad Durkheim. Von den Einzellagen in Herxheim – Kirchenstück, Himmelreich und Honigsack – deren Weine von der Kellerei vertrieben werden, hat man einen weiten Blick über die Rheinebene bis nach Ludwigshafen und Heidelberg. Zum Teil sind die Weinberge der Mitglieder sehr steil, und der Rebbestand ist ebenso vielfältig wie in der ganzen Region: Riesling, Müller-Thurgau, Silvaner, Kerner, Scheurebe, Portugieser, Weißburgunder, Ehrenfelser und Ruländer.

Königsbach-Neustadt

Deidesheimer Str. 12, 6730 Neustadt-Königsbach,
Tel.: 06321-66079.

Eine von mehreren Genossenschaftskellereien in und um Neustadt. Sie wurde 1902 gegründet und 1978 mit einer anderen Genossenschaftskellerei der Gegend vereinigt. Ihre Mitglieder besitzen heute eine Rebfläche von 140 ha in Königsbach, Mußbach, Neustadt und Ruppertsburg. 40% des Jahresabsatzes von 161 000 Kisten entfallen auf selbstabholende Privatkunden. Rebbestand: 41% Riesling und 16% Müller-Thurgau sowie Kerner, Silvaner, Portugieser, Dornfelder und Spätburgunder.

Leiningerland

Asselheimerstraße 22, 6718 Grünstadt,
Tel.: 06359-2194.

Genossenschaftskellerei mit 80 Mitgliedern und 100 ha, 1933 in Grünstadt im Norden des Bereichs Mittelhaard/Deutsche Weinstraße. Die Jahreserzeugung – bis zu 119 000 Kisten – stammt aus Sausenheim, Asselheim, Mühlheim, Obrigheim, Kirchheim, Neuleiningen und Grünstadt selbst. Rebbestand: Müller-Thurgau (25%), Portugieser (17%), Scheurebe (12%), Riesling (11%), Silvaner (7%), Kerner (6%) und Morio-Muskat (6%).

Meckenheim

An der Eselshaut 76, 6730 Neustadt-Mußbach,
Tel.: 06321-66035/6.

Eigentlich wurde diese Genossenschaft 1922 im Nachbarort Mußbach gegründet. Ihre Weine vertreibt sie entweder unter dem Namen der Großlage Deidesheimer Hofstück oder der Einzellagen Meckenheimer Spielberg und Neuberg, deren Ertrag fast ganz in der Kellerei verarbeitet wird. Heutzutage etwas unüblich ist, daß ein Teil des Weins einfach als Meckenheimer ohne weitere Lagenbezeichnung angeboten wird. Zwei Trockenbeerenauslesen haben unter diesem Namen 1985 hohe Auszeichnungen errungen. Die 280 Mitglieder bauen u.a. Riesling, Müller-Thurgau, Silvaner, Kerner, Ruländer, Ehrenfelser, Morio-Muskat und Gewürztraminer sowie verschiedene alte und moderne Rotweinrebsorten an.

Mußbach-Gimmeldingen

An der Eselshaut 57, 6730 Neustadt. Mußbach,
Tel.: 06321-6546.

Die Genossenschaft hat Weinberge in der Ebene um Mußbach (167 ha) sowie 21 ha in der Großlage Meerspinne. Die Erzeugung wird zum Teil in Flaschen abgefüllt (277 000 Kisten im Jahr), eine kleinere Menge im Faß verkauft. Die 265 Mitglieder bauen Müller-Thurgau (26%), Riesling (21%), Silvaner (14%), Kerner (14%) und Portugieser für Rotwein (12%) an.

Rietburg

Edesheimerstraße 50, 6741 Rhodt,
Tel.: 06323-2061.

Die 1958 mit 58 Mitgliedern gegründete Genossenschaftskellerei ist inzwischen gewachsen und erfaßt die meisten Weinorte im Norden des Bereichs Südliche Weinstraße. Auf den Export entfallen 20% des Jahresabsatzes von 10 bis 14 Mio l (1,4 bis 1,6 Mio Kisten). Die jetzt 1150 Mitglieder steuern 1100 ha bei mit Müller-Thurgau (30%), Silvaner (20%), Riesling (10%), Ruländer (10%), Kerner (10%), Scheurebe (5%), Portugieser (5%) sowie Weißburgunder, Gewürztraminer, Ortega, Ehrenfelser.

Ruppertsberger «Hoheburg»

Obergasse 23, 6701 Ruppertsberg, Tel.: 06326-384.
209 Mitglieder mit 204 ha: 161 in Ruppertsberg, 22 in Königsbach, 11 in Meckenheim, 7 in Mußbach, 2 in Deidesheim und 2 in Gimmeldingen. Großlage: Hofstück und Meerspinne.

Rebbestand: 45% Riesling; neben Silvaner und Müller-Thurgau spielen auch Portugieser und Kerner eine bedeutende Rolle. Die Spitzen-Rieslinge aus Ruppertsberg sind oft ganz ausgezeichnet.

Vier Jahreszeiten – Kloster Limburg

Limburgstraße 8, 6702 Bad Dürkheim,
Tel.: 06322-8107.

Bekannte Genossenschaftskellerei, um die Jahrhundertwende gegründet. Die 243 Mitglieder liefern Trauben von 200 ha um Bad Dürkheim – wo das wohl größte Weinfest der Welt stattfindet – sowie aus Wachenheim (80 ha), Deidesheim (30 ha), Ungstein (10 ha) und Kallstadt (2 ha). 262 ha sind mit Weißweinreben (38% Riesling, 20% Müller-Thurgau, 10% Silvaner) und 60 ha mit Rotweinreben (79% Portugieser, 8% Spätburgunder) besetzt.

HESSISCHE BERGSTRASSE

Das kleinste Anbaugebiet Deutschlands liegt Worms gegenüber auf der anderen Seite des Rheintals auf steilen, oft terrassierten Hängen entlang der Bergstraße zwischen Darmstadt und Heidelberg, mit einem weiten Blick über das Rheintal. Die Topographie ist ähnlich wie in Nordbaden, und die nordbadischen Weinberge schließen unmittelbar südlich an die Hessische Bergstraße an. Nach Osten hin gewährt der Odenwald Schutz. Seine Südwesthänge bieten gute Voraussetzungen für den Weinbau, denn die Durchschnittstemperaturen sind hier ebenso hoch wie im Badischen. Der gute Ruf der Hessischen Bergstraße fußt weitgehend auf den Weinbergen, die das in Eltville beheimatete Hessische Staatsweingut in Bensheim und Heppenheim unterhält.

Das Anbaugebiet ist in zwei Bereiche unterteilt: Umstadt, «die Odenwälder Weininsel», weit abgelegen vom Rhein, östlich von Darmstadt, sowie Starkenburg, etwa 15 km entlang der von Norden nach Süden verlaufenden Bergstraße mit Bensheim, Heppenheim und neun weiteren Orten in drei Großlagen und 18 Einzellagen. Einige Weinberge bei Seeheim und Alsbach bilden eine nördliche Verlängerung des Bereichs Starkenburg.

Auf dem Lößboden der Westhänge bekommt der Riesling genug Sonnenwärme zum Ausreifen und bringt Weine, die den Rheingauern ähneln, wenn sie auch nicht so viel Rasse und Finesse erreichen. Von Zwingenberg bis Bensheim besteht der Boden aus verwittertem Granit und um Heppenheim aus gelbem Sandstein und Löß. Im Bereich Starkenburg herrscht der Riesling vor, während im Bereich Groß-Umstadt auch Müller-Thurgau, Silvaner und Ruländer verbreitet sind. Die gesamte Rebläche beläuft sich auf 381 ha.

Die über tausend Winzer (viele von ihnen sind es im Nebenberuf) lassen ihren Wein größtenteils von der Bergsträßer Gebietswinzergenossenschaft in Heppenheim und der Odenwälder Winzergenossenschaft in Groß-Umstadt bereiten. Beide unterhalten Weinstuben, ebenso wie das Staatsweingut und viele kleine Winzer. Die Einzelbesitzungen sind klein und die Weinberge meist steil. Maschinelle Bearbeitung ist nur schwer möglich.

Der größte Teil des Bergsträßer Weins wird an Ort und Stelle in Schenken, Restaurants, Weinstuben und Straußwirtschaften getrunken.

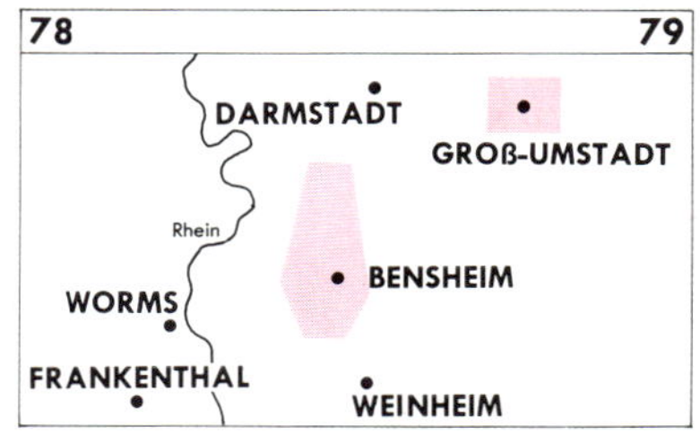

BEREICH UMSTADT

GROSSLAGENFREI

Dietzenbach
Wingertsberg 1

Roßdorf
Roßberg 2

Klein-Umstadt (Umstadt)
(Ortsteil von Groß-Umstadt)
Stachelberg 3

Groß-Umstadt (Umstadt)
Steingerück 4
Herrnberg 5

Brensbach
Heilige Tanne 5 a

BEREICH STARKENBURG

GROSSLAGENFREI

Seeheim
Mundklingen 6

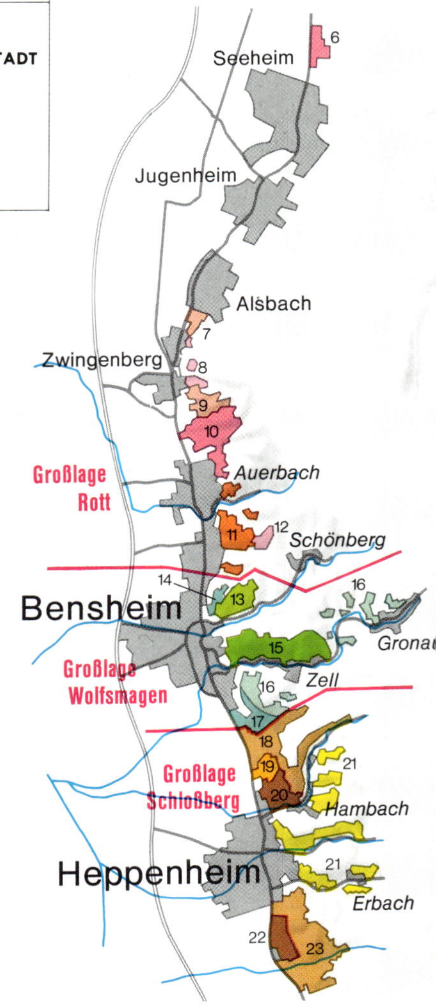

REISE-INFORMATIONEN

Die Bergstraße ist ein beliebtes Ziel für Touristen von fern und nah. Die frühe und reiche Baumblüte hat ihr den Ruf eines Frühlingsgartens eingetragen. Was hier an Wein wächst, wird größenteils von den Besuchern in Schenken und Weinstuben getrunken. Wahrhaft sehenswert sind alle die schönen Städte und Dörfer am Rand des Rheintals: Heppenheim mit seinem alten Markplatz, dem Rathaus und der Ruine Starkenburg, Bensheim mit dem Staatspark Fürstenlager und dem Auerbacher Schloß.

Der waldreiche Naturpark Odenwald-Bergstraße dehnt sich nach Osten hin – ihn durchziehen die Siegfriedstraße und die Nibelungenstraße von Westen nach Osten –, und bis Heidelberg ist es nicht weit.

◀ Die steilen Weinberge an der Hessischen Bergstraße sind in fast italienisch anmutender Mischpflanzung mit Obstbäumen durchsetzt. Die moderne Monokultur hat hier keinen Eingang gefunden.

WEINBAUGEMEINDEN

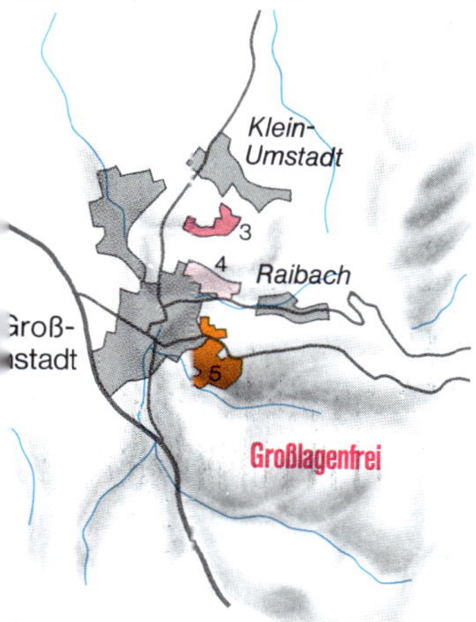

GROSSLAGE ROTT

Alsbach
Schöntal 7

Zwingenberg
Steingeröll 8
Alte Burg 9

Auerbach
(Ortsteil von Bensheim)
Höllberg 10
Fürstenlager 11

Schönberg
(Ortsteil von Bensheim)
Herrnwingert 12

GROSSLAGE WOLFSMAGEN

Bensheim
Kalkgasse 13
Kirchberg 14
Streichling 15 P
Hemsberg 16 P
Paulus 17

Zell
(Ortsteil von Bensheim)
Streichling 15 P
Hemsberg 16 P

Gronau
(Ortsteil von Bensheim)
Hemsberg 16 P

GROSSLAGE SCHLOSSBERG

Heppenheim
Stemmler 18 P
Centgericht 19
Steinkopf 20 P
Maiberg 21 P
Guldenzoll 22
Eckweg 23

Hambach
(Ortsteil von Heppenheim)
Stemmler 18 P
Steinkopf 20 P
Maiberg 21 P

Erbach
(Ortsteil von Heppenheim)
Maiberg 21 P

BEREICH STARKENBURG

Der Hauptteil der Hessischen Bergstraße besteht aus einer Reihe von Weinlagen von Norden nach Süden.

GROSSLAGE ROTT

Sie beginnt bei Alsbach, es gibt jedoch einige großlagenfreie Weinberge weiter nördlich. Der Riesling herrscht vor.

Alsbach: Schöntal, 6 ha, SW-W, steil. Zwingenberg: Steingeröll, 22,5 ha, WSW, ansteigend; Alte Burg, 8,5 ha, W, ansteigend. Auerbach: Hölberg, 68 ha, SW-W, ansteigend; Fürstenlager, 43 ha, SW, ansteigend. Schönberg: Herrnwingert, 11 ha, S, ansteigend.

GROSSLAGE WOLFSMAGEN

Um Bensheim, in der Mitte des Bereichs, sind die Weinberge auf den Haupthang und zwei Seitentäler verteilt. Auch hier wächst vor allem Riesling.

Bensheim: Kalkgasse, 47 ha, SSW, ansteigend; Kirchberg, 9 ha, W, ansteigend; Streichling, 115 ha, S, ansteigend; Hemsberg, 71 ha, SW, ansteigend; Paulus, 26 ha, W, ansteigend.

GROSSLAGE SCHLOSSBERG

Sie liegt am Südende des Bereichs Starkenburg mit Weinbergen um Heppenheim sowie in den Seitentälern bei Erbach und Hambach.

Heppenheim: Stemmler, 105 ha, W, ansteigend; Centgericht, 17 ha, SW, steil; Steinkopf, 34 ha, S-SW, steil; Maiberg, 111 ha, S, steil; Guldenzoll, 20 ha, SW, steil; Eckweg, 115 ha, SW, ansteigend.

BEREICH UMSTADT

Die Odenwälder Weininsel liegt weiter östlich, in Richtung Franken. Hier stehen neben Ruländer, Müller-Thurgau und Silvaner auch Riesling-Reben. Die einzigen größeren Lagen sind die drei bei Groß-Umstadt und dem Ortsteil Klein-Umstadt.

Klein-Umstadt: Stachelberg, 17 ha, SSO, ansteigend, Groß-Umstadt: Steingerück, 21 ha, S, ansteigend; Herrnberg, 61 ha, SO, S und SW, steil und ansteigend. (Die Weine aus Groß- und Klein-Umstadt werden einfach als Umstädter zusammen mit dem Namen der Einzellage bezeichnet.)

ERZEUGER

Staatsweingut Bergstraße

Grieselstraße 34–36, 6140 Bensheim, Tel.: 06251-3107. *Direktor:* Heinrich Hillenbrand. 36,5 ha. *Einzellagen:* Heppenheim: Centgericht (Alleinbesitz) und Steinkopf; Bensheim: Streichling und Kalkgasse; Schönberg: Herrnwingert (Alleinbesitz).

So ziemlich das größte Weingut des Anbaugebiets, ursprünglich ein Teil der Alten preußischen Staatsdomäne, heute von Eltville im Rheingau aus verwaltet. Die Weine sind mild, schön ausgewogen, manchmal ausgesprochen saftig, mit feiner Säure. Die beste Lage ist Centgericht bei Heppenheim; vor allem trockene und halbtrockene Kabinettweine, Auch Eiswein wurde mit viel Erfolg bereitet. Rebbestand: 70% Riesling, 10% Müller-Thurgau, 6% Ruländer, 4% Weißburgunder, 2% Gewürztraminer, Spätburgunder und 8% Neuzüchtungen.

Weingut der Stadt Bensheim

Am Ritterplatz, 6140 Bensheim, Tel.: 06251-14269. *Direktor:* Karl Blechschmitt. 12,5 ha. *Einzellagen:* Bensheim: Kirchberg (5,4 ha), Kalkgasse (5,5) und Streichling (1,6).

Das kleine Gut in der Großlage Wolfmagen ist hauptsächlich mit Riesling besetzt, hat aber auch größere Bestände an Rotberger (17%), einer Trollinger × Riesling-Kreuzung, die zu Rosé verarbeitet wird. Die Erzeugung wird zum größten Teil in Literflaschen oder offen in den Gasthäusern der Stadt verkauft.

Weingut H. Freiberger OHG

Hermannstraße 16, 6148 Heppenheim, Tel.: 06252-2457. *Besitzer:* Herbert und Heinz Freiberger. 12 ha. *Einzellagen:* Heppenheim: Maiberg, Steinkopf, Eckweg, Guldenzoll und Stemmler – alle in der Großlage Schloßberg.

Das führende private Weingut des Anbaugebiets mit einem breiten Spektrum an gehaltvollen, frischen, trockenen bis halbtrockenen Weinen aller Qualitätsstufen. Rebbestand: 58% Riesling, 14% Müller-Thurgau, 13% Ruländer, 6% Ehrenfelser und 14% Gewürztraminer, Kerner, Spätburgunder, Silvaner und Scheurebe. Die Ruländer-Spätlesen haben großartigen Charakter; sie kommen an die Süße von Trockenbeerenauslesen heran.

Bergsträßer Gebiets-Winzergenossenschaft eG

Darmstädter Str. 56, 6148 Heppenheim, Tel.: 06252-73015.

Die größte Genossenschaft im Land Hessen wurde 1904 gegründet und dient heute als Zentralkellerei für die Hessische Bergstraße. Die 600 Mitglieder, meist «Feierabend-Winzer», verfügen über 71% (274 ha) der gesamten Rebfläche, v.a. in Heppenheim (166 ha), Bensheim (50 ha) und Auerbach (37 ha) sowie 21 ha in Laudenbach/Baden. Die Weine werden in Tanks und großen Fässern ausgebaut. Auf der Preisliste stehen u.a. drei Trockenbeerenauslesen und fünf Beerenauslesen von 1983.

OSTEN

35

79

HESSISCHE BERGSTRASSE · 115

FRANKEN · 132/133

FRANKEN · 131

◀ 117

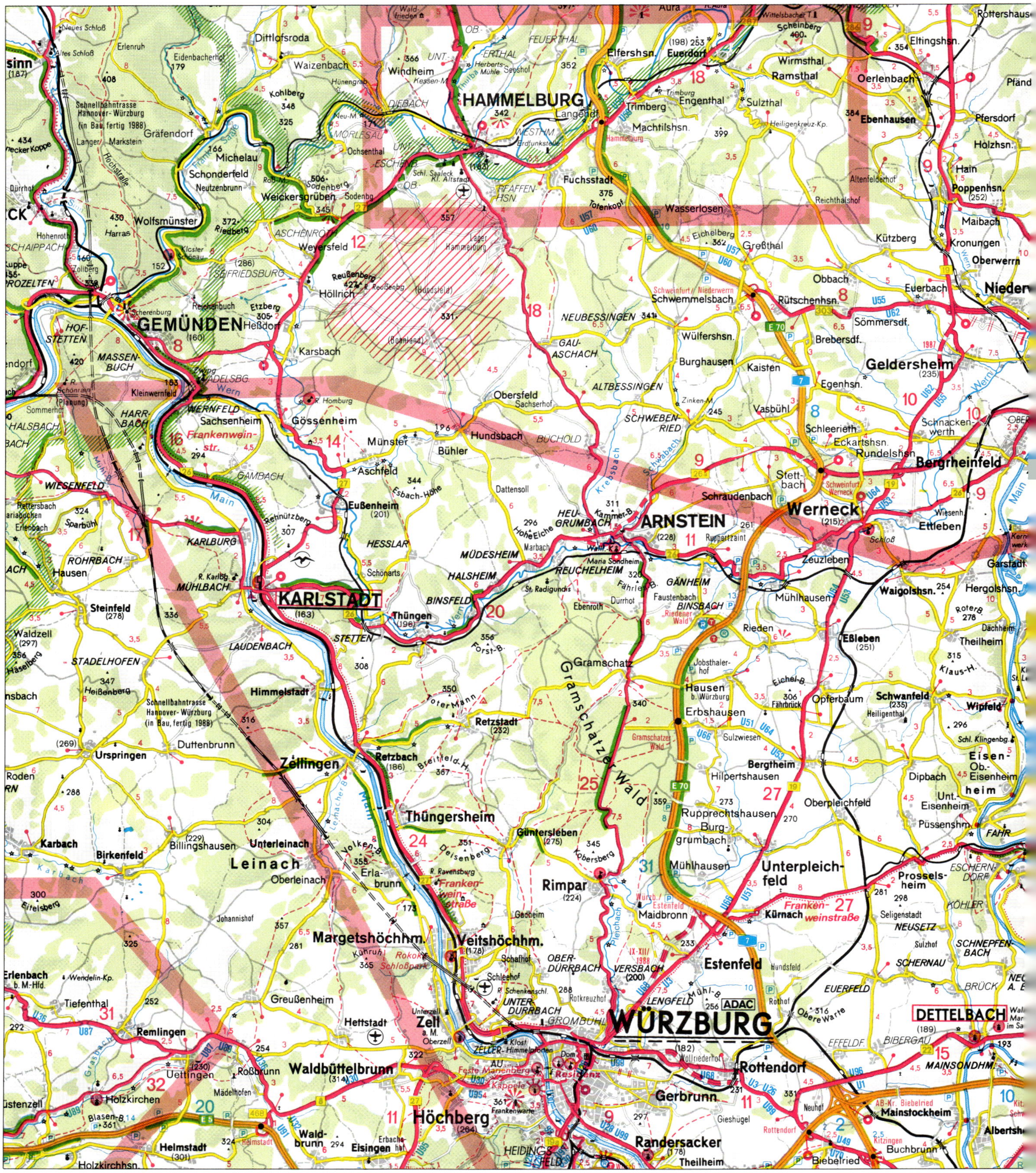

Volkershsn.
Ballingshsn.
Altenmünster
Fuchsstadt
Aidhausen
Friesenhsn.
Kerbfeld
HOFHEIM
GOSSMANNS-DORF
Fitzendorf
Uescherdorf
Birkach
Gemeinfeld
Junkersdorf
Rabelsdorf
Lohr
Pfarrweisach
Madenhausen
Ebertshsn.
Reichmannshsn.
Humprechtshsn.
RÜGHEIM
Klein-steinach
Riedbach
Straße der Fachwerkromantik
Mechenried
OSTHEIM
Burg-preppach
Leuzendf.
Naturpark
BISCHWIND
Hohnhausen
Bramberger Wald
ALBERSDORF
BRAMBERG
Hesselbach
Üchtelhsn.
Löffelsterz
Thomashof
Kreuzthal
Klein-münster
HOLZ-HAUSEN
UCHEN-HOFEN
HELLINGEN
RÖMERS-HOFEN
OB.HOHEN-RIED
KÖNIGSBERG i.Bay.
HOFSTETTEN
JESSERNDORF
WEISSENBRUNN
WELKENDORF
REUTERS-BRUNN
Haßberge
Haßwald
Hausen
Marktsteinach
Abersfeld
Sailershausner Wald
SAILERSHSN.
UNT.-SYLBACH
ALTERSHAUSEN
Windbg.
KOSLAU
Stachel-B.
WEINFURT
ADAC
Mainberg
Schonungen
Waldsachsen
Buch
Sennfeld
Forst
Greßhausen
Gädheim
Ottendorf
Weyer
Gochsheim
Theres
WÜLFLINGEN
HASSFURT
Ritter kapelle
Kleinaugsfeld
PRAPPACH
SECHSTHAL
KRUM
BISCHOFSHEIM
KOTTENBRUNN
Pettstadt
DÖRFLIS
Neubrunn
Kirchlauter
Salmsdorf
Breitbrunn
Lußberg
Rudendorf
ZEIL a. Main
SCHMACHTENBG.
ZIEGELANGER
Schönbach
Steinbach
Schönbrunn
Gleisenau
Ebelsbach
Deusdorf
Stettfeld
Main
Steigerwald-Höhenstr. (Nordvariante)
Wonfurt
AUGSFELD
Die Au
Knetzgau
Sand
LIMBACH
Spitzberg
Unt. Euerheim
Ob.
Horhausen
Steinsfeld
HAINERT
Schweinheim
Grettstadt
Dampfach
Pusselsheim
Dürrfeld
Donnersdorf
Tugendorf
Moor
Westheim b. Haßfurt
Reinhardswinden
Unt.-Schwappach
Ober-
Eschenau
Gr. Knetzberg
Neuhaus
Zell a. Ebersberg
Ebersberg
Steigerwald-Höhenstraße
ELTMANN
Wallburg
ESCHENBACH
DIPPACH
Oberschleichach
WEISBRUNN
ROSSSTADT
Spiesheim
Sulzheim
Kleinrheinfeld
Falkenstein
Zabelstein
Traustadt
Gangolfsberg
Neuhof
Altmannsdorf
Beerberg
Neuschleichach
Unterschleichach
Tretzendorf
Trossenfurt
Trunstadt
Viereth
Gernach
Oberspiesheim
Alitzheim
Vögnitz
Hundelshsn.
Mönchstockhm.
Kolitzheim
Herlheim
Bischwind
Prüßberg
Neuhausen
Euerberg
Fabrikschleichach
Oberaurach
Fatschenbrunn
Kirchaich
Stückbrunn
Priesendorf
Weiher
Tütschengereuth
Zeilitzheim
GAIBACH
KRAUTHM.
Brünnstadt
RÜGSHOFEN
Dingolshausen
Michelau
Schweinsgruben
Vollburg
Hummelmarter
Markertsgrün
Dankenfeld
Karbach
Ob.-Steinbach
Unt.-Holzberg
Fürnbach
Neuhausen
Trabelsdf.
Lisberg
GEROLZHOFEN
Frankenwinhm.
Wiebelsberg
Mutzenroth
Stollberger Forst
Handthal
Geusfeld
Waldschwind
Wustviel
Neudorf
Rauhenebrach
Koppenwind
Theinheim
Falsbrunn
Prölsdorf
Halbersdf.
Grub
Walsdorf
Lülsfeld
Schallfeld
OBER-VOLKACH
RIMBACH
VOLKACH
Düttingsfeld
BIMBACH
BRÜNNAU
Oberschwarzach
Geiersberg
Schmerb
Kehlingsdf.
Zettmannsdf.
Schönbrunn
Steinsdorf
JÄRKENDORF
NEUSES A. SAND
NEUDORF
Breitbach
Naturpark
Ebrach
Ehem. Zist.-Abtei
Oberweiler
Hirschberg
Ampferbach
Burgebrach
Strehlhof
EICHFELD
DIMBACH
STADELSCHWARZACH
Siegendorf
ALTENSCHÖNBACH
Schönaich
Großgressingen
Unterweiler
Burgwindhm.
Wolfsbach
Manndorf
Vollmannsdorf
LAUB
PRICHSENSTADT
Kleingressingen
Rochus
Untersteinach
Kappel
Kötsch
Mönchherrnsdf.
Dürrhof
Mönchsambach
Dippach
Gerlachshausen
Schwarzach
Münsterschwarzach
Reupelsdorf
KIRCHSCHÖNBACH
Ilmbach
Buch
Winkelhof
Ebersbrunn
Steigerwald Höhenstraße
Großbirkach
Steinach
Schrappach
Büchelberg
Magdalenenkappel
Hochstraße
REICHMANNSDORF
Düllstadt
Wiesentheid
Geesdorf
Stadtschwarzach
Atzhausen
Stephansberg
Haidt
Feuerbach
Untersambach
Rüdern
Gräfenneuses
Kleinbirkach
Röhrensee
Füttersee
Burggrub
Ilmenau
Wüstenbuch
Bernroth
UNTERMELSENDF.
Obermelsendf.
Debersdorf
Thüngbach
Decheldorf
Kl.-Langheim
Schönbach
Langenbg.
Geiselwind
Neugrub
Holzberndf.
Hohn
ASCHBACH
ZIEGELSAMBACH
Wasserberndf.
Rambach
HEUCHELHEIM
ECKERSBACH
Albach
Reumannswind
Gr.-Langheim
Rüdenhsn.
Abtswind
Friedrichsbg.
Rehweiler
SCHLÜSSELFELD

117

79

FRANKEN · 130/131

122

NORDBADEN · 154

WÜRZBURG
Estenfeld
ADAC
Rottendorf
Gerbrunn
Höchberg
Zell a. M.
Randersacker
Theilheim
HEIDINGSFELD
HEUCHELHOF
EIBELSTADT
Lindelbach
Westheim
Biebelried
Mainstockheim
Buchbrunn
REPPERNDORF
KITZINGEN
ETWASHSN.
SIEDLUNG
DETTELBACH
MAINSONDHM.
BIBERGAU
EFFELDF.
SCHERNAU
EUERFELD
BRÜCK
NEUSES A. BG.
Gerlachshausen
Schwarzach
Münsterschwarzach
Schwarzenau
Dimbach
STADELSCHWARZACH
PRICHSENSTADT
Reupelsdorf
Wiesentheid
Düllstadt
Stadtschwarzach
Atzhausen
Hörblach
Haidt
Feuerbach
Untersambach
Kl.-Langheim
Gr.-Langheim
Albertshofen
Frankenweinstraße
Abtswind
Rüdenhsn.
Greuth
Castell
Trautberg
Wiesenbronn
Fröhstockheim
Rödelsee
Schwan-B.
Wüstenfelden
Stierhöfstetten
SICKERSHSN.
HOHEIM
MAINBERNHEIM
IPHOFEN
BIRKLINGEN
Vogelgesang-B.
Ziegenbach
Markt Einersheim
POSSENHEIM
HOHENFELD
MARKTSTEFT
MICHELFELD
Sulzfeld a. M.
ERLACH
Sommerhsn.
Winterhsn.
Kaltensondhm.
ROTTENBAUER
Reichenberg
Uengershausen
Kleinrinderfeld
Lindflur
Fuchsstadt
Albertshsn.
Geroldshausen
Moos
GOSSMANNSDORF
DARSTADT
KLEINOCHSENFURT
Frickenhsn.
Segnitz
Willanzheim
ZEUBELRIED
Eßfeld
Giebelstadt
OCHSENFURT
MARKTBREIT
Obernbreit
Tiefenstockheim
Herrnsheim
MÖNCHSONDHEIM
HELLMITZHEIM
DORNHEIM
Ingolstadt
Kirchheim
TUCKELHAUSEN
HOHESTADT
Sulzdorf
Gaubüttelbrunn
Acholshsn.
GNODSTADT
Hüttenheim
Iffigheim
Seinsheim
Wässerndf.
Bullenheim
NENZENHEIM
Gaukönigshfn.
Wolkshsn.
Herchsheim
Allersheim
Enheim
Martinshm.
Steigerwald
Gützingen
Höttingen
Euerhausen
Eichelsee
Rittershsn.
HOPFERSTADT
Gnötzheim
Ippesheim
Neuenberg
Krassolzheim
Unt.-Ickelsheim
Ob.-Ickelsheim
Geißlingen
Frankenweinstraße
Gaurettersheim
Sächsenheim
Sonderhfn.
Bolzhausen
Osthausen
Gülchsheim
Rodheim
Herrnberchtheim
Reusch
Weigenheim
Mkt. Nordheim
Kottenheim
Deutenheim
Tiefenthal
Simmringen
Oellingen
Gelchsheim
Lipprichhsn.
Gollachosthm.
Gollhofen
Krautostheim
Steigerwald-Höhenstraße (Südvariante)
Stalldorf
Riedenheim
Hemmersheim
Pfahlenheim
Geckenheim
Herbolzheim
Bernsfelden
Hagenhof
BALDERSHEIM
AUB
BRACKENLOHR
UFFENHEIM
Ulsenheim
UTTENHOFEN
Lenzenbrunn
AUFSTETTEN
BURGERROTH
Simmershfn.
Adelhfn.
OBERNTIEF
STRÜTH
NASSAU
St. Kunigunda
WALDMANNSHFN
WELBHSN.
RUDOLZHFN
Seenheim
RÖTTINGEN
Bieberehren
Auernhfn.
Walkershofen
WALLMERSBACH
CUSTENLOHR
Neuherberg
Ergersheim
BAD WINDSHEIM
Romantische Straße
Buch
Weidenhof
Hohlach
LANGENSTEINACH
Ermetzhofen
PFAFFENHOFEN
BUCHHEIM
WIEBELSHEIM
SCHWEBHEIM
Neuses
SCHÄFTERSHEIM
Tauberrettersheim
Klingen
Equarhofen
FRAUENTAL
REINSBRONN
Vord.-Pfeinach
Hint.-
CREGLINGEN
FREUDENBACH
Schirnbach
Reichardsroth
Mörlbach
Hilpertshof
Illesheim
QUECKBRONN
NIEDERRIMB.
NEUBRONN
LAUDENB.
Aischland
Großharbach
Habelsee
Ohrenbach
CRAINTAL
Neustett
Gickelhsn.
Oberscheckenbach
Steinach a.d.E.
Gallmersgarten
Westheim
Ottenhofen
HONSBRONN
Herrgottskirche
ARCHSHOFEN
Tauberzell
Haardt
Gumpelshfn.
Endsee
Landhurn
BURG-BERNHM.
Marktbergel
FLAAGEN
Ebertsbronn
Standorf
MÜNSTER
FINSTERLOHR
Burgstall
Tauberscheckenb.
Adelshfn.
Ellwingshfn.
Gypshütte
Urpertshfn.
Wildbad
Breitharl
VORBACHZIMMERN
PFITZINGEN
RINDERFELD
Schonach
Romantische Straße

120

NORDBAD

81

NORDBADEN · 156/157

WEIKERSHM.
Igers-heim
RÖTTINGEN
Romantische Straße
Tauberrettersheim
CREGLINGEN
Herrgotts-K.
NIEDERSTETTEN
SCHROZBERG
Blaufelden
GERABRONN
LANGENBURG
ROTHENBURG ob d.T.
Romantische Straße
Frankenweinstraße
Burgenstraße
SCHILLINGS-FÜRST
Schnell-dorf
Feuchtwangen/Crailsheim
ILSHOFEN
Wolpertshsn.
Kirchberg a. d. J.
Gröningen
Satteldorf
Brettheim
Michelbach a.d. Lücke
Gammesfeld
Insingen
Diebach
Dombühl
Gailroth
Wildenholz
Kreßberg
Mulfingen
Buchenbach
Braunsbach
Geislingen
Oberstetten
Bieberehren
Simmershfn.
Steinach
Naturpark Frankenhöhe
Schwäbische Dichterstraße
Hohenloher Ebene
Taubergrund

81

NORDBADEN · 156/157

124

83

WÜRTTEMBERG · 146/147

122

124
126
163

STUTTGART
RENNINGEN
BAD LIEBENZELL
MALMSHEIM
MERKLINGEN
MÜNKLINGEN
MÖTTLINGEN
Freundschaftsstraße
Magstadt
WEIL DER STADT
Simmozheim
Ottenbronn
HIRSAU
Oberkollbach
Igelsloch
Oberreichenbach
Neuhengstett
CALW
Althengstett
Ostelsheim
HEUMADEN
Gechingen
Dätzingen
Grafenau
Döffingen
SINDELFINGEN
VAIHINGEN
ROHR
LEINFDN.-ECHTERDINGEN
BÖBLINGEN
Steinenbronn
Schönaich
Holzgerlingen
ZAVELSTN.
BAD TEINACH-
NEU-BULACH
STAMMHEIM
Aidlingen
Ehningen
Gärtringen
Deckenpfronn
Nufringen
Hildrizhsn.
Altdorf
WALDENBUCH
Weil im Schönbuch
Dettenhsn.
WILDBERG
Schwarzwald-Bäderstraße
HERRENBERG
Rotfelden
Ebhausen
Jettingen
Gäufelden
Ammerbuch
NAGOLD
Mötzingen
Bondorf
TÜBINGEN
HAITERBACH
Kusterdingen
Wankheim
HOCHDORF
Eutingen im Gäu
ROTTENBURG
Schwäbische Dichterstraße
Neckar
REUTLINGEN
HORB a.N.
Börstingen
Starzach
Weitingen
Dußlingen
Gomaringen
Nehren
Empfingen
Hirrlingen
Ofterdingen
Bodelshsn.
MÖSSINGEN
Naturpark Schönbuch

SCHORNDORF
ESSLINGEN
OSTFILDERN
PLOCHINGEN
EBERSBACH a. d. Fils
Uhingen
GÖPPINGEN
EISLINGEN /Fils
Deizisau
Denkendf.
Köngen
Neuhausen a.d.Fildern
WERNAU
WENDLINGEN
Notzingen
KIRCHHEIM unter Teck
Schlierbach
Albershsn.
Uhir
Hochdorf
Reichenbach a.d.F.
Altbach
Baltmannsweiler
Aichwald
Schanbach
Aichelberg
Adelberg
Börtlingen
Wäschenbeuren
Birenbach
Rechberghsn.
Wangen
Sparwiesen
Heiningen
Hattenhofen
Zell
Boll
Dürnau
Gammelshsn.
Eschenbach
Schlat
Aichelbg
Holzmaden
Ohmden
WEILHM a.d.T.
Dettingen u.T.
Bissingen a.d.T.
OWEN
NÜRTINGEN
Wolfschlugen
Unterensingen
Ob.-Boihingen
Neckartailfingen
Neckartenzlingen
Bempflingen
Grafenbg.
Riederich
METZINGEN
Frickenhsn.
Linsenhfn.
Beuren
Erkenbrechtswlr.
NEUFFEN
Lenningen
Ochsenwang
Neidlingen
Gruibingen
Deggingen
Bad Ditzenbach
Gosbach
Mühlhsn. im Täle
WIESENSTEIG
Drackenstein
Hohenstadt
Westerheim
Donnstetten
Römerstein
Böhringen
LAICHINGEN
Dettingen
Hülben
BAD URACH
Grabenstetten
Eningen u. Achalm
St. Johann
Zainingen
Feldstetten
Heroldstatt
Sontheim
MÜNSINGEN
Gomadingen
Lichtenstein
Kohlstetten
STADT
AICHTAL
Schwäbische Albstraße
Schwäbische Dichterstraße
Straße der Staufer
Vordere Alb

FRANKEN

Runde 100 km östlich vom Rheingau und der Stadt Frankfurt beschreibt der Main auf seinem Weg zum Rhein hin ein großes trunkenes «W» durch die abwechslungsreiche Kalksteinfelsen- und Rotmergel-Landschaft Frankens am Nordrand von Bayern.

Mittelpunkt des Weinbaugebiets ist die Barockstadt Würzburg. Ihr berühmtester Weinberg, der Würzburger Stein, bedeckt einen Hang, der zum Main hinab bis in die Stadt reicht. Der Name Stein galt früher als Begriff für Frankenwein schlechthin, den die bekannte Bocksbeutelflasche von so gut wie allen anderen deutschen Weinen unterscheidet, die ja fast immer in elegante schlanke Flaschen abgefüllt werden. In Franken hat der Bocksbeutel jahrhundertealte Tradition, und er ist heute gesetzlich für Qualitätswein aus Franken sowie für bestimmte Weine aus Nordbaden, vor allem aus dem Taubertal, geschützt.

Der Frankenwein ist und bleibt eine Besonderheit; er hat einen gewissen Seltenheitswert, und schon deshalb muß man für ihn höhere Preise zahlen, als man es anderswo in Deutschland, am Rhein und an der Mosel etwa, sogar für berühmtere Namen gewöhnt ist. Zum größten Teil wird er in Bayern selbst, vor allem in München, und in den wohlhabenden Städten Norddeutschlands getrunken. Das Anbaugebiete ist sehr diffus und schwer zusammenzufassen. Weinberge findet man nur an besonderen Südhängen. Das Klima ist streng, verbreitet besteht Frostgefahr; die Wachstumsperiode ist zu kurz, als daß Riesling hier beständige Erfolgaussichten hätte.

Die althergebrachte Traube des Frankenlands ist der Silvaner, der nur hier (sowie in bestimmten außergewöhnlichen Lagen der Rheinterrasse bei Nierstein und am Kaiserstuhl) echte Spitzenqualitäten erbringt. In Franken liefert der Silvaner körperreiche, trockene, manchmal auch liebliche Weine mit edler Breite und Substanz, gehaltreich und von kraftvoller Intensität.

Inzwischen hat der Müller-Thurgau in Franken die Oberhand gewonnen. Er leistet zwar Gutes, kommt aber nur höchst selten an die denkwürdige, gedämpft stilvolle Art des Silvaners heran. Die Scheurebe und die Neuzüchtung Perle bringen da schon Besseres zustande. Die Bacchus-Rebe fällt oft allzu würzig und damit untypisch für das Gebiet aus; der Kerner ist ebenfalls sehr aromatisch, doch viele Weinkenner finden das durchaus in Ordnung. In einem reifen Jahrgang ist der Rieslaner ein guter Kompromiß. Er erbringt feine Auslesen mit der Breite eines Silvaners und der Tiefe eines Rieslings.

Auslesen gibt es jedoch in Franken seltener als anderswo in Deutschland, Beeren- und Trockenbeerenauslesen sind wahrhaftige Raritäten. Obwohl einer der berühmtesten Weine aller Zeiten, ein Würzburger Stein aus dem buchstäblich unsterblichen Jahrgang 1546, sicher seinerzeit so süß sie eine Beerenauslese war (er wurde mit großer Ehrfurcht im Alter von 420 Jahren getrunken), findet der Stil des Frankenlands seinen schönsten Ausdruck zumeist in Kabinettweinen und Spätlesen – oft aber auch schon im einfachen QbA-Wein, wenn die erforderliche Anreicherung mit Fingerspitzengefühl geschieht.

Die Erträge sind im Frankenland sehr unterschiedlich. In manchen Jahren sind sie hoch, in anderen steht der Fränkische Winzer fast vor einem Nichts. Beispielsweise belief sich der Ertrag 1983 auf 148 ha/hl, 1985 dagegen nur auf 13 hl/ha. So können Jahrgänge, die am Rhein alles in allem gut ausfallen, in Franken allein schon aus diesem Grund eine Enttäuschung sein. Auch das Klima zeigt hier größere Unterschiede als in anderen deutschen

Anbaugebieten. Es kommt – wie 1982 und 83 – auch gelegentlich zu Überproduktionen, während im allgemeinen nur begrenzte Mengen geerntet werden.

Es lohnt sich immer, dem Silvaner auch aus weniger guten Jahrgängen auf der Spur zu bleiben, doch sollte er nicht zu jung sein: Es dauert mindestens zwei Jahr, bis sich das feine Aroma entfaltet und das eigentümlich sanfte Gefüge entsteht.

Das fränkische Weinbaugebiet ist in drei Bereiche unterteilt: Mainviereck für den Unterlauf des Mains nach Frankfurt zu, Maindreieck für das Herzstück um Würzburg und Steigerwald für die östlichen Gebiete mit dem strengsten Klima. Um die beiden westlichen Bereiche schlingt sich der Main wie ein festes Band. Alle Weinberge liegen an den Flußufern oder in Seitentälern. Weiter im Osten, im Bereich Steigerwald, sind die Weinberge stärker verstreut; jede warme Ecke wird ausgenutzt, und sie sind nicht mehr dem Flußtal entlang aufgereiht. Die Bereichsnamen werden oft benützt, schon deshalb, weil viele abseits gelegene Weinberge nicht in eine der Großlagen fallen. Wie in Rheinhessen und Baden liegt die Weinbereitung zum größten Teil bei den Winzergenossenschaften. Würzburg darf sich rühmen, drei der ältesten, größten und besten Weingüter Deutschlands in seinen Mauern zu beherbergen: das Bürgerspital, das Juliusspital und den Staatlichen Hofkeller.

▲ Der Main windet sich auf verschlungenem Weg durch das fränkische Weinbaugebiet. In Miltenberg biegt er scharf nach Nordwesten ab. Auf den Südhängen am Fuß der waldgekrönten Berge wachsen die Miltenberger und Bürgstädter Weine.

▶ Flußaufwärts von Würzburg liegt Volkach. Zur Großlage Volkacher Kirchberg gehören auch die Weinberge von Escherndorf, die zu den besten in Franken zählen. Die berühmte gotische Kirche trägt den schönen Namen «Maria im Weingarten».

REISE-INFORMATIONEN

Wer das ausgedehnte Weinbaugebiet Franken recht genießen will, muß den vielen Windungen des Mains folgen. In einer ganz anderen Atmosphäre als am weinseligen Rhein erlebt er hier tiefe Wälder, alte Städte und die prachtvolle Welt des Barocks.

Sehenswertes
Würzburg: Eine der großen historischen Städte Deutschlands mit einer solchen Überfülle an Schätzen, daß sie hier unmöglich aufgezählt werden könen. Der Weinfreund kann in altehrwürdigen Kellern, z.B. im Bürgerspital (Theaterstraße, Tel.: 0931-13861) und im Juliusspital (Juliuspromenade, Tel.: 0931-54080) zugleich in Kultur und im Frankenwein schwelgen. Die barocke Residenz und die fürstbischöfliche Festung Marienberg aus dem 12. Jh. sind die Höhepunkte in dieser Stadt voller Wunder.
Dettelbach: Die kleine Stadt am Main östlich von Würzburg ist durch ihre 36 Türme berühmt.
Iphofen: Eine alte Stadt in der Landschaft ostwärts vom Main am Rand des Steigerwalds.

Weinfeste
In Würzburg findet Ende September und in Gambach Ende Oktober ein Weinfest statt. Außerdem: Röttingen (Ende Mai), Dettelbach und Stammheim (Anfang Juni), Rimbach (3. Wochenende im Juni), Obereisenheim (Anfang Juli), Aschaffenburg (2. WE im Juli), Castell (3. WE im Juli), Homburg (Ende Juli), Volkach (Mitte August), Escherndorf (2. WE im September) sowie im Oktober), Fahr (Mitte Oktober).

Essen und Trinken
Gasthäuser gibt es in Franken in einer Fülle wie kaum sonstwo, und man ißt gut dort: Schweinshaxe mit Sauerkraut, gegrillte Schweinswürstchen oder «Meerfischli» (das sind allerdings kleine Flußfische). Unter den vielen Hotels hat vielleicht das Schloß Steinburg für den Weinfreund die vollkommenste Lage: Es thront über dem berühmten Würzburger Stein (Tel.: 9031-93061). Der Schafhof in Amorbach, etwas südlich vom Main, ist die ehemalige Klostergaststätte der dortigen Benediktinerabtei. Der Zehntkeller in Iphofen bietet altfränkische Atmosphäre (Tel.: 09323-3318); im Hotel zum Schwanen in Volkach bekommt man die Spezialitäten des Landes.

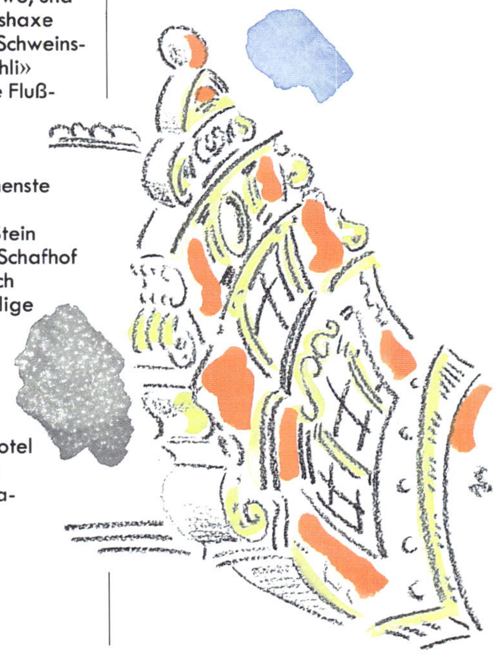

WEINLAGEN

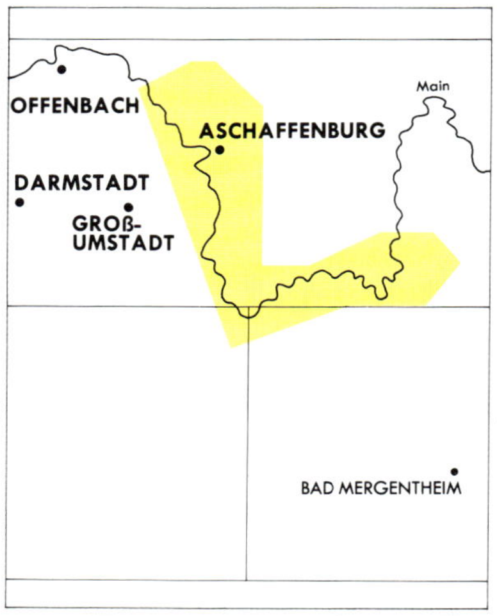

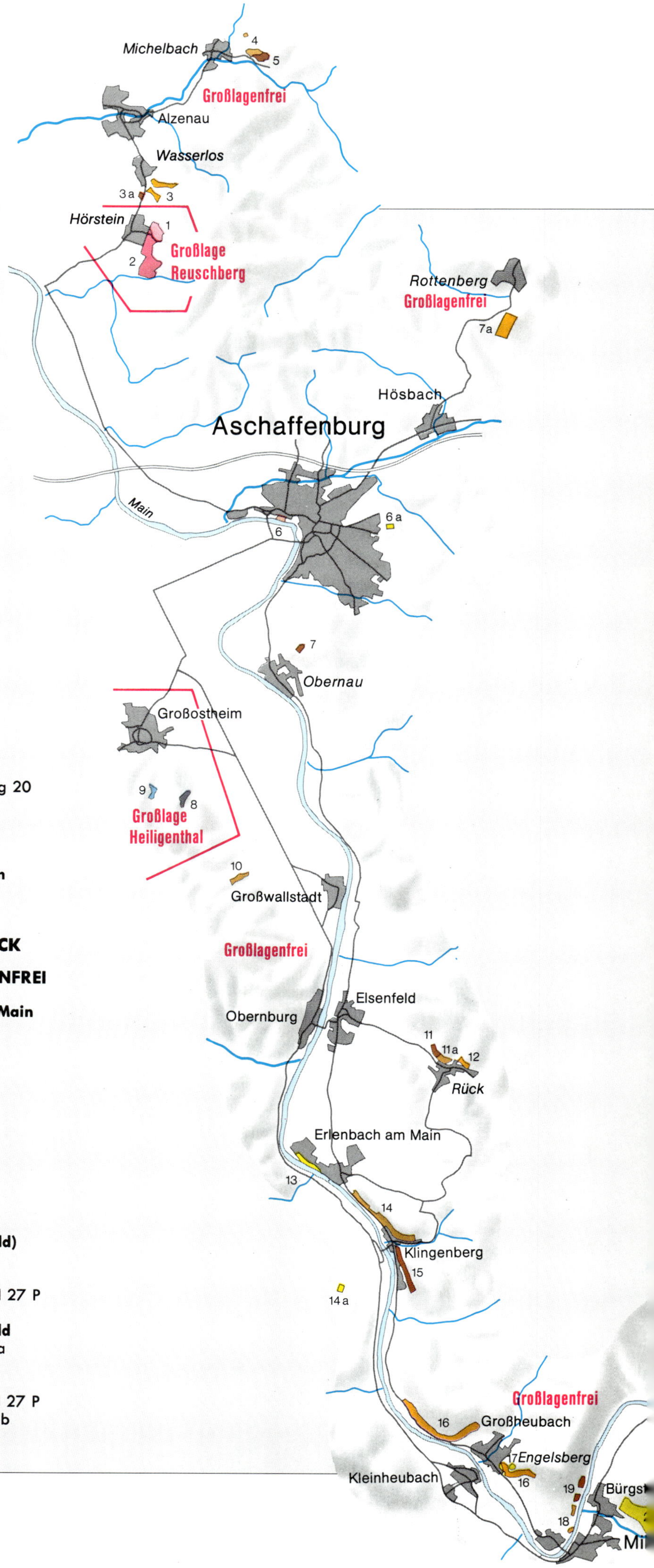

BEREICH MAINVIERECK

GROSSLAGE REUSCHBERG

Hörstein
(Ortsteil von Alzenau)
Abtsberg 1
Andere Weinlagen 2

GROSSLAGENFREI

Wasserlos
(Ortsteil von Alzenau)
Schloßberg 3
Luhmannchen 3 a

Michelbach
(Ortsteil von Alzenau)
Steinberg 4
Apostelgarten 5

Aschaffenburg
Pompejaner 6
Godelsberg 6 a

Obernau
(Ortsteil von Aschaffenburg)
Sanderberg 7

Rottenberg
(Ortsteil von Hösbach)
Gräfenstein 7 a

GROSSLAGE HEILIGENTHAL

Großostheim
Reischklingeberg 8
Harstell 9
Ferner Weinlagen in der Gemeinde Wenigumstadt

GROSSLAGENFREI

Großwaltstadt
Lützeltalerberg 10

Rück
(Ortsteil und Elsenfeld)
Johannisberg 11
Schalk 11 a
Jesuitenberg 12

Erlenbach am Main
Hochberg 13

Klingenberg am Main
Hochberg 14
Einsiedel 14 a
Schloßberg 15

Großheubach
Bischofsberg 16

Engelsberg
(Ortsteil von Großheubach)
Klostergarten 17

Miltenberg
Steingrübler 18

Bürgstadt
Mainhölle 19
Centgrafenberg 20

Dorfprozelten
Predigtstuhl 21

Kreuzwertheim
Kaffelstein 22

BEREICH MAINDREIECK

GROSSLAGENFREI

Homburg am Main
(Ortsteil von Triefenstein)
Kallmuth 23
Edelfrau 24

Lengfurt
(Ortsteil von Triefenstein)
Alter Berg 25
Oberrot 26

Erlenbach (bei Marktheidenfeld)
einschl. Ortsteil Tiefenthal
Krähenschnabel 27 P

Marktheidenfeld
Kreuzberg 27 a

Remlingen
Krähenschnabel 27 P
Sonnenhain 27 b

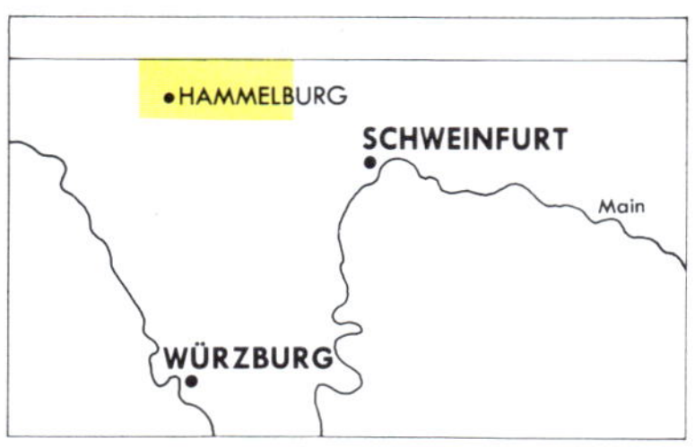

GROSSLAGE BURG (HAMMELBURG)

Saaleck
(Ortsteil von Hammelburg)
Schloßberg 28

Hammelburg
Heroldsberg 29
Trautlestal 30

Feuerthal
(Ortsteil von Hammelburg)
Kreuz 30 a

Westheim
(Ortsteil von Hammelburg)
Längberg 30 b

Trimberg
(Ortsteil von Elfershausen)
Schloßberg 30 c P

Engenthal
(Ortsteil von Elfershausen)
Schloßberg 30 c P

Machtilshausen
(Ortsteil von Elfershausen)
Sommerleite 30 d

Ramsthal
St. Klausen 31

Wirmsthal
(Ortsteil von Euerdorf)
Scheinberg 32

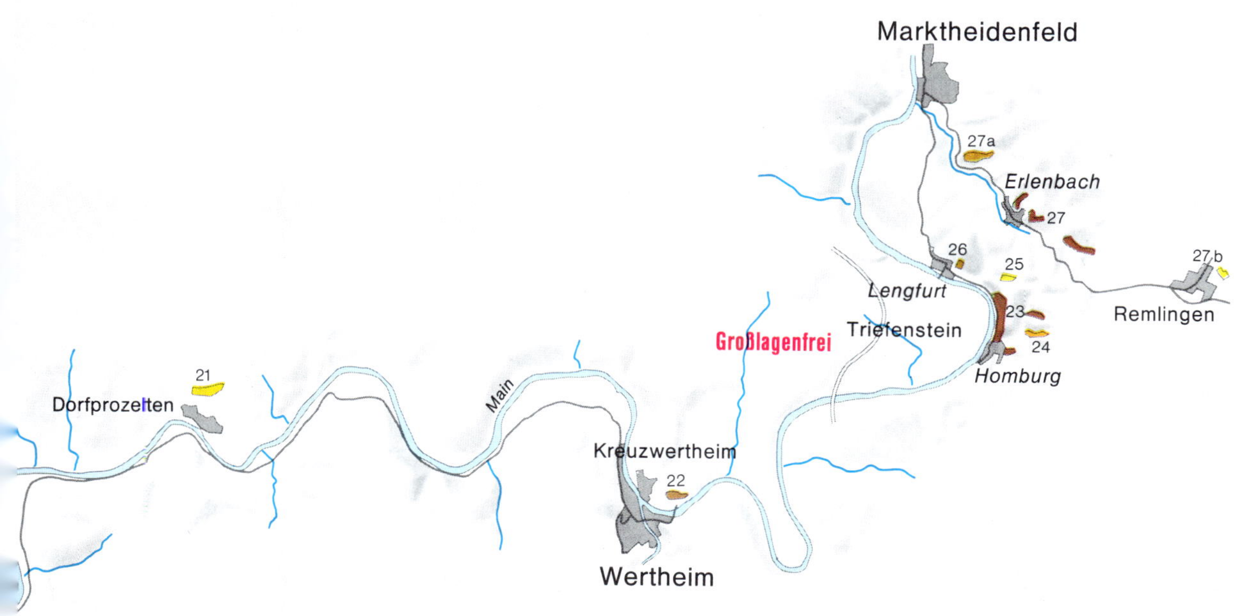

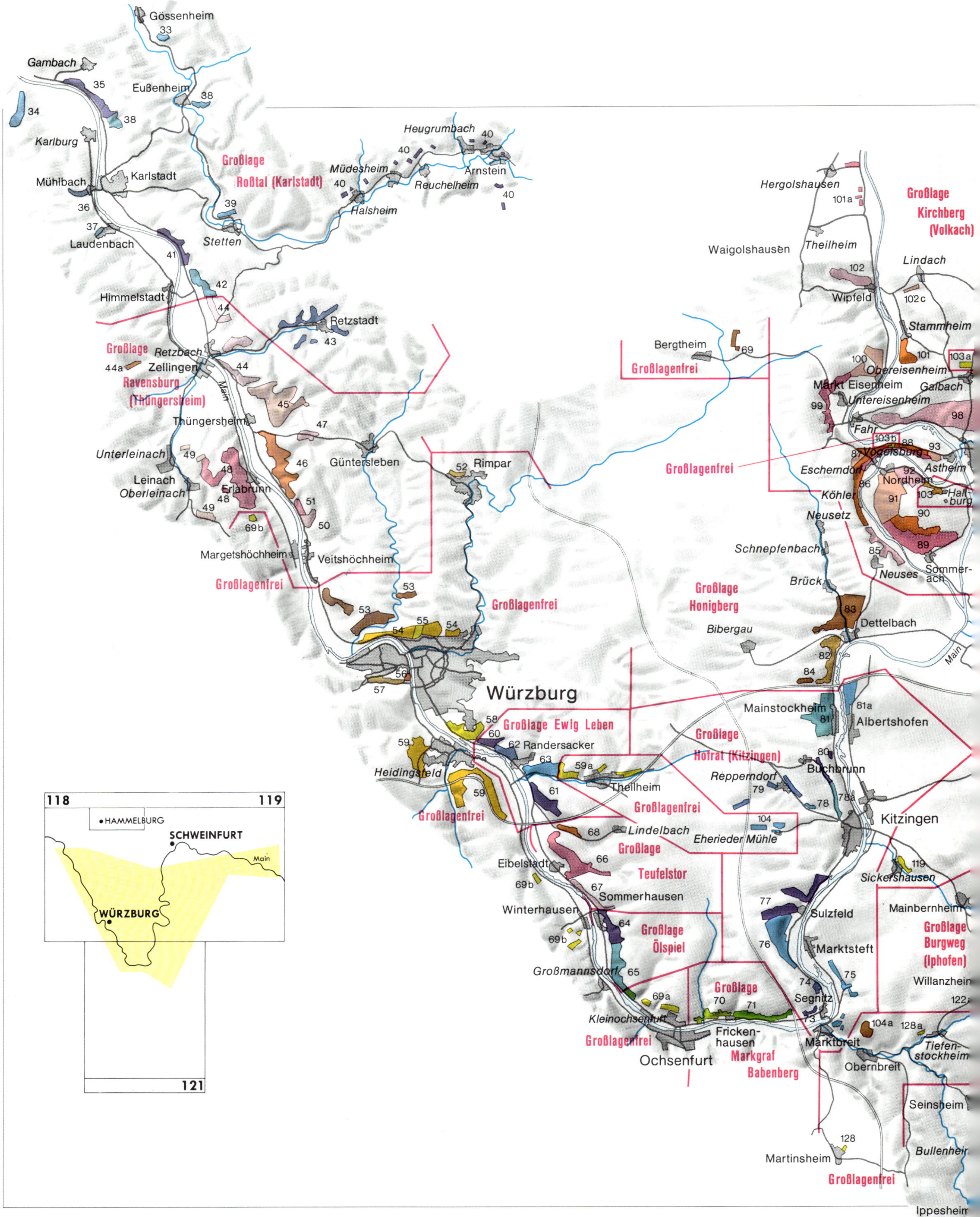
Gössenheim
Gambach
Eußenheim
Karlburg
Mühlbach
Karlstadt
Laudenbach
Stetten
Himmelstadt
Großlage Roßtal (Karlstadt)
Heugrumbach
Müdesheim
Arnstein
Reuchelheim
Halsheim
Retzstadt
Großlage Ravensburg (Thüngersheim)
Retzbach
Zellingen
Main
Thüngersheim
Unterleinach
Leinach
Oberleinach
Erlabrunn
Güntersleben
Rimpar
Margetshöchheim
Veitshöchheim
Großlagenfrei
Würzburg
Großlage Ewig Leben
Randersacker
Heidingsfeld
Theilheim
Lindelbach
Eherieder Mühle
Großlage Teufelstor
Eibelstadt
Sommerhausen
Winterhausen
Großlage Ölspiel
Großmannsdorf
Kleinochsenfurt
Ochsenfurt
Frickenhausen
Großlage Markgraf Babenberg
Bergtheim
Hergolshausen
Waigolshausen
Theilheim
Großlage Kirchberg (Volkach)
Lindach
Wipfeld
Stammheim
Obereisenheim
Markt Eisenheim
Untereisenheim
Gaibach
Fahr
Vogelsburg
Astheim
Escherndorf
Nordheim
Hallburg
Köhler
Neusetz
Schnepfenbach
Brück
Neuses
Sommerach
Großlage Honigberg
Bibergau
Dettelbach
Mainstockheim
Albertshofen
Großlage Hofrat (Kitzingen)
Repperndorf
Buchbrunn
Kitzingen
Sickershausen
Mainbernheim
Großlage Burgweg (Iphofen)
Sulzfeld
Marktsteft
Willanzheim
Segnitz
Marktbreit
Obernbreit
Tiefenstockheim
Seinsheim
Bullenheim
Martinsheim
Ippesheim
118
119
121
HAMMELBURG
SCHWEINFURT
WÜRZBURG
Main

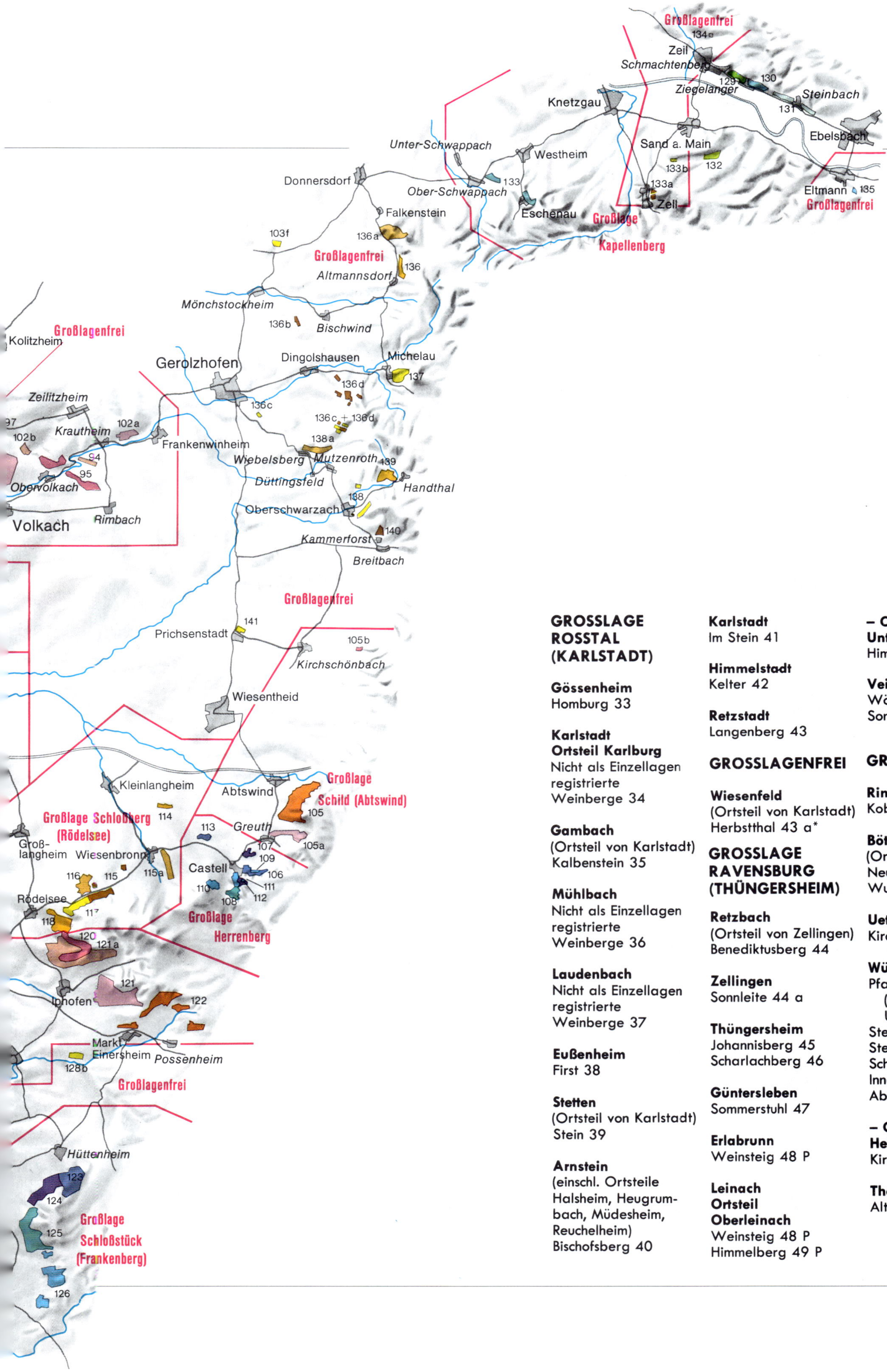

GROSSLAGE ROSSTAL (KARLSTADT)

Gössenheim
Homburg 33

Karlstadt
Ortsteil Karlburg
Nicht als Einzellagen registrierte Weinberge 34

Gambach
(Ortsteil von Karlstadt)
Kalbenstein 35

Mühlbach
Nicht als Einzellagen registrierte Weinberge 36

Laudenbach
Nicht als Einzellagen registrierte Weinberge 37

Eußenheim
First 38

Stetten
(Ortsteil von Karlstadt)
Stein 39

Arnstein
(einschl. Ortsteile Halsheim, Heugrumbach, Müdesheim, Reuchelheim)
Bischofsberg 40

Karlstadt
Im Stein 41

Himmelstadt
Kelter 42

Retzstadt
Langenberg 43

GROSSLAGENFREI

Wiesenfeld
(Ortsteil von Karlstadt)
Herbstthal 43 a*

GROSSLAGE RAVENSBURG (THÜNGERSHEIM)

Retzbach
(Ortsteil von Zellingen)
Benediktusberg 44

Zellingen
Sonnleite 44 a

Thüngersheim
Johannisberg 45
Scharlachberg 46

Güntersleben
Sommerstuhl 47

Erlabrunn
Weinsteig 48 P

Leinach
Ortsteil
Oberleinach
Weinsteig 48 P
Himmelberg 49 P

– Ortsteil
Unterleinach
Himmelberg 49 P

Veitshöchheim
Wölflein 50
Sonnenschein 51

GROSSLAGENFREI

Rimpar
Kobersberg 52

Böttigheim
(Ortsteil von Neubrunn)
Wurmberg 52 a*

Uettingen
Kirchberg 52 b*

Würzburg
Pfaffenberg 53
(einschl. Ortsteil Unterdürrbach)
Stein 54
Stein/Harfe 55
Schloßberg 56
Innere Leiste 57
Abtsleite 58

– Ortsteil
Heidingsfeld
Kirchberg 59

Theilheim
Altenberg 59 a

GROSSLAGE EWIG LEBEN

Randersacker
Teufelskeller 60
Sonnenstuhl 61
Pfülben 62
Marsberg 63

GROSSLAGE ÖLSPIEL

Sommerhausen
Steinbach 64 P
Reifenstein 65

Eibelstadt
Steinbach 64 P

GROSSLAGE TEUFELSTOR

Eibelstadt
Kapellenberg 66
Mönchsleite 67

Randersacker
Dabug 68 P

Lindelbach
(Ortsteil von Randersacker)
Dabug 68 P

GROSSLAGENFREI

Adelsberg
(Ortsteil von Gemünden)
Wernleite 68 a*

Margetshöchheim
Bärental 68 b

Tauberrettersheim
Königin 68 d*

Röttingen
Feuerstein 68 e*

Bergtheim
Harfenspiel 69

Kleinochsenfurt
(Ortsteil von Ochsenfurt)
Herrenberg 69 a

Winterhausen
Kaiser Wilhelm 69 b

GROSSLAGE MARKGRAF BABENBERG

Frickenhausen
Fischer 70
Kapellenberg 71

GROSSLAGE HOFRAT (KITZINGEN)

Segnitz
Zobelsberg 73
Pfaffensteig 74

Marktbreit
Sonnenberg 75 P

Marksteft
Sonnenberg 75 P

Sulzfeld
Maustal 76
Cyriakusberg 77

Kitzingen
Wilhelmsberg 78
Eselsberg 78 a

– Ortsteil Eherieder Mühle
Kaiser Karl 79 P

Repperndorf
(Ortsteil von Kitzingen)
Kaiser Karl 79 P

Buchbrunn
Heißer Stein 80

Mainstockheim
Hofstück 81

Albertshofen
Herrgottsweg 81 a

GROSSLAGE HONIGBERG

Dettelbach
Berg-Rondell 82
Sonnenleite 83 P

– Ortsteile Brück und Schnepfenbach
Sonnenleite 83 P

– Ortsteil Bibergau
Nicht als Einzellagen reg. Weinberge 84

GROSSLAGE KIRCHBERG (VOLKACH)

Neuses am Berg
(Ortsteil von Dettelbach)
Glatzen 85

Escherndorf
(Ortsteil von Volkach)
Fürstenberg 86 P
Berg 87 P
Lump 88

Köhler
(Ortsteil von Volkach)
Fürstenberg 86 P

Neusetz
(Ortsteil von Dettelbach)
Fürstenberg 86 P

Untereisenheim
(Ortsteil von Markt Eisenheim)
Berg 87 P
Sonnenberg 99
Kleine Teile des obigen Weinbergs gehören zu Nr. 100.

Sommerach
Katzenkopf 89
Rosenberg 90 P

Hallburg
(Ortsteil von Volkach)
Rosenberg 90 P
Kreuzberg 92 P

Nordheim
Vögelein 91
Kreuzberg 92 P

Astheim
(Ortsteil von Volkach)
Karthäuser 93

Krautheim
(Ortsteil von Volkach)
Sonnenleite 94

Obervolkach
(Ortsteil von Volkach)
Landsknecht 95 P

Rimbach
(Ortsteil von Volkach)
Landsknecht 95 P

Gaibach
(Ortsteil von Volkach)
Kapellenberg 97

Volkach
(einschl. Ortsteil Fahr)
Ratsherr 98

Obereisenheim
(Ortsteil von Markt Eisenheim)
Höll 100

Stammheim
(Ortsteil von Kolitzheim)
Eselsberg 101

Theilheim
(Ortsteil von Waigolshausen)
Mainleite 101 a P

Hergolshausen
(Ortsteil von Waigolshausen)
Mainleite 101 a P

Wipfeld
Zehntgraf 102

Frankenwinheim
Rosenberg 102 a

Zeilitzheim
(Ortsteil von Kolitzheim)
Heiligenberg 102 b

Lindach
(Ortsteil von Kolitzheim)
Kreuzpfad 102 c

Ferner Weinberge in den Gemeinden Neusetz, Köhler (Ortsteil von Volkach) Fahr und Schwarzenau (Ortsteil von Schwarzenach)

GROSSLAGENFREI

Hallburg
(Ortsteil von Volkach)
Schloßberg 103

Gaibach
(Ortsteil von Volkach)
Schloßpark 103 a

Vogelsburg
(Ortsteil von Volkach)
Pforte 103 b

Schweinfurt
Peterstirn 103 c*
Mainleite 103 d*

Mainberg
(Ortsteil von Schonungen)
Schloß 103 e*

Mönchsteckheim
(Ortsteil von Sulzheim)
Mönchberg 103 f

Kitzingen Ortsteil Eherieder Mühle
Eherieder Berg 104

Obernbreit
Kanzel 104 a

Tauberzell
(Ortsteil von Adelshofen)
Hasennestle 104 b*

BEREICH STEIGERWALD

GROSSLAGE SCHILD (ABTSWIND)

Abtswind
Altenberg 105

Greuth
(Ortsteil von Castell)
Bastel 105 a

Prichsenstadt Ortsteil Kirchschönbach
Mariengarten 105 b

GROSSLAGE HERRENBERG

Die Lagen 106 und 108 gehören ebenfalls zur Großlage Schild

Castell
Bausch 106
Hohnart 107
Kirchberg 108
Feuerbach 109
Kugelspiel 110
Reitsteig 111
Schloßberg 112
Trautberg 113

GROSSLAGE SCHLOSSBERG (RÖDELSEE)

Teile der Einz. 120 gehören auch in diese Großlage

Kleinlangheim
Wutschenberg 114

Wiesenbronn
Wachhügel 115
Geißberg 115 a

Großlangheim
Kiliansberg 116

Rödelsee
Schwanleite 117
Küchenmeister 118

Sickershausen
(Ortsteil von Kitzingen)
Storchenbrünnle 119

Ferner Weinberge in den Gemeinden Mainbernheim und Hoheim (Ortsteil von Kitzingen)

GROSSLAGE BURGWEG (IPHOFEN)

Iphofen
Julius-Echter-Berg 120
Kalb 121
Kronsberg 121 a

Possenheim
(Ortsteil von Iphofen)
Vogelsang 122 P

Markt Einersheim
Vogelsang 122 P

Willanzheim
Nicht als Einzellagen reg. Weinberge

GROSSLAGE SCHLOSSSTÜCK (FRANKENBERG)

Hüttenheim
(Ortsteil von Willanzheim)
Tannenberg 123

Seinsheim
Hohenbühl 124

Bullenheim
(Ortsteil von Ippesheim)
Paradies 125

Ippesheim
Herrschaftsberg 126

Ergersheim
Altenberg 127*

Weimersheim
(Ortsteil von Ipsheim)
Roter Berg 127 a

Ingolstadt
(Ortsteil von Sugenheim)
Rotenberg 127 a*

Weigenheim
Hohenlandsberg 127 b P*

Reusch
(Ortsteil von Weigenheim)
Hohenlandsberg 127 b T*

Ipsheim
Burg Hoheneck 127 c P*

Kaubenheim
(Ortsteil von Ipsheim)
Burg Hoheneck 127 c P*

WEINBAUGEMEINDEN

Walddachsbach
(Ortsteil von Dietersheim)
Burg Hoheneck 127 c T*

Ferner Weinberge in Krassolzheim (Ortsteil von Sugenheim). Humprechtsau, Rüdisbronn, Külsheim, Ickelheim (Ortsteil von Windsheim), Walddachsbach und Dottenheim (Ortsteil von Dietersheim)

GROSSLAGENFREI

Martinsheim
Langenstein 128

Tiefenstockheim
(Ortsteil von Seinsheim)
Stiefel 128 a

Iphofen
Domherr 128 b

Neundorf
(Ortsteil von Sugenheim)
Hüßberg 128 c*
Mönchsbuck 128 d*
Sonneberg 128 e*
Wonne 128 f*

Bad Windsheim
Ortsteil Oberntief
Rosenberg 128 g*

GROSSLAGE KAPELLENBERG

Schmachtenberg
(Ortsteil von Zeil/M.)
Eulengrund 129

Ziegelanger
(Ortsteil von Zeil/M.)
Ölschnabel 130

Steinbach
(Ortsteil von Ebelsbach)
Nonnenberg 131

Sand am Main
Kronberg 132

Oberschwappach
(Ortsteil von Knetzgau)
Sommertal 133

GROSSLAGENFREI

Zell am Ebersberg
(Ortsteil von Knetzgau)
Schloßberg 133 a

Sand am Main
Himmelsbühl 133 b

Zeil am Main
Mönchshang 134

– Ortsteil Krum
Himmelreich 134 a

Königsberg in Bayern
Ortsteil Unfinden
Kinnleitenberg 134 b

Eltmann
Schloßleite 135

Weiher
(Ortsteil von Viereth)
Weinberge 135 a*

Bamberg
Alter Graben 135 b*

Altmannsdorf
(Ortsteil v. Michelau)
Sonnenwinkel 136

Donnersdorf
Falkenberg 136 a

Mönchstockheim
(Ortsteil v. Sulzheim)
Köhler 136 b P

Dingolshausen
Köhler 136 b P

– Ortsteil Bischwind
Köhler 136 b P

Gerolzhofen
Köhler 136 b P
Arlesgarten 136 c

Michelau
Vollburg 137

Oberschwarzach
(einschl. Ortsteile Mutzenroth und Düttingsfeld)
Herrenberg 138

– Ortsteil Wiebelsberg
Dachs 138 a

Handthal
(Ortsteil von Oberschwarzach)
Stollberg 139

Kammerforst
(Ortsteil von Oberschwarzach)
Teufel 140

Prichsenstadt
Krone 141

BEREICH MAINVIERECK

Der Bereich Mainviereck erstreckt sich am Spessart entlang von Aschaffenburg bis nach Kreuzwertheim im ersten Bogen des vom Main beschriebenen «W». Die nicht sehr großen Rebflächen liegen hier alle nahe am Fluß; nur Rück in einem kleinen östlichen Seitental macht eine Ausnahme davon. Der Boden besteht weitgehend aus Lehm über Sandstein. Zwei Großlagen: Reuschberg (Hörstein) und Heiligenthal (Großostheim) sowie weitere 15 Gemeinden, die unter keine Großlage fallen.

GROSSLAGE REUSCHBERG

Sie besteht aus zwei Weinbergen bei Hörstein.

Einzellagen: Abtsberg u.a., 17,8 ha, W, steil.

GROSSLAGE HEILIGENTHAL

Zwei Lagen südlich von Großostheim.

Einzellagen: Reichsklingenberg, 5 ha, SO, steil; Harstell, 7 ha, SO, steil.

Orte mit großlagenfreien *Einzellagen:*

Rück: Jesuitenberg, 6,7 ha, S, ansteigend/steil; Johannisberg, 10 ha, SW, ansteigend/steil; Schalk, 10 ha, S, SW, ansteigend/steil. Großheubach: Bischofsberg, 15 ha, S, W, ansteigend/steil. Bürgstadt: Mainhölle, 8 ha, SO, steil. Kreuzwertheim: Kafffelstein, 10 ha, S, SW, steil.

BEREICH MAINDREIECK

Dieser Bereich beginnt mit Homburg und Lengfurt direkt neben Kreuzwertheim, überspringt dann aber den Spitzbogen des Mains bis hin zu einer für sich allein gelegenen Weinbergfläche am Nebenfluß Saale bei Hammelburg. Der Boden hier ist Muschelkalk, genau der Boden, der alle die feinen Weine Frankens hervorbringt. Neun Großlagen: Burg (Hammelburg), Roßtal (Karlstadt), Ravensburg (Thüngersheim), Ewig Leben (Randersacker), Ölspiel (Sommerhausen), Teufelstor (Eibelstadt), Hofrat (Kitzingen), Honigberg (Dettelbach) und Kirchberg (Volkach).

Orte mit großlagenfreien *Einzellagen:*
Homburg am Main; Kallmuth, 30 ha, SW, steil. Lengfurt: Oberrot, 1 ha, S, SO, steil; Alter Berg, 4,8 ha, SW, steil.

Großlage Burg mit *Einzellagen:* Feuerthal: Kreuz, 4,8 ha, O, steil. Hammelburg: Heroldsberg, 15 ha, O, W, S, steil; Trautlestal, 15 ha, S, SW, ansteigend/steil. Saaleck: Schloßberg, 15 ha, SW, steil.

Im westlichen Südbogen des Maindreiecks befindet sich das Zentrum der fränkischen Weinerzeugung mit Würzburg als Herzstück. Am dichtesten drängen sich die Weinberge um die Orte nördlich und südlich von Würzburg am Main entlang. Hier ist alles Muschelkalk bis hinunter nach Frickenhausen, wo der Fluß wieder wendet, sowie in Flußbiegungen bei Escherndorf und Nordheim, wo über dem Muschelkalk eine Schicht Tonmergel liegt. Auf dem berühmten Hügel mit dem Namen Escherndorfer Lump erbringt dieser Boden große Silvaner.

Die Weine aus allen bedeutenderen Lagen kann man in den großen, gut besuchten Weinstuben der drei großen Würzburger Weingüter probieren und vergleichen. Das Bürgerspital, das Juliusspital und der Staatliche Hofkeller verfügen über wunderbar behagliche und gemütliche Gasträume, in denen man ihre Weine würdigen kann – und das in einer Stadt, in die der Wein buchstäblich hineinwächst. Schaut man von der berühmten, mit Statuen gesäumten Alten Mainbrücke, die an Festtagen von einem Ende zum anderen einer einzigen langen Weinstube gleicht, hinauf, so sieht man die steilen Hänge der Inneren Leiste, gekrönt von der Festung Marienberg. Und auf der gegenüberliegenden Seite erstrecken sich die besten Teile des Würzburger Steins über die nach Süden geneigten Hänge – ein Panorama, das heute durch häßliche und aufdringliche Neubauten traurig verunstaltet ist. Der Name Steinwein beginnt erst eine echte Bedeutung anzunehmen, wenn man im Bürgerspital eine kraftvolle Silvaner-Spätlese auf die Zunge genommen hat und dann hingeht, um die wundervollen Deckengemälde Tiepolos in der Residenz mit rechter Andacht zu betrachten.

GROSSLAGE ROSSTAL

Die Weinberge am Main bei Karlstadt und am Nebenfluß Kahl.

Einzellagen: Gößenheim: Homburg (Arnberg), 8 ha, S, steil. Karlstadt: Im Stein, 8 ha, SW, steil. Himmelstadt: Kelter, 20 ha, SW, W, steil.

GROSSLAGE RAVENSBURG

Das anschließende Stück des Maintals in Richtung Süden, gegen Würzburg zu.

Einzellagen: Retzbach: Benediktinusberg, 54 ha, S, SW, steil. Thüngersheim: Johannisberg, 110 ha, W, SW, S, steil; Scharlachberg, 130 ha, S, W, ansteigend/steil. Erlabrunn: Weinsteig, 12 ha, S, SO, W, steil. Veitshöchheim: Sonnenschein, 25 ha, S, SW, W, steil.

Orte mit großlagenfreien *Einzellagen:*
Würzburg: Pfaffenberg, 50 ha, S, SO, steil. Stein, 85 ha, S, steil. Innere Leiste, 10 ha, S, steil. Schloßberg, 5,5 ha, O, steil. Abtsleite, 45 ha, SO, S, steil. Kirchberg, 10 ha, NO, steil.

GROSSLAGE EWIG LEBEN

Eine Gruppe von Weinbergen südlich von Würzburg um Randersacker.

Einzellagen: Randersacker: Teufelskeller, 40 ha, S, SW, steil. Pfülben, 15 ha, SO, S, steil. Marsberg, 50 ha, S, SW, steil. Sonnenstuhl, 50 ha, S, SW, steil.

GROSSLAGE TEUFELSTOR

Vier Lagen am Flußufer um Eibelstadt und die beiden Gegensätze Sommerhausen auf der nach Süden abfallenden Flußseite und Winterhausen auf der gegenüberliegenden Seite.

Einzellage: Eibelstadt: Kapellenberg, 70 ha, SW, ansteigend/steil; Dabug, 10 ha, SO, steil.

GROSSLAGE ÖLSPIEL

Zwei Weinberge in günstiger Lage auf dem Ostufer des Mains.

Einzellagen: Sommerhausen: Steinbach, 35 ha, SW, steil. Reifenstein, 50 ha, SSW, W, steil.

GROSSLAGE MARKGRAF BABENNBERG

In einer der großen Biegungen des Mains bietet sich den beiden Weinbergen dieser Großlage eine günstige Ausrichtung nach Süden.

Einzellagen: Frickenhausen: Fischer, 47 ha, S, steil; Kapellenberg, 63 ha, S, steil.

GROSSLAGE HOFRAT

Hier fließt der Main wieder von Norden nach Süden, so daß für die Weinberge um Kitzingen die Voraussetzungen weniger günstig sind.

Einzellagen: Marktbreit: Sonnenberg, 16 ha, S-SW, steil.

GROSSLAGE KIRCHBERG

Weite Flußkrümmungen um Volkach bilden einige gute Lagen, doch nehmen die Weinberge nach Norden hin ab.

Einzellagen: Escherndorf: Lump, 35 ha, S-SO, steil, Astheim: Karthäuser, 45 ha, S, steil. Nordheim: Kreuzberg, 150 ha, SW, ansteigend/steil. Vögelein, 250 ha, SW, NW, ansteigend/steil. Sommerach: Rosenberg, 50 ha, O-SW, ansteigend/steil; Katzenkopf, 200 ha, SSO-SW, ansteigend/steil. Volkach: Ratsherr, 150 ha, S, ansteigend/steil.

BEREICH STEIGERWALD

Die Weinbaugemeinden östlich des Mains sind zu einem sehr viel kleineren Bereich zusammengefaßt. Die bekanntesten sind Iphofen, Rödelsee und Castell. Sie alle liegen auf schwererem Lehm-Mergel-Boden, der einen schönen Sommer verlangt, dann aber körper- und nuancenreiche Weine hervorbringen kann.

Sechs Großlagen: Schild (Abtswind), Herrenberg (Castell), Schloßberg (Rödelsee), Burgweg (Iphofen), Schloßstück (Frankenberg) und Kappellenberg (Zeil).

GROSSLAGE SCHILD

Einzellage: Abtswind: Altenberg, 30 ha, SW, NW, ansteigend/steil.

GROSSLAGE HERRENBERG

Einzellagen: Castell: Bausch, 14 ha, NW, N, ansteigend/steil. Feuerbach, 3 ha, NW-N, ansteigend/steil. Hohnart, 5,4 ha, S, steil. Kirchberg, 1,6 ha, O, NW, W, steil, Kugelspiel, 15 ha, NW, N, ansteigend/steil. Reitsteig, 2 ha, S, ansteigend/steil. Schloßberg, 7 ha, S, SW, steil. Trautberg, 2 ha, S, ansteigend/steil.

GROSSLAGE SCHLOSSBERG

Einzellagen: Rödelsee. Küchenmeister, 60 ha, NW, ansteigend/steil.

GROSSLAGE BURGWEG

Einzellagen: Iphofen: Julius-Echter-Berg, 70 ha, S, SW, steil. Kronsberg, 130 ha, S, SW, SO, steil. Kalb, 65 ha, S, W, steil.

Ort mit großlagenfreier Einzellage:
Michelau: Vollburg, 10 ha, S, SW, ansteigend/steil.

BESUCH IN WÜRZBERG

Die Hauptstadt Frankens ist zugleich die Hauptstadt des deutschen Barock – ein architektonisches Juwel. Hier sind auch die großartigsten Weingüter Frankens beheimatet, in denen sich Wein und Kunst zu glücklicher Einheit verbinden. Die Fässer des Staatlichen Hofkellers lagern in den Gewölben unter der fürstbischöflichen Residenz – sie sind wahrhaftig prachtvoll; die Residenz selbst mit den Deckengemälden Tiepolos und dem grandiosen Treppenhaus, um die Mitte des 18. Jahrhunderts nach Entwürfen von Balthasar Neumann erbaut, ist eine reine Augenweide. Tiepolo, der venezianische Meister der Frescomalerei, schmückte den Kaisersaal mit zwei Begebenheiten aus dem Leben Friedrich Barbarossas. Übrigens ist die Residenz nicht nur museale Pracht: In ihr finden Kunstausstellungen statt, und der Kaisersaal ist in der zweiten Junihälfte Treffpunkt für ein Mozartfest.

Jahrhunderte früher bauten die regierenden Fürstbischöfe die Festung Marienberg, in der sich heute das Mainfränkische Museum befindet. Seine größten Schätze sind die Werke Tilman Riemenschneiders, des Meisters von Würzburg. Er schuf in der Spätgotik ausdrucksstarke Altargruppen und Einzelfiguren, vor allem aus Lindenholz. Einige Beispiele seiner Kunst sind auch im romanischen St.-Kilians-Dom zu sehen.

Die beiden anderen großen Weingüter Würzburgs sind die kirchliche Stiftung Juliusspital und die städtische Stiftung Bürgerspital. Die Keller des Juliusspitals stammen aus dem Jahr 1699, die Gebäude des Bürgerspitals aus dem Mittelalter. Die dem Heiligen Geist gewidmete wohltätige Einrichtung wurde 1319 zugunsten der alten Bürger Würzburgs gegründet.

ERZEUGER

Fürstlich Castell'sches Domänenamt

Schloßplatz 5, 8711 Castell, Tel.: 09325-60170. *Besitzer:* Fürst Albrecht zu Castell-Castell. 58,2 ha. *Einzellagen:* Castell: Schloßberg, Kugelspiel, Bausch, Hohnart, Kirchberg, Trautberg, Reitsteig und Feuerbach (die letzten zwei für Rotwein); Neundorf: Hüßberg, Sonneberg, Wonne und Mönchsbuck.

Ein Schmuckstück von fürstlich-malerischem Weingut mit einem Schloß im Dorf. Die Weinberge ziehen sich hinauf zu wohlgepflegten Eichenwäldern, die neben dem Wein den Stolz der Fürsten bilden. Hier wächst kein Riesling; hingegen liefern Müller-Thurgau (33%), Silvaner (26%) und eine umfassende Auswahl neuerer Rebsorten feine Weine von bewundernswürdiger Ausgeglichenheit, darüber hinaus auch einen sehr guten Sekt «Casteller Herrenberg». Die Scheurebe bringt eine schöne Würze; der Rieslaner bewährt sich ausgezeichnet für Auslesen nach Silvaner Art. Besucher des weltabgelegenen Orts können den Wein in einem herrlichen, mit *Trompe-l'oeil*-Malereien geschmückten Raum probieren oder auch im «Weinstall», einem zum Restaurant umfunktionierten echten Stall.

Im Gut weden auch die Weine von 70 ha Weinbergen bereitet, die 75 Winzern der Erzeugergemeinschaft Steigerwald gehören. Die Etiketten dieser Weine sehen denen des Guts sehr ähnlich.

Weingut Weingroßkellerei Ernst Gebhardt

Hauptstraße 21–23, 8701 Sommerhausen, Tel.: 09333-287. *Besitzer:* Familie Hügelschäffer. 15 ha. *Einzellagen:* Sommerhausen: Reifenstein und Steinbach (21 ha); Eibelstadt: Kapellenberg; Frickenhausen: Fischer und Markgraf Babenberg (letztere wurde jetzt in die Frickenhausener Einzellage Kapellenberg unter der neuen Großlage Markgraf Babenberg einbezogen); Winterhausen: Kaiser Wilhelm; Randersacker: Teufelskeller, Sonnenstuhl; Marktbreit: Sonnenberg.

Weingut aus dem 18. Jh., im Jahr 1888 von der Familie Hügelschäffer übernommen, die auch eine Weinhandlung betreibt. Ihre Weine sind etwas fruchtiger und lieblicher als die alte fränkische Art, jedoch mit Sorgfalt und Können bereitet: Steinbach und Teufelskeller. Rebbestand: 26% Silvaner, 26% Müller-Thurgau, 20% Scheurebe (höchst beliebt, mit deutlichem Aroma von schwarzen Johannisbeeren), 6% Bacchus, 6% Riesling (soll gesteigert werden). Im flämischem Barock eingerichtete Weinstube.

Bürgerspital zum Heiligen Geist

Theaterstraße 19, 8700 Würzburg, Tel.: 0931-50363. Leiter: Heinz Zeller. 140 ha. *Einzellagen:* Würzburg: Stein (22,7 ha), Pfaffenberg (42,8), Abtsleite (18,8) und Innere Leiste (2,6); Randersacker: Teufelskeller (6,4), Marsberg (1,5) und Pfülben (2,1); Veitshöchheim: Sonnenschein (4,8); Thüngersheim: Scharlachberg (2,2); Michelau: Vollburg (9,7); Gössenheim: Homburg-Arnberg (7,5); Leinach: Himmelberg (7,4). Großlagennamen werden nicht benutzt.

Eine großartige Stiftung, im Jahr 1319 von Johannes von Steren für die alten Bürger Würzburgs gegründet. Obwohl das Bürgerspital heute etwas im Schatten des noch reicheren kirchlichen Juliusspitals (s.dort) steht, ist es noch immer das viertgrößte Weingut Deutschlands mit dem größten Anteil am berühmten Würzburger Stein und anderen Südhängen. Rebbestand: 25% Riesling, je 20% Silvaner und Müller-Thurgau sowie verschiedene Neuzüchtungen.

Herzhafte, trockene Rieslinge von großer Geschmacksfülle sind der Stolz des Hauses, wenngleich man von einer Weinprobe in der Weinstube (mit 500 Sitzplätzen!) den Eindruck von Kraft und Geschmacksfülle bei Weinen aller Rebsorten mitnimmt.

Weinbau-Weinkellerei Christoph Hans Herpfer

Paul-Erber-Straße 5–7; 8710 Kitzingen, Tel.: 09321-4305. *Leiter:* Peter Herpfer.

Ein demokratisch geführter Winzerverein (keine Winzergenossenschaft) mit Mitgliedern in Escherndorf, Volkach, Nordheim, Sommerach, Kitzingen, Rödelsee, Würzburg, Randersacker und anderen Orten. Das Ziel ist individuelle Weinbereitung nach modernen Methoden unter vollständigem Luftabschluß, in der trockenen Art des Landes, aber mit ausgeprägter Fruchtigkeit. Die Silvaner aus dem Muschelkalk von Würzburg, Randersacker und Escherndorf sind wahrscheinlich die feinsten Weine des Vereins; dafür liefert die Scheurebe in reifen Jahrgängen die gehaltvollsten.

Juliusspital-Weingut

Klinikstraße 5, 8700 Würzburg 1, Tel. 0931-3084-147. *Leiter:* H. Kolesch. 160 ha. *Einzellagen:* Würzburg: Stein (21 ha), Pfaffenberg, Innere Leiste und Abtsleite; Randersacker: Teufelskeller und Pfülben (5); Eschendorf: Lump (2); Iphofen: Julius-Echter-Berg (9) und Kronsberg; Rödelsee: Küchenmeister (6); Volkach: Karthäuser; Thüngersheim: Johannisberg; Bürgstadt: Mainhölle. (Großlagennamen werden nicht verwendet).

Eine wohltätige Stiftung in noch großartigerem Maßstab als die Hospices de Beaune, 1576 vom Fürstbischof Julius Echter von Mespelbrunn gegründet und heute das drittgrößte Weingut Deutschlands, das ein prächtiges Hospital für die Bürger von Würzburg trägt. Sein niedriges Kellergewölbe von 250 m Länge wurde 1699 von Antonio Petrini unter dem großartigen «Fürstenbau» angelegt. Der Rebbestand setzt sich aus 35% Silvaner, 24% Müller-Thurgau, 11% Riesling zusammen. Die übrigen 30% bestehen aus Gewürztraminer, Ruländer, Weißburgunder, Muskateller, Scheurebe, Spätburgunder (in Bürgstadt) und verschiedenen Neuzüchtungen. Alle Weine reifen in zum Teil über hundert Jahr alten Eichenfässern. Neben den klassischen Silvanern werden ausgesprochen fruchtige, aufgeschlossene und gehaltvolle Rieslinge und Rieslaner gewonnen. Alle QmP-Weißweine tragen schwarze Etiketten. Bei Weißweinen unter QmP-Status ist das Etikett grün, bei Rotweinen rot. Probieren kann man sie alle in der eigenen Weinstube des Spitals.

Weinbau – Weinkellerei Knoll & Reinhart

Alte Poststraße 6, 8710 Kitzingen 2, Tel.: 09321-4548. *Besitzer:* Erich Knoll, 3 ha in Sommerach, Rödelsee und Iphofen.

Das Haus – heute in der zweiten Generation – verfügt über die wohl ältesten Keller Deutschlands (sie wurden Anno Domini 745 ausgehoben). Außer eigenen werden auch zugekaufte Trauben verarbeitet (33% Silvaner, 30% Kanzler sowie Faber, Müller-Thurgau und Optima). Ungewöhnlich hoch ist der Anteil der Kanzler-Rebe (Kreuzung Müller-Thurgau × Silvaner), die hier selbst in mittelmäßigen Jahren zuverlässig vollmundige Weine erbringt.

Weingut Müller

Nordheim. 6 ha in Iphofen, Nordheim, Sommerach, Frankenwinheim.

Typisches, 300 Jahre altes Familienweingut mit frischem, charmantem Silvaner, angenehmem Müller-Thurgau, leicht nach Erde schmekkendem Riesling sowie ausgezeichneter frischwürziger Scheurebe.

Weingut Ernst Popp KG

Rödelseer Str. 14–15, 8715 Iphofen, Tel.: 09323-3371. *Besitzer:* Michael und Josef Popp. 14 ha und 20 ha in Pacht in Iphofen und Rödelsee. *Einzellagen:* Iphofen: Julius-Echter-Berg (3), Kalb (2) und Kronsberg (16); Rödelsee: Schwanleite (2) und Küchenmeister (2).

Hochgeachtetes Familienweingut seit 1878. Trockene, gebietstypische Weine mit großen Charakter und feinem Nußgeschmack. Rebbestand: 25% Silvaner, 50% Müller-Thurgau.

Schloß Saaleck-Städt. Weingut

Postfach 1220, 8783 Hammelburg, Tel.: 09732-80226. *Besitzer:* Stadt Hammelburg. *Leiter:* Joseph Kastner. 30 ha. *Einzellagen:* Saaleck: Schloßberg, Hammelburg: Heroldsberg und Trautlestal; Feuerthal: Kreuz; Westheim: Längberg.

Das alte Schloß Saaleck und seine Keller sind im Besitz der Stadt Hammelburg östlich von Würzburg. Rebbestand: 50% Müller-Thurgau, 20% Silvaner, 10% Bacchus (vom Leiter des Guts besonders geschätzt) und andere neue Sorten. Die Weine sind zumeist trocken mit kräftigem Fruchtaroma.

Staatlicher Hofkeller

Residenzplats 3, 8700 Würzburg, Tel.: 0931-50701. *Besitzer:* Freistaat Bayern. *Leitung:* Dr. Eichelsbacher. 173 ha. *Einzellagen:* Würzburg: Stein (28 ha) und Innere Leiste (6); Randersacker: Pfülben (3) und Marsberg (5); Hörstein: Abtsberg (12); Großheubach: Bischofsberg (3, Rotwein); Handthal: Stollberg (6); Abtswind: Altenberg (6) und Thüngersheim: Scharlachberg (11).

Der herrliche Weinbergbesitz der Fürstbischöfe von Würzburg, dessen Ursprung auf das 12. Jahrhundert zurückgeht, ist seit 1803 die Bayerische Staatsdomäne und wird von der Bayerischen Landesanstalt für Weinbau und Gartenbau verwaltet. Der große Weinkeller unter der barocken Würzburger Residenz ist ein Anblick, wie man ihn in der Welt des Weins bewegender nicht finden kann. Der Rebbestand auf steilen Hängen und unterschiedlichen Böden umfaßt 34% Müller-Thurgau, 21% Riesling, 16% Silvaner, 11% Müller-Thurgau, 21% Riesling, 16% Silvaner, 11% Rieslaner, 8% Kerner und viele andere in kleineren Mengen, u.a. Spätburgunder in der 3-ha-Lage Bischofsberg.

Das Bestreben ist auf Weine nach typischer fränkischer Art gerichtet, bei denen die Säure durch kraftvollen Geschmack ausgeglichen wird. Alle sind trocken oder halbtrocken (mit Ausnahme der Auslesen usw.) Die 76er Riesling- und Rieslaner-Spätlesen entsprachen den Idealvorstellungen des Guts: überaus konzentrierte, duftig-würzige, trockene Weine. Der Anteil der Neuzüchtungen soll verringert und der traditionelle Ausbau in Eichenfässern weitergeführt werden. Zum Besitz gehört eine Fachschule in Veitshöchheim sowie Restaurants in Würzburg, im Aschaffenburger Schloß (ebenfalls ein Keller) und in Stollberg im Steigerwald. 80% der Jahreserzeugung von 80 000 Kisten werden in Bayern abgesetzt.

Weingut Hans Wirsching

Ludwigstraße 16, 8715 Iphofen, Tel.: 09323-3033.
Besitzer: Hans und Dr. Heinrich Wirsching. 45 ha.
Einzellagen: Iphofen: Julius-Echter-Berg, Kronsberg und Kalb; Rödelsee: Küchenmeister.
Großlagen: Burgweg und Schloßberg.

Familienunternehmen seit 1630 mit dem ursprünglichen Gutshaus und Keller und modernen Gebäuden außerhalb des Orts. Rebbestand: v.a. Silvaner, Müller-Thurgau und Riesling sowie Kerner, Scheurebe, Bacchus und ein wenig Traminer und Rieslaner. Die Weine sind zum Teil vollkommen trocken, zum Teil halbtrocken. Die Familie Wirsching ist besonders stolz darauf, daß ihre Weine (Iphöfer Silvaner und Scheurebe) dem Papst bei seinem Besuch im Jahr 1980 serviert wurden. Direktverkauf an Privatkunden steht an erster Stelle, in kleinerem Umfang wird auch nach England, USA, Holland usw. exportiert.

Gebietswinzergenossenschaft Franken eG

8710 Kitzingen-Repperndorf, Tel.: 09321-5163/4, 2904 Mitglieder.

Zusammenschluß (1959) von sieben Winzergenossenschaften; Haupteinzugsgebiet ist der Steigerwald. Die Jahreserzeugung von einer Million Kisten entfällt zu 57% auf Müller-Thurgau und zu 24% auf Silvaner; weitere rote und weiße Rebsorten werden in kleinerem Umfang angebaut. Zehn Großlagen und siebzig Einzellagen.

Winzergenossenschaft Hammelburg

Marktplatz 11, 8783 Hammelburg.
Leitung: Herr Baier.

25 ha um Hammelburg in den Einzellagen Trautlestal und Heroldsberg; beide gehören zur Großlage Burg. die kleine Winzergenossenschaft hat vor allem Silvaner anzubieten.

Winzergenossenschaft Nordheim eG

8711 Nordheim/Main, Tel.: 09381-2345.
251 Mitglieder; 300 ha, davon 220 in Nordheim.
Einzellagen: Escherndorf: Lump und Fürstenberg; Nordheim: Vögelein und Kreuzberg; Sommerach: Katzenkopf und Rosenberg.

Die bedeutendste Winzergenossenschaft am oberen Main: 55% Müller-Thurgau, 22% Silvaner sowie einige andere, v.a. neue Rebsorten und 3% Rotweinreben. Die meisten Mitglieder wohnen in Nordheim und verfügen über weit verstreuten Weinbergbesitz. Der Wein wird vorwiegend in Bayern abgesetzt.

Winzergenossensch. Randersacker eG

Maingasse 33, 8701 Randersacker, Tel.: 0931-709001. 258 Mitglieder, 122 ha, v.a. in Randersacker (85 ha), Sommerhausen (20) und Würzburg (6). *Einzellagen:* Randersacker: Sonnenstuhl, Marsberg, Pfülben, Dabug und Teufelskeller; Sommerhausen: Steinbach und Reifenstein; Würzburg: Abtsleite und Kirchberg; Gerbrunn: Alter Berg und Neuberg; Rimpar: Kobersberg; Teilheim: Altenberg; Leinach: Himmelberg.

BESUCHE IN WEINGÜTERN UND WEINKELLERN

Weinproben

In allen deutschen Weinbaugebieten wird reichlich Gelegenheit zu Weinproben geboten. Manche Weingüter haben sogar einen großen Teil ihres Umsatzes durch Besucher bei Kellerproben oder bei der Bewirtung in eigenen Gaststätten. Vielfach werden Weinproben für Gruppen veranstaltet, immer bei sehr gastlicher Aufnahme. Kellerbesuche sind nicht so einfach wie etwa in Frankreich, wo überall entsprechende Einladungen angeschlagen sind, aber die meisten Weingüter und Genossenschaftskellereien heißen Besucher gern willkommen, vor allem während der Geschäftsstunden, das heißt zwischen 9.00 und 17.00 Uhr an Werktagen; allerdings ist schriftliche oder telefonische Voranmeldung erforderlich. Manchmal ist eine Mindest- oder Höchstzahl von Personen in einer Gruppe festgelegt. Ist die Weinprobe kostenlos, dann erfordert es schon die Höflichkeit, wenigstens ein paar Flaschen Wein zu kaufen. Aber die meisten, vor allem die organisierten Weinproben, sind nicht kostenlos. Die Preise sind ebenso unterschiedlich wie die Anzahl der angebotenen Weine. Man kann nicht damit rechnen, große Weine aus ehrwürdigen Jahrgängen vorgesetzt zu bekommen, der Winzer möchte seine Gäste vielmehr für seine Produkte auf der gerade gültigen Preisliste interessieren. Die deutschen Winzer sind überaus gastfreundlich, aber obwohl Kellerproben zu den schönsten Erlebnissen beim Besuch eines Weinbaugebiets zählen, darf man vor allem bei kleineren Winzern nicht vergessen, daß man ihnen einen beträchtlichen Teil ihres Arbeitstags nimmt, wenn man einen Besuch zu lange ausdehnt. Die zuständigen Weinwerbebüros in den jeweiligen Gebieten haben Listen der Weingüter verfügbar, in denen Besucher stets willkommen sind. Anderseits braucht man auf den Weinstraßen kaum weit zu fahren, bis man einen Weinkeller entdeckt, wo Weinproben angeboten werden. In größeren Orten gibt es auch Zentralkeller, in denen Weine verschiedener Erzeuger zum Probieren bereitstehen. Auf diese Weise kann man sich gut mit den Geschmackseigenheiten einer Region vertraut machen. Obendrein gibt es in vielen Restaurants eine lange Liste offener Weine der Gegend.

Weinkauf

Veile Weingüter verkaufen fast ihren ganzen Wein direkt an Privatkunden und haben deshalb auch eigene Probierstuben eingerichtet. Hier bekommt der Kunde den Wein an gemütlichen Tischen serviert und kann ihn in fröhlicher Runde mit dem Kellermeister oder Weingutsbesitzer ausgiebig besprechen. Bei solchen Proben geht es meist bald hoch her. Trotzdem findet der Wein stets die ihm gemäße Beachtung. Bei dem relativ geringen Alkoholgehalt der Weine kann man viele probieren und behält doch einen klaren Kopf. (Ein professioneller Weinkoster schafft ohne weiteres runde siebzig deutsche Weißweine in einer Sitzung. Mit schwereren Weinen wäre dies kaum möglich.)

Hohe Qualitätsmaßstäbe erbringen in einer der besten Gegenden Frankens sehr gute Müller-Thurgau- und Silvaner-Weine. Das Interesse an ausgefalleneren Sorten ist klein, aber auch Riesling ist nur mit 2% vertreten.

Winzergenossensch. Sommerach eG

Nordheimer Str. 12, 8711 Sommerach/Main, Tel.: 09381-3636.

Die älteste Genossenschaftskellerei in Franken, 1901 gegründet. 245 Mitglieder liefern Trauben von 154 ha aus der weiteren Umgebung von Volkach. Die bekanntesten der 16 Einzellagen sind Iphöfer Kalb, Escherndorfer Lump und Volkacher Ratsherr, die größten Rosenberg und Katzenkopf in Sommerach (102 ha). Rebbestand: 45% Müller-Thurgau, 25% Silvaner, 13% Bacchus, 2% Riesling und 14% Kerner, Perle und Scheurebe.

Winzergenossensch. Thüngersheim eG

Untere Hauptstraße 272a, 8702 Thüngersheim, Tel.: 09364-1052/2. 364 Mitglieder. 217 ha. *Einzellagen:* Thüngersheim: Johannisberg und Scharlachberg; Retzbach: Benediktusberg; Veitshöchheim: Sonnenschein; Erlabrunn: Weinsteig; Himmelstadt: Kelter; Rück: Jesuitenberg und Schalk; Karlstadt: Roßtal (Großlage); Leinach: Himmelberg.

Die 1930 gegründete Genossenschaft betreut die verstreuten Weinbaugemeinden am Untermain. Rebbestand: über 50% Müller-Thurgau; auch Silvaner, Kerner und Bacchus, z.T. auch Rotweinreben, spielen auf unterschiedlichen Böden eine bedeutende Rolle. Die Erzeugung beträgt rund 250 000 Kisten; viele Weine haben hohe Auszeichnungen errungen. Exporte (6%) nach England, Kanada und in die USA; Inlandabsatz größtenteils im südlichen Bayern.

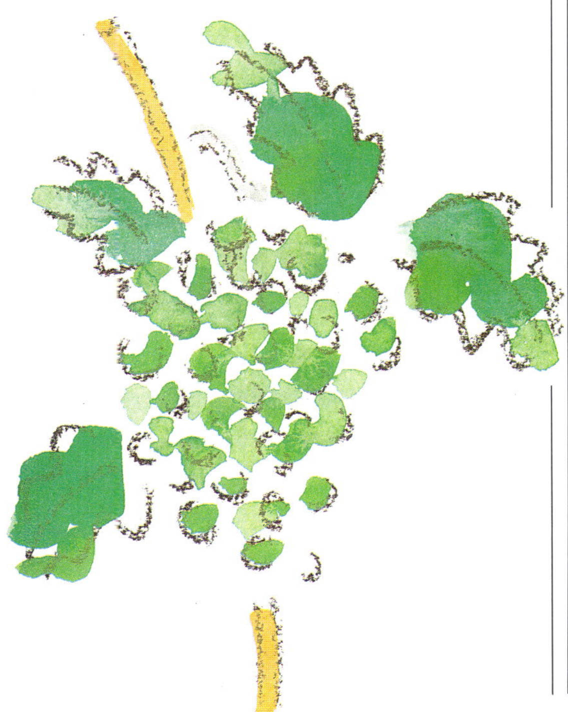

SEKT

Was im EG-Sprachgebrauch als Qualitätsschaumwein definiert ist, heißt in Deutschland kurz und bündig «Sekt». Unter anderem besagen die Bestimmungen, daß die Luftbläschen von einer Nachgärung in der Flasche oder im Tank herrühren müssen. Aus der Statistik geht hervor, daß nur knapp 10% des deutschen Sekts nach der arbeitsintensiven Methode der Flaschengärung entstehen. Die größeren Sekthersteller geben der Tankgärung aus technischen und wirtschaftlichen Gründen den Vorzug, weil sie eine ganaue Kontrolle des komplizierten Verfahrens erlaubt.

Die Flaschengärung ist in Deutschland kleineren Partien vorbehalten, die meist von Vertragsfirmen für private Weingüter hergestellt werden. Sie sind eher für den Kenner als für den normalen Sekttrinker bestimmt und tragen oft einen Jahrgang und ein Anbaugebiet, einen Lagennamen und eine Rebsorte als Bezeichnung. Es sind etwa 600 solche «Winzersekte», vor allem aus den Anbaugebieten Mosel-Saar-Ruwer und Rheinhessen, auf dem Markt. Ihr Anteil an der Gesamtjahresproduktion von 23 Mio Kisten ist noch gering, nimmt aber zu. 86% des deutschen Sekts tragen dagegen keine Angaben über die Herkunft des Grundweins. Die große Mannigfaltigkeit deutscher Weine findet im Sekt keine Entsprechung. Den Vorzug erhalten Schaumwein in gleichbleibender Qualität, die durch bekannte und allgemein anerkannte Marken gekennzeichnet sind. Deshalb stehen, dem Unsatz nach gemessen, Namen wie Deinhard, Faber, Henkell, Herres, Rüttgers und Söhnlein beim Sekt weit an der Spitze. Die Sektherstellung ist ähnlich wie die Champagner-Industrie heute «big business» und zieht die Aufmerksamkeit großer internationaler Konzerne auf sich, die auf dem deutschen Markt Fuß fassen möchten.

Wenn das Sektgeschäft auch etwas ganz anderes ist als der deutsche Weinbau, der eher einer Heimarbeitsindustrie nahekommt, so setzen doch auch die qualitätsbewußten Sekthersteller auf die Riesling-Traube als Grundlage für ihre besseren Produkte. Ein Riesling brut oder extra trocken vereint in sich viele der Qualitäten eines guten Riesling-Kabinettweins aus dem Rheingau oder von der Mosel, Saar oder Ruwer: saubere Frische und feine Säure. Seit September 1986 muß deutscher Sekt mit dem Vermerk «Product of Germany» aus deutschem Grundwein gewonnen sein.

Burgeff & Co. GmbH
Seit 1836 Hersteller von Sekt in Tank- und Flaschengärung. Heute im Besitz von Seagram.

Sektkellerei Carstens KG
Bei der Herstellung wird Kohlensäure aus der Erstgärung verwendet. Im Besitz von Henkell.

Deinhard & Co. KGaA
Führendes Haus seit 1843; international durch Riesling-Sekt Deinhard Lila bekannt.

Deutz & Geldermann Sektkellerei GmbH
Die Ursprünge des Hauses führen wie die heutige Verbindungen in die Champagne. Vorwiegend Flaschengärung.

Faber Sektkellerei Faber KG
1952 gegründet, Jahresumsatz 47 Mio Flaschen Sekt der unteren Preisklasse.

Fürst von Metternich Sektkellerei GmbH
Von der Oetker-Gruppe 1971 für den Vertrieb von Sekt der höheren Preisklasse gegründet.

Georg Geiling & CO, KG
Kleines Familienunternehmen mit hochwertigem Sekt in Flaschengärung.

Sektkellereien Henkell & Co.
Großer Hersteller, gegründet 1836 mit mehr als 50% Anteil am Sektexport.

Gräflich von Kageneck'sche Erzeuger-Weinvertrieb GmbH
Der Sektzweig der badischen Winzergenossenschaften; 1974 gegründet.

G.C. Kessler & Co.
Die älteste deutsche Sektfirma, 1826 von einem ehemaligen Angestellten der Veuve Clicquot gegründet.

Christian Adalbert Kupferberg & Cie KGaA
1850 gegründet; Pionier auf dem Gebiet der Flaschengärung mit anschließender Filtrierung.

Mattheus Müller KGaA
Im Besitz von Seagram: Sekthersteller seit 1838; bekannteste Marke «MM Extra»; Tankgärung.

Sektkellerei Nikolaus Rüttgers GmbH
Tochterfirma von Henkell; großer Hersteller von Sekt der unteren Preisklasse.

Sektkellerei Schloß Wachenheim AG
Gegründet 1888; nach vielen Experimenten auf Flaschengärung eingeschworen.

Söhnlein Rheingold KG Kellereien
Der Name «Rheingold» stammt von Wagner persönlich. Heute im Besitz von Oetker.

Erzeugergemeinschaft Winzersekt
Ein Zusammenschluß von 350 Winzern.

WÜRTTEMBERG

Das alte Großherzogtum Baden und das ehemalige Königreich Württemberg sind heute zu einem Bundesland vereinigt; als Weinbaugebiete jedoch sind sie weiterhin getrennt. Baden erzeugt zwar viel mehr Wein, echte Schwaben aber bleiben dabei, daß ihr Wein der bessere ist. Ihre bekannte Tüchtigkeit dehnen sie auch auf das Weintrinken aus, und daraus erklärt sich, warum kaum jemals Wein exportiert wird, die besten (übrigens sehr teuren) Flaschen überhaupt nie. So fehlt es den württembergischen Weingärtnern nicht am Anreiz, auf gute Qualität zu achten.

In den deutschen Weinlandschaften findet man sich am besten zurecht, wenn man sich an ihre Flüsse hält. Den Neckar könnte man fast die württembergische Mosel nennen. Auf seinem verschlungenen Lauf durch die Hügel strömen ihm Nebenflüsse zu, an denen die für Weinberge so wichtigen Südhänge reichlich vorkommen. Das Klima ist strenger als in Baden, die Winter sind kälter, aber der Sommer bringt genug Sonnenschein, um in guten Lagen den Riesling schön zur Reife zu bringen und selbst den Rotweinen Kraft und gute Farbe zu verleihen. Die Weinlandkarte Württembergs ist die verzwickteste in ganz Deutschland; die Weinberge liegen so weit auseinander, daß selbst im Württembergischen Unterland zwischen Heilbronn und Ludwigsburg, wo drei Viertel des Weinbaus konzentriert sind, nur an wenigen Stellen mehr als ein paar Hektar zusammenhängender Rebfläche vorkommen. Wie an der Mosel konzentriert man sich auch in Württemberg auf den Riesling als Quelle feiner Weißweine. Die eigentliche Spezialität des Landes aber ist Rot- und Roséwein aus der schwäbischen Hausrebe, dem Trollinger, in geringerem Maß aber auch aus dem Schwarzriesling (in Frankreich Pinot Meunier, daher auch der zweite deutsche Name Müllerrebe), dem Portugieser, dem Spätburgunder und dem Limberger (möglicherweise ein Verwandter der Gamay- Rebe aus Burgund). Auf Rotweinreben entfällt die Hälfte des gesamten Rebbestands. Ist der Rotwein nicht kräftig rot, nennt er sich «Rosé» oder wie in Baden «Weißherbst», oder er wird mit Weißwein gemischt und heißt dann «Schillerwein» – eine echte Spezialität des Landes.

Wie in Baden wird der größte Teil der Weinerzeugung von den Winzergenossenschaften besorgt. Es gibt nur eine Handvoll relativ bescheidener Privatweingüter. Aber auch die Winzergenossenschaften vereinheitlichen nicht etwa die Vielfalt dieser Region mit ihren drei Bereichen und 16 Großlagen. Am besten folgt man dem Weg des Neckars nach Norden: Um die Analogie mit der Mosel noch weiterzutreiben, könnte man Stuttgart als das Trier Württembergs bezeichnen. Hier fließt dem Neckar die Rems von Osten her zu, gerade wie die Ruwer der Mosel, und hier liegen auch die ersten und manche der besten schwäbischen Weinberge im Bereich Remstal-Stuttgart. Anders als die Mosel führt der Neckar die Rebe nicht an seinen Ufern mit sich. Die Seitentäler verbreiten die Weinberge nach Westen bis in die Ausläufer des Schwarzwalds und nach Osten tief ins ländliche Schwaben hinein. Die Großlagen fallen ungefähr – wenn auch nicht ganz – mit den Seitentälern zusammen. Wer den Entstehungsort eines württembergischen Weins genau kennenlernen will, muß schon die Karte zu Rate ziehen, um den vielen Ausnahmen auf die Spur zu kommen.

▲ In vielen Gegenden sind die alten Weinberge durch die Flurbereinigung neu geformt und durch Straßen und Wege erschlossen worden.

▶ In den Nebentälern des Neckars verbergen sich kostbare Juwele wie Strümpfelbach im Remstal mit seiner herrlichen Riesling- und Trollinger Lage Altenberg.

DLG: DEUTSCHE LANDWIRTSCHAFTS-GESELLSCHAFT

Heilbronn ist die Weinhauptstadt Württembergs und zugleich in gewissem Sinne ganz Deutschland. Hier findet jährlich der Wettbewerb um die Bronze-, Silber- und Goldmedaillen der DLG statt. In den einzelnen Anbaugebieten werden Gebiets- und Landesweinprämierungen mit entsprechenden Auszeichnungen durchgeführt. Es dürfen nur Weine, die in den Regionalwettbewerben mindestens 3,5 von 5 möglichen Punkten erhalten haben, an der Bundesweinprämierung der DLG teilnehmen, bei der 3,5 Punkte eine Bronzemedaille, 4 Punkte eine Silbermedaille und 4,5 Punkte einen Großen Preis eintragen.

Die Weine werden getrennt nach Anbaugebieten, Rebsorten und Qualitätsstufen von einer Jury beurteilt. Es werden jeweils bis zu 5 Punkte für «Geruch», «Geschmack» und «Harmonie» vergeben. Die Gesamtpunktzahl wird durch 3 geteilt, um so die endgültige Bewertung zu ermitteln. Umstrittene Entscheidungen werden an einen Berufungsausschuß verwiesen, der es dann oft nicht leicht hat, wenn er über verschiedene Weinstile gleichzeitig ein Urteil fällen muß.

Es mag überraschen, daß verhältnismäßig viele der eingereichten Weine auch ausgezeichnet werden, aber schließlich mußten sie ja alle schon einmal einen regionalen Wettbewerb erfolgreich bestehen, bevor sie zur Bundesweinprämierung überhaupt zugelassen wurden.

REISE-INFORMATIONEN

Das Weinland am Neckar und seinen Nebenflüssen schließt die romantische Schönheit Süddeutschlands ebenso in sich ein wie das reiche, moderne Stuttgart. Die Einheimischen sind der Statistik zufolge die tüchtigsten Weintrinker Deutschlands. Es gibt viele gemütliche Ecken, in denen man sich mit ihnen zu einem Glas Wein zusammensetzen kann.

Sehenswertes

Stuttgart: Moderne Geschäfte, Kongresse, Museen und Ballett bilden einige der Attraktionen der Landeshauptstadt.
Eßlingen: Das alte und das neue Rathaus, ja der ganze Kern der reizvollen Stadt sind sehenswert.
Heilbronn: Die Stadt am Neckar hat eine Fülle alter Bauten zu bieten.
Ludwigsburg: Das größte deutsche Barockschloß mit Freilicht-Aufführungen im Sommer.
Ebenfalls sehenswert sind u.a. Weinstadt, Brackenheim und Bad Mergentheim.

Weinstraßen

Die Schwäbische Weinstraße verläuft von Metzingen aus nordwärts am Neckar entlang bis Stuttgart und beschreibt dann eine Schleife durch die Weinlandschaften bis nach Bad Mergentheim im Nordosten. In Stuttgart, Gemmrigheim, Neckarsulm, Fellbach, Kernen, Remshalden, Vaihingen, Beilstein, Großbottwar, Bad Mergentheim und Ingelfingen gibt es Weinlehrpfade.

Weinfeste

Stuttgart-Bad Cannstatt (Ende Mai), Bretzfeld-Schwabbach (Mitte Juni), Heilbronn (3. Wochenende im Juni), Beilstein (Ende Juli), Ingelfingen (Mitte Aug.), Remshalden (Mitte Aug.), Großbottwar (Ende Aug.), Weinstadt (Anfang Sept.), Laudenbach (Mitte Sept.), Eßlingen (Mitte Sept.), Metzingen (Ende Okt.).

Weinmuseum

Das Stuttgarter Weinmuseum ist in einem Keller in der Nähe der Lage Rotenberg untergebracht. Es enthält eine Bibliothek. Hier beginnt auch ein Weinlehrpfad (mit Gelegenheit zu Weinproben).

Essen und Trinken

In Württemberg gibt es eine Fülle von Hotels und guten Restaurants neben den allgegenwärtigen Gasthäusern und Weinstuben. Als Schloßhotel ist Schloß Weitenburg (Familie von Raßler) am Neckar südlich von Stuttgart (Tel.: 07457-8051) besonders zu erwähnen. Das Restaurant zum Ochsen in Kernen und die Krone bei Metzingen sowie die herrlich gelegene Ulrichshöhe bei Nürtingen sollen stellvertretend für viele andere genannt werden, deren Küche großen Ruf genießt. Unter den Weinstuben sind der Bäcke-Metzger in Bad Cannstatt, der Ratskeller am Marktplatz und die Börse in der Heustraße am bekanntesten.

WEINBAUGEMEINDEN

BEREICH REMSTAL-STUTTGART

1600 ha Rebfläche sind in fünf Großlagen aufgeteilt. Hohenneuffen liegt zuoberst am Fluß um Neuffen, Frickenhausen und Metzingen. Hier wächst kein Riesling, aber leichter Silvaner, Müller-Thurgau und viel Schwarzriesling für Rotwein.

Weinsteige heißt die Großlage für Stuttgart. Es ist schon ein überraschender Anblick, wenn man mitten in einer Großstadt – zumindest mitten in den Vorstädten Bad Cannstatt, Mühlhausen und Zuffenhausen – Weinberge antrifft. Hier werden vor allem Trollinger und Riesling angebaut, die bekanntesten Einzellagen (von insgesamt 26) heißen Berg, Steinhalde und Zuckerle, und in Fellbach, das westwärts über den Neckar nach Stuttgart schaut, sind es Wetzstein, Goldberg, Lämmler (nur Rotwein) und Hinterer Berg.

Großlage Weinsteige mit *Einzellagen:* Bad Cannstatt/Stuttgart Zuffenhausen: Berg, 90 ha, SW-S-SO, ansteigend/steil. Mühlhausen: Steinhalde, 20 ha, SW-S-O, steile Terrassen; Zuckerle, 20 ha, W-S-SO, steile Terrassen. Fellbach: Wetzstein, 12 ha, W-SW-SO, sanft ansteigend; Goldberg, 115 ha, NW-S-O, mäßig steil; Lämmler, 32 ha, SW-S, steil; Hinterer Berg, 10 ha, W-S, steil.

Das Remstal hat vier Großlagen: Kopf (13 Einzellagen) um Schorndorf mit sehr viel Trollinger, aber auch einigen guten Rieslinglagen; Wartbühl (19 Einzellagen) um Weinstadt und Korb – hier sind der Riesling und andere weiße Sorten in der Überzahl; Sonnenbühl (4 Einzellagen) südlich von Weinstadt, spezialisiert auf robuste Trollinger-Rotweine, sowie Hohnenneuffen.

BEREICH WÜRTTEMBERGISCH UNTERLAND

Bei weitem der größte Schwäbische Bereich mit einer Rebfläche von 7000 ha mit neun Großlagen im Neckartal nördlich von Stuttgart von der Grenze des badischen Kraichgaus bis zum Bottwar-Tal im Osten.

GROSSLAGE SCHALKSTEIN

Die erste Großlage am Neckar entlang nordwärts. 14 Einzellagen verteilen sich auf das Gebiet zwischen Ludwigsburg und Hessigheim, wo sich Rotweinreben in der Mehrzahl befinden; die besten davon haben kräftige Farbe und vollen Körper.

Einzellagen: Hessigheim: Wurmberg, 50 ha, W-SW-S-O, Terrassen. Felsengarten, 296 ha, W-SW-S-SO, steile Terrassen.

GROSSLAGE STROMBERG

18 verstreute Einzellagen im Enztal mit den Schwerpunkten Mühlhausen und Vaihingen und dann das Neckartal abwärts bis Kirchheim und Bönnigheim. Zwei Drittel sind Rotweinreben bei hohem Anteil an Limberger.

GROSSLAGE HEUCHELBERG

Ein sehr intensiv genutzter Weinbaudistrikt mit 19 Einzellagen, unmittelbar nördlich von Stromberg auf der Westseite des Neckars. Hauptorte: Cleebronn und Schwaigern. Hier wachsen einige der besten schwäbischen Rieslinge auf kalkreichem Boden.

Einzellagen: Neipperg: Vogelsang, 200 ha, SW-S-SO, mäßig steil bis steil. Schwaigern: Ruthe, 7 ha, S, ansteigend. Cleebronn: Michaelsberg, 230 ha, N-W-S-O, mäßig steil bis steil.

GROSSLAGE KIRCHENWEINBERG

Der eigentliche Kern der württembergischen Weinbauregion mit Einzellagen, darunter der sehr große Katzenbeißer (456 ha) bei Lauffen. Talheim und Flein, an den Außenbezirken von Heilbronn, sind weitere Schwerpunkte. In diesem vorherrschend mit Rotweinreben besetzten Gebiet ist der Schwarzriesling am beliebtesten.

Einzellagen: Flein: Sonnenberg, 50 ha, SW-S-SO; Altenberg, 70 ha, S-O; Eselsberg, 65 ha, SW-S. Talheim: Schloßberg, 150 ha, SW-S-SO – alle mäßig steil bis steil.

GROSSLAGE WUNNENSTEIN

Ein kleineres Gebiet östlich vom Neckar mit der Stadt Großbottwar, neun Einzellagen, vor allem mit Rotweinreben.

GROSSLAGE SALZBERG

Ziemlich großes Gebeit östlich von Heilbronn, durch einige der besten württembergischen Rieslinge bekannt. Die 12 Einzellagen erstrekken sich zwischen Eberstadt, Lehrensteinsfeld, Willsbach, Affaltrach, Eichelberg, Obersulm und Löwenstein.

Einzellagen: Eberstadt: Sommerhalde, 60 ha, SW-S; Eberfürst, 90 ha, SW-S. Lehrensteinsfeld: Althälde, 60 ha, SW-S-SO; Steinacker, 65 ha, SW-S-; Frauenzimmer, 8 ha, SW-S. Willsbach und Affaltrach: Dieblesberg, 170 ha, SW-S-SO; Zeilberg, 150 ha, SW-S-SO. Eichelberg: Hundsberg, 75ha, SW – alle mäßig steil bis steil, außer Frauenzimmer: sanft ansteigend.

GROSSLAGE SCHOZACHTAL

Kleines Gebiet nördlich von Wunnenstein mit nur fünf Einzellagen um Abstatt und Untergruppenbach. Überwiegend Weißweine. Es wächst guter Riesling hier.

GROSSLAGE LINDELBERG

Eine stärker aufgesplitterte Rebfläche, vorwiegend mit Weißwein, nordöstlich von Heilbronn in der Gegend des Brettach-Tals. Sieben Einzellagen zwischen Bretzfeld und Untersteinbach.

GROSSLAGE STAUFENBERG

Heilbronn ist ein bedeutendes Weinzentrum mit einer erstklassigen Weingärtnergenossenschaft und Veranstaltungsort der jährlichen DLG-Weinprämierung für ganz Deutschland. Die Heilbronner Weinberge gehören wie die flußabwärts am Neckar gelegenen zur Großlage Staufenberg, die wiederum zwölf Einzellagen mit etwa gleichviel Weiß- und Rotweinreben unfaßt. Die Schwerpunkte liegen in Gundelsheim, Erlenbach, Weinsberg und Heilbronn selbst.

Einzellagen: Gundelsheim: Himmelreich, 40 ha, SW-S, 40% steil. Erlenbach: Kayberg, 250 ha, W-S-O, ansteigend; Schemelsberg, 34 ha, SW-S, ansteigend. Heilbronn: Stiftsberg, 400 ha, W-S-O, sanft ansteigend; Wartberg, 42 ha, SW-S, ansteigend; Stahlbühl, 20 ha, SW-S, ansteigend.

BEREICH KOCHER-JAGST-TAUBER

Der nördliche württembergische Bereich ist mit 400ha der kleinste und auch der einzige, der auf Weißwein spezialisiert ist (90%). Er erfaßt die Täler der Neckar-Nebenflüsse Kocher und Jagst sowie der nach Norden zum Main fließenden Tauber.

GROSSLAGE KOCHERBERG

Die Südhälfte des Bereichs mit zehn Einzellagen enthält Ingelfingen und Niedernhall an der Kocher.

Einzellagen: Ingelfingen; Hoher Berg 110 ha, SW-S-O, steil. Niedernhall: Burgstall, 30 ha, W-SW-S, steil. Weißbach: Altenberg, 5 ha, W-S-O, steil.

GROSSLAGE TAUBERBERG

Die Weinberge an der Tauber (sechs Einzellagen) konzentrieren sich um Bad Mergentheim, Weikersheim und Niederstetten. Sowohl der stark kalkhaltige Boden als auch der verbreitete Anbau von Silvaner und Müller-Thurgau erinnern daran, daß Franken nicht fern ist.

Einzellagen: Niederstetten: Schafsteige, 60 ha, W-S-O, steil.

ERZEUGER

Weingut Graf Adelmann «Brüssele»

Burg Schaubeck, 7141 Steinheim-Kleinbottwar, Tel.: 07148-6665. *Besitzer:* Michael, Graf Adelmann. 15 ha; 12 in Kleinbottwar *(Einzellagen:* Oberer Berg und Süßmund, Alleinbesitz*)*; 3 ha in Hoheneck.

Eines der bekanntesten württembergischen Weingüter, sofort erkennbar an dem hellblauen Etikett mit Spitzenmuster und dem Namen «Brüssele» (nach einem früheren Besitzer). Burg Schauberg ist eine kleine, aber Ehrfurcht einflößende alte Feste, Offenbach römischen Ursprungs; seit 1914 ist sie im Besitz der Familie Adelmann. Rebbestand: 48% Rotweinreben: 22% Trollinger, ferner Samtrot (s. unten), Clevner, Limberger (oder Lemberger), Muskat-Trollinger; 52% Weißweinreben: 27% Riesling, ferner Traminer, Ruländer, Müller-Thurgau, Kerner, Muskateller und Silvaner.

In Kleinbottwar ist der Boden roter Mergel, in Hoheneck Kalkstein: beides sind Hanglagen.

Die Weine sind Originale mit ausgeprägtem Charakter und so viel Delikatesse, daß sie manchmal zaghaft erscheinen. Die Säure ist oft nur schwach, der Geschmack aber trocken und reichhaltig: es wird inzwischen ein höherer Säuregehalt in den Weißweinen angestrebt. Zu den Spezialitäten gehören Weißherbst und Muskat-Trollinger – anderswo eine Tafeltraube, die hier einen Wein mit Rosinencharakter ergibt; Samtrot (eine Pinot-Meunier-Mutation – eine reife Auslese erinnerte mich an Valpolicella); Muskateller, delikat, mit langem Abgang, bei ausgesprochen würzigem Charakter; sowie ein weicher, gedämpfter, rauchiger, aber eleganter Riesling. Die Qualität dieser ungewöhnlichen Weine ist sehr hoch.

Schloßkellerei Affaltrach

Am Ordensschloß 15, 7104 Obersulm. *Besitzer:* Dr. Reinhold Baumann. 7,5 ha, *Einzellagen:* Affaltrach: Dieblesberg, verschiedene Rot- und Weißwein-Rebsorten.

Ursprünglich eine Gründung aus dem 13. Jh.; 1928 von den heutigen Besitzern übernommen. Heute besteht sie aus dem Weingut und einer angeschlossenen Firma, die frischen Most von 200 kleinen Winzern aufkauft und zu Wein und Sekt verabeitet. Die Weine des eigenen Weinguts sind überwiegend trocken oder halbtrokken, als Tischweine gedacht und für längere Flaschenlagerung bestimmt. Es entstehen hier auch Eisweine und Trockenbeerenauslesen mit höchsten Mostgewichten.

Graf Bentzel-Sturmfeder'sches Weingut

Sturmfederstraße 4, 7129 Ilsfeld-Schozach, Tel.: 07133-7829. *Besitzer:* Graf Hanfried von Bentzel-Sturmfeder-Horneck. 17,6 ha. *Einzellage:* Schozach: Roter Berg.

Ein Weingut mit Ursprung im 14. und Kellern aus dem 18. Jahrhundert. Rebbestand: 28% Riesling, 22% Spätburgunder, 18% Samtrot (eine Pinot-Meunier-Mutation), 10% Schwarzriesling usw. Der Lehmboden verleiht den Weinen guten Körper, so daß sie auch bei relativ geringer Säure gute Haltbarkeit besitzen; durch Faßalterung wird Stabilität erzielt. Edelfäule kommt hier selten vor; die meisten der Weine sind trocken und genießen in den Restaurants der Umgebung größte Beliebtheit.

Fürstlich Hohenlohe-Langenburg'sche Weingüter

Im Schloß, 6992 Weikersheim. *Leitung:* Karl-Heinz Schäfer. 26 ha. *Einzellagen:* Weikersheim: Karlsberg (17 ha, Alleinbesitz) und Schmecker (23); Tauberrettersheim: Königin (jenseits der Grenze in Franken, 3 ha).

In den alten Kellern von Schloß Weikersheim wird höchst moderne Weinbereitung gepflegt. Die Weinberge auf Kalksteinboden erbringen leichte, duftige Weine und einen gewissen «Bodenton». Sie bilden den Übergang zwischen Württemberg und Franken. Rebbestand: 30% Müller-Thurgau, 17% Riesling, 15% Kerner, 10% Silvaner usw.

Fürst zu Hohenlohe-Öringen'sche Schloßkellerei

7110 Öhringen, Schloß, Tel.: 07941-7081. *Besitzer:* Fürst Kraft zu Hohenlohe-Öhringen. 22 ha. *Einzellagen:* Verrenberg: Verrenberg (Alleinbesitz).

Ein herrschaftlicher Besitz aus dem 14. Jh., die Keller stammen aus dem 17. Jahrhundert. Der Verrenberg ist ein geschlossener Rebenbestand, der nahezu durchweg trockene Weißweine mit unter 6 g/l Zuckerrest erbringt. Rebbestand: 60% Riesling, 10% Limberger, 10% Müller-Thurgau, 8% Spätburgunder, 7% Kerner.

Weingüter und Schloßkellerei Graf von Neipperg

7103 Schwaigern, Tel.: 07138-5081. *Besitzer:* Carl-Eugen, Graf zu Neipperg. 36,6 ha. *Einzellagen:* Schwaigern: Ruthe; Neipperg: Schloßberg, Klingenberg: Schloßberg.

Es ist urkundlich belegt, daß die Familie seit 1248, kurz nach dem Bau der ursprünglichen Burg Neipperg, hier Wein baut. Heute befindet sich im Schloß Schwaigern über den Kellern eine Weinstube. Rebbestand: 59% Rotweinreben: 23% Limberger, 17% Schwarzriesling, 11% Spätburgunder, 8% Trollinger; Weißweinreben: 26% Riesling, 2% Traminer, 5% Muskateller und 8% Müller-Thurgau. Die Neippergs führten die Limberger-Rebe ein, die kräftig gefärbten Rotwein mit Gerbstoffgehalt liefert. Eine weitere Spezialität ist würziger Traminer; auch der Riesling wird hoch geschätzt. 97% der Weine sind trocken oder halbtrocken.

Weinbau Sonnenhof, Bezner-Fischer

7143 Vaihingen-Gündelbach, Tel.: 07042-21038. *Besitzer:* Albrecht und Charlotte Fischer. 22,5 ha. *Einzellagen:* Gündelbach: Wachtkopf; Hohenhaslach: Kirchberg; Roßwag: Halde.

Ein sehr erfolgreiches Gut, das schon viele Preise und Auszeichnungen gewonnen hat. Die Lese wird solange wie möglich hinausgeschoben, wodurch sortentypische Weine (zu 90% trocken/halbtrocken) gewonnen werden. Auf der Liste steht u.a. roter Eiswein von Trollinger- und Limberger-Trauben – hell, aber intensiv im Geschmack. Übriger Rebbestand: 20,9% Riesling, 8,5% Spätburgunder, 9% Müller-Thurgau sowie Dornfelder u.a.

WEINLAGEN

BEREICH KOCHER-JAGST-TAUBER

GROSSLAGE TAUBERBERG

Bad Mergentheim Ortsteil Markelsheim
Mönchsberg 1 P
Probstberg 2 P

Weikersheim
Hardt 3
Schmecker 4
Karlsberg 5

– Ortsteil Elpersheim
Mönchsberg 1 P
Probstberg 2 P

– Ortsteil Schäftersheim
Klosterberg 4 a

– Ortsteil Laudenbach
Schafsteige 6 P

– Ortsteil Haagen
Schafsteige 6 P

Niederstetten
Schafsteige 6 P

– Ortsteil Wermutshausen
Schafsteige 6 P

– Ortsteil Vorbachzimmern
Schafsteige 6 P

– Ortsteil Oberstetten
Schafsteige 6 P

GROSSLAGE KOCHERBERG

Dörzbach
Altenberg 7

Ingelfingen
Hoher Berg 8 P

– Ortsteil Criesbach
Hoher Berg 8 P
Burgstall 11 P

Künzelsau
Hoher Berg 8 P

– Ortsteil Belsenberg
Heiligkreuz 9

Niedernhall
Hoher Berg 8 P
Burgstall 11 P
Engweg 12 P
Altenberg 13 P

Weißbach
Engweg 12 P
Altenberg 13 P

Forchtenberg
Flatterberg 14 P

– Ortsteil Ernsbach
Flatterberg 14 P

Schöntal Ortsteil Bieringen
Schlüsselberg 15

Widdern
Hofberg 16 P

Neudenau Ortsteil Siglingen
Hofberg 16 P

Möckmühl
Hofberg 16 P
Ammerlanden 17

Hardthausen Ortsteil Kochersteinsfeld
Rosenberg 17 a

BEREICH WÜRTTEMBERGISCH UNTERLAND

(Siehe Karte Seite 146–147)

GROSSLAGE STAUFENBERG

Gundelsheim
Himmelreich 18

Bad Friedrichshall Ortsteil Duttenberg
Schön 19 P

– Ortsteil Offenau
Schön 19 P

Langenbrettach Ortsteil Brettach
Berg 20

Untereisesheim
Vogelsang 21

Oedheim
Kayberg 22 P

Erlenbach
Kayberg 22 P

Neckarsulm
Scheuerberg 23

Ellhofen
Ranzenberg 24 P

Weinsberg
Ranzenberg 24 P
Schemelsberg 25

– Ortsteil Gellmersbach
Dezberg 26 P

Eberstadt
Dezberg 26 P

Heilbronn
Stiftsberg 27 P
Wartberg 28
Stahlbühl 29

– Ortsteil Horkheim
Stiftsberg 27 P

Talheim
Stiftsberg 27 P

GROSSLAGE LINDELBERG

Neuenstein Ortsteil Kesselfeld
Schwobarjörgle 30 P

– Ortsteil Obersöllbach
Margarete 31 P

Öhringen Ortsteil Michelbach am Wald
Margarete 31 P
Dachsteiger 32 P

– Ortsteil Verrenberg
Goldberg 33 P
Verrenberg 35

Pfedelbach
Goldberg 33 P

– Ortsteil Untersteinbach
Dachsteiger 32 P

– Ortsteil Heuholz
Dachsteiger 32 P

– Ortsteil Harsberg
Dachsteiger 32 P

– Ortsteil Oberohrn
Dachsteiger 32 P

– Ortsteil Windischenbach
Goldberg 33 P

Wüstenrot Ortsteil Maienfels
Schneckenhof 36 P

Bretzfeld
Goldberg 33 P

– Ortsteil Geddelsbach
Schneckenhof 36 P

– Ortsteil Unterheimbach
Schneckenhof 36 P

– Ortsteil Adolzfurt
Schneckenhof 36 P

– Ortsteil Siebeneich
Himmelreich 37 P

– Ortsteil Schwabbach
Himmelreich 37 P

– Ortsteil Dimbach
Himmelreich 37 P

– Ortsteil Waldbach
Himmelreich 37 P

Langenbrettach Ortsteil Langenbeutingen
Himmelreich 37 P

GROSSLAGE SALZBERG

Eberstadt
Sommerhalde 39
Eberfürst 40

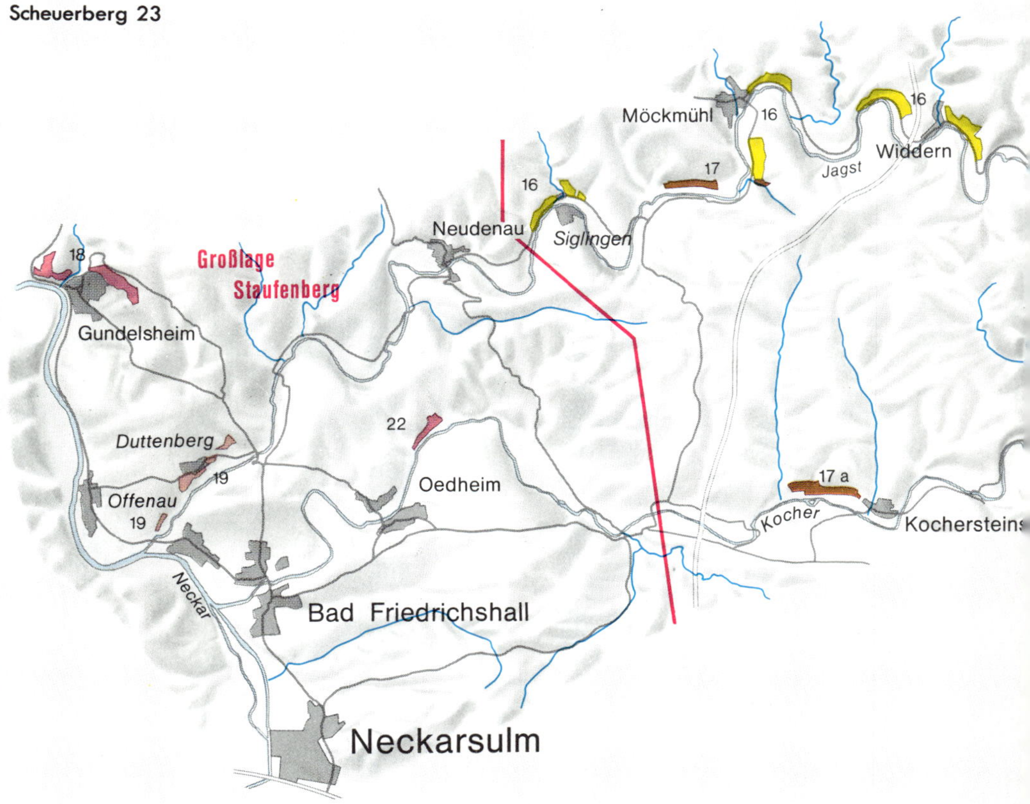

Neuenstadt am Kocher Ortsteil Cleversulzbach
Eberfürst 40 P

Weinsberg
Steinacker 44 P

– Ortsteil Grantschen
Wildenberg 42 P

– Ortsteil Wimmental
Altenberg 43 P

Ellhofen
Steinacker 44 P
Wildenberg 42 P

Lehrensteinsfeld
Steinacker 44 P

Obersulm Ortsteil Sülzbach
Altenberg 43 P

– Ortsteil Willsbach
Dieblesberg 46 P

– Ortsteil Affaltrach
Dieblesberg 46 P
Zeliberg 47 P

– Ortsteil Eschenau
Paradies 48

– Ortsteil Eichelberg
Hundsberg 49 P

– Ortsteil Weiler
Hundsberg 49 P
Schlierbach 50

Löwenstein
Altenberg 51
Wohlfahrtsberg 52

– Ortsteil Hößlinsülz
Dieblesberg 46 P
Zeilberg 47 P

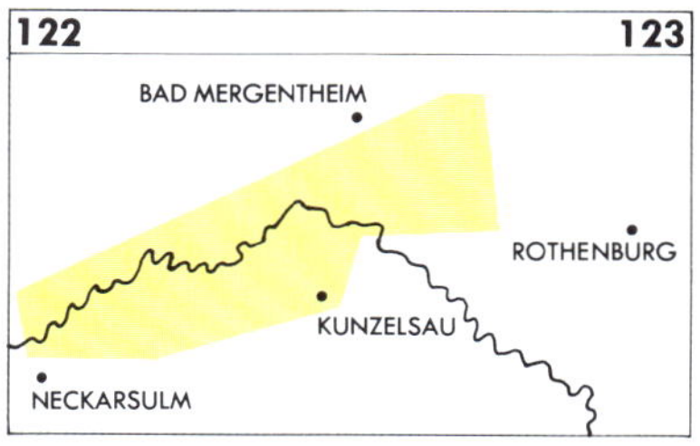

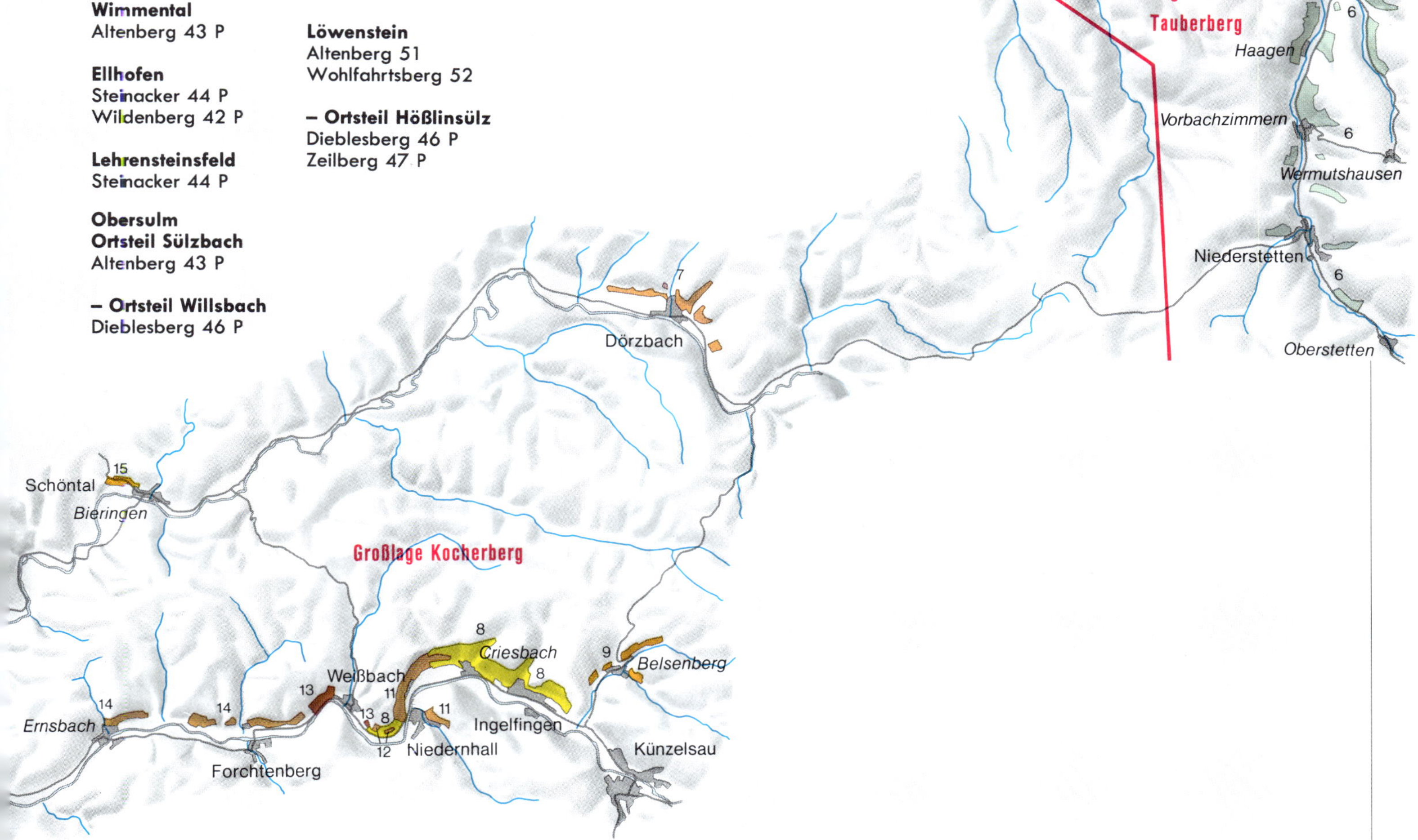

GROSSLAGE SCHOZACHTAL

Löwenstein
Sommerberg 53 P

Untergruppenbach Ortsteil Unterheinreit
Sommerberg 53 P

Abstatt
Sommerberg 53 P
Burgberg 54 P
Burg Wildeck 55

Ilsfeld
Rappen 56

– Ortsteil Auenstein
Burgberg 54 P
Schloßberg 57

GROSSLAGE WUNNENSTEIN

Beilstein
Wartberg 58
Steinberg 59

– Ortsteil Hohenbeilstein
Schloßwengert 60

Oberstenfeld
Forstberg 61 P
Lichtenberg 62 P
Harzberg 63 P

– Ortsteil Gronau
Forstberg 61 P

Ilsfeld
Lichtenberg 62 P

Großbottwar
Lichtenberg 62 P
Harzberg 63 P

– Ortsteil Winzerhausen
Lichtenberg 62 P
Harzberg 63 P

– Ortsteile Hof und Lembach
Lichtenberg 62 P
Harzberg 63 P

Steinheim
Lichtenberg 62 P

– Ortsteil Kleinbottwar
Lichtenberg 62 P
Oberer Berg 64 P
Süßmund 65
Götzenberg 66

Ludwigsburg Ortsteil Hoheneck
Oberer Berg 64 P

GROSSLAGE KIRCHENWEINBERG

Heilbronn
Sonnenberg 67 P
Altenberg 68 P

Flein
Sonnenberg 67 P
Altenberg 68 P
Eselsberg 69

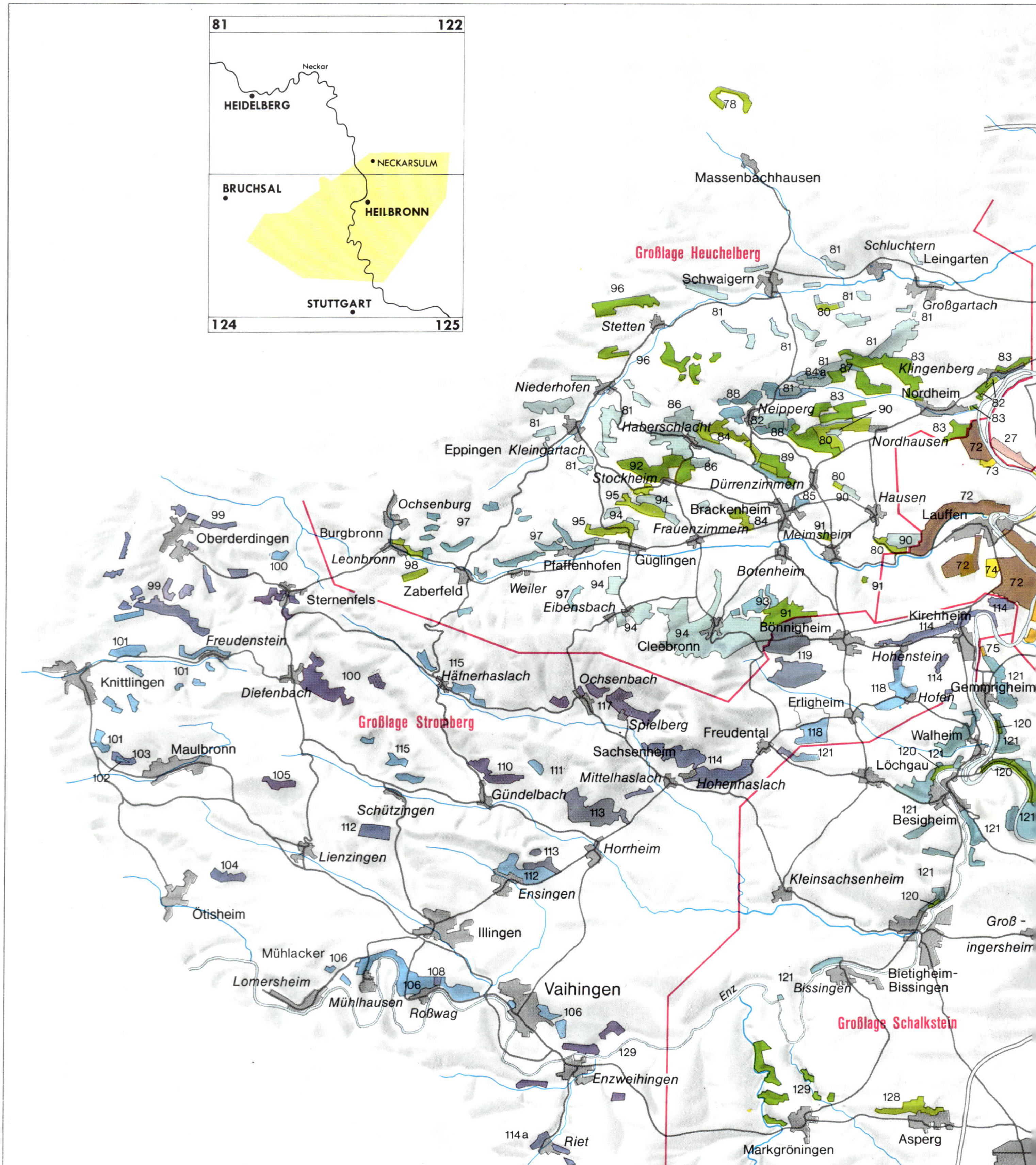
81
122
Neckar
HEIDELBERG
NECKARSULM
BRUCHSAL
HEILBRONN
STUTTGART
124
125
Großlage Heuchelberg
Großlage Stromberg
Großlage Schalkstein
Massenbachhausen
Schluchtern
Leingarten
Schwaigern
Großgartach
Stetten
Klingenberg
Niederhofen
Nordheim
Neipperg
Haberschlacht
Nordhausen
Eppingen
Kleingartach
Stockheim
Dürrenzimmern
Hausen
Lauffen
Ochsenburg
Brackenheim
Frauenzimmern
Meimsheim
Oberderdingen
Burgbronn
Leonbronn
Pfaffenhofen
Güglingen
Botenheim
Zaberfeld
Weiler
Eibensbach
Sternenfels
Bönnigheim
Kirchheim
Cleebronn
Freudenstein
Hohenstein
Knittlingen
Häfnerhaslach
Ochsenbach
Gemmrigheim
Diefenbach
Hofen
Erligheim
Spielberg
Freudental
Walheim
Maulbronn
Sachsenheim
Löchgau
Mittelhaslach
Hohenhaslach
Gündelbach
Besigheim
Schützingen
Horrheim
Lienzingen
Kleinsachsenheim
Ensingen
Groß-
ingersheim
Ötisheim
Illingen
Mühlacker
Lomersheim
Mühlhausen
Roßwag
Vaihingen
Enz
Bissingen
Bietigheim-
Bissingen
Enzweihingen
Riet
Markgröningen
Asperg

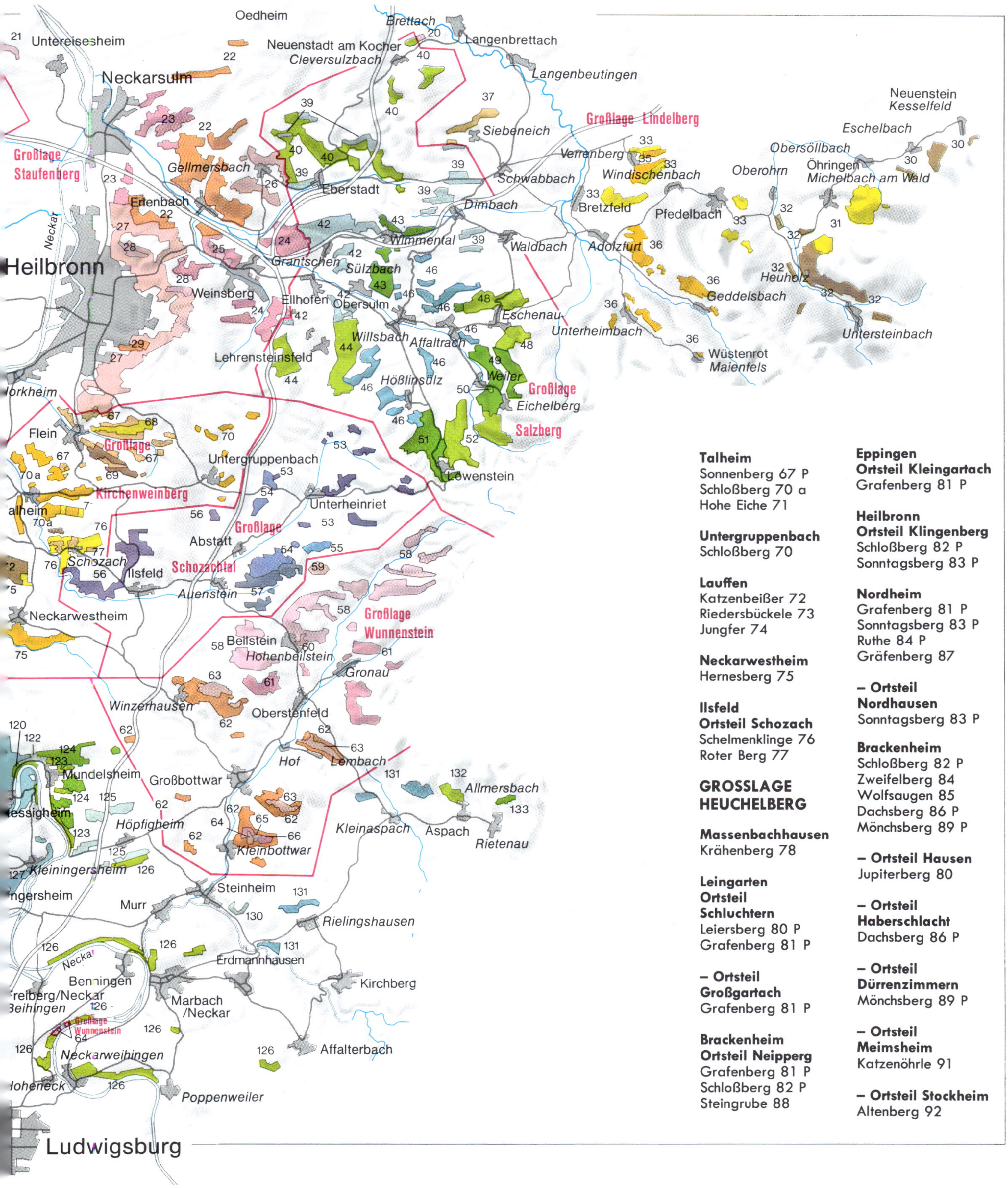

Talheim
Sonnenberg 67 P
Schloßberg 70 a
Hohe Eiche 71

Untergruppenbach
Schloßberg 70

Lauffen
Katzenbeißer 72
Riedersbückele 73
Jungfer 74

Neckarwestheim
Hernesberg 75

Ilsfeld
Ortsteil Schozach
Schelmenklinge 76
Roter Berg 77

GROSSLAGE HEUCHELBERG

Massenbachhausen
Krähenberg 78

Leingarten
Ortsteil Schluchtern
Leiersberg 80 P
Grafenberg 81 P

– Ortsteil Großgartach
Grafenberg 81 P

Brackenheim
Ortsteil Neipperg
Grafenberg 81 P
Schloßberg 82 P
Steingrube 88

Eppingen
Ortsteil Kleingartach
Grafenberg 81 P

Heilbronn
Ortsteil Klingenberg
Schloßberg 82 P
Sonntagsberg 83 P

Nordheim
Grafenberg 81 P
Sonntagsberg 83 P
Ruthe 84 P
Gräfenberg 87

– Ortsteil Nordhausen
Sonntagsberg 83 P

Brackenheim
Schloßberg 82 P
Zweifelberg 84
Wolfsaugen 85
Dachsberg 86 P
Mönchsberg 89 P

– Ortsteil Hausen
Jupiterberg 80

– Ortsteil Haberschlacht
Dachsberg 86 P

– Ortsteil Dürrenzimmern
Mönchsberg 89 P

– Ortsteil Meimsheim
Katzenöhrle 91

– Ortsteil Stockheim
Altenberg 92

– Ortsteil Botenheim
Ochsenberg 93

Cleebronn
Michaelsberg 94 P

Güglingen
Michaelsberg 94 P
Kaiserberg 95 P

– Ortsteil Frauenzimmern
Michaelsberg 94 P
Kaiserberg 95 P

– Ortsteil Eibensbach
Michaelsberg 94 P

Schwaigern
Grafenberg 81 P
Ruthe 84 a P
Sonnenberg 96 P

– Ortsteil Stetten
Sonnenberg 96 P

– Ortsteil Niederhofen
Grafenberg 81 P

Pfaffenhofen
Hohenberg 97 P

– Ortsteil Weiler
Hohenberg 97 P

Zaberfeld
Hohenberg 97 P

– Ortsteil Leonbronn
Hahnenberg 98 P

– Ortsteil Ochsenburg
Hahnenberg 98 P

GROSSLAGE STROMBERG

Oberderdingen
Kupferhalde 99

Sternenfels
König 100 P

– Ortsteil Diefenbach
König 100 P

Knittlingen
Reichshalde 101 P

– Ortsteil Freudenstein
Reichshalde 101 P

Maulbronn
Reichshalde 101 P
Eilfingerberg 102
Klosterstück 103

Ötisheim
Sauberg 104

Mühlacker Ortsteil Lienzingen
Eichelberg 105

– Ortsteil Lomersheim
Halde 106 P

– Ortsteil Mühlhausen
Halde 106 P

Vaihingen
Halde 106 P

– Ortsteil Roßwag
Halde 106 P
Forstgrube 108 P

– Ortsteil Gündelbach
Wachtkopf 110
Steinbachhof 111

– Ortsteil Ensingen
Schanzreiter 112 P

– Ortsteil Horrheim
Klosterberg 113 P

– Ortsteil Riet
Kirchberg 114 a

Illingen
Halde 106 P
Forstgrube 108 P
Schanzreiter 112 P

– Ortsteil Schützingen
Heiligenberg 115 P

Sachsenheim Ortsteil Häfnerhaslach
Heiligenberg 115 P

– Ortsteil Hohenhaslach
Klosterberg 113 P
Kirchberg 114 P

– Ortsteil Ochsenbach
Liebenberg 117 P

– Ortsteil Spielberg
Liebenberg 117 P

– Ortsteil Kleinsachsenheim
Kirchberg 114 P

Freudental
Kirchberg 114 P

Kirchheim
Kirchberg 114 P

Bönnigheim
Kirchberg 114 P
Sonnenberg 119

– Ortsteil Hohenstein
Kirchberg 114 P

– Ortsteil Hofen
Lerchenberg 118 P

Erlingheim
Lerchenberg 118 P

GROSSLAGE SCHALKSTEIN

Gemmrigheim
Wurmberg 120 P
Felsengarten 121 P

Walheim
Wurmberg 120 P
Felsengarten 121 P

Besigheim
Wurmberg 120 P
Felsengarten 121 P

Hessigheim
Wurmberg 120 P
Felsengarten 121 P
Käsberg 122 P

Bietigheim-Bissingen Ortsteil Bietigheim
Wurmberg 120 P

– Ortsteil Bissingen
Felsengarten 121 P

Löchgau
Felsengarten 121 P

Mundelsheim
Käsberg 122 P
Mühlbacher 123
Rozenberg 124

Steinheim Ortsteil Höpfigheim
Königsberg 125

Murr
Neckarhälde 126 P

Freiberg/Neckar Ortsteil Beihingen
Neckarhälde 126 P

Benningen
Neckarhälde 126 P

Marbach
Neckarhälde 126 P

Erdmannhausen
Neckarhälde 126 P

Ludwigsburg Ortsteil Hoheneck
Neckarhälde 126 P

– Ortsteil Neckarweihingen
Neckarhälde 126 P

– Ortsteil Poppenweiler
Neckarhälde 126 P

Affalterbach
Neckarhälde 126 P

Ingersheim Ortsteil Kleiningersheim
Schloßberg 127 P

– Ortsteil Großingersheim
Schloßberg 127 P

Asperg
Berg 128 P

Markgröningen
Berg 128 P
Sankt Johännser 129 P

Vaihingen Ortsteil Enzweihingen
Sankt Johännser 129 P

Steinheim
Burgberg 130

Kirchberg
Kelterberg 131 P

Marbach/Neckar Ortsteil Rielingshausen
Kelterberg 131 P

Aspach Ortsteil Kleinaspach
Kelterberg 131 P

– Ortsteil Allmersbach
Alter Berg 132

– Ortsteil Rietenau
Güldenkern 133

BEREICH REMSTAL-STUTTGART

GROSSLAGE WEINSTEIGE

Gerlingen
Bopser 134
Ehrenberg 134 a

Stuttgart
Mönchshalde 135 P
Kriegsberg 136

– Ortsteil Bad Cannstatt
Mönchhalde 135 P
Berg 137 P
Steinhalde 139 P
Zuckerle 140 P
Halde 141
Herzogenberg 142 P
Mönchberg 143 P

– Ortsteil Feuerbach
Berg 137 P

– Ortsteil Zuffenhausen
Berg 137 P

– Ortsteil Hohenheim
Schloßblick 138 a*

– Ortsteil Münster
Berg 137 P
Steinhalde 139 P
Zuckerle 140 P

– Ortsteil Degerloch
Scharrenberg 138

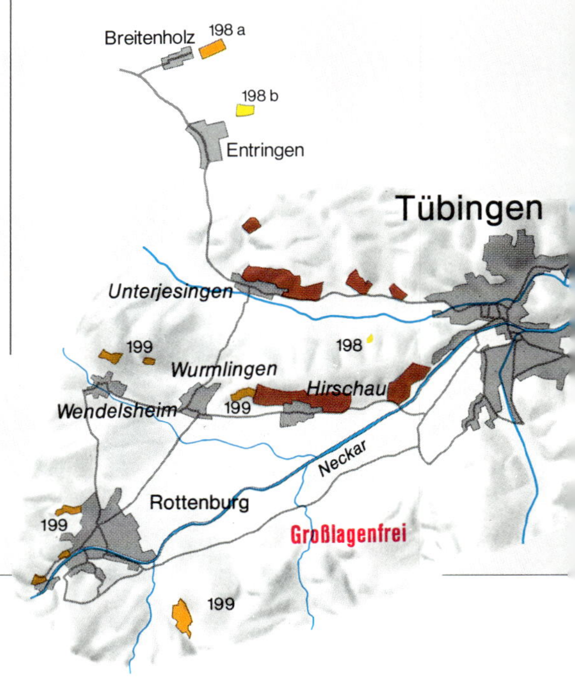

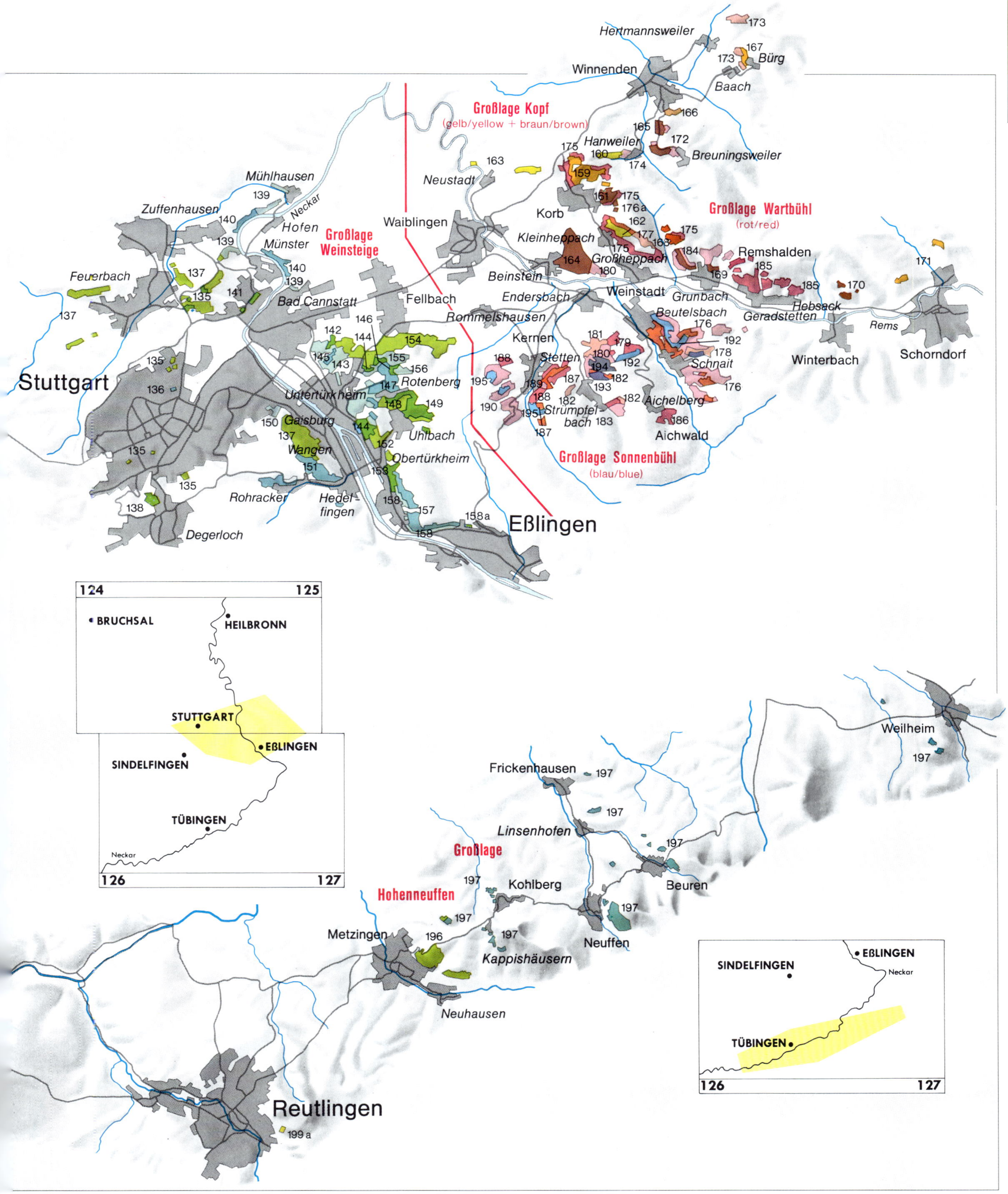
Großlage Kopf
(gelb/yellow + braun/brown)
Großlage Wartbühl
(rot/red)
Großlage Weinsteige
Großlage Sonnenbühl
(blau/blue)
Großlage
Hohenneuffen
Hertmannsweiler
Winnenden
Bürg
Baach
Hanweiler
Breuningsweiler
Neustadt
Waiblingen
Korb
Kleinheppach
Großheppach
Remshalden
Beinstein
Endersbach
Weinstadt
Grunbach
Hebsack
Geradstetten
Rems
Beutelsbach
Winterbach
Schorndorf
Rommelshausen
Fellbach
Kernen
Stetten
Schnait
Strümpfelbach
Aichelberg
Aichwald
Mühlhausen
Zuffenhausen
Neckar
Hofen
Münster
Feuerbach
Bad Cannstatt
Stuttgart
Untertürkheim
Rotenberg
Gaisburg
Wangen
Uhlbach
Obertürkheim
Rohracker
Hedelfingen
Degerloch
Eßlingen
124
125
BRUCHSAL
HEILBRONN
STUTTGART
EßLINGEN
SINDELFINGEN
TÜBINGEN
126
127
Weilheim
Frickenhausen
Linsenhofen
Kohlberg
Beuren
Metzingen
Neuffen
Kappishäusern
Neuhausen
Reutlingen
199 a

– Ortsteil Mühlhausen
Steinhalde 139 P
Zuckerle 140 P

– Ortsteil Hofen
Zuckerle 140 P

– Ortsteil Untertürkheim
Herzogenberg 142 P
Mönchberg 143 P
Altenberg 144
Gips 145 P
Wetzstein 146 P
Schloßberg 147 P

– Ortsteil Rotenberg
Schloßberg 147 P

– Ortsteil Uhlbach
Schloßberg 147 P
Steingrube 148
Götzenberg 149

– Ortsteil Galsburg
Abelsberg 150

– Ortsteil Wangen
Berg 137 p

– Ortsteil Hedelfingen
Lenzenberg 151 P

– Ortsteil Rohracker
Lenzenberg 151 P

– Ortsteil Obertürkheim
Kirchberg 152 P
Ailenberg 153 P

Fellbach
Herzogenberg 142 P
Mönchberg 143 P
Gips 145 P
Wetzstein 146 P
Goldberg 154
Lämmler 155
Hinterer Berg 156

Eßlingen Ortsteil Mettingen
Kirchberg 152 P
Ailenberg 153 P
Lerchenberg 157 P
Schenkenberg 159 P

Eßlingen
Lerchenberg 157 P
Schenkenberg 158 P
Burg 158 a

GROSSLAGE KOPF

Korb
Sommerhalde 159
Berg 160 P
Hörnle 161 P

– Ortsteil Kleinheppach
Greiner 162

Waiblingen
Hörnle 161 P

– Ortsteil Neustadt
Söhrenberg 163

– Ortsteil Beinstein
Großmulde 164

Winnenden
Berg 160 P
Holzenberg 165 P
Roßberg 166

– Ortsteil Hanweiler
Berg 160 P

– Ortsteil Breuningsweiler
Holzenberg 165 P

– Ortsteil Bürg
Schloßberg 167

Weinstadt, Ortsteil Großheppach
Wanne 168

Remshalden Ortsteil Grunbach
Berghalde 169

Winterbach
Hungerberg 170

Schorndorf
Grafenberg 171

GROSSLAGE WARTBÜHL

Winnenden
Haselstein 172 P

– Ortsteil Hertmannsweiler
Himmelreich 173 P

– Ortsteil Baach
Himmelreich 173 P

– Ortsteil Breuningsweiler
Haselstein 172 P

– Ortsteil Hanweiler
Maien 174

Waiblingen
Steingrüble 175 P

Korb
Steingrüble 175 P

– Ort. Kleinheppach
Steingrüble 175 P
Sonnenberg 176 a

Weinstadt Ortsteil Großheppach
Steingrüble 175 P
Zügernberg 177

– Ortsteil Beutelsbach
Sonnenberg 176 P
Altenberg 178 P
Käppele 179

– Ortsteil Schnait
Sonnenberg 176 P
Altenberg 178 P

– Ortsteil Endersbach
Wetzstein 180
Happenhalde 181

– Ortsteil Strümpfelbach
Gastenklinge 182
Nonnenberg 183

Remshalden – Ortsteil Grunbach
Klingle 184

– Ortsteil Geradstetten
Sonnenberg 176 P
Lichtenberg 185 P

– Ortsteil Hebsack
Lichtenberg 185 P

Aichwald Ortsteil Aichelberg
Luginsland 186

Kernen Ortsteil Stetten
Pulvermächer 187
Lindhälder 188
Brotwasser 189
Häder 190 P

– Ortsteil Rommelshausen
Häder 190 P

GROSSLAGE SONNENBÜHL

Weinstadt Ortsteil Beutelsbach
Burghalde 192 P

– Ortsteil Schnait
Burghalde 192 P

– Ortsteil Strümpfelbach
Altenberg 193

– Ortsteil Endersbach
Hintere Klinge 194

Kernen Ortsteil Stetten
Mönchberg 195 P

– Ortsteil Rommelshausen
Mönchberg 195 P

GROSSLAGE HOHENNEUFFEN

Metzingen
Hofsteige 196 P
Schloßsteige 197 P

– Ortsteil Neuhausen
Hofsteige 196 P

Neuffen
Schloßsteige 197 P

– Ortsteil Kappishäusern
Schloßsteige 197 P

Kohlberg
Schloßsteige 197 P

Frickenhausen
Schloßsteige 197 P

– Ortsteil Linsenhofen
Schloßsteige 197 P

Beuren
Schloßsteige 197 P

Weilheim
Schloßsteige 197 P

BEREICH OBERER NECKAR

Tübingen und Ortsteile Hirschau und Unterjesingen
Sonnenhalden 198

Ammerbuch Ortsteil Breitenholz
Hinterhalde 198 a

– Ortsteil Entringen
Pfaffenberg 198 b

Rottenburg und Orsteile Wurmlingen und Wendelsheim
Kapellenberg 199

Reutlingen
Sommerhalde 199 a

Staatliche Lehr- und Versuchsanstalt für Wein und Obstbau

Traubenplatz 5, 7102 Weinsberg, Tel.: 07134-5040. *Besitzer:* Land Baden-Württemberg. *Leitung:* Dr. Gerhard Götz. 53 ha. *Einzellagen:* Abstatt: Burg Wildeck (Alleinbesitz); Weinsberg: Ranzenberg und Schemelsberg (Alleinbesitz); Talheim: Schloßberg; Gundelsheim: Himmelreich; Lauda: Altenberg und Kirchberg; Lauffen: Katzenbeißer.

Größtes Weingut Württembergs und älteste Weinbaufachschule Deutschlands (gegründet 1868). Sie wurde kürzlich umgebaut; für die Keller bestehen ähnliche Pläne. Experimente und Entwicklungen bilden einen wichtigen Teil der Arbeit.

Von den rund 44 ha in Ertrag stehender Rebfläche sind 23% mit Riesling, 17% mit Müller-Thurgau, 14% mit Kerner, 9% mit Spätburgunder, 8% mit Limberger besetzt. Die meisten Weinberge haben weniger als 2 ha Fläche. Die modernen und hygienischen Methoden zielen auf beste Aroma-Erhaltung durch Luftabschluß und Vermeidung von Schwefel ab. Die meisten Weine sind trocken und körperreich, die Rotweine, v.a. der Limberger, haben kräftige Farbe. Besichtigungen und Weinproben (nach Voranmeldung) sind möglich; die Weinberge und die Weine selbst sind schönste Werbung für Württemberg.

Württembergische Hofkammer-Kellerei

7140 Ludwigsburg, Schloß Monrepos. *Besitzer:* Carl Herzog von Württemberg. 38 ha verstreuter Weinbergbesitz in Eilfingerberg (17 ha), Steinbachhof (14 ha), Stuttgart-Untertürkheim, Stetten, Hohenhaslach und Mundelsheim.

Mehr als die Hälfte des Rebbestands entfällt auf Riesling; hinzu kommen kleinere Anteile von Trollinger, Limberger usw. Die Trauben werden an Ort und Stelle gekeltert, aber der Most wird dann in die mittelalterlichen herzoglichen Keller in Stuttgart gebracht, wo er in Eichenfässern gärt. Die Weine werden nach klassischer Art behandelt; überhaupt gilt das Weingut als Bannerträger des württembergischen Weinbaus.

Weingärtnergenossenschaft Bad Cannstatt eG

Rommelstraße 20, 7000 Stuttgart-Bad Cannstatt, Tel.: 0711-542266.

Die 55 ha Rebfläche, die der Genossenschaftskellerei Trauben liefern, liegen im Stadtgebiet der größten «Weinbaugemeinde» Württembergs: Stuttgart. Die Weine, besonders der Trollinger, sind hier sehr beliebt, und der Helfensteiner (Spätburgunder × Trollinger) hält sich bei der Bundesprämierung immer gut. Da die Bürger von Stuttgart mehr als das Doppelte des Durchschnittsverbrauchs in der Bundesrepublik zu sich nehmen, scheint die Meinung der Genossenschaft durchaus begründet, daß nämlich mit ihrem Wein nur eines nicht stimme: es gebe nicht genug davon! Die Weinberge der neunzig Mitglieder sind mit Riesling (18%), Müller-Thurgau (10%) und natürlich Trollinger (60%) besetzt.

Weingärtnergenossenschaft Flein-Talheim eG

Römerstraße 14, 7101 Flein, Tel.: 07131-52033.

425 Mitglieder in zwei Weinorten bei Heilbronn. In Talheim, einst einer überwiegend jüdischer Gemeinde mit eigener Synagoge, gehören 85 ha und in Flein 185 ha dazu. Die Fleiner Rieslinge haben bei Prämierungen viel Erfolg; 1983 wurden sogar ein Eiswein und eine Beerenauslese bereitet. Der Riesling ist die meistangebaute Traube und bedeckt 52% der Weinberge. Auf Schwarzriesling entfallen 31% und auf Kerner und Samtrot je 4%. Alle Weine sind Erzeugerabfüllungen und werden vor allem an den Fach- und Lebensmittelhandel abgesetzt.

Genossenschaftskellerei Heilbronn-Erlenbach-Weinsberg eG

Binswangerstraße, 7100 Heilbronn, Tel.: 07131-10027.

Mit 600 Mitgliedern ein eindrucksvolles Genossenschaftsunternehmen im schönen Hügelland nordöstlich von Heilbronn. Trauben von 600 ha in Heilbronn, Erlenbach und Weinsberg (dem Sitz des berühmten Weinbau-Instituts) werden hier verarbeitet. Rebbestand: 179 ha Riesling, 154 ha Trollinger, 63 ha Schwarzriesling und 8 ha Kerner – eine der bekanntesten Weinsberger Kreuzungen. Die Genossenschaft ist unbestreitbar eine der besten in der Region und hat mit ihren Weinen schon viele Auszeichnungen errungen.

Weingärtnergenossensch. Lauffen eG

Im Brühl 48, 7128 Lauffen, Tel.: 07133-5088.

Lauffen, der Geburtsort des Dichters Friedrich Hölderlin, hat eine ausgezeichnete Genossenschaftskellerei mit 510 ha und 623 Mitgliedern, vor allem in den Einzellagen Katzenbeißer und Jungfer. 98% der Erzeugung werden in Württemberg abgesetzt. Rebbestand: 70% Schwarzriesling, 7% Trollinger, 6% Riesling und 4% Müller-Thurgau; ferner Gewürztraminer, Kerner, Ruländer, Limberger und Samtrot.

Weingärtnergenossenschaft Nordheim eG

Südstraße 70, 7107 Nordheim, Tel.: 07133-5013/4.

Den Mitgliedern gehören 180 ha südöstlich von Heilbronn. Die zwei Einzellagen Sonntagsberg und Gräfenberg liegen um Nordheim, Nordhausen und Klingerberg verstruet. Die steilen Südhänge sind mit 29% Riesling, 18% Schwarzriesling, 12% Trollinger, 10% Müller-Thurgau, 9% Kerner und 7% Limberger besetzt. Die Weißweinsorten sind der gegenwärtigen Nachfrage entsprechend etwas im Vordergrund. Die Trollinger- und Limberger-Weine werden oft miteinander verschnitten und gewinnen auf diese Weise bei der DLG-Prämierung Auszeichnungen. 90% der Erzeugung von 145 000 Kisten im Jahr werden in Württemberg abgesetzt.

Weingärtnergenossenschaft Strombergkellerei eG

Cleebronnerstraße 70, 7124 Bönnigheim, Tel.: 07143-246.

Die Genossenschaft mit 620 Mitgliedern in der Großlage Stromberg liefert vertragsbedingt 10% ihres Weins an die Zentralkellerei in Möglingen. Die verbleibenden 241 500 Kisten gehen an den Lebensmittel- und Weinhandel (je 30%), an Restaurants (10%) und an Privatkunden (23%). Die 306 ha Rebfläche liegen vorwiegend in Bönnigheim (130 ha), Sachsenheim-Hohenhaslach (100 ha), und Kirchheim (50 ha). Rebbestand: Trollinger 21%, Schwarzriesling 20%, Lemberger 19%, Spätburgunder 8% und ein kleines Stück mit der Neuzüchtung Dornfelder. Weißweinrebsorten: Kerner 11%, Riesling 10% und Müller-Thurgau 10%.

Weingärtnergenossenschaft Untertürkheim eG

Strümpfelbacher Str. 47, 7000 Stuttgart, Tel.: 0711-331092.

Gegründet 1887, eine der ältesten Genossenschaftskellereien in Württemberg. Tradition steht im Vordergrund. Es heißt, daß im 19. Jahrhundert, als Württemberg noch Königreich war, der Untertürkheimer Wein durch die Verbindungen zu den Königshäusern, ja bis zum russischen Zaren, weithin bekannt war. Heute werden 83% (59 000 Kisten) direkt am Ort abgesetzt. Der Besitz der 99 Mitglieder umfaßt 70 ha. Rebbestand: 43% Trollinger, 17% Riesling, 15% Müller-Thurgau und 6% Kerner.

Württembergische Weingärtner-Zentral-Genossenschaft eG

Raiffeisenstraße 2, 7141 Möglingen, Tel.: 07141-48051.

87% der württembergischen Weingärtner haben zu kleine Besitzungen, als daß sie mit dem Weinbau ihren Lebensunterhalt verdienen könnten. Deshalb werden sie Mitglieder bei Genossenschaften, die ihnen die Trauben abkaufen. Die WZG nimmt von 43 kleineren Genossenschaften den Gesamtertrag sowie von 49 weiteren Teile des Ertrags ab. Die Lagerkapazität entspricht 11,5 Mio Kisten, davon werden drei Viertel in Württemberg abgesetzt. Mit ihrer Abfüllkapazität von knapp 4000 Kisten kann die WZG stabilisierend auf den Württembergischen Markt einwirken.

NORDBADEN

Baden ist die neue Kraft im deutschen Weinbau – derzeit erst noch im Inland, bald aber sicherlich auch auf dem Weltmarkt. Die badischen Weinberge haben in den letzten Jahren eine echte Revolution durchgemacht. Sie wurden rationalisiert und im Rahmen der Flurbereinigung fast völlig neu gestaltet; die Rebfläche hat sich verdoppelt, der Ertrag vervierfacht. So steht Baden inzwischen in Deutschland hinter der Rheinpfalz, Rheinhessen und Mosel-Saar-Ruwer an vierter Stelle.

Baden liegt dem Elsaß über Rhein gegenüber. Es ist Deutschlands wärmstes, wenn auch nicht unbedingt sonnigstes Weinbaugebiet und hat entsprechend reife, gehaltvolle Weine mit wenig Säure aufzuweisen, also das direkte Gegenteil der Mosel in der Art wie in der Funktion. Die besten Moselweine sind zum analytischen Nippen gedacht, Baden dagegen liefert echte Tischweine mit einer warmen Weinigkeit, die sich der französischen Art nähert. Vom elsässischen Wein unterscheidet sie der badische schon durch die Wahl der bevorzugten Traubensorten, aber auch im Gefallen an einer Spur Süße. Der Unterschied wird noch verstärkt durch das Klima, das hier nicht ganz so günstig ist wie im Wärmespeicher der Vogesen-Ausläufer.

80% der badischen Rebfläche liegen in einem etwa 150 km langen Streifen, der sich in südwestlicher Richtung von Baden-Baden bis Basel in den Vorbergen des Schwarzwalds erstreckt, wo dieser in das Rheintal abfällt. Den Kontrast zwischen dunkel bewaldeten Bergen und frischgrünen Reben auf den Hängen davor findet man freilich nicht nur in Baden, doch erreicht er hier eine solche Ausdruckskraft, daß ein Besuch dieser Landschaft unvergeßlich bleibt. Das stilvolle Baden-Baden bildet einen ausgezeichneten Ausgangspunkt für den, der das badische Weinbaugebiet erforschen will. Etwas weiter abgelegen sind im Südosten die Weinberge am Bodensee; im Norden im heutigen Bereich Badische Bergstraße/Kraichgau nördlich bzw. südlich von Heidelberg; noch weiter nördlich an der Grenze zu Franken, ein kleiner Bereich, der logischerweise als Badisches Frankenland bezeichnet wird. Den meisten Elan entwickelt der badische Weinbau am Rhein entlang.

Noch mehr als die südliche Rheinpfalz ist Baden ein Land der Winzergenossenschaften. Über hundert Vereinigungen verarbeiten nahezu 90% der gesamten Ernte, und die Hälfte ihrer Produktion findet ihren Weg in die riesige Zentralkellerei der Badischen Winzergenossenschaften in Breisach am Rhein. Die ZBW füllt rund vier- bis fünfhundert verschiedene Weine ab. Baden hat keine besondere Vorliebe für eine bestimmte Traubensorte. Die Relikte lokaler Traditionen spielen in dieser unterschiedlichen und ausgedehnten Region keine so große Rolle wie die Wahl der bestgeeigneten Lagen. Der Müller-Thurgau liefert mit etwa einem Drittel der Gesamtanbaufläche den Hauptbeitrag. An zweiter Stelle steht der Spätburgunder für Rotwein und Weißherbst mit etwa einem Fünftel der Anbaufläche. Es folgt der Ruländer, der in Baden einen besonders auffallenden Wein liefert: gehaltvoll, sehr extraktreich und mit wenig Säure, oft der beste Begleiter zu den kräftigen und saftigen Speisen der Gegend. Allgemeiner Beliebtheit erfreut sich der Gutedel auf der nächsten Stelle, nach ihm der Riesling (wie in allen anderen Weinbaugebieten, so auch in Baden, der König aller Weißweine), dann Silvaner, Weißburgunder und Gewürztraminer. Die stark aromatischen Neuzüchtungen sind offensichtlich nicht nach badischem Geschmack, vielmehr werden hier die relativ neutralen Traubensorten zu Fülle und

Harmonie gebracht und Weine in der französichen Art zuallererst als Begleiter zu Speisen empfunden. Der für deutsche Begriffe recht hohe Alkoholgehalt läßt die Analogie zu Frankreich noch stärken erscheinen.

Die umfangreiche Weinbauregion Baden schließt Gebiete mit sehr unterschiedlichen Stilen in sich ein. So ist das Klima am Bodensee im Süden ganz anders als an der Nordgrenze zu Franken. Auch die beiden Bereiche im Norden Badens unterscheiden sich eindeutig im Charakter. Die abgelegene kleine Enklave des Badischen Frankenlands ist eigentlich Franken zuzurechnen – nur die politische Grenzziehung ordnet das Taubertal Baden zu. Obwohl der Bereich Badische Bergstraße/Kraichgau ebenfalls durch einen politischen Kompromiß entstand, ist er dem Gefühl nach doch echt badisch. Seine besten Weine sind Ruländer und Rieslinge, vor allem südlich von Heidelberg um Wiesloch, wo bemerkenswert feine und harmonische Weine wachsen. Zwar ist der Müller-Thurgau in der Überzahl, aber auf den Riesling kommt noch immer ein Fünftel der Rebfläche im Bereich, und er behauptet seinen Platz gut. Auch Rotwein wird hier in kleinen Mengen erzeugt, doch das relativ kühle Klima ist ausgeglichenen Weißweinen günstiger.

▼ Weinlese von Hand (hier offenbar mit hellseherischen Fähigkeiten verbunden) ist in Deutschland noch die Regel. Die besseren Weinberge sind viel zu steil für Maschinen.

REISE-INFORMATIONEN

Im nördlichen Teil des badischen Anbaugebiets liegt eine der großen deutschen Touristenattraktionen: Heidelberg.

Sehenswertes
Heidelberg hat die älteste deutsche Universität, ein herrliches Schloß und einen vielleicht allzu bewußt historischen Kern. Im Sommer gibt es hier Freilichtaufführungen und -konzerte. Die Schönheit des Neckartals ostwärts von Heidelberg erschließt sich vom Schiff aus am besten.

Weinstraßen
Die Badische Weinstraße beginnt nördlich von Heidelberg und führt durch Weinberge bis in die Ortenau (siehe Südbaden).

Weinfeste
Siehe Südbaden

Essen und Trinken
Das milde, schon südliche Klima läßt um Schwetzingen den Spargel gedeihen; eine weitere Spezialität der Gegend sind Hopfensprossen mit Butter oder Rahm. Vielerorts finden Märkte statt, auf denen Landesprodukte, u.a. Waldhimbeeren und Johannisbeeren, feilgeboten werden. Im Schwarzwald ist alles empfehlenswert, was mit Bauernspeck, Sahne und Kirschen – in fester und flüssiger Form – zusammenhängt. Wild aus dem Schwarzwald ist berühmt, etwa Rehrücken mit Birnen und Preiselbeeren.

Im unteren Neckartal finden sich viele Schloßhotels, z.B. Burg Guttenberg (Tel.: 06266-228), Schloßhotel Hirschhorn (Tel.: 06272-1373) und das Burghotel Hornberg (Tel.: 06261-4064). Heimeliger ist es im Schloßhotel Heinsheim, seit 350 Jahren in derselben Familie (Tel.: 07264-1045), oder Zum Ritter, am Ufer in Neckargemünd (Tel.: 06223-7035).

In Heiligenkreuzsteinach-Eiterbach ist das Restaurant Goldener Pflug zu erwähnen, außerdem Pfeffer und Salz bei Viernheim und Zum Ritter in Heidelberg.

▼ Der Kontrast zwischen den alten schmalen und den durch die Flurbereinigung entstandenen breiten neuen Terrassen ist in verschiedenen Gegenden des Kaiserstuhls noch gut zu erkennen.

WEINLAGEN

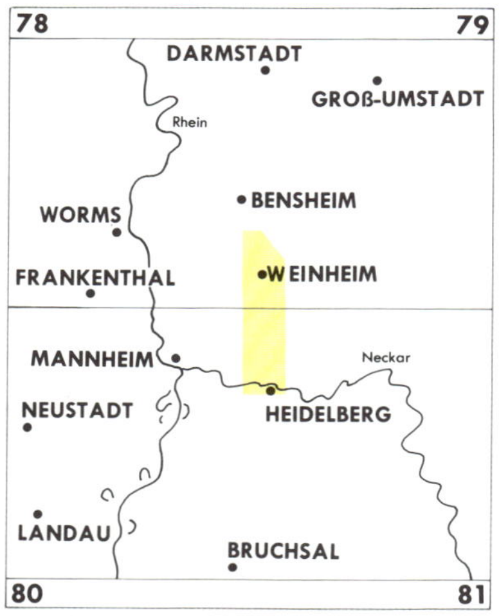

BEREICH BADISCHES FRANKENLAND

GROSSLAGE TAUBERKLINGE

Dertingen
(Ortsteil v. Wertheim)
Mandelberg 1
Sonnenberg 2 P

Kembach
(Ortsteil v. Wertheim)
Sonnenberg 2 P

Lindelbach
(Ortsteil v. Wertheim)
Ebenrain 4

Wertheim
Schloßberg 5

Reichholzheim
(Ortsteil v. Wertheim)
Josefsberg 3 P
First 6
Satzenberg 7
Kemelrain 8 P

Bronnbach
(Ortsteil v. Wertheim)
Josefsberg 3 P

Höhefeld
(Ortsteil v. Wertheim)
Kemelrain 8 P

Uissigheim
(Ortsteil v. Külsheim)
Stahlberg 9

Külsheim
Hoher Herrgott 10

Werbach
Hirschberg 11
Beilberg 12 P

Großrinderfeld
Beilberg 12 P

Impfingen
(Ortsteil von Tauberbischofsheim)
Silberquell 13

Tauberbischofsheim
Edelberg 14

Distelhausen
(Ortsteil von Tauberbischofsheim)
Kreuzberg 14 a

Dittigheim
(Ortsteil von Tauberbischofsheim)
Steinschmetzer 14 b

Dittwar
(Ortsteil von Tauberbischofsheim)
Ölkuchen 14 c

Königheim
Kirchberg 15

Gissigheim
(Ortsteil v. Königheim)
Gützenberg 15 a

Gerlachsheim
(Ortsteil von Lauda-Königshofen)
Herrenberg 16

Oberlauda
(Ortsteil von Lauda-Königshofen)
Steinklinge 17
Altenberg 18 P

Lauda
(Ortsteil von Lauda-Königshofen)
Altenberg 18 P
Frankenberg 19 P
Nonnenberg 20 P

Marbach
(Ortsteil von Lauda-Königshofen)
Frankenberg 19 P

Beckstein
(Ortsteil von Lauda-Königshofen)
Nonnenberg 20 P
Kirchberg 21 P

Königshofen
(Ortsteil von Lauda-Königshofen)
Kirchberg 21 P
Walterstal 22 P
Turmberg 23

Unterbalbach
(Ortsteil von Lauda-Königshofen)
Vogelsberg 23 a

Oberbalbach
(Ortsteil von Lauda-Königshofen)
Mühlberg 23 b

Sachsenflur
(Ortsteil von Lauda-Königshofen)
Walterstal 22 P
Kailberg 24

Unterschüpf
(Ortsteil v. Boxberg)
Mühlberg 25

Oberschüpf
(Ortsteil v. Boxberg)
Altenberg 26
Herrenberg 27

Krautheim
Heiligenberg 28 P

Klepsau
(Ortsteil v. Krautheim)
Heiligenberg 28 P

Dainbach
(Ortsteil von Bad Mergentheim)
Alte Burg 28 a

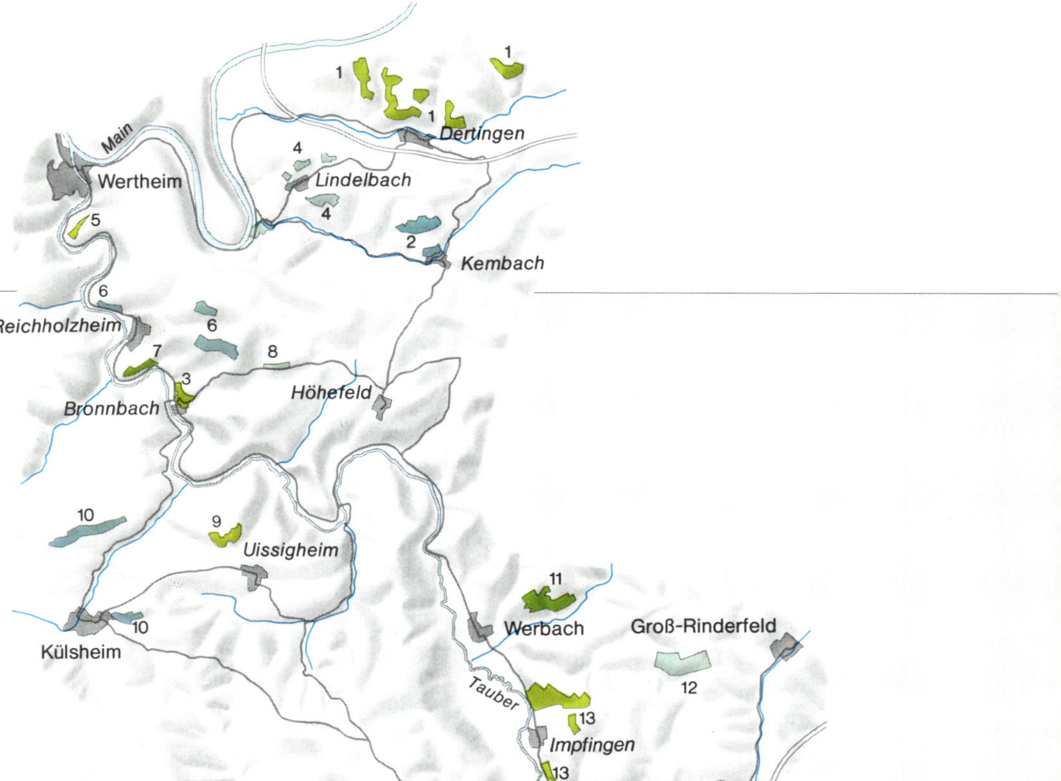
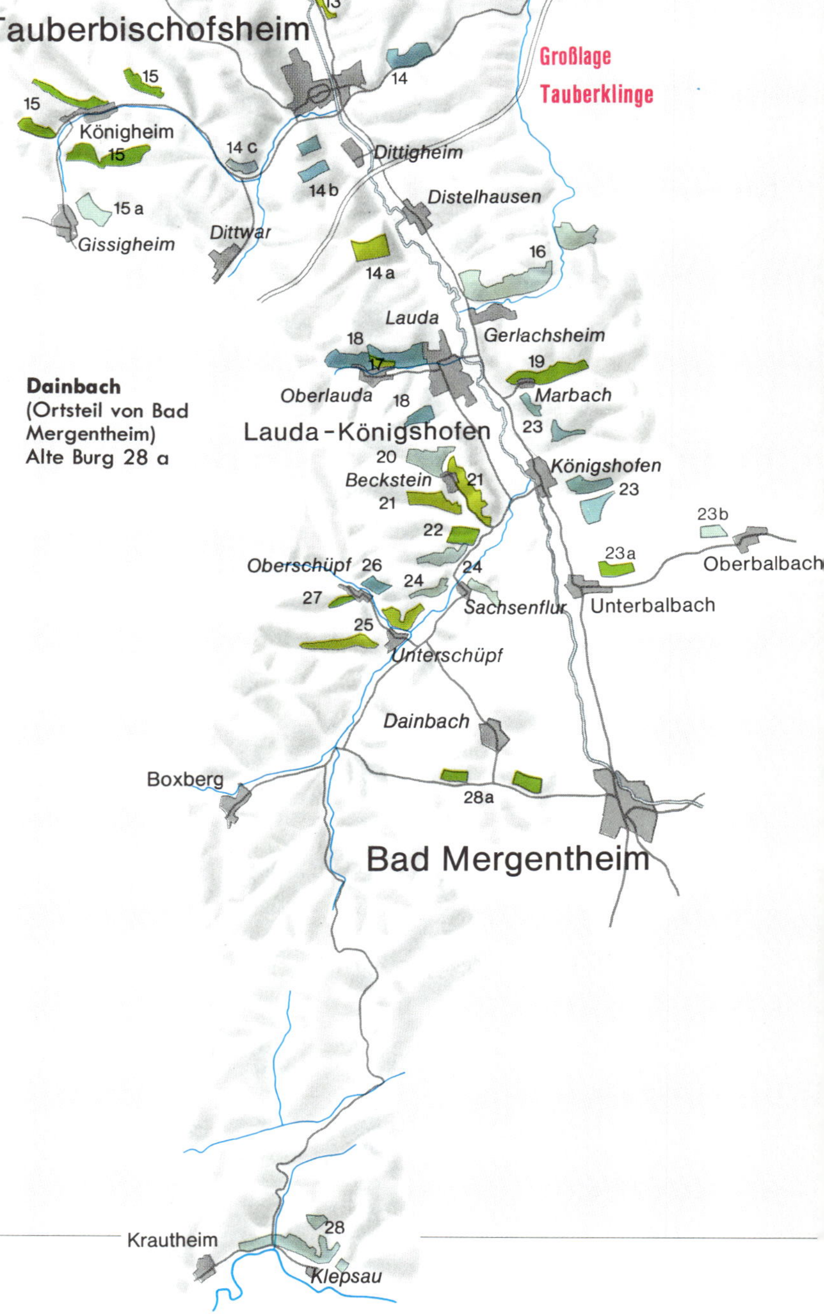

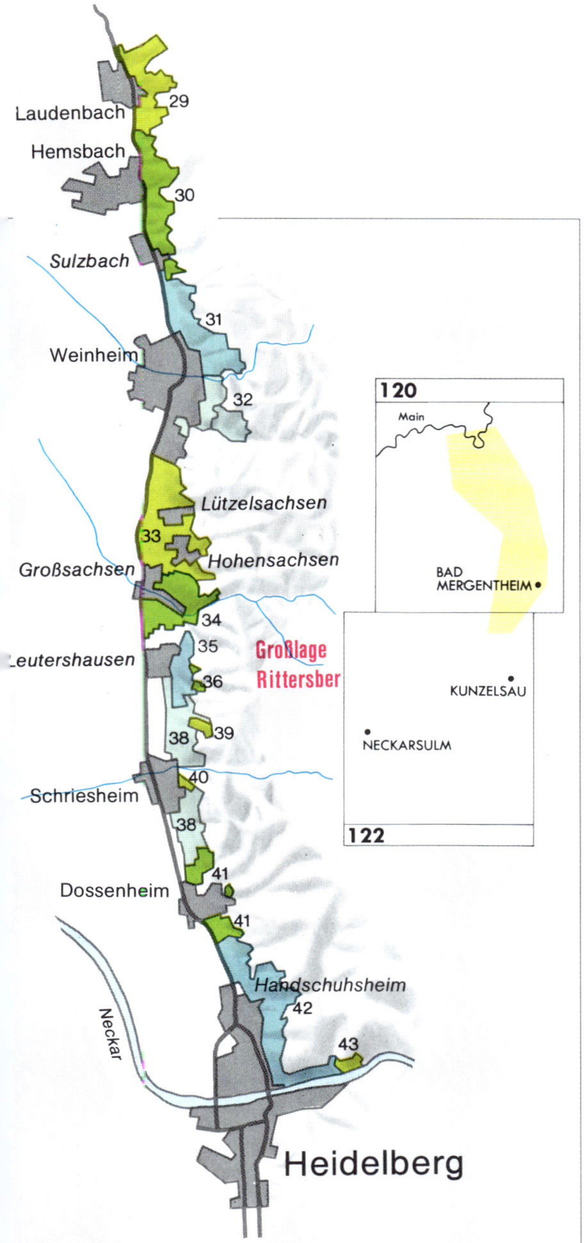

BEREICH BADISCHE BERGSTRASSE/ KRAICHGAU

GROSSLAGE RITTERSBERG

Laudenbach
Sonnberg 29

Hemsbach
Herrnwingert 30 P

Sulzbach
(Ortsteil v. Weinheim)
Herrnwingert 30 P

Weinheim
Hubberg 31
Wüstberg 32

Lützelsachsen
(Ortsteil v. Weinheim)
Stephansberg 33 P

Hohensachsen
(Ortsteil v. Weinheim)
Stephansberg 33 P

Großsachsen
(Ortsteil v. Hirschberg)
Sandrocken 34

Leutershausen
(Ortsteil v. Hirschberg)
Kahlberg 35
Staudenberg 36 P

Schriesheim
Staudenberg 36 P
Kuhberg 38
Madonnenberg 39
Schloßberg 40

Dossenheim
Ölberg 41

Heidelberg
Heiligenberg 42
Sonnenseife
ob der Bruck 43

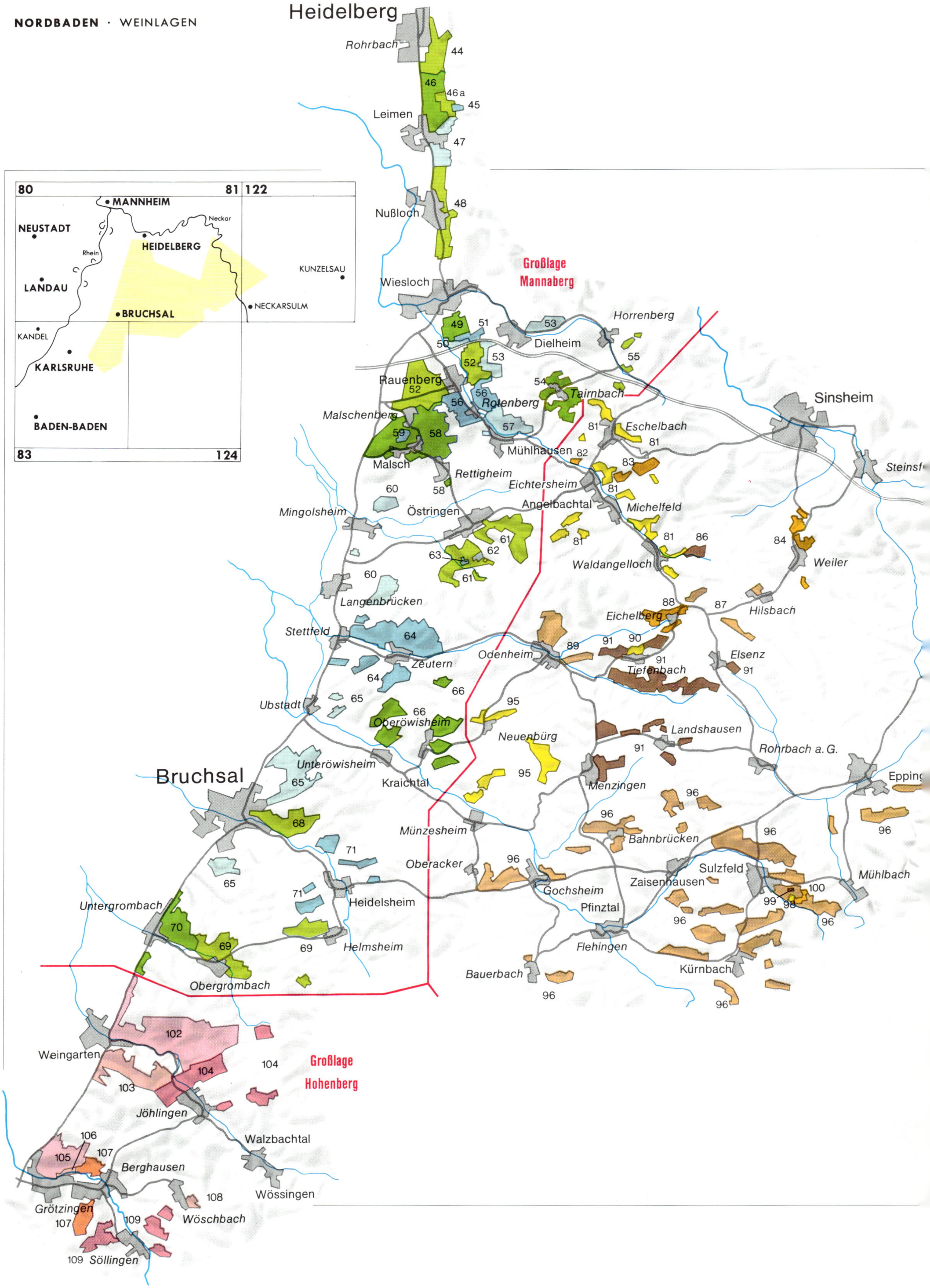
80
81
122
MANNHEIM
NEUSTADT
Neckar
HEIDELBERG
Rhein
LANDAU
KUNZELSAU
BRUCHSAL
NECKARSULM
KANDEL
KARLSRUHE
BADEN-BADEN
83
124
Heidelberg
Rohrbach
Leimen
Nußloch
Wiesloch
Großlage Mannaberg
Horrenberg
Dielheim
Rauenberg
Rotenberg
Tairnbach
Malschenberg
Malsch
Mühlhausen
Eschelbach
Sinsheim
Steinsfurt
Rettigheim
Eichtersheim
Angelbachtal
Michelfeld
Mingolsheim
Östringen
Waldangelloch
Weiler
Langenbrücken
Eichelberg
Hilsbach
Stettfeld
Odenheim
Elsenz
Zeutern
Tiefenbach
Ubstadt
Oberöwisheim
Neuenbürg
Landshausen
Rohrbach a. G.
Bruchsal
Unteröwisheim
Kraichtal
Menzingen
Eppingen
Münzesheim
Bahnbrücken
Oberacker
Sulzfeld
Mühlbach
Zaisenhausen
Gochsheim
Untergrombach
Heidelsheim
Pfinztal
Flehingen
Helmsheim
Kürnbach
Bauerbach
Obergrombach
Weingarten
Großlage Hohenberg
Jöhlingen
Walzbachtal
Berghausen
Wössingen
Grötzingen
Wöschbach
Söllingen
44 46 46 a 45 47 48 49 50 51 52 53 54 55 56 57 58 59 60 61 62 63 64 65 66 68 69 70 71 81 82 83 84 86 87 88 89 90 91 95 96 98 99 100 102 103 104 105 106 107 108 109

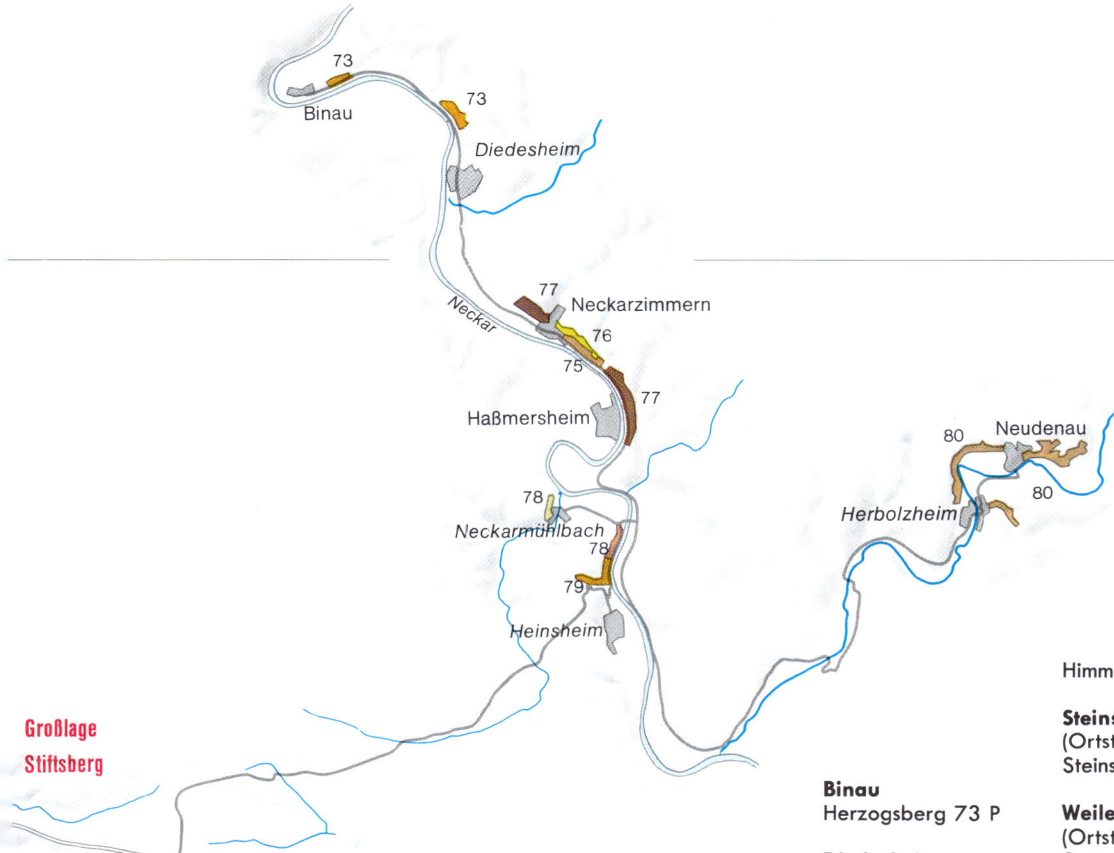

GROSSLAGE MANNABERG

Heidelberg
Burg 44
Dachsbuckel 45
Herrenberg 46 P
Dormenacker 46 a

Leimen
Herrenberg 46 P
Kreuzweg 47

Nußloch
Wilhelmsberg 48

Weisloch
Bergwäldle 49
Spitzenberg 50
Hägenich 51

Rauenberg
Burggraf 52

Dielheim
Teufelskopf 53
Rosenberg 54 P

Tairnbach
(Ortsteil von Mühlhausen)
Rosenberg 54 P

Horrenberg
(Ortsteil v. Dielheim)
Osterberg 55

Rotenberg
(Ortsteil von Rauenberg)
Scholßberg 56

Mühlhausen
Heiligenstein 57

Malschenberg
(Ortsteil von Rauenberg)
Ölbaum 58 P

Rettigheim
(Ortsteil von Mühlhausen)
Ölbaum 58 P

Malsch
Ölbaum 58 P
Rotsteig 59

Mingolsheim und Longenbrücken
(Ortsteile von Bad Schönborn)
Goldberg 60

Östringen
Ulrichsberg 61
Hummelberg 62
Rosenkranzweg 63

Zeutern
(Ortsteil von Ubstadt-Weiher)
Himmelreich 64 P

Stettfeld
(Ortsteil von Ubstadt-Weiher)
Himmelreich 64 P

Ubstadt
(Ortsteil von Ubstadt-Weiher)
Weinhecke 65 P

Bruchsal
Weinhecke 65 P
Klosterberg 68

Oberöwisheim, Unteröwisheim
(Ortsteil v. Kraichtal)
Kirchberg 66

Obergrombach
(Ortsteil von Bruchsal)
Burgwingert 69 P

Helmsheim
(Ortsteil von Bruchsal)
Burgwingert 69 P

Untergrombach
(Ortsteil von Bruchsal)
Michaelsberg 70

Heidelsheim
(Ortsteil von Bruchsal)
Altenberg 71

GROSSLAGE STIFTSBERG

Eberbach
Schollerbuckel 74*

Binau
Herzogsberg 73 P

Diedesheim
(Ortsteil v. Mosbach)
Herzogsberg 73 P

Neckarzimmern
Wallmauer 75
Götzhalde 76
Kirchweinberg 77 P

Haßmersheim
Kirchweinberg 77 P

Neckarmühlbach
(Ortsteil von Haßmersheim)
Hohberg 78

Heinsheim
(Ortsteil von Bad Rappenau)
Burg Ehrenberg 79

Herbolzheim
Berg 80 P

Neudenau
Berg 80 P

Eschelbach
(Ortsteil v. Sinsheim)
Sonnenberg 81 P

Waldangelloch
(Ortsteil v. Sinsheim)
Sonnenberg 81 P

Eichtersheim
(Ortsteil von Angelbachtal)
Sonnenberg 81 P
Kletterberg 82

Michelfeld
(Ortsteil von Angelbachtal)
Sonnenberg 81 P
Himmelberg 83

Steinsfurt
(Ortsteil v. Sinsheim)
Steinsberg 84 P

Weiler
(Ortsteil v. Sinsheim)
Steinsberg 84 P
Goldberg 86

Hilsbach
(Ortsteil v. Sinsheim)
Eichelberg 87

Eichelberg
(Ortsteil von Östringen)
Kapellenberg 88

Odenheim
(Ortsteil von Östringen)
Königsbecher 89

Tiefenbach
(Ortsteil von Östringen)
Schellenbrunnen 90
Spiegelberg 91 P

Elsenz
(Ortsteil von Eppingen)
Spiegelberg 91 P

Landshausen und Menzingen
(Ortsteile von Kraichtal)
Spiegelberg 91 P

Berwangen
(Ortsteil v. Kirchardt)
Vogelsang 92 P

Gemmingen
Vogelsang 92 P

Menzingen, Münzesheim und Neuenbürg
(Ortsteil v. Kraichtal)
Silberberg 95

Bahnbrücken, Gochsheim und Oberacker
(Ortsteil v. Kraichtal)
Lerchenberg 96 P

Eppingen
Lerchenberg 96 P

Rohrbach a. G.
(Ortsteil v. Eppingen)
Lerchenberg 96 P

Mühlbach
(Ortsteil v. Eppingen)
Lerchenberg 96 P

Zaisenhausen
Lerchenberg 96 P

Kürnbach
Lerchenberg 96 P

Flehingen
(Ortsteil von Oberderdingen)
Lerchenberg 96 P

Sulzfeld
Lerchenberg 96 P
Burg Ravensburger Husarenkappe 98
Burg Ravensburger Löchle 99
Burg Ravensburger Dicker Franz 100

Bauerbach
(Ortsteil von Bretten)
Lerchenberg 96 P

GROSSLAGE HOHENBERG

Weingarten
Katzenberg 102
Petersburg 103

Jöhlingen
(Ortsteil von Walzbachtal)
Hasensprung 104

Grötzingen
(Ortsteil v. Karlsruhe)
Lichtenberg 105
Turmberg 106 P

Berghausen
(Ortsteil von Pfinztal)
Sonnenberg 107

Wöschbach
(Ortsteil von Pfinztal)
Steinwengert 108

Söllingen
(Ortsteil von Pfinztal)
Rotenbusch 109

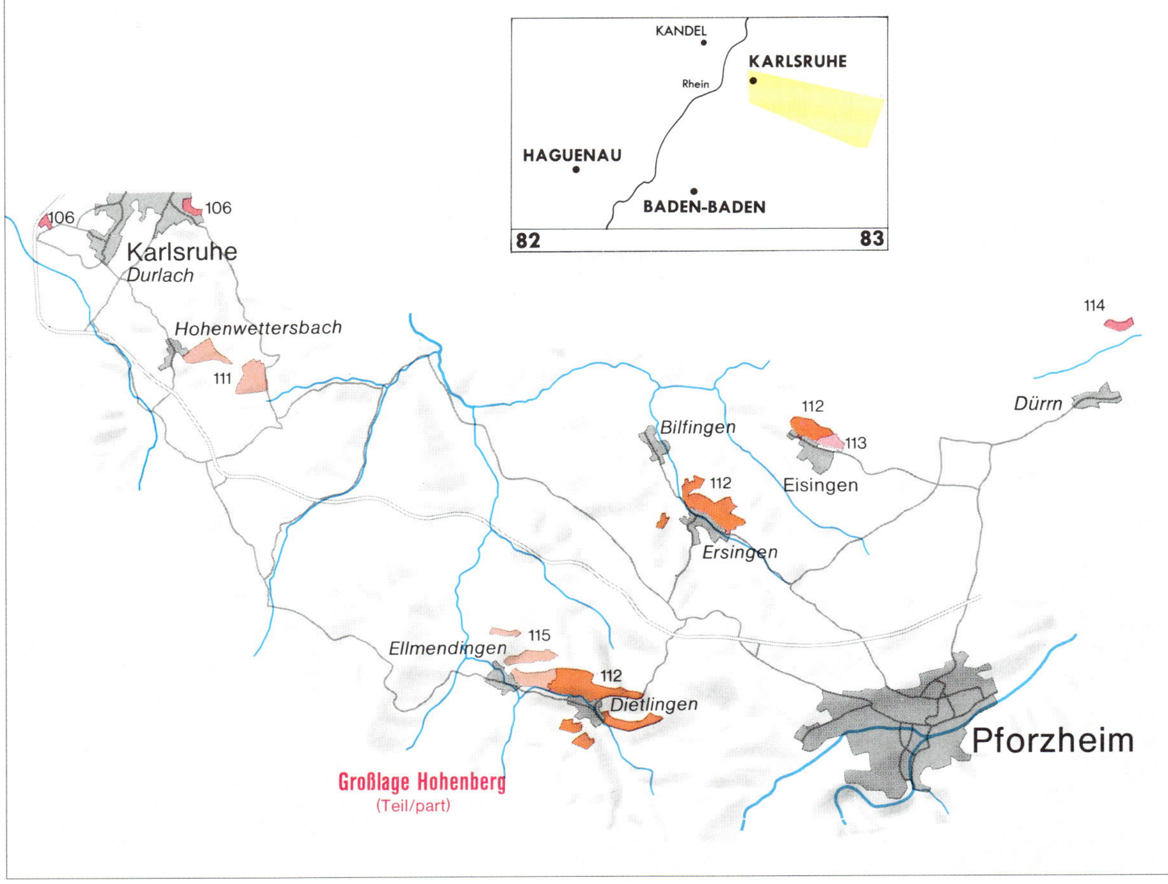

Durlach
(Ortsteil v. Karlsruhe)
Turmberg 106 P

Hohenwettersbach
(Ortsteil v. Karlsruhe)
Rosengarten 111

Bilfingen
(Ortsteil von Kämpfelbach)
Klepberg 112 P

Ersingen
(Ortsteil von)
Kämpfelbach)
Klepberg 112 P

Eisingen
Klepberg 112 P
Steig 113

Dürrn
(Ortsteil von Ölbronn-Dürrn)
Eichelberg 114

Dietlingen
(Ortsteil von Keltern)
Klepberg 112 P
Keulebuckel 115 P

Ellmendingen
(Ortsteil von Keltern)
Keulebuckel 115 P

REISEN DURCH DIE WEINBAUGEBIETE

Einige deutsche Weinbaugebiete machen es dem Besucher leicht, weil sie genau den Flußtälern folgen. Von Trier aus kann man die wichtigsten Weinorte an der Mosel kennenlernen, indem man einfach am Fluß entlang bis Koblenz reist. An der Ahr und am Mittelrhein verhält es sich ähnlich, denn nur hier und da ziehen sich die Weinberge auch in günstige Seitentäler hinein.

Andere Weinbaugebiete sind ausgebreiteter und bieten einen Fluß als Leitlinie. Da ist eine gut ausgeschilderte Weinstraße hochwillkommen. Die bekannteste darunter ist die Deutsche Weinstraße aus dem Jahr 1935, die 80 km lang von Norden nach Süden durch die Rheinpfalz führt und an der französichen Grenze endet. Hier wurde in Schweigen in den zwanziger Jahren der erste Weinlehrpfad angelegt. Er hat einen Trend eröffnet, der seither insbesondere in Baden und Württemberg viele begeisterte Anhänger gefunden hat.

Wandern wird in Deutschland durch viele markierte Wege sowieso leicht gemacht, doch der

Weinlehrpfad mit seinen Tafeln gibt zusätzlich Auskunft über Rebsorten, Erziehungsmethoden, Bodenbeschaffenheit und die Einzellagen. Ein paar Weinstuben liegen meist am Weg, so daß der Einfluß der Lage auf den Wein an Ort und Stelle beurteilt werden kann.

Der Weinverbrauch liegt in Deutschland ungefähr bei 62 Litern je Kopf der Bevölkerung, und die Erzeuger sehen sich einem schwierigen Markt mit scharfer Konkurrenz gegenüber. Bemühungen um den Aufbau einer klaren Identität für die einzelnen Weinbaugebiete gehen Hand in Hand mit der Flurbereinigung, und auch die Bedeutung des Tourismus ist nicht außer acht gelassen worden. Die neuen Weinlehrpfade tragen dazu bei, über den deutschen Wein zu informieren und ihn daher besser zu verkaufen. Gegen Ende der siebziger Jahr hatten auch so gut wie alle deutschen Weinbaugebiete ihre eigenen Weinstraßen.

Sie öffen den Weg zu den vielen Wein- und Winzerfesten, die den Kalender von Ende April bis Oktober ausfüllen. (Hinweise werden jeweils unter der Überschrift «Reise-Informationen» gegeben.) Diese Absatzförderungsmaßnahmen einfachster Art sind natürlich Touristenattraktionen, aber sie laden auch dazu ein, den Wein zu genießen, ohne zuviel Ernst aufwenden zu müssen. Genaueres über Orte und Termine ist zu erfahren bei:

Deutsches Weininstitut GmbH
Gutenbergplatz 3–5
6500 Mainz 1
(Tel.: 06131-28290)
Geschäftsstunden: 9 bis 12 und 14 bis 17 Uhr, Montag bis Freitag.

Über Besuche in Weingütern und Weinkelleren wird auf Seite 138 berichtet.

WEINBAUGEMEINDEN

BEREICH BADISCHE BERGSTRASSE/KRAICHGAU

Der nördlichste Teil des badischen Weinbaugebiets am Rhein ist so diffus, daß seine Zusammenfassung in einen einzigen Bereich wie ein Akt der Verzweiflung erscheint. Der Kraichgau ist das Gebiet südlich von Heidelberg zwischen dem Rhein und dem von Heilbronn her in nordwestlicher Richtung zufließenden Neckar. Die Badische Bergstraße ist eine südliche Verlängerung der Hessischen Bergstraße, ein schmaler Streifen Weinberge, der sich in Nord-Süd-Richtung bis Heidelberg erstreckt.

Der Kraichgau hat drei Großlagen aufzuweisen, Hohenberg für den südlichen Teil um Pforzheim, Stiftsberg im Osten und Mannaberg im Nordwesten (sie greift über bis auf die südlichen Weinorte der Bergstraße mit dem Hauptort Wiesloch). Der nördliche Teil der Badischen Bergstraße hat eine eigene Großlage: Rittersberg. Die wichtigste Stadt dieses Teils ist Weinheim an der Bergstraße.

Die Rebfläche des Bereichs beträgt insgesamt 1800 ha und ist unterteilt in 78 Einzellagen. Fast die Hälfte des Rebbestands ist Müller-Thurgau, und nur 10% sind Rotweinreben. Die besseren Lagen sind mit Riesling (20%) und Ruländer (13%) besetzt. In Neckarzimmern befindet sich das Weingut mit dem höchsten Renommé.

GROSSLAGE MANNABERG

Die Großlage erfaßt alle Weinberge am Rand des Rheintals, das hier eine breite Ebene bildet, sowie die in den Seitentälern der Berge im Kraichgau. Sie bildet die Verlängerung der Großlage Rittersberg nördlich von Heidelberg. Am meisten wird hier Müller-Thurgau angebaut, aber auch Ruländer, Riesling, Silvaner, Spätburgunder und Weißburgunder.

Einzellagen: Heidelberg: Burg, 10 ha, SW-W, steil; Dachsbuckel, 7 ha, SW-W, steil. Rauenberg: Burggraf, 157 ha, S-NW, steil. Östringen: Ulrichsberg, 67 ha, SO-W, steil; Hummelberg, 5 ha, SW, steil; Rosenkranzweg, 3 ha, S, steil. Stettfeld: Himmelreich, 124 ha, SO-W, steil. Bruchsal: Klosterberg, 20 ha, steil.

GROSSLAGE STIFTSBERG

Diese Großlage erstreckt sich östlich vom Mannaberg über eine Reihe von Tälern in den Kraichgauer Bergen. Die abgelegensten Weinberge liegen im Neckartal und im Jagsttal.

Einzellagen: Neckarzimmern: Götzhalde, 1,2 ha, 40% terrassiert; Wallmauer, 2 ha, 40% terrassiert. Sulzfeld: Burg Ravensburger Dicker Franz, 6,5 ha, 100% ansteigend; Burg Ravensburger Husarenkappe, 6,5 ha, 45% steil; Burg Ravensburger Löchle, 8,5 ha, 60% steil. Michelfeld: Himmelberg, 5,6 ha, 50% steil; Sonnenberg, 65 ha, 50% steil.

GROSSLAGE HOHENBERG

Eine Gruppe von Lagen um Weingarten führen vom Mannaberg aus südwärts und nach Osten in Richtung Pforzheim.

BEREICH BADISCHES FRANKENLAND

Stünden dem nicht politische Grenzen entgegen, so wäre dieser weit abgelegene Vorposten des badischen Weinbaus sicherlich ein Teil seines natürlichen Umlands, nämlich Frankens. Hier wachsen Weine in fränkischer Art, vorwiegend Müller-Thurgau. Abgefüllt werden sie, was denn auch nicht weiter erstaunt, in fränkische Bocksbeutel. Die ganze Gegend mit ihrer Rebfläche von 526 ha fällt in eine einzige Großlage, Tauberklinge. Die wichtigsten Orte sind hier Lauda, Tauberbischofsheim und Wertheim am Main.

ERZEUGER

Weingut Burg Hornberg

6951 Neckarzimmern, Tel.: 06261-2348. *Besitzer:* Baron Hans-Wolf von Gemmingen-Hornberg. 14,5 ha. *Einzellagen:* Neckarzimmern: Götzhalde und Wallmauer; Michelfeld: Himmelberg.

Die alten steilen Weinberge sind seit dem 17. Jh. im Besitz der Familie; Rebbestand: 30% Riesling, 10% Müller-Thurgau, 6% Silvaner, 20% Spätburgunder sowie Muskateller, Traminer, Ruländer und Weißburgunder. Die Weine werden nach traditionellen Methoden bereitet, um aus der warmen Lage Optimales herauszuholen; die besten sind voll und beeindrukkend. Ein Restaurant bietet eine reichhaltige Auswahl zum Probieren an.

Freiherr von Göler'sche Verwaltung

Hauptstraße 44, 7519 Sulzfeld, Tel.: 07269-231. *Besitzer:* Freiherr von Göler. 14 ha. *Einzellagen:* Sulzfeld: Burg Ravensburger Husarenkappe, Löchle, Dicker Franz.

Das Weingut um die Ravensburg ist seit dem 13. Jh. im Familienbesitz. Rebbestand: vorwiegend Riesling (50%), gefolgt von Silvaner (12%), Müller-Thurgau, Weißburgunder, Limberger, Schwarzriesling, Spätburgunder und Trollinger. 80% der Weine sind lieblich, was gut zum vollen, erdigen Stil paßt. Trotzdem soll der Anteil an trockenen Weinen erhöht werden.

Weingut Reichsgraf und Marquis zu Hoensbroech

6921 Angelbachtal-Michelfeld, Tel.: 07265-381. *Besitzer:* Rüdiger, Reichsgraf und Marquis zu Hoensbroech. 15 ha. *Einzellagen:* Michelfeld; Himmelberg und Sonnenberg. Großlage: Stiftsberg.

Ein kleines herrschaftliches Weingut im Kraichgau. Es erzeugt gehaltvolle trockene Weine aus Weißburgunder (30%), Silvaner (20%), Riesling und Spätburgunder (15%); ferner Schwarzriesling, Ruländer, Gewürztraminer und Müller-Thurgau, der zum Teil durch Silvaner ersetzt werden soll. Die Haupterzeugnisse sind trockene Kabinettweine.

Fürstlich Löwenstein-Wertheim-Rosenberg'sches Weingut

Rathausgasse 5, 6983 Kreuzwertheim, Tel.: 09342-6505. *Besitzer:* Alois Konstantin Fürst zu Löwenstein-Wertheim-Rosenberg. 27 ha. *Einzellagen:* Homburg: Kallmuth; Lengfurt: Alter Berg und Oberrot; Reichholzheim: Satzenberg und Kemelrain; Bronnbach: Josefsberg. (Homburg und Lengfurt liegen in Franken; Reichholzheim und Bronnbach im Bereich Badisches Frankenland.)

Ein abseits gelegenes Weingut auf dem Nordufer des Mains und westlich der mainfränkischen Weinberge. Der alte Zisterzienserbesitz aus dem 12. Jh. wurde von der Fürstlich-Löwensteinschen Familie bei der Säkularisierung erworben.

Rebbestand: 42% Silvaner, 19% Müller-Thurgau, 15% Spätburgunder, 8% Bacchus, 7% Kerner, nur 5% Riesling, 3% Traminer und 1% Rieslaner. Der Boden besteht aus einer eigentümlichen Mischung von Kalk- und Sandstein auf guten Hängen, die schöne Reife gewährleisten. Die Art der Weine ist kräftig, trocken und ganz und gar fränkisch. 1985 vernichteten Spätfröste den ganzen Ertrag.

Winzergenossenschaft Bad. Frankenland eG

St.-Georg-Straße 1–3, 6980 Wertheim-Reichholzheim, Tel.: 09342-1026.

Die große Genossenschaftskellerei verarbeitet die Hälfte des Ertrags im Bereich Badisches Frankenland. Der Rebbestand war hier früher sehr viel größer und ging im letzten Jahrhundert durch Rebenkrankheiten auf einen Zehntel seines früheren Umfangs zurück. Heute werden jährlich 215 000 Kisten Bocksbeutel und 67 000 Kisten Literflaschen abgesetzt (zu 98% in Westdeutschland). Die 684 Mitglieder verfügen über 336 ha. Rebbestand: 78% Müller-Thurgau, 8% Kerner und 6% Silvaner.

QUALITÄTSSTUFEN

QUALITÄTSWEIN (QbA, QmP)		DEUTSCHER TAFELWEIN (DTW)		LANDWEIN
ANBAUGEBIET	BEREICH	TAFELWEINGEBIET	BEREICH	BEREICH
Ahr	Walporzheim/Ahrtal			Ahrtaler Landwein
Hessische Bergstraße	Starkenburg, Umstadt	Rhein-Mosel	Rhein	Starkenburger Landwein
Mittelrhein	Bacharach, Rheinburgengau, Siebengebirge			Rheinburgen-Landwein
Nahe	Kreuznach, Schloß Böckelheim			Nahegauer Landwein
Rheingau	Johannisberg			Altrheingauer Landwein
Rheinhessen	Bingen, Nierstein, Wonnegau			Rheinischer Landwein
Rheinpfalz	Südliche Weinstraße, Mittelhaardt/Deutsche Weinstraße			Pfälzer Landwein
Mosel-Saar-Ruwer	Zell/Mosel, Bernkastel, Obermosel, Saar-Ruwer, Moseltor		Mosel	Landwein der Mosel
			Saar	Landwein der Saar
Franken	Steigerwald, Maindreieck, Mainviereck, Bayerischer Bodensee	Bayern	Main	Fränkischer Landwein (unbenutzt)
			Donau	Regensburger Landwein
			Lindau	Bayerischer Bodensee-Landwein
Württemberg	Remstal-Stuttgart, Württembergisch Unterland, Kocher-Jagst-Tauber, Württembergischer Bodensee	Neckar		Schwäbischer Landwein
Baden	Bodensee, Markgräflerland, Kaiserstuhl-Tuniberg, Breisgau, Ortenau	Oberrhein	Römertor	Südbadischer Landwein
	Badische Bergstraße/Kraichgau, Badisches Frankenland		Burgengau	Unterbadischer Landwein

Zentralkellerei Badischer Winzergenossenschaften (ZBW)

Zum Kaiserstuhl 6, 7814 Breisach, Tel.: 07667-820.
Direktor: Ludwig Strub.

Die immens große Zentralkellerei umschließt nicht weniger als hundert lokale Winzergenossenschaften und verarbeitet deren Weine in einer der größten und modernsten Anlagen Europas in Breisach am Rhein. Das Einzugsgebiet ist über ganz Baden verteilt – vom Badischen Frankenland am Main bis zu den Ufern des Bodensees – insgesamt 4 500 ha. Rund 25 000 Winzer sind beteiligt. Rebbestand: 45% Müller-Thurgau, 26% Spätburgunder, 7% Ruländer, 6% Riesling, je 5% Weißburgunder und Gutedel, 3% Silvaner und 2% Gewürztraminer. In jedem Herbst werden 400–500 Weine unter fünfzig Einzel- und Großlagennamen aus den jeweiligen Rebsorten und in verschiedenen Qualitäten gewonnen. Die Jahreserzeugung beträgt über 4 Mio Kisten; der Absatz erfolgt bundesweit. Exportlieferungen gehen vor allem nach England, USA, in die Benelux-Länder und nach Skandinavien. Allgemein läßt sich sagen, daß ihre Weine gut bereitet sowie in jedem Fall sortentypisch und qualitätsgerecht sind.

► Diese amtlichen Zahlen werden nach jeder Ernte veröffentlicht. Die unterschiedlichen Mengen in den einzelnen Qualitätsstufen sind hauptsächlich Ausdruck verschiedenartiger Witterungsbedingungen.

▼ Der deutsche Wein unterteilt sich in Qualitätswein, Deutschen Tafelwein und Landwein. Die Tabelle stellt die elf bestimmten Anbaugebiete den Tafelweingebieten und Landweinbereichen gegenüber.

ÜBERSICHT ÜBER DIE NEUEREN JAHRGÄNGE AUS DEN FÜNF FÜR DEN EXPORT WICHTIGSTEN ANBAUGEBIETEN

		MOSEL-SAAR-RUWER	NAHE	RHEIN-GAU	RHEIN-HESSEN	RHEIN-PFALZ
GESAMTERTRAG AN WEINMOST IN HL						
1985		1,195,000	263,000	180,000	1,082,000	1,388,000
1984		1,106,000	312,000	163,000	1,855,000	2,311,000
1983		1,829,000	612,000	298,825	3,400,000	3,252,000
1982		2,365,000	716,700	485,000	3,773,000	3,847,000
1981		1,113,500	249,900	171,500	1,724,500	2,166,700
1980		571,500	132,600	101,500	1,145,000	1,593,900
1979		1,090,000	265,000	280,000	1,480,000	2,550,000
1976		1,040,000	366,000	228,000	1,960,000	2,310,000
ANTEIL DER QUALITÄTSWEINE IN %						
1985	QbA	63	57	40	38	47
	Kabinett	27	27	53	28	32
	Spätlese	8	13	6	29	17
	Auslese	2	3	1	5	4
1984	QbA	79	82	73	78	75
	Kabinett	1	1	1	6	7
	Spätlese	—	—	—	1	2
	Auslese	—	—	—	—	—
1983	QbA	43	48	30	46	52
	Kabinett	12	15	50	19	23
	Spätlese	31	25	19	25	16
	Auslese	9	8	0	2	3
1982	QbA	61	67	74	73	72
	Kabinett	30	24	25	18	12
	Spätlese	4	5	0	7	4
	Auslese	2	1	0	0	0
1981	QbA	63	54	71	54	54
	Kabinett	28	35	25	35	33
	Spätlese	9	10	2	10	11
	Auslese	0	1	0	1	2
1980	QbA	75	60	83	57	62
	Kabinett	15	24	15	23	20
	Spätlese	2	9	0	17	12
	Auslese	0	1	0	3	2
1979	QbA	37	16	59	16	46
	Kabinett	14	25	32	21	28
	Spätlese	38	48	7	58	17
	Auslese	11	11	0	5	3
1976	QbA	8	11	11	6	20
	Kabinett	10	26	22	8	30
	Spätlese	34	38	46	64	33
	Auslese	46	25	20	22	15
	Beeren-auslese	2	1	1	2	2

SÜDEN

▲ 82

SÜDBADEN

SÜDBADEN · 172

70

83

Bühlertal
Forbach
Bermersbach
Gausbach
Langenbrand
Schwarzwald-Hochstraße
Schwarzwald-Tälerstraße
Schwarzwald-Bäderstraße
Freundschaftsstraße
Enzklösterle
Gütersberg
Wannen-Ebene
Meistern
Agenbach
Oberkollwangen
Bad Teinach
Zavelstn.
Neubulach
Neuweiler
Breitenberg
Zwerenbg.
Aichhalden
Simmersfeld
Ettmanns-weiler
Gaugenwald
Wenden
Fünfbronn
Beuren
Schwarzenberg
Besenfeld
Seewald
Grömbach
Altensteig
Ebhausen
Egenhsn.
Rohrdorf
Wörnersbg.
Pfalzgrafenweiler
Bösingen
Haiterbach
Klosterreichenbach
Baiersbronn
Huzenbach
Obertal
Herzogswlr.
Cresbach
Waldachtal
Lützenhardt
Tumlingen
Salzstetten
Freudenstadt
Dornstetten
Hörschwlr.
Glatten
Schopfloch
Horb a.N.
Griesbach
Bad Peterstal
Bad Rippoldsau
Loßburg
Lombach
Böffingen
Oberiflingen
Unteriflingen
Empfingen
Schömberg
Schapbach
Wälde
Betzweiler
Vierundzwanzig Höfe
Alpirsbach
Dornhan
Sulz
Mühlheim a.B.
Vöhringen
Oberwolfach
Kaltbrunn

126

▲ 162

SÜDBADEN · 172

Bad Krozingen
Staufen
Heitersheim
Sulzburg
Münstertal/ Schwarzw.
Müllheim
Neuenburg
Badenweiler
Todtnau
Schönau
Kandern
Zell i. Wiesent.
Hausen i. Wiesental
Schopfhm.
Wehr
Lörrach
Weil
Riehen
Basel
St. Louis
Huningue
Grenzach-Wyhlen
Rheinfdn.
Rheinfelden
Bad Säckingen
Muttenz
Binningen
Allschwil
Birsfelden
Steinen
Maulburg
Schwörstadt
Möhlin
Efringen-Kirchen
Schliengen
Auggen
Bad Bellingen
Buggingen
Fessenheim
Blodelsheim
Ottmarsheim
Chalampé
Village-Neuf
Hégenheim
Kaiseraugst
Badische Weinstraße
Schauinslandstraße
Rhein
ADAC

Hattingen
Emmingen
Hintschingen
Heudorf
Gallmannsweil
Mainwangen
Schwackenreute
Sentenhart
Rorgenwies
Mühlingen
Zoznegg
Mindersdf.
Hohenfels
Selgetsweiler
Ruhestetten
Immensitz
Honstetten
Münchhöf
Deutwang
Kalkofen
Herdwangen-
Eigeltingen
ENGEN
STOCKACH
AACH
Nenzingen
Orsingen
Ludwigshfn.
Owingen
TENGEN
Ehingen
Mühlhsn.
Volkertshausen
Billafingen
Bodman-
Sipplingen
Steißlingen
Hohenstoffeln
Binningen
Hilzingen
SINGEN
ADAC
Hohentwiel
ÜBE
Thayngen
Gottmadingen
Rielasgn.
Wörblgn.
RADOLFZELL
am Bodensee
Allensbach
Hegne
Bietingen
Reichenau
Gailingen
DIESSENHOFEN
Hemishofen
STEIN A. RHN.
Öhningen
Wangen
STECKBORN
Mannenbach
Ermatingen
Gottlieben
Tägerwilen
Schienen
Gaienhfn.
Hemmenhfn.
Berlingen
Salenstein
Stammheim
Eschenz
Mammern
Homburg
Wäldi
Nussbaumen
Lanzenneunfon
Frauenfeld
FRAUENFD.
WEINFELDEN
Müllheim
Pfyn
Hüttwilen
Seuzach
Dägerlen
Weiningen
Warth
Felben
Thur
Wellhausen
Hüttlingen
Amlikon
Bürglen
Sulgen
Sonterswil
Hugelshfn.
Ottoberg
Bussnang
Berg
Mauren
Dippishsn.
Grüne Straße
Schwäb. Dichterstr.
Überlinger See
Zellersee
Gnadensee
Bodan Rück
Schiener Berg
Seerücken
SCHWEIZ

SÜDBAD

PFULLENDORF
Wilhelmsdorf
Altshausen
BAD WALDSEE
Wolpertswende
Fronreute
Baienfurt
Baindt
WEINGARTEN
RAVENSBG.
Horgenzell
Deggenhausertal
Salem
MARKDORF
Bermatgn.
Uhldgn.-Mühlhfn.
MEERSBURG
Immenstaad
FRIEDRICHSHFN.
Meckenbeuren
TETTNANG
Kehlen
Eriskirch
Langenargen
Kressbronn
Schlier
Bodnegg
Amtzell
Grünkraut
Waldburg
Achberg
Neukirch
LINDAU
Wasserburg
Nonnenhorn
Hege
Bodolz
ROMANSHORN
AMRISWIL
Egnach
Salmsach
BODENSEE
Oberschwäbische Barockstr.
Grüne Straße
Schwäbische Bäderstraße
Ober-schwäbische Barockstraße (Westroute)
Gehrenberg
Wagenhausen
Illmensee
Pfrunger Ried

SÜDBADEN

Der bedeutendere Teil des badischen Weinbaus beginnt südlich von Baden-Baden mit der Ortenau, die ohne merkliche Unterbrechung in den Bereich Breisgau übergeht. Die Ortenau hat ein bevorzugtes Klima, das gute Rot- und Roséweine ermöglicht. Die Spätburgunder Rotweine haben tiefe Farbe und guten Körper; kein Wunder, daß sie sich außerordentlicher Beliebtheit erfreuen, aber nicht nur sie, sondern auch der Weißherbst und der originelle Rotgold, der aus gemeinsam vergorenem Spätburgunder- und Ruländermost gewonnen wird. Er hat eine so geschmeidige Konsistenz und eine so sanfte Süße, daß er den Besucher ganz gefangennimmt.

Die feinsten Weine der Ortenau sind unbestreitbar die Rieslinge aus den steilen Hanglagen von Ortenberg und Durbach (wo sie Klingelberger genannt werden). Die zweite Spezialität Durbachs ist der Gewürztraminer (hier heißt er Clevner).

Der Bereich Breisgau beginnt südlich von Offenburg; er bringt recht gewichtige, trockene Weißweine hervor, meist Müller-Thurgau und – besser noch – Ruländer. Auch hier ist der Weißherbst sehr beliebt.

Noch bedeutender und eigentlich der Höhenpunkt des badischen Weinbaus ist der Bereich Kaiserstuhl-Tuniberg, ein ehemaliger Vulkan, der in der Rheinebene weitab von den Schwarzwaldbergen aufragt. Er ist von der Natur zum Weinberg prädestiniert, denn sein Klima und sein besonderer Boden verleihen einer großen Zahl von Weinen einen bemerkenswerten Charakter. Der stets sichere Müller-Thurgau herrscht natürlich vor, doch ein Viertel der Rebfläche ist mit Spätburgunder besetzt, der hier tiefdunklen Wein mit eigentümlich bitterem Abgang erbringt, und ein weiteres Viertel gehört dem Ruländer, dessen Weine hier eindrucksvoll, aber auch recht schwer ausfallen. An besonders warmen Stellen des Kaiserstuhls kommt der Silvaner schön zur Entfaltung.

Der Bereich Markgräflerland, der sich anschließend bis zur Schweizer Grenze südwärts erstreckt, kann kein solches Feuerwerk bieten, seine Spezialität sind sanfte, trockene Weine: Der Gutedel belebt seinen einfachen Charakter durch Spritzigkeit, und der Müller-Thurgau ist sauber und anständig wie immer. Mehr Interesse darf schon der Nobling beanspruchen – die Traube ist eine Kreuzung zwischen Gutedel und Silvaner und hat mehr Aroma zu bieten als ihre «Eltern».

REISE-INFORMATIONEN

▲ Meersburg am Bodensee mutet fast wie ein südländischer Hafen an. Das Seeklima hat berühmte Gärtner und Winzer in seinen Bann gezogen.
▶ Freiburg i.Br. verdankt dem Charme seiner alten Gassen und der Rührigkeit seiner Universität einen weltweiten Ruf.

Baden hat vielerlei zu bieten, von der eleganten Kurstadt Baden-Baden bis zur Kuckucksuhr-Industrie im Schwarzwald.

Sehenswertes
Baden-Baden: Kurorte und Bäder sind in ganz Deutschland beliebt, aber Baden-Baden findet kaum seinesgleichen. Es repräsentiert zugleich den Glanz des 19. Jahrhunderts und die Zweckbewußtheit der Moderne, und seine Wässer helfen gegen Zivilisationskrankheiten unserer Zeit ebenso wie gegen die gute alte Völlerei. Das Spielcasino, kulturelle Veranstaltungen und die Landschaft sorgen für reiche Abwechslung.
Freiburg: Einer der schönsten gotischen Münstertürme Europas erhebt sich über einem mittelalterlichen Marktplatz.
Kaiserstuhl: Eine Reihe von Bergen vulkanischen Ursprungs mit Wandermöglichkeiten und schönen Ausblicken auf die Vogesen und den Schwarzwald.
Schwarzwald: Gut gepflegte Wanderwege, Ferien auf dem Bauernhof und Folklore.
Bodensee: Einer der größten Binnenseen Europas; Wassersport und historische Städte wie etwa Meersburg.

▶ Der schöne Barockbau des Klosters Birnau bei Oberuhldingen nördlich von Meersburg überragt die Einzellage Kirchhalde (32 ha), die mit den für die Gegend typischen Müller-Thurgau- und Spätburgunder-Reben sowie mit einem ungewöhnlich hohen Anteil der aromatischen Neuzüchtung Bacchus besetzt ist.

Weinstraßen
Die Badische Weinstraße verläuft von Norden nach Süden am Schwarzwald entlang über Freiburg bis zur Schweizer Grenze.

Der Breisgauer Weinwanderweg zieht sich von Freiburg aus 97 km durch die Weinberge bis Friesenheim.

Weinfeste
Buggingen (Mitte Juni), Freiburg (Mitte Juni), Müllheim (Ende Juni), Reichholzheim (Mitte Juli), Schloß Ortenberg und Durbach (Anfang Aug.), Affental (Mitte Aug), Breisach (Ende Aug.), Meersburg (Mitte Sept.), Heidelberg (Ende Sept.); im Oktober gibt es besonders viele Feste.

Essen und Trinken
In Baden ißt man so herzhaft wie im Nachbarland Elsaß über dem Rhein: Wild, Obst und ländliche Genüsse aller Art gibt es in Fülle. Die ganze Gegend ist bei Urlaubern und Touristen aus dem In- und Ausland sehr beliebt, deshalb trifft man auch allerorten auf Schilder «Fremdenzimmer» und «Zimmer frei». Auch die Gasthäuser bieten oft preiswerte Unterkunft; in den Weinbaugegenden gehören sie vielfach Winzerfamilien. An Hotels seien das komfortable Am Münster in Breisach (Tel.: 07667-7071), das Panoramahotel am Jägerhäusle (Tel.: 0761-551011) mit seiner schönen Aussicht, der Rappen am Marktplatz (Tel. 0761-31353) und das seit 1311 bestehende Gasthaus zum Roten Bären (Tel.: 0761-36913) in Freiburg genannt. Das Hotel Hecht in der historischen Stadt Überlingen am Bodensee hat ein Restaurant mit sehr gutem Ruf. Tief in Schwarzwald liegt im Münstertal das alte Gasthaus Spielweg.

WEINLAGEN

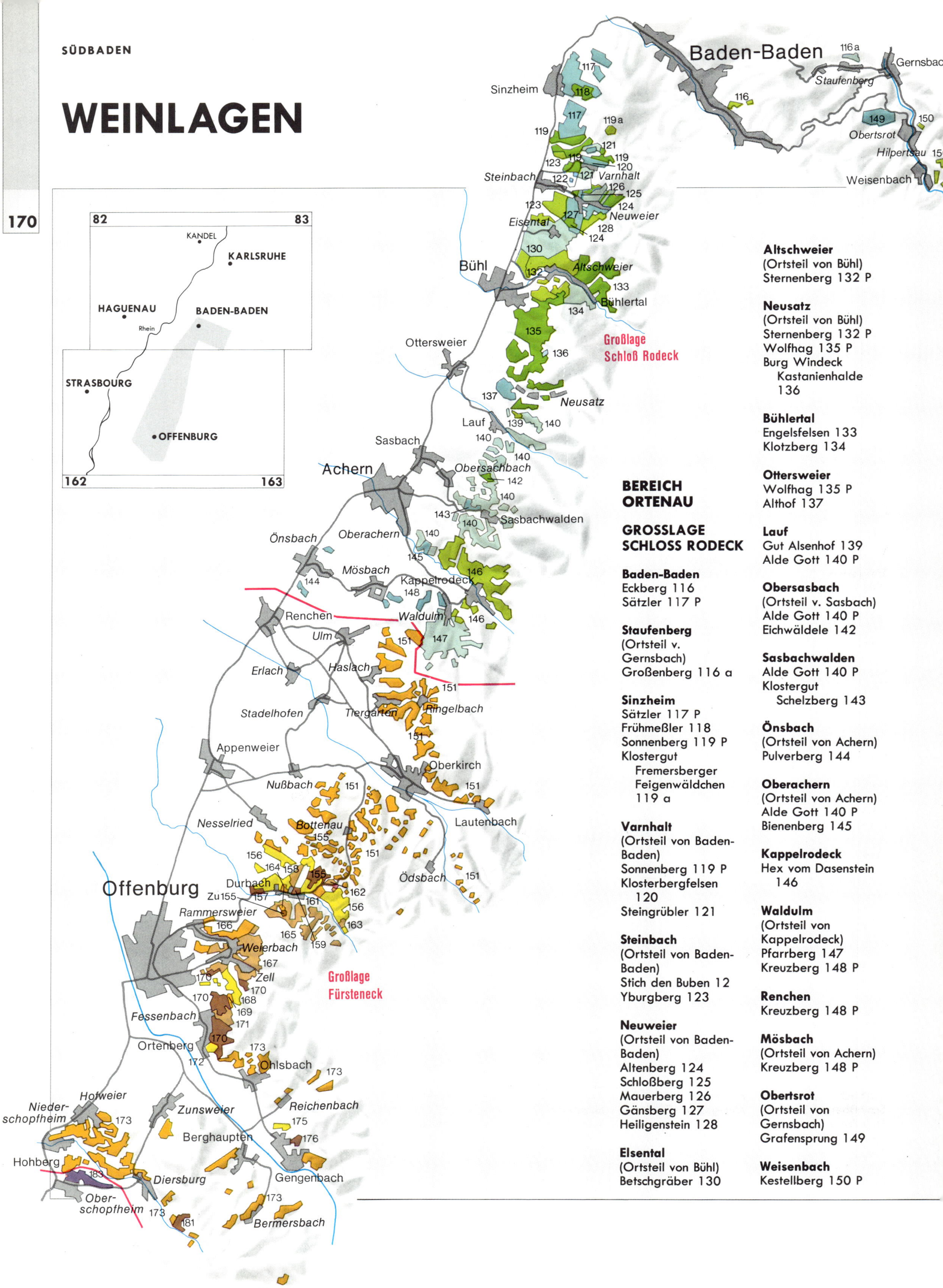

BEREICH ORTENAU

GROSSLAGE SCHLOSS RODECK

Baden-Baden
Eckberg 116
Sätzler 117 P

Staufenberg
(Ortsteil v. Gernsbach)
Großenberg 116 a

Sinzheim
Sätzler 117 P
Frühmeßler 118
Sonnenberg 119 P
Klostergut Fremersberger Feigenwäldchen 119 a

Varnhalt
(Ortsteil von Baden-Baden)
Sonnenberg 119 P
Klosterbergfelsen 120
Steingrübler 121

Steinbach
(Ortsteil von Baden-Baden)
Stich den Buben 12
Yburgberg 123

Neuweier
(Ortsteil von Baden-Baden)
Altenberg 124
Schloßberg 125
Mauerberg 126
Gänsberg 127
Heiligenstein 128

Elsental
(Ortsteil von Bühl)
Betschgräber 130

Altschweier
(Ortsteil von Bühl)
Sternenberg 132 P

Neusatz
(Ortsteil von Bühl)
Sternenberg 132 P
Wolfhag 135 P
Burg Windeck Kastanienhalde 136

Bühlertal
Engelsfelsen 133
Klotzberg 134

Ottersweier
Wolfhag 135 P
Althof 137

Lauf
Gut Alsenhof 139
Alde Gott 140 P

Obersasbach
(Ortsteil v. Sasbach)
Alde Gott 140 P
Eichwäldele 142

Sasbachwalden
Alde Gott 140 P
Klostergut Schelzberg 143

Önsbach
(Ortsteil von Achern)
Pulverberg 144

Oberachern
(Ortsteil von Achern)
Alde Gott 140 P
Bienenberg 145

Kappelrodeck
Hex vom Dasenstein 146

Waldulm
(Ortsteil von Kappelrodeck)
Pfarrberg 147
Kreuzberg 148 P

Renchen
Kreuzberg 148 P

Mösbach
(Ortsteil von Achern)
Kreuzberg 148 P

Obertsrot
(Ortsteil von Gernsbach)
Grafensprung 149

Weisenbach
Kestellberg 150 P

Hilpertsau
(Ortsteil von Gernsbach)
Kestellberg 150 P

GROSSLAGE FÜRSTENECK

Ulm
(Ortsteil von Renchen)
Renchtäler 151 P

Erlach
(Ortsteil von Renchen)
Renchtäler 151 P

Haslach
(Ortsteil von Oberkirch)
Renchtäler 151 P

Stadelhofen
(Ortsteil von Oberkirch)
Renchtäler 151 P

Tiergarten
(Ortsteil von Oberkirch)
Renchtäler 151 P

Ringelbach
(Ortsteil von Oberkirch)
Renchtäler 151 P

Ödsbach
(Ortsteil von Oberkirch)
Renchtäler 151 P

Bottenau
(Ortsteil von Oberkirch)
Renchtäler 151 P

Nußbach
(Ortsteil von Oberkirch)
Renchtäler 151 P

Oberkirch
Renchtäler 151 P

Lautenbach
Renchtäler 151 P

Nesselried
(Ortsteil von Appenweier)
Renchtäler 151 P
Schloßberg 151 P

Durbach
Schloßberg 155 P
Plauelrain 156
Ölberg 157
Josephsberg 158
Steinberg 159
Kapellenberg 161
Bienengarten 162
Kasselberg 163
Schloß Grohl 164
Kochberg 165

Rammersweier
(Ortsteil von Offenburg)
Kreuzberg 166

Zell-Weierbach
(Ortsteil von Offenberg)
Abtsberg 167

Fessenbach
(Ortsteil von Offenburg)
Bergle 168
Franzensberger 169 P

Ortenberg
Franzensberger 169 P
Freudental 170
Andreasberg 171
Schloßberg 172

Ohlsbach
Kinzigtäler 173 P

Zunsweier
(Ortsteil von Offenburg)
Kinzigtäler 173 P

Gengenbach
Kinzigtäler 173 P
Nollenköpfle 176

Reichenbach
(Ortsteil von Gengenbach)
Kinzigtäler 173 P
Amselberg 175

Bermersbach
(Ortsteil von Gengenbach)
Kinzigtäler 173 P

Berghaupten
Kinzigtäler 173 P

Diersburg
(Ortsteil von Hohberg)
Kinzigtäler 173 P
Schloßberg 181

Hofweier
(Ortsteil von Hohberg)
Kinzigtäler 173 P

Niederschopfheim
(Ortsteil von Hohberg)
Kinzigtäler 173 P

BEREICH BREISGAU

GROSSLAGE SCHUTTER-LINDENBERG

Friesenheim
Kronenbühl 183 P

Oberschopfheim
(Ortsteil von Friesenheim)
Kronenbühl 183 P

Oberweier
(Ortsteil von Friesenheim)
Kronenbühl 183 P

Heiligenzell
(Ortsteil von Friesenheim)
Kronenbühl 183 P

Lahr
Kronenbühl 183 P
Herrentisch 184

Hugsweier
(Ortsteil von Lahr)
Kronenbühl 183 P

Mietersheim
(Ortsteil von Lahrt)
Kronenbühl 183 P

Sulz
(Ortsteil von Lahrt)
Haselstaude 185 P

Mahlberg
Haselstaude 185 P

Kippenheim
Haselstaude 185 P

Schmieheim
(Ortsteil von Kippenheim)
Kirchberg 186 P

Wallburg
(Ortsteil v. Ettenheim)
Kirchberg 186 P

Münchweier
(Ortsteil v. Ettenheim)
Kirchberg 186 P

GROSSLAGE BURG LICHTENECK

Ettenheim
Kaiserberg 189 P

Altdorf
(Ortsteil v. Ettenheim)
Kaiserberg 189 P

Ringsheim
Kaiserberg 189 P

Herbolzheim
Kaiserberg 189 P

Tutschfelden
(Ortsteil von Herbolzheim)
Kaiserberg 189 P

Broggingen
(Ortsteil von Herbolzheim)
Kaiserberg 189 P

Bleichheim
(Ortsteil von Herbolzheim)
Kaiserberg 189 P

Wagenstadt
(Ortsteil von Herbolzheim)
Hummelberg 192 P

Kenzingen
Hummelberg 192 P
Roter Berg 193

Nordweil
(Ortsteil von Kenzingen)
Herrenberg 194

Bombach
(Ortsteil von Kenzingen)
Sommerhalde 195

Hecklingen
(Ortsteil von Kenzingen)
Schloßberg 196

Malterdingen
Bienenberg 197 P

Heimsbach
(Ortsteil von Teningen)
Bienenberg 197 P

Köndringen
(Ortsteil v. Teningen)
Alte Burg 198 P

Mundingen
(Ortsteil von Emmendingen)
Alte Burg 198 P

GROSSLAGE BURG ZÄHRINGEN

Hochburg
(Ortsteil von Emmendingen)
Halde 199

Sexau
Sonnhalde 200 P

Buchholz
(Ortsteil von Waldkirch)
Sonnhalde 200 P

Denzlingen
Sonnhalde 200 P
Eichberg 203 P

Heuweiler
Eichberg 203 P

Glottertal
Eichberg 203 P
Roter Bur 205

Wildtal
(Ortsteil von Gundelfingen)
Sonnenhof 207

Freiburg
Schloßberg 208

Lehen
(Ortsteil von Freiburg)
Bergle 209

BEREICH KAISERSTUHL-TUNIBERG

GROSSLAGE VULKANFELSEN

Nimburg
(Ortsteil von Tenningen)
Steingrube 210 P

Neuershausen
(Ortsteil von March)
Steingrube 210 P

Riegel
St. Michaelsberg 211

Bahlingen
Silberberg 212

Eichstetten
Herrenbuck 213
Lerchenberg 214

Die beiden Lagen oberhalb von 214 an einem Steilhang

Bötzingen
Lasenberg 215
Eckberg 216

Wasenweiler
(Ortsteil von Ihringen)
Lotberg 217
Kreuzhalde 218 P

Ihringen
Kreuzhalde 218 P
Fohrenberg 219
Winklerberg 220
Schloßberg 221 P
Castellberg 222 P
Steinfelsen 223P

– Ortsteil Blankenhornsberg
Doktorgarten 224

Achkarren
(Ortsteil von Vogtsburg im Kaiserstuhl)
Schloßberg 221 P
Castellberg 222 P

Bickensohl
(Ortsteil von Vogtsburg im Kaiserstuhl)
Steinfelsen 223 P
Herrenstück 226

Oberrotweil
(Ortsteil von Vogtsburg im Kaiserstuhl)
Schloßberg 221 P
Käsleberg 227
Eichberg 228
Henkenberg 229
Kirchberg 230

Oberbergen
(Ortsteil von Vogtsburg im Kaiserstuhl)
Pulverbruck 231
Baßgeige 232

Schelingen
(Ortsteil von Vogtsburg im Kaiserstuhl)
Kirchberg 233

Bischoffingen
(Ortsteil von Vogtsburg im K.)
Enselberg 234 P
Rosenkranz 235
Steinbuck 236

Burkheim
(Ortsteil von Vogtsburg im K.)
Feuerberg 237
Schloßgarten 238

Jechtingen
(Ortsteil von
Sasbach)
Enselberg 234 P
Steingrube 239
Hochberg 240
Eichert 241
Gestühl 242 P

Leiselheim
(Ortsteil von
Sasbach)
Gestühl 242 P

Sasbach
Scheibenbuck 243
Lützelberg 244
Rote Halde 245
Limburg 246

Kiechlinsbergen
(Ortsteil von
Endingen)
Teufelsburg 247
Ölberg 248

Königschaffhausen
(Ortsteil von
Endingen)
Hasenberg 249
Steingrüble 250

Amoltern
(Ortsteil von
Endingen)
Steinhalde 251

Endingen
Engelsberg 252
Steingrube 253
Tannacker 254

Breisach
Augustinerberg 255
Eckartsberg 256

GROSSLAGE ATTILAFELSEN

Gottenheim
Kirchberg 257

Merdingen
Bühl 258

Waltershofen
(Ortsteil von
Freiburg)
Steinmauer 259

Opfingen
(Ortsteil von
Freiburg)
Sonnenberg 260

Niederrimsingen
(Ortsteil von
Breisach)
Rotgrund 261

Tiengen
(Ortsteil von
Freiburg)
Rebtal 262

Oberrimsingen
(Ortsteil von
Breisach)
Franziskaner 263

Munzingen
(Ortsteil von
Freiburg)
Kappellenberg 264

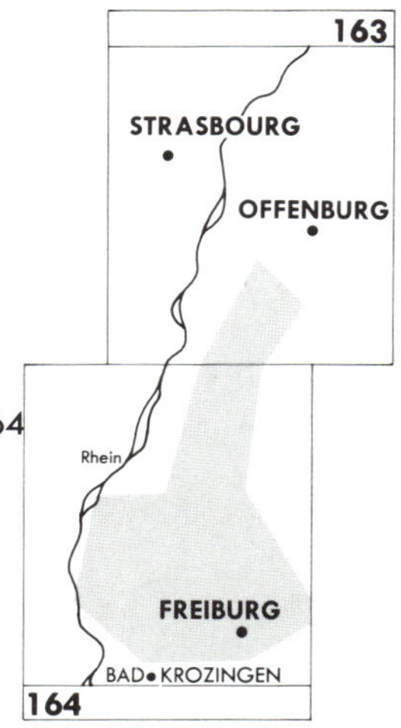

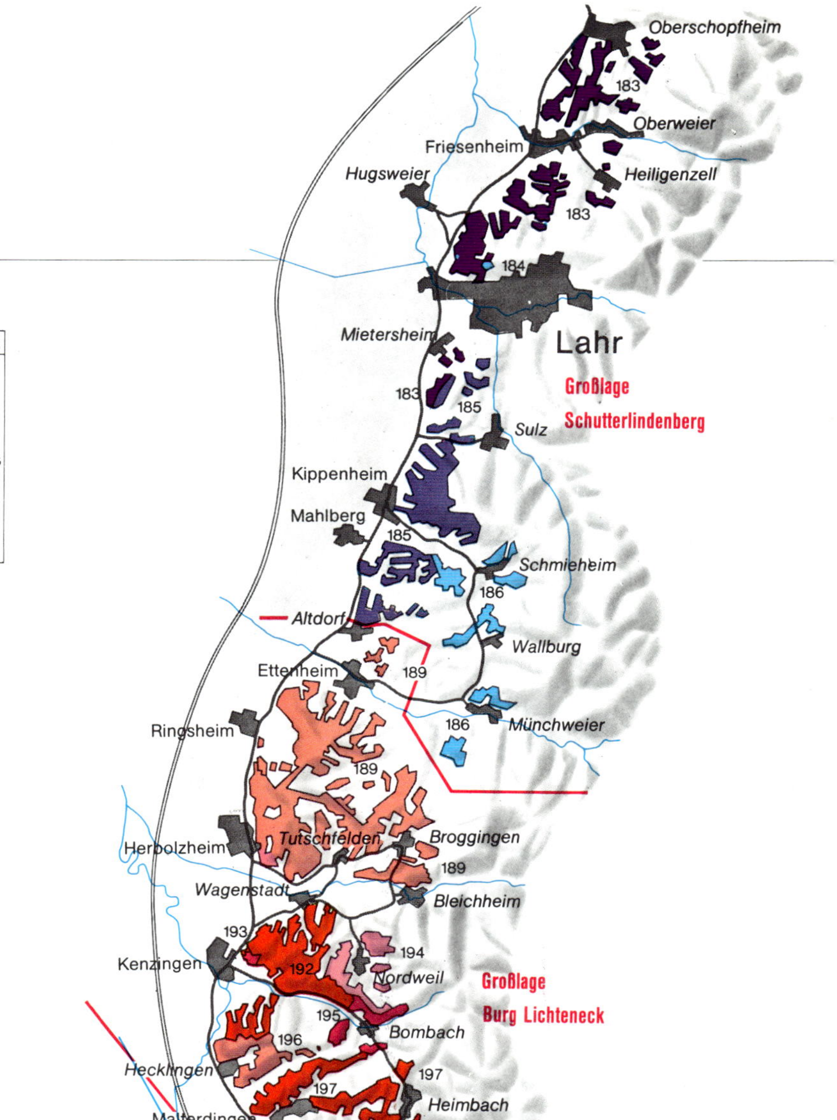

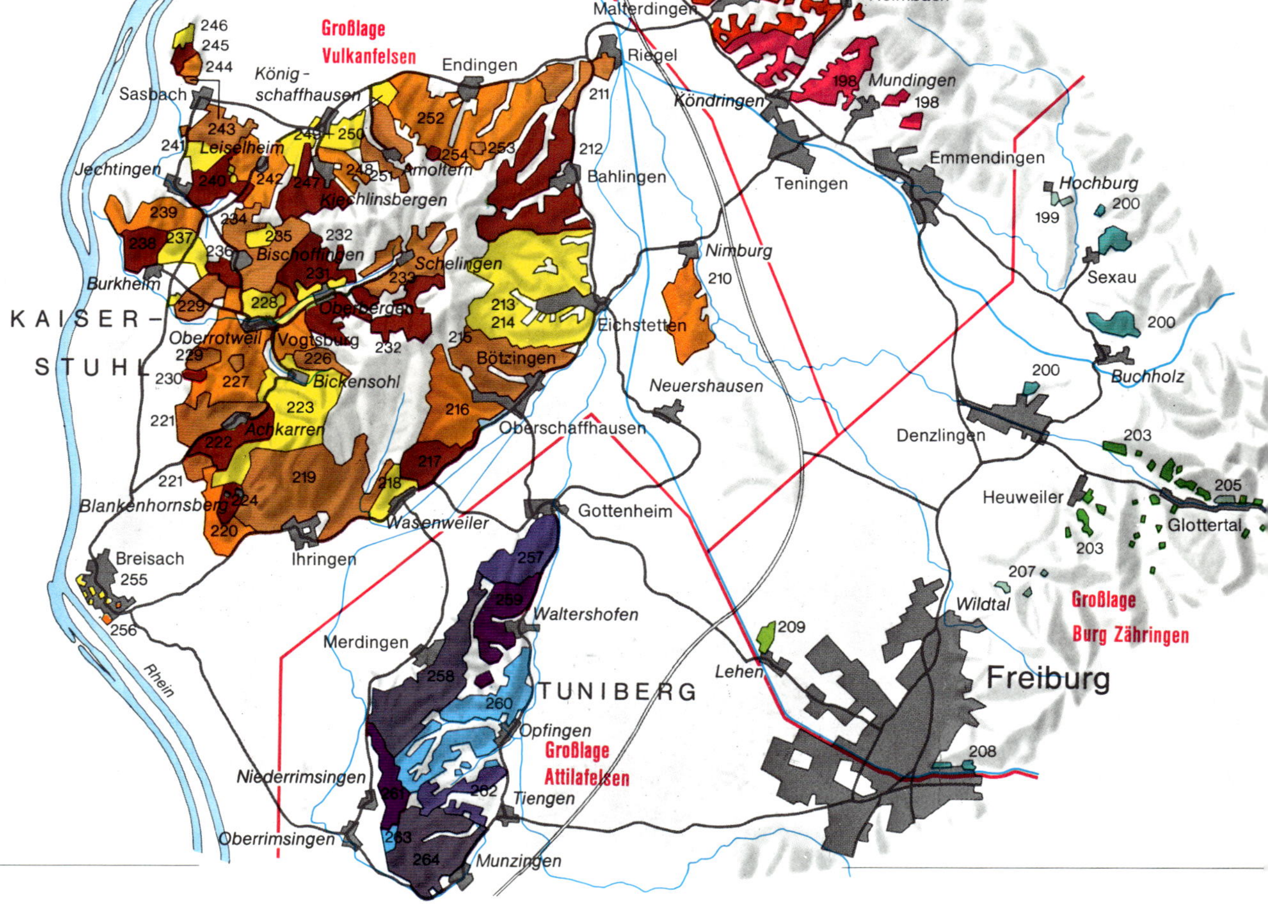

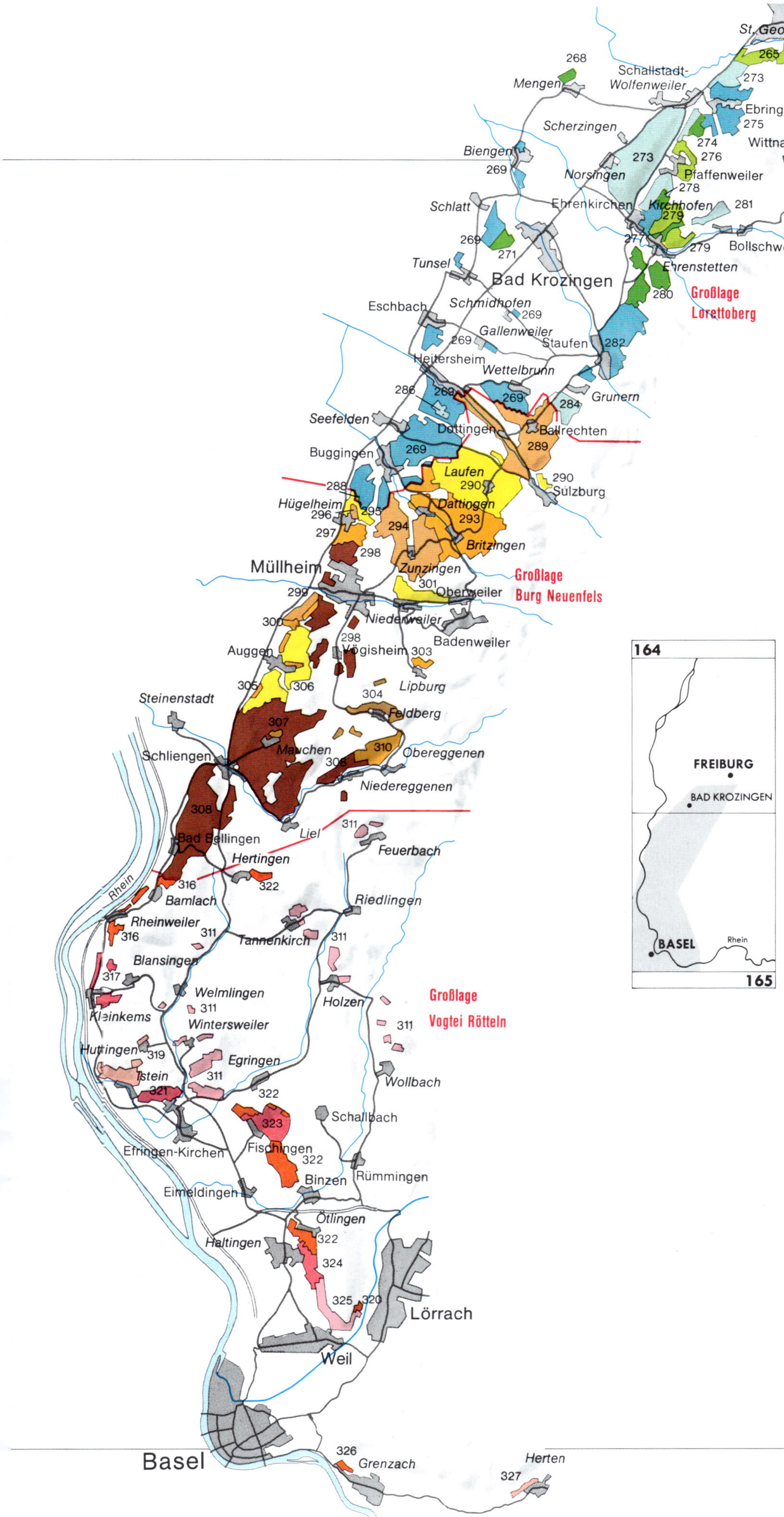

BEREICH MARKGRÄFLER-LAND

GROSSLAGE LORETTOBERG

Freiburg
Jesuitenschloß 266 P

– Ortsteil St. Georgen
Steinler 265

Merzhausen
Jesuitenschloß 266 P

Au
Altberg 266 a

Wittnau
Kapuzinerbuck 267

Mengen
(Ortsteil von Schallstadt)
Alemannenbuck 268

Biengen
(Ortsteil von Bad Krozingen)
Maltesergarten 269 P

Bad Krozingen
Steingrüble 271 P

Schlatt
(Ortsteil von Bad Krozingen)
Maltesergarten 269 P
Steingrüble 271 P

Tunsel
(Ortsteil von Bad Krozingen)
Maltesergarten 269 P

Schallstadt
Batzenberg 273 P

Wolfenweiler
(Ortsteil von Schallstadt)
Batzenberg 273 P
Dürrenberg 274

Scherzingen
(Ortsteil von Ehrenkirchen)
Batzenberg 273 P

Norsingen
(Ortsteil von Ehrenkirchen)
Batzenberg 273 P

Ebringen
Sommerberg 276

Pfaffenweiler
Batzenberg 273 P
Oberdürrenberg 276

Kirchhofen
(Ortsteil von Ehrenkirchen)
Batzenberg 273 P
Höllhagen 277
Kirchberg 278

Ehrenstetten
(Ortsteil von Ehrenkirchen)
Oelberg 279
Rosenberg 280

Bollschweil
Steinberg 281

Staufen im Breisgau
Schloßberg 282 P

Wettelbrunn
(Ortsteil von Staufen im Breisgau)
Maltesergarten 269 P

Grunern
(Ortsteil von Staufen im Breisgau)
Schloßberg 282 P
Altenberg 284

Eschbach
Maltesergarten 269 P

Heitersheim
Maltesergarten 269 P
Sonnhohle 286

Buggingen
Maltesergarten 269 P
Höllberg 288

Seefelden
(Ortsteil von Buggingen)
Maltesergarten 269

GROSSLAGE BURG NEUENFELS

Ballrechten-Dottingen
Castellberg 289
Altenberg 290 P

Sulzburg
Altenberg 290 P

Laufen
(Ortsteil von Sulzburg)
Altenberg 290 P

Britzingen
(Ortsteil von Müllheim)
Altenberg 290 P
Sonnhole 293 P
Rosenberg 294 P

Dattingen
(Ortsteil von Müllheim)
Altenberg 290 P
Sonnhole 293 P
Rosenberg 294 P

Zunzigen
(Ortsteil von Müllheim)
Rosenberg 294 P

Hügelheim
(Ortsteil von Müllheim)
Höllberg 295
Gottesacker 296
Schloßgarten 297

Müllheim
Sonnhalde 298
Reggenhag 299
Pfaffenstück 300

Vögisheim
(Ortsteil von Müllheim)
Sonnhalde 298 P

Niederweiler
(Ortsteil von Müllheim)
Römerberg 301 P

Badenweiler
Römerberg 301 P

Lipburg
(Ortsteil von Badenweiler)
Kirchberg 303

Feldberg
(Ortsteil von Müllheim)
Paradies 304

Auggen
Letten 305
Schäf 306 P

Mauchen
(Ortsteil von Schliengen)
Frauenberg 307
Sonnenstück 308 P

Schliengen
Sonnenstück 308 P

Steinenstadt
(Ortsteil von Neuenburg am Rhein)
Schäf 306 P
Sonnenstück 308 P

Niedereggenen
(Ortsteil von Schliengen)
Sonnenstück 308 P
Röthen 310 P

Lief
(Ortsteil von Schliengen)
Sonnenstück 308 P

Bad Bellingen
Sonnenstück 308 P

Obereggenen
(Ortsteil von Schliengen)
Röthen 310 P

GROSSLAGE VOGTEI RÖTTELN

Feuerbach
(Ortsteil von Kandern)
Steingässle 311 P

Tannenkirch
(Ortsteil von Kandern)
Steingässle 311 P

Riedlingen
(Ortsteil von Kandern)
Steingässle 311 P

Holzen
(Ortsteil von Kandern)
Steingässle 311 P

Wollbach
(Ortsteil von Kandern)
Steingässle 311 P

Welmlingen
(Ortsteil von Efringen-Kirchen)
Steingässle 311 P

Huttingen
(Ortsteil von Efringen-Kirchen)
Kirchberg 319 P

Istein
(Ortsteil von Efringen-Kirchen)
Kirchberg 319 P

Wintersweiler
(Ortsteil von Efringen-Kirchen)
Steingässle 311 P

Efringen-Kirchen
Steingässle 311 P
Kirchberg 319 P
Oelberg 321
Sonnhohle 322 P

Bamlach
(Ortsteil von Bad Bellingen)
Kapellenberg 316 P

Rheinweiler
(Ortsteil von Bad Bellingen)
Kapellenberg 316 P

Blansingen
(Ortsteil von Efringen-Kirchen)
Wolfer 317 P

Kleinkems
(Ortsteil von Efringen-Kirchen)
Wolfer 317 P

Lörrach
Sonnenbrunnen 320

Egringen
(Ortsteil von Efringen-Kirchen)
Sonnhohle 322 P

Hertingen
(Ortsteil von Bad Bellingen)
Sonnhohle 322 P

Schallbach
Sonnhohle 322 P

Fischingen
Weingarten 323

Rümmingen
Sonnhohle 322 P

Eimeldingen
Sonnhohle 322 P

Binzen
Sonnhohle 322 P

Ötlingen
(Ortsteil von Weil am Rhein)
Sonnhohle 322 P
Stiege 324 P

Holtingen
(Ortsteil von Weil am Rhein)
Stiege 324 P

Weil am Rhein
Stiege 324 P
Schlipf 325

Grenzach
(Ortsteil von Grenzach-Whylen)
Hornfelsen 326

Herten
(Ortsteil von Rheinfelden)
Steinacker 327

BEREICH BODENSEE

GROSSLAGENFREI

Rechberg
(Ortsteil von Klettgau)
Kapellenberg 347 P*

Erzingen
(Ortsteil von Klettgau)
Kapellenberg 347 P*

Nack
(Ortsteil von Lottstetten)
Steinler 348*

Gallingen
Ritterhalde 349*
Schloß Rheinburg 350*

Hohentengen
Ölberg 351*

GROSSLAGE SONNENUFER

Singen (Hohentwiel)
Elisabethenberg 345 P*
Olgaberg 346*

Hilzingen
Elisabethenberg 345 P*

Reichenau
Hochwart 328

Bodman
Königsweingarten 328 a*

Überlingen
Felsengarten 329

Oberuhldingen
(Ortsteil von Uhldingen-Mühlhof)
Kirchhalde 330

Meersburg
Chorherrenhalde 331
Fohrenberg 332 P
Rieschen 333
Jungfernstieg 334
Bengel 335
Haltnau 335 a
Lerchenberg 336 P
Sängerhalde 337 P

Stetten
Fohrenberg 332 P
Lerchenberg 336 P
Sängerhalde 337 P

Hagnau
Burgstall 340 P

Kirchberg
(Ortsteil von Salem)
Schloßberg 339

Kippenhausen
(Ortsteil von Immenstaad)
Burgstall 340 P

Immenstaad
Burgstall 340 P

Bermatingen
Leopoldsberg 341

Markdorf
Sängerhalde 337 P
Burgstall 340 P

Konstanz
Sonnhalde 344

Das gelbe Feld in der Karte bezeichnet Weinberge, die nicht als Einzellage registriert sind.

BEREICH WÜRTTEMBERGISCHER BODENSEE

Ravensburg
Rauenegg 200*

Kreßbronn/ Bodensee
Berghalde 201

BEREICH BAYERISCHER BODENSEE

GROSSLAGE LINDAUER SEEGARTEN

Nonnenhorn
Seehalde 202
Sonnenbüchel 203

Lindau
Spitalhalde 204 P

Wasserburg
Spitalhalde 204 P

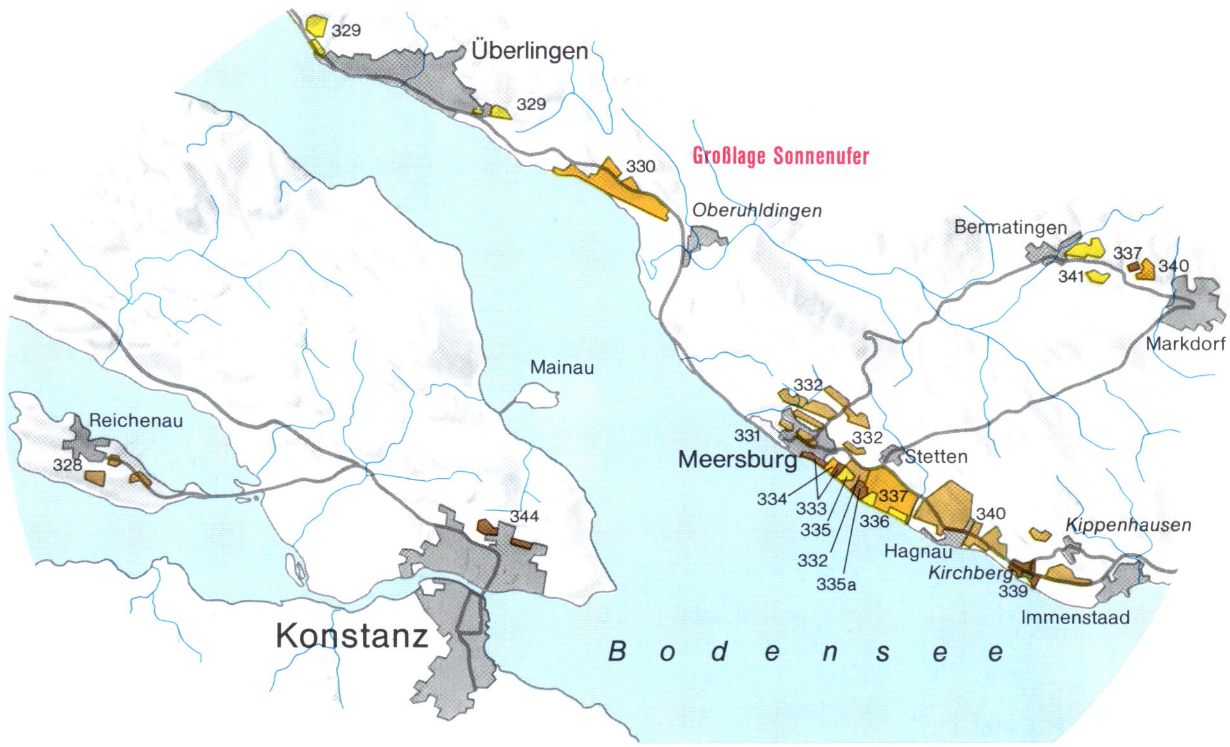
329
Überlingen
329
330
Großlage Sonnenufer
Oberuhldingen
Bermatingen
337
340
341
Markdorf
Mainau
Reichenau
328
332
331
332
Meersburg
Stetten
334
333
335
332
335a
337
336
340
Hagnau
Kippenhausen
Kirchberg
339
Immenstaad
344
Konstanz
Bodensee

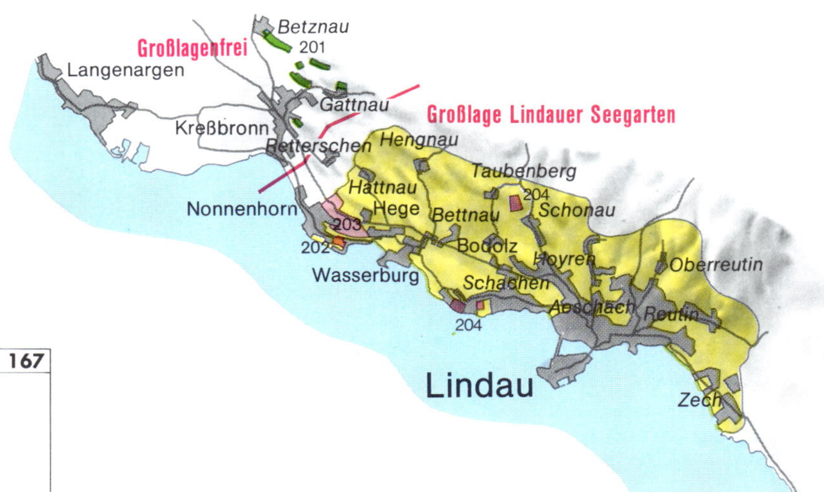
Betznau
201
Großlagenfrei
Langenargen
Gattnau
Großlage Lindauer Seegarten
Kreßbronn
Retterschen
Hengnau
Taubenberg
Hattnau
204
Hege
Bettnau
Schonau
Nonnenhorn
203
Bodolz
202
Hoyren
Oberreutin
Wasserburg
Schachen
Aeschach
Reutin
204
Lindau
Zech

166
167
SINGEN
KONSTANZ
LINDAU

WEINBAUGEMEINDEN

BEREICH BODENSEE

Der Bodensee und der Rhein zwischen Bodensee und Basel bilden die deutsch-schweizerische Grenze. Der See selbst wirkt der nicht unbeträchtlichen Höhenlage (rund 450 m ü.M.)' entgegen und läßt ein mildes Klima enstehen, in dem der Müller-Thurgau und der Spätburgunder leichte und erfrischend fruchtige Weine bringen. Die Weißweine sind oft spritzig, die Spätburgunder zumeist hellrot oder aber als Weißherbst gekeltert; in dieser Form sind sie auch am ansprechendsten und eine echte Spezialität. Daneben werden Gewürztraminer und Ruländer in kleineren Mengen angebaut. Den meist steilen und fast immer nach Süden geneigten Hängen kommt das Mikroklima des Bodensees zugute.

Auf den Bereich entfallen nur etwa 3% der gesamten Rebfläche Badens, und er besitzt nur eine Großlage: Sonnenufer. Die wichtigsten Weinorte liegen unmittelbar am Seeufer oder doch ganz nahe dabei: Bermatingen, Birnau, Kirchberg und Meersburg. Hagnau ist Sitz einer Winzergenossenschaft.

GROSSLAGE SONNENUFER

Einzellagen: Meersburg: Chorherrenhalde, 16 ha, 100% steil. Bengel, 7 ha, 100% steil. Fohrenberg, 25 ha, 50% steil. Jungfernstieg, 5 ha, 100% steil. Lerchenberg, 10 ha, 80% ansteigend. Rieschen, 4 ha, 100% steil. Bermatingen: Leopoldsberg, 18 ha, 100% steil. Oberuhldingen: Kirchhalde, 32 ha, 94% steil. Kirchberg: Schloßberg, 15 ha, 85% ansteigend.

BEREICH MARKGRÄFLERLAND

Das Markgräflerland liegt wie ein freundlicher Obstgarten gewissermaßen an der Ecke Deutschlands zwischen Basel und Freiburg; es hat im Wein seinen eigenen Geschmack, backt phantastische Kuchen und brennt aus allen seinen Obstsorten höchst erfreuliche Wässerchen. Die Lieblingsrebe des Landes ist der Gutadel – in der Schweiz führt sie den Namen Fendant, und in Frankreich heißt sie Chasselas – in allen drei Ländern erbringt sie einen milden Wein, der aber auf seine eigene Art und in seiner urwüchsigen Frische und seiner oft trockenen Spritzigkeit sehr angenehm zu trinken ist. Eine Kreuzung zwischen Gutedel und Silvaner mit dem Namen Nobling läßt sich mit kräftigem Aroma und überraschender Finesse vielversprechend an. Ansonsten werden vor allem noch Müller-Thurgau und Spätburgunder – meist für Weißherbst – angebaut.

Der Bereich ist in drei Großlagen unterteilt, die hier in der Reihenfolge von Süden nach Norden, das heißt rheinabwärts, aufgeführt werden.

GROSSLAGE VOGTEI RÖTTELN

Efringen-Kirchen ist Sitz der großen Winzergenossenschaft, die den größten Teil der zwölf Einzellagen-Namen in dieser Großlage benützt. Ein zweiter Schwerpunkt ist in Weil am Rhein.

Einzellagen: Efringen-Kirchen: Steingässle, 121 ha, 100% ansteigend; Wolfer, 30 ha, 50% steil. Weil am Rhein: Schlipf, 15 ha, 35% steil: Stiege, 29ha, 90% ansteigend.

GROSSLAGE BURG NEUENFELS

Auggen, Bad Bellingen, Badenweiler, Müllheim, Laufen und Schliengen sind die wichtigsten Orte der hügeligen Gegend.

18 Einzellagen: u.a. Auggen: Schäf, 170 ha, 75% ansteigend. Bad Bellingen: Sonnenstück, 222 ha, 50% steil. Badenweiler: Römerberg, 33 ha, 100% ansteigend. Ballrechten-Dottingen: Altenberg, 26 ha, 100% ansteigend. Müllheim: Reggenhag, 36 ha, 80% ansteigend: Römerberg, 33 ha, 40% steil. Ortsteil Laufen: Altenberg, 160 ha, 100% ansteigend. Schliengen: Sonnenstück, 223 ha, 100% ansteigend.

GROSSLAGE LORETTOBERG

Diese Großlage erfaßt die südlichen Außenbezirke der schönen Stadt Freiburg. Schwerpunkt sind hier Bad Krozingen, Ebringen, Pfaffenweiler und Ehrenkirchen mit zusammen 18 Einzellagen.

Einzellagen: Freiburg und Merzhausen: Jesuitenschloß, 32 ha, 100% ansteigend.

BEREICH KAISERSTUHL-TUNIBERG

Nordwestlich von Freiburg wird der Rhein auf eine kurze Strecke von seinem Lauf nach Norden durch einen Vulkankegel abgelenkt, der als Vorposten vor der imposanten Kulisse der Schwarzwaldberge aus der Ebene ragt. Er besteht aus zwei Buckeln, dem bescheideneren Tuniberg auf der Türschwelle Freiburgs und dann dem behäbigen, oben abgeflachten Kaiserstuhl. Breisach, Sitz der großen Zentralkellerei, ist Rheinhafen und Brücke nach Frankreich und zugleich der Höhepunkt des badischen Weinlands. Ein Drittel seiner Rebfläche und ein Gutteil seiner besten Weine finden sich auf den vulkanischen Hängen des Kaiserstuhls beisammen. Hier hat sich auch eine spektakuläre Neugestaltung der Landschaft abgespielt, die zu modernen Weinberganlagen führte. Der gesamte breit hingelagerte Berg trägt heute ein deutliches Gepräge von Menschenhand.

Der Bereich ist in nur zwei Großlagen aufgeteilt, deren Namen inzwischen weithin bekannt geworden sind: Vulkanfelsen für den Kaiserstruhl und Attilafelsen für den Tuniberg. Große Teile beider Berge sind mit Löß, einem tiefen, fruchtbaren Boden aus des Eiszeit, bedeckt. Er erwärmt sich leicht und ließ sich auch gut zu den weiten, praktischen Terrassen der neuen Landschaftsgestaltung umformen. Ein Drittel der gesamten Rebfläche ist mit Müller-Thurgau besetzt, ein Viertel mit Spätburgunder und ein weiteres Viertel mit Ruländer, der auf diesen stark eisenhaltigen vulkanischen Hängen besonders gute Weine bringt. Der für diese Traubensorte immer charakteristische geringe Säuregehalt wird hier ausgeglichen durch feurigen, fülligen Geschmack und eine kraftvolle Substanz – Qualitäten, die in der Reife äußerst schön zur Entfaltung kommen.

Der Spätburgunder wird größtenteils als Weißherbst gekeltert, aber die wärmsten Gegenden, vor allem in Ihringen, Achkarren, Bickensohl und Oberrotweil auf der Südseite des Kaiserstuhls, sind stolz auf ihre Rotweine. Auch der in besten Lagen angepflanzte Silvaner bringt hier gute Leistungen.

GROSSLAGE VULKANFELSEN

Einzellagen: Ihringen: Doktorgarten, 29 ha, 60% steil. Oberrotweil: Eichberg, 85 ha, 35% steil: Käsleberg 261 ha, 90% terrassiert: Henkenberg, 53 ha, 100% ansteigend.

BEREICH BREISGAU

In diesen Bereich fallen die Vorberge des Schwarzwalds, die hinter dem Kaiserstuhl und Tuniberg von Freiburg bis fast nach Offenburg verlaufen. Er umfaßt drei Großlagen: Burg Zähringen mit den Bergen unmittelbar nödlich von Freiburg mit sieben Einzellagen – die bekannteste davon ist die kleine steile Lage Roter Bur (6 ha) im Glottertal, die mit 75% Spätburgunder besetzt ist und einen besonders lebendigen Weißherbst hervorbringt; hieran schließt sich Burg Lichteneck von Emmendingen aus nordwärts an, und zwar mit acht Einzellagen, u.a. dem Hecklinger Schloßberg; der nördliche Teil um Lahr trägt den Namen Schutterlindenberg und hat nur vier Einzellagen aufzuweisen.

GROSSLAGE BURG ZÄHRINGEN

Einzellagen: Emmendingen: Hochburg, 4 ha, steil. Glottertal: Roter Bur, 6 ha, steil. Freiburg: Schloßberg, 4 ha, steil; Bergle, 4 ha, ansteigend.

GROSSLAGE BURG LICHTENECK

Einzellage: Ortsteil Hecklingen: Schloßberg, 76 ha, 60% terrassiert.

GROSSLAGE SCHUTTERLINDENBERG

Einzellage: Lahr: Kronenbühl, 161 ha, 75% terrassiert.

BEREICH ORTENAU

Von Offenburg nordwärts bis Baden-Baden bietet die Mischung von Weinbergen und Wäldern mit schönen alten Dörfern und Burgen am Schwarzwaldrand entlang unvergeßliche Bilder. Hier gibt es zwei Großlagen: Fürsteneck umfaßt die südliche Hälfte der Ortenau und Schloß Rodeck die nördliche. Durbach bei Offenberg nimmt unter den Weinorten der Ortenau einen bevorzugten Platz ein, einmal wegen der herrschaftlichen Besitzungen und darüber hinaus wegen des Rieslings (hier Klingelberger genannt), der an den steilen Sand- und Granithängen wächst. Zu Durbach gehören zehn der 22 Einzellagen in der Großlage Fürsteneck ganz oder wenigstens zum Teil, zu Ortenberg gehören vier Einzellagen, und Oberkirch hat den größten Teil der Einzellage Renchtäler (310 ha).

Schloß Rodeck unterteilt sich in 31 Einzellagen, die bekannteren davon sind Yburgberg und Stich den Buben in Steinbach bei Baden-Baden, der Mauerberg in Neuweier, weiter im Süden Alde Gott in Sasbachwalden, Hex vom Dasenstein in Kappelrodeck und Pfarrberg in Waldulm.

Die Ortenau ist Spätburgunder-Land. Aus dieser Landschaft kommt ein populärer heller Rotwein in beträchtlichen Mengen; er nennt sich Affentaler und ist an der Figur eines Affen, der die Flasche umklammert, zu erkennen. Die besten Weine der Ortenau aber sind die Klingelberger und Ruländer; dazu gibt es hier hochachtbaren Gewürztraminer und anständigen Müller-Thurgau.

GROSSLAGE FÜRSTENECK

Einzellagen: Ortsteil Zell-Weierbach: Abtsberg, 89 ha, 70% ansteigend. Fessenbach: Bergle, 35 ha, 80% steil. Ortenberg: Andreasberg, 18 ha, 95% steil; Schloßberg, 10 ha, 100% steil. Durbach: Steinberg, 3 ha; Kochberg, 105 ha; Bienengarten, 5 ha; Josephsberg, 10 ha; Ölberg, 10 ha. Alle 100% steil.

GROSSLAGE SCHLOSS RODECK

Einzellagen: Ortsteil Neuweier: Mauerberg, 39 ha, 100% steil. Ortsteil Steinbach: Stich den Buben, 30 ha, 90% steil; Yburgberg, 40 ha, 100% ansteigend. Kappelrodeck: Hex vom Dasenstein, 105 ha, 85% steil. Sasbach: Alde Gott, 148 ha, 80% steil.

LANDWEIN

1982 wurde eine neue Kategorie des Deutschen Tafelweins als Antwort auf den Erfolg des französischen *vin de pays* geschaffen. Der Landwein soll ein einfaches Getränk, jedoch mit deutlichem Eigencharakter und mit mehr Stil und Geschmack als der anonyme Tafelwein sein. 15 Bereiche mit neuen Namen, die nur ungefähr mit den Qualitätsweinanbaugebieten zusammenfallen, haben das Recht, einen Landwein aus der Taufe zu heben, wenn er bestimmten einfachen Anforderungen genügt. Der Alkoholgehalt muß beispielsweise 0,5% höher sein als bei Tafelwein, und es wird gefordert, daß der Zuckergehalt 18 g/l nicht übersteigt – das ist die Obergrenze für halbtrockene Weine. Der Landwein soll also ein relativ trockener und frisch-säuerlicher Wein zum Essen sein.

Die Namen der 15 Landweine lauten:

Ahrtaler Landwein Ahr

Starkenburger Landwein Hessische Bergstraße

Rheinburgen-Landwein Mittelrhein

Landwein der Mosel Mosel und Ruwer

Landwein der Saar Saar

Nahegauer Landwein Nahe

Altrheingauer Landwein Rheingau

Rheinischer Landwein Rheinhessen

Pfälzer Landwein Rheinpfalz

Fränkischer Landwein Franken (nicht benutzt)

Regensburger Landwein aus einem winzigen Bereich an der Donau

Bayerischer Bodensee-Landwein aus einem kleinen Bereich bei Lindau am Bodensee, der nach den QbA-Bestimmungen zu Württemberg, politisch aber zu Bayern gehört

Schwäbischer Landwein Württemberg

Südbadischer Landwein Südbaden

(siehe auch Tabelle auf Seite 160)

ERZEUGER

Weingut Blankenhorn

Baslerstraße 2, 7846 Schliengen, Tel.: 07635-1092. *Besitzer:* Klaus Blankenhorn, 16,5 ha. *Einzellagen:* Schliengen: Sonnenstück; Mauchen: Sonnenstück; Mülheim: Reggenhag; Badenweiler: Römerberg; Auggen: Schäf. Großlage: Burg Neunfels.

Bekannter Erzeuger von leichtem, saftigem Gutedel und gebietstypischem, trockenem Rotwein. Rebbestand: 45% Gutedel, 25% Riesling, 12% Spätburgunder, 2% Müller-Thurgau, ferner Nobling (Silvaner × Gutedel), Silvaner, Weißburgunder u.a.

Weingut Hermann Dörflinger

Mühlenstraße 7, 7840 Müllheim, Tel.: 07631-2207. *Besitzer:* Hermann Dörflinger. 12 ha. *Einzellagen:* Müllheim: Reggenhag, Pfaffenstück und Sonnhalde; Badenweiler: Römerberg.

Das Weingut widmet sich ganz der Erzeugung frischer, trockener Weine. Rebbestand: 50% Gutedel, 12% Müller-Thurgau, 14% Spätburgunder, ferner Ruländer, Silvaner, Weißburgunder und Gewürztraminer.

Stiftungskellerei Freiburg

Deutschordensstraße 2, 7800 Freiburg, Tel.: 0761-2108128. *Besitzer:* Heiliggeistspital-Stiftung. 12,3 ha. *Einzellagen:* Freiburg: Schloßberg (1,3 ha) und Jesuitenschloß (11).

Eine kirchliche Einrichtung aus dem Jahr 1298 mit ansprechenden trockenen Riesling-Spätlesen. Rebbestand: Müller-Thurgau (50%), Spätburgunder (21%), Gutedel (13%), Silvaner (6%) u.a.

Weingut Freiherr von Gleicheinstein

Bahnhofstraße 12, 7818 Oberrotweil, Tel.: 07662-288. *Besitzer:* Hans-Joachim von Gleichenstein. *Einzellagen:* Oberrotweil: Eichberg, Henkenberg und Käsleberg. Großlage: Vulkanfelsen. Rebbestand: 30% Müller-Thurgau, 40% Spätburgunder, 10% Ruländer, je 2% Muskateller, Silvaner, Nobling, Traminer, Riesling, Weißburgunder und Findling.

Das im 17. Jahrhundert gegründete Weingut hat seinen Sitz in noch älteren Gebäuden; hier werden konservative Weine erzeugt, 80% davon trocken; der Rotwein wird mit der Schale vergoren und ist daher gerbstoffreich, trocken und charaktervoll. Eine ungewöhnliche Spezialität des Hauses ist trockener Weißherbst Spätlese, hell in der Farbe, aber mit herrlicher Geschmacksfülle.

Schloßgut Istein

7859 Efringer-Kirchen, Tel.: 07628-1284. *Besitzer:* Landkreis Lörrach und Albert Soder. 6 ha. *Einzellage:* Istein: Kirchberg.

Ein kleines Gut nahe der Schweizer Grenze, früherer Besitz der Bischöfe von Basel. Es werden voll durchgegorene Weine, u.a. ein Gewürztraminer Auslese mit 16,8° Alkohol erzeugt. Rebbestand: 1,8 ha Gutedel, ferner Riesling, Weißburgunder. Ruländer, Müller-Thurgau, Silvaner usw.

Weingut Andreas Männle

Heimbach 293, 7601 Durbach, Tel.: 0781-41486. *Leitung:* Heinrich Männle. 17 ha. *Einzellagen:* Durbach: Bienengarten (15 ha) und Kochberg.

Rebbestand: je 20% Müller-Thurgau, Spätburgunder und Riesling, je 12% Ruländer und Clevner (Traminer), 8% Scheurebe. Auf den ersten Blick ein einfacher Winzer und Gastwirt, dabei aber ein Erzeuger besonders feiner Weine. Ein großer Erfolg war u.a. ein außergewöhnlicher Weißherbst-Eiswein. Die lieblichen Rotweine sind ganz nach deutschem Geschmack.

Weingut Heinrich Männle

Sendelbach 86, 7601 Durbach, Tel.: 0781-41101. *Besitzer:* Heinrich und Willma Männle. 5 ha. *Einzellagen:* Durbach: Kochberg (3,5 ha), Plauelrain (1,5) und Ölberg.

Das Gut erringt mit seinen Weinen regelmäßig hohe Auszeichnungen. 62% der Erzeugung entfallen auf Weißwein, doch der faßgereifte Spätburgunder ist weithin bekannt. Rebbestand: 15% Müller-Thurgau, 13% Scheurebe, 13% Ruländer, 7% Clevner (Traminer) und 7% Klingelberger (Riesling).

Staatsweingut Meersburg

Seminarstraße 6, 7758 Meersburg, Tel.: 07532-6085. *Besitzer:* Land Baden-Württemberg. *Leitung:* Helmut Häußermann. 59 ha. *Einzellagen:* Meersburg: Lerchenberg, Bengel, Sängerhalde, Jungfernstieg, Rieschen, Chorherrenhalde und Fohrenberg; Hohentwiel bei Singen: Olgaberg; Gailingen am Hochrhein: Ritterhalde. Großlage: Sonnenufer.

Das ehemalige Weingut der Fürstbischöfe von Meersburg; 1802 wurde es die erste deutsche Staatsdomäne. Es liegt weitgehend um Meersburg am Ufer des Bodensees. 1956 wurden die Weinberge durch Frost vernichtet und seither ganz neu angelegt und in Sortenbestand und Bearbeitungsmethoden auf den neuesten Stand gebracht. Rebbestand: 39% Müller-Thurgau, 46% Spätburgunder, 3,5% Ruländer und 9,5% Weißburgunder, Traminer und Riesling. Es sollen noch mehr Rotweinrebsorten angepflanzt werden. Spezialitäten sind Müller-Thurgau der sanfteren Art sowie rötlich-goldener spritziger Spätburgunder.

Weingut Freiherr von Neveu

7601 Durbach. *Besitzer:* Heinrich, Freiherr von Neveu. 15 ha. *Einzellagen:* Durbach: Josephsberg und Ölberg; Ortenberg: Schloßberg.

Nachbar von Schloß Staufenberg mit ähnlichen, aber vielleicht vollblütigeren Weinen mit schöner Säure. Rebbestand: 41% Riesling, 22 Müller-Thurgau, 14,5% Spätburgunder, 14% Clevner, 4% Gewürztraminer, 4% Scheurebe. Müller-Thurgau wird zugunsten von Riesling und Spätburgunder abgebaut. Die Weine werden im Gut bereitet und ausgebaut, dann aber durch die ZBW in Breisach abgefüllt und vertrieben.

St. Andreas Hospital-Fonds, Weingut der Stadt Offenburg

Steingrube 7, 7601 Ortenberg. *Leitung:* Alfons Decker. 30,5 ha. *Einzellagen:* Ortenberg: Andreasberg. Offenburg: Spitalhalde. Fessenbach: Bergle. Zell-Weierbach: Abtsberg.

Das Hospital wurde um 1300 von den Bürgern Offenburgs gegründet. Es erwarb im 19. Jahrhundert Weinberge. Das mittelalterliche Armenspital wurde 1930 von der Stadt Offenburg als Gasthaus übernommen. Rebbestand: 36% Müller-Thurgau, 17% Riesling, 17% Spätburgunder, 6,6% Kerner, 5% Gewürztraminer und Traminer, 4,3% Scheurebe, 2,1% Mustateller, 1,6% Ruländer, 1,5% Weißburgunder und etwa 5% Sonstige. Der Standardwein ist überwiegend Müller-Thurgau. Riesling-Kabinette und Beerenauslesen sind die Spezialität des Hauses.

Weinbauversuchsgut Schloß Ortenberg des Ortenaukreises

Burgweg 19a, 7601 Ortenberg, Tel.: 0781-34848. *Leitung:* Herbert Dresel. 7,5 ha. *Einzellage:* Ortenberg: Schloßberg.

1950 als Lehranstalt auf ehemaligem Schloßbesitz eingerichtet. Das Gut arbeitet in modernen Kellern nach vorbildlichen Qualitätsmaßstäben. Rebbestand: 23% Müller-Thurgau, 19% Riesling, 15% Burgunder, 11% Ruländer, 8% Traminer, 8% Gewürztraminer, 8% Scheurebe, 3% Silvaner, 3% Kerner, 5% Muskateller u.a. Die besten Weine sind Klingelberger (Riesling) – einmal süffig und erfrischend, ein andermal herrlich reif und lieblich.

Schloß Salem

7777 Salem. *Besitzer:* Max, Markgraf von Baden. 77 ha in drei Besitzungen: Birnau, Schloß Kirchberg und Bermatingen.

Alle drei Güter sind auf Müller-Thurgau und Spätburgunder Weißherbst eingestellt. Schloß Salem ist der Wohnsitz des Markgrafen am Bodensee und zugleich die hochmoderne Zentralkellerei für den ausgedehnten Besitz. (siehe auch Schloß Staufenberg.)

Weingut Hartmut Schlumberger

Weinstraße 19, Laufen, 7811 Sulzberg, Tel.: 07634-8992. *Besitzer:* Hartmut Schlumberger. 5 ha. *Einzellage:* Laufen: Altenberg. Großlage: Burg Neuenfels.

Altes Familiengut zwischen Freiburg und Basel im Herzen des Markgräflerlands. Rebbestand: 45% Gutedel, 20% Spätburgunder, 10% Müller-Thurgau, 5% Ruländer und Gewürztraminer. Die meist trockenen und erfrischenden Weine werden mit Liebe und Sorgfalt bereitet und in Holzfässern ausgebaut.

Staatliches Weinbauinstitut

Merzhauserstraße 199, 7800 Freiburg, Tel.: 0761-40026. *Besitzer:* Land Baden-Württemberg. *Leitung:* Dr. Günther Staudt. 42 ha. *Einzellagen:* Freiburg: Schloßberg, Jesuitenschloß (9 ha); Müllheim: Reggenhag (1,5); Blankenhornsberg:

Doktorgarten (25); Hecklingen: Schloßberg (3); Durbach: Steinberg (2,5, Alleinbesitz).

Das Lehrinstitut des Landes Baden-Württemberg, gegründet 1920, umfaßt das aus dem 19. Jahrhundert stammende Versuchs- und Lehrgut Blankenhornsberg (s.dort) der Gebrüder Blankenhorn in Ihringen, das größte Gut am Kaiserstuhl. Im Rebbestand finden sich die verschiedensten Sorten, darunter auch Traminer, der hier wie in der Ortenau als Clevner bezeichnet wird. Die Weinbereitung erfolgt mit vorbildlicher Sorgfalt.

Staatliches Weinbauinstitut Freiburg Versuchs- und Lehrgut Blankenhornsberg

7817 Ihringen, Tel.: 07668-217. *Besitzer:* Land Baden-Württemberg. *Leitung:* Erich Meinke. 35 ha. *Einzellage:* Blankenhornsberg: Doktorgarten (Alleinbesitz).

Das hervorragende Gut am Kaiserstuhl verfügt über steile vulkanische Hänge, die mit 18% Müller-Thurgau, 18% Spätburgunder, 13% Riesling, 11% Ruländer, 10% Weißburgunder, 30% sonstige Rebsorten und Neuzüchtungen besetzt sind. Bis zu 75% der Weine werden trocken, mit kräftiger Säure und Geschmacksfülle bereitet. 1976 bildete eine Ausnahme, es war ein Jahr mit viele Süße in den Weinen (siehe Staatliches Weinbauinstitut).

Markgräflich Badisches Weingut, Schloß Staufenberg

7601 Durbach, Tel.: 07811-42778. *Besitzer:* Max, Markgraf von Baden. 27 ha. *Einzellage:* Durbach: Schloß Staufenberg (Alleinbesitz).

Heimeliges altes Schloß auf einem Hügel, umgeben von sehr steilen Weinbergen. Rebbestand: 40% Riesling (Klingelberger), 28% Müller-Thurgau, 8,3% Traminer (Clevner), etwas Ruländer, Spätburgunder und Neuzüchtungen. Ein reizendes Fleckchen Erde; hier wachsen delikate, vornehme Rieslinge. Die Weine werden zu zwei Dritteln trocken und zu einem Drittel halbtrocken ausgebaut. Zum markgräflichen Besitz gehören auch Schloß Salem (s.dort) und Schloß Eberstein-Murgtal (11 ha), dessen Spätburgunder-Weine im Schloß Staufenberg bereitet werden.

Gräflich Wolff-Metternich'sches Weingut

Grohl 117, 7601 Durbach, Tel.: 0781-42779. *Besitzer:* Paul-Josef, Graf Wolff-Metternich. *Einzellagen:* Durbach: Schloß Grohl (5,5 ha) und Schloßberg (16 ha, beide Alleinbesitz). Lahr: Herrentisch (6).

Uralte Besitzungen (36 ha) in Durbach und Lahr; der besondere Stolz des Hauses sind Spätlesen und vollwürzige Weine. Rebbestand: 30% Riesling, 21% Spätburgunder, 20% Müller-Thurgau, 15% Traminer und Gewürztraminer, 10% Weißburgunder und Ruländer, 4% Sonstige.

Affentaler Winzergenossenschaft Bühl eG

7580 Bühl-Eisental, Tel.: 07223-24376.

Die 980 Mitglieder der großen Genossenschaftskellerei im Bereich Ortenau sind durchschnittlich jeweils Besitzer von etwas mehr als 1/4 ha, vereint aber erringen sie mit ihrem Spätburgunder (in der Flasche mit dem Affen) außerodentlich viele Auszeichnungen. Aus dem Affental (wahrscheinlich eine Verballhornung von «Ave-Maria-Tal») kommen trockene, halbtrockene, liebliche und süße Rotweine vom QbA bis zur Auslese und Beerenauslese. Allerdings sind 60% der 280 ha Rebfläche mit Riesling besetzt, für den Bühl besonders bekannt ist. Der Spätburgunder macht nur 25% aus, und 12% entfallen auf Müller-Thurgau.

Winzergenossenschaft eG Ballrechten-Dottingen

Franz-Hess-Straße 2, 7801 Ballrechten-Dottingen, Tel.: 07634-8233.

139 Mitglieder teilen sich in 120 ha der Einzellage Castellberg (165 ha). 99% der Weine werden in Flaschen an den Großhandel sowie an Restaurants und Privatkunden abgesetzt. In dieser Region, wo die Genossenschaftskellereien eine wichtige Rolle spielen, hält die von Ballrechten-Dottingen mit ihrer Lagerkapazität für drei Durchschnittsernten eine einflußreiche Position im Markt. Eine kleine Rebfläche mit Gewürztraminer wirkt sich gut auf das Qualitätsimage aus, weil sie viele Auszeichnungen einbringt, in der Hauptsache aber werden Gutedel (34%), Müller-Thurgau (38%) und Spätburgunder (10%) angebaut.

Winzergenossenschaft Bickensohl eG

Neulindenstraße 25, 7818 Vogtsburg-Bickensohl, Tel.: 07662-213.

Die Genossenschaft wurde 1924 in einer besonders warmen Ecke des Kaiserstuhls gegründet und zählt 220 Mitglieder. Die Weine aus den zwei Bickensohler Einzellagen, Herrenstück und Steinfelsen, sind zu 98% Erzeugerabfüllungen.

30% der Rebfläche auf vulkanischen Boden sind mit Müller-Thurgau, 25% mit Ruländer, 20% mit Spätburgunder und 15% mit Weißburgunder besetzt.

Winzergenossenschaft Bischoffingen am Kaiserstuhl eG

Bacchusstraße 14, 7818 Vogtsburg-Bischoffingen, Tel.: 07662-756.

Eine von vielen exzellenten und oft preisgekrönten Genossenschaftskellereien im Bereich Kaiserstuhl-Tuniberg. Der größte Teil des Weins der 305 Mitglieder wird in Literflaschen verkauft, doch werden jährlich auch rund 49 000 Kisten QmP in 0,75-l-Flaschen erzeugt. Rebbestand: 31% Müller-Thurgau, 29% Ruländer, 24% Spätburgunder und 9% Silvaner.

Winzergenossenschaft Britzingen eG

Markgräflerstraße 25/27, 7840 Müllheim-Britzingen, Tel.: 07631-4011.

Die 232 Mitglieder verfügen über 180 ha um den bedeutendsten Weinort im Markgräflerland, die Stadt Müllheim. Die 1950 gegründete Genossenschaft verkauft ihren Wein (143 000 Kisten jährlich) in der ganzen Bundesrepublik. Auf dem sandigen Lehmboden der Einzellagen Sonnhole und Rosenberg wachsen 43% Gutedel, 27% Müller-Thurgau, 7% Weißburgunder und 7% Spätburgunder.

Winzergenossenschaft Durbach eG

Nachtweide 1, 7601 Durbach, Tel.: 0781-31061.

Die 320 Mitglieder liefern Tauben von 305 ha auf steilen Hängen um Durbach. Ihre Weine werden oft bei der Bundesweinprämierung ausgezeichnet – besonders erfolgreich waren sie 1983. Rebbestand: Spätburgunder 33%, Müller-Thurgau 27%, Riesling 16%, Traminer (Clevner) 11% und Ruländer 11%.

Erste Markgräfler Winzergenossenschaft

Am Sonnenstück 1, 7846 Schliengen, Tel.: 07635-1094.

Die 240 Mitglieder teilen sich in 157 ha, die rund 179 000 Kisten Markgräfler Wein im Jahr erbringen. Zwei Drittel davon werden in Literflaschen verkauft, die sich besonders gut im Restaurantgewerbe absetzen lassen. Die Anteile an der Einzellage Sonnenstück (223 ha) in der Gemarkung Schliengen und den Nachbargemeinden sind mit 41% Gutedel, 23% Müller-Thurgau, 19% Spätburgunder und 17% sonstigen Sorten, von Riesling bis Auxerrois, besetzt.

Winzergenossenschaft eG, Hügelheim

Baslerstraße 12, 7840 Müllheim.

Die 1952 gegründete relativ kleine Kellerei hat 106 Mitglieder nur in Hügelheim. Die Weine werden unter den Einzellagennamen Schloßgarten und Höllberg vertrieben. Auch ein Teil des Ertrags der steilen Lage Gottesacker (1 ha) wird der Genossenschaft angeliefert. Rebbestand: Gutadel (38%), Müller-Thurgau (30%), Spätburgunder (14%) und Nobling, eine Silvaner × Gutedel-Kreuzung (8%), ferner 10% Sonstige, u.a. Muskateller.

Kaiserstühler Winzergenossenschaft, Ihringen eG

Winzerstraße 6, 7817 Ihringen, Tel.: 07668-622.

Eine der größen deutschen Ortswinzergenossenschaften; 950 Mitglieder mit 400 ha. Die kräftigen, aromatischen Weine von vulkanischem Boden werden zu 98% im Inland abgesetzt. Etwa 6000 Kisten werden jährlich exportiert. Ihringen ist eine Silvaner-Enklave. Entgegen dem allgemeinen Trend behauptet die alte Rebe hier ihren Platz mit einem Anteil von 39% der Gesamtrebfläche der Genossenschaft.

Daneben werden Müller-Thurgau (27%), Spätburgunder (21%) und Ruländer (8%) angebaut.

Winzergenossenschaft Kirchhofen eG

Herrenstraße 11, 7801 Ehrenkirchen,
Tel.: 07633-7027.

Gegründet 1951; die Jahreserzeugung von rund 143 000 Kisten wird nur als Flaschenwein verkauft. Die 240 Mitglieder liefern Trauben von 110 ha auf schwerem Lehmboden südlich von Freiburg. Einzellagen: Kirchhofen: Batzenberg, Kirchberg und Höllhagen. Rebbestand: 50% Gutedel, 30% Müller-Thurgau, 8% Spätburgunder und 8% Ruländer.

Winzergenossensch. Königschaffhausen am Kaiserstuhl eG

7833 Endingen-Königschaffhausen,
Tel.: 07642-1003.

1933 am Nordrand des Bereichs Kaiserstuhl-Tuniberg gegründet; 340 Mitglieder liefern Trauben von 140 ha in der Umgebung von Königschaffhausen. Die Weine werden unter der Einzellagen Hasenberg oder Steingrüble sowie als Endinger Engelsberg und gelegentlich unter der Großlage Vulkanfelsen verkauft. Alle (166 700 Kisten jährlich) gelten als Erzeugerabfüllung. Rebbestand: 40% Müller-Thurgau, 30% Spätburgunder, 20% Ruländer und 3% Gewürztraminer. Der in kleinen Mengen erzeugte Gewürztraminer hat schon viele Auszeichnungen erhalten. Der Spätburgunder wird zur Hälfte in Rotwein und zur anderen in Weißherbst verarbeitet.

Markgräfler Winzergenossenschaft Müllheim eG

Werderstraße 51, 7840 Müllheim,
Tel.: 07631-4074.

151 Mitglieder mit 100 ha Rebfläche; die Weine werden zu 90% in der Umgebung abgesetzt. Die Jahreserzeugung schwankt zwischen 500 000 und 1 500 000 l bei einer mit 3 500 000 l großzügig bemessenen Lagerkapazität. So kann bequem Vorrat gehalten und auch die reichlichste Jahresernte untergebracht werden. Rebbestand: 35% Gutedel, 30% Müller-Thurgau, 12% Spätburgunder, 8% Ruländer und 7% Nobling (Silvaner × Gutedel).

Bezirkskellerei «Markgräflerfland» eG

Winzerstraße 2, 7859 Efringen-Kirchen,
Tel.: 07628-778. 708 Mitglieder in 27 Orten.
Einzellagen: Hornfelsen, Schlipf, Sonnhole, Weingarten, Kapellenberg, Wolfer, Kirchberg, Ölberg, Steingässle. Großlage: Vogtei Rötteln.

Rebbestand: 52% Gutedel, 26% Müller-Thurgau, 12% Spätburgunder. Die große Bezirkskellerei bringt typische, trockene, leichte Weine hervor, die auch in der Schweiz gern getrunken werden.

Renchtäler Winzergenossenschaft eG

Renchener Str. 42, 7602 Oberkirch,
Tel.: 07802-3044.

Die Lagerkapazität von 8 500 000 l steht 615 Mitgliedern mit 452 ha vorwiegend ansteigender bis steiler Rebfläche zur Verfügung. Wie viele der Genossenschaftskellereien dieser Gegend kann sie beachtliche Erfolge bei Bundesweinprämierungen vorweisen; 1985 errang sie 15 Große Preise. Der Wein wird nur unter der großen Einzellage Oberkircher Renchtäler verkauft. Rebbestand: 32% Spätburgunder, 29% Müller-Thurgau, 23% Riesling, 9% Ruländer und 7% Traminer.

Winzergenossenschaft Sasbach eG

Jechtinger Str. 26, 7831 Sasbach, Tel.: 07642-7282.

276 Mitglieder liefern Trauben vom 110 ha am Sasbach im Norden des Bereichs Kaiserstuhl-Tuniberg. Die Jahreserzeugung von 97 600 Kisten wird zu 80% in Literflaschen verkauft. Die Weißburgunder, Ruländer und Spätburgunder der Genossenschaft haben schon hohe Auszeichnungen gewonnen. Dazu gehören u.a. eine 1983er Sasbacher Limburg Weißburgunder Trockenbeerenauslese und ein Spätburgunder Rotwein. Rebbestand: 40% Spätburgunder, 33% Müller-Thurgau, 16% Ruländer und 5% Weißburgunder. Die Weine werden v.a. in der Umgebung verkauft.

Winzergenossenschaft Sasbachwalden eG

Talstraße 2, 7595 Sasbachwalden,
Tel.: 07841-4033.

220 ha Rebfläche, davon 120 ha in Sasbachwalden selbst und der Rest in Oberachern, Obersasbach, Lauf und Neusatz, einige Kilometer südlich von Baden-Baden, bilden die Basis für eine Jahreserzeugung von 178 000 Kisten (im Durchschnitt 68 hl/ha). Die Spätburgunderweine aus der Sasbachwaldener Einzellage Alde Gott errangen 1985 elf Große Preise der DLG. Rebbestand: 50% Spätburgunder, 20% Riesling und 20% Müller-Thurgau.

Zentralkellerei Badischer Winzergenossenschaften (ZBW)

Siehe S. 161 (die Kellerei verarbeitet Trauben aus dem gesamten Anbaugebiet Baden).

DAS BESTE ALTER FÜR DEUTSCHEN WEIN

Deutsche Weine von guter Qualität haben eine viel längere Lebensdauer und lohnen längeres Lagern in der Flasche sehr viel mehr, als es der modischen Aufffassung nach zu vermuten wäre. Bei den heute üblichen hohen Erträgen ist weder den Winzern noch den Weinhändlern damit gedient, wenn der Wein allzu lange aufgehoben wird. Sie sind an raschem Verbrauch interessiert, und so hat sich mit stillschweigender Duldung aller die Meinung durchgesetzt, deutscher Wein sei unter allen Umständen ein halbes Jahr nach dem Abfüllen trinkfertig. Bei den meisten Weinen der Standardqualität ist tatsächlich durch längeres Aufheben nicht viel zu gewinnen. Aber so gut wie alle Weine der höheren Qualitätsklassen, also die QmP-Weine, so köstlich sie auch in ihrer blumigfruchtigen Jugend schmecken mögen, zeigen doch die Eigenschaft, nach einiger Reifezeit in ihrer Geschmacksnuancierung eine ganz andere Dimension zu erreichen. Wenn diese Weine auf den Markt gebracht werden, sind sie vor allem frisch und lebendig, Säure und Frucht scheinen einander in erregendem Wettstreit gegenseitig «die Schau zu stehlen». Mancher feine Weine, vor allem Riesling, hat in diesem Stadium erstaunlich wenig Aroma aufzuweisen.

Manchmal geschieht es nun, daß nach etwa einem Jahr in der Flasche dieser erste Zauber einfach verschwindet. Der Wein, den man einmal voller Begeisterung gekauft hat, scheint plötzlich eine Enttäuschung zu werden. Aber Geduld! Die subtile Alchimie braucht mehr Zeit. Es kann vier oder fünf Jahre dauern, bis ein derart mannigfaltiger Wohlgeschmack aus Zitrussäure, Gewürzen und Ölen hervorzutreten beginnt. Jeder Jahrgang hat eine eigene Lebensdauer, aber ganz allgemein brauchen Kabinett-Weine eines erstklassigen Erzeugers mindestens drei Jahre in der Flasche und können sich über sieben bis acht Jahre noch immer weiter entfalten. Bei Spätlesen dauert es etwa vier bis zehn Jahre, und bei Auslesen bis Trockenbeerenauslesen lohnt es sich durchaus, zumindest fünf bis sechs Jahre, oftmals aber auch zwanzig Jahre und länger zu warten.

Neuerdings gibt es Anzeichen für einen Trend zurück zu einem höheren Alter für deutsche Weine, nachdem lange Zeit Frische und Jugend als die erwünschtesten Eigenschaften galten. Manche Weingüter weisen darauf hin, daß ihre Weine eine längere Lagerung lohnen. Das Weingut von Kesselstatt in Trier garantiert sogar eine Lebensdauer von zehn Jahren für seine Rieslingweine – andernfalls wird der kaufpreis zurückvergütet.

EXPORT-HANDELSHÄUSER

Deinhard & Co. KGaA

Deinhardplatz 3, 5400 Koblenz, Tel.: 0261-1040. *Besitzer:* Hans-Christof und Rolf Wegeler.

International bekanntes Handelshaus, 1794 von Vorfahren der heutigen Besitzer gegründet. Deinhard besitzt ausgedehnte Weinberge (100 ha) in Bernkastel, Oestrich und Deidesheim und ist einer der ältesten deutschen Sekthersteller. Export in 84 Länder und Import führender Markengetränke.

Louis Guntrum Weinkellerei GmbH

Rheinallee 62, 6505 Nierstein/Rhein. Tel.: 06133-5101. *Leitung:* Lorenz und Hanns Joachim Guntrum.

Handeshaus mit eigenen Weingütern in Rheinhessen, die zumeist Riesling-Weine hervorbringen. Absatz: über 250 000 Kisten Wein im In- und Ausland, u.a. in Kanada, England, Japan und Schweden.

Adolph Huesgen GmbH

Am Bahnhof 21–24, 5580 Traben-Trarbach, Tel.: 06541-9281.

250 Jahre alte Familienfirma, Abfüller von Weinen aus ganz Deutschland sowie Handel mit Erzeugerabfüllungen. 90% Export u.a. in den Fernen Osten.

Hermann Kendermann OHG

Mainzer Straße 57, 6530 Bingen. *Besitzer:* Hans-Walter und Jürgen Kendermann.

Spezialitäten: deutsche Gattungsweine und Erzeugerabfüllungen.

Langenbach & Co. GmbH

Alzeyer Str. 31, 6520 Worms, Tel.: 06241-591053. *Besitzer:* Whitbread & Co., PLC, Großbritannien.

Angesehenes Export-Handelshaus, gegründet 1852, am bekanntesten durch hochwertige Liebfrauenmilch. Ein Teil der Lage Liebrauenstift-Kirchenstück, aus der die Liebfrauenmilch ursprünglich stammte, gehört zum Weinbergbesitz.

Sigmund Loeb GmbH

Engelstraße 18, 5500 Trier. Tel.: 0651-42614. *Besitzer:* Christopher M. Jevell, London, und Josef Steinlein, Trier.

1874 in Trier gegründetes Export-Handelshaus; die Zweigstelle in London wurde 1937 eröffnet. Das Angebot enthält keine Markenweine, dagegen eine große Auswahl feiner Erzeugerabfüllungen (Mosel-Saar-Ruwer, Rheingau, Rheinpfalz, Rheinhessen, Nahe und Württemberg). Export v.a. nach England, Skandinavien und USA.

Peter Meyer Wineries GmbH

Cusanusstraße 14, 5550 Bernkastel-Kues, Tel.: 06531-3071. *Besitzer:* Peter J.F. Meyer.

Umsatz: jährlich 1,25 Mio Kisten; preiswerte QbA, QmP sowie Weine aus dem eigenen Gut Hermann Freiherr von Schorlemer (s.dort). Die Kellerei gehört zu den modernsten an der Mosel. Umfangreicher Export.

Rudolf Müller GmbH & Co.

5586 Reil an der Mosel, Tel.: 06532-3004. *Leitung:* Walter Müller, Margrit Müller-Burggraef.

Eigener Weingutsbesitz an der Mosel (14,5 ha); Vertrieb von Weinen aus Nierstein/Rheinhessen (von rund 50 ha).

Franz Reh & Sohn GmbH & Co. KG

Römerstraße 27, 5559 Leiwen, Tel.: 06507-3031. *Leitung:* Herbert Reh. Zwei Weingüter mit ca. 13 ha. *Einzellagen:* Leiwen: Laurentiuslay und Klostergarten; Trittenheim: Apotheke und Altärchen; Piesport: Goldtröpfchen, Gärtchen (Alleinbesitz), Günterslay und Treppchen; Dhron: Hofberg.

Erfolgreiches Handelshaus mit eigenen Weingütern: Josefinengrund in Leiwen und Marienhof in Piesport.

Rheinberg Kellerei GmbH

Mainzer Straße 162–170, 6530 Bingen, Tel.: 06721-1890.

Handelshaus seit 1939, im Besitz der Großhandelskette Edeka. Aus angekauftem Traubenmost werden in rationellen Anlagen moderne Weine bereitet. Jahresumsatz über 4 Mio Kisten.

St. Augustus Weinkellerei GmbH

Bernhardstraße 1, 5500 Trier, Tel.: 0651-31041. *Besitzer:* Roberto Anz und KMU Geschäftsvermittlungs GmbH.

Neugegründetes Exporthaus mit eigenen Abfüllungen unter bekannten Großlagennamen. Jahresumsatz knapp 900 000 Kisten.

St. Ursula Weingut und Weinkellerei GmbH

Mainzer Str. 184, 6530 Bingen, Tel.: 06721-70225. *Besitzer:* Nestlé-Gruppe Deutschland.

Massenbetrieb muß nicht immer mindere Qualität bedeuten, wie diese Kellerei beweist. Der Jahresumsatz von 2,5 Mio Kisten (nicht nur deutscher Wein) wird aus angekauftem Qualitätsmost bestritten, der in vorbildlich ausgestatteten Anlagen vorwiegend zu dem Markenwein Goldener Oktober verarbeitet wird. Das Weingut Villa Sachsen gehört zum Besitz.

Scholl & Hillebrand GmbH

Geisenheimer Str. 9, 6220 Rüdesheim, Tel.: 06722-1028. *Besitzer:* Bernhard Breuer und Partner (Bernhard Breuer ist zugleich Mitbesitzer des Weinguts G. Breuer).

1880 gegründete Familienfirma mit Weinen aus eigenem Besitz in der Rüdesheimer Einzellage Berg Roseneck; Vetrieb von Erzeugerabfüllungen aus dem Rheingau sowie Abfüller von sonstigen Weinen. Besonderer Wert wird auf elegante Rieslinge gelegt.

Weingut/Weinkellerei Carl Sittmann

Wormser Str. 61, 6504 Oppenheim, Tel.: 06133-2021. *Besitzer:* Walter Sittmann-Haury.

Gegründet 1879; Ereuger einer großen Auswahl an Weinen aus Nierstein, Oppenheim, Dienheim und Alsheim (insgesamt 80 ha), u.a. Alsheimer Rheinblick Weißherbst QbA. Das Handelshaus erzielt einen Jahresumsatz von etwa 104 000 Kisten. Export nach sieben Ländern, v.a. England, USA, Japan und Kanada.

H. Sichel Söhne GmbH

Werner-von-Siemens-Straße 14–18. 6508 Alzey, Tel.: 06731-4060. *Leitung:* Riquet Hess, Friedrich Weidmann, Peter und Ronald Sichel.

Eines der bekanntesten Handelshäuser, gegründet 1857 mit einer in aller Welt vertriebenen Liebfrauenmilch-Marke; ferner liefert Sichel eine große Auswahl an Weinen unter Großlagennamen. Es bestehen seit langem gute Verbindungen zu einer Reihe erstklassiger Weingüter. Die Familie Sichel spielt im deutschen Weinhandel eine bedeutende Rolle; Walter und Peter Sichel (in London bzw. New York) sind in internationalen Fachkreisen hoch angesehen. Die Exporte nach USA und England belaufen sich auf insgesamt 2,2 Mio Kisten.

Steiner'scher Keller

6740 Landau, Tel.: 06341-4001. *Besitzer:* Familie Heinz Steiner.

Ein 1752 in Landau in der Rheinpfalz gegründetes Handelshaus. Die Familie Steiner besitzt kleine Anteile an den Lagen Altes Löhl und Königsgarten. Der Jahresumsatz beläuft sich auf rund 330 000 Kisten. Die Weine werden aus angekauften Trauben und Mosten trocken bereitet oder fertig bezogen. Spezialität: Diabetikerwein.

A. Weigand

Mainzer Straße 54–56, 6530 Bingen am Rhein. Tel.: 06721-13311. *Besitzer:* Ludwig Ebling und Heinrich Schwarz.

Das Handelshaus führt die Verwaltung und den Vertrieb der Weingüter Nonnenberg im Rheingau und Sonnenhof in Rheinhessen. In Bingen betätigt es sich als Sekthersteller. Export nach England und nach den USA.

Zimmermann-Graef & Co. KG

Marientaler Au, 5583 Zell an der Mosel, Tel.: 06542-419-0. *Besitzer:* Paula und Johannes Hübinger.

1886 gegründetes Handelshaus mit einem Jahresumsatz von 1,33 Mio Kisten. Es werden angekaufte Moste und Weine verarbeitet; daneben bestehen Besitzungen in den Einzellagen Zeller Burglayfelsen und Petersborn-Kabertchen. Der Export geht in alle Welt.

GLOSSAR

Abfüllung (oder Abzug)
Nach dem Weingesetz muß der Abfüller auf dem Etikett genannt sein (s.a. Erzeugerabfüllung).

Amtliche Prüfung
Seit 1971 für alle QbA- und QmP-Weine vorgeschriebene Qualitätsprüfung durch chemische Analyse und Geschmacksprobe. Jeder Wein erhält eine AP-Nummer für das Etikett.

Anbaugebiet
In der Bundesrepublik Deutschland gibt es elf bestimmte Anbaugebiete.

Anreichern
Zugabe von Zucker zum Most zur Steigerung des Alkoholgehalts. Im Gegensatz zu Frankreich, wo Trokkenzuckerung grundsätzlich gestattet ist, dürfen in Deutschland QmP-Weine nicht angereichert werden, sondern nur QbA- und Tafelweine.

Auslese
Die dritte Stufe des QmP-Weins wird nur in sehr reifen Jahrgängen bereitet und hat meist hohe Natursüße. Auch Edelfäule kommt bei Auslesen oft in gewissem Umfang vor; dadurch wird die fruchtige Süße um weitere Nuancen bereichert. Gute Auslesen sollten mehrere Jahre Flaschenreife haben, damit sich die anfänglich starke Süße zu größerem Geschmacksreichtum entfalten kann.

Beerenauslese
QmP-Weine aus einzeln ausgelesenen, sehr reifen oder «edelfaulen» Beeren. Sie zeichnen sich durch intensive Süße und meist tiefe Farbe aus und gewinnen bei längerer Lagerung deutlich an Geschmacksfülle. Sie bilden die vierte Stufe der QmP-Weine.

Blau
Oft gebrauchte Farbbezeichnung für Rotweintrauben.

Bereich
Die elf bestimmten Anbaugebiete sind in insgesamt 34 Bereiche unterteilt (z.B. Bereich Bernkastel). Einfachere Weine aus weniger markanten Lagen werden oft unter dem betreffenden Bereichsnamen verkauft. Dies ist sowohl für Tafelwein als auch für QbA- und QmP-Weine zulässig.

Bundesweinprämierung
Vgl. S. 140 DLG

Charta
Eine neue Vereinigung Rheingauer Erzeuger, die sich besonders hochwertigen Rieslingweinen mit weit über den gesetzlichen Mindestanforderungen stehenden Maßstäben widmen.

Deutscher Tafelwein
Bezeichnung für Tafelwein, der ausschließlich aus in Deutschland gewachsenen Trauben gewonnen ist.

Deutsches Weinsiegel
Rotes Qualitätssiegel für Weine, deren Qualität über die Mindestanforderungen an die jeweilige Kategorie hinausgeht. Trockene Weine erhalten eine gelbes Weinsiegel, halbtrockene ein grünes. Etwa zehn bis zwölf Prozent der deutschen Qualitätsweine tragen das Weinsiegel.

Diabetikerwein
Weine mit weniger als 4 g/l Zuckerrest, mit höchstens 40 mg/l freiem Schwefeldioxid und 12% Alkohol, daher auch für Diabetiker gut verträglich – immer aber ist erst der Arzt zu befragen.

DLG
Deutsche Landwirtschafts-Gesellschaft

Edelfäule
Ein Schimmelpilz, der unter bestimmten Bedingungen die Beschaffenheit der Trauben verbessert und für die Gewinnung von Beerenauslesen eine wichtige Voraussetzung bildet.

Seit 1971 gibt es rund 2600 gesetzlich anerkannte Einzellagen; früher waren es zehnmal soviel. Die Mindestgröße einer Einzellage ist auf 5 ha festgesetzt; daher sind manche Einzellagen, v.a. in Baden und Württemberg, nicht immer geschlossene Parzellen. Mehrere Einzellagen gleicher Qualität und gleichen Charakters werden zu einer Großlage zusammengefaßt. Der Name der Enzellage bzw. der Großlage erscheint auf dem Etikett jeweils hinter dem Namen der Gemeinde.

Eiswein
Wein aus Trauben, die bis in den Winter hinein am Rebstock verbleiben und frühmorgens in fest gefrorenem Zustand gelesen und gekeltert werden. Da nur das in den Trauben enthaltene Wasser gefriert, ist der vom Eis abgeschiedene Saft besonders reich an Zucker, Säuren und Geschmacksstofffen. So entstehen sehr süße, pikante Weine von fast unbegrenzter Haltbarkeit. Sie sind nicht so gehaltvoll wie Beeren- oder Trockenbeerenauslesen, dafür aber ausdruckskräftiger, und erzielen oft spektakuläre Preise.

Erzeugerabfüllung
Mit dieser Bezeichnung auf dem Etikett wird bestätigt, daß der Wein aus eigenen Trauben des Erzeugers gekeltert und von ihm selbst abgefüllt wurde. Die Bezeichnung «aus eigenem Lesegut» gilt nach dem Weingesetz als gleichwertig.

Erzeugergemeinschaft
Mit Zusammenschluß von Erzeugern, meist zu Vertriebszwecken, im Unterschied zur Winzergenossenschaft, die auch die Weinbereitung übernimmt.

Flurbereinigung
Zusammenlegung aufgesplitterten Grundbesitzes, um eine wirtschaftlichere Bearbeitung und Nutzung zu ermöglichen.

Fuder
Ovales Eichenholzfaß von der Mosel, Inhalt tausend Liter.

Großlage
In der Großlage sind mehrere Einzellagen gleicher Qualität und gleichen Charakters zusammengefaßt. Die 34 Bereiche umfassen 150 Großlagen, die in 2600 Einzellagen unterteilt sind. Allerdings sind bestimmte Einzellagen nicht in die Großlagen einbezogen. Die Namen der Großlagen werden für Weine der Spitzenqualität kaum genützt, außer wenn bei einer Trockenbeerenauslese das Lesegut einer Einzellage nicht ausreicht, um ein kleines Faß zu füllen.

Jahrgang
Das Jahr, in dem der Wein geerntet wurde, wird fast immer auf dem Etikett angegeben.

Halbtrocken
Wein mit höchstens 18 g unvergorenem Zuckerrest je Liter, das heißt trockener als moderne deutsche Weine im allgemeinen, jedoch lieblicher als ein trockener Wein.

Kabinett
Erste Stufe der Qualitätsweine mit Prädikat mit natürlicher Restsüße ohne Anreicherung. Feine Kabinettweine zeichnen sich durch Leichtigkeit und Delikatesse aus und sind meist herrlich erfrischend; den schwereren (und teureren) Spätlesen, Auslesen usw. sind sie in der Qualität nicht etwa unterlegen.

Kellerei
Hierunter versteht man zumeist Weinkellereien von Handelshäusern, im Unterschied zum Weinkeller eines Erzeugers.

Landespreismünze
Wird bei regionalen Weinprämierungen verliehen und dient als «Sprungbrett» zur Bundesweinprämierung.

Landwein
1982 eingerichtete neue Tafelweinkategorie für Weine aus 15 festgelegten Gebieten, höchstens 18 g/l Zuckerrest, das heißt trocken bis halbtrocken.

Lesegut
Weinernte

Mostgewicht
Der Zuckergehalt der Trauben wird durch Messung des spezifischen Gewichts des Traubensafts mit der Mostwaage ermittelt. Maßeinheit: Öchsle-Grade.

Neuzüchtung
Deutsche Züchter haben eine ganze Reihe neuer Traubensorten hervorgebracht, die sich in der Praxis zum Teil schon sehr bewährt haben.

Öchsle
Das spezifische Gewicht und damit der Süßegehalt des Mosts wird nach einer Methode gemessen, die von Ferdinand Öchsle (1774 bis 1852) erfunden wurde. Jedes Gramm, um das ein Liter Traubenmost schwerer ist als ein Liter Wasser, entspricht einem Grad Öchsle.

Ortsteil
Teil einer Gemeinde. Einige berühmte Weingüter gelten als Ortsteil für sich (z.B. Schloß Vollrads) und dürfen den Namen der Gemeinde weglassen.

Perlwein
Schwach schäumender Tafelwein, meist mit Kohlensäure versetzt.

Pokalwein
Offener Wein

Prädikat
Siehe QmP

Prüfungsnummer
= AP-Nummer; siehe Amtliche Prüfung

QbA
Qualitätswein bestimmter Anbaugebiete. Qualitätsstufe über Tafelwein und Landwein und unter QmP. Bei QbA-Wein kann der Alkoholgehalt durch Anreicherung gehoben werden. Er muß (unvermischt) aus einem der elf bestimmten Anbaugebiete stammen, aus anerkannten Traubensorten gewonnen sein, einen bestimmten Reifegrad vor der Anreicherung besitzen und wird einer chemischen Untersuchung und einer Geschmacks-

prüfung unterzogen, bevor er eine AP-Nummer erhält. In bestimmten Jahrgängen, in denen die Trauben nicht voll ausreifen können, fällt ein sehr großer Teil des deutschen Weins in die QbA-Kategorie. Er kann dann durchaus gute Qualität erreichen, auch wenn er nicht ganz an die Delikatesse und den ausgeprägteren Charakter von QmP-Weinen herankommt.

QmP
Qualitätswein mit Prädikat. Amtliche Bezeichnung für alle deutschen Weine der obersten Qualitätsstufe, von Kabinett über Spätlese, Auslese, Beerenauslese bis Trockenbeerenauslese. Die Reifegradanforderungen sind in den einzelnen Anbaugebieten unterschiedlich.

Restsüße
Der zum Zeitpunkt des Abfüllens in einem Wein unvergoren gebliebene Zucker, unabhängig davon, ob der Gärungsprozeß aus natürlichen Gründen zum Stillstand gekommen ist bzw. ob er als Süßreserve wieder beigegeben wurde. In einer Trockenbeerenauslese kann die erstaunliche Restsüße von 180 g/l erreicht werden, wenn bei der Gärung nur wenig Zucker in Alkohol umgewandelt wurde.

Roseewein, Roséwein
Blaßrosa Wein aus roten Trauben.

Rotling
Hellroter Wein, aus roten und weißen Trauben gewonnen.

Säure
Wichtiger Bestandteil für die Ausgewogenheit des Geschmacks, was natürlich nicht nur für den deutschen Wein gilt. Als Faustregel kann man annehmen, daß ein Wein auf je zehn Grad Öchsle eine Promille Säure enthalten soll. So würde ein Wein mit achtzig Grad Öchsle einen Säuregehalt von 0,8 benötigen.

Schaumwein
Infolge hohen Kohlendioxidgehalts schäumender Wein mit mindestens drei Bar Überdruck; der Ausdruck Sekt ist viel gebräuchlicher.

Schillerwein
Ein hellroter Wein mit QbA- oder QmP-Status aus Württemberg.

Schoppenwein
Offener Wein.

Sekt
Deutscher Qualitätssekt unterliegt denselben Kontrollen wie QbA- bzw. QmP-Wein.

Spätlese
Die QmP-Stufe über Kabinett und unter Auslese für stärkere und körperreichere Weine als Kabinett, meist auch süßer, aber nicht in jedem Fall. Wenn ein Erzeuger die Absicht hat, eine Spätlese vorzunehmen, dann muß er dies der Behörde mitteilen, und ein Prüfungsausschuß legt dann fest, welchen Anforderungen eine Spätlese im jeweiligen Jahrgang und in der betreffenden Gegend entsprechen muß. Spätlesen im allgemeinen, insbesondere aber trockene, sind oft die bestgeeigneten deutschen Weine zu Mahlzeiten und weisen ein besseres Potential für längere Flaschenreife auf als die meisten Kabinettweine.

Staatsweingut
Siehe Seite 89.

Stück
Das Standardfaß vom Rhein, traditionell aus Eichenholz. Inhalt 1200 Liter. Es gibt auch Doppelstück-, Halbstück- und Viertelstückfässer mit entsprechendem Fassungsvermögen.

Süßreserve
Unvergorener Traubensaft mit dem vollen Gehalt an natürlicher Süße wird aufbewahrt und später trockenen, voll ausgegorenen Weinen beigemischt, um die Idealvorstellung des Kellermeisters von einem ausgewogenen, harmonischen Wein zu erfüllen. Diese Süßung, durch die auch der Alkoholgehalt herabgesetzt wird, darf nicht übertrieben werden, in vielen Fällen aber kann durch behutsame Anhebung der Süße die Fruchtigkeit verbessert und ein Durchschnittswein ansprechender gemacht werden.

Tafelwein
Ohne den Zusatz «deutsch» besagt die Bezeichnung Tafelwein (die bescheidenste Qualitätsstufe), daß es sich um einen auf den deutschen Geschmack abgestimmten Tafelwein aus Trauben «aus verschiedenen EG-Ländern» handelt. Ursprung, Alkoholgehalt und Traubensorte unterliegen amtlicher Kontrolle. Tafelwein ist immer nur ein leichter Durstlöscher, und oft nicht einmal das.

Trocken
Bezeichnung für Weine mit weniger als neun Gramm unvergorenem Zuckerrest je Liter. Neuerdings sind trockene Weine als Getränk zu Mahlzeiten sehr beliebt. Sie sind aber oft im Vergleich mit halbtrockenen Versionen derselben Weine, die mit Süßreserve harmonischer gemacht wurden, etwas karg im Geschmack.

Trockenbeerenauslese
(Abkürzung TBA). Diese Bezeichnung hat mit «trockenem» Wein überhapt nichts zu tun, sie bezieht sich vielmehr auf den Zustand der Beeren, die durch Edelfäule oder Austrocknung am Rebstock eingeschrumpft sind. Dadurch entsteht eine hohe Konzentration von Zucker, Säuren und Geschmacksstoffen, so daß der (immer nur in kleinen Mengen gewonnene) Most Öchslegrade von dreihundert und mehr erreichen kann. Trockenbeerenauslesen gären nur zögernd und kommen selten über sechs Prozent Alkoholgehalt hinaus; die verbleibende natürliche Süße wirkt als Konservierungsmittel und sorgt für eine langsame Reife des Weins über viele Jahre hinweg. Nur Eiswein reift noch langsamer.

Weingut
Diese Bezeichnung darf nur von Erzeugern verwendet werden, die alle Trauben, die sie verarbeiten, auch selbst ziehen.

Weinstein
Eine Ablagerung von Kaliumbitartrat-Kristallen, die vor allem in alten Fässern einen dicken, glitzernden Belag auf den Wänden bildet. Weinstein in Flaschen ist weder der Qualität noch dem Geschmack abträglich und in keiner Weise gesundheitsschädlich.

Weißherbst
Roséwein mit QbA- oder QmP-Status aus roten Trauben jeweils nur einer einzigen Sorte. Spezialität von Baden, Rheipfalz und Württemberg. Manchmal werden auch helle Rotweine aus anderen Gegenden als Weißherbst bezeichnet (beispielsweise greift die Edelfäule die roten Pigmente an, so daß rote Auslesen sehr blaß ausfallen können).

Winzergenossenschaft, Winzerverein
Zusammenschluß kleinerer Winzer auf genossenschaftlicher Basis, um wirtschaftlicheres Arbeiten zu ermöglichen.

Zuckerrest
Siehe Restsüße.

WEINLAGEN-VERZEICHNIS

Hier sind in alphabetischer Reihenfolge alle Weinlagen in der Bundesrepublik Deutschland – sowohl Einzellagen als auch Großlagen – aufgeführt. (Nur einige kleine, amtlich nicht registrierte «einzellagenfreie» Weinberge, die in den Verzeichnissen im Atlas, nicht aber auf den Weinlagenkarten erscheinen, fehlen in der nachfolgenden Aufstellung.)

In der ersten Spalte stehen die Namen der Groß- und Einzellagen; die Großlagennamen sind fett gedruckt.

Aus der zweiten Spalte gehen die zugehörigen Gemeinden hervor.

In der dritten Spalte ist gegebenenfalls der Ortsteil verzeichnet. (Einige Weingüter sind als Ortsteile für sich registriert; sie sind an der Abkürzung «Ortst.» mit einem Kennbuchstaben anstelle einer Nummer erkennbar.)

In der letzten Spalte sind das Anbaugebiet und die amtliche Nummer der betreffenden Einzellage angegeben. Die Nummern stimmen mit denen überein, die in den Weinlagenkarten und den Weinlagenlisten im Atlas verzeichnet sind. Die Abkürzungen und die Seitenzahlenhinweise für die einzelnen Anbaugebiete sind nachstehend zu finden.

Ein «T» hinter der Einzellagennummer bedeutet, daß sich mehrere Gemeinden oder Ortsteile in die Lage teilen.

Will man eine bestimmte Lage im Atlas auffinden, dann stellt man anhand des Namens (in der ersten Spalte) die Lagennummer und das Anbaugebiet (in der letzten Spalte) fest und kann nun hier (auf dieser Seite unten) ablesen, auf welcher Seite im Atlas die gewünschten Informationen stehen.

A =	Ahr S. 38
MSR =	Mosel-Saar-Ruwer S. 43 bis 51
Mrh =	Mittelrhein S. 60
Rhg =	Rheingau S. 66
N =	Nahe S. 89
Rhh =	Rheinhessen S. 96
Rhpf =	Rheinpfalz S. 104 bis 106
HB =	Hessische Bergstraße S. 114
F =	Franken S. 130 bis 132
W =	Württemberg S. 144 bis 149
B =	Baden S. 154 bis 175

Lage	Gemeinde	Ortsteil	Anbaugebiet u. Lagen-Nr.
Abelsberg	Stuttgart	Gaisburg	W 150
Abtei	Bernkastel-Kues	Wehlen	MSR 235
Abtei	Sponheim	–	N 169
Abteiberg	Mesenich	–	MSR 96
Abtei Kloster Stuben	Bremm	–	MSR 103
Abtei Ruppertsberg	Bingen	Bingerbrück	N 3 T
Abtey	**Appenheim** **Gau-Algesheim** **Nieder-Hilbersheim** **Ober-Hilbersheim** **Partenheim** **Sankt Johann** **Sprendlingen** **Wolfsheim**	– – – – – – – –	**Rhh 37–61**
Abtsberg	Alzenau	Hörstein	F 1
Abtsberg	Graach	–	MSR 241
Abtsberg	Impflingen	–	Rhpf 302
Abtsberg	Mertesdorf	Maximin Grünhaus	MSR 414
Abtsberg	Offenberg	Zell-Weierbach	B 167
Abtsfronhof	Bad Dürkheim	–	Rhpf 124
Abtsleite	Würzburg	–	F 58
Adelberg	**Armsheim** **Bermersheim v.d.H.** **Bornheim** **Ensheim** **Erbes-Büdesheim** **Flonheim** **Lonsheim** **Nack** **Nieder-Wiesen** **Sülzheim** **Wendelsheim** **Wörrstadt**	– – – – – – – – – – – –	**Rhh 93–118**
Adelpfad	Engelstadt	–	Rhh 134
Adelsberg	Bayerfeld-Steckweiler	–	N 255
Adler	Zell	Merl	MSR 140
Äffchen	Wöllstein	–	Rhh 88
Affenberg	Worms	Heppenheim	Rhh 433
Agritiusberg	Konz	Oberemmel	MSR 442
Ahrenberg	Nack	–	Rhh 94
Ailenberg	Eßlingen Stuttgart	Mettingen Obertürkheim	W 153 T
Albachtaler	Wasserliesch	–	MSR 501
Alde Gott	Achern Lauf Sasbach Sasbachwalden	Oberachern – Obersasbach –	B 140 T
Alemannenbuck	Schallstadt	Mengen	B 268
Allenberg	Raumbach/Glan	–	N 222
Alsterweiler Kapellenberg	Maikammer	–	Rhpf 218
Altärchen	Trittenheim	–	MSR 314
Altarberg	Ellenz-Poltersdorf	–	MSR 70
Altberg	Au	–	B 266 a
Altdörr	Dalheim	–	Rhh 225
Altdörr	Friesenheim	–	Rhh 225 a
Alte Burg	Bad Mergentheim	Dainbach	B 28 a
Alte Burg	Emmendingen Tenningen	Mundingen Köndringen	B 198 T
Alte Burg	Zwingenberg	–	HB 9
Alte Lay	Bad Neuenahr-Ahrweiler	Walporzheim	A 20
Altenberg	Abtswind	–	F 105
Altenberg	Bad Bergzabern	–	Rhpf 321

Lage	Gemeinde	Ortsteil	Anbaugebiet u. Lagen-Nr.
Altenberg	Baden-Baden	Neuweier	B 124
Altenberg	Ballrechten-Dottingen Müllheim Müllheim Sulzburg Sulzburg	– Britzingen Dattingen – Laufen	B 290 T
Altenberg	Brackenheim	Stockheim	W 92
Altenberg	Boxberg	Oberschüpf	B 26
Altenberg	Bruchsal	Heidelsheim	B 71
Altenberg	Dörzbach	–	W 7
Altenberg	Ergersheim	–	F 127
Altenberg	Flein Heilbronn	– –	W 68 T
Altenberg	Hillesheim	–	Rhh 292
Altenberg	Kanzem Konz Konz	– Filzen Hamm	MSR 430 T
Altenberg	Konz	Krettnach	MSR 437
Altenberg	Konz	Oberemmel	MSR 439
Altenberg	Lauda-Königshofen Lauda-Königshofen	Lauda Oberlauda	B 18 T
Altenberg	Löwenstein	–	W 51
Altenberg	Meddersheim	–	N 201
Altenberg	Niedernhall Weißbach	– –	
Altenberg	Obersulm Weinsberg	Sülzbach Wimmental	W 43 T
Altenberg	Staufen im Breisgau	Grunern	B 284
Altenberg	Stuttgart	Untertürkheim	W 144
Altenberg	Theilheim	–	F 59 a
Altenberg	Trier	Kürenz	MSR 364
Altenberg	Weinstadt Weinstadt	Beutelsbach Schnait	W 178 T
Altenberg	Weinstadt	Strümpfelbach	W 193
Altenberg	Weisenheim am Sand	–	Rhpf 79
Altenberg	Wellen	–	MSR 507
Altenburg	Wachenheim	–	Rhpf 143
Altenburg	Waldlaubersheim	–	N 20
Altenforst	Burrweiler	–	Rhpf 265
Alter Berg	Aspach	Allmersbach	W 132
Alter Berg	Triefenstein	Lengfurt	F 25
Alter Berg	Römerberg (bei Speyer) Römerberg (bei Speyer)	Mechtersheim Heiligenstein	Rhpf 264 c T
Alter Graben	Bamberg	–	F 135 b
Alte Römerstraße	Freilaubersheim Volxheim	– –	Rhh 64 T
Alte Römerstraße	Mandel	–	N 151
Altes Löhl	Landau in der Pfalz mit Queichheim und Mörlheim		Rhpf 283
Althof	Ottersweier	–	B 137
Ameisenberg	St. Goar St. Goar	– Werlau	Mrh 52 T
Am Gaisberg	Herxheimweier	–	Rhpf 305
Am heiligen Häuschen	Worms	Pfeddersheim	Rhh 427
Am hohen Stein	Rittersheim	–	Rhpf 4
Ammerlanden	Möckmühl	–	W 17
Amselberg	Gengenbach	Reichenbach	B 175
Amtgarten	Mülheim	–	MSR 262
Andreasberg	Ortenberg	–	B 171

Lage	Gemeinde	Ortsteil	Anbaugebiet u. Lagen-Nr.
Andreasberg	Trier	Tarforst	MSR 369
Annaberg	Kallstadt	–	Rhpf 105
Annaberg	Schweich	–	MSR 351
Antoniusberg	Serrig	–	MSR 485
Antoniusbrunnen	Saarburg	–	MSR 478
Apostelberg	Guldental	Heddesheim und Waldhilbersheim	N 38
Apostelgarten	Alzenau	Michelbach	F 5
Apotheke	Trittenheim	–	MSR 315
Arlesgarten	Gerolzhofen	–	F 136 c
Arrasburg Schloßberg	Alf	–	MSR 132
Arzley	Cochem	Cond	MSR 77
Aspenberg	Bayerfeld-Steckweiler	–	N 257
Aspenberg	Oberndorf	–	N 250
Attilafelsen	**Breisach** **Breisach** **Freiburg** **Freiburg** **Freiburg** **Freiburg** **Gottenheim** **Merdingen**	**Niederrimsingen** **Oberrimsingen** **Munzingen** **Opfingen** **Tiengen** **Waltershofen** – –	**B 257–264**
Auf dem Zimmerberg	Oberstreit	–	N 209
Auf der Heide	Traben-Trarbach	Wolf	MSR 198
Auf der Wiltingerkupp	Konz	Kommlingen	MSR 421
Auflangen	**Nierstein** **Nierstein**	– **Schwabsburg**	**Rhh 260–267**
Augenscheiner	Trier	Biewer	MSR 384
Augustinerberg	Breisach	–	B 255
Aulenberg	Uelversheim	–	Rhh 300
Aulerde	Westhofen	–	Rhh 371
Ausoniusstein	Lehmen	–	MSR 25
Authental	Guntersblum	–	Rhh 306

Lage	Gemeinde	Ortsteil	Anbaugebiet u. Lagen-Nr.
Backöfchen	Wallhausen	–	N 86
Backofen	Kaub	–	Mrh 81
Badstube	**Bernkastel-Kues** **Lieser**	**Bernkastel** –	**MSR 243–250, 252**
Bärental	Margetshöchheim	–	F 68 b
Baiken	Eltville	Rauenthal	Rhg 77
Baron	St. Martin	–	Rhpf 226
Baßgeige	Vogtsburg im Kaiserstuhl	Oberbergen	B 232
Bastei	Traisen	–	N 278
Bastel	Castell	Greuth	F 105a
Batterieberg	Enkirch	–	MSR 180
Batzenberg	Ehrenkirchen Ehrenkirchen Ehrenkirchen Pfaffenweiler Schallstadt Schallstadt	Kirchhofen Norsingen Scherzingen – – Wolfenweiler	B 273 T
Bausch	Castell	–	F 106
Becherbrunnen	Mandel	–	N 155
Beilberg	Großrinderfeld Werbach	– –	B 12 T
Belz	Wachenheim	–	Rhpf 139
Benediktinerberg	Trier	Oleweg	MSR 382
Benediktinusberg	Zellingen	Retzbach	F 44
Bengel	Meersburg	–	B 335
Benn	Obrigheim	Mühlheim	Rhpf 28
Benn	Westhofen	–	Rhh 367
Berg	Asperg Markgröningen	– –	W 128 T
Berg	Bad Kreuznach	Winzenheim	N 127
Berg	Bad Neuenahr-Ahrweiler	Heppingen	A 4
Berg	Felsberg (Schwalm-Eder-Kreis)	Böddiger	Rhg 116
Berg	Hochheim Mainz	– Kostheim	Rhg 101 T
Berg	Korb Winnenden Winnenden	– – Hanweiler	W 160 T
Berg	Langenbrettach	Brettach	W 20
Berg	Markt Eisenheim Volkach	Untereisenheim Escherndorf	F 87 T
Berg	Neudenau Neudenau	– Herbolzheim	B 80 T
Berg	Neustadt an der Weinstraße	Diedesfeld	Rhpf 209
Berg	Roxheim	–	N 156
Berg	Stuttgart Stuttgart Stuttgart Stuttgart Stuttgart	Bad Cannstatt Feuerbach Münster Wangen Zuffenhausen	W 137 T
Berg	Unkel	–	Mrh 9
Berg-Bildstock	Walluf	Niederwalluf	Rhg 86
Bergborn	Langenlonsheim	–	N 63
Bergel	Edenkoben	–	Rhpf 228
Bergel	Grünstadt	–	Rhpf 37
Berghalde	Remshalden	Grunbach	W 169
Berghalde	Kreßbronn/Bodensee	–	W 201
Berg Kaiser-steinfels	Rüdesheim	Aulhausen	Rhg 11
Bergkirche	Nierstein	–	Rhh 262

Lage	Gemeinde	Ortsteil	Anbaugebiet u. Lagen-Nr.
Bergkloster	**Bermersheim**	–	**Rhh 354–**
	Eppelsheim	–	**371**
	Esselborn	–	
	Flomborn	–	
	Gundersheim	–	
	Gundheim	–	
	Hangen-Weisheim	–	
	Westhofen	–	
Bergle	Freiburg	Lehen	B 209
Bergle	Offenburg	Fessenbach	B 168
Bergpfad	Friesenheim	–	Rhh 228
Berg-Rondell	Dettelbach	–	F 82
Berg Roseneck	Rüdesheim	–	Rhg 12
Berg Rottland	Rüdesheim	–	Rhg 13
Bergschlößchen	Saarburg	–	MSR 479
Berg Schloßberg	Rüdesheim	–	Rhg 14
Bergwäldle	Wiesloch	–	B 49
Bernstein	Oberwesel	Engehöll	Mrh 63
Betschgräber	Bühl	Eisental	B 130
Bettelhaus	Bad Dürkheim	Ungstein	Rhpf 96
Beulsberg	Oberwesel	Urbar	Mrh 63
Beutelstein	Oberndorf	–	N 251
Bienenberg	Achern	Oberachern	B 145
Bienenberg	Malterdingen	–	B 197 T
	Teningen	Heimbach	
Bienenberg	Niederburg	–	Mrh 65
Bienenberg	Oberwesel	–	Mrh 65 a
Bienengarten	Durbach	–	B 162
Bienengarten	Koblenz	Güls	MSR 2
Bienengarten	Senheim	–	MSR 100
Bienenlay	Ediger-Eller	Eller	MSR 114
Biengarten	Frankweiler	–	Rhpf 287
Biengarten	Neustadt an der Weinstraße	Gimmeldingen an der Weinstraße	Rhpf 185
Bildberg	Freimersheim	–	Rhpf 254
Bildstock	Nierstein	–	Rhpf 252
Bildstock	Worms	Abenheim	Rhh 418
Bingerberg	Flonheim	–	Rhh 98 T
	Flonheim	Uffhofen	
	Erbes-Büdesheim	–	
Birkenberg	Roxheim	–	N 161
Birkenberg	Sommerloch	–	N 89
Bischofstein	Burgen	–	MSR 40
Bischofsberg	Arnstein	–	F 40 T
	Arnstein	Halsheim	
	Arnstein	Heugrumbach	
	Arnstein	Müdesheim	
	Arnstein	Reuchelheim	
Bischofsberg	Großheubach	–	F 16
Bischofsberg	Rüdesheim	–	Rhg 15
Bischofsgarten	Forst an der Weinstraße	–	Rhpf 133 T
	Friedelsheim	–	
	Wachenheim	–	
Bischofshub	Oberdiebach	–	Mrh 100
Bischofskreuz	**Böchingen**	–	**Rhpf 265–**
	Burrweiler	–	**282**
	Flemlingen	–	
	Gleisweiler	–	
	Knöringen	–	
	Landau in der Pfalz	**Dammheim**	
	Landau in der Pfalz	**Nußdorf**	
	Roschbach	–	
	Walsheim	–	
Bischofstuhl	Cochem	Sehl (Ebernach)	MSR 65
Bischofsweg	Neustadt an der Weinstraße	Mußbach an der Weinstraße	Rhpf 193

Lage	Gemeinde	Ortsteil	Anbaugebiet u. Lagen-Nr.
Blattenberg	Mehring	–	MSR 342
Bleidenberg	Alken	–	MSR 31
Blücherhöhe	Edenkoben	–	Rhpf 233
Blücherpfad	Ober-Flörsheim	–	Rhh 395
Blüchertal	Kaub	–	Mrh 83
Blümchen	Nittel	–	MSR 510
Blume	Rech	–	A 34
Blume	Stadecken-Elsheim	Elsheim	Rhh 198
Bocksberg	Feilbingert	–	N 239
Bockshaut	Gau-Bickelheim	–	Rhh 120 T
	Wöllstein	–	
Bockstein	Ingelheim	Groß-Winternheim	Rhh 142
Bockstein	Ockfen	–	MSR 465
Bockstein	Stadecken-Elsheim	Elsheim	Rhh 196
Bodental-Steinberg	Lorch	–	Rhg 7
Böhlig	Wachenheim	–	Rhpf 138
Börnchen	Harxheim	–	Rhh 185
Bopser	Gerlingen	–	W 134
Bornpfad	Guntersblum	–	Rhh 305
Bottchen	Wittlich	–	MSR 214
Bräunersberg	Ottersheim/	–	Rhpf 15
	Zellertal	–	
Bratenhöfchen	Bernkastel-Kues	Bernkastel	MSR 245
Brauneberg	Bekond	–	MSR 329
Brauneberg	Hetzeratz	–	MSR 321 T
	Rivenich	–	
Brauneberg	Klotten	–	MSR 58
Brauneberg	Oberfell	–	MSR 27
Braune Kupp	Wiltingen	–	MSR 449
Braunfels	Wiltingen	–	MSR 452
Brautrock	Bullay	–	MSR 135
Breinsberg	Rüssingen	–	Rhpf 16
Brotwasser	Kernen	Stetten	W 189
Bruderberg	Mertesdorf	Maximin Grünhaus	MSR 413
Brudersberg	Nierstein	–	Rhh 257
Bruderschaft	Klüsserath	–	MSR 326
Brückchen	Nierstein	–	Rhh 253
Brückes	Bad Kreuznach	–	N 117
Brückstück	Winningen	–	MSR 8
Brüderberg	Langsur	–	MSR 498
Bründelsberg	Schwegenheim	–	Rhpf 264 a
Brünnchen	Nochern	–	Mrh 56
Brunnenhäuschen	Westhofen	–	Rhh 369
Bubeneck	Ellerstadt	–	Rhpf 112
Bubenstück	Bingen	Gaulsheim	Rhh 5
Bühl	Merdingen	–	B 258
Bürgel	Flörsheim-Dalsheim	Dalsheim	Rhh 401
Bürgergarten	Neustadt an der Weinstraße	Haardt an der Weinstraße	Rhpf 198
Burg	Esslingen	–	W 158 a
Burg	Heidelberg	–	B 44
Burg	**Elfershausen**	**Engenthal**	**F 28–32**
	Elfershausen	**Machtilshausen**	
	Elfershausen	**Trimberg**	
	Euerdorf	**Wirmsthal**	
	Hammelburg	–	
	Hammelburg	**Feuerthal**	
	Hammelburg	**Saaleck**	
	Hammelburg	**Westheim**	
	Ramsthal	–	
Burgberg	Abstatt	–	W 54 T
	Ilsfeld	Auenstein	

Lage	Gemeinde	Ortsteil	Anbaugebiet u. Lagen-Nr.
Burgberg	Alken	–	MSR 32
Burgberg	Dorsheim	–	N 46
Burgberg	Ingelheim	Groß-Winternheim	Rhh 148
Burgberg	Lösnich	–	MSR 202
Burgberg	Mayschoß	–	A 38
Burgberg	Steinheim	–	W 130
Burgberg	Traben-Trarbach	Trarbach	MSR 185
Burgberg	Trier	Olewig	MSR 373
Burg Bischofsteiner	Löf	Hatzenport	MSR 39
Burg Coreidelsteiner	Klotten	–	MSR 56
Burg Ehrenberg	Bad Rappenau	Heinsheim	B 79
Burggarten	Bad Neuenahr-Ahrweiler	Heimersheim	A 3 T
Burggarten	Bad Neuenahr-Ahrweiler	Heppingen	
Burggarten	Bockenheim an der Weinstraße	–	Rhpf 21
Burggarten	Dernau	–	A 31
Burggraf	Alf	–	MSR 130
Burggraf	Rauenberg	–	B 52
Burg Gutenfels	Kaub	–	Mrh 84
Burghalde	Weinstadt	Beutelsbach	W 192 T
	Weinstadt	Schnait	
Burg Hammerstein	**Bad Hönningen**	–	**Mrh 9–23**
	Dattenberg	–	
	Hammerstein	–	
	Ohlenberg	**Kasbach**	
	Leubsdorf	–	
	Leutesdorf	–	
	Linz	–	
	Rheinbrohl	–	
	Unkel	–	
Burg Hoheneck	Dietersheim	Walddachsbach	F 127 c T
	Ipsheim	–	
	Ipsheim	Kaubenheim	
Burg Katz	St. Goarshausen	–	Mrh 60
Burglay	Kröv	Kövenig	MSR 223
Burglay	Minheim	–	MSR 293
Burgley-Felsen	Zell	–	MSR 146
Burg Lichteneck	**Emmendingen**	**Mundingen**	**B 189–198**
	Ettenheim	–	
	Ettenheim	**Altdorf**	
	Herbolzheim	–	
	Herbolzheim	**Bleichheim**	
	Herbolzheim	**Broggingen**	
	Herbolzheim	**Tutschfelden**	
	Herbolzheim	**Wagenstadt**	
	Kenzingen	–	
	Kenzingen	**Bombach**	
	Kenzingen	**Hecklingen**	
	Kenzingen	**Nordweil**	
	Malterdingen	–	
	Ringsheim	–	
	Teningen	**Heimbach**	
	Teningen	**Köndringen**	
Burgmauer	Schweich	–	MSR 352
Burg Maus	St. Goarshausen	Wellmich und Ehrental	Mrh 58
Burg Neuenfels	**Auggen**	–	**B 289–310**
	Bad Bellingen	–	
	Badenweiler	–	
	Badenweiler	**Lipburg**	
	Ballrechten-Dottingen	–	
	Müllheim	–	
	Müllheim	**Britzingen**	
	Müllheim	**Dattingen**	
	Müllheim	**Feldberg**	
	Müllheim	**Hügelheim**	
	Müllheim	**Niederweiler**	
	Müllheim	**Vögisheim**	
	Müllheim	**Zunzingen**	
	Neuenburg am Rhein	**Steinenstadt**	
	Schliengen	–	
	Schliengen	**Liel**	
	Schliengen	**Mauchen**	
	Schliengen	**Niedereggenen**	
	Schliengen	**Obereggenen**	
	Sulzburg	–	
	Sulzburg	**Laufen**	
Burg Ravensburger Dicker Franz	Sulzfeld	–	B 100
Burg Ravensburger Husarenkappe	Sulzfeld	–	B 98
Burg Ravensburger Löchle	Sulzfeld	–	B 99
Burg Rheinfels	**St. Goar**	–	**Mrh 50–53**
	St. Goar	**Werlau**	
Burg Rodenstein	**Bermersheim**	–	**Rhh 395–405**
	Flörsheim-Dalsheim	**Dalsheim**	
	Flörsheim-Dalsheim	**Niederflörsheim**	
	Mörstadt	–	
	Ober-Flörsheim	–	
Burgstall	Hagnau	–	B 340 T
	Immenstaad	–	
	Immenstaad	Kippenhausen	
	Markdorf	–	
Burgstall	Ingelfingen	Criesbach	W 11 T
	Niedernhall	–	
Burg Warsberg	Wincheringen	–	MSR 513
Burgweg	Bodenheim	–	Rhh 171
Burgweg	Großkarlbach	–	Rhpf 65
Burgweg	Kindenheim	–	Rhpf 27
Burgweg	Lambsheim	–	Rhpf 75 T
	Weisenheim am Sand	–	
Burgweg	Worms	Weinsheim	Rhh 431
Burgweg	**Geisenheim**	–	**Rhg 1–7 11–22, 24, 26, 27**
	Lorch	–	
	Lorch	**Lorchhausen**	
	Rüdesheim	–	
Burgweg	**Altenbamberg**	–	**N 261–323**
	Bad Münster am Stein Ebernburg	**Ebernburg**	
	Bad Münster am Stein Ebernburg	**Münster**	
	Duchroth	–	
	Niederhausen an der Nahe	–	
	Norheim	–	
	Oberhausen an der Nahe	–	
	Schloßböckelheim	–	
	Traisen	–	
	Waldböckelheim	–	
Burgweg	**Iphofen**	–	**F 110–122 a**
	Iphofen	**Possenheim**	
	Markt Einersheim	–	
	Willanzheim	–	
Burg Wildeck	Abstatt	–	W 55
Burg Windeck Kastanienhalde	Bühl	Neusatz	B 136
Burgwingert	Bruchsal	Helmsheim	B 69 T
	Bruchsal	Obergrombach	

Lage	Gemeinde	Ortsteil	Anbaugebiet u. Lagen-Nr.
Calmont	Bremm	–	MSR 118 a
Calmont	Ediger-Eller	Eller	MSR 118
Carlsberg	Veldenz	–	MSR 266
Carlsfelsen	Palzem	–	MSR 517
Castellberg	Ballrechten-Dottingen	–	B 289
Castellberg	Vogtsburg im Kaiserstuhl	Achkarren	B 222 T
	Ihringen	–	
Centgericht	Heppenheim	–	HB 19
Centgrafenberg	Bürgstadt	–	F 20
Chorherrenhalde	Meersburg	–	B 331
Cyriakusberg	Sulzfeld	–	F 77

Lage	Gemeinde	Ortsteil	Anbaugebiet u. Lagen-Nr.
Burg Zähringen	**Denzlingen**	–	**B 199–209**
	Emmendingen	**Hochburg**	
	Freiburg	–	
	Freiburg	**Lehen**	
	Glottertal	–	
	Gundelfingen Wiedtal	–	
	Heuweiler	–	
	Sexau	–	
	Waldkirch	**Buchholz**	
Busslay	Erden	–	MSR 203

Lage	Gemeinde	Ortsteil	Anbaugebiet u. Lagen-Nr.
Dabug	Randersacker Randersacker	– Lindelbach	F 68 T
Dachgewann	Zornheim	–	Rhh 240
Dachs	Oberschwarzach	Wiebelsberg	F 138 a
Dachsberg	Brackenheim Brackenheim	– Haberschlacht	W 86 T
Dachsberg	Oestrich-Winkel	Winkel	Rhg 37
Dachsberg	Wiesbaden	Schierstein	Rhg 92
Dachsbuckel	Heidelberg	–	B 45
Dachsteiger	Öhringen Pfedelbach Pfedelbach Pfedelbach Pfedelbach	Michelbach am Wald Harsberg Heuholz Oberohrn Untersteinbach	W 32 T
Daubhaus	Appenheim	–	Rhh 42
Daubhaus	Bad Neuenahr-Ahrweiler	Ahrweiler	A 11
Daubhaus	Oppenheim	–	Rhh 268
Daubhaus	**Mainz** **Hochheim** **Hochheim** **Flörsheim** **Flörsheim**	**Kostheim** – **Massenheim** – **Wicker**	**Rhg 98–114 a**
Dautenpflänzer	Münster-Sarmsheim	–	N 7
Dechantsberg	Treis-Karden	Karden	MSR 49
Dellchen	Mandel	–	N 153
Dellchen	Norheim	–	N 287
Deuslay	Mesenich	–	MSR 98
Deutelsberg	**Eltville** **Eltville**	**Erbach** **Hattenheim**	**Rhg 48–55a, 58-67D**
Deutschherrenberg	Ober-Flörsheim	–	Rhh 396
Deutschherrenberg	Trier Trier	– Olewig	MSR 376 T
Deutschherrenberg	Zeltingen-Rachtig	–	MSR 229
Deutschherren-köpfchen	Trier	Olewig	MSR 375
Dezberg	Eberstadt Weinsberg	– Gellmersbach	W 26 T
Dickkopp	Ellerstadt	–	Rhpf 111
Dieblesberg	Löwenstein Obersulm Obersulm	Hößlinsülz Affaltrach Willsbach	W 46 T
Doctor	Bernkastel-Kues	Bernkastel	MSR 247
Doktor	Dexheim	–	Rhh 222
Doktor	Venningen	–	Rhpf 252
Doktorberg	Waldrach	–	MSR 398
Doktorgarten	Ihringen	Blankenhornsberg	B 224
Domberg	Sobernheim	–	N 205
Domblick	**Hohen-Sülzen** **Mölsheim** **Monsheim** **Monsheim** **Offstein** **Wachenheim**	– – – **Kriegsheim** – –	**Rhh 406–414**
Domdechaney	Hochheim	–	Rhg 107
Domgarten	Winningen	–	MSR 9
Domherr	Iphofen	–	F 128 b
Domherr	Piesport	–	MSR 300
Domherr	**Essenheim** **Gabsheim** **Klein Winternheim** **Ober-Olm** **Saulheim** **Schornsheim** **Stadecken-Elsheim** **Stadecken-Elsheim** **Udenheim**	– – – – – – **Elsheim** **Stadecken** –	**Rhh 190–215**
Domherrenberg	Trier Trier	Kürenz Ruwer	MSR 363 T
Domherrenberg	Zell	–	MSR 150
Dominikanerberg	Kasel	–	MSR 404
Dominikanerberg	Morscheid	–	MSR 390
Domlay	Bad Neuenahr-Ahrweiler	Walporzheim	A 22
Domprobst	Graach	–	MSR 239
Doosberg	Oestrich-Winkel	Oestrich	Rhg 47
Dormenacker	Heidelberg	–	B 46 a
Dornpfad	Gabsheim	–	Rhh 213
Drachenbrunnen	Waldböckelheim	–	N 314
Drachenfels	Bad Honnef Königswinter	Rhöndorf –	Mrh 7 T
Drachenstein	Rüdesheim	–	Rhg 16
Drosselborn	Appenheim	–	Rhh 45
Dürrenberg	Schallstadt	Wolfenweiler	B 274
Dullgärten	Igel	–	MSR 496

Lage	Gemeinde	Ortsteil	Anbaugebiet u. Lagen-Nr.
Ebenrain	Wertheim	Lindelbach	B 4
Eberfürst	Eberstadt Neustadt am Kocher	– Cleversulzbach	W 40 T
Ebersberg	Bodenheim	–	Rhh 172
Ebersberg	Nierstein Nierstein	– Schwabsburg	Rhh 251 T
Eck	Altenahr Altenahr	– Reimerzhoven	A 42 T
Eckartsberg	Breisach	–	B 256
Eckberg	Baden-Baden	–	B 116
Eckberg	Bötzingen	–	B 216
Eckweg	Heppenheim	–	HB 23
Edelberg	Enkirch	–	MSR 174
Edelberg	Lauschied	–	N 203
Edelberg	Meddersheim	–	N 202
Edelberg	Tauberbischofsheim	–	B 14
Edelfrau	Triefenstein	Homburg am Main	F 24
Edelmann	Mainz	Laubenheim	Rhh 165
Edelmann	Oestrich-Winkel	Mittelheim	Rhg 43
Edle Weingärten	Dittelsheim-Heßloch	Heßloch	Rhh 379
Eherieder Berg	Kitzingen	Eherieder Mühle	F 104
Ehrenberg	Gerlingen	–	W 134 a
Ehrenberg	Waldrach	–	MSR 397
Eichberg	Denzlingen Glottertal Heuweiler	– – –	B 203 T
Eichberg	Vogtsburg im Kaiserstuhl	Oberrotweil	B 228
Eichelberg	Fürfeld	–	Rhh 76
Eichelberg	Mühlacker	Lienzingen	W 105
Eichelberg	Neu-Bamberg	–	Rhh 76 a
Eichelberg	Ölbronn-Dürrn	Dürrn	B 114
Eichelberg	Sinsheim	Hilsbach	B 87
Eichert	Sasbach	Jechtingen	B 241
Eichwäldle	Sasbach	Obersasbach	B 142
Eilfingerberg	Maulbronn	–	W 102
Eilfingerberg Klosterstück	Maulbronn	–	W 103
Einsiedel	Klingenberg am Main	–	F 14 a
Eiserne Hand	Guntersblum	–	Rhh 287
Elfenley	Boppard	–	Mrh 48
Elisabethenberg	Hilzingen Singen (Hohentwiel)	– –	B 345 T
Elisenberg	Mülheim Veldenz	– –	MSR 259 T
Elkersberg	Alsenz	–	N 244
Ellergrub	Enkirch	–	MSR 181
Elster	Forst an der Weinstraße	–	Rhpf 150
Elzhofberg	Ediger-Eller	Ediger	MSR 109
Engelgrube	Neumagen-Dhron	Neumagen	MSR 310
Engelmannsberg	Eltville	Hattenheim	Rhg 54
Engelsberg	Endingen	–	B 252
Engelsberg	Herxheim bei Landau in der Pfalz	–	Rhpf 304
Engelsberg	Nackenheim	–	Rhh 244
Engelsberg	Offstein	–	Rhh 413
Engelsfelsen	Bühlertal	–	B 133
Engelstein	Boppard Spay	Bopparder Hamm –	Mrh 42 T
Engelströpfchen	Ediger-Eller	Eller	MSR 116
Enggaß	Thörnich	–	MSR 330
Engweg	Niedernhall Weißbach	– –	W 12 T
Enselberg	Sasbach Vogtsburg im Kaiserstuhl	Jechtingen Bischoffingen	B 234 T
Erkenbrecht	Neustadt an der Weinstraße	–	Rhpf 201
Erkenbrecht	Geisenheim	–	
Erntebringer	**Geisenheim** **Geisenheim** **Oestrich-Winkel** **Oestrich-Winkel**	– **Johannisberg** **Mittelheim** **Winkel**	**Rhg 23, 25, 28–35, 37, 42–44, A**
Erzgrube	Bad Münster am Stein-Ebernburg	Ebernburg	N 267
Eselsberg	Flein	–	W 69
Eselsberg	Kitzingen	–	F 78 a
Eselsberg	Kolitzheim	Stammheim	F 101
Eselsbuckel	Niederotterbach	–	Rhpf 328
Eselshaut	Neustadt an der Weinstraße	Mußbach an der Weinstraße	Rhpf 189
Eselspfad	Appenheim	–	Rhh 44
Eselstreiber	Eckelsheim	–	Rhh 91
Esper	Kerzenheim	–	Rhpf 17
Euchariusberg	Konz	–	MSR 420
Euchariusberg	Konz Konz Konz	Krettnach Niedermennig Obermennig	MSR 436 T
Eulengrund	Zeil am Main	Schmachtenberg	F 129
Ewig Leben	**Randersacker**	–	**F 60–63**

Lage	Gemeinde	Ortsteil	Anbaugebiet u. Lagen-Nr.
Fächern	Niederfell	–	MSR 19
Fässerlay	Boppard	Bopparder Hamm	Mrh 47
Fahrberg	Kobern-Gondorf	Kobern	MSR 12
Fahrberg	Lehmen Löf	Moselsürsch Kattenes	MSR 29 T
Falkenberg	Alsenz	–	N 246
Falkenberg	Dienheim	–	Rhh 275
Falkenberg	Donnersdorf	–	F 136 a
Falkenberg	Piesport	–	MSR 297
Falklay	Burg	–	MSR 172
Falklay	Reil	–	MSR 166
Fels	Freilaubersheim	–	Rhh 71
Fels	Konz	Könen	MSR 422
Fels	St. Katharinen	–	N 148
Felsen	Eppelsheim	–	Rhh 357
Felsenberg	Durchroth	–	N 316 a
Felsenberg	Eckenroth	–	N 25
Felsenberg	Oberhausen an der Nahe	–	N 316
Felsenberg	Schloßböckelheim	–	N 303
Felseneck	Bad Münster am Stein-Ebernburg	Münster am Stein	N 277
Felseneck	Gutenberg	–	N 98
Felseneck	Wallhausen	–	N 78
Felsengarten	Besigheim Bietigheim-Bissingen Gemmrigheim Hessigheim Löchgau Walheim	– Bissingen – – – –	W 121 T
Felsengarten	Überlingen	–	B 329
Felsenköpfchen	Bretzenheim	–	N 137
Felsenkopf	Trittenheim	–	MSR 316
Felsensteyer	Niederhausen an der Nahe	–	N 291
Felsentreppchen	Wittlich	–	MSR 215
Felslay	Mertesdorf	Orenzhof	MSR 411
Fettgarten	Zell	Merl	MSR 143
Feuer	Neustadt an der Weinstraße	Hambach an der Weinstraße	Rhpf 204
Feuerbach	Castell	–	F 109
Feuerberg	Bad Münster am Stein-Ebernburg	Ebernburg	N 270
Feuerberg	Duchroth	–	N 323
Feuerberg	Ediger-Eller	Ediger	MSR 111
Feuerberg	Ernst	–	MSR 66
Feuerberg	Feilbingert	–	N 237
Feuerberg	Flomborn	–	Rhh 355
Feuerberg	Vogtsburg im Kaiserstuhl	Burkheim	B 237
Feuerberg	**Bad Dürkheim** **Bobenberg am Berg** **Ellerstadt** **Gönnheim** **Kallstadt** **Weisenheim am Berg**	– – – – – –	**Rhpf 102–113**
Feuerley	Boppard	Bopparder Hamm	Mrh 44
Feuermännchen	Neuleiningen	–	Rhpf 42
Feuerstein	Röttingen	–	F 68 c
Feuersteinrossel	Oberndorf	–	N 249
Findling	Nierstein	–	Rhh 248
First	Eußenheim	–	F 38
First	Wertheim	Reichholzheim	B 6
Fischer	Frickenhausen	–	F 70
Fischerpfad	Alsheim	–	Rhh 327
Flatterberg	Forchtenberg Forchtenberg	– Ernsbach	W 14 T
Försterlay	Lösnich	–	MSR 201
Fohrenberg	Ihringen	–	B 219
Fohrenberg	Meersburg Stetten	– –	B 332 T
Forst	Bad Kreuznach	–	N 112
Forst	Edesheim	–	Rhpf 245
Forstberg	Bad Neuenahr-Ahrweiler	Ahrweiler	A 12
Forstberg	Leutesdorf	–	Mrh 21
Forstberg	Oberstenfeld Oberstenfeld	– Gronau	W 61 T
Forstgrube	Illingen Vaihingen	– Roßwag	W 108 T
Forstweg	Walsheim	–	Rhpf 277
Frankenberg	Lauda-Königshofen Lauda-Königshofen	Lauda Marbach	B 19 T
Frankenhell	Damscheid	–	Mrh 66
Frankenstein	Freimersheim	–	Rhh 353
Frankenthal	Rüdesheim	Assmannshausen und Aulhausen	Rhg 8
Franzensberger	Offenburg Ortenburg	Fessenbach –	B 169 T
Franziskaner	Breisach	Oberrimsingen	B 263
Frauenberg	Bremm Neef	– –	MSR 121 T
Frauenberg	Flöhrsheim-Dalsheim	Niederflörsheim	Rhh 403
Frauenberg	Schliengen	Mauchen	B 307
Frauengarten	Wintersheim	–	Rhh 294
Frauenländchen	Kleinkarlbach	–	Rhpf 48
Freudental	Ortenberg	–	B 170
Freundstück	Forst an der Weinstraße	–	Rhpf 148
Fröhlich	Bechenheim	–	Rhh 337
Froher Weingarten	Niederheimbach	–	Mrh 108
Frohnwingert	Oberhausen	–	Rhpf 316
Frohwingert	St. Goar St. Goar	– Werlau	Mrh 51 T
Fronhof	Bad Dürkheim	–	Rhpf 125
Frühlingsplätzchen	Monzingen	–	N 190
Frühmess	Gleiszellen-Gleishorbach	–	Rhpf 319
Frühmesse	Alsheim	–	Rhh 328
Frühmeßler	Sinzheim	–	B 118
Fuchs	Saarburg	–	MSR 473
Fuchsberg	Geisenheim	–	Rhg 24
Fuchsen	Laubenheim	–	N 58
Fuchshöhle	Kobern-Gondorf	Gondorf	MSR 16
Fuchsloch	Gau-Odernheim	–	Rhh 314
Fuchsloch	Hochdorf-Assenheim Rödersheim-Gronau	– –	Rhpf 166 T
Fuchsloch	Wincheringen	–	MSR 514
Fuchsmantel	Bad Dürkheim Wachenheim	– –	Rhpf 126 T
Funkenberg	Müden	–	MSR 44
Fürstenberg	Dettelbach Volkach Volkach	Neusetz Escherndorf Köhler	F 86 T
Fürstenberg	Oberdiebach Oberdiebach	– Rheindiebach	Mrh 101 T

Lage	Gemeinde	Ortsteil	Anbaugebiet u. Lagen-Nr.
Fürsteneck	**Appenweier**	**Nesselried**	**B 151–181**
	Berghaupten	–	
	Durbach	–	
	Gengenbach	–	
	Gengenbach	**Bermersbach**	
	Gengenbach	**Reichenbach**	
	Hohberg	**Diersburg**	
	Hohberg	**Hofweier**	
	Hohberg	**Niederschopfheim**	
	Lautenbach	–	
	Oberkirch	–	
	Oberkirch	**Bottenau**	
	Oberkirch	**Haslach**	
	Oberkirch	**Nußbach**	
	Oberkirch	**Ödsbach**	
	Oberkirch	**Ringelbach**	
	Oberkirch	**Stadelhofen**	
	Oberkirch	**Tiergarten**	
	Offenburg	**Fessenbach**	
	Offenburg	**Rammersweier**	
	Offenburg	**Zell-Weierbach**	
	Offenburg	**Zunsweier**	
	Ohlsbach	–	
	Ortenberg	–	
	Renchen	**Erlach**	
	Renchen	**Ulm**	
Fürstenlager	Bensheim	Auerbach	HB 11
Gäns	Kobern-Gondorf	Gondorf	MSR 15
Gänsberg	Baden-Baden	Neuweier	B 127
Gärkammer	Bad Neuenahr-Ahrweiler	Walporzheim	A 19
Gärtchen	Piesport	Niederemmel	MSR 301
Gässel	Neustadt an der Weinstraße	Geinsheim	Rhpf 217
Gaisböhl	Ruppertsberg	–	Rhpf 174
Gaispfad	Traben-Trarbach	Traben	MSR 183
Galgenberg	Bad Kreuznach	Bosenheim	N 100
Galgenberg	Badenheim	–	Rhh 23
Galgenberg	Hackenheim	–	Rhh 68
Galgenberg	Kandel	–	Rhpf 332
Gartenlay	Leutesdorf	–	Mrh 22
Gastenklinge	Weinstadt	Strümpfelbach	W 182
Gedeonseck	**Brey**	–	**Mrh 39–48**
	Boppard	**Bopparder Hamm**	
	Rhens	–	
	Spay	–	
Gehrn	Eltville	Rauenthal	Rhg 78
Geiersberg	Armsheim	–	Rhh 112
Geiersberg	Dittelsheim-Heßloch	Dittelsheim	Rhh 377
Geierslay	Wintrich	–	MSR 292
Geiershöll	Klein-Winternheim	–	Rhh 190
Geisberg	Bockenau	–	N 175
Geisberg	Ockfen	–	MSR 468
Geisberg	Rivenich	–	MSR 319
Geisberg	Schoden	–	MSR 461
Geisberg	Zell	–	MSR 151
Geißberg	Heidesheim	–	Rhh 160
Geißberg	Wiesenbronn	–	F 115 a
Geißenkopf	Niedermoschel	–	N 233 T
	Obermoschel	–	
Geißkopf	Kirchheim an der Weinstraße	–	Rhpf 74
Geisterberg	Erbes-Büdesheim	–	Rhh 102 T
	Flonheim	–	
	Flonheim	Uffenhofen	
Gertrudenberg	Dattenberg	–	Mrh 13
Gerümpel	Friedelsheim	–	Rhpf 165
Gerümpel	Wachenheim	–	Rhpf 142
Gestühl	Sasbach	Jechtingen	B 242 T
	Sasbach	Leiselheim	
Gewürzgärtchen	Horrweiler	–	Rhh 14
Gewürzgarten	Hackenheim	–	Rhh 69
Geyersberg	Bechtheim	–	Rhh 390
Geyersberg	Gau-Weinheim	–	Rhh 127
Geyersberg	Sankt Johann	–	Rhh 56
Giebelhöll	Weinähr	–	Mrh 27
Gipfel	**Fellerich**	–	**MSR 500–519**
	Nittel	–	
	Nittel	**Köllig**	
	Nittel	**Rehlingen**	
	Oberbillig	–	
	Onsdorf	–	
	Palzem	–	
	Palzem	**Helfant und Esingen**	
	Palzem	**Kreuzweiler**	
	Palzem	**Wehr**	
	Temmels	–	
	Wasserliesch	–	
	Wellen	–	
	Wincheringen	–	

Lage	Gemeinde	Ortsteil	Anbaugebiet u. Lagen-Nr.
Gips	Fellbach Stuttgart	– Untertürkheim	W 145 T
Glatzen	Dettelbach	Neuses am Berg	F 85
Glockenberg	Gau-Bischofsheim	–	Rhh 181
Glockenzehnt	Neustadt an der Weinstraße	Mußbach an der Weinstraße	Rhpf 190
Glöck	Nierstein	–	Rhh 263
Godelsberg	Aschaffenburg	–	F 6 a
Goetheberg	Obernhof	–	Mrh 28
Götterlay	Bruttig-Frankel	Bruttig	MSR 68
Götzenberg	Steinheim	Kleinbottwar	W 66
Götzenberg	Stuttgart	Uhlbach	W 149
Götzenborn	Wolfsheim	–	Rhh 57
Götzenfels	Bad Münster am Stein-Ebernburg	Ebernburg	N 272
Götzenfels	Norheim	–	N 282
Götzhalde	Neckarzimmern	–	B 76
Goldapfel	Worms	Abenheim	Rhh 415
Goldatzel	Geisenheim	Johannisberg	Rhg 34
Goldbächel	Wachenheim	–	Rhpf 141
Goldbäumchen	**Briedern** **Bruttig-Fankel** **Cochem** **Cochem** **Ellenz-Poltersdorf** **Ernst** **Klotten** **Moselkern** **Müden** **Pommern** **Senheim** **Treis-Karden**	– **Bruttig** – **Sehl** – – – – – – **Senhals** **Karden**	**MSR 41–73**
Goldberg	Alsheim Eich Mettenheim	– – –	Rhh 291 T
Goldberg	Bad Schönborn	Mingolsheim und Langenbrücken	B 60
Goldberg	Bissersheim	–	Rhpf 70
Goldberg	Bretzfeld Öhringen Pfedelbach Pfedelbach	– Verrenberg – Windischenbach	W 33 T
Goldberg	Esselborn	–	Rhh 354
Goldberg	Erpolzheim Freinsheim Weisenheim am Sand	– – –	Rhpf 80 T
Goldberg	Fellbach	–	W 154
Goldberg	Flörsheim-Dalsheim	Niederflörsheim	Rhh 402
Goldberg	Flomborn	–	Rhh 356
Goldberg	Gau-Algesheim	–	Rhh 39
Goldberg	Gensingen	–	Rhh 13
Goldberg	Grünstadt	Asselheim	Rhpf 34
Goldberg	Horrweiler	–	Rhh 13 a
Goldberg	Jugenheim	–	Rhh 131
Goldberg	Monzernheim	–	Rhh 381
Goldberg	Nieder-Olm	–	Rhh 218
Goldberg	Oestrich-Winkel	Mittelheim	Rhg 44
Goldberg	Osthofen	–	Rhh 394
Goldberg	Pommern	–	MSR 53
Goldberg	Sinsheim	Weiler	B 86
Goldberg	Udenheim	–	Rhh 207
Goldberg	Undenheim	–	Rhh 230
Goldberg	Vendersheim	–	Rhh 129
Goldberg	Wawern	–	MSR 458
Goldberg	Worms	Horchheim	Rhh 430

Lage	Gemeinde	Ortsteil	Aubaugebiet u. Lagen-Nr.
Goldblume	Löf	–	MSR 35
Goldemund	Damscheid	–	Mrh 68
Goldemund	Oberwesel	–	Mrh 68 a
Goldene Luft	Nierstein	–	Rhh 259
Goldenes Horn	Siefersheim	–	Rhh 83
Goldfüßchen	Königswinter	Niederdollendorf	Mrh 4
Goldgrube	Bockenheim an der Weinstraße	–	Rhpf 24
Goldgrube	Köngernheim	–	Rhh 231
Goldgrube	Rüdesheim	–	N 163
Goldgrube	Staudernheim	–	N 211
Goldgrube	Traben-Trarbach	Wolf	MSR 197
Goldgrübchen	Mesenich	–	MSR 97
Goldkaul	Dernau	–	A 32
Goldkupp	Mehring	–	MSR 343
Goldlay	Niederfell	–	MSR 21
Goldlay	Oberfell	–	MSR 26
Goldlay	Pünderich	–	MSR 161
Goldlay	Reil	–	MSR 165
Goldloch	Dorsheim	–	N 48
Goldloch	Gauersheim	–	Rhpf 5
Goldstückchen	Armsheim	–	Rhh 111
Goldtröpfchen	Neumagen-Dhron Piesport Piesport	Dhron – Niederemmel	MSR 298 T
Goldwingert	Ürzig	–	MSR 208
Gollenberg	Bellheim Knittelsheim	– –	Rhpf 259 T
Gottesacker	Altdorf	–	Rhpf 250
Gottesacker	Müllheim	Hügelheim	B 296
Gottesacker	Walluf	Niederwalluf	Rhg 88 a
Gottesfuß	Wiltingen	–	MSR 450
Gottesgarten	Selzen	–	Rhh 233
Gotteshilfe	**Bechtheim** **Osthofen**	– –	**Rhh 389–394**
Gottesthal	**Oestrich-Winkel**	**Oestrich**	**Rhg 45–47, C**
Graben	Bernkastel-Kues	Bernkastel	MSR 246
Gräfenberg	Freckenfeld	–	Rhpf 331
	Kiedrich	–	Rhg 69
	Nordheim	–	W 87
Gräfenstein	Rottenberg	–	F 7 a
Graf Beyßel-Herrenberg	Bullay	–	MSR 134
Grafenberg	Brackenheim Eppingen Leingarten Leingarten Nordheim Schwaigern Schwaigern	Neipperg Kleingartach Großgartach Schluchtern – – Niederhofen	W 81 T
Grafenberg	Neumagen-Dhron Piesport	Dhron –	MSR 304 T
Grafenberg	Schorndorf	–	W 171
Grafenberg	Sponheim	–	N 170
Grafensprung	Gernsbach	Obertsrot	B 149
Grafenstück	**Bockenheim an der Weinstraße** **Kindenheim** **Obrigheim** **Obrigheim**	– – – **Mühlheim**	**Rhpf 18–32**

Lage	Gemeinde	Ortsteil	Anbaugebiet u. Lagen-Nr.
Grafschaft	**Alf**	–	**MSR 106–138**
	Beuren	–	
	Bremm	–	
	Bullay	–	
	Ediger-Eller	**Ediger**	
	Neef	–	
	Nehren	–	
	St. Aldegrund	–	
	Zell	**Merl**	
Grafschafter Sonnenberg	Veldenz	–	MSR 265
Grain	Neustadt an der Weinstraße	–	Rhpf 200
Grainhübel	Deidesheim	–	Rhpf 155
Graukatz	Gaugrehweiler	–	N 259
Graukatz	Kalkofen	–	N 243
Graukatz	Münsterappel	–	N 259 b
Graukatz	Niederhausen an der Appel	–	N 259 c
Graukatz	Oberhausen an der Appel	–	N 259 a
Graukatz	Tiefenthal	–	Rhh 74
Graukatz	Winterborn	–	N 260
Greifenberg	Sulzheim	–	Rhh 116
Greiner	Korb	Kleinheppach	W 162
Greth	Treis-Karden	Treis	MSR 75
Großenberg	Gernsbach	Staufenberg	B 116 a
Großer Hengelberg	Neumagen-Dhron	Drohn	MSR 307
Großer Herrgott	Wintrich	–	MSR 289
Großlay	Müden	–	MSR 48
Großmulde	Waiblingen	Beinstein	W 164
Güldenkern	Aspach	Rietenau	W 133
Güldenmorgen	**Dienheim**	–	**Rhh 268–278**
	Oppenheim	–	
	Uelversheim	–	
Günterslay	Piesport	–	MSR 299 T
	Minheim	–	
Gützenberg	Königheim	Gissigheim	B 15 a
Guldenmorgen	Zornheim	–	Rhh 238
Guldenzoll	Heppenheim	–	HB 22
Gut Alsenhof	Lauf	–	B 139
Gutenberg	Oestrich-Winkel	Mittelheim	Rhg 36 T
	Oestrich-Winkel	Winkel	
Gutenhölle	Hüffelsheim	–	N 181
Gutental	Bad Kreuznach	–	N 120
Gutes Domtal	**Dalheim**	–	**Rhh 216–243**
	Dexheim	–	
	Friesenheim	–	
	Hahnheim	–	
	Köngernheim	–	
	Mommenheim	–	
	Nackenheim	–	
	Nieder-Olm	–	
	Nierstein	**Schwabsburg**	
	Selzen	–	
	Sörgenloch	–	
	Undenheim	–	
	Weinolsheim	–	
	Zornheim	–	
Gutleuthaus	Oppenheim	–	Rhh 274
Guttenberg	**Bad Bergzabern**	–	**Rhpf 323–333**
	Dierbach	–	
	Dörrenbach	–	
	Freckenfeld	–	
	Kandel	–	
	Kapsweyer	–	
	Minfeld	–	
	Niederotterbach	–	
	Oberotterbach	–	
	Schweigen-Rechtenbach	–	
	Schweighofen	–	
	Steinfeld	–	
	Vollmersweiler	–	

Lage	Gemeinde	Ortsteil	Anbaugebiet u. Lagen-Nr.
Haarberg-Katzensteg	Wöllstein	–	Rhh 86
Häder	Kernen Kernen	Rommelshausen Stetten	W 190 T
Hägenich	Wiesloch	–	B 51
Hähnchen	Bornheim	–	Rhh 104
Hämmchen	Brey	–	Mrh 41
Häs'chen	Neumagen-Dhron	Dhron	MSR 308
Hahn	Bacharach	–	Mrh 90
Hahn	Rehborn	–	N 219
Hahnen	Weisenheim am Sand	–	Rhpf 76
Hahnenberg	Zaberfeld Zaberfeld	Leonbrunn Ochsenburg	W 98 T
Hahnenkamm	Bubenheim	–	Rhpf 13
Hahnen-schrittchen	Burg	–	MSR 170
Hahnhölle	Niedermoschel	–	N 235
Halde	Emmendingen	Hochburg	B 199
Halde	Illingen Mühlacker Mühlacker Vaihingen Vaihingen	– Mühlhausen Lomersheim – Roßwag	W 106 T
Halde	Stuttgart	Bad Cannstadt	W 141
Halde	Weisenheim am Sand	–	Rhpf 78
Halenberg	Monzingen	–	N 192
Haltnau	Meersburg	–	B 335 a
Hambusch	Bacharach	Steeg	Mrh 89
Hamm	Koblenz Koblenz	Lay Moselweiß	MSR 5 T
Hamm	Waldböckelheim	–	N 312
Hamm	Winningen	–	MSR 10
Hammerstein	Trier	Kürenz	MSR 367
Hansenberg	Geisenheim	Johannisberg	Rhg 33
Happenhalde	Weinstadt	Endersbach	W 181
Hardt	Weikersheim	–	W 3
Hardtberg	Dernau	–	A 28
Hardtberg	Rech	–	A 33
Harfenspiel	Bergtheim	–	F 69
Harstell	Großostheim	–	F 9
Harzberg	Großbottwar Großbottwar Großbottwar Oberstenfeld Oberstenfeld	– Hof und Lembach Winzerhausen – Gronau	W 63 T
Haselstaude	Kippenheim Lahr Mahlberg	– Sulz –	B 185 T
Haselstein	Winnenden Winnenden	– Breuningsweiler	W 172 T
Hasen	Eschbach	–	Rhpf 297
Hasenberg	Bad Ems Dausenau	– –	Mrh 25 T
Hasenberg	Endingen	Königschaff-hausen	B 249
Hasenberg	Perl	–	MSR 525
Hasenbiß	Osthofen	–	Rhh 392
Hasenlauf	Bermersheim	–	Rhh 364
Hasenläufer	Burgen	–	MSR 274
Hasennestle	Adelshofen	Tauberzell	F 104 b
Hasensprung	Bechtheim	–	Rhh 383
Hasensprung	Dorn-Dürkheim	–	Rhh 331
Hasensprung	Ediger-Eller	Ediger	MSR 108
Hasensprung	Jugenheim	–	Rhh 132
Hasensprung	Oestrich-Winkel	Winkel	Rhg 40
Hasensprung	Wallhausen	–	N 84
Hasensprung	Walzbachtal	Jöhlingen	B 104
Hasenzeile	Weisenheim am Sand	–	Rhpf 77
Hassel	Eltville	Hattenheim	Rhg 51
Haßmannsberg	Bockenheim an der Weinstraße	–	Rhpf 20
Haubenberg	Saulheim	–	Rhh 204
Heerkretz	Neu-Bamberg	–	Rhh 82
Heerkretz	Siefersheim	–	Rhh 82 a
Heide	Weyher in der Pfalz	–	Rhpf 241
Heidegarten	Edenkoben	–	Rhpf 231
Heilgraben	Dieblich	–	MSR 18
Heil	Frettenheim	–	Rhh 372
Heil	Wallertheim	–	Rhh 124
Heilgarten	Manubach	–	Mrh 99
Heiligborn	Albisheim	–	Rhpf 7
Heiligenbaum	Nierstein	–	Rhh 265
Heiligenberg	Eltville	Hattenheim	Rhg 52
Heiligenberg	Heidelberg	–	B 42
Heiligenberg	Illingen Sachsenheim	Schützingen Häfnerhaslach	W 115 T
Heiligenberg	Kolitzheim	Zeilitzheim	F 102 b
Heiligenberg	Krautheim Krautheim	– Klepsau	B 28 T
Heiligenberg	Maikammer	–	Rhpf 221
Heiligenberg	Weiler bei Monzingen	–	N 186
Heiligenborn	Albisheim	–	Rhpf 7
Heiligenborn	Serrig	–	MSR 490
Heiligenhäuschen	Jugenheim	–	Rhh 133
Heiligenhäuschen	Morscheid Riveris Waldrach	– – –	MSR 389 T
Heiligenhäuschen	Stetten	–	Rhpf 6
Heiligenhaus	Saulheim	–	Rhh 206
Heiligenkirche	Bockenheim an der Weinstraße	–	Rhpf 25
Heiligenpfad	Wendelsheim	–	Rhh 95
Heiligenstein	Baden-Baden	Neuweier	B 128
Heiligenstein	Mühlhausen	–	B 57
Heiligenstock	**Kiedrich**	**–**	**Rhg 66, 68–71**
Heiligenthal	**Großostheim**	**–**	**F 8–9**
Heiliger Blutberg	Alzey	Weinheim	Rhh 344
Heilige Tanne	Brensbach	–	HB 5 a
Heilighäuschen	Ingelheim	Groß-Winterheim	Rhh 143
Heiligkreuz	Bechtheim	–	Rhh 384
Heilig Kreuz	Edenkoben	–	Rhpf 229
Heilig Kreuz	Künzelsau	Belsenberg	W 9
Heimberg	Schloßböckelheim	–	N 306
Heißer Stein	Buchbrunn	–	F 80
Heisterberg	Königswinter	Niederdollendorf	Mrh 6
Heitersbrünnchen	Bodenheim	–	Rhh 173
Held	Bissersheim	–	Rhpf 67
Held	Kenn	–	MSR 353
Held	Köwerich	–	MSR 325
Held	Langsur	Mesenich	MSR 499
Held	Pölich	–	MSR 340
Helenenkloster	Mülheim	–	MSR 261
Hellenpfad	Braunweiler	–	N 146

Lage	Gemeinde	Ortsteil	Anbaugebiet u. Lagen-Nr.
Hemsberg	Bensheim Bensheim Bensheim	– Zell Gronau	HB 16 T
Hendelberg	Eltville Oestrich-Winkel	Hattenheim Hallgarten	Rhg 59 T
Hengstberg	Desloch	–	N 224
Henkenberg	Vogtsburg im Kaiserstuhl	Oberrotweil	B 229
Heppenstein	Ockfen	–	MSR 464
Herbstthal	Karlstadt	Wiesenfeld	F 43 a
Hermannsberg	Niederhausen an der Nahe	–	N 300
Hermannshöhle	Niederhausen an der Nahe	–	N 299
Heroldsberg	Hammelburg	–	F 29
Herrenberg	Alf	–	MSR 129
Herrenberg	Bad Dürkheim	Ungstein	Rhpf 118
Herrenberg	Boos Staudernheim	– –	N 210 T
Herrenberg	Boxberg	Oberschüpf	B 27
Herrenberg	Briedern	–	MSR 92
Herrenberg	Cochen	–	MSR 59
Herrenberg	Dienheim Oppenheim	– –	Rhh 270 T
Herrenberg	Enkirch	–	MSR 178
Herrenberg	Erden	–	MSR 204
Herrenberg	Flörsheim Hochheim	– –	Rhg 110 T
Herrenberg	Heidelberg Leimen	– –	B 46 T
Herrenberg	Kasel	–	MSR 403
Herrenberg	Kenzingen	Nordweil	B 194
Herrenberg	Kesten	–	MSR 286
Herrenberg	Kleinkarlbach	–	Rhpf 46
Herrenberg	Konz Konz	Falkenstein Niedermennig	MSR 434 T
Herrenberg	Konz	Filzen	MSR 428
Herrenberg	Kröv	Kövenig	MSR 224
Herrenberg	Landau in der Pfalz	Nußdorf	Rhpf 274
Herrenberg	Lauda-Königshofen	Gerlachsheim	B 16
Herrenberg	Longuich Schweich	– –	MSR 350 T
Herrenberg	Mertesdorf Mertesdorf	– Maximin Grünhaus	MSR 415 T
Herrenberg	Minfeld	–	Rhpf 333
Herrenberg	Oberschwarzach Oberschwarzach Oberschwarzach	– Düttingsfeld Mutzenroth	F 138 T
Herrenberg	Ochsenfurt	Kleinochsenfurt	F 69 a
Herrenberg	Ockfen	–	MSR 463
Herrenberg	Rech	–	A 35
Herrenberg	Rehborn	–	N 217
Herrenberg	Schoden	–	MSR 460
Herrenberg	Serrig	–	MSR 493
Herrenberg	Trier	Kürenz	MSR 365
Herrenberg	Valwig	–	MSR 82
Herrenberg	**Dörscheid** **Kaub**	– –	**Mrh 78–85**
Herrenberg	**Castell**	–	**F 106–113**
Herrenberger	Ayl mit Ortsteil Biebelhausen		MSR 470
Herrenberger	Wawern	–	MSR 457

Lage	Gemeinde	Ortsteil	Aubaugebiet u. Lagen-Nr.
Herrenbuck	Eichstetten	–	B 213
Herrenbuckel	Flemlingen	–	Rhpf 270
Herrengarten	Dienheim Oppenheim	– –	Rhh 282 T
Herrenletten	Neustadt an der Weinstraße	Haardt an der Weinstraße	Rhpf 197
Herrenmorgen	Bad Dürkheim	Leistadt	Rhpf 107
Herrenpfad	Heuchelheim-Klingen Göcklingen	– –	Rhpf 307 T
Herrenstück	Vogtsburg im Kaiserstuhl	Bickensohl	B 226
Herrentisch	Lahr	–	B 184
Herrenwingert	Steinfeld	–	Rhpf 327
Herrenzehntel	Weiler bei Monzingen	–	N 185
Herrgottsacker	Deidesheim	–	Rhpf 151
Herrgottsacker	Dirmstein	–	Rhpf 55
Herrgottsacker	Kleinkarlbach	–	Rhpf 45
Herrgottsblick	Zellertal	Harxheim	Rhpf 12
Herrgottshaus	Klein-Winternheim	–	Rhh 192
Herrgottsrock	Pellingen	–	MSR 445
Herrgottspfad	Gau-Odernheim	–	Rhh 312
Herrgottsweg	Albertshofen	–	F 81 a
Herrlesberg	Neckarwestheim	–	W 75
Herrlich	**Eschbach** **Göcklingen** **Herxheim bei Landau in der Pfalz** **Herxheimweyher** **Ilbesheim** **Impflingen** **Insheim** **Landau in der Pfalz** **Landau in der Pfalz** **Leinsweiler** **Rohrbach**	– – – – – – – **Mörzheim** **Wollmersheim** – –	**Rhpf 296–305**
Herrnberg	Gau-Bischofsheim	–	Rhh 184
Herrnberg	Flörsheim Hochheim	– –	Rhg 110 T
Herrnberg	Groß-Umstadt	–	HB 5
Herrnberg	Wiesbaden Wiesbaden	Frauenstein Schierstein	Rhg 96 T
Herrnwingert	Hemsbach Weinheim	– Sulzbach	B 30 T
Herrnwingert	Bensheim	Schönberg	HB 12
Herrschaftsberg	Ippesheim	–	F 126
Herrschaftsgarten	Hergenfeld	–	N 77
Herzchen	Briedel	–	MSR 158
Herzfeld	Bad Dürkheim	Leistadt	Rhpf 101
Herzlay	Bausendorf	Olkenbach	MSR 209
Herzog	Neustadt an der Weinstraße	Haardt an der Weinstraße	Rhpf 196
Herzogenberg	Fellbach Stuttgart Stuttgart	– Bad Cannstatt Untertürkheim	W 142 T
Herzogsberg	Binau Mosbach	– Diedesheim	B 73 T
Hessern	St. Goarshausen	–	Mrh 59
Heßweg	Odernheim am Glan	–	N 213

Lage	Gemeinde	Ortsteil	Anbaugebiet u. Lagen-Nr.
Heuchelberg	**Brackenheim**	–	**W 78–98**
	Brackenheim	**Botenheim**	
	Brackenheim	**Dürrenzimmern**	
	Brackenheim	**Haberschlacht**	
	Brackenheim	**Hausen**	
	Brackenheim	**Meimsheim**	
	Brackenheim	**Neipperg**	
	Brackenheim	**Stockheim**	
	Cleebronn	–	
	Eppingen	**Kleingartach**	
	Güglingen	–	
	Güglingen	**Eibensbach**	
	Güglingen	**Frauenzimmern**	
	Heilbronn	**Klingenberg**	
	Leingarten	**Großgartach**	
	Leingarten	**Schluchtern**	
	Massenbachhausen	–	
	Nordheim	–	
	Nordheim	**Nordhausen**	
	Pfaffenhofen	–	
	Pfaffenhofen	**Weiler**	
	Schwaigern	–	
	Schwaigern	**Niederhofen**	
	Schwaigern	**Stetten**	
	Zaberfeld	–	
	Zaberfeld	**Leonbronn**	
	Zaberfeld	**Michelbach**	
	Zaberfeld	**Ochsenburg**	
Hexelberg	Eimsheim	–	Rhh 297
Hex vom Dasenstein	Kappelrodeck	–	B 146
Hildegardisberg	Bermersheim v. d. H.	–	Rhh 110
Hildegardis-brünnchen	Bingen	Bingerbrück	N 1
Himmelacker	Alzey	Dautenheim	Rhh 351
Himmelberg	Angelbachtal	Michelfeld	B 83
Himmelberg	Leinach Leinach	Oberleinach Unterleinach	F 49 T
Himmelchen	Bad Neuenahr-Ahrweiler	Walporzheim	A 17
Himmelgarten	Bad Kreuznach	Ippesheim	N 129
Himmelreich	Bretzfeld Bretzfeld Bretzfeld Bretzfeld Langenbrettach	Dimbach Siebeneich Schwabbach Waldbach Langenbeutingen	W 37 T
Himmelreich	Graach	–	MSR 240
Himmelreich	Gundelsheim	–	W 18
Himmelreich	Herxheim am Berg	–	Rhpf 89
Himmelreich	Sand am Main	Krum	F 134 a
Himmelreich	St. Aldegund	–	MSR 124
Himmelreich	Ubstadt-Weiher Ubstadt-Weiher	Stettfeld Zeutern	B 64 T
Himmelreich	Winnenden Winnenden	Baach Hertmannsweiler	W 173 T
Himmelreich	Zeltingen-Rachtig	–	MSR 230
Himmelsbühl	Sand am Main	–	F 133 b
Himmelthal	Guntersblum	–	Rhh 307
Hinkelstein	Bad Kreuznach	–	N 111
Hintere Klinge	Weinstadt	Endersbach	W 194
Hinterer Berg	Fellbach	–	W 156
Hinterhalde	Ammerbuch	Breitenholz	W 198 a
Hinterkirch	Rüdesheim	Assmannshausen und Aulhausen	Rhg 10
Hipperich	Guldental	Heddesheim und Waldhilbersheim	N 44
Hipping	Nierstein	–	Rhh 258
Hirschberg	Werbach	–	B 11
Hirschlay	Longuich	–	MSR 348
Hirtengarten	Oberbillig	–	MSR 502
Hirtenhain	Bad Kreuznach	Bosenheim	N 133

Lage	Gemeinde	Ortsteil	Aubaugebiet u. Lagen-Nr.
Hitzlay	Kasel	–	MSR 406
Hoch	Bodenheim	–	Rhh 176
Hochbenn	Bad Dürkheim	–	Rhpf 123
Hochberg	Erlenbach am Main	–	F 13
Hochberg	Sasbach	Jechtingen	B 240
Hochberg	Klingenberg am Main	–	F 14
Hochberg	Worms Worms	Herrnsheim Pfeddersheim	Rh 425 T
Hochgericht	Altdorf	–	Rhpf 251
Hochgericht	Obrigheim	Mühlheim	Rhpf 29
Hochlay	Cochem	Sehl	MSR 62
Hochmess	**Bad Dürkheim** **Ungstein**	– –	**Rhpf 120–123**
Hockenmühle	Ockenheim	–	Rhh 32
Hochwart	Reichenau	–	B 328
Höchstes Kreuz	Feilbingert	–	N 241
Höhe	Landau in der Pfalz	Dammheim	Rhpf 282
Höhlchen	Dienheim	–	Rhh 277
Höhlchen	Bad Münster am Stein-Ebernburg	Münster	N 275
Höhlchen	Spabrücken	–	N 71
Höll	Ediger-Eller	Eller	MSR 115
Höll	Markt Eisenheim	Obereisenheim	F 100
Höllberg	Bensheim	Auerbach	HB 10
Höllberg	Buggingen	–	B 288
Höllberg	Müllheim	Hügelheim	B 295
Höllberg	Siefersheim	–	Rhh 84
Hölle	Alf	–	MSR 133
Hölle	Alsenz	–	N 247
Hölle	Alzey	Weinheim	Rhh 341
Hölle	Eckenroth	–	N 26
Hölle	Geisenheim	Johannisberg	Rhg 32
Hölle	Gleisweiler	–	Rhpf 269
Hölle	Guldental	Heddesheim und Waldhilbersheim	N 43
Hölle	Hammerstein	–	Mrh 19
Hölle	Hochheim	–	Rhg 106
Hölle	Nierstein	–	Rhh 255
Hölle	Pfaffen-Schwabenheim	–	Rhh 18
Hölle	Rümmelsheim	–	N 15
Hölle	Saulheim	–	Rhh 203
Hölle	Sprendlingen	–	Rhh 51
Hölle	Wiesbaden	Schierstein	Rhg 93
Hölle	Wiltingen	–	MSR 447
Hölle	Wöllstein	–	Rhh 89
Hölle	Wonsheim	–	Rhh 79
Höllenberg	Heidesheim	–	Rhh 162
Höllenberg	Nußbaum	–	N 194
Höllenberg	Rüdesheim Rüdesheim	Assmannshausen Aulhausen	Rhg 9 T
Höllenbrand	Bad Kreuznach Bad Kreuznach	Bosenheim Planig	N 99
Höllenbrand	Gundersheim	–	Rhh 359
Höllenpfad	Burgsponheim	–	N 173
Höllenpfad	Roxheim	–	N 159
Höllenpfad	Wallhausen	–	N 83

Lage	Gemeinde	Ortsteil	Anbaugebiet u. Lagen-Nr.
Höllenpfad	**Battenberg**	–	**Rhpf 33–50**
	Grünstadt	–	
	Grünstadt	**Asselheim**	
	Grünstadt	**Sausenheim**	
	Kleinkarlbach	–	
	Mertesheim	–	
	Neuleiningen	–	
Höllenweg	Ingelheim	Groß-Winternheim	Rhh 154
Höllhagen	Ehrenkirchen	Kirchhofen	B 277
Hoeppslei	Serrig	–	MSR 491
Hörecker	Kanzem	–	MSR 431
Hörnchen	Laubenheim	–	N 60
Hörnchen	Wallhausen	–	N 79
Hörnle	Korb	–	W 161 T
	Waiblingen	–	
Hofberg	Bernkastel-Kues	Wehlen	MSR 234
Hofberg	Konz	Falkenstein	MSR 419
Hofberg	Möckmühl	–	W 16 T
	Neudenau	Siglingen	
	Widdern	–	
Hofberger	Neumagen-Dhron	Dhron	MSR 305 T
	Piesport	Niederemmel	
Hofgarten	Bad Kreuznach	–	N 107
Hofgut	Bretzenheim	–	N 139
Hofmeister	Hochheim	–	Rhg 103
Hofrat	**Albertshofen**	–	**F 73–81 a**
	Buchbrunn	–	
	Kitzingen	–	
	Kitzingen	**Eherieder Mühle**	
	Mainstockheim	–	
	Marktbreit	–	
	Marktsteft	–	
	Segnitz	–	
	Sulzfeld	–	
Hofsteige	Metzingen	–	W 196 T
	Metzingen	Neuhausen	
Hofstück	Mainstockheim	–	F 81
Hofstück	**Deidesheim**	–	**Rhpf 160–180**
	Ellerstadt	–	
	Friedelsheim	–	
	Gönnheim	–	
	Hochdorf-Assenheim	–	
	Meckenheim	–	
	Niederkirchen	–	
	Rödersheim-Gronau	–	
	Ruppertsberg	–	
Hohberg	Haßmersheim	Neckarmühlbach	B 78
Hohberg	Lörzweiler	–	Rhh 189
Hohberg	Weinolsheim	–	Rhh 226
Hoheburg	Ruppertsberg	–	Rhpf 173
Hohenberg	Pfaffenhofen	–	W 97 T
	Pfaffenhofen	Weiler	
	Zaberfeld	–	
	Zaberfeld	Michelbach	
Hohenberg	**Eisingen**	–	**B 102–115**
	Kämpfelbach	**Bilfingen**	
	Kämpfelbach	**Ersingen**	
	Karlsruhe	**Durlach**	
	Karlsruhe	**Grötzingen**	
	Karlsruhe	**Hohenwettersbach**	
	Keltern	**Dietlingen**	
	Keltern	**Ellmendingen**	
	Ölbronn-Dürrn	**Dürrn**	
	Pfinztal	**Berghausen**	
	Pfinztal	**Söllingen**	
	Pfinztal	**Wöschbach**	
	Walzbachtal	**Jöhlingen**	
	Weingarten	–	
Hohenbühl	Seinsheim	–	F 124
Hohenlandsberg	Weigenheim	–	F 127 b T
	Weigenheim	Reusch	
Hohenmorgen	Deidesheim	–	Rhpf 156
Hohenneuffen	**Beuren**	–	**W 196–197**
	Frickenhausen	–	
	Frickenhausen	**Linsenhofen**	
	Kohlberg	–	
	Metzingen	–	
	Metzingen	**Neuhausen**	
	Neuffen	–	
	Neuffen	**Kappishäusern**	
	Weilheim	–	
Hohenrain	Eltville	Erbach	Rhg 65
Hohenrain	Knöringen	–	Rhpf 281
Hoher Berg	Ingelfingen	–	W 8 T
	Ingelfingen	Criesbach	
	Künzelsau	–	
	Niedernhall	–	
Hoher Hergott	Külsheim	–	B 10
Hohnart	Castell	–	F 107
Holzenberg	Winnenden	–	W 165 T
	Winnenden	Breuningsweiler	
Homberg	Albig	–	Rhh 323
Homberg	Bechtolsheim	–	Rhh 310
Homberg	Wiesbaden	Frauenstein	Rhg 95
Homburg	Gössenheim	–	F 33
Honigberg	Bad Kreuznach	Winzenheim	N 126
Honigberg	Biebelsheim	–	Rhh 16
Honigberg	Bingen	Dromersheim	Rhh 27
Honigberg	Bubenheim	–	Rhh 137
Honigberg	Dorsheim	–	N 47
Honigberg	Eltville	Erbach	Rhg 63
Honigberg	Guldental	Heddesheim und Waldhilbersheim	N 39
Honigberg	Ludwigshöhe	–	Rhh 283
Honigberg	Maring-Noviand	–	MSR 267
Honigberg	Nieder-Hilbersheim	–	Rhh 46
Honigberg	Sprendlingen	–	Rhh 50
Honigberg	Sulzheim	–	Rhh 117
Honigberg	**Geisenheim**	**Johannisberg**	**Rhg 29, 36 38–40, 42, 43, A, B**
	Oestrich-Winkel	**Mittelheim**	
	Oestrich-Winkel	**Winkel**	
Honigberg	**Dettelbach**	–	**F 82–84**
	Dettelbach	**Bibergau**	
	Dettelbach	**Brück**	
	Dettelbach	**Schnepfenbach**	
Honigsack	Grünstadt	Sausenheim	Rhpf 40
Honigsack	Herxheim am Berg	–	Rhpf 90
Honigsäckel	**Bad Dürkheim**	**Ungstein**	**Rhpf 117–119**
Horn	Ingelheim	Groß-Winternheim	Rhh 151
Horn	Kallstadt	–	Rhpf 116
Horn	Wachenheim	–	Rhh 409
Hornberg	Framersheim	–	Rhh 318
Hornfelsen	Grenzach-Wyhlen	Grenzach	B 326
Hubacker	Flörsheim-Dalsheim	Dalsheim	Rhh 398
Hubberg	Weinheim	–	B 31
Hubertusberg	Nittel	–	MSR 508 T
	Onsdorf	–	
Hubertusberg	Waldrach	–	MSR 392
Hubertusborn	Koblenz	Lay	MSR 6
Hubertuslay	Bausendorf	Olkenbach	MSR 210
Hubertuslay	Kinheim	–	MSR 200
Hühnerberg	Traben-Trarbach	Trarbach	MSR 188
Hüßberg	Sugenheim	Neundorf	F 128 c
Hütt	Grünstadt	Sausenheim	Rhpf 39

Lage	Gemeinde	Ortsteil	Anbaugebiet u. Lagen-Nr.
Hüttberg	Mainz	Ebersheim	Rhh 168
Hütte	Konz	Oberemmel	MSR 440
Hüttenberg	Roxheim	–	N 157
Hütte-Terrassen	Bornheim	–	Rhh 105
Hummelberg	Herbolzheim Kenzingen	Wagenstadt –	B 192 T
Hummelberg	Östringen	–	B 62
Hundert	Oberwesel	Langscheid	Mrh 76
Hundertgulden	Appenheim	–	Rhh 43
Hundsberg	Obersulm Obersulm	Eichelberg Weiler	W 49 T
Hundskopf	Albis	–	Rhh 322
Hungerberg	Winterbach	–	W 170
Hungerbiene	Gundheim	–	Rhh 363
Hungriger Wolf	Bad Kreuznach	–	N 124
Hunnenstein	Alken	–	MSR 33
Hunolsteiner	Merxheim	–	N 189

Lage	Gemeinde	Ortsteil	Aubaugebiet u. Lagen-Nr.
Idig	Neustadt an der Weinstraße	Königsbach an der Weinstraße	Rhpf 182
Im Felseneck	Bockenau	–	N 178
Im Heubusch	Morschheim	–	Rhpf 1
Immengarten	Maikammer	–	Rhpf 22O
Im Neuberg	Bockenau	–	N 177
Im Röttgen	Koblenz Winningen	Güls –	MSR 4 T
Im Sonnenschein	Siebeldingen	–	Rhpf 291
Im Stein	Karlstadt	–	F 41
In den Felsen	Schloßböckelheim	–	N 305
In den Layfelsen	Hammerstein	–	Mrh 18
In den siebzehn Morgen	Bad Kreuznach	Winzenheim	N 125
Inkelhöll	Lettweiler	–	N 227
Innere Leiste	Würzburg	–	F 57
Insel Heylesen Werth	Bacharach	–	Mrh 91

Lage	Gemeinde	Ortsteil	Anbaugebiet u. Lagen-Nr.
Jesuitenberg	Elsenfeld	Rück	F 12
Jesuitenberg	Wawern	–	MSR 456
Jesuitengarten	Bad Neuenahr-Ahrweiler	Marienthal	A 24
Jesuitengarten	Forst an der Weinstraße	–	Rhpf 146
Jesuitengarten	Neustadt an der Weinstraße	Königsbach an der Weinstraße	Rhpf 183
Jesuitengarten	Oestrich-Winkel	Winkel	Rhg 39
Jesuitengarten	Pellingen	–	MSR 444
Jesuitengarten	Waldrach	–	MSR 401
Jesuitenhof-garten	Dirmstein	–	Rhpf 56
Jesuitenschloß	Freiburg Merzhausen	– –	B 266 T
Jesuitenwingert	Trier	Olewig	MSR 374
Johannesberg	Sobernheim Waldböckelheim	Steinhard –	N 207 T
Johannisberg	Aspisheim	–	Rhh 25
Johannisberg	Dreis	–	MSR 220
Johannisberg	Elsenfeld	Rück	F 11
Johannisberg	Franzenheim	–	MSR 385
Johannisberg	Gau-Algesheim	–	Rhh 38
Johannisberg	Mainz	Laubenheim	Rhh 164
Johannisberg	Mertesdorf	–	MSR 412
Johannisberg	Rümmelsheim mit Ortsteil Burg Layen	–	N 17
Johannisberg	Thüngersheim	–	F 45
Johannisberg	Wallhausen	–	N 81
Johannisberg	Zotzenheim	–	Rhh 21
Johannis-brünnchen	Bernkastel-Kues	Bernkastel	MSR 251
Johanniskirchel	Neustadt an der Weinstraße	Diedesfeld an der Weinstraße	Rhpf 207
Johannisweg	Wallhausen	–	N 81 a
Johannitergarten	Neustadt an der Weinstraße	Mußbach an der Weinstraße	Rhpf 194
Josefsberg	Wertheim Wertheim	Bronnbach Reicholzheim	B 3 T
Josephsberg	Durbach	–	B 158
Josephshöfer	Graach	–	MSR 242
Judenkirch	Wiesbaden	Dotzheim	Rhg 97
Juffer	Brauneberg	–	MSR 277
Juffermauer	Treis-Karden	Karden	MSR 51
Juffer Sonnenuhr	Brauneberg	–	MSR 278
Julius-Echter-Berg	Iphofen	–	F 120
Jungbrunnen	Dorsheim	–	N 52
Jungfer	Eltville Oestrich-Winkel	Hattenheim Hallgarten	Rhg 58 T
Jungfer	Lauffen	–	W 74
Jungfernberg	Waldrach	–	MSR 394
Jungfernstieg	Meersburg	–	B 334
Junker	Bad Kreuznach	Ippesheim	N 130
Junker	Laubenheim	–	N 59
Jupiterberg	Brackenheim	Hausen	W 90

Lage	Gemeinde	Ortsteil	Aubaugebiet u. Lagen-Nr.
Kachelberg	Ensheim	–	Rhh 114 a
Kachelberg	Wörrstadt	Rommersheim	Rhh 114
Käppele	Weinstadt	Beutelsbach	W 179
Käsberg	Hessigheim Mundelsheim	– –	W 122 T
Käsleberg	Vogtsburg im Kaiserstuhl	Oberrotweil	B 227
Kätzchen	Osann-Monzel	Monzel	MSR 282
Kafels	Norheim	–	N 289
Kaffelstein	Kreuzwertheim	–	F 22
Kahlberg	Hirschberg	Leutershausen	B 35
Kahlenberg	Bad Kreuznach	–	N 108
Kahlenberg	Feilbingert	–	N 240
Kahlenberg	Ottersheim	–	Rhpf 258
Kahllay	Niederfell	–	MSR 20
Kailberg	Lauda-Königshofen	Sachsenflur	B 24
Kaiserberg	Duchroth	–	N 321
Kaiserberg	Ettenheim Ettenheim Herbolzheim Herbolzheim Herbolzheim Herbolzheim Ringsheim	– Altdorf – Bleichheim Broggingen Tutschfelden –	B 189 T
Kaiserberg	Göcklingen	–	Rhpf 298
Kaiserberg	Güglingen Güglingen	– Frauenzimmern	W 95 T
Kaiserberg	Landau in der Pfalz	Nußdorf	Rhpf 275
Kaisergarten	Gau-Weinheim	–	Rhh 126
Kaiser Karl	Kitzingen Kitzingen	Eherieder Mühle Repperndorf	F 79 T
Kaiserpfalz	**Bubenheim** **Engelstadt** **Heidesheim** **Ingelheim** **Ingelheim** **Jugenheim** **Schwabenheim** **Wackernheim**	– – – – **Groß-Winternheim** – – –	**Rhh 130–162**
Kaiserstuhl	Neustadt an der Weinstraße	Hambach an der Weinstraße	Rhpf 202
Kaiser Wilhelm	Winterhausen	–	F 69 b
Kalb	Iphofen	–	F 121
Kalbenstein	Karlstadt	Gambach	F 35
Kalbspflicht	Eltville	–	Rhg 76
Kallenberg	Bubenheim	–	Rhh 136
Kallmuth	Triefenstein	Homburg am Main	F 23
Kalkberg	Neustadt an der Weinstraße	Duttweiler	Rhpf 216
Kalkgasse	Bensheim	–	HB 13
Kalkgrube	Frankenweiler	–	Rhpf 286
Kalkofen	Bad Dürkheim	Leistadt	Rhpf 99
Kalkofen	Deidesheim	–	Rhpf 154
Kammer	Brauneberg	–	MSR 279
Kanzel	Obernbreit	–	F 104 a
Kapellberg	Laumersheim	–	Rhpf 62
Kapellchen	Minheim	–	MSR 294
Kapelle	Bodenheim	–	Rhh 177
Kapelle	Gau-Bickelheim	–	Rhh 122
Kapelle	Hainfeld	–	Rhpf 243
Kapellenberg	Alf	–	MSR 127
Kapellenberg	Alzey Alzey	– Weinheim	Rhh 343 T
Kapellenberg	Bad Bellingen Bad Bellingen	Bamlach Rheinweiler	B 316 T

Lage	Gemeinde	Ortsteil	Anbaugebiet u. Lagen-Nr.
Kapellenberg	Bad Neuenahr-Ahrweiler	Ehlingen	A 1
Kapellenberg	Bingen	Kempten	Rhh 3
Kapellenberg	Briedern	–	MSR 93
Kapellenberg	Bruttig-Fankel Bruttig-Fankel	Bruttig Fankel	MSR 85 T
Kapellenberg	Durbach	–	B 161
Kapellenberg	Eibelstadt	–	F 66
Kapellenberg	Freiburg	Munzingen	B 264
Kapellenberg	Frickenhausen	–	F 71
Kapellenberg	Fürfeld	–	Rhh 75
Kapellenberg	Klettgau Klettgau	Erzingen Rechberg	B 347 T
Kapellenberg	Lorch	–	Rhg 4
Kapellenberg	Münster-Sarmsheim	–	N 6
Kapellenberg	Neustadt an der Weinstraße	Gimmeldingen an der Weinstraße	Rhpf 186
Kapellenberg	Nittel	Rehlingen	MSR 512
Kapellenberg	Ober-Olm	–	Rhh 193
Kapellenberg	Odernheim am Glan	–	N 216
Kapellenberg	Östringen	Eichelberg	B 88
Kapellenberg	Palzem	Helfant und Esingen	MSR 516
Kapellenberg	Rottenburg	Wurmlingen und Wendelsheim	W 199
Kapellenberg	Treis-Karden	Treis	MSR 74
Kapellenberg	Volkach	Gaibach	F 97
Kapellenberg	**Ebelsbach** **Knetzgau** **Sand am Main** **Zeil am Main** **Zeil am Main**	**Steinbach** **Oberschwappach** **–** **Schmachtenberg** **Ziegelanger**	**F 129–133**
Kapellengarten	Dackenheim	–	Rhpf 84
Kapellenpfad	Bad Kreuznach	–	N 115
Kapellenstück	Worms	Abenheim	Rhh 417
Kapplay	Ediger-Eller	Eller	MSR 113
Kapuzinerbuck	Wittnau	–	B 267
Kardinalsberg	Bernkastel-Kues	Kues	MSR 255
Karlsberg	Konz	Oberemmel	MSR 438
Karlsberg	Weikersheim	–	W 5
Karlskopf	Bad Neuenahr-Ahrweiler	Bachem	A 8
Karthäuser	Laubenheim	–	N 56
Karthäuser	Volkach	Astheim	F 93
Karthäuserhofberg	Trier	Eitelsbach	MSR 357
Karthäuser Klosterberg	Konz	–	MSR 416
Kasselberg	Durbach	–	B 163
Kastanienbusch	Birkweiler	–	Rhpf 293
Kastaniengarten	Edenkoben	–	Rhpf 236
Kastell	Boos Waldböckelheim	– –	N 208 T
Katergrube	Weinsheim	–	N 165
Katzebuckel	Mörstadt	–	Rhh 405
Katzenbeißer	Lauffen	–	W 72
Katzenberg	Weingarten	–	B 102
Katzenhölle	Bad Kreuznach	Planig	N 132
Katzenkopf	Alf	–	MSR 128
Katzenkopf	Sommerach	–	F 89
Katzenöhrle	Brackenheim	Meimsheim	W 91
Katzenstein	Kindenheim	–	Rhpf 26
Kaulenberg	Auen	–	N 182
Kauzenberg in den Mauern	Bad Kreuznach	–	N 105
Kauzenberg-Oranienberg	Bad Kreuznach	–	N 103
Kauzenberg-Rosenhügel	Bad Kreuznach	–	N 104
Kayberg	Erlenbach-Binswangen Erlenbach-Binswangen Oedheim	Binswangen Erlenbach –	W 22 T
Kehr	Weinolsheim	–	Rhh 227
Kehrberg	Kobern-Gondorf	Gondorf	MSR 17
Kehrenberg	Altenbamberg	–	N 263
Kehrnagel	Kasel	–	MSR 405
Kellerberg	Weinsheim	–	N 166
Kellersberg	Gau-Bischofsheim	–	Rhh 183
Kelter	Himmelstadt	–	F 42
Kelterberg	Aspach Kirchberg Marbach/Neckar	Kleinaspach – Rielingshausen	W 131 T
Kemelrain	Wertheim Wertheim	Höhefeld Reichholzheim	B 8 T
Kertz	Niederhausen an der Nahe	–	N 297
Kestellberg	Gernsbach Weisenbach	Hilpertsau –	B 150 T
Keulebuckel	Keltern Keltern	Dietlingen Ellmendingen	B 115 T
Kickelskopf	Traisen	–	N 279
Kieselberg	Biebelsheim	–	Rhh 17
Kieselberg	Bobenheim am Berg	–	Rhpf 103
Kieselberg	Deidesheim	–	Rhpf 153
Kieselberg	Erpolzheim	–	Rhpf 81
Kieselberg	Kleinkarlbach	–	Rhpf 49
Kieselberg	Oberhausen an der Nahe	–	N 317
Kiliansberg	Großlangheim	–	F 116
Kilzberg	Geisenheim Geisenheim	– Johannisberg	Rhg 25 T
Kinnleitenberg	Königsberg in Bayern	Unfinden	F 134 b
Kinzigtäler	Berghaupten Gengenbach Gengenbach Gengenbach Hohberg Hohberg Hohberg Offenburg Ohlsbach	– – Bermersbach Reichenbach Diersburg Hofweiler Niederschopfheim Zunsweier –	B 173 T
Kirchberg	Albersweiler	–	Rhpf 289
Kirchberg	Badenweiler	Lipburg	B 303
Kirchberg	Barbelroth	–	Rhpf 315
Kirchberg	Bensheim	–	HB 14
Kirchberg	Bingen	Kempten	Rhh 2
Kirchberg	Bönnigheim Bönnigheim Freudental Kirchheim Sachsenheim Sachsenheim	– Hohenstein – – Hohenhaslach Kleinsachsenheim	W 114 T
Kirchberg	Burgen	–	MSR 273
Kirchberg	Castell	–	F 108
Kirchberg	Eckelsheim	–	Rhh 90
Kirchberg	Edenkoben	–	Rhpf 232

Lage	Gemeinde	Ortsteil	Anbaugebiet u. Lagen-Nr.
Kirchberg	Efringen-Kirchen Efringen-Kirchen Efringen-Kirchen	– Huttingen Istein	B 319 T
Kirchberg	Ehrenkirchen	Kirchhofen	B 278
Kirchberg	Eßlingen Stuttgart	– Obertürkheim	W 152 T
Kirchberg	Ettenheim Ettenheim Kippenheim	Münchweier Wallburg Schmieheim	B 186 T
Kirchberg	Freilaubersheim	–	Rhh 70 a
Kirchberg	Gabsheim	–	Rhh 214
Kirchberg	Gleiszellen-Gleishorbach	–	Rhpf 318
Kirchberg	Gottenheim	–	B 257
Kirchberg	Groß- und Kleinfischlingen	–	Rhpf 253
Kirchberg	Hackenheim	–	Rhh 70
Kirchberg	Konz	Könen	MSR 423
Kirchberg	Königheim	–	B 15
Kirchberg	Kraichtal	Oberöwisheim, Unteröwisheim	B 66
Kirchberg	Lauda-Königshofen Lauda-Königshofen	Beckstein Königshofen	B 21 T
Kirchberg	Löf	Hatzenport	MSR 38
Kirchberg	Moselkern	–	MSR 42
Kirchberg	Neustadt an der Weinstraße	Hambach an der Weinstraße	Rhpf 203
Kirchberg	Osthofen	–	Rhh 388
Kirchberg	St. Martin	–	Rhpf 225
Kirchberg	Udenheim	–	Rhh 209
Kirchberg	Uettingen	–	F 52 b
Kirchberg	Vaihingen	Riet	W 114 a
Kirchberg	Vogtsburg im Kaiserstuhl	Schelingen	B 233
Kirchberg	Vogtsburg im Kaiserstuhl	Oberrotweil	B 230
Kirchberg	Veldenz	–	MSR 263
Kirchberg	Waldböckelheim	–	N 310
Kirchberg	Würzburg	Heidingsfeld	F 59
Kirchberg	**Dettelbach Dettelbach Fahr Frankenwinheim Kolitzheim Kolitzheim Kolitzheim Markt Eisenheim Markt Eisenheim Neusetz Nordheim Schwarzach Sommerach Volkach Volkach Volkach Volkach Volkach Volkach Volkach Volkach Volkach Volkach Volkach Waigolshausen Waigolshausen Wipfeld**	**Neuses am Berg Neusetz – – Lindach Stammheim Zeilitzheim Obereisenheim Untereisenheim – – Schwarzenau – – Astheim Escherndorf Fahr Gaibach Hallburg Köhler Krautheim Obervolkach Rimbach Vogelsburg Hergolshausen Theilheim –**	**F 85–102, 104, 104 a**
Kirchenpfad	Rüdesheim	–	Rhg 17
Kirchenstück	Alzey	Weinheim	Rhh 342
Kirchenstück	Bad Dürkheim	Leistadt	Rhpf 100
Kirchenstück	Bornheim	–	Rhh 106
Kirchenstück	Ellerstadt	–	Rhpf 160
Kirchenstück	Forst an der Weinstraße	–	Rhpf 147
Kirchenstück	Herxheim am Berg	–	Rhpf 88
Kirchenstück	Hainfeld	–	Rhpf 244
Kirchenstück	Hochheim	–	Rhg 108
Kirchenstück	Ingelheim	Groß-Winternheim	Rhh 149
Kirchenstück	Kallstadt	–	Rhpf 115
Kirchenstück	Landau in der Pfalz	Nußdorf	Rhpf 276
Kirchenstück	Maikammer	–	Rhpf 219
Kirchenstück	Mainz	Hechtsheim	Rhh 163
Kirchenweinberg	**Flein Heilbronn Ilsfeld Lauffen Neckarwestheim Talheim Untergruppenbach**	**– – Schozach – – – –**	**W 67–77**
Kirchgärtchen	Welgesheim	–	Rhh 15
Kirchhalde	Uhldingen-Mühlhof	Oberuhldingen	B 330
Kirchhöh	Dierbach	–	Rhpf 329
Kirchlay	Ernst	–	MSR 67
Kirchlay	Kröv	–	MSR 227
Kirchlay	Osann-Monzel	Osann	MSR 283
Kirchplatte	Nierstein	–	Rhh 249
Kirchspiel	Westhofen	–	Rhh 370
Kirchstück	Hohen-Sülzen	–	Rhh 412
Kirchtürmchen	Bad Neuenahr-Ahrweiler	Neuenahr	A 7
Kirchweinberg	Haßmersheim Neckarzimmern	– –	B 77 T
Kirchweingarten	Bullay	–	MSR 137
Kirschgarten	Erpolzheim	–	Rhpf 94
Kirschgarten	Laumersheim	–	Rhpf 64
Kirschheck	Norheim	–	N 286
Kirschheck	Wallhausen	–	N 82
Kirschwingert	Neu-Bamberg	–	Rhh 81
Kläuserweg	Geisenheim Geisenheim	– Johannisberg	Rhg 23 T
Klamm	Niederhausen an der Nahe	–	N 298
Klaus	Geisenheim Geisenheim Oestrich-Winkel	– Johannisberg Winkel	Rhg 29 T
Klausenberg	Worms	Abenheim	Rhh 416
Klepberg	Eisingen Kämpfelbach Kämpfelbach Keltern	– Bilfingen Ersingen Dietlingen	B 112 T
Kletterberg	Angelbachtal	Eichtersheim	B 82
Kletterberg	Neu-Bamberg	–	Rhh 80
Klingle	Remshalden	Grunbach	W 184
Kloppberg	Dittelsheim-Heßloch	Dittelsheim	Rhh 376
Kloppenberg	Mommenheim	–	Rhh 243
Klosterberg	Bechtolsheim	–	Rhh 311
Klosterberg	Bengel	Springiersbach	MSR 208 a
Klosterberg	Bernkastel-Kues	Wehlen	MSR 237
Klosterberg	Bruchsal	–	B 68
Klosterberg	Kiedrich	–	Rhg 68
Klosterberg	Lehmen	–	MSR 23
Klosterberg	Mainz	Laubenheim	Rhh 166
Klosterberg	Maring-Noviand	–	MSR 268
Klosterberg	Nieder-Olm	–	Rhh 216

Lage	Gemeinde	Ortsteil	Anbaugebiet u. Lagen-Nr.
Klosterberg	Norheim	–	N 288
Klosterberg	Oberheimbach	–	Mrh 105
Klosterberg	Oestrich-Winkel	Oestrich	Rhg 45
Klosterberg	Osthofen	–	Rhh 386
Klosterberg	Perl	Sehndorf	MSR 522
Klosterberg	Platten	–	MSR 221
Klosterberg	Rüdesheim	–	Rhg 18
Klosterberg	Saarburg	–	MSR 472
Klosterberg	Sachsenheim Vaihingen	Hohenhaslach Horrheim	W 113 T
Klosterberg	Schleich	–	MSR 339
Klosterberg	Traben-Trarbach	Wolf	MSR 196
Klosterberg	Weikersheim	Schäftersheim	W 4 a
Klosterberg	Wiltingen	–	MSR 451
Klosterberg	Zell	Merl	MSR 144
Klosterberg	**Ahrbrück**	**Pützfeld**	**A 1–43**
	Altenahr	–	
	Altenahr	**Kreuzberg**	
	Altenahr	**Reimerzhoven**	
	Bad Neuenahr-Ahrweiler	**Ahrweiler**	
	Bad Neuenahr-Ahrweiler	**Bachem**	
	Bad Neuenahr-Ahrweiler	**Ehlingen**	
	Bad Neuenahr-Ahrweiler	**Heimersheim**	
	Bad Neuenahr-Ahrweiler	**Heppingen**	
	Bad Neuenahr-Ahrweiler	**Lohrsdorf**	
	Bad Neuenahr-Ahrweiler	**Marienthal**	
	Bad Neuenahr-Ahrweiler	**Neuenahr**	
	Bad Neuenahr Ahrweiler	**Walporzheim**	
	Dernau	–	
	Mayschoß	–	
	Rech	–	
Klosterberg-felsen	Baden-Baden	Varnhalt	B 120
Klosterbruder	Ingelheim	Groß-Winternheim	Rhh 141
Kloster Disi-bodenberg	Odernheim am Glan	–	N 212
Kloster Fürstental	Bacharach	Medenscheid und Neurath	Mrh 95
Klostergarten	Bad Neuenahr-Ahrweiler	Marienthal	A 26
Klostergarten	Bermersheim v. d. H.	–	Rhh 109
Klostergarten	Bingen Weiler	Bingerbrück –	N 2 T
Klostergarten	Brauneberg	Filzen	MSR 276
Klostergarten	Cochem	Sehl (Ebernach)	MSR 63
Klostergarten	Edenkoben	–	Rhpf 230
Klostergarten	Flonheim	–	Rhh 101
Klostergarten	Gönnheim	–	Rhpf 163
Klostergarten	Großheubach	Engelsberg	F 17
Klostergarten	Grünstadt	Sausenheim	Rhpf 41
Klostergarten	Hackenheim	–	Rhh 66
Klostergarten	Landau in der Pfalz	Godramstein	Rhpf 284
Klostergarten	Leiwen	–	MSR 323
Klostergarten	Lustadt Zeiskam	– –	Rhpf 263 T
Klostergarten	Niederkirchen	–	Rhpf 169
Klostergarten	Nierstein	–	Rhh 247
Klostergarten	Sankt Johann	–	Rhh 54
Klostergarten	St. Katharinen	–	N 149
Klostergarten	Schwabenheim	–	Rhh 140
Klostergarten	Sponheim	–	N 171
Klostergarten	Sprendlingen	–	Rhh 49
Klostergarten	Zotzenheim	–	Rhh 22
Klostergut Fremersberger Feigenwäldchen	Sinzheim	–	B 119 a
Klostergut Schelzberg	Sasbachwalden	–	B 143
Klosterhofgut	Bernkastel-Kues	Wehlen	MSR 236
Klosterkammer	St. Aldegund	–	MSR 126
Klosterlay	Rüdesheim	–	Rhg 19
Kloster Liebfrauenberg	**Bad Bergzabern**	–	**Rhpf 306–322**
	Barbelroth	–	
	Billigheim-Ingenheim	**Appenhofen, Billigheim, Ingenheim, Mühlhofen**	
	Gleiszellen-Gleishorbach	–	
	Göcklingen	–	
	Hergersweiler	–	
	Heuchelheim-Klingen	–	
	Kapellen-Drusweiler	–	
	Klingenmünster	–	
	Niederhorbach	–	
	Oberhausen	–	
	Pleisweiler-Oberhofen	–	
	Rohrbach	–	
	Steinweiler	–	
	Winden	–	
Klosterpfad	Dorsheim	–	N 50
Klosterpfad	Rhodt unter Rietburg	–	Rhpf 237
Kloster-schaffnerei	Bockenheim an der Weinstraße	–	Rhpf 22
Klosterstück	Einselthum Zellertal	– Zell	Rhpf 8 T
Klosterweg	Bingen	Dromersheim	Rhh 29
Klosterweg	Gerolsheim	–	Rhpf 61
Klosterweg	Hupperath Wittlich	– –	MSR 219 T
Klosterweg	Ockenheim	–	Rhh 34
Klosterweg	Wittlich	–	MSR 218
Klotzberg	Bühlertal	–	B 134
Knopf	Friesenheim	–	Rhh 229
Knopf	Hahnheim	–	Rhh 235
Kobersberg	Rimpar	–	F 52
Kobnert	**Bad Dürkheim**	**Leistadt**	**Rhpf 83–101**
	Bad Dürkheim	**Ungstein**	
	Dackenheim	–	
	Erpolzheim	–	
	Freinsheim	–	
	Herxheim am Berg	–	
	Kallstadt	–	
	Ungstein	–	
	Weisenheim am Berg	–	
Kochberg	Durbach	–	B 165
Kocherberg	**Dörzbach**	–	**W 7–17 a**
	Forchtenberg	–	
	Forchtenberg	**Ernsbach**	
	Hardthausen	**Kochersteinsfeld**	
	Ingelfingen	–	
	Ingelfingen	**Criesbach**	
	Künzelsau	–	
	Künzelsau	**Belsenberg**	
	Möckmühl	–	
	Möckmühl	**Siglingen**	
	Neudenau	**Siglingen**	
	Niedernhall	–	
	Schöntal	**Bieringen**	
	Weißbach	–	
	Widdern	–	

Lage	Gemeinde	Ortsteil	Anbaugebiet u. Lagen-Nr.
Köhler	Dingolshausen	–	F 136 b T
	Dingolshausen	Bischwind	
	Gerolzhofen	–	
	Sulzheim	Mönchstockheim	
Köhler-Köpfchen	Bad Münster am Stein-Ebernburg	Ebernburg	N 268
König	Sternenfels	–	W 100 T
	Sternenfels	Diefenbach	
Königin	Tauberrettersheim	–	F 68 a
Königin Victoriaberg	Hochheim	–	Rhg 102
König Johann Berg	Kastel-Staadt	–	MSR 494
König Johann Berg	Serrig	–	MSR 484
Königsbecher	Östringen	Odenheim	B 89
Königsberg	Klüsserath	–	MSR 327
Königsberg	Steinheim	Höpfigheim	W 125
Königsberg	Traben-Trarbach	Traben	MSR 191
Königsberg	**Igel**	**–**	**MSR 496–499**
	Igel	**Liersberg**	
	Langsur	**–**	
	Langsur	**Grewenich**	
	Langsur	**Mesenich**	
	Langsur	**Metzdorf**	
	Ralingen	**Edingen**	
	Ralingen	**Godendorf**	
	Ralingen	**Wintersdorf**	
Königsfels	Duchroth	–	N 320
Königsfels	Koblenz	Güls	MSR 3
Königsfels	Schloßböckelheim	–	N 307 T
	Waldböckelheim	–	
Königsgarten	Bad Münster am Stein-Ebernburg	Ebernburg	N 273
Königsgarten	Feilbingert	–	N 238
Königsgarten	**Albersweiler**	**–**	**Rhpf 283–295**
	Albersweiler	**St.Johann**	
	Birkweiler	**–**	
	Frankweiler	**–**	
	Landau in der Pfalz mit Queichheim und Mörlheim		
	Landau in der Pfalz	**Arzheim**	
	Landau in der Pfalz	**Godramstein**	
	Ranschbach	**–**	
	Siebeldingen	**–**	
Königslay-Terrassen	Zell	Merl	MSR 141
Königsschild	Langenlonsheim	–	N 65
Königsschloß	Münster-Sarmsheim	–	N 12
Königstuhl	Gundersheim	–	Rhh 360
Königstuhl	Lörzweiler	–	Rhh 219
Königsweg	Zellertal	Niefernheim	Rhpf 10 T
	Zellertal	Zell	
Königsweingarten	Bodman	–	B 328 a
Königswingert	Wachenheim	–	Rhpf 127
König Wenzel	Rhens	–	Mrh 39
König-Wilhelms-Berg	Flörsheim	Wicker	Rhg 113
Kopf	**Korb**	**–**	**W 159–171**
	Korb	**Kleinheppach**	
	Remshalden	**Grunbach**	
	Schorndorf	**–**	
	Waiblingen	**–**	
	Waiblingen	**Beinstein**	
	Waiblingen	**Neustadt**	
	Weinstadt	**Großheppach**	
	Winnenden	**–**	
	Winnenden	**Breuningsweiler**	
	Winnenden	**Bürg**	
	Winnenden	**Hanweiler**	
	Winterbach	**–**	
Koppelstein	Braubach	–	Mrh 33 T
	Lahnstein	–	

Lage	Gemeinde	Ortsteil	Aubaugebiet u. Lagen-Nr.
Krähenberg	Massenbachhausen	–	W 78
Krähenschnabel	Erlenbach (bei Marktheidenfeld) mit Ortsteil Triefenthal		F 27 T
	Remlingen	–	
Kräuterberg	Bad Neuenahr-Ahrweiler	Walporzheim	A 18
Kräuterberg	Oberdiebach	–	Mrh 102
Kräuterhaus	Traben-Trarbach	Traben	MSR 192
Kranzberg	Dalheim	–	Rhh 224
Kranzberg	Nierstein	–	Rhh 260
Krapfenberg	Vollmersweiler	–	Rhpf 330
Kreidkeller	Kallstadt	–	Rhpf 106
Kreuz	Dienheim	–	Rhh 273 T
	Oppenheim	–	
Kreuz	Friedelsheim	–	Rhpf 131
Kreuz	Hammelburg	Feuerthal	F 30 a
Kreuz	Kirchheim an der Weinstraße	–	Rhpf 71
Kreuz	Ockenheim	–	Rhh 35
Kreuzberg	Achern	Mösbach	B 148 T
	Kappelrodeck	Waldulm	
	Renchen	–	
Kreuzberg	Bodenheim	–	Rhh 180
Kreuzberg	Dolgesheim	–	Rhh 295
Kreuzberg	Koblenz	Ehrenbreitstein	Mrh 31
Kreuzberg	Einselthum	–	Rhpf 9 T
	Zellertal	Niefernheim	
	Zellertal	Zell	
Kreuzberg	Marktheidenfeld	–	F 27 a
Kreuzberg	Neustadt an der Weinstraße	Duttweiler	Rhpf 214
Kreuzberg	Nordheim	–	F 92 T
	Volkach	Hallburg	
Kreuzberg	Offenburg	Rammersweier	B 166
Kreuzberg	Tauberbischofsheim	Distelhausen	B 14 a
Kreuzberg	Traben-Trarbach	Trarbach	MSR 189
Kreuzblick	Worms	Wies-Oppenheim	Rhh 432
Kreuzhalde	Ihringen	–	B 218 T
	Ihringen	Wasenweiler	
Kreuzkapelle	Guntersblum	–	Rhh 303
Kreuzlay	Zell	–	MSR 149
Kreuzpfad	Kolitzheim	Lindach	F 102 c
Kreuzweg	Framersheim	–	Rhh 317
Kreuzweg	Leimen	–	B 47
Kreuzwingert	Piesport	Niederemmel	MSR 302
Kriegsberg	Stuttgart	–	W 136
Kroatenpfad	Neustadt an der Weinstraße	Lachen/Speyerdorf	Rhpf 213
Krötenbrunnen	**Alsheim**	**–**	**Rhh 279–301**
	Dienheim	**–**	
	Dolgesheim	**–**	
	Eich	**–**	
	Eimsheim	**–**	
	Gimbsheim	**–**	
	Guntersblum	**–**	
	Hillesheim	**–**	
	Ludwigshöhe	**–**	
	Mettenheim	**–**	
	Oppenheim	**–**	
	Uelversheim	**–**	
	Wintersheim	**–**	
Krötenpfuhl	Bad Kreuznach	–	N 116
Kronberg	Sand am Main	–	F 132
Krone	Laubenheim	–	N 61
Krone	Lorch	–	Rhg 5
Krone	Prichsenstadt	–	F 141

Lage	Gemeinde	Ortsteil	Anbaugebiet u. Lagen-Nr.
Krone	Waldrach	–	MSR 395
Kroneberg	Bullay	–	MSR 136
Kronenberg	Alf	–	MSR 131
Kronenberg	Kallstadt	–	Rhpf 97
Kronenberg	**Bad Kreuznach**	**–**	**N 99–143**
	Bad Kreuznach	**Bosenheim**	
	Bad Kreuznach	**Ippesheim**	
	Bad Kreuznach	**Planig**	
	Bad Kreuznach	**Winzenheim**	
	Bretzenheim	**–**	
	Hargesheim	**–**	
Kronenbühl	Friesenheim	–	B 183 T
	Friesenheim	Heiligenzell	
	Friesenheim	Oberschopfheim	
	Friesenheim	Oberweier	
	Lahr	–	
	Lahr	Hugsweier	
	Lahr	Mietersheim	
Kronenfels	Waldböckelheim	–	N 313
Kronsberg	Iphofen	–	F 121 a
Küchenmeister	Rödelsee	–	F 118
Kugelspiel	Castell	–	F 110
Kuhberg	Schriesheim	–	B 38
Kuhnchen	Riveris	–	MSR 388
Kuhstall	St. Goar	–	Mrh 53
Kupferflöz	Dörscheid	–	Mrh 79
Kupfergrube	Schloßböckelheim	–	N 302
Kupferhalde	Oberderdingen mit Großvillars		W 99
Kupp	Ayl mit Ortsteil Biebelhausen		MSR 469
Kupp	Ockfen	–	MSR 462
Kupp	Saarburg	–	MSR 475
Kupp	Serrig	–	MSR 488
Kupp	Trier	Kürenz	MSR 366
Kupp	Wiltingen	–	MSR 448
Kupp	Wittlich	–	MSR 212
Kurfürst	Ellenz-Poltersdorf	–	MSR 69
Kurfürst	Neustadt an der Weinstraße	Mußbach an der Weinstraße	Rhpf 191
Kurfürstenberg	Waldrach	–	MSR 402
Kurfürsten-hofberg	Trier	Olewig	MSR 381
Kurfürstenstück	**Gau-Bickelheim**	**–**	**Rhh 119–129**
	Gau-Weinheim	**–**	
	Gumbsheim	**–**	
	Vendersheim	**–**	
	Wallertheim	**–**	
	Wöllstein	**–**	
Kurfürstlay	**Bernkastel-Kues**	**Andel**	**MSR 251–292**
	Bernkastel-Kues	**Bernkastel**	
	Bernkastel-Kues	**Kues**	
	Brauneberg	**–**	
	Brauneberg	**Filzen**	
	Burgen	**–**	
	Kesten	**–**	
	Maring-Noviand	**–**	
	Mülheim	**–**	
	Osann-Monzel	**Monzel**	
	Osann-Monzel	**Osann**	
	Veldenz	**–**	
	Wintrich	**–**	

Lage	Gemeinde	Ortsteil	Anbaugebiet u. Lagen-Nr.
Laacherberg	Mayschoß	–	A 40
Laberstall	Ockenheim	–	Rhh 31
Lämmler	Fellbach	–	W 155
Längberg	Hammelburg	Westheim	F 30 b
Lahntal	**Bad Ems**	**–**	**Mrh 24–28**
	Dausenau	**–**	
	Fachbach	**–**	
	Nassau	**–**	
	Obernhof	**–**	
	Weinähr	**–**	
Landsknecht	Volkach	Obervolkach	F 95 T
	Volkach	Rimbach	
Landskrone	Bad Neuenahr-Ahrweiler	Heimersheim	A 2 T
	Bad Neuenahr-Ahrweiler	Lohrsdorf	
Lange Els	Heßheim	–	Rhpf 59
Langenberg	Eltville	Martinsthal	Rhg 84
Langenberg	Odernheim am Glan	–	N 216 a
Langenberg	Retzstadt	–	F 43
Langenmorgen	Deidesheim	–	Rhpf 158
Langenstein	Martinsheim	–	F 128
Langenstein	Neustadt an der Weinstraße	Lachen-Speyerdorf	Rhpf 211
Langenstück	Eltville	–	Rhg 73
Langenstück	Eltville	Rauenthal	Rhg 81
Langenstück	Walluf	Oberwalluf	Rhg 90
Langgarten	Manubach	–	Mrh 96
Langhölle	Obermoschel	–	N 232
La Roche	Flonheim	–	Rhh 99
Lasenberg	Bötzingen	–	B 215
Latt	Albersweiler	St. Johann	Rhpf 288
Laudamusberg	Neumagen-Dhron	Neumagen	MSR 311
Lauerweg	Langenlonsheim	–	N 64
Laurentiusberg	Altenbamberg	–	N 261
Laurentiusberg	Bremm	–	MSR 120
Laurentiusberg	Königswinter	Oberdollendorf	Mrh 2
Laurentiusberg	Saarburg mit Ortsteil Krutweiler	–	MSR 480
Laurentiusberg	Waldrach	–	MSR 396
Laurentiusberg	Wallhausen	–	N 88
Laurentiuslay	Köwerich	–	MSR 324
Laurentiuslay	Leiwen	–	MSR 324 a
Laurenziweg	Dorsheim	–	N 51
Lay	Bernkastel-Kues	Bernkastel	MSR 243
Lay	Lehmen	–	MSR 22
Lay	Palzem	–	MSR 518
Lay	Senheim	–	MSR 105
Lay	Wittlich	–	MSR 213
Layenberg	Bruttig-Fankel	Fankel	MSR 87
Layenberg	Niedermoschel	–	N 236
Laykaul	Korlingen	–	MSR 387
Leckerberg	Armsheim	Schimsheim	Rhh 113
Leckerberg	Dittelsheim-Heßloch	Dittelsheim	Rhh 373
Leckmauer	Müden	–	MSR 45
Leckzapfen	Osthofen	–	Rhh 393 a
Leidhecke	Bodenheim	–	Rhh 178
Leiersberg	Leingarten	–	W 80
Leikaul	Trier	Filsch	MSR 370
Leinhöhle	Deidesheim	–	Rhpf 157
Leistenberg	Oberhausen an der Nahe	–	N 318

Lage	Gemeinde	Ortsteil	Anbaugebiet u. Lagen-Nr.
Leiterchen	Nittel	–	MSR 509
Leiterchen	Trittenheim	–	MSR 317
Lenchen	Oestrich-Winkel	Oestrich	Rhg 46
Lenchen	Stadecken-Elsheim	Stadecken	Rhh 199
Lennenborn	Bacharach	Steeg	Mrh 87
Lenzenberg	Stuttgart	Hedelfingen	W 151 T
	Stuttgart	Rohracker	
Leopoldsberg	Bermatingen	–	B 341
Lerchelsberg	Worms	Herrnsheim	Rhh 423
Lerchenberg	Bönnigheim	Hofen	W 118 T
	Erligheim	–	
Lerchenberg	Bretten	Bauerbach	B 96 T
	Eppingen	–	
	Eppingen	Mühlbach	
	Eppingen	Rohrbach a. G.	
	Kraichtal	Bahnbrücken, Gochsheim und Oberacker	
	Kürnbach	–	
	Oberderdingen	Flehingen	
	Sulzfeld	–	
	Zaisenhausen	–	
Lerchenberg	Eichstetten	–	B 214
Lerchenberg	Eßlingen	–	W 157 T
	Eßlingen	Mettingen	
Lerchenberg	Kapsweyer	–	Rhpf 326
Lerchenberg	Meersburg	–	B 336 T
	Stetten	–	
Lerchenböhl	Neustadt an der Weinstraße	Lachen-Speyerdorf	Rhpf 212
Lerchenspiel	Gerolsheim	–	Rhpf 60
Letten	Auggen	–	B 305
Letten	Deidesheim	–	Rhpf 137
Letten	Hainfeld	–	Rhpf 242
Letterlay	Kröv	–	MSR 226
Lichtenberg	Großbottwar	–	W 62 T
	Großbottwar	Hof und Lembach	
	Großbottwar	Winzerhausen	
	Ilsfeld	–	
	Oberstenfeld	–	
	Steinheim	–	
	Steinheim	Kleinbottwar	
Lichtenberg	Karlsruhe	Grötzingen	B 105
Lichtenberg	Remshalden	Geradstetten	W 185 T
	Remshalden	Hebsack	
Liebehöll	Münster-Sarmsheim	–	N 10
Liebenberg	Osthofen	–	Rhh 387
Liebenberg	Sachsenheim	Ochsenbach	W 117 T
	Sachsenheim	Spielberg	
Liebeneck-Sonnenlay	Osterspai	–	Mrh 37
Liebenstein-Sterrenberg	Kamp-Bornhofen	–	Mrh 55 T
	Kestert	–	
Liebesbrunnen	Dackenheim	–	Rhpf 85
Liebesbrunnen	Hochstätten	–	N 242
Liebfrau	Volxheim	–	Rhh 65
Liebfrauenberg	Dittelsheim-Heßloch	Heßloch	Rhh 378
Liebfrauenberg	Konz	Filzen	MSR 424
Liebfrauenberg	Meddersheim	–	N 198

Lage	Gemeinde	Ortsteil	Aubaugebiet u. Lagen-Nr.
Liebfrauenmorgen	**Worms**	–	**Rhh 415–434**
	Worms	**Abenheim**	
	Worms	**Heppenheim**	
	Worms	**Herrnsheim**	
	Worms	**Hochheim**	
	Worms	**Horchheim**	
	Worms	**Leiselheim**	
	Worms	**Pfeddersheim**	
	Worms	**Pfiffligheim**	
	Worms	**Weinsheim**	
	Worms	**Wiesoppenheim**	
Liebfrauenstift-Kirchenstück	Worms	–	Rhh 421
Liebfrauenthal	Gimbsheim	–	Rhh 290
Lieseberg	Waldlaubersheim	–	N 22
Lieth	Harxheim	–	Rhh 187
Limburg	Sasbach	–	B 246
Lindauer Seegarten	**Bodolz**	–	**W 202–204**
	Lindau	–	
	Nonnenhorn	–	
	Wasserburg	–	
Lindelberg	**Bretzfeld**	–	**W 30–38**
	Bretzfeld	**Adolzfurt**	
	Bretzfeld	**Dimbach**	
	Bretzfeld	**Geddelsbach**	
	Bretzfeld	**Schwabbach**	
	Bretzfeld	**Siebeneich**	
	Bretzfeld	**Unterheimbach**	
	Bretzfeld	**Waldbach**	
	Langenbrettach	**Langenbeutingen**	
	Neuenstein	**Eschelbach**	
	Neuenstein	**Kesselfeld**	
	Neuenstein	**Obersöllbach**	
	Öhringen	**Michelbach am Wald**	
	Öhringen	**Verrenberg**	
	Pfedelbach	–	
	Pfedelbach	**Harsberg**	
	Pfedelbach	**Heuholz**	
	Pfedelbach	**Oberohrn**	
	Pfedelbach	**Untersteinbach**	
	Pfedelbach	**Windischenbach**	
	Wüstenrot	**Maienfels**	
Lindhälder	Kernen	Stetten	W 188
Linsenbusch	Ruppertsberg	–	Rhpf 172
Lochmühlerlay	Mayschoß	–	A 41
Löhrer Berg	Langenlonsheim	–	N 62
Lohrberger Hang	Frankfurt	–	Rhg 115
Longenburgerberg	Königswinter	Niederdollendorf	Mrh 5
Loreley Edel	St. Goarshausen	–	Mrh 61
Loreleyfelsen	**Bornich**	–	**Mrh 54–62**
	Kamp-Bornhofen	–	
	Kestert	–	
	Nochern	–	
	Patersberg	–	
	St. Goarshausen	–	

Lage	Gemeinde	Ortsteil	Anbaugebiet u. Lagen-Nr.
Lorettoberg	**Au**	–	**B 265–288**
	Bad Krozingen	–	
	Bad Krozingen	**Biengen**	
	Bad Krozingen	**Schlatt**	
	Bad Krozingen	**Tunsel**	
	Bollschweil	–	
	Buggingen	–	
	Buggingen	**Seefelden**	
	Ebringen	–	
	Ehrenkirchen	**Ehrenstetten**	
	Ehrenkirchen	**Kirchhofen**	
	Ehrenkirchen	**Norsingen**	
	Ehrenkirchen	**Scherzingen**	
	Eschbach	–	
	Freiburg	–	
	Freiburg	**St. Georgen**	
	Heitersheim	–	
	Merzhausen	–	
	Pfaffenweiler	–	
	Schallstadt	–	
	Schallstadt	**Mengen**	
	Schallstadt	**Wolfenweiler**	
	Staufen im Breisgau	–	
	Staufen im Breisgau	**Grunern**	
	Staufen im Breisgau	**Wettelbrunn**	
	Wittnau	–	
Lotberg	Ihringen	Wasenweiler	B 217
Lottenstück	Ingelheim	Groß-Winternheim	Rhh 156
Lützelberg	Sasbach	–	B 244
Lützeltalerberg	Großwallstadt	–	F 10
Luginsland	Aichwald	Aichelberg	W 186
Luginsland	Wachenheim	–	Rhpf 134
Luhmännchen	Alzenau	Wasserlos	F 3 a
Luisengarten	Bad Münster am Stein-Ebernburg	Ebernburg	N 271
Lump	Kirschroth	–	N 197
Lump	Volkach	Escherndorf	F 88

Lage	Gemeinde	Ortsteil	Anbaugebiet u. Lagen-Nr.
Madonnenberg	Schriesheim	–	B 39
Mäuerchen	Geisenheim	–	Rhg 26
Mäuerchen	Mertesdorf	Lorenzhof	MSR 410
Mäushöhle	Deidesheim	–	Rhpf 152
Magdalenenkreuz	Rüdesheim	–	Rhg 20
Maiberg	Heppenheim	–	HB 21 T
	Heppenheim	Hambach	
	Heppenheim	Erbach	
Maien	Winnenden	Hanweiler	W 174
Mainhölle	Bürgstadt	–	F 19
Mainleite	Schweinfurt	–	F 103 d
Mainleite	Waigolshausen	Hergolshausen	F 101 a T
	Waigolshausen	Theilheim	
Mainzerweg	Bingen	Dromersheim	Rhh 30
Maltesergarten	Bad Krozingen	Biengen	B 269 T
	Bad Krozingen	Schlatt	
	Bad Krozingen	Tunsel	
	Buggingen	–	
	Buggingen	Seefelden	
	Eschbach	–	
	Heitersheim	–	
	Staufen im Breisgau	Wettelbrunn	
Mandelbaum	Pfaffen-Schwabenheim	–	Rhh 19
Mandelberg	Alzey	Weinheim	Rhh 340
Mandelberg	Birkweiler	–	Rhpf 294
Mandelberg	Kirrweiler	–	Rhpf 223
Mandelberg	Laumersheim	–	Rhpf 63
Mandelberg	Lonsheim	–	Rhh 108
Mandelberg	Neustadt an der Weinstraße	Duttweiler	Rhpf 215
Mandelberg	Offenheim	–	Rhh 338
Mandelberg	Wertheim	Dertingen	B 1
Mandelbrunnen	Gundheim	–	Rhh 362
Mandelgarten	Gönnheim	–	Rhpf 162
Mandelgarten	Neustadt an der Weinstraße	Gimmeldingen an der Weinstraße	Rhpf 187
Mandelgarten	Obrigheim	Mühlheim	Rhpf 31
Mandelgarten	Wachenheim	–	Rhpf 128
Mandelgarten	Weisenheim am Berg	–	Rhpf 86
Mandelgraben	Brauneberg	–	MSR 275 T
	Brauneberg	Filzen	
Mandelhang	Edesheim	–	Rhpf 246
Mandelhöhe	**Kirrweiler**	–	**Rhpf 218–224**
	Maikammer	–	
	Maikammer Asterweiler		
Mandelpfad	Billigheim-Ingenheim	Billigheim	Rhpf 308 T
	Rohrbach	–	
Mandelpfad	Dirmstein	–	Rhpf 57
Mandelpfad	Obrigheim	–	Rhpf 31
Mandelring	Neustadt an der Weinstraße	Haardt an der Weinstraße	Rhpf 195
Mandelröth	Dackenheim	–	Rhpf 83
Mandelstein	Boppard	Bopparder Hamm	Mrh 45

Lage	Gemeinde	Ortsteil	Anbaugebiet u. Lagen-Nr.
Mannaberg	**Bad Schönborn**	**Langenbrücken und Mingolsheim**	**B 44–71**
	Bruchsal	–	
	Bruchsal	**Heidelsheim**	
	Bruchsal	**Helmsheim**	
	Bruchsal	**Obergrombach**	
	Bruchsal	**Untergrombach**	
	Dielheim	–	
	Dielheim	**Horrenberg**	
	Heidelberg	–	
	Kraichtal	**Oberöwisheim und Unteröwisheim**	
	Leimen	–	
	Malsch	–	
	Mühlhausen	–	
	Mühlhausen	**Rettigheim**	
	Mühlhausen	**Tairnbach**	
	Nußloch	–	
	Östringen	–	
	Rauenberg	–	
	Rauenberg	**Malschenberg**	
	Rauenberg	**Rotenberg**	
	Ubstadt-Weiher	**Stettfeld**	
	Ubstadt-Weiher	**Ubstadt**	
	Ubstadt-Weiher	**Zeutern**	
	Wiesloch	–	
Mannberg	Eltville	Hattenheim	Rhg 48
Marbach	Sobernheim	–	N 204
Marcobrunn	Eltville	Erbach	Rhg 60 T
	Eltville	Hattenheim	
Margarete	Neuenstein	Obersöllbach	W 31 T
	Öhringen	Michelbach am Wald	
Maria Magdalena	Klingenmünster	–	Rhpf 306
Marienberg	Koblenz	Güls	MSR 1 T
	Koblenz	Metternich	
Marienberg	Perl	Sehndorf	MSR 523
Marienburg	Pünderich	–	MSR 164
Marienburger	Zell	Kaimt	MSR 153
Mariengarten	**Deidesheim**	–	**Rhpf 138–159**
	Forst an der Weinstraße	–	
	Wachenheim	–	
Mariengarten	Prichsenstadt	Kirchschönbach	F 105 b
Marienholz	Trier	Eitelsbach	MSR 356 T
	Trier	Ruwer	
Marienpforter Klosterberg	Waldböckelheim	–	N 315
Markgraf Babenberg	**Frickenhausen**	–	**F 70–71**
Marksburg	**Braubach**	–	**Mrh 29–38**
	Filsen	–	
	Koblenz	–	
	Koblenz	**Ehrenbreitstein und Niederberg**	
	Lahnstein	–	
	Osterspai	–	
	Urbar	–	
	Vallendar	–	
Marmorberg	Braubach	–	Mrh 36
Marsberg	Randersacker	–	F 63
Marschall	Wiesbaden	Frauenstein	Rhg 94
Martinsberg	Siefersheim	–	Rhh 85 T
	Wonsheim	–	
Martinsborn	Bruttig-Fankel	Fankel	MSR 86
Martinshöhe	Gönnheim	–	Rhpf 113
Matheisbildchen	Bernkastel-Kues	Bernkastel	MSR 244
Mathias Weingarten	Bacharach	Medenscheid und Neurath	Mrh 94
Mauerberg	Baden-Baden	Neuweier	B 126
Maustal	Sulzfeld	–	F 76
Maximiner	Trier	Ruwer	MSR 362

Lage	Gemeinde	Ortsteil	Anbaugebiet u. Lagen-Nr.
Maximiner Burgberg	Fell (mit Ortsteil Fastrau)		MSR 347
Maximiner-Herrenberg	Longuich	–	MSR 349
Maximiner Hofgarten	Kenn	–	MSR 354
Maximiner Klosterlay	Detzem	–	MSR 337
Maximin Prälat	Kastel-Staadt	–	MSR 495
Meerspinne	**Neustadt an der Weinstraße**	–	**Rhpf 181–199**
	Neustadt an der Weinstraße	**Gimmeldingen an der Weinstraße**	
	Neustadt an der Weinstraße	**Haardt an der Weinstraße**	
	Neustadt an der Weinstraße	**Königsbach an der Weinstraße**	
	Neustadt an der Weinstraße	**Mußbach an der Weinstraße**	
Mehrhölzchen	**Eltville**	**Erbach**	**Rhg 45, 56–59**
	Oestrich-Winkel	**Hallgarten**	
	Oestrich-Winkel	**Oestrich**	
Meisenberg	Waldrach	–	MSR 400
Michaeliskapelle	Braunweiler	–	N 144
Michaelsberg	Cleebronn	–	W 94 T
	Güglingen	–	
	Güglingen	Eibensbach	
	Güglingen	Frauenzimmern	
Michaelsberg	Bruchsal	Untergrombach	B 70
Michelmark	Eltville	Erbach	Rhg 64
Michelsberg	Bad Dürkheim	–	Rhpf 120 T
	Bad Dürkheim	Ungstein	
Michelsberg	Mettenheim	–	Rhh 333
Michelsberg	Weyher in der Pfalz	–	Rhpf 240
Michelsberg	**Hetzerath**	–	**MSR 293–322 a**
	Klausen	**Krames**	
	Minheim	–	
	Neumagen-Dhron	**Dhron**	
	Neumagen-Dhron	**Neumagen**	
	Piesport	–	
	Piesport	**Niederemmel**	
	Rivenich	–	
	Sehlem	–	
	Trittenheim	–	
Mittelberg	Bayerfeld-Steckweiler	–	N 258
Mittelhölle	Geisenheim	Johannisberg	Rhg 35
Mönchbäumchen	Zornheim	–	Rhh 239
Mönchberg	Bad Kreuznach	–	N 121
Mönchberg	Fellbach	–	W 143 T
	Stuttgart	Bad Cannstatt	
	Stuttgart	Untertürkheim	
Mönchberg	Hergenfeld	–	N 75
Mönchberg	Hüffelsheim	–	N 179
Mönchberg	Kernen	Rommelshausen	W 195 T
	Kernen	Stetten	
Mönchberg	Mayschoß	–	A 36
Mönchberg	Sulzheim	Mönchsteckheim	F 103 f
Mönchberg	Volxheim	–	Rhh 63
Mönchgarten	Neustadt an der Weinstraße	–	Rhpf 199
Mönchhalde	Stuttgart	–	W 135 T
	Stuttgart	Bad Cannstatt	
	Stuttgart	Zuffenhausen	
Mönchhube	Dittelsheim-Heßloch	Dittelsheim	Rhh 375
Mönchpforte	Nieder-Hilbersheim	–	Rhh 48 T
	Ober-Hilbersheim	–	
Mönchsberg	Bad Mergentheim	Markelsheim	W 1 T
	Weikersheim	Elpersheim	

Lage	Gemeinde	Ortsteil	Anbaugebiet u. Lagen-Nr.
Mönchsberg	Brackenheim Brackenheim	– Dürrenzimmern	W 89 T
Mönchsbuck	Sugenheim	Neundorf	F 128 d
Mönchsgewann	Flörsheim	Wicker	Rhg 112
Mönchshang	Zeil am Main	–	F 134
Mönchsleite	Eibelstadt	–	F 67
Mönchspfad	Bodenheim	–	Rhh 170
Mönchspfad	Geisenheim	–	Rhg 27
Mönchspfad	Schornsheim	–	Rhh 210
Mönchspfad	Siebeldingen	–	Rhpf 290
Mönchwingert	Manubach	–	Mrh 98
Mollenbrunnen	Bad Kreuznach	–	N 110
Mollenbrunnen	Hargesheim	–	N 143
Mondschein	Dittelsheim-Heßloch	Heßloch	Rhh 380
Monte Jup	Rheinbrohl	–	Mrh 16
Monteneubel	Enkirch	–	MSR 175
Montfort	Odernheim am Glan	–	N 214
Moosberg	Hahnheim	–	Rhh 236
Moosberg	Sörgenloch	–	Rhh 236 a
Morgenbachtaler	Trechtingshausen	–	Mrh 112
Morstein	Westhofen	–	Rhh 368
Moullay-Hofberg	Reil	–	MSR 167
Muckerhöhle	Waldböckelheim	–	N 309
Mühlbächer	Mundelsheim	–	W 123
Mühlberg	Boxberg	Unterschüpf	B 25
Mühlberg	Braubach	–	Mrh 35
Mühlberg	Edenkoben	–	Rhpf 234
Mühlberg	Lauda-Königshofen	Oberbalbach	B 23 b
Mühlberg	Schloßböckelheim	–	N 304
Mühlberg	Sponheim	–	N 168
Mühlberg	Veldenz	–	MSR 264
Mühlberg	Waldböckelheim	–	N 308
Mühlenberg	Ensch	–	MSR 333
Mühlenberg	Roxheim	–	N 160
Mühlenberg	Wallhausen	–	N 80
Münsterberg	Treis-Karden	Karden	MSR 50
Münsterstatt	Temmels	–	MSR 506
Münzberg	Landau in der Pfalz	Godramstein	Rhpf 285
Münzlay	**Bernkastel-Kues Graach Zeltingen-Rachtig Zeltingen-Rachtig**	**Wehlen – – Zeltingen**	**MSR 229–242**
Mütterle	Landau in der Pfalz	Wollmesheim	Rhpf 300
Mundklingen	Seeheim	–	HB 1 b
Musenhang	Forst an der Weinstraße	–	Rhpf 144
Musikantenbuckel	Freinsheim	–	Rhpf 91

Lage	Gemeinde	Ortsteil	Aubaugebiet u. Lagen-Nr.
Nacktarsch	**Kröv Kröv**	**– Kövenig**	**MSR 223–228**
Narrenberg	Hergersweiler Winden	– –	Rhpf 314 T
Narrenberg	Römerberg (bei Speyer) Römerberg (bei Speyer)	Berghausen Heiligenstein	Rhpf 264 d T
Narrenkappe	Bad Kreuznach	–	N 122
Neckarhälde	Affalterbach Benningen Erdmannshausen Freiberg/Neckar Ludwigsburg Ludwigsburg Ludwigsburg Marbach Murr	– – – Beihingen Hoheneck Neckarweihingen Poppenweiler – –	W 126 T
Neroberg	Wiesbaden	–	Rhg 91
Neuberg	Bornheim	–	Rhpf 261
Neuberg	Meckenheim	–	Rhpf 180
Neuberg	Osthofen	–	Rhh 393
Neuwies	Ockfen	–	MSR 467
Neuwingert	Brodenbach	–	MSR 34
Niederberg	Rivenich	–	MSR 318
Niederberg-Helden	Lieser	–	MSR 249
Nies'chen	Kasel	–	MSR 407
Nikolausberg	Cochem	Cond	MSR 79
Nill	Kallstadt	–	Rhpf 114
Nixenberg	Dorsheim	–	N 53
Nollenköpfle	Gengenbach	–	B 176
Nonnberg	Flörsheim	Wicker	Rhg 114
Nonnenberg	Bernkastel-Kues	–	MSR 238
Nonnenberg	Eltville	Rauenthal	Rhg 82
Nonnenberg	Ebelsbach	Steinbach	F 131
Nonnenberg	Lauda-Königshofen Lauda-Königshofen	Beckstein Lauda	B 20 T
Nonnenberg	Weinstadt	Strümpfelbach	W 183
Nonnengarten	Bad Dürkheim	–	Rhpf 109
Nonnengarten	Bad Kreuznach	Planig	N 134
Nonnengarten	Briedel	–	MSR 159
Nonnengarten	Mörstadt	–	Rhh 404
Nonnengarten	Pünderich	–	MSR 163
Nonnengarten	Traisen	–	N 281
Nonnenwingert	Worms Worms Worms Worms	Hochheim Leiselheim Pfeddersheim Pfiffligheim	Rhh 429 T
Nonnenstück	Deidesheim	–	Rhpf 171
Nußberg	Zell	–	MSR 145
Nußbien	Ruppertsberg	–	Rhpf 177
Nußbrunnen	Eltville	Hattenheim	Rhg 49
Nußriegel	Bad Dürkheim	Ungstein	Rhpf 119
Nußwingert	Neumagen-Dhron	Dhron	MSR 309

Lage	Gemeinde	Ortsteil	Anbaugebiet u. Lagen-Nr.
Oberberg	Norheim	–	N 285
Oberberg	Walluf	Niederwalluf	Rhg 88
Oberdürrenberg	Pfaffenweiler	–	B 276
Obere Heimbach	Meisenheim	–	N 225
Oberer Berg	Ludwigsburg Steinheim	Hoheneck Kleinbottwar	W 64 T
Oberrot	Triefenstein	Lengfurt	F 26
Oberschloß	Kirrweiler	–	Rhpf 224
Ochsenberg	Brackenheim	Botenheim	W 93
Odinstal	Wachenheim	–	Rhpf 129
Ölbaum	Malsch Mühlhausen Rauenberg	– Rettigheim Malschenberg	B 58 T
Ölberg	Dossenheim	–	B 41
Ölberg	Durbach	–	B 157
Oelberg	Efringen-Kirchen	–	B 321
Oelberg	Ehrenkirchen	Ehrenstetten	B 279
Ölberg	Endingen	Kiechlinsbergen	B 248
Ölberg	Gau-Odernheim	–	Rhh 313
Ölberg	Grolsheim	–	Rhh 12
Ölberg	Hohentengen	–	B 351
Ölberg	Neustadt an der Weinstraße	Königsbach an der Weinstraße	Rhpf 181
Ölberg	Nierstein	–	Rhh 264
Ölberg	Wöllstein	–	Rhh 87
Ölgässel	Neustadt an der Weinstaße	Diedesfeld an der Weinstraße	Rhpf 206
Ölgild	Lörzweiler	–	Rhh 188
Ölkuchen	Tauberbischofsheim	Dittwar	B 14 c
Ölsberg	Oberwesel	–	Mrh 70
Ölschnabel	Zeil am Main	Ziegelanger	F 130
Ölspiel	**Eibelstadt** **Sommerhausen**	**–** **–**	**F 64–65**
Ohlenberg	Boppard	Bopparder Hamm	Mrh 43
Ohligsberg	Wintrich	–	MSR 291
Ohligpfad	Bobenheim am Berg	–	Rhpf 102
Olgaberg	Singen	–	B 346
Onkelchen	Norheim	–	N 284
Orbel	Nierstein	–	Rhh 266
Ordensgut	**Edesheim** **Hainfeld** **Rhodt unter Rietburg** **Weyher in der Pfalz**	**–** **–** **–** **–**	**Rhpf 237–248**
Orlenberg	Bissersheim	–	Rhpf 69
Ortelberg	Böbingen	–	Rhpf 249
Oschelskopf	Freinsheim	–	Rhpf 92
Osterberg	Bad Dürkheim	Ungstein	Rhpf 95
Osterberg	Bingen	Gaulsheim	Rhh 6
Osterberg	Dielheim	Horrenberg	B 55
Osterberg	Essingen	–	Rhpf 257
Osterberg	Großkarlbach	–	Rhpf 66
Osterberg	Mommenheim	–	Rhh 234 a
Osterberg	Selzen	–	Rhh 234
Osterberg	Spiesheim	–	Rhh 326
Osterberg	Wolfsheim	–	Rhh 58
Osterbrunnen	Niederkirchen	–	Rhpf 168
Osterhöll	Bad Kreuznach	–	N 106
Osterlämmchen	Ediger-Eller	Ediger	MSR 107
Otterberg	Waldlaubersheim	–	N 23
Palmberg	Valwig	–	MSR 81
Palmberg Terrassen	St. Aldegund	–	MSR 125
Palmengarten	Mandel	–	N 154
Palmenstein	Bingen	Sponsheim	Rhh 11
Paradies	Bad Kreuznach	Bosenheim	N 135
Paradies	Ippesheim	Bullenheim	F 125
Paradies	Kröv	–	MSR 228
Paradies	Müllheim	Feldberg	B 304
Paradies	Neustadt an der Weinstraße	Diedesfeld an der Weinstraße	Rhpf 208
Paradies	Obersulm	Eschenau	W 48
Paradiesgarten	Deidesheim	–	Rhpf 159
Paradiesgarten	**Alsenz** **Auen** **Bayerfeld-Steckweiler** **Boos** **Desloch** **Feilbingert** **Gaugrehweiler** **Hochstätten** **Kalkhofen** **Kirschroth** **Lauschied** **Lettweiler** **Mannweiler-Cölln** **Martinstein** **Meddersheim** **Meisenheim** **Merxheim** **Monzingen** **Münsterappel** **Nußbaum** **Niederhausen an der Appel** **Niedermoschel** **Oberhausen an der Appel** **Obermoschel** **Oberndorf** **Oberstreit** **Odernheim am Glan** **Raumbach/Glan** **Rehborn** **Sobernheim** **Sobernheim** **Staudernheim** **Unkenbach** **Waldböckelheim** **Weiler bei Monzingen** **Winterborn**	**–** **Steinhard** **–** **–** **–** **–** **–**	**N 182–260**
Pares	Ingelheim	Groß Winternheim	Rhh 152
Pastorei	Bretzenheim	–	N 140
Pastorenberg	Wallhausen	–	N 85
Paterberg	Nierstein	–	Rhh 254
Paterhof	Dienheim Oppenheim	– –	Rhh 281 T
Paulinsberg	Kasel	–	MSR 408
Paulinsberg	Kesten	–	MSR 287
Paulinshofberger	Kesten	–	MSR 285
Paulinslay	Osann-Monzel	Monzel	MSR 281
Paulus	Bensheim	–	HB 17
Pechstein	Forst an der Weinstraße	–	Rhpf 145
Pelzerberger	Beuren	–	MSR 133 a
Petersberg	Neef	–	MSR 122
Petersberg	Weingarten	–	B 103

Lage	Gemeinde	Ortsteil	Anbaugebiet u. Lagen-Nr.
Petersberg	**Bad Honnef** **Königswinter** **Königswinter** **Königswinter**	**Rhöndorf** **–** **Niederdollendorf** **Oberdollendorf**	**Mrh 1–7**
Petersberg	**Albig** **Alzey** **Bechtolsheim** **Biebelnheim** **Framersheim** **Gau-Heppenheim** **Gau-Odernheim** **Gau-Odernheim** **Spiesheim**	**–** **–** **–** **–** **–** **–** **–** **Gau-Köngernheim** **–**	**Rhh 308–326**
Petersborn-Kabertchen	Zell	–	MSR 147
Peterstirn	Schweinfurt	–	F 103 c
Pettenthal	Nierstein	–	Rhh 256
Pfaffenberg	Ammerbuch	Entringen	W 198 b
Pfaffenberg	Bad Neuenahr-Ahrweiler	Walporzheim	A 21
Pfaffenberg	Billigheim-Ingenheim	Ingenheim	Rhpf 312
Pfaffenberg	Burgsponheim	–	N 174
Pfaffenberg	Ediger-Eller	Ediger	MSR 110
Pfaffenberg	Eltville	Hattenheim	Rhg 55
Pfaffenberg	Flonheim	Uffenhofen	Rhh 97
Pfaffenberg	Landau in der Pfalz	Mörzheim	Rhpf 301
Pfaffenberg	Würzburg Würzburg	– Unterdürrbach	F 53 T
Pfaffengarten	Saulheim	–	Rhh 205
Pfaffengrund	**Neustadt an der Weinstraße** **Neustadt an der Weinstraße** **Neustadt an der Weinstraße** **Neustadt an der Weinstraße** **Neustadt an der Weinstraße**	**Diedesfeld an der Weinstraße** **Duttweiler** **Geinsheim** **Hambach an der Weinstraße** **Lachen/Speyer-dorf**	**Rhpf 209–217**
Pfaffenhalde	Alzey	Schafhausen	Rhh 349
Pfaffenkappe	Nierstein	Schwabsburg	Rhh 221
Pfaffenmütze	Dittelsheim-Heßloch	Dittelsheim	Rhh 374
Pfaffenpfad	Alsenz	–	N 245
Pfaffensteig	Segnitz	–	F 74
Pfaffenstein	Niederhausen an der Nahe	–	N 294
Pfaffenstück	Müllheim	–	B 300
Pfaffenweg	Gau-Bischofsheim	–	Rhh 182
Pfaffenwies	Lorch	–	Rhg 6
Pfalzgrafenstein	Kaub	–	Mrh 85
Pfarrberg	Kappelrodeck	Waldulm	B 147
Pfarrgarten	Bingen Bingen	Gaulsheim Kempten	Rhh 4 T
Pfarrgarten	Bruttig-Fankel	Bruttig	MSR 83
Pfarrgarten	Filsen	–	Mrh 38
Pfarrgarten	Gau-Heppenheim	–	Rhh 320
Pfarrgarten	**Dalberg** **Gutenberg** **Hergenfeld** **Schöneberg** **Sommerloch** **Spabrücken** **Wallhausen**	**–** **–** **–** **–** **–** **–** **–**	**N 69–98**
Pfarrwingert	Dernau	–	A 29
Pfingstweide	Niederhausen an der Nahe	–	N 290
Pfirsichgarten	Ediger-Eller	Eller	MSR 112

Lage	Gemeinde	Ortsteil	Aubaugebiet u. Lagen-Nr.
Pforte	Volkach	Vogelsburg	F 103 b
Pfülben	Randersacker	–	F 62
Pilgerberg	Igel	Liersberg	MSR 497
Pilgerpfad	Kamp-Bornhofen	–	Mrh 54
Pilgerpfad	**Bechtheim** **Dittelsheim-Heßloch** **Dittelsheim-Heßloch** **Frettenheim** **Monzernheim** **Osthofen**	**–** **Dittelsheim** **Heßloch** **–** **–** **–**	**Rhh 372–388**
Pilgerstein	Biebelnheim	–	Rhh 324
Pilgerweg	Zornheim	–	Rhh 241
Pinnerkreuzberg	Cochem	–	MSR 60
Pittermännchen	Dorsheim	–	N 49
Pittersberg	Münster-Sarmsheim	–	N 9
Plauelrain	Durbach	–	B 156
Pomerell	Zell	–	MSR 148
Pompejaner	Aschaffenburg	–	F 6
Portnersberg	Wittlich	–	MSR 217
Posten	Bacharach	–	Mrh 93
Prälat	Erden	–	MSR 206
Präsent	Medersheim	–	N 200
Predigtstuhl	Dorfprozelten	–	F 21
Probstberg	Bad Mergentheim Weikersheim	Markelsheim Elpersheim	W 2 T
Probstberg	**Fell (mit Ortsteil Fastrau)** **Kenn** **Longuich** **Riol** **Schweich**	 **–** **–** **–** **–**	**MSR 345–354**
Probsteiberg	Boppard	Hirzenach	
Probstey	Saulheim	–	Rhh 201
Pulchen	Konz	Filzen	MSR 426
Pulverberg	Ackern	Onsbach	B 144
Pulverbuck	Vogtsberg im Kaiserstuhl	Oberbergen	B 231
Pulvermächer	Kernen	Stetten	W 187

Lage	Gemeinde	Ortsteil	Anbaugebiet u. Lagen-Nr.
Rabenkopf	Ingelheim	Groß-Winternheim	Rhh 157
Rabenkopf	Wackernheim	–	Rhh 157 a
Ranzenberg	Ellhofen Weinsberg	– –	W 24 T
Rappen	Ilsfeld	–	W 56
Rathausberg	Bruttig-Fankel	Bruttig	MSR 84
Ratsgrund	Sommerloch	–	N 92
Ratsherr	Volkach mit Ortsteil Fahr		F 98
Ravensburg	**Erlabrunn** **Güntersleben** **Leinach** **Thüngersheim** **Veitshöchheim** **Zellingen** **Zellingen**	– – **Oberleinach** – – – **Retzbach**	**F 44–50**
Rauenegg	Ravensburg	–	W 200
Raul	Konz	Oberemmel	MSR 441
Rausch	Saarburg	–	MSR 477
Rauschelay	Kaub	–	Mrh 82
Rebstöckel	**Neustadt an der Weinstraße** **Neustadt an der Weinstraße** **Neustadt an der Weinstraße**	– **Diedesfeld an der Weinstraße** **Hambach an der Weinstraße**	**Rhpf 200–208**
Rebtal	Freiburg	Tiengen	B 262
Rechbächel	Wachenheim	–	Rhpf 140
Reggenhag	Müllheim	–	B 299
Rehbach	**Nierstein**	–	**Rhh 256–259**
Reichesthal	Hochheim Mainz	– Kostheim	Rhg 98 T
Reichshalde	Knittlingen Knittlingen Maulbronn	– Freudenstein –	W 101 T
Reichskeller	Freilaubersheim	–	Rhh 73
Reichsritterstift	Bodenheim	–	Rhh 174
Reifenstein	Sommerhausen	–	F 65
Reifersley	Niederheimbach	–	Mrh 110
Reinig auf der Burg	Wasserliesch	–	MSR 500
Reischklingeberg	Großostheim	–	F 8
Reiterpfad	Neustadt an der Weinstraße	Königsbach an der Weinstraße	Rhpf 184
Reiterpfad	Ruppertsberg	–	Rhpf 175
Reitsteig	Castell	–	F 111
Remeyerhof	Worms	–	Rhh 422
Renchtäler	Appenweier Lautenbach Oberkirch Oberkirch Oberkirch Oberkirch Oberkirch Oberkirch Oberkirch Oberkirch Renchen Renchen	Nesselried – – Bottenau Haslach Nussbach Ödsbach Ringelbach Stadelhofen Tiergarten Erlach Ulm	B 151 T
Reuschberg	**Alzenau**	**Hörstein**	**F 1–2**
Rheinberg	Eltville	–	Rhg 75
Rheinberg	Oberdiebach	Rheindiebach	Mrh 103
Rheinblick	Münster-Sarmsheim	–	N 5
Rheinblick	Osthofen	–	Rhh 385
Rheinblick	Worms	Herrnsheim	Rhh 419
Rheinblick	**Alsheim** **Dorn-Dürkheim** **Mettenheim**	– – –	**Rhh 327–334**

Lage	Gemeinde	Ortsteil	Aubaugebiet u. Lagen-Nr.
Rheingarten	Eltville Eltville	Erbach Hattenheim	Rhg 55 a T
Rheingasse	Lettweiler	–	N 226
Rheingoldberg	Niederburg	–	Mrh 64
Rheingrafenberg	Freilaubersheim	–	Rhh 72
Rheingrafenberg	Meddersheim	–	N 199
Rheingrafenberg	Wörrstadt	–	Rhh 115
Rheingrafenstein	**Eckelsheim** **Freilaubersheim** **Fürfeld** **Hackenheim** **Neu-Bamberg** **Pleitersheim** **Siefersheim** **Stein-Bockenheim** **Tiefenthal** **Volxheim** **Wöllstein** **Wonsheim**	– – – – – – – – – – – –	**Rhh 62–92**
Rheinhell	Eltville	Erbach	Rhg 67
Rheinhöhe	Ingelheim	Groß-Winternheim	Rhh 146
Rheinhöller	Linz	–	Mrh 12
Rheinnieder	Urbar Vallendar	– –	Mrh 29 T
Rheinpforte	Selzen	–	Rhh 232
Riedersbückele	Lauffen	–	W 73
Riegelfeld	Bad Neuenahr-Ahrweiler	Ahrweiler	A 15
Rieschen	Meersburg	–	B 333
Ritsch	Thörnich	–	MSR 331
Ritterberg	Schornsheim	–	Rhh 211
Rittergarten	Bad Dürkheim	–	Rhpf 122
Ritterhalde	Gailingen	–	B 349
Ritterhölle	Dalberg	–	N 73
Ritterpfad	Kanzem Wawern	– –	MSR 455 T
Rittersberg	Ilbesheim	–	Rhpf 299
Rittersberg	**Dossenheim** **Heidelberg** **Hemsbach** **Hirschberg** **Hirschberg** **Laudenbach** **Schriesheim** **Weinheim** **Weinheim** **Weinheim** **Weinheim**	– – – **Großsachsen** **Leutershausen** – – – **Hohensachsen** **Lützelsachsen** **Sulzbach**	**B 29–43**
Rochusfels	Nittel Nittel	– Köllig	MSR 511 T
Rödchen	Eltville	Martinsthal	Rhg 85
Römerberg	Alsheim	–	Rhh 329
Römerberg	Alzey	–	Rhh 348
Römerberg	Badenheim	–	Rhh 24
Römerberg	Badenweiler Müllheim	– Niederweiler	B 301 T
Römerberg	Bingen Weiler	Bingerbrück –	N 4 T
Römerberg	Burgen	–	MSR 272
Römerberg	Dorn-Dürkheim	–	Rhh 332
Römerberg	Engelstadt	–	Rhh 135
Römerberg	Essenheim	–	Rhh 195
Römerberg	Gutenberg	–	N 94
Römerberg	Merxheim	–	N 188
Römerberg	Münster-Sarmsheim	–	N 4 a
Römerberg	Nehren	–	MSR 106
Römerberg	Oberbillig	–	MSR 503

Lage	Gemeinde	Ortsteil	Anbaugebiet u. Lagen-Nr.
Römerberg	Oberheimbach	–	Mrh 104
Römerberg	Perl	Nennig	MSR 521
Römerberg	Rheinbrohl	–	Mrh 17
Römerberg	Riol	–	MSR 346
Römerberg	Senheim	Senhals	MSR 73
Römerberg	Waldböckelheim	–	N 311
Römerberg	Windesheim	–	N 36
Römerbrunnen	Neustadt an der Weinstraße	Hambach an der Weinstraße	Rhpf 210
Römergarten	Briedern	–	MSR 95
Römerhalde	Bad Kreuznach	Planig	N 131
Römerhang	Kinheim	–	MSR 199 a
Römerkrug	Oberwesel	–	Mrh 73
Römerkrug	Oberwesel	Dellhofen	Mrh 74
Römerlay	**Franzenheim** **Hockweiler** **Kasel** **Mertesdorf** **Mertesdorf** **Mertesdorf** **Morscheid** **Plowig** **Riveris** **Sommerau** **Trier** **Trier** **Trier** **Trier** **Trier** **Trier** **Trier** **Trier** **Trier** **Trier** **Trier** **Trier** **Waldrach**	– – – – **Lorenzhof** **Maximin Grünhaus** – – – – – **Biewer** **Eitelsbach** **Filsch** **Irsch** **Kernscheid** **Korlingen** **Kürenz** **Matthias** **Olewig** **Ruwer** **Tarforst** –	**MSR 355–415**
Römerpfad	Maring-Noviand	–	MSR 269
Römerpfad	Unkenbach	–	N 229
Römerquelle	Zell	Kaimt	MSR 155
Römerschanze	Eimsheim	–	Rhh 299
Römersteg	Worms	Herrnsheim	Rhh 428
Römerstich	Auen	–	N 183
Römerstraße	Kirchheim an der Weinstraße	–	Rhpf 72
Römerweg	Kirrweiler	–	Rhpf 222
Röth	Grünstadt	–	Rhpf 38
Röthen	Schliengen Schliengen	Niedereggenen Obereggenen	B 310 T
Rosenberg	Bad Kreuznach	–	N 102
Rosenberg	Bad Neuenahr-Ahrweiler	Marienthal	A 23
Rosenberg	Bad Windsheim	Oberntief	F 128 g
Rosenberg	Bernkastel-Kues	Kues	MSR 254
Rosenberg	Bernkastel-Kues	Wehlen	MSR 133 a
Rosenberg	Biebelnheim	–	Rhh 325
Rosenberg	Billigheim-Ingenheim Billigheim-Ingenheim Steinweiler	Billigheim Mühlhofen –	Rhpf 313 T
Rosenberg	Birkweiler Landau in der Pfalz Siebeldingen	– Arzheim –	Rhpf 292 T
Rosenberg	Bruttig-Fankel	Fankel	MSR 88
Rosenberg	Cochem	Cond	MSR 78
Rosenberg	Dielheim Mühlhausen	– Tairnbach	B 54 T
Rosenberg	Ehrenkirchen	Ehrenstetten	B 280
Rosenberg	Frankenwinheim	–	F 102 a
Rosenberg	Hardthausen	Kochersteinsfeld	W 17 a
Rosenberg	Kinheim	–	MSR 199
Rosenberg	Klotten	–	MSR 55 a
Rosenberg	Konz	Oberemmel	MSR 443
Rosenberg	Leutesdorf	–	Mrh 23
Rosenberg	Lorch	Lorchhausen	Rhg 1
Rosenberg	Mannweiler-Cölln	–	N 254
Rosenberg	Minheim	–	MSR 295
Rosenberg	Monzingen	–	N 191
Rosenberg	Moselkern	–	MSR 41
Rosenberg	Müllheim Müllheim Müllheim	Britzingen Dattingen Zunzingen	B 294 T
Rosenberg	Neef	–	MSR 123
Rosenberg	Niederhausen an der Nahe	–	N 292
Rosenberg	Nierstein	–	Rhh 246
Rosenberg	Oberfell	–	MSR 28
Rosenberg	Osann-Monzel	Osann	MSR 284
Rosenberg	Palzem	Wehr	MSR 515
Rosenberg	Pommern	–	MSR 55
Rosenberg	Pünderich	–	MSR 162
Rosenberg	Rivenich	–	MSR 320
Rosenberg	Sehnheim	–	MSR 102
Rosenberg	Sommerach Volkach	– Hallburg	F 90 T
Rosenberg	St. Goar	Werlau	Mrh 50
Rosenberg	Windesheim	–	N 32
Rosenberg	Wiltingen	–	MSR 443 a
Rosenberg	Wittlich	–	MSR 216
Rosenborn	Zell	Kaimt	MSR 154
Rosenbühl	**Erpolzheim** **Freinsheim** **Lambsheim** **Weisenheim am Sand**	– – – –	**Rhpf 75–81**
Rosengärtchen	Neumagen-Dhron	Neumagen	MSR 312
Rosengarten	Bechtheim	–	Rhh 389
Rosengarten	Bingen	Gaulsheim	Rhh 7
Rosengarten	Edesheim	–	Rhpf 248
Rosengarten	Friedelsheim	–	Rhpf 164
Rosengarten	Gabsheim	–	Rhh 215
Rosengarten	Kapellen-Drusweiler	–	Rhpf 322
Rosengarten	Karlsruhe	Hohenwettersbach	B 111
Rosengarten	Monsheim	Kriegsheim	Rhh 410
Rosengarten	Obrigheim	–	Rhpf 30
Rosengarten	Rhodt unter Rietburg	–	Rhpf 239
Rosengarten	Rüdesheim	–	Rhg 21
Rosengarten	Starkenburg	–	MSR 182
Rosengarten	**Bockenau** **Braunweiler** **Burgsponheim** **Hüffelsheim** **Mandel** **Roxheim** **Rüdesheim** **Sponheim** **St. Katharinen** **Weinsheim**	– – – – – – – – – –	**N 144–181**

Lage	Gemeinde	Ortsteil	Anbaugebiet u. Lagen-Nr.
Rosenhang	**Beilstein**	–	**MSR 74–104**
	Bremm	–	
	Briedern	–	
	Bruttig-Fankel	**Bruttig**	
	Bruttig-Fankel	**Fankel**	
	Cochem	**Cond**	
	Ediger-Eller	**Eller**	
	Ellenz-Poltersdorf		
	Mesenich	–	
	Senheim	–	
	Treis-Karden	**Treis**	
	Valwig	–	
Rosenheck	Bad Kreuznach	Winzenheim	N 128
Rosenheck	Niederhausen an der Nahe	–	N 293
Rosenhügel	Königswinter	Oberdollendorf	Mrh 1
Rosenkränzel	Roschbach	–	Rhpf 280
Rosenkranz	Böchingen	–	Rhpf 273
Rosenkranz	Vogtsburg im Kaiserstuhl	Bischoffingen	B 235
Rosenkranzweg	Östringen	–	B 63
Rosenlay	Lieser	–	MSR 250
Rosental	Perscheid	–	Mrh 77
Rosenteich	Guldental	Heddesheim und Waldhilbersheim	N 45
Rosenthal	Bad Neuenahr-Ahrweiler	Ahrweiler	A 13
Roßberg	Essingen	–	Rhpf 255
Roßberg	Roßdorf	–	HB 2
Roßberg	Winnenden	–	W 166
Rossel	Waldalgesheim	Genheim	N 24
Roßstein	Kaub	–	Mrh 80
Roßtal	**Arnstein**	–	**F 33–43**
	Eußenheim	–	
	Gössenheim	–	
	Himmelstadt	–	
	Karlstadt	–	
	Karlstadt	**Gambach**	
	Karlstadt	**Karlburg**	
	Karlstadt	**Stetten**	
	Laudenbach	–	
	Mühlbach	–	
	Retzstadt	–	
Rote Halde	Sasbach	–	B 245
Rotenberg	Altenbamberg	–	N 265
Rotenberg	Oberhausen an der Nahe	–	N 319
Rotenberg	Sugenheim	Ingolstadt	F 127 a
Rotenberg	Wachenheim	–	Rhh 408
Rotenbusch	Pfinztal	Söllingen	B 109
Rotenfels	Alzey	–	Rhh 347 T
	Alzey	Heimersheim	
Rotenfels	Traisen	–	N 280
Rotenfelser im Winkel	Bad Münster am Stein-Ebernburg	Münster	N 276
Rotenpfad	Flonheim	–	Rhh 100
Rotenstein	Westhofen	–	Rhh 365
Roter Berg	Hochstadt	–	Rhpf 262
Roter Berg	Ilsfeld	Schozach	W 77
Roter Berg	Ipsheim	Weimersheim	F 127 a
Roter Berg	Kenzingen	–	B 193
Roter Bur	Glottertal	–	B 205
Roterd	Neumagen-Dhron	Dhron	MSR 306
Rotes Kreuz	Ingelheim	Groß-Winternheim	Rhh 155
Rotfeld	Nußbaum	–	N 195
Rotgrund	Breisach	Niederrimsingen	B 261
Rothenack	Bornich	–	Mrh 62
Rothenberg	Duchroth	–	N 319 a
Rothenberg	Eltville	Rauenthal	Rhg 80
Rothenberg	Gau-Algesheim	–	Rhh 40
Rothenberg	Geisenheim	–	Rhg 22
Rothenberg	Langenlonsheim	–	N 66
Rothenberg	Nackenheim	–	Rhh 245
Rothenberg	Rümmelsheim mit Ortsteil Burg Layen	–	N 16
Rotlay	Platten	–	MSR 222
Rotlay	Sehlem	–	MSR 322
Rotlay	Trier	Kürenz	MSR 368
Rotsteig	Malsch	–	B 59
Rott	**Alsbach**	–	**HB 1–5**
	Bensheim-Auerbach	–	
	Bensheim-Schönberg	–	
	Zwingenberg	–	
Rozenberg	Mundelsheim	–	W 124
Rüberberger Domherrenberg	Briedern	–	MSR 71 T
	Ellenz-Polterberg	–	
	Senheim	Senhals	
Ruthe	Nordheim	–	W 84 a T
	Schwaigern	–	

Lage	Gemeinde	Ortsteil	Anbaugebiet u. Lagen-Nr.
Saarfeilser Marienberg	Schoden	–	MSR 459
Sackträger	Oppenheim	–	Rhh 271
Sängerhalde	Markdorf	–	B 337 T
	Meersburg	–	
	Stetten	–	
Sätzler	Baden-Baden	–	B 117 T
	Sinzheim	–	
Salzberg	**Eberstadt**	–	**W 39–52**
	Ellhofen	–	
	Lehrensteinsfeld	–	
	Löwenstein	–	
	Löwenstein	**Hößlinsülz**	
	Obersulm	**Affaltrach**	
	Obersulm	**Eichelberg**	
	Obersulm	**Eschenau**	
	Obersulm	**Sülzbach**	
	Obersulm	**Weiler**	
	Obersulm	**Willsbach**	
	Weinsberg	–	
	Weinsberg	**Grantschen**	
	Weinsberg	**Wimmental**	
Sand	Mainz	Ebersheim	Rhh 167
Sandberg	Wiltingen	–	MSR 446
Sanderberg	Obernau	–	F 7
Sandgrub	Eltville	–	Rhg 71 T
	Kiedrich	–	
Sandrocken	Hirschberg	Großsachsen	B 34
Sankt Alban	**Bodenheim**	–	**Rhh 163–189**
	Gau-Bischofsheim	–	
	Harxheim	–	
	Lörzweiler		
	Mainz	**Ebersheim**	
	Mainz	**Hechtsheim**	
	Mainz	**Laubenheim**	
Sankt Annaberg	Burrweiler	–	Rhpf 266
Sankt Annaberg	Worms	Herrnsheim	Rhh 424
Sankt Anna Kapelle	Flörsheim	–	Rhg 110 a
Sankt Antoniusweg	Langenlonsheim	–	N 68
Sankt Castorhöhle	Müden	–	MSR 47
Sankt Cyriakusstift	Worms	–	Rhh 420
Sankt Georgen	Partenheim	–	Rhh 60
Sankt Georgenberg	Jugenheim	–	Rhh 130
Sankt Georgenberg	Worms	Pfeddersheim	Rhh 426
Sankt Georgshof	Temmels	–	MSR 505
Sankt Jakobsberg	Ockenheim	–	Rhh 33
Sankt Johännser	Markgröningen	–	W 129 T
	Vaihingen	Enzweihingen	
Sankt Jost	Bacharach	Steeg	Mrh 88
Sankt Julianenbrunnen	Guntersblum	–	Rhh 288
Sankt Kathrin	Wolfsheim	–	Rhh 59
Sankt Kiliansberg	Mainz	Kostheim	Rhg 100 a
Sankt Klausen	Ramsthal	–	F 31
Sankt Laurenzikapelle	Gau-Algesheim	Laurenziberg	Rhh 41
Sankt Martin	Bad Kreuznach	–	N 118
Sankt Martin	Ensch	–	MSR 334
Sankt Martin	Guldental	Heddesheim und Waldhilbersheim	N 40
Sankt Martiner Hofberg	Trier	Irsch	MSR 371 T
	Trier	Tarforst	
Sankt Martiner Klosterberg	Trier	Irsch	MSR 372 T
	Trier	Tarforst	

Lage	Gemeinde	Ortsteil	Anbaugebiet u. Lagen-Nr.
Sankt Martinsberg	Oberwesel	–	Mrh 71
Sankt Martinskreuz	Mertesheim	–	Rhpf 33
Sankt Matheiser	Trier	Matthias	MSR 383
Sankt Maximiner Kreuzberg	Trier	–	MSR 377 T
	Trier	Kürenz	
Sankt Michael	**Bekond**	–	**MSR 323–344**
	Detzem	–	
	Ensch	–	
	Klüsserath	–	
	Köwerich	–	
	Leiwen	–	
	Longen	–	
	Mehring	–	
	Mehring	**Lörsch**	
	Pölich	–	
	Schleich	–	
	Thörnich	–	
Sankt Michaelsberg	Riegel	–	B 211
Sankt Nikolaus	Oestrich-Winkel	Mittelheim	Rhg 42
Sankt Oswald	Manubach	–	Mrh 97
Sankt Petrusberg	Trier	Kernscheid	MSR 378
Sankt Quirinusberg	Perl	–	MSR 524
Sankt Rochuskapelle	**Aspisheim**	–	**Rhh 1–36**
	Badenheim	–	
	Biebelsheim	–	
	Bingen	**Büdesheim**	
	Bingen	**Dietersheim**	
	Bingen	**Dromersheim**	
	Bingen	**Gaulsheim**	
	Bingen	**Kempten**	
	Bingen	**Sponsheim**	
	Gensingen	–	
	Grolsheim	–	
	Horrweiler	–	
	Ockenheim	–	
	Pfaffen-Schwabenheim	–	
	Welgesheim	–	
	Zotzenheim	–	
Sankt Ruppertsberg	Gutenberg	–	N 93
Sankt Remigiusberg	Laubenheim	–	N 57
Sankt Stephan	Grünstadt	Asselheim	Rhpf 35
Sankt Werner-Berg	Oberwesel	Dellhofen	Mrh 75
Satzenberg	Wertheim	Reichholzheim	B 7
Sauberg	Ötisheim	–	W 104
Saukopf	Gau-Bickelheim	–	Rhh 121
Saukopf	Windesheim	–	N 29
Sauloch	Flörsheim-Dalsheim	Dalsheim	Rhh 399
Saumagen	Kallstadt	–	Rhpf 98 a
Sauschwänzel	Billigheim-Ingenheim	Billigheim	Rhpf 310
Schäf	Auggen	–	B 306 T
	Neuenburg am Rhein	Steinenstadt	
Schäfergarten	Insheim	–	Rhpf 303 T
	Rohrbach	–	
Schäferlay	Briedel	–	MSR 157
Schäfersberg	Schöneberg	–	N 69
Schäwer	Burrweiler	–	Rhpf 267
Schafberg	Großniedesheim	–	Rhpf 53
Schafsteige	Niederstetten	–	W 6 T
	Niederstetten	Oberstetten	
	Niederstetten	Vorbachzimmern	
	Niederstetten	Wermutshausen	
	Weikersheim	Laudenbach	
	Weikersheim	Haagen	
Schalk	Elsenfeld	Rück	F 11 a

Lage	Gemeinde	Ortsteil	Anbaugebiet u. Lagen-Nr.
Schalkstein	**Affalterbach**	–	**W 120–133**
	Aspach	**Allermsbach**	
	Aspach	**Kleinaspach**	
	Aspach	**Rietenau**	
	Asperg	–	
	Benningen	–	
	Besigheim	–	
	Bietigheim-Bissingen	**Bietigheim**	
	Beitigheim-Bissingen	**Bissingen**	
	Erdmannhausen	–	
	Freiburg/Neckar	**Beihingen**	
	Gemmrigheim	–	
	Hessigheim	–	
	Ingersheim	**Kleiningersheim**	
	Ingersheim	**Großingersheim**	
	Kirchberg/Murr	–	
	Löchgau	–	
	Ludwigsburg	**Hoheneck**	
	Ludwigsburg	**Neckarweihingen**	
	Ludwigsburg	**Poppenweiler**	
	Marbach/Neckar	–	
	Marbach/Neckar	**Rielingshausen**	
	Markgröningen	–	
	Mundelsheim	–	
	Murr	–	
	Steinheim	–	
	Steinheim	**Höpfigheim**	
	Vaihingen	**Enzweihingen**	
	Walheim	–	
Schanzreiter	Illingen	–	W 112 T
	Vaihingen	Ensingen	
Scharlachberg	Bingen	Gaulsheim	Rhh 8
Scharlachberg	Thüngersheim	–	F 46
Scharrenberg	Stuttgart	Degerloch	W 138
Scharzberg	**Ayl**	**Biebelhausen**	**MSR 416–495**
	Irsch	–	
	Kanzem	–	
	Kastel-Staadt	–	
	Konz	–	
	Konz	**Falkenstein**	
	Konz	**Filzen**	
	Konz	**Hamm**	
	Konz	**Krettnach**	
	Konz	**Kommlingen**	
	Konz	**Könen**	
	Konz	**Niedermennig**	
	Konz	**Oberemmel**	
	Konz	**Obermennig**	
	Ockfen	–	
	Pellingen	–	
	Saarburg	–	
	Saarburg	**Krutweiler**	
	Schoden	–	
	Serrig	–	
	Wawern	–	
	Wiltingen	–	
	Wiltingen	**Scharzhofberg**	
Schatzgarten	Traben-Trarbach	Wolf	MSR 194
Scheibenbuck	Sasbach	–	B 243
Scheidterberg	Ayl mit Ortsteil Biebelhausen		MSR 471
Scheinberg	Euerdorf	Wirmsthal	F 32
Schellenbrunnen	Östringen	Tiefenbach	B 90
Schelm	Briedel	–	MSR 160
Schelmen	Wahlheim	–	Rhh 352
Schelmenklinge	Ilsfeld	Schozach	W 76
Schelmenstück	Bingen	Bündesheim	Rhh 9 T
	Bingen	Dietersheim	
Schemelsberg	Weinsberg	–	W 25
Schenkenberg	Eßlingen	–	W 158 T
	Eßlingen	Mettingen	
Schenkenböhl	**Bad Dürkheim**	–	**Rhpf 124–130**
	Wachenheim	–	

Lage	Gemeinde	Ortsteil	Aubaugebiet u. Lagen-Nr.
Scheuerberg	Neckarsulm	–	W 23
Schieferlay	Bad Neuenahr-Ahrweiler	Neuenahr	A 6
Schieferlay	Dernau	–	A 30
Schieferlay	Mayschoß	–	A 37
Schießlay	Thörnich	–	MSR 332
Schikanenbuckel	Rehborn	–	N 218
Schild	**Abtswind**	–	**F 105–106, 108**
	Castell	–	
	Castell	**Greuth**	
	Prichsenstadt	**Kirchschönbach**	
Schildberg	Sulzheim	–	Rhh 118
Schlangengraben	Wiltingen	–	MSR 453
Schleidberg	Tawern	Fellerich	MSR 504
Schlemmertröpfchen	Bremm	–	MSR 119
Schlierbach	Obersulm	Weiler	W 50
Schlipf	Weil am Rhein	–	B 325
Schlittberg	Römerberg (bei Speyer)	Mechtersheim	Rhpf 264 b
Schlössel	Neustadt an der Weinstraße	Gimmeldingen an der Weinstraße	Rhpf 188
Schloß	Dienheim	–	Rhh 280 T
	Oppenheim	–	
Schloß	Edesheim	–	Rhpf 247
Schloß	Grünstadt	Asselheim	Rhpf 36
Schloß	Obrigheim	Mühlheim	Rhpf 32
Schloß	Schonungen	Mainberg	F 103 e
Schloß	Uelversheim	–	Rhh 301
Schloßberg	Altenbamberg	–	N 264
Schloßberg	Alzenau	Wasserlos	F 3
Schloßberg	Appenweier	Nesselried	B 155 T
	Durbach	–	
Schloßberg	Baden-Baden	Neuweier	B 125
Schloßberg	Bad Hönningen	–	Mrh 15
Schloßberg	Bad Münster am Stein-Ebernburg	Ebernburg	N 266
Schloßberg	Battenberg	–	Rhpf 50
Schloßberg	Beilstein	–	MSR 91
Schloßberg	Bekond	–	MSR 328
Schloßberg	Bernkastel-Kues	Andel	MSR 252 T
	Bernkastel-Kues	Bernkastel	
	Lieser	–	
Schloßberg	Bockenheim an der Weinstraße	–	Rhpf 18
Schloßberg	Bolanden	–	Rhpf 3
Schloßberg	Brackenheim	–	W 82 T
	Brackenheim	Neipperg	
	Heilbronn	Klingenberg	
Schloßberg	Braunweiler	–	N 147
Schloßberg	Burg	–	MSR 173
Schloßberg	Burgsponheim	–	N 172 T
	Sponheim	–	
Schloßberg	Castell	–	F 112
Schloßberg	Cochem	–	MSR 61
Schloßberg	Dalberg	–	N 72
Schloßberg	Elfershausen	Engenthal	F 30 c T
	Elfershausen	Trimberg	
Schloßberg	Eltville	Erbach	Rhg 61
Schloßberg	Freiburg	–	B 208
Schloßberg	Gau-Heppenheim	–	Rhh 319
Schloßberg	Gutenberg	–	N 95
Schloßberg	Hammelburg	Saaleck	F 28

Lage	Gemeinde	Ortsteil	Anbaugebiet u. Lagen-Nr.
Schloßberg	Hammerstein	–	Mrh 20
Schloßberg	Harxheim	–	Rhh 186
Schloßberg	Hohberg	Diersburg	B 181
Schloßberg	Ihringen Vogtsburg im Kaiserstuhl Vogtsburg im Kaiserstuhl	– Achkarren Oberrotweil	B 221 T
Schloßberg	Ilsfeld Ilsfeld	Auenstein Helfenberg	W 57 T
Schloßberg	Ingelheim	Groß-Winternheim	Rhh 139
Schloßberg	Ingersheim Ingersheim	Großingersheim Kleiningersheim	W 127 T
Schloßberg	Kanzem	–	MSR 432
Schloßberg	Kenzingen	Hecklingen	B 196
Schloßberg	Klingenberg am Main	–	F 15
Schloßberg	Kobern-Gondorf Kobern-Gondorf	Gondorf Kobern	MSR 14 T
Schloßberg	Knetzgau	Zell am Ebersberg	F 133 a
Schloßberg	Lorch	–	Rhg 3
Schloßberg	Mandel	–	N 152
Schloßberg	Martinstein	–	N 184
Schloßberg	Mettenheim	–	Rhh 334
Schloßberg	Nassau	–	Mrh 26
Schloßberg	Neuleiningen	–	Rhpf 44
Schloßberg	Neustadt an der Weinstraße	Hambach an der Weinstraße	Rhpf 205
Schloßberg	Niederkirchen	–	Rhpf 170
Schloßberg	Obermoschel	–	N 231
Schloßberg	Oestrich-Winkel	Winkel	Rhg 38
Schloßberg	Oppenheim	–	Rhh 279
Schloßberg	Ortenberg	–	B 172
Schloßberg	Perl	Nennig	MSR 520
Schloßberg	Pleisweiler-Oberhofen	–	Rhpf 320
Schloßberg	Raumbach/Glan	–	N 221
Schloßberg	Rauenberg	Rotenberg	B 56
Schloßberg	Rhodt unter Rietburg	–	Rhpf 238
Schloßberg	Rümmelsheim mit Ortsteil Burg Layen		N 14
Schloßberg	Saarburg	–	MSR 476
Schloßberg	Salem	Kirchberg	B 339
Schloßberg	Saulheim	–	Rhh 202
Schloßberg	Schriesheim	–	B 40
Schloßberg	Schwabenheim	–	Rhh 139 a
Schloßberg	Sommerau	–	MSR 386
Schloßberg	Staufen im Breisgau Staufen im Breisgau	– Grunern	B 282 T
Schloßberg	Stuttgart Stuttgart Stuttgart	Rotenberg Uhlbach Untertürkheim	W 147 T
Schloßberg	Talheim	–	W 70 a
Schloßberg	Traben-Trarbach	Trarbach	MSR 186
Schloßberg	Untergruppenbach	–	W 70
Schloßberg	Volkach	Hallburg	F 103
Schloßberg	Wachenheim	–	Rhpf 130
Schloßberg	Weingarten	–	Rhpf 264
Schloßberg	Wertheim	–	B 5
Schloßberg	Wiltingen	–	MSR 432 a
Schloßberg	Winnenden	Bürg	W 167
Schloßberg	Würzburg	–	F 56
Schloßberg	Zeltingen-Rachtig	–	MSR 231
Schloßberg	**Heppenheim (einschließlich Erbach und Hambach)**		**HB 11–16**
Schloßberg	**Großlangheim** **Iphofen** **Kitzingen** **Kleinlangheim** **Rödelsee** **Wiesenbronn**	– – **Sickershausen** – – –	**F 114–120**
Schloßberg Schwätzerchen	Bingen Bingen	Büdesheim Kempten	Rhh 1 T
Schloßblick	Stuttgart	Hohenheim	W 138 a
Schloß Bübinger	**Besch** **Perl** **Perl** **Perl** **Tettingen** **Wochern**	– – **Nennig** **Sehndorf** – –	**MSR 520–525**
Schloßgarten	Bretzenheim	–	N 141
Schloßgarten	Burrweiler	–	Rhpf 268
Schloßgarten	Friedelsheim	–	Rhpf 132
Schloßgarten	Geisenheim	–	Rhg 28
Schloßgarten	Hochheim	Massenheim	Rhg 114 a
Schloßgarten	Kirchheimbolanden	–	Rhpf 2
Schloßgarten	Kleinniedesheim	–	Rhpf 51
Schloßgarten	Müllheim	Hügelheim	B 297
Schloßgarten	Offstein	–	Rhh 414
Schloßgarten	Schweppenhausen	–	N 28
Schloßgarten	Vogtsburg im Kaiserstuhl	Burkheim	B 238
Schloß Grohl	Durbach	–	B 164
Schloß Gutenburg	Gutenberg	–	N 96
Schloß Hammerstein	Albig Alzey	– –	Rhh 321 T
Schloßhölle	Gumbsheim Wöllstein	– –	Rhh 119 T
Schloß Hohenrechen	Nierstein	–	Rhh 250
Schloß Hohneck	Niederheimbach	–	Mrh 109
Schloß Johannisberg	Geisenheim	Johannisberg	Rhg Ortst. A
Schloßkapelle	**Bingen** **Dorsheim** **Eckenroth** **Guldental** **Laubenheim** **Münster-Sarmsheim** **Rümmelsheim** **Schweppenhausen** **Waldalgesheim** **Waldlaubersheim** **Weiler** **Windesheim**	**Bingerbrück** – – **Heddesheim und Waldhilbersheim** – – – – **Genheim** – – –	**N 1–61**
Schloßleite	Eltmann	–	F 135
Schloß Ludwigshöhe	**Edenkoben** **St. Martin**	– –	**Rhpf 225–236**
Schloßpark	Volkach	Gaibach	F 103 a
Schloß Randeck	Mannweiler-Cölln	–	N 252
Schloß Reichenstein	**Niederheimbach** **Oberheimbach** **Oberheimbach** **Trechtingshausen**	– – **Schloß Fürstenberg** –	**Mrh 101 a, 104–112**
Schloß Reichhartshausen	Oestrich-Winkel	Oestrich	Rhg Ortst. C
Schloß Rheinburg	Gailingen	–	B 350

Lage	Gemeinde	Ortsteil	Anbaugebiet u. Lagen-Nr.
Schloß Rodeck	**Achern**	**Mösbach**	**B 116–150**
	Achern	**Oberachern**	
	Baden-Baden	–	
	Baden-Baden	**Neuweier**	
	Baden-Baden	**Steinbach**	
	Baden-Baden	**Varnhalt**	
	Bühl	**Altschweier**	
	Bühl	**Eisental**	
	Bühl	**Neusatz**	
	Bühlertal	–	
	Gernsbach	**Obertsrot**	
	Gernsbach	**Staufenberg**	
	Kappelrodeck	–	
	Kappelrodeck	**Waldulm**	
	Lauf	–	
	Ottersweier	–	
	Renchen	–	
	Sasbach	**Obersasbach**	
	Sasbachwalden	–	
	Sinzheim	–	
	Weisenbach	–	
Schloß Saarfelser Schloßberg	Serrig	–	MSR 487
Schloß Saar-steiner	Serrig	–	MSR 486
Schloß Schönburg	**Damscheid**	–	**Mrh 63–77**
	Niederburg	–	
	Oberwesel	–	
	Oberwesel	**Dellhofen**	
	Oberwesel	**Engehöll**	
	Oberwesel	**Langscheid**	
	Oberwesel	**Urbar**	
	Perscheid	–	
Schloß Schwabs-burg	Nierstein	–	Rhh 267 T
	Nierstein	Schwabsburg	
Schloß Stahlberg	Bacharach	Breitscheid	Mrh 86 T
	Bacharach	Steeg	
Schloß Stahleck	**Bacharach**	–	**Mrh 86–103**
	Bacharach	**Breitscheid**	
	Bacharach	**Medenscheid und Neurath**	
	Bacharach	**Steeg**	
	Manubach	–	
	Oberdiebach	–	
	Oberdiebach	**Rheindiebach**	
	Oberheimbach	**Schloß Fürstenberg**	
Schloßsteige	Beuren	–	W 197 T
	Frickenhausen	–	
	Frickenhausen	Linsenhofen	
	Kohlberg	–	
	Metzingen	–	
	Neuffen	–	
	Neuffen	Kappishäusern	
	Weilheim	–	
Schloß Stolzen-berg	Bayerfeld-Steck-weiler	–	N 256
Schloßstück	**Bad Windsheim**	**Humprechtsau**	**F 123–128**
	Bad Windsheim	**Ickelheim**	
	Bad Windsheim	**Külsheim**	
	Bad Windsheim	**Rüdisbronn**	
	Dietersheim	**Dottenheim**	
	Dietersheim	**Walddachsbach**	
	Ergersheim	–	
	Ippesheim	–	
	Ippesheim	**Bullenheim**	
	Ipsheim	–	
	Ipsheim	**Kaubenheim**	
	Ipsheim	**Weimersheim**	
	Seinsheim	–	
	Sugenheim	**Ingolstadt**	
	Sugenheim	**Krassolzheim**	
	Weigenheim	–	
	Weigenheim	**Reusch**	
	Willanzheim	**Hüttenheim**	
	Windsheim	**Humprechtsau**	
Schloß Thorner Kupp	Palzem	Kreuzweiler	MSR 519
Schloß Vollrads	Oestrich-Winkel	Winkel	Rhg Ortst. B

Lage	Gemeinde	Ortsteil	Aubaugebiet u. Lagen-Nr.
Schloßwengert	Beilstein	Hohenbeilstein	W 60
Schloß Wester-haus	Ingelheim	–	Rhh 144 T
	Ingelheim	Groß-Winternheim	
Schlüsselberg	Schöntal	Bieringen	W 15
Schmecker	Weikersheim	–	W 4
Schmitts-kapellchen	Nackenheim	–	Rhh 220
Schneckenberg	Worms	Heppenheim	Rhh 434
Schneckenhof	Bretzfeld	Adolzfurt	W 36 T
	Bretzfeld	Geddelsbach	
	Bretzfeld	Unterheimbach	
	Wüstenrot	Maienfels	
Schnepfenflug an der Weinstraße	**Deidesheim**	–	**Rhpf 131–137**
	Forst an der Weinstraße	–	
	Friedelsheim	–	
	Wachenheim	–	
Schnepfenflug vom Zellertal	**Albisheim**	–	**Rhpf 1–17**
	Bolanden	–	
	Bubenheim	–	
	Einselthum	–	
	Gauersheim	–	
	Immesheim	–	
	Kerzenheim	–	
	Kirchheimbolanden	–	
	Morschheim	–	
	Ottersheim/ Zellertal	–	
	Rittersheim	–	
	Rüssingen	–	
	Stetten	–	
	Zellertal	**Harxheim**	
	Zellertal	**Niefernheim**	
	Zellertal	**Zell**	
Schnepp	Obersülzen	–	Rhpf 58
Schnorbach Brückstück	Koblenz	–	Mrh 32
Schön	Bad Friedrichshall	Duttenberg	W 19 T
	Bad Friedrichshall	Offenau	
Schönberg	Bornheim	–	Rhh 107 T
	Lonsheim	–	
Schönhell	Oestrich-Winkel	Hallgarten	Rhg 56
Schönhölle	Ockenheim	–	Rhh 36
Schöntal	Alsbach	–	HB 7
Schollerbuckel	Eberbach	–	B 74
Schozachtal	**Abstatt**	–	**W 53–57**
	Ilsfeld	–	
	Ilsfeld	**Auenstein**	
	Ilsfeld	**Helfenberg**	
	Löwenstein	–	
	Untergruppenbach	**Unterheinriet**	
Schubertslay	Piesport	–	MSR 303
Schützenhaus	Eltville	Hattenheim	Rhg 53
Schützenhütte	Dolgesheim	–	Rhh 296
Schützenhütte	Oppenheim	–	Rhh 272
Schützenlay	Ediger-Eller	Eller	MSR 117
Schutterlinden-berg	**Ettenheim**	**Münchweier**	**B 183–186**
	Ettenheim	**Wallburg**	
	Friesenheim	–	
	Friesenheim	**Heiligenzell**	
	Friesenheim	**Oberschopfheim**	
	Friesenheim	**Oberweier**	
	Kippenheim	–	
	Kippenheim	**Mahlberg**	
	Kippenheim	**Schmieheim**	
	Lahr	–	
	Lahr	**Hugsweier**	
	Lahr	**Kippenheimweiler**	
	Lahr	**Mietersheim**	
	Lahr	**Sulz**	
Schwalben	Wackernheim	–	Rhh 158
Schwalbennest	Raumbach/Glan	–	N 220

Lage	Gemeinde	Ortsteil	Anbaugebiet u. Lagen-Nr.
Schwanleite	Rödelsee	–	F 117
Schwarze Katz	**Zell** **Zell** **Zell**	– **Kaimt** **Merl**	**MSR 139–155**
Schwarzenberg	Bingen	Büdesheim	Rhh 10
Schwarzenberg	Valwig	–	MSR 80
Schwarzenstein	Geisenheim	Johannisberg	Rhg 30
Schwarzerde	**Bissersheim** **Dirmstein** **Gerolsheim** **Großkarlbach** **Großniedesheim** **Grünstadt Land** **Heßheim** **Kirchheim an der Weinstraße** **Kleinniedesheim** **Laumersheim** **Obersülzen**	– – – – – **Heuchelheim bei Frankenthal** – – – – –	**Rhpf 51–74**
Schwarzer Herrgott	Zellertal	Zell	Rhpf 11
Schwarzer Letten	Edenkoben	–	Rhpf 235
Schwarzes Kreuz	Freinsheim	–	Rhpf 93
Schwarzlay	**Bausendorf** **Bengel** **Burg** **Dreis** **Enkirch** **Erden** **Flußbach** **Hupperath** **Kinheim** **Lösnich** **Platten** **Starkenburg** **Traben-Trarbach** **Traben-Trarbach** **Traben-Trarbach** **Ürzig** **Wittlich**	**Olkenbach** – – – – – – – – – – – **Traben** **Trarbach** **Wolf** – –	**MSR 169–222**
Schwobajörgle	Neuenstein Neuenstein	Eschelbach Kesselfeld	W 30 T
Seehalde	Nonnenhorn	–	W 202
Seidenberg	Mannweiler-Cölln	–	N 253
Seilgarten	Bermersheim	–	Rhh 397
Seligmacher	Landau in der Pfalz Ranschbach	Arzheim –	Rhpf 295 T
Seligmacher	Lorch	Lorchhausen	Rhg 2
Senn	Kleinkarlbach	–	Rhpf 47
Servatiusberg	Briedern	–	MSR 94
Sieben Jungfrauen	Oberwesel	–	Mrh 69
Siegelsberg	Eltville	Erbach	Rhg 62
Silberberg	Bad Neuenahr-Ahrweiler	Ahrweiler	A 14
Silberberg	Bahlingen	–	B 212
Silberberg	Bodenheim	–	Rhh 179
Silberberg	Ellenz-Poltersdorf	–	MSR 90
Silberberg	Kraichtal	Menzingen, Münzesheim und Neuenbürg	B 95
Silberberg	Mayschoß	–	A 39
Silberberg	Mölsheim	–	Rhh 407
Silberberg	Monsheim	–	Rhh 407 a
Silberberg	Niederhorbach	–	Rhpf 317
Silberberg	Niedermoschel Obermoschel	– –	N 234 T
Silberberg	Walsheim	–	Rhpf 278
Silbergrube	Mommenheim	–	Rhh 242

Lage	Gemeinde	Ortsteil	Anbaugebiet u. Lagen-Nr.
Silberquell	Tauberbischofsheim	Impfingen	B 13
Siliusbrunnen	Dienheim	–	Rhh 276
Simonsgarten	Roschbach	–	Rhpf 279
Sioner Klosterberg	Mauchenheim	–	Rhh 339
Söhrenberg	Waiblingen	Neustadt	W 163
Sommerberg	Abstatt Löwenstein Untergruppenbach	– – Unterheinriet	W 53 T
Sommerberg	Ebringen	–	B 275
Sommerhalde	Eberstadt	–	W 39
Sommerhalde	Kenzingen	Bombach	B 195
Sommerhalde	Korb	–	W 159
Sommerhalde	Reutlingen	–	W 199 a
Sommerheil	Hochheim	–	Rhg 105
Sommerleite	Elfershausen	Machtilshausen	F 30 d
Sommerstuhl	Güntersleben	–	F 47
Sommertal	Knetzgau	Oberschwappach	F 133
Sommerwende	Hangen-Weisheim	–	Rhh 358
Sonnberg	Laudenbach	–	B 29
Sonne	Oberheimbach	–	Mrh 107
Sonneberg	Sugenheim	Neundorf	F 128 e
Sonneck	Bullay	–	MSR 138
Sonneck	Zell	Merl	MSR 139
Sonnenberg	Alsheim	–	Rhh 330
Sonnenberg	Alzey	Heimersheim	Rhh 345
Sonnenberg	Angelbachtal Angelbachtal Sinsheim Sinsheim	Eichtersheim Michelfeld Eschelbach Waldangelloch	B 81 T
Sonnenberg	Aspisheim	–	Rhh 26
Sonnenberg	Baden-Baden Sinzheim	Varnhalt –	B 119 T
Sonnenberg	Bad Neuenahr-Ahrweiler	Neuenahr	A 5
Sonnenberg	Bechtolsheim	–	Rhh 309
Sonnenberg	Bönnigheim	–	W 119
Sonnenberg	Bockenheim an der Weinstraße Kindenheim	– –	Rhpf 23 T
Sonnenberg	Cochem	Sehl (Ebernach)	MSR 64
Sonnenberg	Dalberg	–	N 74
Sonnenberg	Ellerstadt	–	Rhpf 110
Sonnenberg	Eltville	–	Rhg 74
Sonnenberg	Essingen	–	Rhpf 256
Sonnenberg	Flein Heilbronn Talheim	– – –	W 67 T
Sonnenberg	Freiburg	Opfingen	B 260
Sonnenberg	Gönnheim	–	Rhpf 161
Sonnenberg	Guldental	Heddersheim und Waldhilbersheim	N 41
Sonnenberg	Gundheim	–	Rhh 361
Sonnenberg	Guntersblum	–	Rhh 286
Sonnenberg	Hackenheim	–	Rhh 67
Sonnenberg	Hergenfeld	–	N 76
Sonnenberg	Hohen-Sülzen	–	Rhh 411
Sonnenberg	Ilbesheim Leinsweiler	– –	Rhpf 296 T
Sonnenberg	Ingelheim	Groß-Winternheim	Rhh 147
Sonnenberg	Irsch	–	MSR 481
Sonnenberg	Kanzem	–	MSR 433
Sonnenberg	Konz	Niedermennig	MSR 435

Lage	Gemeinde	Ortsteil	Anbaugebiet u. Lagen-Nr.
Sonnenberg	Korb	Kleinheppach	W 176 a
Sonnenberg	Marktbreit Marktsteft	– –	F 75 T
Sonnenberg	Neuleiningen	–	Rhpf 43
Sonnenberg	Nieder-Olm	–	Rhh 217
Sonnenberg	Norheim	–	N 283
Sonnenberg	Nußbaum	–	N 193
Sonnenberg	Oberotterbach Schweigen-Rechtenbach Schweighofen	– – –	Rhpf 324 T
Sonnenberg	Pfaffen-Schwabenheim	–	Rhh 20
Sonnenberg	Pfinztal	Berghausen	B 107
Sonnenberg	Remshalden Weinstadt Weinstadt	Geradstetten Beutelsbach Schnait	W 176 T
Sonnenberg	Roxheim	–	N 158
Sonnenberg	Schleich	–	MSR 338
Sonnenberg	Schöneberg	–	N 70
Sonnenberg	Schwabenheim	–	Rhh 138
Sonnenberg	Schwaigern Schwaigern	– Stetten	W 96 T
Sonnenberg	Sommerloch	–	N 91
Sonnenberg	Sprendlingen	–	Rhh 52
Sonnenberg	Stein-Bockenheim	–	Rhh 78
Sonnenberg	Trier	Ruwer	MSR 355
Sonnenberg	Udenheim	–	Rhh 208
Sonnenberg	Unkel	–	Mrh 10
Sonnenberg	Vendersheim	–	Rhh 128
Sonnenberg	Waldrach	–	MSR 393
Sonnenberg	Weisenheim am Berg	–	Rhpf 87
Sonnenberg	Wertheim Wertheim	Dertingen Kembach	B 2 T
Sonnenberg	Wonsheim	–	Rhh 78 a
Sonnenborn	**Langenlonsheim**	**–**	**N 62–68**
Sonnenbrunnen	Lörrach	–	B 320
Sonnenbüchel	Nonnenhorn	–	W 203
Sonnenbühl	**Kernen Kernen Weinstadt Weinstadt Weinstadt Weinstadt**	**Rommelshausen Stetten Beutelsbach Endersbach Schnait Strümpfelbach**	**W 192–195**
Sonnengold	Klotten	–	MSR 57
Sonnenhain	Remlingen	–	F 27 b
Sonnenhalden	Tübingen	Stadt und Ortsteile Hirschau und Unterjesingen	W 198
Sonnenhang	Eimsheim	–	Rhh 298
Sonnenhang	Guntersblum	–	Rhh 285
Sonnenhang	Ingelheim	Groß-Winternheim	Rhh 145
Sonnenhang	Schornsheim	–	Rhh 212
Sonnenhof	Gundelfingen	Wildtal	B 207
Sonnenköpfchen	Eckelsheim	–	Rhh 92
Sonnenlauf	Gutenberg	–	N 97
Sonnenlay	Ensch	–	MSR 335
Sonnenlay	Mülheim	–	MSR 260
Sonnenlay	Rhens	–	Mrh 40
Sonnenlay	Traben-Trarbach	Wolf	MSR 195
Sonnenleite	Dettelbach Dettelbach Dettelbach Volkach	– Brück Schnepfenbach Krautheim	F 83 T

Lage	Gemeinde	Ortsteil	Anbaugebiet u. Lagen-Nr.
Sonnenmorgen	Windesheim	–	N 30
Sonnenplätzchen	Obermoschel	–	N 230
Sonnenring	Löf	–	MSR 36
Sonnenring	Müden	–	MSR 46
Sonnenschein	Bad Neuenahr-Ahrweiler	Bachem	A 9
Sonnenschein	Veitshöchheim	–	F 51
Sonnenseite ob der Bruck	Heidelberg	–	B 43
Sonnenstock	Damscheid	–	Mrh 67
Sonnenstück	Immesheim	–	Rhpf 14
Sonnenstück	Bad Bellingen Neuenburg am Rhein Schliengen Schliengen Schliengen Schliengen	– Steinenstadt – Liel Mauchen Niedereggenen	B 308 T
Sonnenstuhl	Randersacker	–	F 61
Sonnenufer	**Bermatingen Bodman Hagnau Hilzingen Immenstaad Immenstaad Konstanz Markdorf Meersburg Reichenau Salem Singen (Hohentwiel) Stetten Überlingen Uhldingen-Mühlhofen**	**– – – – – Kippenhausen – – – – Kirchberg – – – Oberuhldingen**	**B 328–334, 347, 348**
Sonnenuhr	Bernkastel-Kues	Wehlen	MSR 233
Sonnenuhr	Maring-Noviand	–	MSR 271
Sonnenuhr	Neumagen-Dhron	Neumagen	MSR 313
Sonnenuhr	Pommern	–	MSR 54
Sonnenuhr	Zeltingen-Rachtig	–	MSR 232
Sonnenweg	Gimbsheim	–	Rhh 289
Sonnenweg	Wallhausen	–	N 87
Sonnenwinkel	Michelau	Altmannsdorf	F 136
Sonnhalde	Denzlingen Sexau Waldkirch	– – Buchholz	B 200 T
Sonnhalde	Heitersheim	–	B 286
Sonnhalde	Konstanz	–	B 344
Sonnhalde	Müllheim Müllheim	– Vögisheim	B 298 T
Sonnheil	Hillesheim	–	Rhh 293
Sonnhohle	Bad Bellingen Binzen Efringen-Kirchen Efringen-Kirchen Eimeldingen Fischingen Rümmingen Schallbach Weil am Rhein	Hertingen – – Egringen – – – – Ötlingen	B 322 T
Sonnhole	Müllheim Müllheim	Britzingen Dattingen	B 293 T
Sonnleite	Zellingen	–	F 44 a
Sonntagsberg	Heilbronn Nordheim Nordheim	Klingenberg – Nordhausen	W 83 T
Soonecker Schloßberg	Niederheimbach	–	Mrh 111
Sorentberg	Reil	–	MSR 168
Spiegel	Neustadt an der Weinstraße	Mußbach an der Weinstraße	Rhpf 192

Lage	Gemeinde	Ortsteil	Anbaugebiet u. Lagen-Nr.
Spiegelberg	Eppingen Kraichtal Östringen	Elsenz Landshausen und Menzingen Tiefenbach	B 91 T
Spiegelberg	**Nackenheim** **Nierstein** **Nierstein**	– – **Schwabsburg**	**Rhh 244–255**
Spielberg	Bad Dürkheim	–	Rhpf 121
Spielberg	Meckenheim	–	Rhpf 179
Spieß	Ruppertsberg	–	Rhpf 176
Spitalberg	Sobernheim	Steinhard	N 206
Spitalhalde	Lindau Wasserburg	– –	W 204 T
Spitzberg	Stadecken-Elsheim	Stadecken	Rhh 200
Spitzenberg	Wiesloch	–	B 50
St. siehe Sankt			
Stachelberg	Groß-Umstadt	Klein-Umstadt	HB 3
Stahlberg	Kühlsheim	Uissigheim	B 9
Stahlbühl	Heilbronn	–	W 29
Staig	Brackenheim	Hausen	W 89
Staudenberg	Hirschberg Schriesheim	Leutershausen –	B 36 T
Staufenberg	**Bad Friedrichshall** **Bad Friedrichshall** **Eberstadt** **Ellhofen** **Erlenbach-Binswangen** **Erlenbach-Binswangen** **Gundelsheim** **Heilbronn** **Heilbronn** **Langenbrettach** **Neckarsulm** **Neckarsulm** **Oedheim** **Talheim** **Weinsberg** **Weinsberg**	**Duttenberg** **Offenau** – – **Binswangen** **Erlenbach** – – **Horkheim** **Brettach** – **Untereisesheim** – – – **Gellmersbach**	**W 18–27**
Stefansberg	Zell	Merl	MSR 142
Stefanslay	Wintrich	–	MSR 288
Steffensberg	Enkirch	–	MSR 176
Steffensberg	Kröv	–	MSR 225
Stehlerberg	Kasbach-Ohlenberg	Kasbach	Mrh 11
Steig	Bissersheim	–	Rhpf 68
Steig	Eisingen	–	B 113
Steig	Flörsheim-Dalsheim Flörsheim-Dalsheim	Dalsheim Niederflörsheim	Rhh 400 T
Steig	Mainz	Kostheim	Rhg 100
Steige	Fürfeld	–	Rhh 77
Steigerberg	Wendelsheim	–	Rhh 96
Steigerdell	Bad Münster am Stein-Ebernburg	Münster	N 274
Steig-Terrassen	Guntersblum	–	Rhh 304
Steil	**Rüdesheim** **Rüdesheim**	**Assmannshausen** **Aulhausen**	**Rhg 8–10**
Stein	Bechtheim	–	Rhh 391
Stein	Flörsheim	Wicker	Rhg 111
Stein	Hochheim	–	Rhg 109
Stein	Karlstadt	Stetten	F 39
Stein	Würzburg	–	F 54
Stein/Harfe	Würzburg	–	F 55
Steinacker	Ellhofen Lehrensteinsfeld Weinsberg	– – –	W 44 T
Steinacker	Heidesheim	–	Rhh 161
Steinacker	Ingelheim	Groß-Winternheim	Rhh 153
Steinacker	Kallstadt	–	Rhpf 98
Steinacker	Kirchheim an der Weinstraße	–	Rhpf 73
Steinacker	Nieder-Hilbersheim	–	Rhh 47
Steinacker	Rheinfelden	Herten	B 327
Steinbach	Sommerhausen Eibelstadt	– –	F 64 T
Steinbachhof	Vaihingen	Gündelbach	W 111
Steinberg	Alzenau	Michelbach	F 4
Steinberg	Bad Dürkheim	–	Rhpf 108
Steinberg	Bad Kreuznach	–	N 123
Steinberg	Beilstein	–	W 59
Steinberg	Bollschweil	–	B 281
Steinberg	Dalheim	–	Rhh 223
Steinberg	Durbach	–	B 159
Steinberg	Eltville	Hattenheim	Rhg Ortst. D
Steinberg	Guntersblum	–	Rhh 284
Steinberg	Niederhausen an der Nahe	–	N 301
Steinberg	Partenheim	–	Rhh 61
Steinberg	Sankt Johann	–	Rhh 55
Steinberg	Wackernheim	–	Rhh 159
Steinberger	Konz	Filzen	MSR 429
Steinbiß	Billigheim-Ingenheim	Appenhofen	Rhpf 311
Steinbuck	Vogtsburg im Kaiserstuhl	Bischoffingen	B 236
Steinchen	Löf	Kattenes	MSR 30
Steinchen	Langenlonsheim	–	N 67
Steinert	Gau-Algesheim	–	Rhh 37
Steinfelsen	Ihringen Vogtsburg im Kaiserstuhl	– Bickensohl	B 223 T
Steingässle	Efringen-Kirchen Efringen-Kirchen Efringen-Kirchen Kandern Kandern Kandern Kandern Kandern	– Welmlingen Wintersweiler Feuerbach Holzen Riedlingen Tannenkirch Wollbach	B 311 T
Steingebiß	Billigheim-Ingenheim	Appenhofen	Rhpf 311
Steingeröll	Zwingenberg	–	HB 8
Steingerück	Groß Umstadt	–	HB 4
Steingrube	Brackenheim	Neipperg	W 88
Steingrube	Endingen	–	B 253
Steingrube	March Teningen	Neuershausen Nimburg	B 210 T
Steingrube	Sasbach	Jechtingen	B 239
Steingrube	Stuttgart	Uhlbach	W 148
Steingrube	Westhofen	–	Rhh 366
Steingrüble	Bad Krozingen Bad Krozingen	– Schlatt	B 271 T
Steingrüble	Endingen	Königschaff-hausen	B 250
Steingrüble	Korb Korb Weinstadt	– Kleinheppach Großheppach	W 175 T
Steingrübler	Baden-Baden	Varnhalt	B 121
Steingrübler	Miltenberg	–	F 18
Steinhalde	Edingen	Amoltern	B 251

Lage	Gemeinde	Ortsteil	Anbaugebiet u. Lagen-Nr.
Steinhalde	Stuttgart	Bad Cannstatt	W 139 T
	Stuttgart	Mühlhausen	
	Stuttgart	Münster	
Steinhöhl	Monzernheim	–	Rhh 382
Steinkaul	Bad Neuenahr-Ahrweiler	Bachem	A 10
Steinkaut	Weinsheim	–	N 167
Steinklinge	Lauda-Königshofen	Oberlauda	B 17
Steinköpfchen	Rümmelsheim mit Ortsteil Burg Layen		N 13
Steinkopf	Heppenheim	–	HB 20 T
	Heppenheim	Hambach	
Steinkopf	Grünstadt Land	Heuchelheim bei Frankenthal	Rhpf 54
Steinkopf	Münster-Sarmsheim	–	N 11
Steinkreuz	Sankt Katharinen	–	N 150
Steinler	Freiburg	–	B 265
Steinler	Lottstetten	Nack	B 348
Steinmauer	Freiburg	Waltershofen	B 259
Steinmächer	**Eltville**	**–**	**Rhg 66, 71–90, 92–97**
	Eltville	**Martinsthal**	
	Eltville	**Rauenthal**	
	Walluf	**Niederwalluf**	
	Walluf	**Oberwalluf**	
	Wiesbaden	**Dotzheim**	
	Wiesbaden	**Frauenstein**	
	Wiesbaden	**Schierstein**	
Steinmorgen	Eltville	–	Rhg 66 T
	Eltville	Erbach	
Steinrossel	Sommerloch	–	N 90
Steinsberg	Sinsheim	Steinsfurt	B 84 T
	Sinsheim	Weiler	
Steinschmetzer	Tauberbischofsheim	Dittigheim	B 14 b
Steinwengert	Pfinztal	Wöschbach	B 108
Steinwingert	Niederhausen an der Nahe	–	N 295
Stemmler	Heppenheim	–	HB 18 T
	Heppenheim	Hambach	
Stephansberg	Bad Münster am Stein-Ebernburg	Ebernburg	N 269
Stephansberg	Weinheim	Hohensachsen	B 33 T
	Weinheim	Lützelsachsen	
Stephanus-Rosengärtchen	Bernkastel-Kues	Bernkastel	MSR 253
Sternberg	Pleitersheim	–	Rhh 62
Sternenberg	Bühl	Altschweier	B 132 T
	Bühl	Neusatz	
Steyer	Hüffelsheim	–	N 180
Steyerberg	Schweppenhausen	–	N 27
Stich den Buben	Baden-Baden	Steinbach	B 122
Stiefel	Seinsheim	Tiefenstockheim	F 128 a
Stiege	Weil am Rhein	–	B 324 T
	Weil am Rhein	Haltingen	
	Weil am Rhein	Ötlingen	
Stielweg	Hochheim	–	Rhg 104
Stift	Forst an der Weinstraße	–	Rhpf 136
Stiftsberg	Bad Neuenahr-Ahrweiler	Marienthal	A 27
Stiftsberg	Heilbronn	–	W 27 T
	Heilbronn	Horkheim	
	Talheim	–	

Lage	Gemeinde	Ortsteil	Anbaugebiet u. Lagen-Nr.
Stiftsberg	**Angelbachtal**	**Eichtersheim**	**B 73–100**
	Angelbachtal	**Michelfeld**	
	Bad Rappenau	**Heinsheim**	
	Binau	**–**	
	Bretten	**Bauerbach**	
	Eberbach	**–**	
	Eppingen	**–**	
	Eppingen	**Elsenz**	
	Eppingen	**Mühlbach**	
	Eppingen	**Rohrbach a. G.**	
	Gemmingen	**–**	
	Haßmersheim	**–**	
	Haßmersheim	**Neckarmühlbach**	
	Kirchardt	**Berwangen**	
	Kraichtal	**Bahnbrücken, Gochsheim und Oberacker**	
	Kraichtal	**Landshausen und Menzingen**	
	Kraichtal	**Menzingen, Münzesheim und Neuenbürg**	
	Kürnbach	**–**	
	Mosbach	**Diedesheim**	
	Neckarzimmern	**–**	
	Neudenau	**–**	
	Neudenau	**Herbolzheim**	
	Oberderdingen	**Flehingen**	
	Östringen	**Eichelberg**	
	Östringen	**Odenheim**	
	Östringen	**Tiefenbach**	
	Sinsheim	**Eschelbach**	
	Sinsheim	**Hilsbach**	
	Sinsheim	**Steinsfurt**	
	Sinsheim	**Waldangelloch**	
	Sinsheim	**Weiler**	
	Sulzfeld	**–**	
	Zaisenhausen	**–**	
Stirn	Saarburg mit Ortsteil Niederleuken		MSR 474
Stollberg	Oberschwarzach	Handthal	F 139
Stollenberg	Niederhausen an der Nahe	–	N 296
Stolzenberg	Löf	Hatzenport	MSR 37
Storchenbrünnle	Kitzingen	Sickershausen	F 119
Straußberg	Hargesheim	–	N 142
Streichling	Bensheim	–	HB 15 T
	Bensheim	Zell	
Stromberg	Bockenau	–	N 176
Stromberg	**Bönnigheim**	**–**	**W 99–119**
	Bönnigheim	**Hofen**	
	Bönnigheim	**Hohenstein**	
	Erligheim	**–**	
	Freudental	**–**	
	Illingen	**–**	
	Illingen	**Schützingen**	
	Kirchheim	**–**	
	Knittlingen	**–**	
	Knittlingen	**Freudenstein**	
	Maulbronn	**–**	
	Mühlacker	**Lienzingen**	
	Mühlacker	**Lomersheim**	
	Mühlacker	**Mühlhausen**	
	Oberderdingen	**Drifenbach**	
	Oberderdingen	**Großvillars**	
	Oberdingen	**–**	
	Ötisheim	**–**	
	Sachsenheim	**Häfnerhaslach**	
	Sachsenheim	**Hohenhaslach**	
	Sachsenheim	**Kleinsachsenheim**	
	Sachsenheim	**Ochsenbach**	
	Sachsenheim	**Spielberg**	
	Sternenfels	**–**	
	Sternenfels	**Diefenbach**	
	Vaihingen	**–**	
	Vaihingen	**Ensingen**	
	Vaihingen	**Gündelbach**	
	Vaihingen	**Horrheim**	
	Vaihingen	**Riet**	
	Vaihingen	**Roßweg**	

Lage	Gemeinde	Ortsteil	Anbaugebiet u. Lagen-Nr.
Stubener Klostersegen	Ediger-Eller	Eller	MSR 104
Südlay	Pölich	–	MSR 341
Sülzenberg	Königswinter	Oberdollendorf	Mrh 3
Süßenberg	Lieser	–	MSR 248
Süßkopf	Forst an der Weinstraße	–	Rhpf 135
Süßmund	Steinheim	Kleinbottwar	W 65
Sybillenstein	**Alzey**	–	**Rhh 337–353**
	Alzey	**Dautenheim**	
	Alzey	**Heimersheim**	
	Alzey	**Schafhausen**	
	Alzey	**Weinheim**	
	Bechenheim	–	
	Freimersheim	–	
	Mauchenheim	–	
	Offenheim	–	
	Wahlheim	–	
Täuscherspfad	Ingelheim	Groß-Winternheim	Rhh 150
Tafelstein	Dienheim	–	Rhh 278 T
	Uelversheim	–	
Tannacker	Endingen	–	B 254
Tannenberg	Willianzheim	Hüttenheim	F 123
Taubenberg	Eltville	–	Rhg 72
Taubenhaus	Traben-Trarbach	Trarbach	MSR 190
Tauberberg	**Bad Mergentheim**	**Markelsheim**	**W 1–6**
	Niederstetten	–	
	Niederstetten	**Oberstetten**	
	Niederstetten	**Vorbachzimmern**	
	Niederstetten	**Wermutshausen**	
	Weikersheim	–	
	Weikersheim	**Elpersheim**	
	Weikersheim	**Haagen**	
	Weikersheim	**Laudenbach**	
	Weikersheim	**Schäftersheim**	
Tauberklinge	**Bad Mergentheim**	**Dainbach**	**B 1–28 a**
	Boxberg	**Oberschüpf**	
	Boxberg	**Unterschüpf**	
	Großrinderfeld	–	
	Königheim	–	
	Königheim	**Gissigheim**	
	Krautheim	–	
	Krautheim	**Klepsau**	
	Külsheim	–	
	Külsheim	**Uissigheim**	
	Lauda-Königshofen	**Beckstein**	
	Lauda-Königshofen	**Gerlachsheim**	
	Lauda-Königshofen	**Königshofen**	
	Lauda-Königshofen	**Lauda**	
	Lauda-Königshofen	**Marbach**	
	Lauda-Königshofen	**Oberlauda**	
	Lauda-Königshofen	**Oberbalbach**	
	Lauda-Königshofen	**Sachsenflur**	
	Lauda-Königshofen	**Unterbalbach**	
	Tauberbischofsheim	–	
	Tauberbischofsheim	**Distelhausen**	
	Tauberbischofsheim	**Dittigheim**	
	Tauberbischofsheim	**Impfingen**	
	Werbach	–	
	Wertheim	–	
	Wertheim	**Bronnbach**	
	Wertheim	**Dertingen**	
	Wertheim	**Höhefeld**	
	Wertheim	**Kembach**	
	Wertheim	**Lindelbach**	
	Wertheim	**Reichholzheim**	
Tempelchen	Stadecken-Elsheim	Elsheim	Rhh 197
Teufel	Oberschwarzach	Kammerforst	F 140
Teufelsburg	Endingen	Kiechlinsbergen	B 247
Teufelskeller	Randersacker	–	F 60
Teufelskopf	Dielheim	–	B 53
Teufelskopf	Ludwigshöhe	–	Rhh 302
Teufelsküche	Guldental	Heddesheim und Waldhilbersheim	
Teufelspfad	Essenheim	–	Rhh 194
Teufelstein	Patersberg	–	Mrh 57
Teufelstor	**Eibelstadt**	–	**F 66–68**
	Randersacker	–	
	Randersacker	**Lindelbach**	
Thiergarten Felsköpfchen	Trier	Olewig	MSR 380
Thiergarten Unterm Kreuz	Trier	Olewig	MSR 379
Thomasberg	Burg	–	MSR 171
Tilgesbrunnen	Bad Kreuznach	–	N 101
Timpert	Kasel	–	MSR 409

Lage	Gemeinde	Ortsteil	Anbaugebiet u. Lagen-Nr.
Trappenberg	**Altdorf** **Bellheim** **Böbingen** **Bornheim** **Essingen** **Freimersheim** **Groß- und Kleinfischlingen** **Hochstadt** **Knittelsheim** **Lustadt** **Ottersheim** **Römerberg (bei Speyer)** **Römerberg (bei Speyer)** **Römerberg (bei Speyer)** **Schwegenheim** **Venningen** **Weingarten** **Zeiskam**	– – – – – – – – – – – **Berghausen** **Mechtersheim** **Heiligenstein** – – – –	**Rhpf 249–264 d**
Trautberg	Castell	–	F 113
Trautlestal	Hammelburg	–	F 30
Treppchen	Erden	–	MSR 205
Treppchen	Piesport Piesport	– Niederemmel	MSR 296 T
Treppchen	Treis-Karden	Treis	MSR 76
Treuenfels	Altenbamberg	–	N 262
Trollberg	Dorsheim	–	N 54
Trollberg	Münster-Sarmsheim	–	N 8
Trotzenberg	Bad Neuenahr-Ahrweiler	Marienthal	A 25
Turmberg	Karlsruhe Karlsruhe	Durlach Grötzingen	B 106 T
Turmberg	Landau-Königshofen	Königshofen	B 23

Lage	Gemeinde	Ortsteil	Aubaugebiet u. Lagen-Nr.
Übereltzer	Moselkern	–	MSR 43
Übigberg	Altenahr Altenahr Ahrbrück	– Kreuzberg Pützfeld	A 43 T
Uhlen	Kobern-Gondorf	Kobern	MSR 11 a
Uhlen	Winningen	–	MSR 11
Ulrichsberg	Östringen	–	B 61
Ungeheuer	Forst an der Weinstraße	–	Rhpf 149
Ungsberg	Traben-Trarbach	Trarbach	MSR 187
Unterberg	Konz	Filzen	MSR 427
Urbelt	Konz	Filzen	MSR 425
Ursulinengarten	Bad Neuenahr-Ahrweiler	Ahrweiler	A 16

Lage	Gemeinde	Ortsteil	Anbaugebiet u. Lagen-Nr.
Venusbuckel	Billigheim-Ingenheim	Billigheim	Rhpf 309
Verrenberg	Öhringen	Verrenberg	W 35
Villenkeller	Klein-Winternheim	–	Rhh 191
Vitusberg	Walluf	Oberwalluf	Rhg 89
Vögelein	Nordheim	–	F 91
Vogelsang	Bad Kreuznach	–	N 113
Vogelsang	Bockenheim an der Weinstraße	–	Rhpf 19 T
	Kindenheim	–	
Vogelsang	Brackenheim	Hausen	W 79 a
Vogelsang	Bretzenheim	–	N 138
Vogelsang	Erbes-Büdesheim	–	Rhh 103
Vogelsang	Gau-Odernheim	–	Rhh 315
Vogelsang	Geisenheim	Johannisberg	Rhg 31
Vogelsang	Gemmingen	–	B 92 T
	Kirchardt	Berwangen	
Vogelsang	Iphofen	Possenheim	F 122 T
	Markt Einersheim	–	
Vogelsang	Laubenheim	–	N 55
Vogelsang	Merxheim	–	N 187
Vogelsang	Serrig	–	MSR 489
Vogelsang	Untereisesheim	–	W 21
Vogelsang	Wallertheim	–	Rhh 123
Vogelsang	Weisenheim am Berg	–	Rhpf 104
Vogelsang	Zornheim	–	Rhh 237
Vogelsberg	Lauda-Königshofen	Unterbalbach	B 23 a
Vogelschlag	Duchroth	–	N 322
Vogelsgärten	**Guntersblum**	–	**Rhh 302–**
	Ludwigshöhe	–	**307**
Vogelsprung	Flemlingen	–	Rhpf 271
Vogteiberg	Senheim	–	MSR 101
Vogtei Rötteln	**Bad Bellingen**	**Bamberg**	**B 311–**
	Bad Bellingen	**Hertingen**	**327**
	Bad Bellingen	**Rheinweiler**	
	Binzen	–	
	Efringen-Kirchen	–	
	Efringen-Kirchen	**Blansingen**	
	Efringen-Kirchen	**Egringen**	
	Efringen-Kirchen	**Huttingen**	
	Efringen-Kirchen	**Istein**	
	Efringen-Kirchen	**Kleinkems**	
	Efringen-Kirchen	**Welmlingen**	
	Efringen-Kirchen	**Wintersweiler**	
	Eimeldingen	–	
	Fischingen	–	
	Grenzach-Whylen	**Grenzach**	
	Kandern	**Feuerbach**	
	Kandern	**Holzen**	
	Kandern	**Riedlingen**	
	Kandern	**Tannenkirch**	
	Kandern	**Wollbach**	
	Lörrach	–	
	Rheinfelden	**Herten**	
	Rümmingen	–	
	Schallbach	–	
	Weil am Rhein	–	
	Weil am Rhein	**Haltingen**	
	Weil am Rhein	**Ötlingen**	
Vollburg	Michelau	–	F 137
Vom heißen Stein	**Briedel**	–	**MSR 156–**
	Pünderich	–	**168**
	Reil	–	
Vorderberg	Kleinniedesheim	–	Rhpf 52
Vor der Hölle	Desloch	–	N 223
Vulkanfelsen	**Bahlingen**	–	**B 210–**
	Bötzingen	–	**256**
	Breisach	–	
	Eichstetten	–	
	Endingen	–	
	Endingen	**Amoltern**	
	Endingen	**Kiechlinsbergen**	
	Endingen	**Königschaff-hausen**	
	Ihringen	–	
	Ihringen	**Blankenhornberg**	
	Ihringen	**Wasenweiler**	
	March	**Neuershausen**	
	Riegel	–	
	Sasbach	–	
	Sasbach	**Jechtingen**	
	Sasbach	**Leiselheim**	
	Teningen	**Nimburg**	
	Vogtsburg im Kaiserstuhl	**Achkarren**	
	Vogtsburg im Kaiserstuhl	**Bickensohl**	
	Vogtsburg im Kaiserstuhl	**Bischoffingen**	
	Vogtsburg im Kaiserstuhl	**Burkheim**	
	Vogtsburg im Kaiserstuhl	**Oberbergen**	
	Vogtsburg im Kaiserstuhl	**Oberrotweil**	
	Vogtsburg im Kaiserstuhl	**Schelingen**	

Lage	Gemeinde	Ortsteil	Aubaugebiet u. Lagen-Nr.
Wachhügel	Wiesenbronn	–	F 115
Wachtkopf	Vaihingen	Gündelbach	W 110
Wahrheit	Oberheimbach	–	Mrh 106
Wahrsager	Senheim	–	MSR 99
Walkenberg	Walluf	Niederwalluf	Rhg 87
Wallmauer	Neckarzimmern	–	B 75
Walterstal	Lauda-Königshofen Lauda-Königshofen	Königshofen Sachsenflur	B 22 T
Wanne	Weinstadt	Großheppach	W 168
Wartberg	Alzey	–	Rhh 350
Wartberg	Beilstein	–	W 58
Wartbühl	**Aichwald** **Kernen** **Kernen** **Korb** **Korb** **Remshalden** **Remshalden** **Remshalden** **Weinstadt** **Weinstadt** **Weinstadt** **Weinstadt** **Weinstadt** **Winnenden** **Winnenden** **Winnenden** **Winnenden** **Winnenden**	**Aichelberg** **Rommelshausen** **Stetten** – **Kleinheppach** **Geradstetten** **Grunbach** **Hebsack** **Beutelsbach** **Endersbach** **Großheppach** **Schnait** **Strümpelbach** – **Baach** **Breuningsweiler** **Hahnweiler** **Hertmannsweiler**	**W 172–190**
Wasseros	Kiedrich	–	Rhg 70
Weilberg	Bad Dürkheim	Ungstein	Rhpf 117
Weinberge	Viereth	Weiher	F 135 a
Weingarten	Fischingen	–	B 323
Weingrube	Boppard	Boppader Hamm	Mrh 46
Weinhecke	Bruchsal Ubstadt-Weiher	– Ubstadt	B 65 T
Weinhex	**Alken** **Brodenbach** **Burgen** **Dieblich** **Kobern-Gondorf** **Kobern-Gondorf** **Koblenz** **Koblenz** **Koblenz** **Lehmen** **Löf** **Löf** **Löf** **Moselsürsch** **Niederfell** **Oberfell** **Winningen**	– – – – **Gondorf** **Kobern** **Güls und** **Metternich** **Lay** **Moselweiß** – – **Hatzenport** **Kattenes** – – – –	**MSR 1–40**
Weinkammer	Enkirch	–	MSR 177
Weinkeller	Mainz	Ebersheim	Rhh 169
Weinsack	Odernheim am Glan	–	N 215
Weinsteig	Erlabrunn Leinach	– Oberleinach	F 48 T

Lage	Gemeinde	Ortsteil	Anbaugebiet u. Lagen-Nr.
Weinsteige	**Eßlingen** **Fellbach** **Gerlingen** **Stuttgart** **Stuttgart** **Stuttgart** **Stuttgart** **Stuttgart** **Stuttgart** **Stuttgart** **Stuttgart** **Stuttgart** **Stuttgart** **Stuttgart** **Stuttgart** **Stuttgart** **Stuttgart** **Stuttgart** **Stuttgart** **Stuttgart**	– – – – **Bad Cannstatt** **Degerloch** **Feuerbach** **Gaisburg** **Hedelfingen** **Hofen** **Hohenheim** **Mühlhausen** **Münster** **Obertürkheim** **Rohracker** **Rotenberg** **Uhlbach** **Untertürkheim** **Wangen** **Zuffenhausen**	**W 134–158**
Weisenstein	Bernkastel-Kues	Kues	MSR 256
Weißenberg	Kobern-Gondorf	Kobern	MSR 13
Weißenstein	Mannweiler-Cölln	–	N 248 a
Weißenstein	Oberndorf	–	N 248
Weißerberg	Briedel	–	MSR 156
Weiß Erd	Mainz	Kostheim	Rhg 99
Weißes Kreuz	Leubsdorf	–	Mrh 14
Wendelstück	Burg	–	MSR 169
Wernleite	Gemünden	Adelsberg	F 68 a
Westrum	Bodenheim	–	Rhh 175
Wetterkreuz	Braunweiler	–	N 145
Wetzstein	Fellbach Stuttgart	– Untertürkheim	W 146 T
Wetzstein	Weinstadt	Endersbach	W 180
Wiesberg	Rüdesheim	–	N 162
Wildenberg	Ellhofen Weinsberg	– Grantschen	W 42 T
Wildgrafenberg	Kirschroth	–	N 196
Wildsau	Eltville	Martinstal	Rhg 83
Wilhelmsberg	Kitzingen	–	F 78
Wilhelmsberg	Nußloch	–	B 48
Wingertsberg	Dietzenbach	–	HB 1
Wingertsberg	Nieder-Wiesen	–	Rhh 93
Wingertstor	Bechtolsheim	–	Rhh 308
Winklerberg	Ihringen	–	B 220
Wißberg	Gau-Weinheim	–	Rhh 125
Wißberg	Sprendlingen	–	Rhh 53
Wisselbrunnen	Eltville	Hattenheim	Rhg 50
Wölflein	Veitshöchheim	–	F 50
Wohlfahrtsberg	Löwenstein	–	W 52
Wolfer	Efringen-Kirchen Efringen-Kirchen	Blansingen Kleinkems	B 317 T
Wolfhag	Bühl Ottersweier	Neusatz –	B 135 T
Wolfsaugen	Brackenheim	–	W 85
Wolfsberg	Schweighofen	–	Rhpf 325
Wolfshöhle	Bacharach	–	Mrh 92
Wolfsmagen	**Bensheim einschließlich Zell und Gronau**		**HB 6–10**
Wolfsnach	Dörscheid	–	Mrh 78
Wonne	Neundorf	Sugenheim	F 128 f
Wonneberg	Bad Bergzabern Dörrenbach	– –	Rhpf 323 T
Woogberg	Ellenz-Poltersdorf	–	MSR 89
Wülfen	Eltville	Rauenthal	Rhg 79
Würtzberg	Serrig	–	MSR 492

Lage	Gemeinde	Ortsteil	Anbaugebiet u. Lagen-Nr.
Würzgarten	Detzem	–	MSR 336
Würzgarten	Oestrich-Winkel	Hallgarten	Rhg 57
Würzgarten	Traben-Trarbach	Traben	MSR 193
Würzgarten	Ürzig	–	MSR 207
Würzhölle	Unkenbach	–	N 228
Würzlay	Lehmen	–	MSR 24
Wüstberg	Weinheim	–	B 32
Wunnenstein	**Beilstein** **Beilstein** **Großbottwar** **Großbottwar** **Großbottwar** **Ilsfeld** **Ludwigsburg** **Oberstenfeld** **Oberstenfeld** **Steinheim** **Steinheim**	– **Hohenbeilstein** – **Hof und Lembach** **Winzerhausen** – **Hoheneck** – **Gronau** – **Kleinbottwar**	**W 58–66**
Wurmberg	Besigheim Bietigheim-Bissingen Gemmrigheim Hessigheim Walheim	– Bietigheim – – –	W 120 T
Wurmberg	Neubrunn	Böttigheim	F 52 a
Wutschenberg	Kleinlangheim	–	F 114
Yburgberg	Baden-Baden	Steinbach	B 123

Lage	Gemeinde	Ortsteil	Anbaugebiet u. Lagen-Nr.
Zechberg	Framersheim	–	Rhh 316
Zechpeter	Flemlingen	–	Rhpf 272
Zehmorgen	Nierstein	–	Rhh 261
Zehntgraf	Wipfeld	–	F 102
Zeilberg	Löwenstein Obersulm Obersulm	Hößlinsülz Affaltrach Willsbach	W 47 T
Zeisel	Pommern	–	MSR 52
Zellerberg	Longen Mehring Mehring	– – Lörsch	MSR 344 T
Zellerweg am schwarzen Herrgott	Mölsheim	–	Rhh 406
Zeppwingert	Enkirch	–	MSR 179
Zickelgarten	Ockfen	–	MSR 466
Zitadelle	Sankt Martin	–	Rhpf 227
Zobelsberg	Segnitz	–	F 73
Zollturm	Traben-Trarbach	Traben	MSR 184
Zuckerberg	Oppenheim	–	Rhh 269
Zuckerle	Stuttgart Stuttgart Stuttgart	Bad Cannstatt Mühlhausen Münster	W 140 T
Zügernberg	Weinstadt	Großheppach	W 177
Zweifelberg	Brackenheim	–	W 84

INDEX

Dieser Index weist sowohl die Namen der Weinproduzenten als auch die mit den Weinkarten verbundenen Ortsnamen und Bereiche auf. Großlagen und Einzellagen sind im Weinlagen-verzeichnis (S. 184) aufgeführt, wo auch die Abkürzungen erklärt werden.

A

B

C

D

E

F

G

H

I

J

K

L

Illustrationen
Jonathan Field

Orientierungskarten
John Laing

Bildnachweis
Bildagentur Mauritius, Frankfurt: Seiten 36, 40, 41, 44*L*, 44/5, 49*R*, 58, 59, 62*O*, 63*UL*, 63*OR*, 84*U*, 102/3, 103*MR*, 114, 128, 129, 140, 153*L*, 153*R*, 168*O*, 168*U*, 169; Jon Wyand: Seiten 39, 41*OL*, 49*L*, 63*UR*, 75, 84*O*, 85, 92*L*, 92*R*, 93, 103*UL*, 103*OL*, 103*ML*; ZEFA, London: Seiten 37, 141, 153*M*.

MOSEL-SAAR-RUWER
1982er
Winninger Uhlen
Auslese
QUALITÄTSWEIN MIT PRÄDIKAT
Riesling - Erzeugerabfüllung
Amtliche Prüfungsnummer 1 658 020 13 83
0,7 l
Weingut Freiherr v. Heddesdorff · Winningen/Mosel
Baden
Bereich Kaiserstuhl-Tuniberg
1984er Qualitätswein
Martin Schongauer
Grauer
Burgunder
Trocken
Erzeugerabfüllung
A. P. Nr. 1/301-C-11-84
0,75 Liter
ZENTRALKELLEREI BADISCHER WINZERGENOSSENSCHAFTEN EG · BREISACH AM KAISERSTUHL
Friedrich Baumann
Weingut Oppenheim
1976er
Oppenheimer Sackträger
Ehrenfelser Trockenbeerenauslese
Qualitätswein mit Prädikat - Erzeugerabfüllung
A. P. Nr. 4 387 013 17 77
RHEINHESSEN
Gutsverwaltung Geheim-Rat
Wegeler-Deinhard
Erzeugerabfüllung
Estate bottled
Oestrich/Rheingau
19
85
Rheingau
Rüdesheimer Berg Rottland
Riesling Kabinett
Qualitätswein mit Prädikat A. P. Nr. 2902402186
Deinhard
750 ml e
SHIPPED BY DEINHARD & CO., KOBLENZ - GERMANY
PRODUCT OF GERMANY
RHEIN PFALZ
Weingut
Pfeffingen
Fuhrmann
Eymael
Bad Dürkheim
Weinstraße
16
22
1985er UNGSTEINER HONIGSÄCKEL
RIESLING SPÄTLESE HALBTROCKEN
QUALITÄTSWEIN MIT PRÄDIKAT A. P. Nr. 5 141 045 17 86
ERZEUGERABFÜLLUNG
e 0,75 l
Weingut Rappenhof
Dr. Reinhard Muth
Alsheim, Rheinhessen
1986er Alsheimer Sonnenberg
Blauer Portugieser Rotwein Trocken
Qualitätswein b. A.
Produce of Germany
Erzeugerabfüllung
A. P. Nr. 4 252 175 28 86
Rheinhessen
Alc. 11,6% by Vol.
e 700 ml
NAHE
1983er
QUALITÄTSWEIN MIT PRÄDIKAT
Meddersheimer Liebfrauenberg
Kerner Kabinett
Silberne Kammerpreismünze 1985
Großer Preis der DLG-Bundesweinprämiierung 1985
0,7 L
Erzeugerabfüllung
A. P. Nr. 1 745 062 31 84
Winzergenossenschaft u. Weinkellerei Rheingrafenberg eG
6553 Meddersheim
Erzeugerabfüllung
Weinbaubetrieb
Sonnenhof
Bezner-Fischer
7143 Vaihingen-Gündelbach
Weinbau in der Familie seit anno 1522 mit Weinbergsbesitz in den ehemaligen Lagen des Zisterzienserklosters Maulbronn
1985er
Gündelbacher Stromberg
Trollinger Kabinett trocken
Württemberg
0,7 L
Qualitätswein mit Prädikat
A. P. Nr. 665 030 86
CASTELLSCHES DOMÄNENAMT 8711 CASTELL
FÜRSTLICH
QUALITÄTSWEIN MIT PRÄDIKAT
Casteller Schlossberg
Rieslaner Spätlese
A. P. Nr. 5000-035-84
750 ml
FRANKEN
Winzergenossenschaft
Thüngersheim
Thüngersheim/Main
1985 er
FRANKEN
Thüngersheimer
Ravensburg
Scheurebe
Kabinett trocken
Qualitätswein mit Prädikat
A. P. Nr. 3030/042/86
Erzeugerabfüllung
0,7 l e
VERBAND DEUTSCHER NATURWEIN-VERSTEIGERER E. V.
Unsere Mitglieder besitzen Lagen von Weltruf.
V D N V
Dieses Zeichen in Verbindung mit dem Korkbrand verbürgt naturreinen Wein.
TRIERER VEREIN VON WEINGUTSBESITZERN DER MOSEL, SAAR UND RUWER
1921er Zeltinger Sonnuhr
feinste Auslese
eingetragene Marke
ORIGINAL-KELLERABZUG
JOH. JOS. PRÜM, S.A. PRÜM-ERBEN, WEHLEN A.D. MOSEL
Württ. Weingärtnerzentralgenossenschaft eG
STUTTGART · MÖGLINGEN · MAULBRONN
A. P. Nr. 001 154 84
Württemberg · Qualitätswein
1983er
Fleiner Kirchenweinberg
Schwarzriesling
Sitz: Möglingen
e 1 L
ZBW
BADEN
1983er
BEREICH BAD. BERGSTRASSE-KRAICHGAU
Schriesheimer Silvaner
KABINETT
Qualitätswein mit Prädikat
TROCKEN
1 l
A. P. Nr. 1/250-B-20-83
Erzeugerabfüllung
ZENTRALKELLEREI BADISCHER WINZERGENOSSENSCHAFTEN EG
BREISACH AM KAISERSTUHL
RHEINHESSEN
RHEINHESSEN
WEINGUT SCHMITT-DR. OHNACKER
Guntersblum am Rhein
Qualitätswein mit Prädikat
Amtliche Prüfungsnummer 4 360 206 08 85
Guntersblumer Kreuzkapelle
Silvaner Spätlese - trocken
0,7 L
ERZEUGERABFÜLLUNG
Alcohol 8,6 % by volume
MOSEL · SAAR · RUWER
Graach
1985er Josephshöfer® Riesling Spätlese
HALBTROCKEN
Qualitätswein mit Prädikat — A. P. Nr. 3 561 077-47-86
750 ml e
Erzeugerabfüllung
REICHSGRAF VON KESSELSTATT
TRIER · MOSEL